N
O
E
S
Océano Atlántico
Estrecho de la Florida
Las Bahamas
Matanzas
Cienfuegos
CUBA
Camagüey
Guantánamo
Santiago de Cuba
REPÚBLICA DOMINICANA
HAITÍ
Port-au-Prince
Santo Domingo
PUERTO RICO
Mayagüez
Ponce
San Juan
Islas Vírgenes
Antigua
Kingston
JAMAICA
Guadalupe
Dominica
Martinica
Santa Lucía
Barbados
San Vicente
Granada
Antillas Menores
Mar Caribe
Aruba
Bonaire
Curaçao
Isla Margarita
Trinidad y Tobago
Port-of-Spain
Caracas
Canal de Panamá
Colón
Panamá
PANAMÁ
R. Orinoco
VENEZUELA
GUYANA
SURINAM
R. Magdalena
COLOMBIA
Golfo de Panamá
Bogotá
BRASIL

Atando cabos

Curso intermedio de español

María González-Aguilar
Instituto Cervantes, Paris

Marta Rosso-O'Laughlin
Tufts University

Second edition

Upper Saddle River, New Jersey 07458

Library of Congress Cataloging-in-Publication Data

Rosso-O'Laughlin, Marta.
Atando cabos: curso intermedio de español / Marta Rosso-O'Laughlin, María González-Aguilar.—2e
p. cm.
Includes index.
ISBN 0-13-184520-9
1. Spanish language—Textbooks for foreign speakers—English. I. González-Aguilar, María. II. Title.
PC4129.E5R67 2005
468.2'421—dc22 2003063236

Sr. Acquisitions Editor: Bob Hemmer
Editorial Assistant: Pete Ramsey
Sr. Director of Market Development: Kristine Suárez
Development Editor: Mercedes Roffé
Development Supervision: Julia Caballero
Editorial/Production Supervision: Nancy Stevenson
Project Management: Emilcomp/Preparé
Asst. Director of Production: Mary Rottino
Asst. Editor: Meriel Martínez Moctezuma
Media Editor: Samantha Alducin
Media Production Manager: Roberto Fernandez
Prepress and Manufacturing Buyer: Brian Mackey
Prepress and Manufacturing Asst. Manager: Mary Ann Gloriande
Original Interior Design: Anne DeMarinis
Design Adaptation for Second Edition: Emilcomp/Preparé
Formatting and Art Manager: Guy Ruggiero
Illustrator: Catharine Bennett
Director, Image Resource Center: Melinda Reo
Interior Image Specialist: Beth Boyd Brenzel
Manager, Rights and Permissions IRC: Zina Arabia
Photo Research: Diana Gongora
Executive Marketing Manager: Eileen Bernadette Moran
Publisher: Phil Miller
Cover Art: Costel Iarca, "Blue Thinker"

This book was set in 10.5/12.5 Minion by Preparé Inc.
and was printed and bound by Quebecor World Printers.
The cover was printed by Phoenix Color Corp.

Printed in the United States of America
10 9 8 7 6

Student Text: ISBN 0-13-184520-9
Annotated Instructor's Edition: ISBN 0-13-184522-5

Pearson Education LTD., *London*
Pearson Education Australia PTY, Limited, *Sydney*
Pearson Education Singapore, Pte. Ltd.
Pearson Education North Asia Ltd., *Hong Kong*
Pearson Education Canada, Ltd., *Toronto*
Pearson Educación de México, S.A. de C.V.
Pearson Education–Japan, *Tokyo*
Pearson Education Malaysia, Pte. Ltd.
Pearson Education *Upper Saddle River*, New Jersey

Dedicatoria

A Jorgelina Nota de Rosso, que siempre ha sabido atar los cabos sueltos para formar con valentía el tapiz de su vida.

M.R.-O'L.

A papá, Juan José González Aguilar, que siempre creyó en cada uno de nosotros.

M. G.-A.

Brief Contents

Contents

Capítulo Siete
Hablemos del trabajo 212

Capítulo Ocho
Hablemos del arte 246

Capítulo Doce
Hablemos de las celebraciones y del amor 394

Cabos sueltos

Capítulo

Preface

We were very pleased by the warm reception that the first edition of ***Atando cabos*** received. It was satisfying to learn that the ***Atando cabos*** program had been adopted and used successfully in second-year Spanish programs at so many different schools all over North America. We are deeply grateful for the comments and suggestions we received from faculty at many of these schools, and we have acted on quite a few of these suggestions in an effort to make the second edition even more effective than the first.

The goals of the second edition remain unchanged. The ***Atandos cabos*** program is designed for use in third- and/or fourth-semester Spanish courses that aim to teach students to express, interpret, and negotiate meaning in context. It seeks to develop both fluency and accuracy while fostering the student's ability to function within Hispanic cultures. The basic skills—listening, speaking, reading, and writing—are taught as building blocks toward proficiency and communication. Communicative activities, based on cultural information and authentic materials and supported by clear grammatical explanations and charts, are used to facilitate the learning process. All activities are designed either to increase cultural awareness or to help students personalize and relate the material to their own life experiences. The development of sociolinguistic competence is given a special place as a springboard to the world outside the classroom.

In developing materials for the ***Atando cabos*** program, and in revising them for the second edition, we have kept in mind one of the major challenges encountered by those who teach college-level intermediate Spanish: the challenge of dealing with the wide range of language proficiency levels typically encountered among students coming into the course. We recognize that these students often have diverse backgrounds in language study and many different "loose ends" that need to be tied up during the course of second year. Our learner-centered approach is designed to aid students in pinpointing their needs while allowing them the freedom to work individually on selected areas. We offer instructors a rich array of resources from which they can choose to create a course that addresses their students' unique needs while reflecting their own personal interests and teaching experiences.

New to this Edition

We have made a number of changes in the second edition of ***Atando cabos*** that we believe will enhance the usefulness of the program as a whole. Changes to the text itself include the following:

- The chapter structure has been streamlined, so that each chapter now contains five distinct, clearly labeled sections.
- More vocabulary practice activities are provided.
- Suggestions for a movie and a song appropriate to the theme of the chapter enhance the topics presented.
- Icons in the student text and annotations in the instructor's edition clarify connections between the grammar material in the chapters and the review of first-year grammar in the *Cabos sueltos* section. The *Cabos sueltos* section has also been reorganized to make the connections clearer.

- Grammar practice activities have been revised to ensure a consistent progression from form-focused to meaning-focused to communication-focused activities.
- A number of new, high-interest readings has been added. Line numbers have been provided for each reading to facilitate analysis and discussion.
- More annotations are provided for the benefit of instructors. Special recycling notes have been added.

In addition, we have made some significant changes and additions to other components of the ***Atando cabos*** program:

- The Companion Website® now incorporates self-assessment activities designed to help students determine what material in the *Cabos sueltos* section of the text they need to review.
- An Answer Key is now available for the printed Student Activities Manual.
- The Audio Program is now accessible from the Companion Website, in addition to being available on CDs.
- An interactive version of the Student Activities Manual is now available online in a variety of popular platforms. Each platform offers an online gradebook that allows instructors to track and monitor student progress.
- The Instructor's Resource Manual now includes suggestions for connecting each chapter's content to readily available commercial films.
- A new Image Resource CD contains electronic versions of all illustrations in the text.
- The Testing Program has been completely revised.
- The entire video is now available on CD-ROM as well as in VHS format. The CD-ROM version includes interactive comprehension activities.

Program Overview

The ***Atando cabos*** textbook consists of two separate but coordinated parts. The first part, the core of the text, contains twelve thematically organized chapters. Each chapter contains contextualized vocabulary presentations, followed by vocabulary development activities; grammatical explanations specific to the second year; communicative activities that review particular grammar points contextualized in the reading selection and/or in the vocabulary presentation; a section on the functions of language devoted to developing sociolinguistic awareness; a wealth of readings; reading and writing strategies; and a chapter-ending section in which students integrate all the material previously presented and practiced.

The second part, called *Cabos sueltos*, is a review of the basic grammatical structures usually covered during the first year of study. It serves to prepare students to study the second-year grammar topics presented in the core of the textbook. The *Cabos sueltos* section provides clear grammar coverage for the student, and thereby helps instructors avoid loss of class time due to any one student's need for review. This treatment of grammar also gives students the opportunity to review individually, either in class or at home, any given structure not fully covered in their first year of study. Self-assessment activities are provided on the Companion Website. If, for example, a student finds that s/he needs additional practice with the basic forms of the preterite, the student is referred to a particular section of *Cabos sueltos* to review those basic forms. The student can then continue with the more in-depth review of the rules governing the use of the preterite versus the imperfect in the core section of the text. Integration and connection are key concepts in ***Atando cabos.***

Each of the twelve thematically organized chapters begins by introducing the cultural theme of the chapter and outlining its objectives. Content in each chapter is divided into manageable parts presented in self-contained sections that can be covered in one or two class periods.

- ***En marcha con las palabras*** contains a cultural reading that introduces the new vocabulary in context. Subsections include *Palabras conocidas* (which reviews words that students will be using in the chapter activities), *Expresiones útiles* (which calls attention to new idiomatic expressions introduced in the reading), *Sin duda* (which presents vocabulary words that require special attention, like false cognates), and *Así se dice* (which introduces special expressions associated with sociolinguistic functions).
- ***Sigamos con las estructuras*** is a two-tiered grammar section. *Repasemos* offers communicative activities for practice of structures students learned in first-year Spanish, as well as links to explanations in the *Cabos sueltos* section of the text for students who need to review the material. *Aprendamos* provides explanations of intermediate-level grammar topics, followed by practice activities that progress from form-focused to meaning-focused to communication-focused.
- ***Discutamos la lectura*** is a reading section featuring a process approach. *Antes de leer* offers reading strategies (in English), while *Vocabulario de las lecturas* highlights specific vocabulary for the reading selections. Each reading is preceded by an introduction (usually a brief biography of the author) and followed by activities. Readings include both prose and poetry.
- ***Avancemos con la escritura*** is a writing section featuring a process approach.
- ***Atando cabos*** consists of communicative activities that integrate the different parts of the chapter.

Additional elements of each chapter include *Diario* (topics for journal entries), *Ventana al mundo* (cultural boxes), and *Boletín* (marginal cultural notes).

Program Components

The ***Atando cabos*** program includes a wide array of additional resources for students and instructors alike.

For the Student

The STUDENT ACTIVITIES MANUAL provides further practice with grammatical points and vocabulary that appear in the textbook, as well as writing and listening practice to reinforce what has been covered in class. An optional ANSWER KEY is also available.

The AUDIO PROGRAM consists of recordings to accompany the Student Activities Manual, available on CD but also accessible from the Companion Website.

The STUDENT VIDEO CD-ROM contains the entire ***Atando cabos*** video, together with interactive comprehension activities.

For the Instructor

The **Annotated Instructor's Edition** contains marginal annotations suggesting warm-ups, transitions, the incorporation of cultural topics into class discussions, and expansion exercises. Answers to discrete point activities and cloze exercises are printed in their corresponding blanks in the text for the instructor's convenience.

The **Instructor's Resource Manual** includes sample syllabi, lesson plans, and the scripts for the audio and video programs together with activities based on the video clips, as well as strategies for integrating all program components into the course.

The **Image Resource CD** provides access to electronic versions of all illustrations from the text for use in tests, transparencies, handouts, and online materials.

The **Testing Program** uses a variety of techniques to evaluate students' skills in a manner consistent with the pedagogy of the ***Atando cabos*** program. Assessment of all skills—speaking, writing, reading, and listening, as well as cultural awareness—is provided. The program consists of alternative tests for each chapter, final examinations for semester and quarter schools, and oral proficiency tests. The Testing Program is available in paper and on CD-ROM, in both IBM and Macintosh formats.

The **Video Program** presents authentic clips from Spain and Latin America. For each chapter, one or two interesting video segments expand on the chapter themes, providing authentic listening practice and a basis for class discussion. Activities based on the video clips are included in the Instructor's Resource Manual, along with the complete videoscript. The video itself is available in VHS format as well as on CD-ROM.

Online Resouces

The **Companion Website,** organized in chapters that correspond to those in the text, includes self-scoring grammar and vocabulary practice exercises, link-based activities offering opportunities for linguistic and cultural learning, and access to the complete Audio Program.

The **Online Student Activities Manual** includes all material on the Companion Website, together with an interactive version of the Student Activities Manual. A gradebook feature allows instructors to track and monitor their students' progress.

Acknowledgments

This second edition of ***Atando cabos*** involved an entirely new team of collaborators. Everyone deserves thanks for having quickly familiarized themselves with the book in its original form and coming up with worthwhile improvements and valuable criticism to make a good book better. In the beginning, the Prentice Hall Acquisitions Editor, Bob Hemmer, took a real interest in a new edition and assembled an experienced team to make it a reality. The team was as diverse geographically as it was talented. From France to Italy to New Jersey to New York to Boston to California, e-mails and correspondence began to fly in every direction.

In the developmental phase, Mercedes Roffé, in her capacity as editor, was an invaluable asset to the project. We are thankful for her insightful comments, ideas and expertise, as well as her friendliness and humor. Julia Caballero orchestrated overall continuity at this stage of the project and lent a hand with editorial decisions. Frank Weihenig then took the book from manuscript form to the finished product by coordinating a myriad of details. He accomplished this Herculean task with unfailing patience and good humor.

Claudia Mejia did a wonderful job in creating a completely new testing program. Lois Grossman also offered helpful suggestions and brought her editorial experience to the compilation of the glossary. We also want to acknowledge the assistance that was given us by Samantha Alducin, Meriel Martínez Moctezuma, Pete Ramsey and Jim Crapotta.

Special thanks to Beatriz Santiago for her careful reading of the manuscript and her suggestions. Thanks to Lucas Radicella for his suggestions regarding the music and thanks to him and to Pablo Radicella for their help in the resolution of many technical matters in the preparation of the manuscript. We also want to acknowledge Rocío Álvarez for her help in the search for texts for the reading sections and Felix Blanco and Agustín Vera Luján, of the Instituto Cervantes in Paris, for giving María the time to prepare this edition. Thanks also to our colleagues and friends, Beatriz Alemán, José Amenós, Cristina Marinas, Carmen Matellán, and all those who gave us feedback and advice for this revision. A very special thanks goes to all the students who shared with us their enthusiasm, criticism, and support. This textbook is intended for them; without them, it would not exist.

María González-Aguilar wants to give a very special thanks to Pablo and Lucas Radicella, for providing love, patience, time, and support in each of the stages of the preparation of the new edition of ***Atando cabos***.

Marta Rosso-O'Laughlin wants to thank Andrés and Nicolás for making appropriate comments from a young person's point of view. Once again this project would not have been possible if it weren't for the invaluable support of Michael O'Laughlin, who patiently shared in the rebirthing of a project that was dear to both of us.

Textbooks depend on reviewers, and we would like to sincerely thank and acknowledge our reviewers:

María Acosta Cruz — *Clark University*
César Alegre — *Amherst College*
María Chamorro — *Brown University*
Elaine Coney — *Southwest Mississippi Community College*
Mark Del Mastro — *The Citadel*
Josefa Devesa — *Professional Translator*
Héctor Domínguez-Rubalcava — *Denison University*
Sue Griffin — *University of Maine*
Carolina Ibañez-Murphy — *Pima Community College - Downtown Campus*
Anne-Marie Martin — *Portland Community College*
Ornella Mazzuca — *Dutchess Community College (SUNY)*
Mark Schuhl — *Wingate University*

We are very grateful to all those who have contributed to the success of this project.

Atando cabos

Curso intermedio de español

1

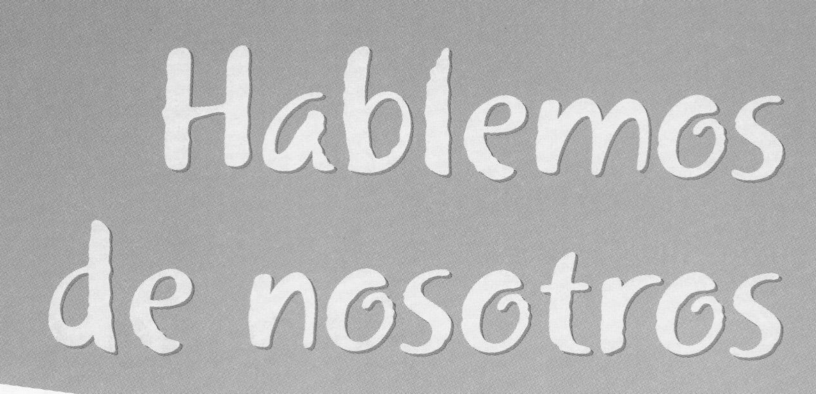

Hablemos de nosotros

Diversión familiar

Un fin de semana con papá

"De tal palo, tal astilla."

Tema cultural

La familia hispánica

Objetivos comunicativos

Aprender a saludar y a presentar personas

Describir el carácter de las personas

Comentar actividades habituales

Describir las características, la ubicación y el estado de cosas y personas

Película recomendada para este capítulo: *Todo sobre mi madre*, Almodóvar, España, 1999

Canción recomendada para este capítulo: *A Juan Carlos Saravia*, F. Saravia

Bailando con la abuela.

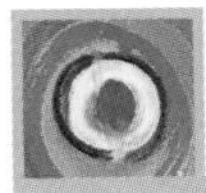

En marcha con las palabras

En contexto: ¿Está en crisis la familia?

Según podemos observar a nuestro **alrededor**, la familia **continúa estando intacta** y **siendo** tan **poderosa** como siempre. Ninguna otra institución la ha podido sustituir. **Aunque** las estadísticas **muestran** que en EE.UU. el 60 **por ciento** de los **matrimonios** terminan en **divorcio**, y que el número de **embarazos** de adolescentes **aumenta** cada año, los niños **siguen creciendo** en familias y no en otra institución.

Lo que está en crisis, y en algunos países en total **desaparición**, es el modelo tradicional de familia **basado** en el concepto de padre-madre-hijos. **Hoy en día** el formato familiar es más **variado** y **refleja** los **cambios** de nuestras sociedades. Existen muchas versiones **válidas** de familia como, por ejemplo, la familia **monoparental** (la madre o el padre solo con sus hijos); la familia **extendida** (varias generaciones **conviviendo juntas**); las familias **nucleares** (**padres** e hijos); o las familias **reensambladas** (padre y madre que **crían** juntos a hijos de matrimonios **anteriores**). También hay otras modalidades, como las compuestas por una **pareja** de hombres con hijos; o una pareja de mujeres con hijos, o **abuelas** y **abuelos** que **cuidan** a sus **nietos**; o mujeres que **eligen** no **casarse** y **optan** por la **maternidad** autónoma. No importa la forma que tenga la familia, los **lazos familiares** siguen siendo fuertes.

El **valor** de la familia está **más allá de** los límites del **amor romántico** o la **crianza** de los hijos. Los **integrantes** de la familia se **nutren** del **apoyo**, la **unidad**, el amor y el **respeto** que reciben. Si estos valores aparecen en el **núcleo** familiar, luego se transferirán a la sociedad para beneficio de todos en el ejercicio de los **derechos** y los **deberes** de cada persona.

PALABRAS CONOCIDAS

Relaciones familiares

Estas palabras deben ser parte de tu vocabulario.

La familia

el/la bisabuelo/a	*great-grandfather / mother*
el/la cuñado/a	*brother / sister-in-law*
el/la esposo/a	*husband / wife*
el/la esposo/a de mi madre / padre	*stepfather / mother*
la familia política	*in-laws, extended family*
el/la gemelo/a	*twin*
el/la hijo/a único/a	*only child*
el marido	*husband*
el/la medio / hermano/a	*stepbrother / sister*
el/la novio/a	*fiancé/e, bridegroon / bride*
la nuera	*daughter-in-law*
el pariente	*relative*
el/la pariente lejano/a	*distant relative*
el/la primo/a	*cousin*
el/la sobrino/a	*nephew / niece*
el/la suegro/a	*father / mother-in-law*
los suegros	*in-laws*
el/la tío/a	*uncle / aunt*
el/la tío/a abuelo/a	*great-uncle / aunt*
el yerno	*son-in-law*

EXPRESIONES ÚTILES

alrededor (de)	*around*
aunque	*though, although, even if*
más allá de	*beyond*
hoy en día	*nowadays*
según	*according to*

Hay muchas parejas felices a nuestro **alrededor.**	*There are many happy couples around us.*
Todos giran **alrededor del** nuevo bebé.	*Everybody revolves around the new baby.*
Aunque las estadísticas muestran un alto porcentaje de parejas divorciadas, muchos eligen casarse.	*Although the statistics show a high percentage of divorced couples, many choose to get married.*
El amor está **más allá de** las estadísticas.	*Love goes beyond statistics.*
Hoy en día hay muchos hogares no tradicionales.	*Nowadays there are many non-traditional homes.*
Según podemos observar, la familia continúa intacta.	*According to what we can observe, the family is still intact.*

2 1-1 **Aproximaciones.** Empareja cada palabra de la lista **A** con su equivalente en la lista **B**. Luego usa las expresiones de la lista **A** en oraciones completas. Compara tus oraciones con las de otro/a estudiante.

A	B
1. hoy en día	a. aún cuando
2. según	b. ahora, actualmente
3. aunque	c. ser más importante que
4. estar más allá de	d. cerca de
5. alrededor	e. de acuerdo con

1-2 La gran familia. Lee *El valor de la familia extendida* y luego completa las oraciones siguientes.

El valor de la familia extendida

Algo menos que hermanos, pero mucho más que amigos: los primos. Y con ellos, los tíos, los abuelos... Todos juntos forman nuestra familia extendida, la "gran" familia, dentro de la que nos encontramos insertados y con la que compartimos° una historia común, ciertas tradiciones y una cultura familiar especial.

Nuestra "pequeña" familia es como una rama° más de un árbol común, en el que hay numerosos frutos: primos, tíos, cuñados, suegros, abuelos... Sabemos que siempre podemos contar con° ellos.

Por Ricardo Regidor, Revista *Mujeres*

branch
to count on
share

1. Según el artículo, los primos son ______________.
2. Aunque la familia nuclear sea pequeña, los niños saben que son parte de _______.
3. Hoy en día, en la familia extendida están ____________.
4. La familia extendida está más allá de ___________.
5. Es importante que los niños crezcan con ______________ a su alrededor.

2 **1-3 Mi familia.** Completa las oraciones con información sobre tu famila. Usa los nombres que correspondan. Describe brevemente a una persona de cada categoría y luego comparte tus respuestas con un/a compañero/a. Explica dónde viven, cuál es su origen, cómo es su personalidad, profesión, particularidades, etc.

1. Mis bisabuelos son (ocho nombres) ________________.
2. Mis abuelos son (cuatro nombres) _________________.
3. Mis padres son ____________.
4. Mis tíos y tías son ____________.
5. Mis hermanos y hermanas son ____________.
6. Mis primos son ____________.

2 **1-4** **Preguntas personales.** En parejas, contesten las siguientes preguntas. Luego presenten a la clase lo que saben de su compañero/a.

1. ¿Conoces a tu bisabuelo/a? ¿De dónde es?
2. ¿Qué características heredaste tú de tus padres? ¿Y de tus abuelos?
3. ¿Tus padres viven juntos? ¿Están separados o divorciados?
4. ¿Tienes un/a medio hermano/a? ¿Cuántos/as hermanos/as son ustedes en total?
5. ¿Tienes suegros?
6. ¿Cómo se llevan tus abuelos con su nuera o yerno?

1-5 **Tipos de familias.** Describe los siguientes tipos de familias. ¿Cómo están compuestos? ¿Puedes sugerir otros tipos?

MODELO: *En la familia tradicional están la madre, el padre y los hijos.*

1. familia monoparental
2. familia nuclear
3. familia extendida
4. familia reensamblada

Boletín

Refrán: "Dime con quién andas, y te diré quién eres".

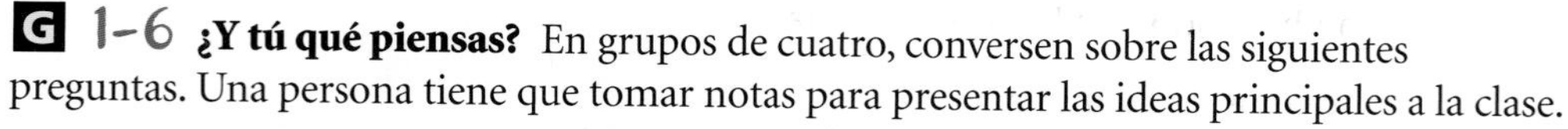

G **1-6** **¿Y tú qué piensas?** En grupos de cuatro, conversen sobre las siguientes preguntas. Una persona tiene que tomar notas para presentar las ideas principales a la clase.

1. ¿Qué es para ti una familia típica?
2. ¿Cuándo te reúnes tú con tus abuelos, tíos y primos?
3. ¿Qué fiestas celebra tu familia? ¿Qué hacen en esas ocasiones?
4. ¿Creen ustedes que es importante la "gran familia" o familia extendida? ¿Por qué? Expliquen su respuesta.

¡Sin duda!

parecer – parecerse

The verbs **parecer** and **parecerse** have slightly different meanings in Spanish. Study the use of each one in the chart below.

Palabra	Explicación	Ejemplo
parecer	*to seem*	**Parece** que ellos se llevan bien. *It seems that they get along.* A mí **me parece** que Ana y Luis son felices. *It seems to me that Ana and Luis are happy.*
Parece + adj	*to seem, to appear to be*	***Parece raro.*** *That seems strange.* **Parece inglés.** *He appears to be English.*
parecerse *(reflexive verb)*	*to resemble, to look like, to look alike*	Yo **me parezco** a mi madre. *I look like my mother.* El padre y el hijo **se parecen.** *Father and son look alike.*

2 **1-7** **"De tal palo, tal astilla."** El título de esta actividad es un refrán. ¿Qué creen que significa? En parejas, comenten el refrán y su significado. En sus comentarios, traten de utilizar los verbos **parecer** y **parecerse.**

G **1-8** **Entrevista.** Pregúntales a tres o cuatro compañeros/as a qué miembro de su familia se parecen. Después, comparte sus respuestas con el resto de la clase.

G **1-9** **Encuesta.** Formen grupos de cuatro estudiantes. Cada estudiante primero encuesta a tres compañeros/as sobre los siguientes temas y escribe el nombre de cada uno/a en el casillero correspondiente. Luego, en grupos, comenten los resultados de la encuesta.

MODELO: E1: *¿Qué te parece visitar a tus padres todos los fines de semana?*
E2: *A mí me parece bien.*

Tema	Le parece bien	Le parece mal
visitar a los padres todos los fines de semana		
visitar a los abuelos una vez al año		
tener que asistir a las mismas fiestas que los hermanos		
llevar a los hermanos menores al cine		
cuidar de los hermanos sin recibir dinero		

mover(se) – mudarse

The verbs **mover(se)** and **mudarse** are both translated as *to move* in English. This chart shows the difference between the two.

Palabra	Explicación	Ejemplo
mover (se)	*to move*	No te **muevas.** Si te **mueves,** la foto va a salir mal. *Don't move. If you move, the picture is going to come out wrong.* No **muevas** el alfil porque el rey está en jaque mate. *Don't move the bishop because the king is in check mate.*
mudarse (reflexive verb)	*to change residence*	Mis padres se van a **mudar** de una casa a un apartamento. *My parents are going to move from a house to an apartment.*

Ventana al mundo

Mudarse: ¿Se mudan mucho los españoles?

El censo de España de 2001 muestra que de los 40,8 millones de habitantes de todo el país, sólo el 48,4% siguen residiendo en el mismo lugar en el que nacieron; el 25% se mudaron a otra ciudad de la misma provincia, generalmente a la capital; el 3,8% se trasladaron a otra provincia de su comunidad autónoma de origen; y el 17,4% se mudaron a otra comunidad autónoma diferente de la que nacieron. El 5,4% restante nacieron en el extranjero.

¿Y tú? ¿Vives en la misma ciudad donde naciste?, ¿en el mismo estado?, ¿en el mismo estado o ciudad que tus padres? ¿Cuántas veces en tu vida te has mudado?

España: Censo de 2001

Relación entre lugar de nacimiento y lugar de residencia

Mismo municipio de la misma provincia:	48,4 %
Distinto municipio de la misma provincia:	25,0 %
Distinta provincia de la misma comunidad:	3,8 %
Otra comunidad:	17,4 %
Nacidos en el extranjero:	5,4 %

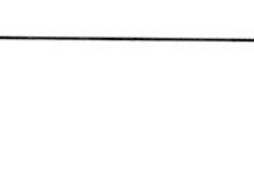

Boletín

España está dividida en 17 Comunidades Autónomas que funcionan como una unidad política y administrativa.

Las Comunidades Autónomas de España

Boletín

El ajedrez es uno de los juegos más antiguos de la humanidad. Es muy popular tanto en España como en América Latina. La palabra ajedrez es de origen árabe. ¿Sabes cómo se mueven las piezas del ajedrez?

1-10 ¿Qué mueven? Estos niños mueven los siguientes objetos para tener más lugar para jugar en su cuarto. Describe lo que mueve cada niño según el dibujo.

MODELO: *Luisito mueve la cama.*

2 1-11 Mudanzas. Estas fotos muestran dos maneras diferentes de mudarse. Con otro/a estudiante, compara y comenta las fotos. Explica quiénes hacen la mudanza en cada foto. ¿Qué ventajas tiene cada opción? ¿Cuál prefieres tú?

Así se dice

Saludos y presentaciones

Hola. ¿Cómo andan?	*Hello. How is it going?*
¿Qué tal?	*How are things?*
¿Cómo estás/n?	*How are you?*
Hola. ¡Tanto tiempo sin verte!	*Hello. Long time no see.*
¿Qué hay de nuevo?	*What's new?*
¿Cómo te va?	*How is it going?*

Para presentarnos o para presentar a otra persona, usamos las siguientes expresiones:

Le (Te) presento a _____.	*Let me introduce you to ______.*
Permítame que me presente. Yo soy ___.	*Allow me to introduce myself. I am ____.*

Posibles respuestas:

Mucho gusto.	*Nice to meet you.*
Encantado/a.	*Delighted to meet you.*
Es un placer.	*It's a pleasure to meet you.*

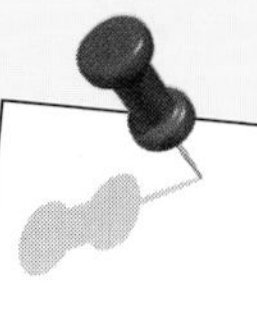

Boletín

En general, saludar a los amigos y a los miembros de la familia con un beso en la mejilla es costumbre entre mujeres y también entre hombres y mujeres. Pero, por lo general, los hombres se dan la mano o un abrazo, para saludarse. Cuando se presenta a dos desconocidos, éstos generalmente se dan la mano.

-12 **Presentaciones.** Formen grupos de tres nas. Una persona presenta a las otras dos. Las otras eben responder con la frase apropiada. Háganse un par de preguntas para conocerse mejor. Luego presenten a sus compañeros/as ante el resto de la clase.

G 1-13 ¿Cómo saludamos? En grupos de tres, preséntense mutuamente delante de la clase. Primero, decidan si se van a presentar a la manera estadounidense o a la manera hispánica. Después, la clase debe identificar a qué cultura representa cada saludo.

Circunlocución

Circunlocución es la habilidad de explicar lo que uno quiere decir cuando no se encuentra la palabra exacta. En estos casos, se pueden usar antónimos, sinónimos o frases completas para explicar el concepto. Las siguientes expresiones nos ayudan a explicar nuestras ideas cuando nos falta la palabra adecuada.

Es un objeto que se usa para ...	*It is an object used for ...*
Es una cosa que sirve para ...	*It is a thing that serves to ...*
Es una persona que ...	*It is a person that ...*
Es una actividad que ...	*It is an activity that ...*
Es un lugar donde ...	*It is a place where ...*
Es como ...	*It is like ...*
Se parece a ...	*It looks like ...*
Suena como ...	*It sounds like ...*
Es una bebida / un alimento que ...	*It is a drink / food that ...*
Es un animal que ...	*It is an animal that ...*
Es una palabra que se usa cuando ...	*It is a word that is used when ...*
Significa que ...	*It means that ...*

2 **1-14** **¿Cuál es la palabra?** El/La profesor/a va a dividir la clase en parejas. Un/a estudiante es A y otro/a es B. Los estudiantes A deben cubrir la columna A con un papel. Los B hacen lo mismo con la columna B. Luego, cada cual le explica las palabras que puede ver a su compañero/a, usando las expresiones de la circunlocución. El/La compañero/a debe encontrar la palabra justa según la explicación.

MODELO: La suegra

E1: *Es la persona que está casada con el padre de la esposa.*

E2: *¿Es la suegra?*

A	B
el yerno	el perro
el matrimonio	la pareja
el divorcio	el embarazo
casarse	amar
la cafetería	nuera

2 **1-15** **¿En qué estoy pensando?** Escoge un lugar, cosa o animal específico, y descríbeselo a tu compañero/a usando circunlocuciones. Tu compañero/a debe adivinar la palabra que pensaste.

MODELO: un taco

E1: *Es una comida muy común en México. Dentro de una tortilla se pone lechuga, tomate, arroz, pollo o carne, queso y salsa.*

E2: *¿Es un taco?*

un lugar　　un animal　　una situación
una bebida　　una profesión

Sigamos con las estructuras

Repasemos

Referencia gramatical 1

Describing people and things: Adjective agreement

Anita es una niña **hermosa** y muy **lista**. Su hermano es muy **listo** también.

Please refer to the selftest on our Website. If you get less than 85%, you need to review this grammar point in the **Cabos sueltos** section, pp. 426–427. If you get above 85%, you can continue with the following activities.

PALABRAS DESCRIPTIVAS

Estudia estas palabras que deben ser parte de tu vocabulario para hacer los ejercicios siguientes.

abierto/a	*open*
aburrido/a	*boring*
antipático/a	*disagreeable*
apasionado/a	*pasionate*
atrevido/a	*daring*
bajo/a	*short (height)*
bonito/a	*pretty, nice*
callado/a	*quiet*
cansado/a	*tired*
cariñoso/a	*loving*
castaño/a	*chestnut-colored, brown, hazel*
celoso/a	*jealous*
contento/a	*happy*
corto/a	*short (length)*
culto/a	*well-educated*
débil	*weak*
delgado/a	*thin*
divertido/a	*amusing, funny*
educado/a (mal educado/a)	*polite (unpolite)*
enfermo/a	*sick*
feliz	*happy*
feo/a	*ugly*
flaco/a	*thin, skinny*
fuerte	*strong*
grande	*big, large*
guapo/a	*handsome, good-looking*
insensato/a	*foolish*
justo/a	*fair*
largo/a	*long*
leal	*loyal*
lindo/a	*beautiful, pretty*
listo/a	*smart*
loco/a	*crazy*
maduro/a	*mature*
mimado/a	*spoiled*
moreno/a	*brunette, dark-complexioned*
perezoso/a	*lazy*
rubio/a	*blonde*
sensato/a	*sensible*
simpático/a	*nice*
trabajador/a	*hard-working*
triste	*sad*

Cognados

agresivo/a
atlético/a
atractivo/a
autoritario/a
competitivo/a
complicado/a
conservador/a
creativo/a
deshonesto/a
eficiente
extrovertido/a
generoso/a
independiente
innovador/a
introvertido/a
nervioso/a
obeso/a
optimista
puntual
prudente
responsable
revolucionario/a
serio/a
sociable
tímido/a
tolerante

2 **1-16** **Una persona querida.** Usa esta guía para describir a una persona querida y agrega dos oraciones más. Luego, comparte tu descripción con tu compañero/a.

_________ es un/a persona que tiene una personalidad ____________ y es ____________.
Tal vez es así porque ____________. Tiene un atractivo singular, es / tiene ____________.

2 **1-17** **¿Cómo son?** En parejas, una persona elige uno de los sustantivos de la lista que aparece a continuación y la otra dice dos o tres adjetivos para describir ese sustantivo. Cambien de rol. Presten atención a la concordancia.

MODELO: E1: *Los abuelos*
E2: *viejos, simpáticos y generosos*

primos bebé nuera tías
hermana suegras parientes lejanos abuelo

2 1-18 **Lo mejor, lo peor y lo que son.** En parejas, cada estudiante escoge las mejores características que debe tener cada una de las personas de la lista; luego escoge las peores y, finalmente, las características que tienen en realidad. Después, cada estudiante debe explicarle su elección a su compañero/a.

MODELO: *Para mí, una madre debe ser generosa y optimista. No debe ser aburrida o egoísta. Mi madre es generosa, callada y muy abierta.*

Persona	Las mejores características	Las peores características	Las características que poseen
una madre			
un padre			
una amigo/a			
los padres			
la pareja			
los abuelos			
los hermanos			

Referencia gramatical 2

Discussing daily activities: Present tense indicative of regular verbs

La madre **mima** al bebé mientras la tía **cuida** a la niña.

Please refer to the selftest on our Website. If you get less than 85%, you need to review this grammar point in the **Cabos sueltos** section, pp. 428–429. If you get above 85%, you can continue with the following activities.

2 1-19 **¿Qué haces?** Entrevista a otro/a estudiante de la clase para saber con qué frecuencia realiza las siguientes actividades. Luego informa al resto de la clase.

casi nunca   los fines de semana   nunca   a menudo
cada año   x veces por semana

1. mirar la televisión a medianoche
2. llamar por teléfono a la familia
3. cocinar comidas mexicanas (extranjeras, japonesas, ¿?)
4. recibir regalos exóticos
5. trabajar o estudiar de noche
6. limpiar el cuarto
7. viajar a otros países
8. visitar museos de ciencia, de arte, de historia, de antropología
9. comprar un coche nuevo
10. comer en restaurantes chinos, naturistas, caros, de comida rápida
11. usar el cajero automático
12. mudarse
13. escribir una carta a mano
14. leer el periódico

2 1-20 **Una semana normal.** En una hoja, escribe cinco oraciones explicando tus actividades habituales. Luego entrégale el papel a tu profesor/a. Él/ Ella te dará la hoja de otro/a estudiante. Habla con las otras personas de la clase hasta encontrar a la que escribió el papel que te tocó.

2 1-21 **¿Qué, cuándo y con quién?** Hazle a un compañero/a todas las preguntas necesarias para conocer sus costumbres. Toma nota para poder informar a la clase.

Hora de levantarse
Comidas, qué, cuándo y con quién
Deportes que practica, cuándo y con quién
Sábados por la noche, qué, dónde y con quién
Desayuno, almuerzo, cena, qué, cuándo y con quién
Domingos
Veranos

2 1-22 **Mudarse.** Las mudanzas son una de las actividades más estresantes de nuestra vida. Éstos son algunos consejos que debes seguir para que una mudanza sea un éxito. Entrevista a otro/a estudiante para saber qué le parecen los consejos y si los sigue cada vez que se muda. Luego agreguen algunos consejos a la lista.

MODELO: E1: *¿Qué te parece el consejo número 1?*
E2: *Me parece muy práctico.*
E1: *¿Vacías y limpias tus cajones?*
E2: *Sí/No siempre, porque (no) tengo mucho tiempo.*

Mudarse no implica llevarse todo. Aquí hay algunos consejos que pueden ayudarte:

1. Vaciar y limpiar los cajones, libreros y seleccionar lo que no necesitas.
2. Organizar una venta de segunda mano.
3. Planear la venta con un par de semanas de anticipación.
4. Dar los objetos que no vendes a la Cruz Roja.
5. Evaluar las características de la nueva casa. Decidir si los muebles y los electrodomésticos (el refrigerador, la lavadora y la secadora, etc.) se adaptan a la nueva casa.
6. Preparar un inventario de todo lo que se va a llevar en la mudanza.
7. Notificar la nueva dirección a la compañía de luz, teléfono, agua, al banco, a las tiendas de renta de video y al correo.
8. Solicitar de tu médico una copia de tu historia clínica.
9. No olvidar dar aviso de cambio de residencia a las publicaciones.
10. Invitar a los amigos a que te ayuden en la mudanza.

Diario

Escribe una lista de todas las actividades que tienes que hacer esta semana. Incluye tantos detalles como puedas.

Referencia gramatical 3

Describing actions in progress: Present progressive tense

Estoy preparando todo para la mudanza.

Please refer to the selftest on our Website. If you get less than 85%, you need to review this grammar point in the **Cabos sueltos** section, pp. 430–431. If you get above 85%, you can continue with the following activities.

G 1-23 La calle Gaudí. En grupos, nombren un/a secretario/a. Denle un nombre a cada persona del dibujo. Luego, díctenle al secretario/a el mayor número de frases posibles para explicar qué están haciendo las personas del dibujo. Cinco minutos después, lean las frases en voz alta. El grupo que más frases ha escrito es el ganador.

MODELO: *Daniel está durmiendo.*

Calle Gaudí

G 1-24 Díganlo con mímica. Formen dos grupos. Un/a estudiante del grupo tiene que representar con mímica la acción que le indican los miembros del equipo contrario. Las personas de su equipo deben adivinar lo que está haciendo.

1-25 Tu familia. Piensa en las distintas personas de tu familia y escribe una frase diciendo lo que están haciendo en este momento.

MODELO: *En este momento mi hermano Juan está comiendo. Mi papá está trabajando.*

2 1-26 ¿Qué estás haciendo? Conversa con un/a compañero/a para contarle lo que estás haciendo en cada una de tus clases este semestre.

MODELO: E1: *¿Qué estás haciendo en tu clase de Historia?*
E2: *En Historia estamos estudiando el período entre las dos Guerras Mundiales.*

Aprendamos 1

Discussing daily activities: Present tense indicative, irregular verbs

There are two types of irregular verbs: those that are irregular only in the first person singular and those that exhibit irregularities in most of their forms.

A. Irregular yo form

caer	*to fall*	caigo	**salir**	*to go out, leave*	salgo
dar	*to give*	doy	**tener**	*to have*	tengo
hacer	*to do*	hago	**traer**	*to bring*	traigo
poner	*to put*	pongo	**valer**	*to be worth*	valgo
saber	*to know*	sé	**ver**	*to see*	veo

Verbs that end in **-cer** or **-cir** also are irregular in the **yo** form:

conocer *(to know)* → **conozco**; **traducir** *(to translate)* → **traduzco**

- **-cer: aparecer** *(to appear)*, **crecer** *(to grow)*, **merecer** *(to deserve)*, **obedecer** *(to obey)*, **ofrecer** *(to offer)*, **parecer** *(to seem)*, **reconocer** *(to recognize)*
- **-cir: conducir** *(to drive)*, **producir** *(to produce)*, **deducir** *(to deduce)*

B. Irregular verbs

		yo	tú	él/ella	nosotros/as	vosotros/as	ellos/ellas
decir	*to say*	digo	dices	dice	decimos	decís	dicen
estar	*to be*	estoy	estás	está	estamos	estáis	están
ir	*to go*	voy	vas	va	vamos	váis	van
oír	*to hear*	oigo	oyes	oye	oímos	oís	oyen
reír	*to laugh*	río	ríes	ríe	reímos	reís	ríen
ser	*to be*	soy	eres	es	somos	sois	son
tener	*to have*	tengo	tienes	tiene	tenemos	tenéis	tienen
venir	*to come*	vengo	vienes	viene	venimos	venís	vienen

Verbs that end in **-uir: construir** *(to build)*, **contribuir** *(to contribute)*, **destruir** *(to destroy)* drop the **-ir** and add a **–y** except in the **nosotros** and **vosotros** form.

construir	construyo	construyes	construye	construímos	construís	construyen

C. Stem-changing verbs

The stem-changing verbs change the stressed vowel of the stem in the following manner: **e → ie, e → i, o → ue,** and **u → ue**. The **nosotros** and **vosotros** forms keep the vowel from the infinitive. Verbs of this kind are indicated in vocabulary lists by writing the vowel change in parentheses: **cerrar (ie); pedir (i); poder (ue); jugar (ue)**

e → ie	e → i	o → ue	u → ue
cerrar	**pedir**	**poder**	**jugar**
cierro	pido	puedo	juego
cierras	pides	puedes	juegas
cierra	pide	puede	juega
cerramos	pedimos	podemos	jugamos
cerráis	pedís	podéis	jugáis
cierran	piden	pueden	juegan

e → ie		e → i		o → ue	
comenzar	*to begin*	**medir**	*to measure*	**almorzar**	*to eat lunch*
empezar	*to start*	**pedir**	*to ask, request*	**contar**	*to count*
entender	*to understand*	**repetir**	*to repeat*	**costar**	*to cost*
mentir	*to lie*	**seguir**	*to follow*	**devolver**	*to return*
pensar	*to think*	**servir**	*to serve*	**dormir**	*to sleep*
perder	*to lose*			**encontrar**	*to meet, find*
preferir	*to prefer*			**morir**	*to die*
querer	*to love, want*			**mostrar**	*to show*
recomendar	*to recommend*			**poder**	*to be able*
sentirse				**probar**	*to try, taste*
despertarse				**recordar**	*to remember*
mentir lie				**soñar**	*to dream*
				volver	*to return*

1-27 ¿Cuáles son tus actividades? ¿Cuándo haces estas actividades? ¿Siempre? ¿Nunca? ¿A veces?

MODELO: traducir la lectura para tus amigos
A veces traduzco la lectura para mis amigos.

1. hacer ejercicio en el gimnasio
2. salir con tus amigos a cenar
3. ir al cine los sábados
4. ver videos los viernes por la noche
5. obedecer las reglas de la residencia
6. ofrecer ayuda con la tarea de español
7. conducir a 90 millas por hora
8. dar fiestas en tu cuarto

(to laugh)
reírse
me río
te ríes
se ríe
nos reímos
se ríen

oír
oigo
oyes
oye
oímos
oyen

1-28 Los preparativos para la boda. Ana y Luis tienen mucho que organizar para su boda. Forma oraciones con la información dada para saber qué va a hacer cada persona.

MODELO: tía Elisa / contribuir con el pastel de la boda
Tía Elisa contribuye con el pastel de la boda.

1. los tíos / venir con su Jaguar para llevar a la pareja a la iglesia
2. la madre de Ana / tener que mandar las invitaciones
3. los padres de Luis / construir la mesa para el banquete
4. el hermano de Luis / ir a buscar las flores para la novia
5. el padre de Ana / distribuir las tareas entre los miembros de la familia
6. Ana / reír mucho para no parecer preocupada
7. yo / traer el pastel de boda
8. tú / poner la mesa principal con los adornos

1-29 Siguen los preparativos. Todos tienen alguna preocupación sobre la boda. Completa las oraciones con las claves dadas para saber qué hace cada persona.

MODELO: soñar con su luna de miel
Luis y Ana están muy ocupados ahora, por eso sueñan con su luna de miel.

1. repetir las promesas para aprenderlas
   Ana y Luis no recuerdan las promesas para decir en la ceremonia, por eso ________.
2. medir el vestido de novia
   La tía de Ana arregla el vestido para la novia, por eso le _______.
3. volver de la iglesia caminando con los amigos
   Los novios piensan ir a la iglesia en coche, pero ______.
4. poder pagar la fiesta
   Los padres no tienen mucho dinero, pero ______.
5. querer divertirse en la boda
   Ana está preocupada porque ________.
6. almorzar todos juntos
   Los parientes y amigos íntimos van a practicar para la ceremonia y luego _____.
7. no servir la comida en la fiesta
   Los invitados a la fiesta piden la comida, pero _______.
8. costar mucho dinero
   Todos saben que esta fiesta _______.

1-30 La vida universitaria. Completa las oraciones sobre tu vida en la universidad según tus preferencias.

MODELO: volver a mi cuarto…
Yo vuelvo a mi cuarto después de cada clase.

1. recomendar las clases de...
2. preferir los profesores que...
3. pensar en especializarme en...
4. querer estudiar...
5. el próximo semestre empezar a estudiar...
6. en la clase de español no entender...
7. dormir poco durante...
8. nunca mentirle a...

2 1-31 ¿Cuándo? Conversa con un/a compañero/a para saber cuándo realiza las siguientes actividades.

MODELO: E1: *¿Cuándo te acuestas muy tarde?*
E2: *Me acuesto muy tarde algunos sábados.*

1. acostarse muy tarde
2. dormir menos de tres horas
3. volver a la casa de sus padres
4. pensar en español
5. ir a la discoteca de moda
6. hacer el desayuno
7. oír música
8. salir de compras
9. venir a la universidad muy temprano
10. pedir dinero prestado

G 1-32 Bingo. Busca diferentes personas que respondan que sí a las preguntas hasta completar todos los casilleros. Luego informa a la clase.

MODELO: E1: *¿Quieres vivir en otro país?*
E2: *Sí, quiero vivir en otro país.*

1. querer vivir en otro país	
2. tener dos hermanos	
3. su apellido empezar con "P"	
4. conocer a un político importante	
5. saber hablar tres idiomas	
6. tocar un instrumento	
7. salir a bailar los lunes por la noche	
8. perder las cosas con frecuencia	
9. ser hijo único	
10. pedir dinero prestado	
11. volver a su casa los fines de semana	
12. conducir a la universidad	
13. traducir todas las palabras	

2 **1-33** **Más sobre tu familia.** Selecciona algunos de los siguientes verbos y escribe por lo menos cinco frases para describirte a ti. Luego entrega el papel a tu profesor/a. Él/Ella te dará un papel escrito por otro/a compañero/a y tú debes hablar con los estudiantes de la clase hasta encontrar a la persona que ha escrito el papel.

ir oír poder poner querer perder ser saber dormir
pedir pensar producir reír sentir volver

2 **1-34** **¿Cómo son y qué hacen?** Completa el cuadro con tu información personal. Luego hazle preguntas a tu compañero/a para completar su información.

Pariente	A qué se dedica y cuáles son sus actividades favoritas
madre	
padre	
hermanos	
abuelos	
un primo especial	
un tío especial	
otros parientes	

G **1-35** **¿Qué haces?** Explica lo que harías en las siguientes situaciones y luego comenta tus respuestas con otras tres personas de la clase.

MODELO: Si encuentro una agenda electrónica, la llevo a la policía.
..., llamo por teléfono a los números que encuentro en la agenda.
..., la guardo para mí y la uso.

1. Si encuentras un "walkman" en la biblioteca.
2. Si un pariente está haciendo algo ilegal.
3. Si quieres comprar algo pero no tienes dinero.
4. Si no quieres hacer lo que tus padres quieren.

G **1-36** **A. Los vecinos (*neighbors*).** Ustedes acaban de mudarse a la calle Gaudí (página 15) y tienen nuevos vecinos. Seleccionen seis y hagan una descripción. Inventen la profesión, la nacionalidad, hagan una descripción física e imaginen la personalidad de seis de las personas del vecindario.

MODELO: E1: *Es joven, tiene un hermano, es bajo, es muy simpático, es profesor y toca la guitarra...*
E2: *Es el joven que vive en el apartamento 8.*

B. ¿Quién es? Lean la descripción al resto de la clase para que adivinen quiénes son y en qué casa viven.

Aprendamos 2

Describing conditions and characteristics: Uses of *ser* and *estar*

The English verb to be has two equivalents in Spanish: **ser** and **estar**. For this reason, it is important to know when to use one or the other. Translation will not help you to decide which one to use. Study the following chart.

A. Uses of estar

1. To express health

¿Cómo **está**?	*How is she?*
Ana **está** enferma hoy.	*Ana is sick today.*

2. To express condition of a person, thing, or place

Nosotros **estamos** tristes.	*We are sad.*
El niño **está** muy cansado.	*The boy is very tired.*
Este cuarto **está** desordenado.	*This room is untidy.*
Madrid **está** lleno de turistas en el verano.	*Madrid is full of tourists in the summer.*

3. To express location of people and objects

Ellos **estuvieron** en Sudamérica.	*They were in South America.*
El Museo del Prado **está** en Madrid.	*The Prado Museum is in Madrid.*

4. To describe an action that is happening now (**estar** + present participle)

La clase **está** practicando los verbos.	*The class is practicing the verbs.*
Yo **estoy** comiendo el almuerzo.	*I am eating lunch.*

5. To express a state of being as a result of an action (**estar** + past participle used as adjective)

La tienda **está** cerrada.	*The store is closed.*
Las ventanas **están** abiertas.	*The windows are open.*
Yo **estoy** preocupada.	*I am worried.*
Estos juguetes **están** rotos.	*These toys are broken.*

6. To express a change in mental or social state (**estar** + past participle used as adjective)

Mental state (emotions)		**Social state**	
estar enamorado/a (de)	*to be in love (with)*	**estar** casado/a (con)	*to be married (to)*
estar enojado/a	*to be angry*	**estar** comprometido/a (con)	*to be engaged (to)*
estar entusiasmado/a (con)	*to be enthusiastic (about)*	**estar** divorciado/a (de)	*to be divorced (from)*
estar preocupado/a (por)	*to be worried (about)*	**estar** separado/a (de)	*to be separated (from)*

7. With these idiomatic expressions:

estar de acuerdo	*to agree*	**estar** de mal humor	*to be in a bad mood*
estar bien / bueno/a	*to be all right / good*	**estar** de paso	*to be passing by*
estar con prisa	*to be in a hurry*	**estar** de vacaciones	*to be on vacation*
estar contento/a	*to be happy*	**estar** equivocado/a	*to be wrong*
estar de buen humor	*to be in a good mood*	**estar** muerto/a	*to be dead*

—Hola Lucía, **estoy de paso**, no puedo quedarme mucho tiempo.	*—Hello, Lucía, I'm just passing by, I can't stay long.*
—**Está bien,** Roberto. Pasa.	*—It's all right, Roberto. Come in.*

B. Uses of ser

1. To express physical, mental and emotional characteristics associated with a person.

¿Cómo **es**?	*What is it/he/she like?*
La prima **es** pelirroja.	*The cousin is red-haired.*
El hermano mediano **era** egoísta.	*The middle brother was selfish.*
Los novios **serán** felices.	*The bride and groom will be happy.*

2. To express physical characteristics of a thing.

La boda va a **ser** sencilla.	*The wedding is going to be simple.*

3. To express origin

Los padres de Luis **son** de Perú.	*Luis's parents are from Peru.*

4. To express profession, nationality, religious, or political affiliation

Mi padre **es** un hombre de negocios.	*My father is a businessman.*
El bisabuelo **era** italiano.	*The great-grandfather was Italian.*
El abuelo **era** católico y conservador.	*The grandfather was Catholic and conservative.*

5. To express possession

Ese coche nuevo **es** de María.	*That new car is Maria's.*

6. To express what something is made of

La mesa **es** de madera.	*The table is made of wood.*

7. To express time and location of an event. It expresses where something takes place.

La ceremonia religiosa **es** a las tres.	*The religious ceremony is at three.*
La fiesta **será** en casa de Luis.	*The party will be at Luis's house.*

8. To express time

Son las cinco de la tarde.	*It is five in the afternoon.*

9. Expression

ser soltero/a	*to be single*

1-37 Cosas y personas en mi vida. Describe estas cosas y personas con la información dada. Usa **ser** o **estar** según la situación.

1. mi coche / japonés
2. mi cuarto / pequeño
3. mi hermana / de vacaciones en Acapulco
4. mis amigos / divertidos
5. mi madre / una pintora famosa
6. mi padre / en su oficina todo el día
7. mi casa / blanca y roja
8. mi novia / en España este semestre
9. mi clase / a las cinco de la tarde
10. mi profesor / de buen humor

2 **1-38 ¿Cómo eres?** Entrevisten a un/a compañero/a utilizando el verbo **ser** en sus preguntas. Expresen en qué grado (muy, poco o nada) reflejan ustedes las siguientes características. Guarden las respuestas para hacer un informe al final de la clase.

MODELO: prudente – imprudente

E1: *¿Eres prudente o imprudente?*

E2: *Soy muy prudente (no soy nada imprudente o a veces soy un poco imprudente).*

1. apasionado/a – frío/a
2. conservador/a – liberal
3. eficiente – ineficiente
4. aburrido/a- divertido/a
5. fuerte – débil
6. hablador/a – callado/a
7. honesto/a – deshonesto/a
8. simpático/a – antipático/a
9. puntual – impuntual
10. tímido/a – abierto/a
11. perezoso/a – trabajador/a
12. tolerante – intolerante

2 1-39 **¿Cómo estás?** Entrevista a un/a compañero/a utilizando el verbo **estar** en tus preguntas y los siguientes adjetivos. Tu compañero/a debe explicar por qué se siente así. Guarda las respuestas para hacer un informe al final de la clase.

aburrido/a cansado/a triste contento/a nervioso/a enfermo/a sano/a

MODELO: E1: *¿Estás contento/a? ¿Por qué?*
E2: *Sí, estoy contento/a porque este fin de semana voy a ver a mi familia.*

2 1-40 **La foto.** Trae a clase una foto (de quienes tú quieras) que refleje la personalidad de las personas retratadas. Explícale a tu compañero/a quiénes son las personas en la foto, y qué detalles denotan la personalidad de cada una.

1-41 **¿Conociéndote?** Escribe en un papel una oración para cada una de estas categorías con tu información personal. Luego entrégale tu descripción a tu profesor/a sin escribir tu nombre. Usa los verbos **ser** y **estar** siempre que puedas en tu descripción.

Aspecto físico (ojos, cabello, físico)
Nacionalidad
Familia
Personalidad
Estado de ánimo
Actividades favoritas

G 1-42 **¿Quién será?** Tu profesor/a va a distribuir la información del ejercicio anterior. Lee la hoja que te toque y luego circula por la clase y habla con tus compañeros hasta encontrar a la persona que escribió la información. Usa preguntas como:

¿Cómo estás?
¿De dónde eres?
¿Cómo eres?
¿Cómo es tu familia?
¿Qué te gusta hacer?

G 1-43 **Juego.** La clase se dividirá en dos equipos: **ser** y **estar**. Cada equipo estudia los usos de su verbo. Luego escoge un personaje famoso o imaginario para describirlo. El primer miembro de un equipo debe crear una oración describiendo a este personaje con el verbo asignado en 20 segundos máximo. Al terminar cada frase se pasa al otro equipo. Cada oración correcta tiene un punto. Al cabo de tres minutos se cuentan los puntos y el equipo con el mayor número gana.

Diario

Todos tenemos una parte linda y una parte fea de nuestra personalidad. Describe cuál es tu parte linda y cuál es tu parte fea. ¿Hay algo que quieres cambiar en tu personalidad? ¿Por qué?

Conversemos sobre la lectura

Antes de leer

Estrategia de lectura: *Predicting and guessing; cognates*

A. Predicting and guessing

Before you start reading a passage take a few minutes to look at the title, any sentence that may precede it, subtitles, and the illustrations that accompany it. These will give you clues to the content of the passage and will help you to form an idea of what to expect in the reading selection. As you read the first paragraph your idea may be confirmed or you may need to modify or discard it. Repeat the same process as you read through the passage. This active reading is like a dialogue between the writer and the reader.

1-44 **¿Cuáles son tus ideas?** La selección siguiente es la introducción a la lectura. ¿Qué te sugieren el título y la oración que lo precede? Escribe una oración que explique lo que esperas encontrar en esta lectura.

> **Cómo nos afecta ser hermano/a mayor, menor o hijo/a único/a.**
>
> ***El bueno, el feo y el malo***
>
> Por lo general, los primogénitos son más conservadores y dominantes; los medianos son celosos e independientes; y los pequeños, creativos y revolucionarios... Un estudio psicológico reciente afirma que el orden de nacimiento en una familia es determinante en la formación de la personalidad del ser humano.

B. Cognates

There are many words that look very similar in both Spanish and English. Words like **revolucionario** and *revolutionary* are called cognates. These words can help you understand a reading passage without looking up every word in the dictionary.

1-45 **Cognados.** Lee el primer párrafo de la lectura *El bueno, el feo y el malo* y haz una lista de los cognados que encuentres.

Vocabulario de las lecturas

Estudia estas palabras para comprender mejor los textos.

Vocabulario		Palabra en uso
el carácter	*temperament*	El mediano tiene un **carácter** fuerte.
el comportamiento	*behavior*	El buen **comportamiento** del niño sorprendió a los adultos.
comportarse	*to behave*	¡**Compórtate** bien en la mesa!
dominante	*domineering*	El hermano mayor es el más **dominante**.
la infancia	*childhood*	Mi **infancia** está llena de lindos recuerdos.
el/la mayor	*the oldest*	La **mayor** tiene más responsabilidades.
la mayoría	*majority*	La **mayoría** de los hermanos pequeños son muy mimados.
el/la mediano/a	*middle child*	El **mediano** necesita mucha atención.
el/la menor	*the youngest*	El **menor** es un niño muy independiente.
la minoría	*minority*	Los niños que aprenden a tocar el piano son una **minoría**.
la moda	*fashion*	Su ropa no está a la **moda**.
el nacimiento	*birth*	El orden del **nacimiento** determina la personalidad.
el/la primogénito/a	*firstborn*	La **primogénita** es la hermana mayor.
el resultado	*result*	Ya tenemos el **resultado** de las encuestas.
el ser humano	*human being*	El **ser humano** es un animal complejo.
el/la vecino/a	*neighbor*	El **vecino** vive al lado de tu casa.
el/la viudo/a	*widower / widow*	La señora quedó **viuda** este año.

2 1-46 **¿Qué palabra es?** Escoge cinco palabras del vocabulario y descríbelas usando las circunlocuciones. Tu compañero/a debe adivinar qué palabra estás definiendo.

MODELO: E1: *Es la persona que vive al lado de mi casa.*
E2: *¿Es el vecino?*

2 1-47 **A. El comportamiento y la personalidad.** La manera en que un ser humano se comporta en diferentes situaciones refleja su personalidad. Lee las situaciones presentadas a continuación y escoge la respuesta correspondiente de acuerdo a cómo te comportas tú en cada situación.

1. Tu vecino te pide que lo lleves al aeropuerto.
   a. Eres amable y lo llevas aunque te cause problemas.
   b. Le das una excusa para no llevarlo porque es una incomodidad para ti.

2. Tu novio/a va al cine con sus amigos/as.
   a. Estás celoso/a y te enojas.
   b. Actúas de una manera madura y haces planes para salir con otra persona.
3. Estás en un festival al aire libre y una mujer ofrece leerte el futuro en las manos.
   a. Tienes miedo y te apartas de ella. No quieres saber el futuro.
   b. Tienes curiosidad y le permites que te lea las líneas de la mano.
4. Tú observas que los hijos primogénitos de tus hermanos son mal educados.
   a. Crees que es mejor esperar a que crezcan y aprendan solos.
   b. Crees que tienes derecho a corregirlos.
5. Tienes un/a amigo/a con una personalidad dominante.
   a. Siempre haces lo que él/ella dice para no discutir.
   b. Lo/La enfrentas cuando no estás de acuerdo aunque pongas en peligro tu amistad.

2 1-47 **B. Resultados según tu comportamiento.** Ahora lee el resultado de tus respuestas. Habla con tu compañero/a y decide si estás de acuerdo con la descripción de tu personalidad. Explica tu respuesta.

4–5 Si escogiste la opción B cuatro o cinco veces:

Tú eres una persona madura que sabe lo que quiere y no tiene miedo de expresar lo que piensa y siente.

2–3 Si escogiste la opción B dos o tres veces:

Tú eres una persona sensible que piensa en los sentimientos de los otros antes de expresar los suyos.

0–1 Si escogiste la opción B menos de una vez:

Tú eres una persona generosa, no eres agresiva y no te gustan los enfrentamientos. Ante una controversia prefieres darle al otro el beneficio de la duda.

2 1-48 **Mis reacciones.** En parejas, cada estudiante debe explicarle a su compañero/a cómo se siente frente a estas situaciones. Túrnense para hablar.

MODELO: frente a una situación inesperada

E1: *Me siento nervioso/a y empiezo a hablar descontroladamente.*

1. frente al nacimiento de un bebé
2. cuando en un grupo eres parte de la minoría
3. cuando tienes que probar algo nuevo
4. frente a una persona con una personalidad dominante
5. frente a un problema que parece no tener solución
6. frente a una persona a quien siempre todo le sale bien
7. cuando vas a conocer a una nueva persona

G 1-49 **Las características.** En grupos de tres estudiantes, hagan una lista de las diferentes características que tienen los distintos hermanos en una familia. ¿Cómo son el la hermano/a mayor, el / la mediano/a y el / la menor? Después, comparen sus resultados con los de otros grupos.

Lectura

En esta lectura vas a informarte acerca de algunos estudios psicológicos sobre la personalidad de los hijos según el orden de su nacimiento. Vas a descubrir el papel que juega cada hermano dentro de la familia y cómo ese papel determina su personalidad.

El bueno, el feo y el malo

"Parece mentira que sean hermanos."

Esta frase tan repetida tiene, según la psicóloga Lucila Andrés, una explicación muy sencilla: el orden del nacimiento es uno de los factores determinantes de la formación del carácter. Los padres educan a los hijos de acuerdo a unos roles° establecidos. Por ejemplo, el hermano mayor tiene la responsabilidad de ser un guía° para sus hermanos, algo que marca su futuro comportamiento.

role
guide

Introvertido y extrovertido

El historiador científico Frank Sulloway, profesor del Instituto de Tecnología de Massachusetts, afirma que los hermanos benjamines[1]° son dieciocho veces más propensos a dirigir° revoluciones de izquierda, mientras que los primogénitos se inclinan más por defender las causas conservadoras. El orden del nacimiento es también un factor para predecir° la extroversión. Un estudio de la universidad de Tennessee demuestra que los hijos únicos son veinte veces más introvertidos que los benjamines.

menores
have the tendency to lead
predict

"Aquí mando yo"°

I'm the boss

Los múltiples estudios psicológicos sobre hermanos mayores dan resultados comunes: generalmente, dentro del grupo familiar son los más autoritarios y agresivos. Según Frank Sulloway, los primogénitos crecen sabiendo que son más fuertes y grandes que el resto de sus hermanos, lo que les permite ser más dominantes. Aceptan los valores por los que se guían sus padres, rechazando° las ideas nuevas.

rejecting

Normalmente, a los primogénitos se les pide más que a sus hermanos mientras crecen; desarrollando° en ellos mayor responsabilidad y más fuerza de voluntad°.

developing
will power

[1]Benjamín se refiere al hijo menor y generalmente al más querido de sus padres. Proviene de la historia bíblica del menor de los hijos de Jacobo y su esposa Raquel.

"Eso no es justo"

Protestar por todo es una máxima que usan buena parte de los hermanos pequeños; no en vano, la mayoría de los revolucionarios en la historia del mundo ocupan este lugar en sus familias. "Se rebelan contra las normas porque todo el 30 mundo cree que tiene derecho a darles órdenes, los padres, el hermano mayor, el abuelo, hasta el vecino le dice lo que es mejor para él", explica Lucila Andrés. Por lo general son más sociables, están abiertos a innovaciones y en contra del autoritarismo de los mayores.

"Nadie me quiere"

35 Generalmente se piensa que los hermanos medianos son los menos favorecidos "y en el caso de que sean sólo tres y del mismo sexo, es así, porque no tienen los derechos del mayor ni los privilegios del pequeño", afirma el doctor Ronald Richardson, del Centro North Shore de Vancouver.

Durante su infancia, los hermanos del medio se muestran° más celosos, pero 40 también más independientes y, sobre todo, acostumbrados a comportarse como un puente° entre todos sus hermanos, tienen una importante capacidad° de negociación.

appear to be

bridge

ability

"Qué solo estoy"

Los hijos únicos, cada vez más numerosos en nuestra sociedad, tienden° a 45 identificarse con la autoridad paterna y en general son bastante conservadores. Los especialistas creen que al no tener que competir con hermanos, a la larga son más volubles en intereses, personalidad y actitudes sociales. En su vida adulta prueban varias alternativas —laborales, afectivas...— hasta elegir una.

have a tendency

Generalmente, el hijo único tiende a adoptar los roles de sus padres: si es 50 mujer se identificará con su madre, y si es hombre con su padre. "Maduran pronto, son independientes y no dedican mucho tiempo a jugar", explica el doctor Richardson.

El orden no lo es todo

Estos estudios estadísticos también son criticados. Sulloway afirma que existen 55 muchos otros factores que pueden modificar la influencia del orden del nacimiento:

- Según el sexo, los padres educan a sus hijos de una u otra forma.
- La timidez minimiza las características de nacimiento y la extroversión las exagera.
- 60 Los conflictos familiares pueden alterar el comportamiento de los hijos.
- Si hay más de cinco años entre los hermanos, tienen las características del orden que ocupan y además muchas de las del hijo único.

Eva Calvo, "Quo, el saber actual"

2 **1-50** **¿Cierto o falso?** Señala si las siguientes afirmaciones son ciertas o falsas según la lectura. Corrige las falsas y busca en el texto la justificación para tus respuestas. Luego compara tus respuestas con las de otro/a estudiante.

1. F C El orden del nacimiento determina la personalidad.
2. F C El mayor es más conservador que el menor.
3. F C Los hijos únicos son más introvertidos que los que tienen hermanos.
4. F C Los hermanos mayores rechazan los valores de los padres.
5. F C Los menores son dominantes y agresivos.
6. F C Los menores son más sociables que los medianos.
7. F C Los hermanos medianos no saben negociar.
8. F C Los medianos son más independientes que los otros.
9. F C Los hijos únicos cambian de intereses con frecuencia.
10. F C No hay otros factores que determinen la personalidad.

1-51 **Orden del nacimiento.** Completa la siguiente tabla con la información de la lectura.

Orden del nacimiento	Características generales
hijo mayor	
hijo mediano	
hijo menor	
hijo único	

G **1-52** **Encuesta.** Completa la tabla siguiente con tu información y la de otros/as tres estudiantes de tu clase. Pregúntales sobre las siguientes características y escribe sus respuestas en el espacio correspondiente.

MODELO: E1: *¿Eres agresivo/a?*
E2: *Sí/No, (no) soy agresivo/a.*

	Yo	Estudiante 1	Estudiante 2	Estudiante 3
abierto/a				
autoritario/a				
buen/a negociador/a				
celoso/a				
conservador/a				
creativo/a				
dominante				

(continúa en la página siguiente)

	Yo	Estudiante 1	Estudiante 2	Estudiante 3
extrovertido/a				
independiente				
innovador/a				
introvertido/a				
responsable				
revolucionario/a				
sociable				
hijo/a único/a				
hijo/a mayor				
hijo/a mediano/a				
hijo/a menor				

G 1-53 **Estadística casera.** En grupos, comenten y comparen los resultados de la encuesta del ejercicio anterior. ¿Qué relación hay entre el orden del nacimiento y la personalidad de los encuestados? ¿Coinciden sus resultados con lo que dice el artículo sobre el tema? Preparen un informe para la clase.

G 1-54 **Debate.** Preparen argumentos a favor y en contra de la siguiente afirmación. Luego la clase se dividirá en dos grupos para debatir a favor y en contra.

El orden del nacimiento es un factor determinante de la personalidad de los hijos.

G 1-55 **En la tele.** Piensen en una escena de algún programa de televisión o de una película que refleje la teoría de que el orden del nacimiento marca la personalidad de las personas. Preparen un informe oral demostrando su teoría y preséntenselo a la clase. Pueden traer el ejemplo en video para mostrarlo en clase.

Gloria Fuertes (1918–1998)

Poeta española contemporánea que, como otros escritores que vivieron en España durante la guerra civil y la dictadura franquista, tuvo que superar la pobreza y otros obstáculos por ser mujer. Su lenguaje es directo, coloquial y espontáneo. En este ejemplo del libro *Mujeres de verso en pecho*, 1995, nos presenta un poema en el que se describe a sí misma.

Yo soy así

Yo soy así
como me estáis viendo.
Yo soy así,
con nariz pinochil°, *a nose like Pinocchio's*
5 con hermosa nariz
(de pequeña no podía
jugar al "ori°. *word used when playing hide / seek*
Flequillo° y entrecejo° *bangs* *space between the eyebrows*
acusado
10 —no me acuso de haber amado—
Vestida de soltera,
mi moda es no ir a la moda,
mi guerra° es no ir a la guerra. *war*
Soy más pacifista que artista
15 más humanista que feminista,
más alta que baja,
mis músculos° *muscles*
más fuertes que García…

Soy tímida y no lo parece,
20 soy poeta y sí lo parece,
soy gorda y sí lo parece,
soy soltera y no lo parece,
soy viuda y sí lo parece,
soy niña y no lo parece.

25 Soy así…
Como me estáis leyendo.

1-56 Gloria es... Clasifica las palabras o frases que describen a la poeta en hechos e ideas. Luego, indica en qué te pareces a ella. Añade tres palabras o frases en cada columna para describirte a ti.

Los hechos	Las ideas
con nariz pinochil	no ir a la moda

1-57 Más o menos. Transforma los siguientes versos del poema para expresar lo mismo pero de manera diferente.

MODELO: Verso: Soy más pacifista que artista.
Soy menos artista que pacifista.

1. mi moda es no ir a la moda,
2. más humanista que feminista,
3. más alta que baja,
4. mis músculos
5. más fuertes que García…

1-58 ¿Se parece a Gloria Fuertes? Prepara cinco preguntas para hacerle a otro/a estudiante con el propósito de saber si se parece a Gloria Fuertes. Entrevista a un/a compañero/a. Luego informa a la clase.

MODELO: *¿Eres pacifista?*

1-59 ¿Cómo eres tú? Descríbete en versos. Escribe una estrofa que refleje quién eres tú, siguiendo este modelo.

Soy tímida y no lo parece,
soy poeta y sí lo parece,
soy gorda y sí lo parece,
soy soltera y no lo parece,
soy viuda y sí lo parece
soy niña y no lo parece.

Soy así…
como me estáis leyendo

Avancemos con la escritura

Estrategia de escritura: *The purpose and the audience; Description of a person; The personal letter*

A. The purpose and the audience

Every time you sit down to write there are two important questions you must answer before starting. The way you write, the words you choose, and the tone you use are going to be determined by how you answer these questions.

- What is the purpose of your writing? What do you want to accomplish with it?
- Who is your audience? Who is the writing directed to? Who is the reader?

You should ask these questions when you plan your work in every **Avancemos con la escritura** section. It is the first step to get you started. The second step is to explore the characteristic elements that go into the different types of writing. For example, the elements that are included in a narration are very different from what is included in a description. In this chapter we will start with the description of a person.

B. Description of a person

When describing a person, you are painting a picture of that person and you want to make the reader agree with you. To share your views on a particular person with someone else, you need to select the details that will convey your impression of that person. These are some general points that are used to describe a person:

- physical appearance
- personality/temperament
- particular characteristics and behaviors

2 **1-60** **Una persona famosa.** Ustedes son parte de un comité que tiene que escoger a una persona famosa para visitar la universidad. Decidan a quién van a escoger y expliquen por qué lo/la escogieron describiendo sus cualidades sobresalientes y algunas de sus actividades. Presenten su descripción para convencer a la clase. Luego se votará por la personalidad más interesante. Usen las palabras descriptivas de la pag. 12.

2 **1-61** **Buscamos un/a compañero/a de casa.** Ustedes buscan un/a compañero/a de casa y van a seleccionar entre varias personas. Decidan cómo debe ser la personalidad y el carácter de la persona que buscan. Hagan una lista.

La persona que buscamos tiene que ser…

C. The personal letter

You are going to convey information about a person in the form of a letter. The functional purpose of your writing is to describe a person you know well. These are the points that you need to know to write a letter in Spanish.

1. The date should appear on the top right corner of the page. Notice that the day is written before the month.

   30 de septiembre de 2004

2. The following salutation is used in personal letters for people that you know well. Notice the use of a colon after the opening.

   Querido/a __(Nombre)__:

3. In closing, use one of the following phrases:

Te quiero mucho,	*Much love,*
Muchos besos,	*Many kisses,*
Abrazos de,	*Hugs,*
Cariños a los chicos y abrazos para ti.	*Love to the children and a hug for you.*

1-62 **Mi nuevo compañero/a de cuarto.** Tienes un/a nuevo/a compañero/a de cuarto. Escríbele una carta a tu familia contándoles cómo es. Además de su aspecto físico, incluye datos sobre su personalidad, sus hábitos, las actividades que disfruta, sus gustos y su carácter. Presta atención al formato de la carta.

1-63 **Los amigos universitarios.** Éste es tu primer semestre en la universidad y has hecho muchos amigos. Escríbele una carta a tu mejor amigo/a describiéndole a tres de tus nuevos amigos. Incluye detalles sobre su apariencia física, personalidades, características de cada uno y las actividades que hacen juntos. Apoya tu descripción con ejemplos de sus acciones. Usa las palabras descriptivas y el vocabulario de este capítulo. Presta atención al formato de la carta.

> Antes de entregar tu composición, asegúrate de haber incluido y revisado lo siguiente:
>
> La conjugación correcta de los verbos en el presente
> Las expresiones útiles
> El uso de ser y estar
> La concordancia de los adjetivos y los sustantivos

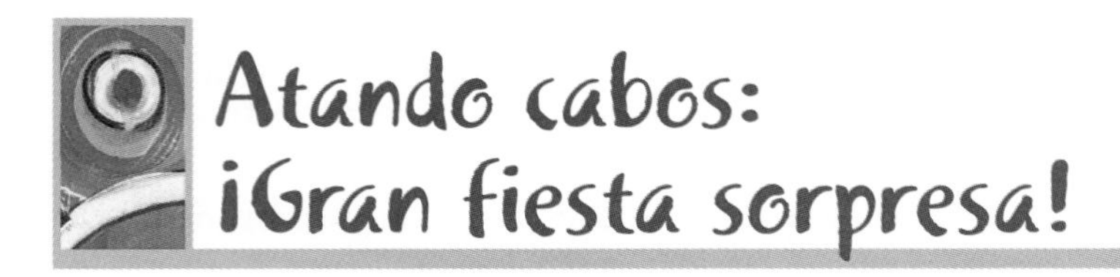

Atando cabos: ¡Gran fiesta sorpresa!

En esta sección del capítulo vas a preparar una gran fiesta para un miembro de tu familia.

1-64 **Fiesta sorpresa.** Tu padre o tu madre pronto va a cumplir cincuenta años. Has decidido darle una fiesta sorpresa. Tienes que hacer una lista de los invitados y explicar por qué invitas a cada persona y cuál es la relación de cada invitado con la persona que cumple años. Puedes invitar hasta quince personas. Tiene que haber hombres, mujeres, niños y gente mayor.

2 1-65 **Un regalo muy particular.** Uno de los invitados a la fiesta trajo esta foto como regalo. Él asegura que hay una relación familiar entre los personajes de esta familia y tu familia. Como experto investigador cada uno de Uds. debe descubrir qué relación tiene su familia con la familia de la foto. También expliquen cuáles son las relaciones entre las distintas personas de la foto.

G 1-66 **Fotos de la infancia.** Debes buscar cinco fotos de tu infancia que consideres especiales. No tienes que estar tú en la foto obligatoriamente. Explícales a tus compañeros/as quiénes son las personas que aparecen, cuándo y dónde fue sacada la foto y por qué la seleccionaste.

G 1-67 **Historias de familias.** Debes entrevistar a un familiar para que te cuente la historia de familia más extraordinaria que recuerde. Tiene que ser alguien de por lo menos la generación de tus padres. No pueden ser tus padres. Luego escribe un resumen de la historia y prepárate para contarla al grupo.

G 1-68 **Los ídolos familiares.** La fiesta los ha hecho pensar mucho en sus familias. Ahora les gustaría compartir sus experiencias con otros estudiantes de la clase. En grupos de cuatro, utilicen las preguntas siguientes para preparar un informe sobre sus respectivas familias.

1. ¿A qué mujer de tu familia admiras más? ¿Por qué? ¿Cómo es físicamente? ¿Y su personalidad?
2. ¿A qué hombre de tu familia admiras más? ¿Por qué? ¿Cómo es físicamente? ¿Y su personalidad?
3. ¿Hay algún niño preferido en tu familia? ¿Quién? ¿Por qué? ¿Cómo es físicamente? ¿Y su personalidad?
4. ¿Para ti es mejor ser hijo único, mayor, mediano o menor? ¿Por qué?

Diario

Piensa en la mejor fiesta de cumpleaños que podrías tener y descríbela en tu diario. ¿Cómo es? ¿Quiénes están? ¿Qué regalos recibes? ¿Cómo te sientes? ¿Dónde es la fiesta? ¿Qué decoraciones hay?

Vocabulario

La familia

La lista de **Palabras conocidas** de la pág. 4 debe ser parte de tu vocabulario activo.

el/la abuelo/a	*grandfather, grandmother*
el/la hijo/a	*son / daughter*
los hijos	*children*
la madre	*mother*
el matrimonio	*marriage*
el/la nieto/a	*grandson, granddaughter*
el padre	*father*
los padres	*parents*
el/los papá/s	*dad(dy)/parents*
la pareja	*couple*

Sustantivos

la amistad	*friendship*
el amor	*love*
el apoyo	*support*
el/la bebé	*baby*
la boda	*wedding*
el cambio	*change*
el carácter	*temperament*
el comportamiento	*behavior*
la crianza	*bringing up, rearing*
el deber	*duty, obligation*
el derecho	*right*
la desaparición	*disappearance*
el divorcio	*divorce*
el embarazo	*pregnancy*
la infancia	*childhood*
el integrante	*member*
el lazo familiar	*family tie*
la maternidad	*maternity*
el/la mayor	*the oldest*
la mayoría	*majority*
el/la mediano/a	*middle child*
el/la menor	*the youngest*
la minoría	*minority*
la moda	*fashion*
el mundo	*world*
el nacimiento	*birth*
la personalidad	*personality*
el/la primogénito/a	*firstborn*
el respeto	*respect*
el resultado	*result*
el ser humano	*human being*
la timidez	*shyness*
la unidad	*unity*
el valor	*value*
el/la vecino/a	*neighbor*
el/la viudo/a	*widower / widow*

el lazo bond

Verbos

La lista de verbos de las pág. 16 y 17 debe ser parte de tu vocabulario activo. También la lista de verbos regulares que aparece en **Cabos sueltos**, pag. 429.

aumentar	*to increase*
cambiar	*to change*
casarse	*to get married*
compartir	*to share*
comportarse	*to behave*
contar (ue)	*to count*
continuar	*to continue*
convivir	*to live together*
crecer	*to grow*
criar	*to raise, rear*
cuidar	*to take care of*
divorciarse	*to divorce*
elegir (i)	*to choose*
mostrar (ue)	*to show*
mover (ue)	*to move*
mudarse	*to change residence*
nutrir	*to nourish*
optar	*to opt, choose*
parecer (zc)	*to seem*
parecerse a (zc)	*to resemble*
reflejar	*to reflect*
seguir(i)	*to continue*
separarse	*to separate*

Adjetivos

La lista de adjetivos de la pág. 12 debe ser parte de tu vocabulario activo.

anterior	*former*
basado/a	*based on*
casado/a	*married*
dominante	*domineering*
egoísta	*selfish*
enamorado/a	*in love*
extendido/a	*extended*
intacto/a	*intact*
junto/a	*together*
monoparental	*only one parent*
pelirrojo/a	*red-haired*
poderoso/a	*powerful*
reensamblado/a	*rebuilt*
romántico/a	*romantic*
soltero/a	*single*
tímido/a	*shy*
válido/a	*valid*
variado/a	*varied*

Expresiones idiomáticas

a nuestro alrededor

alrededor (de)	*around*
aunque	*though, although, even if*
más allá de	*beyond*
hoy en día	*nowadays*
por ciento	*percent*
según	*according to*

(如果接verb, 要 conjugate!! no infinitive)

2 Hablemos del multiculturalismo

Desfile puertorriqueño en Nueva York

Baile folklórico mexicano

"Dame tu mano, hermano."

Tema cultural

El multiculturalismo

La comunidad hispana en los Estados Unidos

Objetivos comunicativos

Expresar obligación y probabilidad

Formular preguntas

Pedir aclaraciones

Expresar acciones involuntarias

Expresar gustos y preferencias

Describir la rutina diaria

Películas recomendadas para este capítulo: *El norte* y *Y no se lo tragó la tierra*.

Canción recomendada para este capítulo: *Mestizaje, Ska-P, 2001*

En marcha con las palabras

En contexto: Dos reseñas cinematográficas

Éstas son dos películas sobre los hispanos en los Estados Unidos.

EN EL CINE

El norte ★★★

Gregory Nava
EE.UU./México/Guatemala. 1983, 140 min.

Esta importante película narra la vida de dos hermanos guatemaltecos, Rosa y Enrique, que **emigran** a los Estados Unidos, con el deseo de **establecerse** allí para obtener cierto **bienestar** económico. En su país de origen **cultivan** la tierra, pero la **violencia** y el **racismo** que sufren por ser **indígenas** los **obligan** a salir de Guatemala.

Primero van a México, y luego, con la ayuda de un **coyote**, cruzan la **frontera** estadounidense; pero su situación de **indocumentados** no les permite **adaptarse** a su nuevo mundo ni **tener el éxito** que desean.

Para **ganarse la vida** tienen que conseguir **trabajos temporales**, por los que se **paga** menos que **el salario mínimo** y que no son suficientes para **mantener a una familia.**

Además, siempre **tienen miedo** de que **la migra** los encuentre, y no pueden comunicarse porque el inglés no es su **lengua materna**. **Al final** de la película, no **logran alcanzar su sueño**. Simbólicamente, Rosa vuelve a reunirse con sus **antepasados** en Guatemala, y no sabemos qué va a pasar con Enrique, porque sin la **tarjeta de residente** que le permita trabajar es muy difícil que pueda **integrarse** en esa nueva sociedad.

EN EL CINE

Y no se lo tragó la tierra ★★★

Severo Pérez
EE.UU. 1994, 99 min.

Basada en la novela de Tomás Rivera, esta película es la historia de una familia de **trabajadores migratorios** de Texas. El narrador, Marcos, recuerda el **maltrato** y las **injusticias** que tuvo que **soportar** cuando era niño. El **oficio** de sus padres consistía en **piscar**[1] fruta en los estados del Midwest. Cada año, ellos viajaban entre Texas y Minnesota, **recogiendo** las **cosechas**. Su trabajo como **mano de obra** barata no les permitía **ganar** un buen **sueldo** y, **por lo tanto**, no podían **mejorar** su **nivel de vida. Lo que** esta película muestra claramente es la **lucha** de un niño por **asimilarse** a una cultura a la que no pertenece, sufriendo los **prejuicios** sociales y la explotación económica.

Además, es la historia de los **braceros** que tienen que pasar su vida trabajando en las cosechas, recibiendo una **paga** insuficiente para vivir y siendo **rechazados** por un gran **porcentaje** de la **población**.

[1]The word **piscar** is used only by migrant workers. It is an Anglicism from the English word *pick*. The correct Spanish word is **recoger**.

PALABRAS CONOCIDAS

Estas palabras deben ser parte de tu vocabulario.

Los hispanos

América Central
América del Sur
el barrio
el/la costarricense
el/la chicano/a
el/la cubano/a
el/la dominicano/a
el/la guatemalteco/a
el/la hispanohablante
el/la hondureño/a
el/la mexicano/a
el/la nicaragüense
el/la panameño/a
el/la puertorriqueño/a
el/la salvadoreño/a

Cognados

el abuso
el anglo
bilingüe
el bilingüismo
la deportación
la discriminación/racial
el/la emigrante
emigrar
el estereotipo
la explotación
la inmigración
el/la inmigrante
inmigrar
el machismo
monolingüe

EXPRESIONES ÚTILES

además	*besides*
al final	*in the end*
por lo tanto	*therefore*
lo que + verbo + ser (que)	*What + verb + to be (that)*

Lo que *is used to introduce an idea that is explained next.*

Además de pasar hambre, tienen que preocuparse por la migra.	*Besides being hungry, they have to worry about the INS agents.*
Al final de la película, no encuentran la felicidad.	*At the end of the movie, they don't find happiness.*
No tienen trabajo, **por lo tanto** no pueden comprar comida.	*They don't have jobs, therefore they can't buy food.*
Lo que pasa es que no puedo ayudarlo.	*What's happenings is that I can't help you.*
Lo que dijo fue que tienes que volver a tu país.	*What he said was that you have to go back to your country.*
Lo que sentía era miedo.	*What I felt was fear.*

2 2-1 **¿Qué tal la película?** Completa las frases siguientes para explicar lo que pasa en la película *El norte* según la reseña. Luego coméntalas con tu compañero/a. Hay varias respuestas posibles para cada oración.

1. La vida de los dos hermanos estaba en peligro en Guatemala; por lo tanto…
2. Cuando los hermanos llegan a los EE.UU. tienen que adaptarse a una nueva cultura. Además…
3. Ellos no tienen los documentos en orden, por lo tanto…
4. Al final de la película…

2 2-2 **Los trabajadores migratorios.** Uno/a de ustedes va a explicarle a su compañero/a la forma de vida de los trabajadores migratorios según la reseña de la película *Y no se lo tragó la tierra*. El/la otro/a estudiante va a hacer las preguntas indicadas abajo para ayudarle. Utilicen la expresión **lo que** en sus respuestas cuando sea necesario.

MODELO: E1: ¿Qué es lo que recuerda Marcos?
E2: *Lo que recuerda es el maltrato y las injusticias.*

1. ¿Qué es lo que recogen los trabajadores migratorios?
2. ¿Qué es lo que no pueden mejorar con el sueldo que ganan?
3. ¿Qué es lo que muestra la película *Y no se lo tragó la tierra*?
4. ¿Qué es lo que reciben los braceros por su trabajo?
5. ¿Qué es lo que necesitan los indocumentados para trabajar legalmente?

2-3 **El arte.** Observa este mural chicano. Describe lo que ves en él completando las oraciones.

Cristina Cárdenas, Watts, Los Ángeles, *Young people of Watts*, 1992.

1. Lo que esta pintura representa es _______.
2. Lo que vemos es _______.
3. Lo que está haciendo la mujer de falda roja y camiseta blanca es_______.
4. Lo que tiene la mujer que está en el centro del mural es _______.
5. ¿?

Boletín

Latinos
Son las personas nacidas en Latinoamérica o descendientes de latinoamericanos, que residen en los Estados Unidos. Proceden de diferentes países de Latinoamérica en los que se habla español, francés o portugués. Se estima que en el año 2015 habrá 50 millones de latinos en los EE.UU.

Boletín

Hispanos
Es el término aplicado generalmente a los residentes de los Estados Unidos que hablan español.

2-4 **A. Asociaciones.** ¿Qué palabras asocias con…?

1. el trabajador migratorio
2. tener éxito
3. el racismo
4. la frontera
5. los hispanos
6. emigrar

2 **B.** Ahora compara tus respuestas de la sección A con las de tu compañero/a. ¿Son similares? ¿En qué se diferencian? ¿Son asociaciones positivas o negativas? ¿Por qué?

C. ¿Qué crees que deben hacer los inmigrantes que no tienen los documentos en orden?

2 2-5 **Invitación.** Escoge una de las películas anteriores y llama a tu compañero/a por teléfono para invitarlo/a a verla. Explícale cuál es el tema de la película y trata de convencerlo/a para que te acompañe.

2 2-6 **¡Ahora ustedes son los actores!** Imaginen que van a hacer una película sobre los hispanos en los Estados Unidos. Preparen una lista de los temas que tratará la película y luego preséntenla a la clase.

G 2-7 **Debate.** En grupos de cuatro, escojan uno de los siguientes temas. Luego discutan el tema y presenten sus conclusiones al resto de la clase. Dos estudiantes van a estar a favor y dos en contra.

- Estados Unidos debe cerrar sus fronteras para que no entren más inmigrantes.
- Sólo debe existir una lengua oficial en los Estados Unidos: el inglés.
- Estados Unidos debe tener mejores leyes para proteger a los inmigrantes.

Ventana al mundo: El coyote

Un personaje muy importante en relación con los inmigrantes hispanos es **el coyote**. Se le da el nombre de coyote a la persona que vive en la frontera entre los Estados Unidos y México, y cuyo trabajo consiste en cruzar a los inmigrantes a los Estados Unidos. Las personas que cruzan la frontera les pagan a los coyotes cientos de dólares para que los guíen en la noche por lugares seguros donde no se encontrarán con la migra. Muchas veces los coyotes tienen contactos al otro lado de la frontera que ayudan a los indocumentados. Otras veces, los coyotes simplemente quieren quedarse con el dinero de los inmigrantes.

El trabajo del coyote. ¿Qué opinas del trabajo de coyote? ¿Bajo qué circunstancias contratarías los servicios de un coyote?

¡Sin duda!

haber – tener

Review other uses of expresions with **hacer, haber,** and **tener** on page 432–433 in the ***Cabos sueltos*** section.

Palabra	Explicación	Ejemplos
Tener	*To have* in the sense of possession.	Yo **tengo** visa para trabajar en EE.UU. *I have a visa to work in the USA.*
Tener que	**Tener que** followed by an infinitive means *to have to*. It expresses obligation.	**Tenemos que** encontrar una solución. *We have to find a solution.*
Haber	**Haber** is used in the third person singular as **hay**. It is equivalent of *there is, there are.*	**Hay** muchos chicanos en California. *There are many Chicanos in California.*
Haber + que	**Haber** can also be used with **que** to indicate necessity without indicating who is performing the action.	**Hay que** leer el artículo sobre la inmigración. *The article about immigration has to be read. It is necessary to read the article about immigration.*

Pedir y preguntar

Palabra	Explicación	Ejemplos
Pedir	**Pedir** is used to report a request for something or to request someone to do something.	El INS nos **pide** los nombres de nuestros empleados. *The INS is requesting the names of our employees.* **Pídele** el informe a mi abogada. *Request the report from my lawyer.*
Preguntar	**Preguntar** is used to report a question or to request information.	—¿Usted quiere una visa de seis meses? —Me **pregunta** si quiero una visa de seis meses. *—Do you want a six-month visa?* *—He asks if I want a six-month visa.* Por favor, **pregunta** en el consulado el horario de atención al público. *Please ask in the Consulate what hours they serve the public.*
Preguntar por	**Preguntar por** is used to inquire about a person.	La gobernadora **pregunta por** el cónsul. *The governor is asking for the consul.*

En los EE.UU. las familias hispanas tienen 3,5 personas. Mientras que en las otras comunidades hay 2,6 personas por familia.

2 2-8 **¿Cuántos hay?** Hagan una investigación para saber cuál es la población latina en su institución. Preparen un informe y compárenlo con el de otras parejas. Antes de ir a buscar la información, preparen una lista de lo que necesitan averiguar. Pueden utilizar las siguientes preguntas como guía.

MODELO: *En nuestra universidad hay 1.000 latinos. Hay 350 mexicanos. Hay una asociación de mujeres latinas que se ocupa de…, etc.*

1. ¿Cuántos estudiantes latinos hay?
2. ¿Cuántos estudiantes hay de origen puertorriqueño, centroamericano, mexicano, cubano, etc.?
3. ¿Cuántas asociaciones de estudiantes latinos hay? ¿Qué objetivos tienen?
4. ¿Cuántos estudiantes bilingües (español/inglés) hay en la universidad?
5. ¿Cuántos empleados latinos tiene la universidad?
6. ¿?

2-9 **El censo.** Para aprender más sobre la población hispana en los EE.UU., visita la página de Internet del censo nacional. Luego, según los datos que hayas encontrado, indica si las siguientes afirmaciones son ciertas o falsas.

1. Población. Aproximadamente uno de cada ocho habitantes de los EE.UU. es de origen hispano. Y la mayoría es de origen mexicano.
2. Los hispanos suelen vivir más concentrados geográficamente que los blancos no hispanos.
3. Uno de cada cuatro hispanos nacidos fuera de los EE.UU. ha adoptado la nacionalidad americana.
4. En más del treinta por ciento de los hogares hispanos viven familias de cinco personas o más.
5. De cada cinco hispanos que asisten a la escuela secundaria, dos o más nunca llegan a terminar los estudios.
6. Los hispanos ganan menos que los blancos no hispanos.

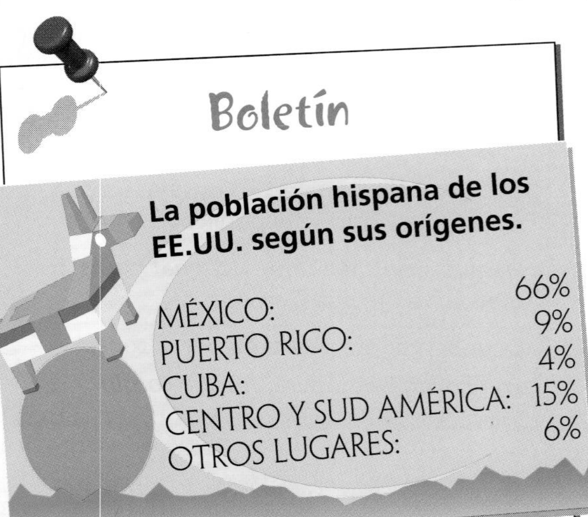

2-10 **Investigación.** Selecciona uno de los temas siguientes e investígalo. Luego prepara un informe para presentar a la clase.

Temas:

La población hispana en los EE. UU. y su distribución geográfica

Familia y estado civil

Educación

Características económicas

2-11 En la alcaldía. Completa las frases con la forma correcta de **pedir** o **preguntar**.

1. La alcaldesa me ______________ si quiero ir a Puerto Rico con ella.
2. Yo le ______________ cuándo piensa viajar.
3. Ella me responde que no lo sabe todavía y me ____________ que busque los horarios de los vuelos que van de Nueva York a San Juan.
4. Es la segunda vez que la alcaldesa me ______________ que la acompañe a Puerto Rico. Cada día se interesa más por la población hispana de aquí.
5. Mis compañeros me ______________ todo el tiempo si pienso ser candidato/a en las próximas elecciones.
6. Yo no estoy seguro/a. Me gustaría darles a los hispanos todo lo que ______________ pero me 7. ______________ si podré hacerlo desde un puesto político.

2-12 ¿Qué pediste? Piensa en todo lo que tuviste que hacer para preparar el informe de la actividad **2–8** y haz una lista de cinco cosas que preguntaste.

MODELO: *Pregunté cuáles eran los objetivos de la Unión Latina.*

G 2-13 ¿Qué hay que hacer? Planeen qué hay que hacer para mejorar las relaciones interculturales en su institución. Hagan una lista de por lo menos ocho acciones concretas. Cuando sea necesario, utilicen la estructura **haber + que + inf.** para expresar obligación impersonal.

MODELO: *Hay que hablar con el Centro Latino para organizar una fiesta.*

G 2-14 ¿Y nosotros? Ahora, decidan quién va a realizar cada una de las actividades del ejercicio anterior. Utilicen el verbo **tener + que + inf.** para expresar obligación personal.

Ventana al mundo

Estadísticas demográficas

De acuerdo con el censo del 2000, hay más de 35 millones de personas de origen hispano que viven en los Estados Unidos. El grupo hispano está compuesto por diferentes grupos nacionales, que se concentran en varios estados. Por ejemplo, alrededor de veinte millones de mexicano-americanos viven en el suroeste del país; los puertorriqueños cuentan con dos millones y medio de personas, y la gran mayoría de ellas se centra en Nueva York; aproximadamente un millón de cubanos vive en la Florida, y el resto está compuesto de centroamericanos, sudamericanos y españoles.

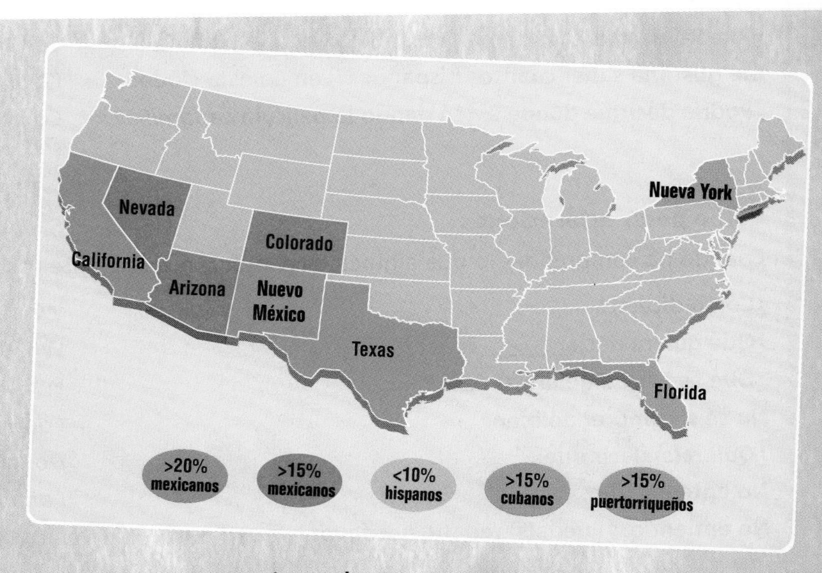

¿Cuántos somos? Analiza la información presentada en esta **Ventana al mundo** y coméntala con un/a compañero/a. ¿Hay muchos hispanos en tu estado? ¿De qué origen es la mayoría de los hispanos que viven en tu estado? ¿Por qué crees que hay más hispanos en la zona sur del país? ¿De dónde son los hispanos que viven en Florida/NuevaYork/Texas/ California/Nuevo México/Arizona?

Así se dice

Cómo hacer preguntas cortésmente

Las preguntas corteses son una forma menos directa de hacer preguntas y tienden a presentarse con la entonación de pedir un favor. Se usan con mucha frecuencia en el habla de todos los días. Generalmente estas preguntas empiezan con las palabras **puede(s), podría(s), quisiera(s),** y **me gustaría**:

¿Podrías ayudarme con mi trabajo?	*Could you help me with my work?*
¿Quisieras ir conmigo al cine?	*Would you want to go to the movies with me?*
¿Puedes darme/echarme una mano con este problema?	*Can you give me a hand with this problem?*
Me gustaría saber cuántos hispanos viven en esta ciudad.	*I'd like to know how many Hispanics live in this city.*
¿Podría decirme dónde están dando la película *La familia*?	*Could you tell me where the movie "La familia" is showing?*

Cómo pedir aclaraciones

Cuando no comprendas lo que alguien dice, pídele que lo aclare usando las siguientes expresiones.

¿Cómo dice(s)?	*What did you say?*
¿Qué quiere decir _______?	*What does _______ mean?*
¿Qué es lo que quiere(s) decir?	*What is it that you want to say?*
No sé si comprendo bien.	*I don't know if I understand correctly.*
¿Quiere(s) decir que...?	*Do you mean to say that ...?*
No entendí bien.	*I didn't understand very well.*
No entiendo. ¿Puede(s) repetir, por favor?	*I don't understand. Can you repeat it, please?*

*To review asking direct questions refer to page 434 in the **Cabos sueltos** section.

2 2-15 **No entiendo bien.** Imagina que eres un/a periodista que entrevista a un candidato hispano, pero tienes problemas para comprenderlo/a. En parejas, completen el siguiente diálogo según las claves entre paréntesis. Un/a estudiante será el/la candidato/a y otro/a será el/la periodista. Usen las expresiones para pedir clarificación donde sea posible.

CANDIDATO:	(Piensas que no hay suficientes candidatos hispanos en estas elecciones)
PERIODISTA:	(No entendiste una de las palabras que el/la candidato/a dijo)
CANDIDATO:	(Explica la palabra que él/ella no entendió)
PERIODISTA:	(Pregúntale cuál es su posición sobre la educación bilingüe)
CANDIDATO:	(Explica cuál es tu posición)
PERIODISTA:	(Dile si entendió bien o no lo que comprendiste bien lo que dijo y parafrasea su respuesta)
CANDIDATO:	(Dile si entendió bien o no lo que dijiste anteriormente)
PERIODISTA:	(Dale las gracias por la entrevista)
CANDIDATO:	(Responde)

Boletín

En español, en el discurso diario, cuando se pide un favor de otra persona, la expresión ***por favor*** no se usa con la misma frecuencia que en inglés. En su lugar se usan las preguntas corteses.

2-16 **La educación bilingüe.** Los estados de Arizona, California y Massachusetts pasaron leyes en contra de la educación bilingüe. Lee las propuestas de los siguientes candidatos políticos sobre la educación bilingüe. Escribe cinco preguntas corteses que les harías a estos políticos. Comparte tus preguntas con la clase.

MODELO: *Me gustaría saber por qué Ud. está en contra de la educación bilingüe.*

Yo estoy en contra de la educación bilingüe porque los niños latinos quedan físicamente separados de sus compañeros que hablan inglés por 3 ó 4 años. Eso equivale a segregarlos y no a integrarlos.

De todas maneras, si los que no hablan inglés reciben la enseñanza en inglés todos los días, todo el día, la mayoría de ellos aprenderá el inglés al cabo de un año.

Para algunos alumnos, la inmersión en el inglés, sí funciona. Para otros, especialmente los mayores, no es buena. Hay que preservar la flexibilidad.

Creo que este país necesita promover el uso de una segunda lengua, apoyando a otras culturas, lenguas y tradiciones.

Ventana al mundo: La migra

Migra es la abreviatura de la palabra migración. En EE.UU. hace referencia al departamento de inmigración. Una de las funciones de los agentes de este departamento es buscar a las personas indocumentadas y, algunas veces, enviarlas de regreso a su país de origen. A causa de esto, los inmigrantes indocumentados temen a los agentes de inmigración, pues ellos pueden cambiar el curso de sus vidas de una manera radical.

¿Porqué se arriesgan? ¿Cuáles pueden ser las causas de que estas personas arriesguen tanto para entrar a los Estados Unidos? Prepara una lista de por lo menos cinco razones y explica tus ideas.

La migra pidiendo documentos

Sigamos con las estructuras

Repasemos

Please refer to the selftest on our Website. If you get less than 85%, you need to review this grammar point in the **Cabos sueltos** section, p. 435. If you get above 85%, you can continue with the following activities.

Referencia gramatical 1

Asking for definitions and choices: ¿Qué? or ¿Cuál?

—¿**Cuál** te gustó más? ¿*El Norte* o *Y no se lo tragó la tierra*?
—Me gustó más *El Norte*. ¿**Qué** piensas tú de los artistas?
—Creo que son muy buenos.

2 2-17 **Las ciudades con mayor población hispana.** Completa estas fichas con ayuda de tu compañero/a. El/la estudiante **A** tiene la información que el/la estudiante **B** necesita, y viceversa.

MODELO: *¿Cuál es la población hispana de Nueva York?*
¿En qué ciudad hay 730.865 hispanos?

Estudiante A

Nueva York:
Los Ángeles: 1.719.073
Chicago: 753.644
730.865
San Antonio: 671.394
449.972

Estudiante B

Nueva York: 2.160.554
Los Ángeles:
753.644
Houston: 730.865
671.394
Phoenix: 449.972

Referencia gramatical 2

Describing daily routines: Reflexive verbs

Yo **me preocupo** por sacar buenas notas, por eso generalmente **me levanto** temprano para estudiar.

Please refer to the selftest on our Website. If you get less than 85%, you need to review this grammar point in the **Cabos sueltos** section, pp. 436–437. If you get above 85%, you can continue with the following activities.

2-18 Amor 77. Lee el texto siguiente "Un tal Lucas". ¿Qué querrá decir "entalcarse" y "perfumarse"? Trata de deducirlo por el contexto. ¿Por qué crees qué dice "y así progresivamente van volviendo a ser lo que no son"?

> **"Amor 77", en *Un tal Lucas* de Julio Cortázar.**
> Y después de hacer todo lo que hacen, se levantan, se bañan, se entalcan, se perfuman, se peinan, se visten, y así progresivamente van volviendo a ser lo que no son.

2 2-19 ¿Quiénes somos? En parejas, miren estas fotografías. Después, expliquen a qué se dedica cada una de estas personas. Busquen información sobre otros hispanos famosos y preparen un pequeño informe para la clase.

MODELO: *Sandra Cisneros se dedica a escribir.*

Carolina Herrera

Edward James Olmos

Henry Cisneros

Juan Luis Guerra

Gloria Estefan

Judy Baca

Rubén Blades

1. Carolina Herrera
2. Edward James Olmos
3. Henry Cisneros
4. Juan Luis Guerra
5. Gloria Estefan
6. Rubén Blades
7. Judy Baca

(a) a la política
(b) a cantar
(c) a la pintura y al arte
(d) a la moda
(e) al cine

Please refer to the selftest on our Website. If you get less than 85%, you need to review this grammar point in the **Cabos sueltos** section, p. 438. If you get above 85%, you can continue with the following activities.

Referencia gramatical 3

Describing reciprocal actions: Reciprocal verbs

Mi hermana y yo **nos entendemos** bien. En cambio mis primas no **se llevan** bien entre sí.

2 2-20 **¿Cómo se llevan?** Entrevista a un/a compañero/a para saber cómo se lleva con las distintas personas de su residencia y/o de su familia. Utiliza algunos de los siguientes verbos. Luego prepara un informe para la clase con toda la información que tengas.

ayudarse comunicarse conocerse contarse todo criticarse detestarse
entenderse hacerse amigo/a llevarse bien/mal pelearse saludarse

Aprendamos 1

Expressing unintentional or accidental events: Reflexive construction for unplanned occurrences

It is very common in Spanish not to assign responsibility when something accidental or unintentional happens. In this case, use the following construction. It is usually used in the past tense.

se +	indirect object pronoun +	verb in the third person +	noun
Se	me	perd**ieron** (plural)	los pasaportes.
Se	le	perd**ió** (singular)	el permiso de trabajo.

past tense

1. The verb agrees with the noun that follows (the subject). It may be in the third person singular or plural according to the subject.

2. The indirect object pronoun (**me, te, le, nos, os, les**) refers to the person(s) involved in the action. To clarify who the pronoun refers to, the phrase **a** + **noun/pronoun** may be used.

   A mi padre se **le** venció la visa. *My father's visa ran out.*

3. This list presents some verbs commonly used with this construction:

acabar	*to finish, run out*	**olvidar**	*to forget*
caer	*to fall, slip away*	**perder** (ie)	*to lose*
descomponer	*to break down*	**quedar**	*to remain*
escapar	*to escape*	**quemar**	*to burn*
ir	*to go, go away*	**romper**	*to break*
morir	*to die*	**vencer** (la visa)	*to expire*
ocurrir	*to occur*		

past tense: (on → us)

2 2-21 **¿Qué les pasó?** Digan qué les pasó a estas personas. Completen las oraciones con la forma correcta del pronombre y del verbo que se indica.

Ana

Juan

Mario

Ester

Inés

Marta

1. A Ana ________________ el pasaporte. (perder)
2. A Juan ________________ el dinero. (acabar)
3. A Mario ________________ una cita. (olvidar)
4. A Ester ____________ unos papeles muy importantes. (perder)
5. A Inés ____________ la visa. (vencer)
6. A Marta ____________ una idea brillante. (ocurrir)

G 2-22 **Competencia.** Tienen tres minutos para explicar, en grupos de cuatro, lo que les pasó a las personas de la primera columna. Escriban el mayor número posible de oraciones combinando los elementos de las tres columnas. Pueden utilizar otras palabras si es necesario. El grupo con el mayor número de oraciones correctas gana.

A mí	acabarse	el pasaporte
A ti	vencerse	el permiso de trabajo
A ella	caerse	la visa
A él	olvidarse	la autorización
A usted	perderse	los formularios
A nosotras	quedarse	las tarjetas verdes
A ellas	romperse	el dinero
A ustedes		

G 2-23 **Dígalo con mímica.** Formen dos equipos y escriban diferentes oraciones con estos verbos. Luego léanle la oración a un/a compañero/a del equipo contrario. Esta persona debe comunicar la oración a través de la mímica a los otros miembros de su equipo para que ellos la adivinen.

acabarse caerse descomponerse escaparse irse morirse ocurrirse
olvidarse perderse quedarse quemarse romperse

2 2-24 **Cita con el/la profesor/a.** Tenías una cita con tu profesor/a, pero llegaste muy tarde. Tienes dos minutos para explicarle lo que te pasó. Haz una lista de ideas usando los verbos que expresan accidentes. Luego, prepara un minidrama con otro/a estudiante representando la conversación.

Aprendamos 2

Expressing likes and dislikes: Verbs like *gustar*

The verb **gustar** has a different grammatical structure in Spanish than its English counterpart. Study the following constructions.

Spanish pattern:	indirect object	+	verb	+	subject
	(No) Me		**gusta**		**la comida puertorriqueña.**
English pattern:	subject	+	verb	+	direct object
	I		*(don't) like*		*Puerto Rican food.*

These verbs follow the same pattern as **gustar**.

aburrir	*to bore*	**encantar**	*to delight, love*
caer bien/mal	*to suit/not to suit, to like a person*	**entusiasmar**	*to enthuse*
		faltar	*to be missing, lacking*
disgustar	*to annoy, displease*	**fascinar**	*to fascinate*
divertir	*to have fun, amuse*	**fastidiar**	*to vex, disappoint*

importar	*to matter, to be important, to care about*	**molestar**	*to bother*
		parecer	*to seem* ← parece
		quedar	*to remain, have left*
interesar	*to interest*		

1. In Spanish the subject generally comes after the verb. It indicates the person or thing affecting the recipient of the action.

Nos falta **la tarjeta de residente**. (subject) — *We are missing the permanent resident card.*

2. The recipient of the action is indicated by the indirect object.

Le encanta el ron cubano. — *He loves Cuban rum.*

3. In this structure the verb is in the third person either singular or plural according to the subject. When followed by an infinitive or series of infinitives, the verb is singular.

Nos interesa la arquitectura de las misiones. — *We are interested in the architecture of the missions.*

Me interesan las ideas políticas de Henry Cisneros. — *I am interested in the political ideas of Henry Cisneros.*

¿**Te gusta bailar** salsa? — *Do you like to dance salsa?*

4. A prepositional phrase **a** + noun or prepositional pronoun is used to clarify or emphasize the indirect object.

A mi abuela le gusta hablar sobre su juventud en Puerto Rico. — *My grandmother likes to talk about her youth in Puerto Rico.*

2-25 ¿Qué les parece? Lee lo que dice un hispano sobre sus gustos y preferencias e indica a qué se refieren en cada caso. Presta atención a la concordancia del verbo.

MODELO: *Me gustan mucho aunque no las hago con frecuencia.*

Las enchiladas **X**

El mambo

Se refiere a las enchiladas. Me **gustan** *sólo concuerda con las enchiladas.*

1. No me gusta nada pero a veces no tengo otra alternativa.
   a. Hablar de política b. Los programas de política
2. Nos divierten muchísimo pero no lo hacemos muy a menudo.
   a. Escuchar a Gloria Estefan b. Las fiestas del club latino
3. Le aburren un montón pero no le fastidian.
   a. Los candidatos para las próximas elecciones b. Escuchar a los candidatos hacer campaña
4. A ella le parece bien, aunque no le interesa demasiado.
   a. Las preocupaciones de los inmigrantes b. La nueva ley de inmigraciones
5. A mí me falta eso pero lo estoy tramitando.
   a. Los formularios para la redsidencia b. El permiso de trabajo

2 2-26 **Me divierte mucho.** Escribe en un papel una oración con cada uno de estos verbos para expresar tus gustos y preferencias. Entrégaselo a tu profesor/a. Luego el/la profesor/a repartirá los papeles entre los estudiantes. Lee el mensaje de otro/a compañero/a y habla con ellos hasta descubrir de quién es la información.

encantar divertir aburrir molestar interesar.

G 2-27 **Entrevista.** Interroga a tus compañeros/as hasta encontrar a cinco personas que respondan afirmativamente a estas ideas.

1. encantar / la música latina
2. importar / los problemas raciales
3. disgustar / las leyes de inmigración
4. fascinar / otras culturas
5. interesar / los programas hispanos de la televisión

2 2-28 **¿Qué gustos tienen?** Tú quieres saber cómo son los amigos de tu compañero/a. Pregúntale qué piensan sus amigos sobre los siguientes puntos. Agrega dos preguntas a la lista siguiente. Después, contesta las preguntas de tu compañero/a sobre tus amigos.

MODELO: disgustarle / las personas racistas
E1: *¿A quién le disgustan las personas racistas?*
E2: *A mi hermana le disgustan las personas racistas.*

1. gustarle / la comida tejano-mexicana
2. molestarle / la injusticia social
3. interesarle / la literatura chicana
4. importarle / la situación de los ilegales
5. disgustarle / el bilingüismo
6. ¿?
7. ¿?

2 2-29 **Pronósticos.** Debes escribir tres cosas que tú crees que a otros/as compañeros/as (no) les gustan, les encantan, les interesan, etc. Luego vas a leerle tu pronóstico al resto de la clase y los estudiantes mencionados deberán confirmar tus pronósticos o corregirlos.

MODELO: E1: *Yo creo que a E2 le molestan las personas intolerantes.*
E2: *Sí, a mí me molestan las personas intolerantes.*

2 2-30 **¿Te gustan las cosas hipánicas?** En parejas, deben averiguar tres cosas que a ambos les gustan, les interesan, etc. y tres cosas que a uno/a le gustan, interesan, etc. y al/a la otro/a no. Luego deben informar a la clase de sus resultados. Usen estos temas como guía.

MODELO: una película española
E1: *¿Qué película española te gusta más?*
E2: *Me encanta la película de Almodóvar* "Hable con ella" *¿Y a ti?*
E1: *A mí también me gusta Almodóvar. Sobre todo la película* "La flor de mi secreto". *(A mí no me gusta Almodóvar. Me gusta más Trueba.)*

1. un restaurante latino
2. un programa de televisión hispano
3. un grupo musical hispano
4. una comida hispana
5. un/a escritor/a latinoamericano/a

Diario

Escribe un párrafo sobre las cosas o actividades de tu vida diaria que te encantan y las cosas que detestas. Explica tus razones con claridad.

Boletín

Los chicanos son la minoría hispana que crece más rápidamente. Hoy en día hay 20 millones de chicanos en los EE.UU. Se calcula que en los próximos veinte años van a ser la minoría más grande del país.

Conjunto de Mariachis

Conversemos sobre la lectura

Antes de leer

Estrategia de lectura: *Scanning*

Scanning is the strategy used when we want to find specific information in a passage without reading the entire text. We practice scanning when we highlight parts of a reading passage to which we want to pay special attention.

2-31 El mural. Estudia los distintos elementos del siguiente mural. Luego lee la información sobre los chicanos y busca los valores de la cultura chicana que se ven reflejados en el mural. Para esto tendrás que seleccionar las oraciones que hablan específicamente de los valores culturales.

Los chicanos

Mural chicano

Los chicanos son personas de origen mexicano nacidas en los EE.UU. La mayoría vive en el suroeste de los Estados Unidos. Algunas familias se establecieron allí hace muchos años, cuando esos estados eran parte de México. Otras familias descienden de inmigrantes más recientes. La cultura chicana, la raza, se caracteriza por la lealtad° (*loyalty*) a su comunidad, el compadrazgo, por la lucha por la autodeterminación, y por un gran orgullo° (*pride*) por su herencia cultural. Ésta es una combinación de la cultura indígena y la española, a la que se le suma la experiencia de vivir en un país de habla inglesa. Este grupo tiene su propia lengua, el **Spanglish**, que es una mezcla de inglés y español, también llamada **pocho** o **caló** en círculos académicos. Algunas expresiones de la cultura chicana son los murales de Los Ángeles, la literatura bilingüe, la música de los mariachis y comidas tales como el burrito, la tortilla, el pozole, el mole y el menudo, entre muchas otras.

Ventana al mundo

El pocho

Ejemplo de pocho escrito por Jorge Ulica.

La Sra. Pellejón me ha enviado esta carta:
"Le mando ésta por 'especial de liver'. Quiero 'reportarle' que voy a cambiar mi 'second neim' que no suena 'veri güel' por su 'translécion' en 'inglés'. En vez de Pellejón voy a 'nominarme' Skinejón, que es casi 'di seim'. Así, mi difunto, a quien Dios tenga en el 'jiven', no cogerá 'truble' ni se pondrá 'yelous'."
"Eulalia Skinejón"

Spanglish. ¿Cuántas palabras en Spanglish hay en este párrafo?

Ejemplo de "Spanglish"

Boletín

El origen de la palabra chicano

Entre 1930 y 1940 se firmó un acuerdo entre los gobiernos de los EE.UU. y México que permitía la entrada al país de muchos campesinos pobres del estado de Morelos para trabajar en los campos de California por muy poco dinero. La mayoría de ellos hablaban el nahuatl, la lengua indígena de esa región mexicana. De acuerdo con la fonética de su lengua, estos campesinos se referían a sí mismos como "mesheecanos" en vez de "mexicanos". Como modo de reivindicar esa historia, en las décadas de 1960 y 1970, el Brown Power Movement adoptó el nombre de chicanos, que es el que se usa hoy en día.

Vocabulario de las lecturas

Estudia estas palabras para comprender mejor los textos.

Vocabulario		Palabra en uso
el algodón	*cotton*	Recoger **algodón** es un trabajo duro.
bonito/a	*pretty*	¡Qué **bonita** te ves con ese vestido rosa!
cruzar	*to cross*	Muchos **cruzan** la frontera ilegalmente.
de súbito	*all of a sudden*	Nos sorprendió cuando **de súbito** habló en inglés.
empujar	*to push*	Tuvimos que **empujar** el coche cuando se descompuso.
gritar	*to scream, shout*	El niño **grita** sin razón.
grueso/a	*thick*	La mujer tiene dedos **gruesos**.
hartarse	*to be fed up*	Los braceros **se hartaron** de trabajar por poco dinero.
el hogar	*home*	No hay ningún lugar como tu propio **hogar**.
jalar (halar)	*to pull*	**Jale** (**Hale**) la puerta para abrirla.
llorar	*to cry*	¡No **llores** más, mi niña!
solo/a	*alone*	Ella está **sola** en este país. No tiene a nadie.
suave	*soft*	La mujer tiene una voz muy **suave**.
suspirar	*to sigh*	**Suspira** cada vez que habla de su país.

En esta lectura también aparecen varios diminutivos. Véase la explicación completa sobre los diminutivos en **Cabos sueltos**, p. 439.

2-32 Relaciones. Escoge la palabra de la lista **A** que se relaciona con cada oración de la lista **B**.

A	B
1. _____ bonita	a. **De pronto** entendí que no iba a volver a verla.
2. _____ jalar (halar)	b. La mujer es gorda y **linda**.
3. _____ de súbito	c. Es lo opuesto de **empujar**.
4. _____ hartarse	d. Una persona que **no tiene a nadie**.
5. _____ sola	e. Estoy muy **cansada** de este trabajo. Voy a dejarlo.
6. _____ llorar	f. El **lugar donde vives** con tu familia.
7. _____ hogar	g. Hago esto cuando estoy muy **triste**.

2-33 ¿Y tú qué dices? Escoge la palabra de la lista que mejor complete las oraciones. Haz los cambios necesarios.

algodón cruzar gritar grueso suave suspirar

1. Cuando alguien habla en voz muy alta, __________.
2. Tienes que esperar para __________ la calle cuando el semáforo esté verde.
3. Este vestido es de __________.
4. La niña tiene unas manitos muy ______.
5. Está enamorada de un muchacho extranjero, ella ______ porque no se ven mucho.
6. Tiene los labios __________.

2 **2-34 Lejos de mi hogar.** ¿Cómo se sienten ustedes cuando están lejos de sus seres queridos, de sus amigos, de su casa? En parejas, escriban diez adjetivos que describan cómo se sienten ustedes cuando están lejos de su casa y de sus seres queridos.

MODELO: *triste*

Lectura

Sandra Cisneros (1954)

Sandra Cisneros nació en Chicago y vive en San Antonio, Texas. Es una de las narradoras chicanas que más premios ha ganado por su poesía y sus obras de ficción. Esta selección es un capítulo del libro *La casa en Mango Street,* traducido por la escritora mexicana Elena Poniatowska. En este capítulo, la protagonista de la novela, Esperanza Cordero, describe a su nueva vecina Mamacita y a su esposo.

No Speak English

Mamacita es la mujer enorme del hombre al cruzar la calle, tercer piso al frente. Rachel dice que su nombre debería ser Mamasota, pero yo creo que eso es malo. El hombre ahorró su dinero para traerla. Ahorró y ahorró porque ella estaba sola con el nene-niño en aquel país. Él trabajó en dos trabajos. Llegó de noche a casa y salió tempranito. Todos los días.

Y luego un día Mamacita y el nene-niño llegaron en un taxi amarillo. La puerta del taxi se abrió como el brazo de un mesero. Y va saliendo un zapatito color de rosa, un pie suavecito como la oreja de un conejo°, luego el tobillo° grueso, una agitación de caderas°, unas rosas fucsia y un perfume verde. El hombre tuvo que jalarla, el chofer del taxi empujarla. Empuja, jala. Empuja, jala. ¡Puf!

Floreció° de súbito. Inmensa, enorme, bonita de ver desde la puntita rosa salmón de la pluma°, de su sombrero hasta los botones de rosa de sus dedos del pie. No podía quitarle los ojos a sus zapatitos.

Arriba, arriba, arriba subió con su nene-niño en una cobija azul, el hombre cargándole° las maletas, sus sombrereras color lavanda, una docena de cajas de zapatos de satín de tacón alto. Y luego ya no la vimos.

Alguien dijo que era porque ella es muy gorda, alguien que por los tres tramos° de escaleras, pero yo creo que ella no sale porque tiene miedo de hablar inglés, sí, puede ser eso, porque sólo conoce ocho palabras: sabe decir *He not here* cuando llega el propietario°, *No speak English* cuando llega cualquier otro y *Holy smokes*. No sé dónde aprendió eso, pero una vez oí que lo dijo y me sorprendió.

rabbit / ankle
hips
She came out all of the sudden
feather
hauling
flight of stairs
owner

Dice mi padre que cuando él llegó a este país comió *jamanegs* durante tres meses. Desayuno, almuerzo y cena. *Jamanegs*. Era la única palabra que se sabía. Ya nunca come jamón con huevos.

Cualesquiera° sean sus razones, si porque es gorda, o no puede subir las escaleras, o tiene miedo al idioma, ella no baja. Todo el día se sienta junto° a la ventana y sintoniza el radio en un programa en español y canta todas las canciones nostálgicas de su tierra con su voz que suena a gaviota°.

whatever
by, next to
seagull

Hogar. Hogar. Hogar es una casa en una fotografía, una casa color de rosa, rosa como geranio con un chorro de luz azorada°. El hombre pinta de color de rosa las paredes de su departamento, pero no es lo mismo, sabes. Todavía suspira por su casa color de rosa y entonces, creo, se pone a chillar°. Yo también lloraría.

dazzling
llorar

Algunas veces el hombre se harta. Comienza a gritar y puede uno oírlo calle abajo.

Ay, dice ella, ella está triste.

Oh, no, dice él, no otra vez.

¿Cuándo, cuándo, cuándo?, pregunta ella.

¡Ay, caray! Estamos en casa. Esta es la casa. Aquí estoy y aquí me quedo. ¡Habla inglés!, *speak English*, ¡por Dios!

¡Ay!, Mamacita, que no es de aquí, de vez en cuando deja salir un grito, alto, histérico, como si él hubiera roto° el delgado hilito° que la mantiene viva°, el único camino de regreso a aquel país.

had broken
thread
alive

Y entonces, para romper su corazón para siempre, el nene-niño que ha comenzado a hablar, empieza a cantar el comercial de la Pepsi que aprendió de la tele. *No speak English*, le dice ella al nene-niño que canta en un idioma que suena a hoja de lata°. *No speak English, no speak English.* No, no, no. Y rompe a llorar.

tin

2-35 ¿Quién es? ¿Mamacita o el hombre? Escoge el personaje que corresponde a cada una de estas oraciones según la lectura. Busca las citas correspondientes en la lectura.

MODELO: *Escucha en el radio un programa en español.* <u>*Mamacita*</u>
Pinta las paredes de rosa. <u>*El hombre*</u>

1. Ahorró su dinero. ____________
2. Trabajó en dos trabajos. ____________
3. Es muy bonita de ver. ____________
4. No sale de su casa. ____________
5. No habla inglés. ____________
6. Se sienta junto a la ventana. ____________
7. Canta canciones de su país. ____________
8. Grita cuando está harto. ____________

2 2-36 **A. ¿Cómo es Mamacita?** Describan a Mamacita según la información en el texto. Usen estas preguntas como guía. Luego presenten la información a la clase en forma de párrafo.

1. ¿Qué tamaño tiene Mamacita?
2. ¿Es Mamacita linda o fea?
3. ¿De qué color es su sombrero?
4. ¿Cómo son sus zapatos?
5. ¿Cuánto sabe de inglés?
6. ¿Cómo sabemos que tiene nostalgia por su país de origen?
7. ¿Qué hace cuando se siente muy mal?
8. ¿Cuál es la imagen general que tú tienes de Mamacita?

B. Mamacita y Rosa. ¿Cuál es tu opinión sobre Mamacita? Comparen a Mamacita con Rosa, la protagonista de la película *El Norte*. ¿Cómo reaccionan Mamacita y Rosa frente a la cultura de su nuevo país? Piensen en el trabajo, el aprendizaje del inglés, los amigos nuevos, la integración a la nueva cultura, la relación con su país de origen, etc.

2 2-37 **¿Qué les pasa?** En parejas, expliquen lo que pasa en la vida de los personajes. ¿Cómo se sienten y qué hacen?

MODELO: El hombre se siente cansado porque _______.
El hombre se siente cansado porque trabaja día y noche.

1. El hombre trabaja mucho porque _______.
2. Mamacita no sale de su apartamento porque ______.
3. Mamacita siente nostalgia por su país por eso _______.
4. Pintan de color rosa las paredes del apartamento porque _______.
5. El hombre se siente frustrado porque ______.
6. Mamacita no quiere que el nene-niño cante en inglés porque ______.

2-38 **¿Qué o a quién extrañas (*miss*) tú?** Todos tenemos nostalgia de algo. Haz una lista de lugares, cosas, personas o animales que tú extrañas. Luego explícale a tu compañero/a lo que extrañas y por qué.

MODELO: Animales *Yo extraño a mi perrita porque ella me despertaba todas las mañanas y ahora tengo que poner el reloj despertador.*

	Razones
lugares	
personas	
cosas	
animales	

Poema

Octavio Ignacio Romano-V. (1923)

Octavio I. Romano-V. nació en la Ciudad de México y estudió en los Estados Unidos donde obtuvo un doctorado en antropología de la Universidad de Berkeley. Enseñó en la Universidad de Arizona, donde escribió diferentes cuentos, ensayos y poemas. Este poema apareció en el libro de literatura chicana *El espejo*°. A través de la repetición, el poema transmite el duro trabajo de los que cosechan el algodón bajo el sol ardiente del verano.

the mirror

Plegaria

Al amanecer salieron todos a la pisca de algodón
el padre
la madre
sol que quema los hijos
5 las hijas
y la abuela también
Al amanecer° salieron todos vestidos de ropa de algodón
las camisas
los pantalones
10 sol que quema las blusas
las enaguas°
calcetines
calzoncillos°,
y faldillas también
15 Horas después, al bajar el sol, regresaron todos del algodón
con caras de algodón
sol que quema brazos de algodón
manos de algodón
aliento° de algodón
20 pulmones° de algodón
riñones° de algodón
algodonosos y algodonados
volvieron todos así
Al día siguiente salieron todos a la pisca otra vez
25 sol que quema
Al día siguiente salieron todos a la pisca otra vez
sol que quema

dawn
petticoats
man's underwear
breath
lungs
kidneys

Al día siguiente salieron todos a la pisca otra vez
sol que quema
30 quémame a mí
En lugar de los niños que nada te han hecho
quémame a mí
En lugar de los padres que nada te han hecho
quémame a mí
35 En lugar de los abuelos que nada te han hecho
quémame a mí
sol que quema
quémame a mí

2 2-39 **¿Qué dice el poema?** En parejas, contesten las siguientes preguntas.

1. ¿Quiénes van a piscar algodón?
2. ¿A qué hora salen? ¿A qué hora vuelven?
3. ¿Por qué es un trabajo duro? ¿Qué nos da la idea de que es un trabajo difícil?
4. ¿Qué transmite el poema a través de las repeticiones?
5. ¿Cuál es el tono del poema? ¿Es un tono feliz, triste, cansado o pesimista?
6. ¿Qué sentimiento te produce el poema?

2 2-40 **Te ganarás el pan con el sudor (*sweat*) de tu frente.** Lean esta estrofa y expliquen lo que el poeta quiere decir. ¿Qué significa para ustedes?

Horas después, al bajar el sol, regresaron todos del algodón
con caras de algodón
sol que quema brazos de algodón
manos de algodón
aliento de algodón
pulmones de algodón
riñones de algodón
algodonosos y algodonados
volvieron todos así

2 2-41 **¡Qué difícil!** Piensa en una actividad que tuviste que hacer y que fue muy dura para ti. Cuéntasela a tu compañero/a. Usa estas preguntas como guía.

1. ¿A qué hora empezó? ¿A qué hora terminó?
2. ¿Dónde tuvo lugar?
3. ¿Qué tenías que hacer?
4. ¿Con quién hiciste la actividad?
5. ¿Cómo estabas vestido/a?
6. ¿Qué aprendiste?
7. ¿Te gustaría volver a hacerlo aunque fuera difícil?

Boletín

NAFTA ha perjudicado al campesino medio mexicano porque no puede competir en el mercado con los productos estadounidenses. El campesino mexicano tiene una producción pequeña comparada con las grandes compañías agrícolas estadounidenses. Además, los productos de los EE.UU. están subvencionados por el estado mientras que los campesinos mexicanos no tienen ninguna subvención estatal. Así, en el supermercado, una costilla de cerdo mexicana cuesta más que una estadounidense. Muchos dueños de campos medianos han tenido que reducir su personal, y algunos hasta se han visto obligados a vender sus tierras porque no pueden mantenerlas.

Avancemos con la escritura

Estrategia de escritura: *The report*

The purpose of the expository writing is to inform the reader about a specific topic. The expository writing may use different techniques to convey the message that it wants to present, for example it may choose to analyze or simply describe a situation, or it may compare and contrast it to another situation or events.

In order to present your information clearly, there are four steps to be followed:

1. Introduce the problem or topic you want to discuss. This is your thesis.
2. Present details about the situation to support your thesis. Collect and clearly present specific data.
3. Conclude with possible solutions or simply re-estate the problem for the reader to ponder.
4. Always have in mind your audience.

2 2-42 **El día de trabajo para una familia de trabajadores migratorios.** En parejas, hagan una lluvia de ideas de lo que imaginan que hace una familia de trabajadores migratorios desde que se despierta hasta que se acuesta. Usen los verbos reflexivos donde sea apropiado. Luego compartan sus ideas con la clase.

2-43 Investigación. Ahora vas a escribir un ensayo sobre la situación de los trabajadores migratorios. Para eso tienes que investigar en Internet cuál es la situación de los trabajadores migratorios en este momento en los EE.UU. Busca información que conteste las siguientes preguntas.

1. ¿Dónde se concentra la mayor población de trabajadores migratorios?
2. ¿En qué tipos de cultivos trabajan?
3. ¿En qué épocas del año hay más trabajo?
4. ¿Cuántas horas al día trabajan? ¿Dónde y cómo viven?
5. ¿De qué nacionalidad son, por lo general?
6. ¿Cuáles son algunas de las causas que llevan a familias enteras a dedicarse a este tipo de trabajo?

2-44 La situación de los trabajadores migratorios. Escribe un informe sobre los trabajadores migratorios en los EE.UU. Explica cuál es su situación en general, cuántas horas trabajan, lo que se les paga, cómo es su día, la vida de la familia, cómo y dónde viven, etc. Sigue el formato explicado en la introducción. Usa la información que has encontrado en Internet.

Antes de entregar tu composición, asegúrate de haber incluido y revisado lo siguiente:

- Verbos reflexivos
- Expresiones útiles
- Verbos como gustar
- **Se** en oraciones que expresan accidentes.

Atando cabos: ¡Viva la diferencia!

En esta parte del capítulo vas a realizar actividades para desarrollar una campaña contra la discriminación.

Calle ocho, en Miami

Barrio puertorriqueño, en Nueva York

2 2-45 **Discriminación.** Casi todos en algún momento de la vida nos sentimos discriminados. ¿Alguna vez te sentiste discriminado/a? Explícale a otro/a estudiante cuándo, cómo y por qué piensas que te discriminaron. Intenta explicar también qué sentiste en ese momento.

2 2-46 **Asociaciones.** ¿Con qué elementos de la siguiente lista asociarías a los puertorriqueños, cubanos y mexicanos? Expliquen el por qué de sus asociaciones. Digan si son estereotípicas y luego piensen en tres estereotipos sobre el grupo al que ustedes pertenecen. Comparen sus respuestas con las de otros/as estudiantes de la clase.

1. Los mariachis
2. Fidel Castro
3. Los nuyorricans
4. Las margaritas, las bebidas con tequila
5. Miami
6. Los puros y el ron
7. Texas, Nuevo México y California
8. La salsa, el merengue, la rumba, el bolero, etc.
9. Gloria Estefan
10. Los trabajadores migratorios

2-47 ¿Quién será? En una hoja escribe cinco oraciones sobre la cultura hispana usando los verbos dados. Luego, dobla el papel y dáselo a tu profesor/a. Tu profesor/a va a mezclar los papeles de toda la clase y los va a volver a repartir. Ahora, con la información que aparece en el papel que te tocó, tienes que hacerles preguntas a otros/as estudiantes hasta encontrar a la persona que escribió esas cinco cosas.

aburrir gustar encantar molestar fastidiar caer ben divertir interesar

2-48 Prejuicios. Personas con prejuicios hay en todas las sociedades. Conjuga los verbos en la forma apropiada y luego piensa en alguien que conozcas que estaría de acuerdo con la frase. Selecciona la afirmación que más te interesa y busca argumentos a favor y en contra de la misma.

Pregunta	Sí	No
molestar / pagar impuestos para la educación bilingüe en tu estado		
caer mal / los inmigrantes que no hablan inglés		
gustar / los ritos de una religión diferente de la tuya		
preferir / que no den tarjetas verdes a personas de determinados países. (ej. mexicanos, argentinos, israelíes, chinos, etc.)		
preocuparse / por los inmigrantes		
parecer / bien tomar un examen de inglés antes de otorgar la tarjeta verde		
detestar / la ropa que usan algunas personas		
fastidiar / que las personas usen símbolos que representan su religión. Por ejemplo: cruces, turbantes, etc.		
molestar / que se gaste dinero en programas sociales para extranjeros		

G 2-49 Debate. Divididos en dos grupos presenten argumentos a favor o en contra de las afirmaciones del ejercicio **2-48 Prejuicios.**

2-50 Propuesta. Piensen en cinco maneras de evitar los prejuicios y expliquen cinco cosas que cada cual debería o podría hacer para solucionar los problemas producidos por los prejuicios, la intolerancia y la discriminación.

MODELO: *Hay que pensar en maneras de educarnos para aceptar a los otros.*
Tengo que reflexionar sobre mis prejuicios.

G 2-51 Campaña contra la discriminación. De acuerdo con las ideas de la actividad anterior formen grupos pequeños, piensen en una campaña para terminar con la discriminación. Hablen sobre cuál es el problema de discriminación más grave. Piensen en posibles maneras de solucionarlo. Después, elijan dos actividades para promocionar la aceptación de las minorías en su comunidad.

2 2-52 **Problema generacional, problema bicultural.** El problema generacional es más agudo en las familias de inmigrantes donde los hijos son parte de la cultura del país adoptivo mientras que los padres no están completamente adaptados. Lee el siguiente poema y contesta las preguntas con un/a compañero/a.

M'ijo no mira nada

-Mira, m'ijo, qué rascacielo.
"Does it reach the sky and heaven?"
-Mira, m'ijo, qué carrazo.
"Can it get to the end of the world?"
-Mira, m'ijo, ese soldado.
"¿Por qué pelea?"
-Mira, m'ijo, qué bonita fuente.
"Yes, but I want to go to the restroom."
-Mira, m'ijo, qué tiendota de J. C. Penney,
allí trabajarás un día.
"Do you know the people there, daddy?"
-No, vámonos a casa,
tú no miras nada.
Tomás Rivera

1. ¿Qué cosas le enseña el padre al hijo?
2. ¿En qué lengua habla el padre?
3. ¿En qué lengua le contesta el hijo?
4. ¿Por qué el padre le dice "tú no miras nada"?
5. Expliquen el conflicto que presenta el poema.
6. Propongan algunas soluciones.

2 2-53 **¿Por qué emigran de su país?** Hay muchas razones por las cuales los hispanos dejan su país para venir a vivir en los Estados Unidos. ¿Qué razones tendrían estas personas para establecerse en los Estados Unidos? En parejas, escriban para cada persona tantas razones como se les ocurran.

1. un campesino mexicano pobre
2. una científica argentina
3. una médica peruana
4. un disidente político salvadoreño
5. una mujer indígena guatemalteca
6. una familia puertorriqueña
7. un profesor cubano
8. una ingeniera electrónica venezolana

Vocabulario

Los hispanos

la asimilación	*assimilation*
el bienestar	*welfare*
el/la borinqueño/a	*person from Puerto Rico*
el bracero	*person working in the fields*
la cosecha	*harvest*
el cultivo	*crops; farming*
el/la descendiente	*descendant*
el/la emigrante	*emigrant*
el formulario	*form*
la frontera	*border*
la herencia cultural	*cultural heritage*
el/la indocumentado/a	*person without legal documents*
la lucha	*struggle, fight*
el maltrato	*abuse mistreatment*
la mano de obra	*labor force, manpower*
la migra	*immigration agents*
el permiso de trabajo	*work permit*
el pocho	*Chicano slang*
la raza	*race*
el/la refugiado/a	*refugee*
la residencia	*permanent residence*
el/la residente permanente	*permanent resident*
la tarjeta de residente	*permanent residence card (green card)*
el trabajo manual	*manual work*
el trabajo temporal	*seasonal work*
el/la trabajador/a migratorio/a	*migrant workers*

Sustantivos

el algodón	*cotton*
el/la antepasado/a	*ancestor*
la causa	*cause*
el coyote	*smuggler (of people)*
la desigualdad	*inequality*
el hogar	*home*
el idioma oficial	*official language*
la igualdad	*equality*
el/la indígena	*native person*
la influencia	*influence*
la injusticia	*injustice*
la justicia	*justice*
la lengua materna	*mother tongue*
el nivel de vida	*standard of living*
el oficio	*trade*
la paga	*pay*
la población	*population*
el porcentaje	*percentage*
el prejuicio	*prejudice*
el racismo	*racism*
el salario mínimo	*minimum wage*
el sueldo	*salary*
la violencia	*violence*

el abuso

Verbos

adaptarse	*to adapt*
alcanzar su sueño	*to fulfill one's dream*
asimilarse	*to assimilate*
caer bien / mal	*to suit / not to suit, to (not) like a person*
conseguir (i)	*to get, obtain*
contarse (ue)	*to tell each other*
cruzar	*to cross*
cultivar	*to cultivate*
dedicarse a	*to devote oneself to*

detestar	*to hate*
disgustar	*to annoy, displease*
emigrar	*to emigrate*
empujar	*to push*
encantar	*to delight, love*
entenderse (ie)	*to understand each other*
entusiasmar	*to enthuse*
establecer (zc)	*to establish*
faltar	*to be missing, lacking*
fascinar	*to fascinate*
fastidiar	*to annoy*
ganar	*to earn, win*
ganarse la vida	*to earn one's living*
gritar	*to scream, shout*
hartarse	*to be fed up*
inmigrar	*to immigrate*
integrarse	*to become part of*
jalar	*to pull*
lograr	*to attain*
llorar	*to cry*
mantener (una familia)	*to support (a family)*
mejorar	*to improve*
molestar	*to bother*
obligar	*to force*
pagar	*to pay*
pertenecer (zc)	*to belong*
piscar*	*to pick*
quedar	*to remain, have left*
quemar	*to burn*
rechazar	*to reject*
recoger	*to gather*
saludar	*to greet*
soportar	*to bear, to put up with, to stand a person*
sudar	*to sweat*
suspirar	*to sigh*
tener éxito	*to succeed*
tener miedo	*to be afraid*
vencerse (la visa)	*to run out; expire*

Adjetivos

bilingüe	*bilingual*
grueso/a	*thick*
monolingüe	*monolingual*
racista	*racist*
rechazado/a	*rejected*
solo/a	*alone*
suave	*soft*

Expresiones idiomáticas

además	*besides*
al final	*in the end*
de súbito	*all of a sudden*
lo que + verbo + ser (que)	*What + verb + to be (that)*
por lo tanto	*therefore*

*__Piscar__ is an anglicism from the English word *pick*. The correct Spanish word is **recoger**.

3 Hablemos de viajes

"Caminante no hay camino,
se hace camino al andar."
—Antonio Machado

Machu Picchu es una fortaleza inca, en Perú. Era el lugar de vacaciones del emperador y la nobleza.

Las cataratas del Salto del Ángel, Venezuela, son las más altas del mundo.

Tema cultural

La belleza natural de América Latina

La geografía y los lugares de interés de América Latina

Objetivos comunicativos

Conocer el vocabulario relacionado con los viajes

Hablar de viajes

Hacer reservas de hotel, avión, etc.

Saber pedir información en un aeropuerto

Hablar de sucesos pasados

Explicar sucesos que ocurrieron hace un tiempo

Hablar de actividades para hacer durante un viaje

Hablar de algunos deportes

Película recomendada para este capítulo:
Herencia, Paula Hernández, Argentina, 2001

Canción recomendada para este capítulo:
Canción con todos, C. Isella, A. Tejada Gómez, 1993, Argentina.

En marcha con las palabras

En contexto: Un viaje por América Latina

El diario de Manuel

2 de diciembre

Ayer empezó mi viaje por Latinoamérica. Por la mañana **abordé el avión** en el que **volé** a México. Tenía todo listo en mi **equipaje**: muy poca ropa, mi **videocámara** y muchos **folletos** con información sobre los **países** que pienso visitar. Además traje mi **saco de dormir** y mi **tienda de campaña,** porque quiero **acampar**. Tuve un pequeño problema al **embarcar** porque no encontraba mi **tarjeta de embarque**. Cuando el avión **despegó**, ¡comenzó mi gran aventura!

El **acantilado** de la Quebrada, Acapulco. Los **clavadistas se arrojan** a las grandes **olas** del **mar** desde 50 metros de **altura**.

4 de diciembre

El lunes estuve en Acapulco. Como era un día **soleado**, **tomé el sol** en la **playa** (claro, con mucho **bloqueador solar** para no **quemarme**). **Disfruté de** todos los deportes que se pueden practicar allí: **hice esquí acuático**, **buceé** en el mar y **navegué** en **velero**. Como estaba cansado, dormí una siesta sobre la **arena**. Por supuesto que por la tarde fui a ver a los **clavadistas**. Aquí pongo la **foto que saqué**.

14 de diciembre

Partí de México para Costa Rica, donde voy a hacer **ecoturismo**. Para ahorrar dinero, no voy a **alojarme** en un hotel sino que voy a estar tres días en un **campamento** en la **selva**. Voy a **hacer varias caminatas** por el **bosque** tropical para ver la variedad de plantas y animales que hay en esta región. ¡Supongo que lo voy a **pasar muy bien**!

2 de enero

Acabo de llegar al otro extremo de América Latina: estoy en el **sur**, **escalando** en la **cordillera** de los Andes, en Chile. El **paisaje** es espectacular: **lleno** de **lagos, ríos** y **montañas**. La semana próxima voy a **hacer dedo** a Tierra del Fuego con un amigo que conocí en Santiago. Desde allí vamos a tomar un **barco** para volver al **norte**. El barco **hace escala** en Buenos Aires, donde voy a **quedarme** unos días. Será una **estadía** corta para conocer un poco esa famosa ciudad. Allí voy a estar de **huésped** en la casa de un amigo. Esto será el final de mi viaje.

Cerro Fitz Roy, Santa Cruz, Argentina

PALABRAS CONOCIDAS

En el hotel - De viaje

Estas palabras deben ser parte de tu vocabulario.

En el hotel

el/la botones	*bellhop*
el/la conserje	*concierge*
la habitación doble	*double room*
la habitación individual / sencilla	*single room*
la maleta / la valija	*suitcase*
la piscina / la pileta	*swimming pool*
el portero	*doorman*
la propina	*tip*

Cognados

la cámara de fotos
cancelar
la clase turista / primera clase
confirmar
filmar
el parque nacional
el piloto
la reserva
el volcán

De viaje

la aduana	*customs*
el/la asistente de vuelo / la azafata / el/la aeromozo/a	*flight attendant*
el billete / el boleto / el pasaje	*ticket*
el billete / el boleto / el pasaje / de ida y vuelta	*round-trip ticket*
hacer las maletas / el equipaje / las valijas	*to pack*
la línea aérea	*airline*
la lista de espera	*waiting list*
la llegada	*arrival*
el/la pasajero/a	*passenger*
la puerta de salida / de llegada / de embarque	*departure / arrival / boarding gate*
la salida (de emergencia)	*emergency exit*
la (tarjeta) postal	*postcard*
el/la viajero/a	*traveler*
el vuelo	*flight*

EXPRESIONES ÚTILES

acabar de + infinitivo	*Refers to an action that has just happened. Have just done something.*
pasarlo bien / mal	*to have a good / bad time*
pasar(se) (el tiempo) + -ando/ -iendo	*to spend time doing something*
pensar + infinitivo	*to plan to*
como (at the beginning of a sentence)	*since*

Acabo de llegar a los Andes.	*I have just arrived in the Andes.*
¡**Lo pasé muy bien** en mi viaje!	*I had a good time on my trip.*
(**Me**) **Pasé el tiempo tomando** el sol.	*I spent the time sunbathing.*
Pienso visitar muchos países.	*I plan on visiting many countries.*
Como era un día soleado, tomé el sol en la playa.	*Since it was a sunny day, I sunbathed on the beach.*

2 3-1 **¿Qué tal lo pasaste?** En pares contesten las siguientes preguntas sobre un viaje de fin de semana que acabas de hacer. Usa las **Expresiones útiles**.

1. ¿Adónde fuiste?
2. ¿Cómo lo pasaste?
3. ¿Cómo pasaste el tiempo?
4. ¿Qué más hiciste?
5. ¿Acabas de regresar?
6. ¿Piensas volver pronto? ¿Por qué?

2 3-2 **Un viaje accidentado.** En las vacaciones pasadas tuviste muchos inconvenientes. Cuéntale a tu compañero/a cómo los solucionaste. Completa las oraciones según la situación.

1. Como se me olvidó la cámara de fotos en casa, __________.
2. Como me cancelaron el vuelo a último momento, _______.
3. Como el hotel no tenía piscina, _________.
4. Como el vuelo salió atrasado, _________.
5. Como la aerolínea perdió mi maleta, _______.
6. ¿?

3-3 **¿Qué necesitas? ¿Qué haces?** Imagina que vas a hacer un viaje. Escribe en la lista el nombre de tres objetos que necesitas llevar y explica por qué los llevas. Luego escoge tres actividades que puedes hacer allí y explica por qué las escogiste.

	Objetos	**Actividades**
La playa	____________	______________
	____________	______________
	____________	______________
La montaña	____________	______________
	____________	______________
	____________	______________
El campo	____________	______________
	____________	______________
	____________	______________
Una ciudad latinoamericana	____________	______________
(Buenos Aires / México / Lima…)	____________	______________
	____________	______________

2 3-4 **A. Encuesta.** Entrevista individualmente a cuatro compañeros/as y pregúntales cuáles de estas cosas prefieren hacer y por qué.

1. tomar el sol en las playas de México
2. hacer ecoturismo en Costa Rica
3. viajar por el río Amazonas
4. escalar las montañas de Chile
5. hacer dedo a Tierra del Fuego

B. Ahora compara tus respuestas con las que recibió un/a compañero/a. ¿Cuál es el viaje preferido? ¿Por qué?

2 3-5 **Mi próximo viaje.** Imaginen que uno/a de ustedes quiere planear sus próximas vacaciones y que el/la otro/a trabaja en una agencia de viajes. Uno/a es el/la viajero/a y el otro/a el/la agente. Lean las instrucciones y recuerden que tienen que concluir con el itinerario del viaje.

VIAJERO: Dile a tu compañero/a qué tipo de viaje quieres hacer y él/ella te va a dar algunas opciones.

AGENTE: Para ayudarte a crear opciones para el viajero, puedes utilizar las fotografías de la primera página del capítulo o la información que aparece en el diario de Manuel y en las **Ventanas al mundo**.

2 3-6 **Un viaje de novela.** Cuéntale a tu compañero/a un viaje que hayas leído en una novela o que hayas visto en una película.

2 3-7 **Para saber más.** Busca información en Internet, en la biblioteca, o en una agencia de viajes, sobre algún lugar turístico en Latinoamérica. Para la próxima clase, haz un folleto turístico sobre ese lugar. Sé creativo/a e incluye todos los datos necesarios para explicar por qué te parece interesante este lugar.

América del Sur

Ventana al mundo

Buenos Aires, Argentina

Buenos Aires es la capital y la ciudad más grande de Argentina. Aproximadamente la tercera parte de la población de Argentina vive en Buenos Aires y alrededores. Tiene una población de 3.000.000 en la Capital Federal y un total de 11.000.000 en lo que se llama el Gran Buenos Aires. Es una ciudad muy sofisticada, donde hay constantes eventos culturales, teatros, museos de arte, ferias de libros y compañías de ópera y de ballet reconocidas mundialmente. La arquitectura estilo francés de muchos edificios del centro de la ciudad le ha hecho merecer el nombre de "el París de Sudamérica".

Las grandes ciudades. ¿Te gustaría conocer Buenos Aires? ¿Conoces otras ciudades grandes de América?

Avenida 9 de Julio y el Obelisco. Buenos Aires, Argentina.

El barrio La Boca

En Buenos Aires puedes visitar varios lugares de interés. La Boca es quizás el barrio más turístico de Buenos Aires. Es un barrio habitado mayormente por gente de bajos recursos que vive en condiciones bastante precarias. Su nombre se debe a que se encuentra en la boca del Riachuelo, es decir, en la entrada del Río de la Plata.

La calle turística por excelencia se llama Caminito. Se trata de una calle peatonal de apenas 100 metros, en la que se destacan los edificios de colores brillantes con murales y relieves. En esta calle hay a menudo artistas que venden sus obras y otros que ofrecen diversos espectáculos.° Otro elemento característico del barrio es el estadio de fútbol del Club Boca Juniors—llamado popularmente "La Bombonera"—, con capacidad para más de 50.000 espectadores.

shows

Barrio turístico. ¿Hay en tu ciudad algún barrio turístico? ¿Cómo es? ¿Conoces algún estadio deportivo grande? ¿Qué deporte juegan allí?

Calle Caminito, en el barrio La Boca de Buenos Aires, Argentina

¡Sin duda!

irse – salir – partir – dejar

All these words may be translated as *to leave* but in Spanish they have different shades of meaning. Study the table below.

Palabra	Explicación	Ejemplo
irse (marcharse)	*to leave a place, especially when the destination is not mentioned. It puts emphasis on the place being left rather than the destination.*	**Se van** hoy y vuelven el mes que viene. *They leave today and come back next month.*
salir de	*to leave, to go out of a place, to exit, to leave from, to go away*	**Salgo de** mi casa temprano. *I leave my house early.* **Salgo de** viaje mañana. *I leave on a trip tomorrow.*
salir para	*to go to a specific place*	**Salgo para** México la semana que viene. *I leave for Mexico next week.*
partir	*to leave in general in relation to travel situations, to depart*	El tren **parte** de la estación central en quince minutos. *The train leaves the main station in fifteen minutes*
dejar	*to leave something or someone behind, to abandon, to leave out, to omit*	**Dejamos** las montañas y vamos al mar. *We leave the mountains and go to the sea.*

2 **3-8 Entrevista.** En parejas, háganse las siguientes preguntas sobre sus vacaciones del último verano. Luego compartan sus respuestas con otras parejas.

1. ¿Adónde te fuiste de vacaciones?
2. ¿ Viajaste en autobús, en tren o en avión? ¿Partió a tiempo?
3. Si tienes perro o gato, ¿con quién o dónde lo dejaste?
4. ¿A qué hora saliste de tu ciudad?
5. Al llegar, ¿fuiste directamente a un hotel o dejaste tus maletas en depósito?

2 **3-9 Ficha personal.** Completa esta ficha creando una pregunta con cada verbo. Luego interroga a tu compañero/a para ver si ha hecho alguna de esas cosas. Escribe sus respuestas junto a cada pregunta.

	Pregunta	Respuesta
irse		
salir		
partir		
dejar		

Ventana al mundo

La Habana, Cuba

Sin duda, la Habana se cuenta entre una de las ciudades más hermosas del mundo. Un paseo al atardecer por el malecón° de la Habana, le ofrecerá al visitante una vista espectacular del mar y una tranquila puesta de sol. También le permitirá observar una variedad de estilos arquitectónicos que deleitarán la mirada más exigente. El visitante verá una ciudad majestuosa, entre ruinas y columnas. Verá a su gente caminando por las calles, y a sus niños jugando pelota en cualquier esquina; verá la ropa colgando° de los balcones para secarse al sol, y oirá su música y sus tambores°. Quizás también vea, con el ojo un poco más soñador, por qué a la Habana, cuando era más joven, la llamaban "el París del Caribe".

pier

hunging / drums

¿Viajar a Cuba? ¿Te gustaría ir a Cuba? ¿Puedes ir? ¿Qué necesitas?

El Hotel Nacional de La Habana, Cuba, es uno de los monumentos arquitectónicos más bellos de esa ciudad.

Así se dice

Cómo hacer reservas

Éstas son algunas frases útiles para reservar un cuarto de hotel:

Quisiera hacer una reserva para la Sra. Martínez.	*I would like to make a reservation for Mrs. Martínez.*
Me gustaría una habitación doble / sencilla.	*I would like a double / single room.*
Quiero una habitación con baño privado.	*I want a room with a private bathroom.*
Quisiera una habitación con vista al mar.	*I would like a room with a view of the sea.*
Me gustaría alojarme en una pensión / un hotel de lujo.	*I would like to stay in a bed and breakfast / a luxury hotel.*
¿Está incluido el desayuno?	*Is breakfast included?*
¿Hay ascensor?	*Is there an elevator?*
¿A qué hora hay que dejar la habitación?	*At what time do we have to leave the room?*
¿Se puede pagar con cheques de viajero / tarjeta de crédito?	*Is it possible to pay with travelers' checks / credit card?*

Cómo pedir información en el aeropuerto:

¿Cuál es la puerta de embarque?	*What number is the boarding gate?*
¿Tiene la tarjeta de embarque / su pasaporte?	*Do you have the boarding pass / your passport?*
¿Este vuelo hace escalas o es directo?	*Does this flight make stops or is it a direct flight?*
¿Prefiere el asiento de ventanilla, pasillo o el del medio?	*Do you prefer the window, the aisle, or the middle?*
¿Quiere un pasaje de ida y vuelta?	*Do you want a round-trip ticket?*
¿Quiere clase turista, de negocios o primera clase?	*Do you want coach, business or first class?*

2 3-10 **En el hotel.** Uno/a de Uds. llama por teléfono desde el aeropuerto para hacer una reserva en un hotel. El/La otro/a es el/la conserje del hotel. Cada persona debe hacer un mínimo de tres preguntas.

HUÉSPED: Habla con el/la conserje para hacer la reserva.

CONSERJE: Contesta las preguntas del huésped y hazle las preguntas necesarias para completar la reserva.

MODELO: E1: *Buenos días. ¿Tiene una habitación doble / sencilla con baño privado?*

E2: *Sí (No), señor/a, (lo siento). Tenemos una habitación doble sin baño privado, pero con vista al mar.*

E1: *¿Cuánto cuesta?*

E2: …

2 3-11 **En el aeropuerto.** En parejas, hagan los papeles de viajero/a y agente de viajes. Usen las expresiones de **Así se dice** para pedir información en el aeropuerto.

VIAJERO/A: Tienes que hacer un viaje de emergencia y vas al aeropuerto para tomar el primer vuelo. Explícale al/a la agente de viajes adónde quieres ir y cómo quieres viajar.

AGENTE DE VIAJES: Ayuda al/a la viajero/a a conseguir el vuelo que necesita.

MODELO: E1: *¿Hay un vuelo a California?*

E2: *Sí, cómo no. Hay uno esta tarde, hace dos escalas.*

E1: *¿Tiene asiento en clase turista?*

E2: *Sí, cómo no. ¿Prefiere ventanilla o pasillo?*

Ventana al mundo

La Patagonia

La Patagonia es la región ubicada en el extremo del continente americano, al sur del río Colorado, en Argentina hasta Tierra del Fuego. Se extiende desde la costa del Océano Atlántico hasta la costa del Pacífico y está atravesada de norte a sur por la Cordillera de los Andes. En ella se distinguen tres zonas bien diferenciadas: la Patagonia andina, la Patagonia atlántica y la Patagonia central.

El río Hua Húm presenta las condiciones apropiadas para que los amantes del vértigo y la emoción experimenten el descenso en rafting.

La punta del continente. Busca en el mapa dónde está la Patagonia. ¿Te gustan los deportes de montaña? ¿Qué deportes practicas durante las vacaciones? ¿Hay en tu región ríos en los cuales se puede practicar rafting?

La Patagonia, la parte más austral del continente americano.

Haciendo rafting en La Patagonia

Sigamos con las estructuras

Repasemos

Please refer to the selftest on our Website. If you get less than 85%, you need to review this grammar point in the **Cabos sueltos** section, p. 440–443. If you get above 85%, you can continue with the following activities.

Referencia gramatical 1

Talking about past activities: The preterite

El año pasado, para las vacaciones de primavera, **estuve** en Cozumel. **Nadé** en el mar, **hice** esquí acuático y **tomé** sol en la playa. Lo **pasé** de maravilla.

2 3-12 **La última vez.** Completa el cuadro siguiente con información personal y luego entrevista a otra persona de la clase. Debes intentar obtener más información que la fecha del viaje. Trata de hacerle preguntas adicionales como por ejemplo: ¿Con quién?, ¿dónde?, ¿qué?, ¿cuáles?, ¿por qué?, ¿cómo?, etc.

¿Cuándo fue la última vez que…	Tú	Otra persona de la clase
irse de vacaciones?		
visitar unas ruinas?		
navegar por un río?		
quedarse en un camping?		
hacer una caminata?		
perder la maleta o el equipaje?		

2 3-13 **Alguna vez.** Entrevista a otra persona de la clase y completa el cuadro. Luego informa a la clase.

Alguna vez	Cuándo	Dónde	Con quién
1. visitar un bosque tropical			
2. recorrer un parque nacional			
3. ver un volcán			
4. cambiar dinero extranjero			
5. dormir en un saco de dormir			
6. perder un tren, avión o autobús			
7. tomar demasiado sol y enfermarse			
8. usar una tienda de campaña			

2 3-14 **¿Quién lo hizo?** Haz una lista de por lo menos cinco cosas que hay que hacer antes de salir de vacaciones y di quién hizo esas cosas en tu familia antes de tus últimas vacaciones. Luego, pregúntale a otro/a estudiante lo que hizo y quién lo hizo en su familia.

MODELO: E1: *Antes de salir de vacaciones hay que comprar los boletos. Mi madre generalmente hace eso. También hay que… ¿Qué hiciste tú?*

E2: *Antes de salir de vacaciones hay que hacer una lista con lo que necesito llevar. Yo siempre hago mi lista.*

Referencia gramatical 2

Telling how long ago something happened: *Hace* + time expressions

—**¿Cuánto tiempo hace que** estuviste en España?

—**Hace tres veranos** que estuve en España con mi amiga Laura.

Please refer to the selftest on our Website. If you get less than 85%, you need to review this grammar point in the **Cabos sueltos** section, p. 444. If you get above 85%, you can continue with the following activities.

2 3-15 **¿Cuánto tiempo hace?** Pregúntale a un/a compañero/a cuánto tiempo hace que hizo estas acciones. Cada persona debe escoger cuatro puntos de la lista para hacer sus preguntas.

MODELO: E1: *¿Cuánto tiempo hace que volaste en avión?*

E2: *Hace un mes que volé en avión.*

1. escalar una montaña
2. ver a sus padres
3. quedarse en un hotel de lujo
4. ir a la playa
5. estar de vacaciones
6. viajar en autobús
7. hacer esquí acuático
8. nadar en el mar

Referencia gramatical 3

Describing how life used to be: The imperfect

Cuando **era** niña, mi familia **iba** siempre de vacaciones a México porque mis tíos **vivían** allí. A mí me **encantaba** jugar con mis primos que **tenían** dos años más que yo.

Please refer to the selftest on our Website. If you get less than 85%, you need to review this grammar point in the **Cabos sueltos** section, p. 445–446. If you get above 85%, you can continue with the following activities.

3-16 ¿Cómo era la vida de los incas? En tu viaje por América tuviste la oportunidad de ver unos códices. Con la información del códice, comenten las similitudes y diferencias entre la infancia de ustedes y la de los niños incas. Comparen las actividades, la ropa, la relación con los otros miembros de la familia, etc.

MODELO: E1: *Cuando los niños incas tenían un mes dormían en una cuna.*
E2: *Cuando yo tenía un mes también dormía en una cuna.*

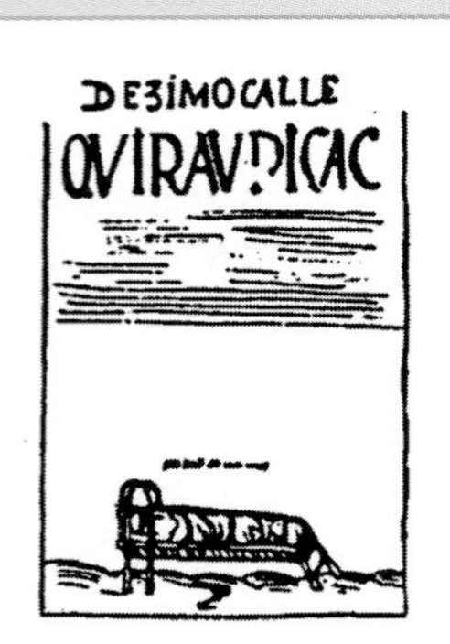

1. De un mes, niño de cuna, no sirve para nada.

2. De un año, gateando°. No hace nada.

3. De cinco años, sirve a sus padres en tareas propias de su edad (en la estampa juega al trompo).

° *crawling*

4. De nueve años sirve a su padre y ahuyenta° a las aves dañinas° del campo.

5. De doce años, al cuidado de las llamas y dedicado a la captura de pájaros mediante redes, para extraerles las plumas y tributarlas.

6. De dieciocho años, el joven debe pagar media tasa de tributo y trabajar en actividades tales como llevar mensajes (chasqui).

° *to frighten away*
° *harmful*

Los códices incas: El curso de la vida, "Introducción al Perú antiguo" Federico Kauffman Doig, p 177, 1992

Los códices incas

A través de la historia se han utilizado muchas formas de narrar, por ejemplo, las crónicas de los viajeros y las pinturas. Una de las formas utilizadas desde la antigüedad son los códices. Un códice es un manuscrito antiguo de importancia artística, literaria e histórica. Se llama códices americanos a una serie de documentos del más alto valor como fuente para la historia de la América indígena.

G 3-17 Un códice. En grupos pequeños, diseñen un códice que describa la vida, las costumbres y las tradiciones de su comunidad, estado o país en los siglos pasados. Luego compartan su códice con otros grupos de la clase.

Aprendamos 1

Narrating in the past: Preterite and imperfect

When you tell a story or narrate an event that happened in the past, you need to use both aspects of the past tense: the preterite and the imperfect. Each one plays a different role in the narration.

The imperfect

1. Sets the scene.
   - Establishes the time of the action. — **Era** un día de verano a las tres de la tarde.
   - Describes the weather. — **Llovía.**
   - Describes the age of the participants. — Yo **tenía** 22 años y empezaba mi gran aventura.
2. Describes the background.
   - Describes appearance of people, places, and things. — **Tenía** aspecto de extranjero. **Era** alto y rubio y **llevaba** una camiseta blanca y unos pantalones cortos. **Había** dos o tres viajeros en la estación de trenes.
   - Describes a state of mind. — **Estaba** cansado.
   - Describes emotions. — Ese día **extrañaba** a mis amigos y mi país.
3. Describes repeated or continuing actions in the past.
   - Describes what was going on. — Unos niños **corrían** por el anden y su madre los **regañaba.**
   - Describes what used to happen. — Yo **escalaba** montañas cuando **vivía** en los Andes.
4. Describes something that you were planning to do.
   - **iba a + inf.** — Yo **iba a** viajar con un amigo pero no pudo ser.

The preterite

1. Moves the action along. — Finalmente **llegó** el tren y todos **subimos** a bordo.
2. Relates the plot. Tells what happened. — El tren **llegó** a Tikal según el horario.
3. Describes completed past action. — **Fue** un viaje maravilloso.

3-18 Los clavadistas. Lee este párrafo y explica por qué se usa el imperfecto o el pretérito.

MODELO: *Pepa viajaba* (used to) *mucho cuando trabajaba* (used to) *en la agencia de viajes.*

Eran (1. ________________) las dos de la tarde cuando mi hermana y yo fuimos (2. ________________) a ver a los clavadistas de la Quebrada. Eran (3. ________________) unos muchachos jóvenes que tenían (4. ________________) entre 15 y 20 años. Subían (5. ________________) unos 50 metros por un acantilado. Ellos parecían (6. ________________) muy tranquilos, pero yo estaba (7. ________________) muy nerviosa cada vez que uno se arrojaba (8. ________________) al mar. Pronto mi hermana se cansó (9. ________________) de verlos y volvimos (10. ________________) al coche. Una hora más tarde estábamos (11. ________________) otra vez en el hotel.

G **3-19 El invierno pasado.** En grupos pequeños, cada persona va a decirle al grupo dos oraciones sobre lo que hizo en sus últimas vacaciones. Escojan un/a secretario/a para escribir las oraciones de todo el grupo.

MODELO: *Mis amigos, mi novia y yo fuimos a esquiar a las montañas. Nos alojamos en la casa de una amiga.*

G **3-20 ¿Cómo era?** Ahora cada miembro del grupo debe agregar algo a sus oraciones del ejercicio **3-19**. Completen la idea con una oración que describa la escena, el estado mental o la apariencia de algo relacionado con la oración que escribieron antes. El/La secretario/a toma nota y luego debe informar a la clase de sus resultados.

MODELO: E1: *Mis amigos, mi novia y yo fuimos a esquiar a las montañas.*
Hacía muy buen tiempo y había mucha nieve.

SECRETARIO/A: *Los amigos de..., su novia y... fueron a esquiar a las montañas.*

3-21 En México. Miren la lista de viajeros: una pareja de 50 años, un mochilero de 20 años, una pareja de 35 años y una antropóloga de 27 años que visitaron México de distintas maneras. Elijan uno/a de los/as viajeros/as y narren su viaje usando la información que aparece en el cuadro. Luego compartan su narración con las otras parejas.

Lugares	Pareja de 50 años	Mochilero de 20 años	Pareja de 35 años	Antropóloga de 27 años
El Paseo de la Reforma	Quejarse de la contaminación.	Comer en un restaurante barato. Estar nublado.	Ir de compras. Estar soleado.	Investigar la historia de los edificios. Llover.
Parque del Chapultepec	Admirar el jardín botánico. Hacer sol.	Escuchar a los mariachis. Estar nublado.	Navegar por el lago. Hacer sol. Conocer a la pareja de 50 años.	Visitar el Museo Antropológico.
Palacio Nacional, mural de Rivera	Cansarse de subir las escaleras.	Sacar fotos y escribir una postal para enviar a sus amigos.	Comprar un afiche con la reproducción del mural.	Analizar la comida y los trajes del mural.
Palacio de Bellas Artes, Ballet Folklórico de México	Pedir entradas con descuento.		Comprar uno de los mejores boletos para la función.	
Pirámide del Mago en Uxmal	Charlar con la pareja de 35 años. Estar nublado.	Conocer a la antropóloga. Estar soleado.	Llegar en helicóptero. Estar nublado.	Pedir permiso para visitar las salas privadas. Hacer sol. Conocer al mochilero.
Mercado de Tlacolula, Oaxaca	Perder la cámara de fotos. Hacer sol.	Comprar un bolso. Hacer sol.	Gastar mucho. Hacer sol.	Hablar con la gente. Hacer sol.
Playa de Akumal	Tomar el sol. Comer muchos mariscos.	Nadar y hacer windsurf. Hacer sol.	Protestar por el tamaño de la habitación. Llover.	Leer y hacer windsurf. Hacer sol.
Cementerio de Patzcuaro, Michoacán	Sacar fotos.	Estar feliz. Hacer fresco.		Besar al mochilero. Escribir en su diario. Hacer fresco.

2 **3-22 Mi primer viaje de estudiante.** Cuéntenle a un/a compañero/a el primer viaje que hicieron con amigos de la universidad. Hablen de sus emociones y sentimientos, de las personas que conocieron, de los medios de transporte, del clima, de los lugares que vieron , de las compras que hicieron y de sus impresiones en general.

Ventana al mundo

México D. F.

La Ciudad de México es una de las ciudades más grandes del mundo: tiene más de 20 millones de habitantes. Se encuentra en un valle y está rodeada de montañas. Es una ciudad rica en arqueología e historia: en ella se pueden ver vestigios de la civilización azteca al igual que edificios de la época de la colonia española. Al mismo tiempo, es una ciudad moderna. Es el centro administrativo y comercial del país.

De visita en México D. F. Busca en Internet información sobre cinco lugares importantes para visitar en la Ciudad de México. Trae tu información para presentarla a la clase.

Pirámide maya

Plaza del Ángel

Parque de Chapultepec

Aprendamos 2

More uses of the preterite and imperfect

1. The imperfect and the preterite are used in the same sentence when an ongoing action is interrupted by another action. **Cuando** is the key word in this instance.

   Corría por el parque **cuando vi** a Alicia. *I was running in the park when I saw Alice.*

   ↑ *Ongoing action: imperfect* ↑ *Interruption: preterite*

2. You have studied the rules that determine the use of the preterite or imperfect. However, the choice of one or the other depends on the meaning that you want to convey. The preterite is used when you view the action as completed, or you want to emphasize the beginning or end of the event. The imperfect is used when you view the action as ongoing, or as a habitual condition.

El verano pasado **comimos** tapas todas las noches.	*Last summer we ate tapas every night.* *(Views the action as an event that is finished.)*
El verano pasado **comíamos** tapas todas las noches.	*Last summer we ate tapas every night.* *(Views the action as repeated.)*
Ana **estuvo** contenta en la fiesta anoche.	*Ana was happy at the party last night.* *(Emphasizes the time limit of the party. It is confined to that event.)*
Ana **estaba** contenta en la fiesta anoche.	*Ana was happy at the party last night.* *(Emphasizes the state of mind she was in during the party.)*

3. Notice the use of **anoche** and **el verano pasado**. You have learned that specific time in the past requires the preterite and most of the time this will be a very helpful rule. However, the choice of preterite or imperfect is determined by the sense of the whole sentence or paragraph as you see in the examples above.

G 3-23 **Mitos y leyendas de América Latina.** Hagan una investigación y luego presenten a la clase un mito o una leyenda de América Latina. Pueden consultar el diccionario de mitos y leyendas en Internet.

Sigan estos pasos:

1. Describan el lugar donde ocurre la acción.
2. Introduzcan el conflicto.
3. Presenten la solución al conflicto, con algún objeto o estrategia mágica.
4. Describan el nuevo estado de cosas que resultó de la solución del conflicto.

Aprendamos 3

Talking about past activities: Verbs that change meaning in the preterite

There are a few verbs that change their meaning when they are used in the preterite or the imperfect. The best way to remember their correct use is to study them as lexical items.

Infinitivo	Pretérito	Imperfecto
conocer	**conocí** = *met*	**conocía** = *knew (a person or place); was acquainted with*

Ernesto **conoció** a Lucía en la playa. — *Ernesto met Lucía on the beach.*

Luis **conocía** a Lucía porque habían ido a la escuela juntos. — *Luis knew Lucía because they had gone to school together.*

saber	**supe** = *found out*	**sabía** = *knew*

Ayer **supimos** que Ana estaba en Quito. — *Yesterday we found out that Ana was in Quito.*

No **sabíamos** que Uds. llegaban ayer. — *We did not know that you were arriving yesterday.*

querer	**quise** = *tried*	**quería** = *wanted to*

Quisimos tomar el vuelo de la noche para ahorrar dinero. — *We tried to take the night flight to save money.*

Todos **querían** parar en un albergue juvenil. — *Everyone wanted to stay in a youth hostel.*

no querer	**no quise** = *refused*	**no quería** = *did not want to*

Elisa **no quiso** aceptar la invitación de Luis porque **no quería** ofender a su novio. — *Elisa refused to accept Luis's invitation because she did not want to offend her boyfriend.*

poder	**pude** = *managed, was able*	**podía** = *was capable*

Sólo después de recibir un permiso escrito ellos **pudieron** acampar en los llanos. — *Only after getting a written permit were they able to camp on the plains.*

Estela **podía** esquiar cuando tenía tres años. — *Estela was able to ski when she was three years old.*

no poder	**no pude** = *failed*	**no podía** = *was not able*

No pude llamar a mi familia porque los teléfonos estaban rotos y **no podíamos** usarlos. — *I couldn't call my family because the telephones were down, and we were not able to use them.*

tener que	**tuve que** = *had to and did do something*	**tenía que** = *had to do something; was supposed to*

Tuve que hacer las maletas rápidamente porque **tenía que** estar en el aeropuerto temprano. — *I had to pack the bags quickly (and I did) because I had to be (was supposed to be) at the airport early.*

3-24 ¡Cuántos problemas! ¿Tuviste que resolver muchos problemas en tu último viaje? Explica lo que trataste de hacer, por qué no pudiste hacerlo y cómo solucionaste el problema.

MODELO: *Quise viajar en tren pero no pude porque no había boletos; entonces, tuve que viajar en autobús.*

1. Quise hacer una excursión pero no pude porque…
2. Mi compañero/a y yo quisimos alojarnos en una pensión pero no pudimos porque…
3. Mi compañero/a quiso hacer dedo pero no pudo porque…
4. Yo quise acampar en el bosque pero no pude porque…
5. El botones quiso llevar las maletas a la habitación pero no pudo porque…
6. El agente de viajes quiso reservar un boleto en avión pero no pudo porque…

2 3-25 Un viaje inolvidable. En parejas, utilicen los verbos de la lista para contar un viaje imaginario en el que participaron los dos. Usen el pretérito o el imperfecto según el contexto. Luego compartan su relato con otra pareja.

conocer (no) poder (no) querer saber tener que

Diario

¿Cuál es el tipo de vacaciones de que tú disfrutas más? ¿Te gusta viajar de un lugar a otro y visitar lugares diferentes cada día? ¿Prefieres ir siempre al mismo lugar y pasar el tiempo tranquilo/a sin hacer nada? Describe tus preferencias por escrito.

Conversemos sobre la lectura

Antes de leer

Estrategia de lectura: *Skimming*

Skimming is a reading technique that is used when one wants to find out quickly what type of information a reading selection contains. By moving the eyes quickly over the text, one gets the general idea of it without being concerned with details, but rather with getting an overview.

3-26 A. La isla, metáfora del paraíso (*paradise*). Lee este párrafo rápidamente y decide a qué categoría pertenece.

Este párrafo presenta…

a. un problema
b. una descripción
c. personas
d. un suceso

Ventana al mundo

La isla de la felicidad

La isla se ha convertido en un símbolo de felicidad para la mayoría de los mortales: paisajes espectaculares habitados por gente amable. Son lugares aislados que tienen un microclima ideal en el que siempre es primavera. En la isla de nuestra imaginación hay senderos° secretos, escarpados° caminos de montañas que llevan a un "lugar alto", un espacio místico. La isla sería, de este modo, un arquetipo del refugio, un espejo de nuestros mejores sueños. Como alguien ha dicho: "Contra las olas del océano, se busca el socorro° de la roca."

paths
steep
aid, help

2 B. ¿Cuál es tu lugar paradisíaco? Todos tenemos un lugar real o imaginario al que nos referimos cuando queremos escapar de la realidad. Descríbele a tu compañero/a tu lugar idílico. ¿Cómo es? ¿Dónde se encuentra? ¿Es real o imaginario? Si no tienes uno, invéntalo.

3-27 Los ríos. Lee rápidamente este poema y contesta esta pregunta. ¿Qué presenta este poema? ¿Presenta un problema, una descripción, un suceso o personas?

Los ríos

de Claribel Alegría

Los ríos llevan al mar
toda la sal de la tierra
son las raíces° del mar
son los brazos de la tierra.

roots

Vocabulario de las lecturas

Estudia estas palabras para comprender mejor los textos.

Vocabulario		Palabra en uso
al rato	*a little later*	**Al rato** de estar en la estación llegó el tren.
andar	*to walk, go*	**Ando** muy rápido porque llego tarde.
el andén	*platform*	**El andén** estaba lleno de gente esperando el tren.
el asiento	*seat*	Prefiero **un asiento** en el pasillo a uno en la ventanilla.
asustado/a	*frightened*	El niño estaba **asustado** cuando no podía ver a sus padres.
la casa de campo	*vacation home*	La **casa de campo** de mis abuelos está en la Costa Brava.
desaparecer	*to disappear*	Rápidamente el sol **desapareció** en el horizonte.
detenerse*	*to stop*	Este tren es expreso y no **se detiene** en ninguna estación.
disgustado/a	displeased	Ella está **disgustada** porque la aerolínea perdió su equipaje.
inesperado/a	*unexpected*	Fue un viaje **inesperado**.
la noticia	*news*	La madre recibió la **noticia** del accidente con calma.
la parada	*stop*	La **parada** del autobús está en la esquina de casa.
recobrar	*to recover*	Necesito **recobrar** el dinero que gasté en este viaje.
el revisor	*conductor, guard*	El **revisor** verifica los billetes.
ruidoso/a	*noisy*	Fue una fiesta de despedida muy **ruidosa**.
la señal	*signal*	El revisor dio la **señal** de partida.
el suceso	*event*	El **suceso** la asustó mucho.

* Conjugate like **tener**

3-28 ¿Cuál no corresponde? Escoge la palabra de cada línea que no se asocia con la palabra de la izquierda. Explica por qué no se asocia. Luego escribe una oración con cada palabra de la izquierda.

1. revisor:	a. tren	b. billete	c. barco
2. andén:	a. estación	b. inesperado	c. llegada
3. parada:	a. suceso	b. detenerse	c. autobús
4. asiento:	a. asustado	b. ventanilla	c. pasillo
5. ruidoso:	a. silencioso	b. tranquilo	c. señal

G 3-29 **El juego de las preguntas.** En grupos pequeños, preparen una definición simple de cada una de estas palabras. Luego presenten sus definiciones a otro grupo. Ellos deben responder en forma de pregunta utilizando la palabra o frase que ustedes definieron.

la casa de campo	detenerse	desaparecer	disgustado
inesperado	la noticia	andar	la parada

MODELO: GRUPO 1: *La cualidad de tener miedo.*
GRUPO 2: *¿Qué quiere decir asustado?*

2 3-30 **Situaciones inesperadas.** Muchas veces, cuando salimos de viaje, nos pasan cosas inesperadas. ¿Cómo reaccionarías tú? Descríbele en detalle a tu compañero/a lo que harías en estas situaciones y explica por qué.

1. Finalmente estás sentado/a en el tren, listo/a para partir, y descubres que no tienes nada para leer. En un minuto el tren va a salir.
2. Te dieron el asiento del medio en el avión y estás entre dos personas a las que les encanta hablar.
3. El tren se detiene cinco minutos en una estación. En el andén hay varios vendedores de fruta, sándwiches y bebidas. Tu tienes mucha hambre.
4. Estás en la sala de embarque del aeropuerto, listo/a para tomar el avión de regreso a tu ciudad, cuando anuncian que el vuelo está completo y necesitan tres voluntarios que den sus asientos.
5. Llegas al hotel muy cansado/a después de un largo viaje en coche y cuando quieres registrarte dicen que no encuentran tu reserva y que no tienen ninguna habitación disponible.

3-31 **¿Qué pasará?** Lee las primeras oraciones del cuento *Un instante en la estación.* Imagina lo que va a pasar en la historia antes de leer el cuento completo.

El señor y la señora Pedersen salieron de su casa de Copenhague un día soleado de junio para embarcarse en el que iba a ser el viaje más largo de su vida. Fueron a la estación central de la ciudad, compraron los billetes y se sentaron a esperar el tren de Frederikssund, donde tenían pensado pasar dos semanas de vacaciones en una casa de campo.

Lectura

Antonio Nieto

Antonio Nieto es un narrador español cuyos cuentos se caracterizan por tener un aire surrealista. Es decir, por lo general, cuentan una historia realista con eventos inusuales. Ésta es una historia donde los sucesos se mueven con rapidez para mantener el interés de los lectores.

Un instante en la estación

El señor y la señora Pedersen salieron de su casa de Copenhague un día soleado de junio para embarcarse en el que iba a ser el viaje más largo de su vida. Fueron a la estación central de la ciudad, compraron los billetes y se sentaron a esperar el tren de Frederikssund, donde tenían pensado pasar dos
5 semanas de vacaciones en una casa de campo. Llegó el tren, se acomodaron° en sus asientos, uno frente a otro junto a la ventana y comenzó su viaje a la hora anunciada. A los pocos minutos de partir, el señor Pedersen echó en falta° un diario y decidió esperar la llegada del revisor para consultarle dónde podía adquirir uno. El revisor le indicó que posiblemente pudiera hacerlo en la cercana
10 estación de Herlev, pero que debía hacerlo rápidamente ya que la parada en esa estación era de tan solo° un minuto. El señor Pedersen decidió probar suerte y, poco antes de llegar a Herlev, se dirigió° a la puerta del tren para salir rápidamente en cuanto el tren se hubiera detenido. Así lo hizo, y la señora Pedersen vio a su marido bajar corriendo del tren y entrar en el pequeño
15 vestíbulo de la estación. Al rato, vio cómo el jefe de estación salía al andén, hacía la señal correspondiente y tocaba su silbato°; esto alarmó a la señora Pedersen, ya que su marido aún no había regresado; se incorporó° e hizo señas al jefe de estación a través de la ventana para que hiciese esperar el tren, mas° no lo consiguió; el tren se puso en marcha° y la señora Pedersen corrió por el pasillo en
20 busca del revisor. Al relatarle el suceso, el revisor la tranquilizó diciendo que en la siguiente estación pondrían un telegrama a Herlev y arreglarían todo para que su marido pudiera tomar el tren siguiente. Así se hizo, pero la respuesta de Herlev fue inesperada: no había ningún viajero en la estación que hubiera perdido el tren. Ante la difícil situación, y dado que el tren debía continuar su
25 marcha, la señora Pedersen decidió continuar su viaje con la esperanza de que su marido se reuniera con ella en Frederikssund. Pero ello tampoco ocurrió: durante el resto del día la señora Pedersen no tuvo noticia alguna de su marido. Aún esperó un día más en la casa de campo, acudió° a la estación de tren a la espera de noticias, pero sin ningún resultado. Con creciente desasosiego° decidió volver
30 a Herlev al día siguiente. Pero en Herlev nadie había visto a su marido. Volvió a

made themselves comfortable
missed
only
caminó
whistle
se levantó de su asiento
pero
started
fue
uneasiness

Copenhague con la esperanza de que su marido hubiera regresado a casa, pero tampoco lo encontró allí. Asustada, acudió a la policía. La policía abrió una investigación y, al cabo de varias semanas, dio por desaparecido al señor Pedersen.

La señora Pedersen no se casó de nuevo°. Vivió los años siguientes con entereza° y resignación, sin olvidar un solo día a su esposo. Durante estos años llenó sus ratos de ocio con tertulias, visitas a viejas amistades y actividades culturales. Cierto día recibió una invitación para pasar unos días en una casita en Ballerup y asistir a la inauguración de una galería de arte. La señora Pedersen aceptó la invitación y salió de su casa de Copenhague un día soleado de junio para embarcarse en el que iba a ser el final del viaje más largo de su vida. Fue a la estación central de la ciudad, compró el billete y se sentó a esperar el tren de Ballerup, que es el mismo que llega a Frederikssund. Llegó el tren, se acomodó en su asiento junto a la ventana y comenzó su viaje a la hora anunciada. Cuando el tren se detuvo en la estación de Herlev, la señora Pedersen recordó el triste suceso ocurrido diez años atrás, pero no dejó que la tristeza se apoderara° de sus pensamientos. De pronto, la señora Pedersen vio algo que le resultó extrañamente familiar: un hombre salía corriendo del vestíbulo de la estación poco después de que el jefe de estación hubiera hecho sonar su silbato. Este hombre subía al tren, entraba en el vagón de la señora Pedersen y caminaba hacia ella. En ese momento, su corazón le dio un vuelco°, pues vio que ese hombre era su mismísimo esposo con la apariencia y vestimenta de diez años atrás. El señor Pedersen tomó asiento y aliento°, lamentando no haber encontrado ningún diario, pero enseguida se percató° del aspecto cambiado y sorprendido de su esposa. Al preguntarle por su extraño cambio de expresión, la señora Pedersen sufrió un desmayo°. Su marido se levantó alarmado ante la indisposición de su señora y también ante su cambio de aspecto que no entendía y gritó pidiendo ayuda al revisor y al resto de los viajeros. Pronto se formó un corro° en torno a la señora Pedersen, quien, al reanimarse° recobró su compostura. Miró a su atónito esposo, que todavía le preguntaba la razón de su rostro algo desmejorado, y allí, en aquel tren ruidoso y entrañable, en aquel viaje que ya terminaba, la señora Pedersen lo comprendió todo. Dijo a su esposo que estaba muy disgustada porque su equipaje había desaparecido y le pidió cambiar la casa de campo de Frederikssund por una casita en Ballerup. El señor Pedersen, aún sin entender nada, accedió° a los deseos de su esposa y durante dos semanas disfrutaron de sus vacaciones en la pequeña ciudad.

again
fortitude
to take hold
felt a sudden alarm
breath
noticed
fainted
circle, ring
revive
agreed

3-32 ¿Qué pasó? Decide si las siguientes oraciones son verdaderas o falsas. Fundamenta tu respuesta apoyándote en oraciones del texto. Corrige las oraciones falsas.

1. El señor y la señora Pedersen hacen un viaje en barco durante un verano.
2. Van a pasar dos semanas de vacaciones en un hotel de lujo en una ciudad cercana.
3. El señor Pedersen no puede leer el periódico.
4. Cuando llegaron a Herlev, el señor y la señora Pedersen bajaron del tren.
5. Cuando el tren se puso en marcha otra vez, la señora Pedersen corrió por el andén haciéndole señas al jefe de la estación.
6. El revisor le dijo a la señora que arreglaría todo para que su esposo se reuniera con ella pronto.
7. Cuando la señora llegó a Frederikssund descubrió que su esposo estaba en Copenhague.
8. La policía nunca dio por desaparecido al señor Pedersen.
9. La señora Pedersen se volvió a casar después de varios años.
10. Después de diez años del primer viaje un día inició un viaje a Ballerup para asistir a la inauguración de una galería de arte.
11. La señora encontró a su marido en la estación de Herlev.
12. La señora nunca perdió su compostura cuando vio a su esposo nuevamente.
13. Los Pendersen vendieron la casa de campo en Frederikssund y compraron otra en Ballerup.

2 3-33 Deja volar tu imaginación. Expliquen lo que les pudo haber pasado al señor y a la señora Pedersen en su viaje. Desarrollen las siguientes idea y agreguen otras posibilidades.

1. El señor Pedersen se fue con otra mujer que lo esperaba en Herlev…
2. Al señor Pedersen lo secuestraron unos terroristas…
3. El señor Pedersen era parte de un grupo de la mafia internacional…
4. El dueño del quiosco de periódicos era amigo del señor Pedersen y lo ayudó a salir disfrazado de la estación…
5. ¿?

3-34 Un final diferente. Cuenta el final del cuento desde el punto de vista de uno de los detectives que estuvieron investigando el caso del señor Pedersen. Debes presentar una solución para el caso Pedersen.

Poema

Antonio Machado (1875–1939)

Machado, nacido en Sevilla, España, es uno de los poetas españoles más populares. Su poesía habla de temas esenciales: el tiempo y las cosas cotidianas; la naturaleza, Dios y los seres humanos. El poema "Cantares" es una alegoría de la vida y de las elecciones° que cada individuo debe hacer a cada paso. En él, el poeta compara la vida con un camino por recorrer y nos explica que las elecciones de cada día son las que forman el camino de nuestra vida. Estos fragmentos son una adaptación de los versos de Machado hecha por el cantante Joan Manuel Serrat.

choices

Cantares (Fragmento)

Todo pasa y todo queda
pero lo nuestro es pasar.
Pasar haciendo caminos,
caminos sobre la mar.

5 Caminante son tus huellas° (*footprints*)
el camino y nada más.
Caminante no hay camino,
se hace camino al andar.
Al andar se hace camino
10 y al volver la vista atrás
se ve la senda° que nunca (*path*)
se ha de volver a pisar°. (*to step on*)
Caminante no hay camino,
sino estelas° en la mar. (*wake*)

15 Caminante no hay camino
Se hace camino al andar
Golpe° a golpe, verso a verso. (*blow*)

3-35 ¿Qué nos dice el poema? Este poema tiene muchas metáforas. Empareja cada metáfora de la lista de la izquierda con su significado en la lista de la derecha.

1. ___ Caminante no hay camino.
2. ___ Se hace camino al andar.
3. ___ Golpe a golpe, verso a verso
4. ___ Caminante son tus huellas el camino y nada más.
5. ___ Caminante no hay camino, sino estelas en la mar.

a. Hacemos camino cada vez que elegimos algo.
b. Las experiencias de la vida a veces son difíciles, otras veces son más fáciles.
c. No hay una ruta marcada para cada persona.
d. Todo camino desaparece.
e. Cada persona tiene un camino individual, único.

2 **3-36 Aclaremos.** ¿Qué significan estas cosas? En parejas, traten de contestar las siguientes preguntas sobre el poema.

1. ¿Quién es el caminante?
2. ¿Qué es el camino?
3. ¿Qué quiere decir el primer verso, "Todo pasa y todo queda"?
4. ¿Por qué dice el poeta que hacemos caminos sobre la mar?
5. ¿En qué versos dice el poeta que no podemos vivir dos veces la misma experiencia?

G **3-37 Caminos.** En pequeños grupos, hablen sobre las siguientes preguntas. Luego compartan con la clase algunas de las ideas que surjan en su grupo.

1. ¿Quién marca tu camino? ¿Tus padres? ¿Tus amigos? ¿Tú mismo/a? ¿La sociedad?
2. ¿Es posible elegir nuestro camino libremente, o todos estamos condicionados?
3. ¿Estás de acuerdo con la filosofía del poeta? Explica tu respuesta.
4. Algunos creen que hay un sólo camino. ¿A qué se refieren?

3-38 Una decisión importante unfortunate. Piensa en una decisión importante que tuviste que tomar. Describe el problema que se te presentó, cuáles eran tus opciones y cómo te decidiste por una.

3-39 Mi vida. Escribe una estrofa de cuatro versos sobre tu visión de la vida. Puedes inventar tu propio formato o seguir éste:

Título

Primer verso: sustantivo + adjetivo

Segundo verso: dos sustantivos

Tercer verso: una pregunta

MODELO: *Vida hermosa*
Vida bella
Sueños y alegrías
¿Adónde me llevas?

Diario

Escribe un párrafo comentando tus impresiones sobre el poema de Machado. ¿Qué ideas te sugiere? ¿Cuál crees que era el objetivo del escritor al escribir este poema?

Avancemos con la escritura

Estrategia de escritura: *Narration, telling a story*

When we retell the sequence of events that form a story we are narrating an event. The purpose of the narration is to inform and entertain. In the first case, we want to make sure that the reader clearly understands what happens and why it happens. In the second case, we want to present the events in a captivating way to hold the readers' attention.

To accomplish this, adding details is very important. Usually the story relates past events so the use of the preterite and the imperfect is called for. However, we can also tell a story in the present. To help you organize your story in a chronological way, use the following transition words:

al (día, mes, año) siguiente	*the next (day, month, year)*
al cabo de	*at the end of*
al rato	*later*
antes / antes de eso	*before / before that*
después	*after*
enseguida	*immediately*
finalmente / por último / al final / por fin	*finally / lastly / in the end / finally*
luego / más tarde	*then / later*
para empezar / primero / al principio	*to begin with / first / at the beginning*
tan pronto como	*as soon as*

2 3-40 **Unas vacaciones malogradas.** El primer día de tus vacaciones pierdes a tu compañero/a de viaje por un día entero. Por supuesto lo notificas a la policía, que lo encuentra a la medianoche perdido en otra parte de la ciudad. Cuando él regresa al hotel con la policía te cuenta cómo pasó su día. ¿Qué le pasó? Usa las palabras conectoras de secuencia.

3-41 Una aventura inesperada. Piensa en unas vacaciones en las cuales pasó algo inesperado. ¿Perdieron el equipaje o los documentos? ¿Alguien se enfermó? ¿Les robaron? ¿Vieron algo sorprendente que no esperaban ver? ¿Tuvieron una experiencia maravillosa? Debes escribir una historia verdadera, alguna anédota que te haya pasado a ti o a un familiar durante un viaje.

3-42 Un final inesperado. Escribe un cuento con un final sorprendente.

Antes de entregar tu composición, asegúrate de haber incluido y revisado lo siguiente:

- El pretérito y el imperfecto. Recuerda: el pretérito adelanta la acción, el imperfecto describe el fondo físico y temporal de la acción.
- Las palabras conectoras.
- **Hace + tiempo**
- Las formas correctas de los verbos en el pretérito y el imperfecto.
- **Ser** o **estar** en el pretérito e imperfecto
- La concordancia de género y número

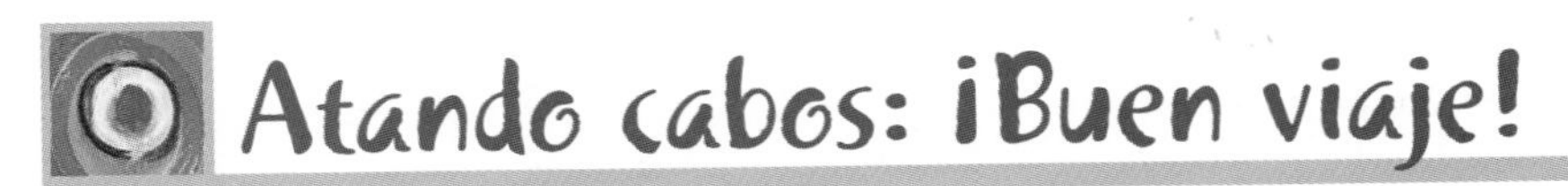

Atando cabos: ¡Buen viaje!

En esta parte del capítulo vas a realizar una serie de actividades para planear un viaje por el mundo hispánico.

2 **3-43 Diferentes modos de viajar.** Completa el cuadro con tus preferencias y luego entrevista por lo menos a tres personas de la clase para saber qué tipo de viaje prefieren. Luego informa a la clase.

Medio de transporte			
Lugar			
Época del año			
Compañía			
Tipo de alojamiento			
Tipo de equipaje			
Tipo de comida			
Movilidad durante el viaje			

3-44 ¿A dónde voy? Elige un lugar de América Latina para visitar. Prepara un informe para la clase en base a las siguientes preguntas. Toma nota de las presentaciones de los otros estudiantes para luego seleccionar a dos compañeros/as de viaje.

1. ¿Por qué escogiste este país para tus vacaciones?
2. ¿Cuál es la mejor época del año para visitar este país?
3. ¿Es posible organizar itinerarios especiales?
4. ¿Dónde se puede encontrar información sobre la gente de este país?
5. ¿Dónde puedes encontrar información sobre parques nacionales y áreas protegidas?
6. ¿Qué puedes esperar de la comida y los alojamientos?
7. ¿Cuáles son los precios?
8. ¿Cómo puedes hacer las reservas?

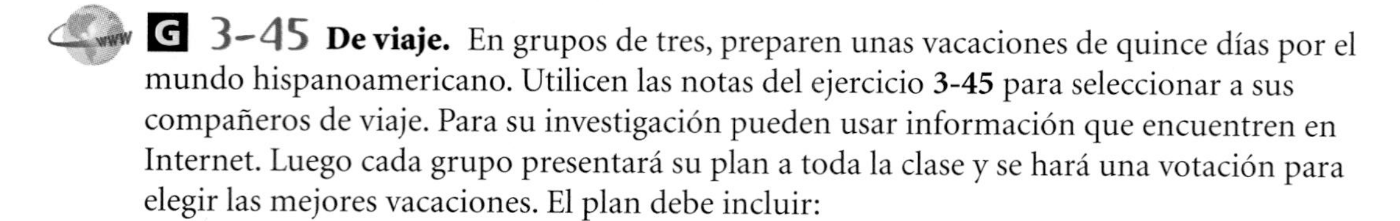

G **3-45 De viaje.** En grupos de tres, preparen unas vacaciones de quince días por el mundo hispanoamericano. Utilicen las notas del ejercicio **3-45** para seleccionar a sus compañeros de viaje. Para su investigación pueden usar información que encuentren en Internet. Luego cada grupo presentará su plan a toda la clase y se hará una votación para elegir las mejores vacaciones. El plan debe incluir:

- las fechas
- los medios de transporte
- los lugares a visitar
- los precios de pasajes y excursiones
- las comidas
- otra información que el grupo considere importante

G **3-46 ¿Pasaste un verano sano y ecológico?** Individualmente, encuesten a algunos estudiantes de la clase y luego en grupos, decidan si el grupo respeta la naturaleza o no. Compartan sus resultados con el resto de la clase.

MODELO: E1: *Antes de hacer un viaje a un país exótico, ¿te informaste sobre su cultura y costumbres y las respetaste cuando estuviste allí?*
E2: *Sí / No, (no) me informé…*

1. consumir los productos del lugar ricos en agua, como frutas y verduras
2. no comprar plumas de pájaros exóticos, conchas, coral, etc.
3. interesarse por su cultura e historia y visitar los lugares de interés
4. alojarse en hoteles y casas rurales
5. no hacer ostentación de lujo con la ropa, cámaras, joyas, determinada actitud, etc.
6. no malgastar recursos, como el agua y la electricidad, porque tú no los pagas
7. grabar los sonidos de la naturaleza
8. pasear por la orilla del mar y nadar en el mar

G 3-47 **La vuelta al trabajo.** Lean estos consejos para volver al trabajo y decidan cuáles son los mejores, expliquen por qué y piensen en otros consejos. Luego compartan sus opiniones con otros grupos.

La vuelta al trabajo

Volver a casa unos días antes de terminar las vacaciones y dar paseos al aire libre ayuda a superar la angustia del regreso.

1. Reserva vacaciones para estar en casa. Si vuelves a tu casa unos días antes de empezar a trabajar para readaptarte poco a poco a tu vida cotidiana, te será más fácil acostumbrarte a la rutina.
2. Conserva algunos hábitos vacacionales. Para que te cueste menos volver a trabajar, intenta dormir una pequeña siesta —si es posible, de 20 a 30 minutos.
3. Planifica tu tiempo. Calcula el tiempo que te ocupará cada tarea que debas hacer —añade un 20% más para imprevistos— y deja tiempo libre para ti cada día.
4. Evita el exceso de trabajo. Acostúmbrate a delegar parte de tus tareas y a pedir ayuda cuando la necesites.
5. Aprovecha las primeras horas de luz. Da largos paseos o realiza actividades al aire libre, ya que está demostrado que la luz natural disminuye la secreción de melatonina, evitando cuadros de somnolencia diurna.
6. Propone nuevas metas en el trabajo como pedir un aumento de sueldo, la asignación de una tarea que siempre has querido hacer, el traslado a un departamento en el que tienes mejores amigos, etc.

Vocabulario

La naturaleza — *Nature*

el acantilado	*cliff*
el aire	*air*
la arena	*sand*
el ave (fem.)	*bird*
el bosque	*forest*
la cordillera	*mountain range*
la costa	*coast*
la isla	*island*
el lago	*lake*
el mar	*sea*
la montaña	*mountain*
la ola	*wave*
la playa	*beach*
el río	*river*
la selva	*jungle*

Sustantivos

la altura	*height*
el andén	*platform*
el asiento	*seat*
el barco	*boat, ship*
el bloqueador solar	*sunscreen*
el buceo	*scuba diving*
el campamento	*campground*
la casa de campo	*vacation home*
el/la clavadista	*diver*
el equipaje	*luggage*
la escala	*stop*
el esquí acuático	*water skiing*
la estadía	*stay*
la excursión	*tour*
el folleto	*brochure*
la guía turística	*tourist guide*
el huésped	*guest, lodger*
la llegada	*arrival*
el norte	*north*
la noticia	*news*
el país	*country*
el paisaje	*landscape*
la parada	*stop*
el/la pasajero/a	*passenger*
el revisor	*conductor, guard*
el saco de dormir	*sleeping bag*
la señal	*signal*
el suceso	*event*
el sur	*south*
la tarjeta de embarque	*boarding card*
la tienda de campaña	*tent*
el velero	*sailboat*
el/la viajero/a	*traveler*
la vista	*view*

Verbos

abordar el avión	*to board a plane*
acampar	*to camp*
alojarse	*to lodge, take lodging*
andar	*to walk, go*
arrojarse	*to throw oneself*
aterrizar	*to land*
broncearse	*to get a tan*
bucear	*to scuba dive*
dejar	*to leave something or someone behind*
desaparecer	*to disappear*
despegar	*to take off*
detenerse	*to stop*
disfrutar de	*to enjoy*
divertirse (ie, i)	*to have a good time*
embarcar	*to board*
escalar (montañas)	*to climb a mountain*
esquiar	*to ski*
hacer dedo	*to hitchhike*
hacer una caminata	*to hike*
hacer ecoturismo	*to take an ecological vacation*
hacer escala	*to stop over*
hacer esquí alpino / acuático / nórdico	*to downhill / water ski / cross country*
hacer windsurf	*to windsurf*
lanzarse	*to throw oneself*
navegar	*to sail*
partir	*to depart*
quedarse	*to remain*
quemarse	*to get sunburned*
recobrar	*to recover*
recorrer	*to go around a place*
sacar fotos	*to take pictures*
salir	*to go out, to exit*
tomar el sol	*to sunbathe*
viajar a dedo	*to hitchhike*
volar (ue)	*to fly*

Adjetivos

atrasado/a	*late*
asustado/a	*frightened*
disgustado/a	*displeased*
inesperado/a	*unexpected*
lleno/a	*full*
ruidoso/a	*noisy*
soleado	*sunny*
vacío/a	*empty*

Expresiones idiomáticas

acabar de + infinitivo	*have just done something*
al rato	*a short time later*
como	*since (at the beginning of a sentence)*
pasarlo bien / mal	*to have a good / bad time*
pasar(se) el tiempo + -ando/ -iendo	*to spend the time doing something*
pensar + infinitivo	*to plan to*

4 Hablemos de la salud

Tapas españolas

El ejercicio es esencial para la salud.

"Mente sana en cuerpo sano."

Tema cultural

La salud y la nutrición en el mundo hispánico

Objetivos comunicativos

Comentar y analizar formas de medicina alternativas

Describir estados físicos y mentales

Dar consejos y recomendaciones

Indicar la ubicación de objetos y el propósito o la causa de situaciones

Dar instrucciones y mandatos

Sugerir actividades grupales

Película recomendada para este capítulo: *Como agua para chocolate,* Alfonso Arau, México, 1992

Canción recomendada para este capítulo: *Chicharrones,* Compay Segundo y sus Muchachos

En marcha con las palabras

En contexto: Cuidemos nuestro cuerpo

CONSEJOS DEL MÉDICO

Para gozar de buena salud

1. Haga ejercicio un mínimo de tres **veces** por semana. El ejercicio le va a ayudar a **sentirse** bien. ¡Además es bueno para su figura!
2. Antes de hacer ejercicio, compre unos buenos zapatos de tenis. Unos zapatos apropiados reducen la posibilidad de que **se** le **tuerza** un **tobillo** o de que **se** le **quiebre** un **hueso**.
3. Mantenga una **dieta equilibrada** y **sana**. Evite los **alimentos** con mucha **grasa** y coma muchas frutas y **verduras** cada día. Coma **pan y arroz integral**.
4. Controle su **peso**. No **adelgace** ni **engorde** más de lo adecuado según su **estatura** y complexión física. Tenga cuidado cuando haga **régimen**.
5. Duerma entre seis y ocho horas diarias. Lo mejor para **evitar** el **insomnio** y pasar una buena noche es controlar la cafeína.
6. Haga una lista de todos los **medicamentos** a los que usted es alérgico/a (por ejemplo, penicilina).
7. **Cuide** su **tensión arterial**. No se exceda en la sal y **tómese la presión** con regularidad. La tensión alta puede afectarle el **corazón**.
8. A las mujeres se les aconseja tomar vitaminas si piensan **quedar embarazadas**.

Para combatir el resfriado y la gripe

1. Tome aspirinas para **aliviar el dolor** del cuerpo. **Suénese** la nariz con **pañuelos desechables** y **tápese** la **boca** y la nariz cuando **estornude** para evitar **contagiarles** la infección a otros. Compre un **jarabe para la tos** si tiene mucho **catarro**. Hay mucha variedad en las farmacias y no se necesita **receta** médica. Cuide sus **pulmones**.
2. Tómese la temperatura y si **tiene** una **fiebre** muy alta o dificultades al **respirar**, pida una **cita** con su médico.
3. Si tiene **dolor de oído**, use **gotas** para los oídos.
4. Si le duele la **garganta**, tome una **pastilla** para el dolor de garganta.
5. Si tiene **náuseas, vómitos,** o **mareos** por más de seis horas, visite a su médico inmediatamente. Los mareos pueden causar **desmayos**.
6. Beba mucha agua y descanse si se siente **agotado**.
7. No tome antibióticos hasta que el médico se los **recete**. Dígale a su médico si **está embarazada**. Algunos antibióticos pueden ser malos durante el **embarazo** porque afectan al bebé.

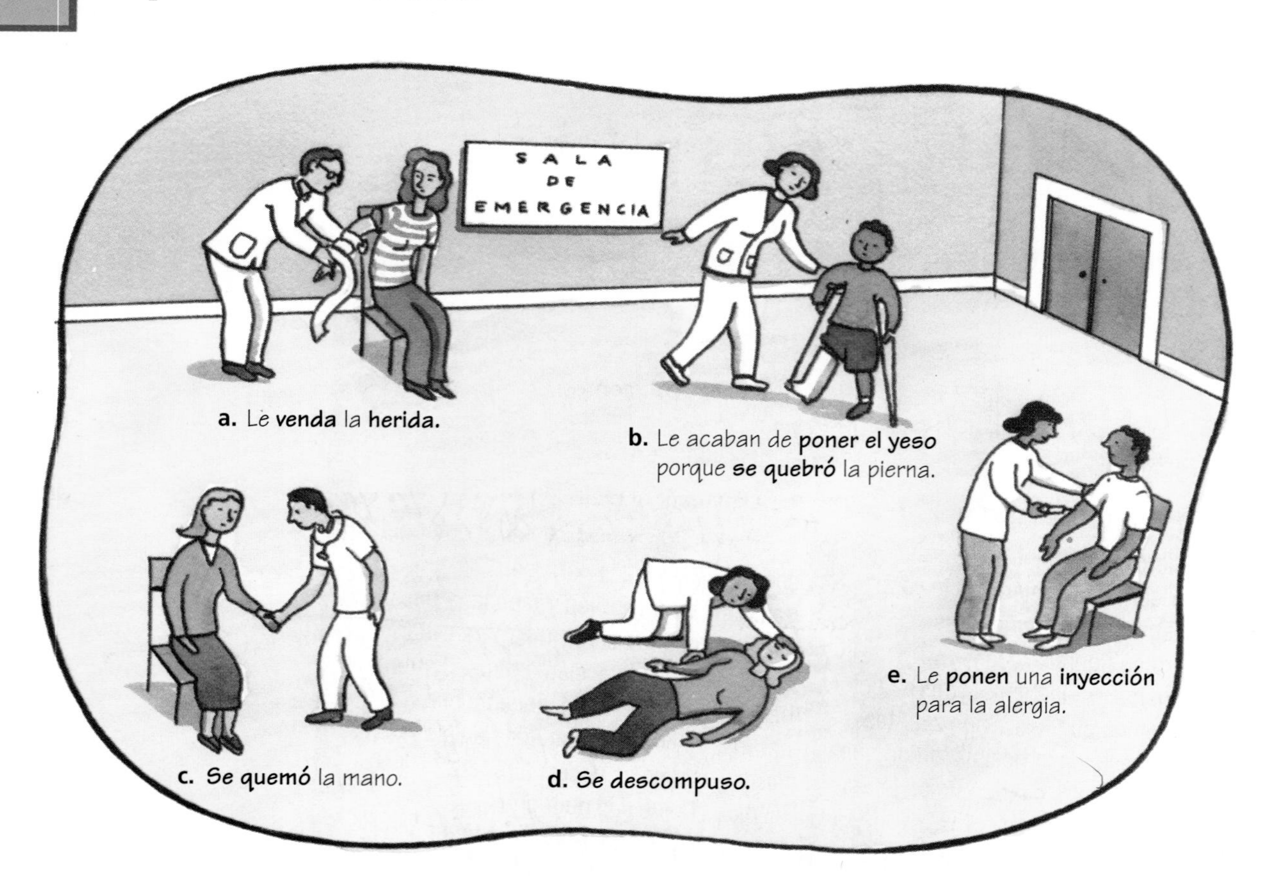
SALA DE EMERGENCIA
a. Le venda la herida.
b. Le acaban de poner el yeso porque se quebró la pierna.
c. Se quemó la mano.
d. Se descompuso.
e. Le ponen una inyección para la alergia.

la uña
el dedo
el codo
la espalda
la cintura
la cadera
el trasero
el hombro
la cabeza
el pelo
el cuello
la pantorrilla
la rodilla
el muslo
el talón
el tobillo

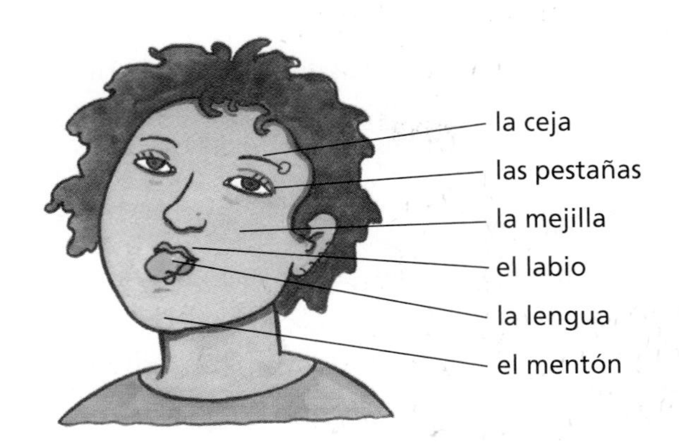

PALABRAS CONOCIDAS

El cuerpo humano

Estas palabras deben ser parte de tu vocabulario.

La cara	*face*	**El cuerpo**	*body*
la boca	*mouth*	el brazo	*arm*
el diente	*tooth*	el estómago	*stomach*
la frente	*forehead*	la mano	*hand*
la muela	*molar*	el pecho	*chest, breast*
la nariz	*nose*	el pie	*foot*
el ojo	*eye*	la pierna	*leg*
la oreja	*ear*		

EXPRESIONES ÚTILES

caer mal	*not to agree with, to sit badly*	**sentar (ie) mal**	*not to agree with*
doler (ue)	*to hurt*	**tener dolor de…**	*to have a/an … ache*

El pescado que comí anoche me **cayó mal**.	*The fish that I ate last night did not agree with me.*
Me **duele** el oído.	*I have an earache.*
La carne de vaca me **sienta mal** al estómago.	*Beef doesn't agree with my stomach.*
Tengo dolor de cabeza.	*I have a headache.*

Note: The verbs **doler, caer mal,** and **sentar mal** follow the same pattern as **gustar**. (See p. 52 for verbs like **gustar**.)

A Teresa le **duelen los huesos**.	*Teresa's bones hurt.*
A mí me **duele la espalda**.	*My back hurts.*
A ti **no te duele la cabeza**.	*Your head doesn't hurt. (You don't have a headache.)*

Remember to use the definite article with parts of the body.

2 **4-1** **A. Estado de salud.** ¿Tienes buena salud? ¿Estás en forma? Estas preguntas te ayudarán a determinar el estado de salud que tienes. Tomando turnos con un/a compañero/a, contesta las siguientes preguntas. Guarden las respuestas de su compañero/a para presentarlas a la clase.

1. ¿Qué comidas te caen mal?
2. ¿Cuándo comiste o bebiste algo que te sentó mal? ¿Qué te sentó mal?
3. La última vez que estuviste enfermo/a, ¿qué parte del cuerpo te dolía?
4. ¿Tienes dolor de cabeza muchas veces durante el semestre?
5. ¿Tenías dolor de oído cuando eras niño/a?
6. ¿Tienes algún dolor crónico?
7. ¿Cuántas veces al año vas al médico?
8. ¿Te enfermas con mucha frecuencia?

B. Presentación. Ahora presenta a la clase el estado de salud de tu compañero/a explicado en un párrafo.

MODELO: *El estado de salud de X es excelente. Le caen mal muy pocas comidas. Sólo le sientan mal las grasas. Nunca le duele la cabeza. Cuando era niño tenía dolor de oído, pero no con frecuencia. No se enferma nunca ni tiene dolores crónicos. De todos modos, va al médico una vez al año para hacerse un examen de rutina.*

2 **4-2** **¿Qué te duele?** En parejas, describan las partes del cuerpo que les duelen en estas situaciones.

MODELO: E1: *¿Qué te duele cuando tienes gripe?*
E2: *Me duele todo el cuerpo.*

¿Qué te duele cuando…

1. …gritas mucho en un partido?
2. …toses toda la noche?
3. …corres 15 millas?
4. …te caes de la bicicleta?
5. …juegas al tenis por cinco horas?
6. …te comes una torta de chocolate tú solo/a?

2 **4-3** **Asociaciones.** ¿Qué partes del cuerpo relacionan con las siguientes actividades? Nombren todas las partes posibles. Si no es obvia la relación que tienen, expliquen por qué eligieron esas partes del cuerpo.

MODELO: jugar al fútbol
Se usan los pies, las piernas y la cabeza. También se usa el pecho para parar la pelota.

1. bailar salsa
2. tocar la guitarra y cantar
3. nadar
4. comer tacos
5. jugar al tenis
6. andar en bicicleta
7. estudiar
8. esquiar

4-4 ¿Qué palabra sobra? Identifica la palabra que no pertenece a cada grupo y explica por qué no pertenece.

1. mejilla	mentón	cintura
2. tobillo	pestaña	muñeca
3. pulmón	corazón	hombro
4. pantorrilla	rodilla	espalda
5. aliviar	doler	marearse
6. oído	muela	oreja
7. embarazo	bebé	gotas

2 4-5 ¿Qué haces tú? Escribe una lista de cinco cosas que haces para cuidar de tu salud física y mental. Luego compara tu lista con la de tu compañero/a. ¿Son similares? ¿Qué aprendiste de la lista de tu compañero/a? ¿Hay algo que puedan añadir a sus listas?

2 4-6 Cuestionario médico. En su primera visita al centro de salud de la universidad tienen que llenar una ficha médica. Háganse y contesten estas preguntas. Expliquen y agreguen información. Cada respuesta debe tener un mínimo de dos oraciones.

MODELO: Tiene buena salud.

E1: *¿Tienes buena salud?*
E2: *Sí / (No, no) tengo buena salud porque nunca me enfermo. Me cuido, como comida sana y hago mucho ejercicio.*

Pregúntale a tu compañero/a si...

1. ...es alérgico/a a alguna comida.
2. ...se desmayó alguna vez.
3. ...hace un régimen.
4. ...se quebró algún hueso.
5. ...es alérgico/a a la penicilina o a otro medicamento.
6. ...sufre de insomnio.

2 4-7 Una cita médica. Imaginen que ustedes son un/a médico/a y un/a paciente. Interpreten los siguientes papeles siguiendo las claves que se indican.

PACIENTE: Escoge una de las siguientes posibilidades: tener gripe, quebrarse un brazo, estar embarazada, tener un resfriado con congestión de pecho. Explícale al / a la médico/a todos los síntomas que tienes.

MÉDICO/A: Dale el diagnóstico al / a la paciente e indícale qué debe hacer para curarse o cuidarse.

Ventana al mundo

El aceite de oliva

El aceite de oliva es un elemento básico de la alimentación española. Algunos españoles desayunan pan con aceite de oliva en vez de mantequilla y mermelada. El aceite de oliva virgen es —sin duda— el más natural de todos los aceites. Se trata de un producto protector y regulador del equilibrio de nuestra salud. La investigación científica confirma que el aceite de oliva virgen:

- Beneficia nuestro crecimiento óseo y permite una excelente mineralización de los huesos.
- Disminuye el riesgo de infarto.
- Disminuye la acidez gástrica.
- Estimula la secreción de bilis, y es el tipo de aceite que el intestino absorbe más fácilmente.
- Ofrece una acción eficaz de protección contra úlceras y gastritis.
- Reduce el nivel de colesterol.
- Reduce las probabilidades de trombosis arteriales.
- Regula el tránsito intestinal.

El aceite. ¿Qué tipo de aceite usas para freír los alimentos? ¿Y para la ensalada? ¿Comiste alguna vez pan con aceite para el desayuno?

¡Sin duda!

sentir – sentirse

Although **sentir** and **sentirse** both translate into English as *to feel*, they have different uses in Spanish. Study the chart below to see how these verbs are used.

Palabra	Explicación	Ejemplo
sentir (ie,i)	*to feel, perceive by the senses, to express an opinion*	**Siento** un olor extraño. *I sense a strange odor.* **Siento** que no está bien lo que haces. *I feel that it is not right what you do.*
sentirse (ie,i)	*to feel (well, bad, sad) (Used with adjectives)*	**Me siento** enfermo. *I feel sick.*

hacer caso – prestar atención

The expressions **hacer caso** y **prestar atención** can be translated in English as *to mind*.

Palabra	Explicación	Ejemplo
hacer caso	*to mind, to pay attention, to heed*	**Les hago caso** a los/as médicos/as. *I pay attention to doctors.*
prestar atención	*to pay attention to, to focus on*	**Presto atención** cuando el enfermero explica el tratamiento. *I pay attention when the nurse explains the treatment.*

4-8 **A. ¿Cómo te sientes?** Dile a otro/a estudiante cómo te sientes o qué sientes en estas situaciones. Tu compañero/a debe reaccionar a lo que le dices. Usa la forma correcta de **sentirse bien / mal / fenomenal / agotado/a etc.**

MODELO: Situación: Estás siempre cansado/a y no tienes energía.

E1: *¿Cómo te sientes?*

E2: *No me siento bien porque estoy siempre cansado y no tengo energía.*

E1: *Debes escuchar a tu cuerpo. Duerme ocho horas al día y toma vitaminas.*

1. Tienes dolor de garganta y de cabeza.
2. Tienes mucho trabajo y estás durmiendo menos de 5 horas por noche.
3. Haces mucho ejercicio y adelgazas cinco libras.
4. Sigues una dieta equilibrada y estás en muy buen estado físico.
5. Tienes catarro.
6. No tienes más insomnio porque el médico te dio unas nuevas pastillas.

2 **B. Mis malestares.** Cuéntale a tu compañero/a un malestar o enfermedad que tuviste o tienes este semestre. ¿Qué hiciste o estás haciendo para combatirla? Tu compañero/a te puede dar otras sugerencias.

4-9 **¿Qué dirías en estas situaciones?** Imagina que te encuentras con un/a amigo/a y le cuentas tu reacción a estas situaciones explicando por qué te sientes así. Usa **sentir** en la forma apropiada. Cuidado con el tiempo verbal.

MODELO: Anoche viste una película de terror antes de irte a dormir.

Anoche sentí miedo porque vi una película de terror antes de irme a dormir.

1. Saliste sin abrigo y hace más frío de lo que esperabas.
2. La calefacción estaba muy alta en tu dormitorio durante la noche.
3. Había olor a remedio en el cuarto de tu amigo.
4. Crees que tus padres tienen buenas razones cuando te aconsejan que no bebas alcohol.
5. Tu compañero/a va a muchas fiestas en vez de estudiar. No te parece bien lo que hace.

2 4-10 **A. Recomendaciones.** Dile a tu compañero/a a cuáles de las siguientes recomendaciones les haces caso y a cuáles no les prestas atención. Explica por qué.

MODELO: Los expertos recomiendan hacer ejercicios de relajación. ¿Qué haces tú?

E1: *Yo les presto atención. Hago yoga todos los días. ¿Qué haces tú?*

E2: *Yo no les hago caso. No tengo tiempo para esas cosas.*

1. Los expertos aconsejan comer cinco porciones de vegetales por día.
2. Los médicos recomiendan no fumar.
3. Los médicos recomiendan usar protección solar aún en invierno.
4. Los nutricionistas aconsejan tomar ocho vasos de agua por día.
5. Los entrenadores recomiendan hacer ejercicio cuatro veces por semana.
6. Los expertos recomiendan tomar un vaso de vino por día.

2 B. ¿Les haces caso? Dile a tu compañero/a lo que te aconsejan las siguientes personas y cuéntale si les haces caso o no, y por qué.

1. tu madre
2. tu entrenador/a
3. tu compañero/a de cuarto
4. tu consejero/a
5. tu profesor/a de... (escoge una materia)
6. tu padre

Ventana al mundo

Los frijoles y el arroz mexicanos

Los frijoles aparecen en muchas comidas mexicanas, en diferentes formas. Se sirven como un acompañamiento a una comida o como relleno en las tortillas —como, por ejemplo, en los burritos.

Los frijoles y el arroz son los dos ingredientes básicos de la comida centroamericana y caribeña. Hay muchos tipos de frijoles —negros, colorados, pinto, rosa— y todos son muy populares. Cualquier clase de frijol se come acompañada de arroz. Se dice que la mezcla del frijol con el arroz representa la unión de la cultura europea con la cultura indígena. La cultura europea trajo el arroz blanco a América y la cultura indígena nos dio el frijol.

Comidas ¿Qué comidas son típicas de los EE.UU.? ¿Conoces alguna comida indígena de los EE.UU? ¿Conoces alguna historia relacionada con esa u otra comida?

Frijol negro, frijol pinto, frijol colorado, frijol canario y arroz blanco.

Así se dice

Cómo recomendar y hacer sugerencias

Para recomendar o sugerir algo en forma general, usa las siguientes expresiones seguidas del verbo en **infinitivo**.

(No) Es importante...	*It's important...*
(No) Es mejor...	*It's better...*
(No) Es bueno / malo...	*It's good/bad...*
(No) Es necesario...	*It's necessary...*
(No) Se debe...	*Should...*
Es importante hacer ejercicio.	*It's important to exercise.*
Es mejor no comer grasas.	*It's better not to eat fat.*
No es bueno comer demasiado.	*It's not good to eat too much.*
Es necesario aceptar la medicina alternativa.	*It's necessary to accept alternative medicine.*
No se debe comer alimentos fritos muy a menudo.	*You shouldn't eat fried food too often.*

Para recomendar o sugerirle algo a una persona en particular usa estas expresiones seguidas del verbo en **infinitivo**.

Tienes que hacer ejercicio aeróbico tres veces por semana.	*You have to do aerobic exercise three times a week.*
Debes tomar vitaminas cuando estás estresado.	*You should take vitamins when you are under stress.*

Cómo pedir turno en el dentista, médico u hospital

Para pedir un turno con un médico, usa las siguientes expresiones. Generalmente, es necesario explicar el problema físico que requiere atención.

Quisiera un turno con el Dr. Blanco, por favor.
I would like an appointment with Dr. Blanco, please.

¿Puede darme un turno con la Dra. Ochoa para esta semana, por favor?
Can you give me an appointment with Dr. Ochoa for this week, please?

Necesito ver al Dr. Moreno urgentemente, por favor.
I need to see Dr. Moreno urgently, please.

Necesito una cita de urgencia con el/la médico/a de guardia, por favor.
I need an urgent appointment with the doctor on call, please.

Tengo que hacer una cita con la Dra. García para el mes que viene.
I have to make an appointment with Dr. García for next month.

Quiero pedir hora con el Dr. Pérez.
I want to ask for an appointment with Dr. Perez.

2 4-11 **Adelgazar es fácil.** A continuación van a encontrar una lista de sugerencias para adelgazar. ¿Están de acuerdo con ellas? Expliquen por qué. Usen las expresiones de la sección **Así se dice**.

MODELO: comer moderadamente
E1: *Es importante/ Es mejor comer moderadamente.*
E2: *Creo que tiene razón. Si uno come mucho y no hace ejercicio, es seguro que engorda.*

1. no consumir más del 30% de calorías diarias de grasa
2. comer mucho pescado
3. quitarle la grasa al pollo o a la carne roja
4. eliminar las salchichas, el salame y el jamón
5. comer frijoles porque tienen muchas proteínas
6. usar poco aceite en las ensaladas
7. no freír la comida sino asarla
8. ¿?

2 4-12 **Un turno urgente, por favor.** Imagina que durante tu estadía en México necesitas hacer una cita con un/a médico/a. Llama por teléfono para hacer una cita. Con tu compañero/a, interpreten los siguientes papeles siguiendo las claves que se indican.

SECRETARIO/A: Contesta la llamada y haz los arreglos necesarios para que el/la paciente vea al/a médico/a. Hazle algunas preguntas para identificar al/a la paciente y determinar cuál es el problema. Debes establecer la gravedad del problema, la hora, el día y el lugar adonde el/la paciente debe ir.

PACIENTE: Escoge una de las siguientes situaciones y explica tu problema.

1. Tienes un fuerte dolor en el pecho y no puedes respirar normalmente. Llama al hospital de urgencia.
2. Tu esposa está embarazada y el niño está por nacer. Llama al consultorio del/de la médico/a.
3. Tienes un fuerte dolor de muela y necesitas ver al/a la dentista lo más pronto posible. Llama a su consultorio y pide una cita urgente.
4. Te caíste de las escaleras y te quebraste una pierna. Llama al hospital de urgencia.
5. Hace una semana que no te sientes bien, estás muy cansado/a y tienes mucha tos con catarro. Llama al/a la médico/a.

Boletín

Cuba tiene el número más alto de médicos por habitantes en el mundo entero.

Ventana al mundo

El sistema de salud pública cubano

El sistema de salud pública cubano es gratis para todos los habitantes del país.
Es reconocido como uno de los más efectivos en el mundo. El porcentaje de mortalidad infantil es igual que el de Canadá: 6,5/1.000. Es el mejor porcentaje del hemisferio occidental. La expectativa de vida es la misma que la de los países industrializados. Algunas vacunas producidas en Cuba, tales como la vacuna contra la meningitis, se usan en todas partes de Centro América y África. En sus hospitales especializados se reciben pacientes de todas partes del mundo.

Más información. Busca más información en Internet sobre el sistema de salud pública cubano para informar a la clase.

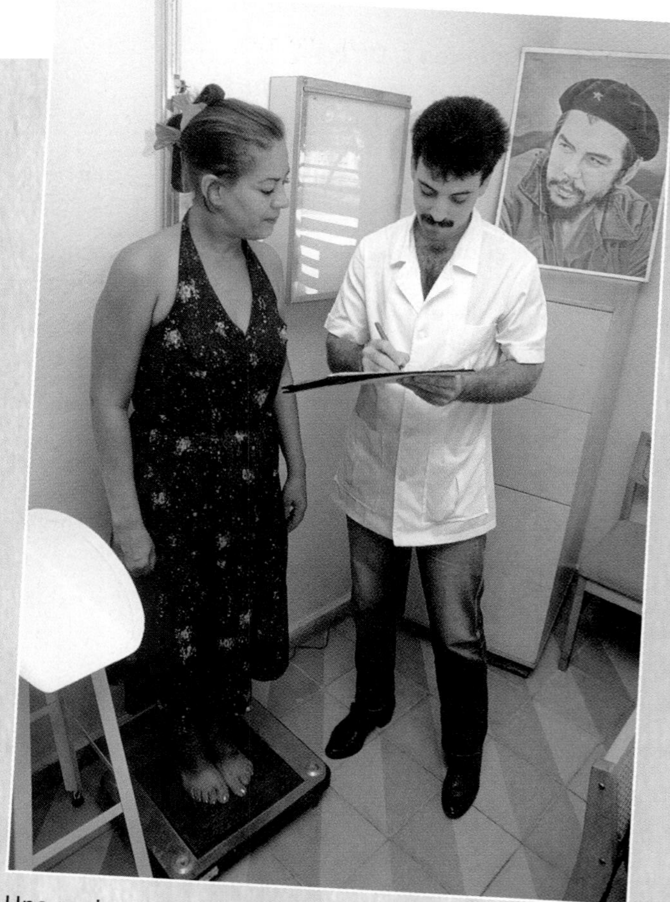

Una paciente durante un chequeo de rutina en la Habana, Cuba.

Sigamos con las estructuras

Repasemos

Referencia gramatical 1

Indicating location, purpose, and cause: Por vs. para

Mañana salgo **para** Nicaragua. Voy **por** avión en el vuelo que pasa **por** Miami.

Please refer to the selftest on our Website. If you get less than 85%, you need to review this grammar point in the **Cabos sueltos** section, p. 448. If you get above 85%, you can continue with the following activities.

4-13 Nicolás y sus problemas. Nicolás tiene algunos problemas y todo el mundo tiene algo que decirle. Completa las frases con **por** o **para**.

1. No te preocupes más ________ tu amigo, ya es mayor.
2. La Dra. Linares envió esto ________ él y dice que debe ir al gimnasio.
3. ________ llegar al gimnasio tiene que caminar ________ el parque y luego doblar a la derecha en la esquina.
4. ________ vivir bien hay que hacer ejercicio ________ lo menos dos veces a la semana.
5. ________ mañana trata de pensar en una dieta mejor, ésta tiene muchas calorías.
6. Pasamos ________ la enfermería ________ buscar la receta.
7. ¿Es ________ mí esta receta?
8. En la mesa hay una carta del centro médico ________ Nicolás. Llegó ________ correo certificado.

2 **4-14 Una mala noche.** Imagina que has pasado una mala noche. Explica cómo te sentiste. En pares, grupos pequeños, combinen las siguientes frases utilizando la preposición **por** o **para**, según corresponda, para formar oraciones en el pretérito.

1. anoche no poder dormir	el dolor de estómago y de cabeza
2. esta mañana no poder despertarme	ir a la universidad
3. llamar a la enfermería	hablar con un médico
4. darme una cita	las dos de la tarde
5. ir al centro médico	ver a la Dra. Vidal
6. salir de mi cuarto a las dos menos diez	no llegar tarde
7. antes de obtener un diagnóstico, pasar	varios consultorios
8. recetarme unas pastillas	el dolor de cabeza

G 4-15 La nutricionista del equipo. Preparen un minidrama en el que utilicen algunas de las siguientes expresiones con **por** y **para** y el vocabulario de este capítulo. Interpreten los siguientes papeles siguiendo las claves que se indican.

EL/LA NUTRICIONISTA: Debes aconsejarles a los atletas universitarios lo que deben comer y lo que deben evitar para gozar de buena salud.

ATLETA (1): Tú tienes una dieta y unos horarios muy irregulares. Nunca desayunas, comes pasteles para el almuerzo, no te gustan los vegetales y los fines de semanas bebes mucha cerveza y comes pizza. Explícale al/la nutricionista cuál es tu dieta y pregúntale cómo puedes mejorarla.

ATLETA (2): Tú eres una persona muy ordenada. Comes tres comidas por día, pero no siempre escoges una dieta equilibrada. Explícale lo que comes y pregúntale cómo puedes mejorar tu dieta.

para bien o para mal	por ahora	por demás
para colmo	por último	por un lado / por el otro
para mejor / peor	por eso	por lo pronto
para variar	por cierto	por si acaso
para siempre	por casualidad	por lo tanto
por fin	por lo general	por supuesto
por ejemplo	por lo menos	

Ventana al mundo

Los remedios caseros

Los remedios caseros son muy populares en el mundo entero. En América Latina es una tradición milenaria. Este tipo de recetas forma parte de la tradición oral y se pasan de una generación a otra desde siempre. Aquí tienes algunas recetas.

Para el pelo reseco y dañado: Mezclar un aguacate° maduro con un huevo; aplicarlo al pelo. Dejarlo una hora y enjuagar con agua tibia.

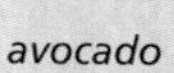

avocado

Para las pequeñas quemaduras domésticas: Tomar una patata, rallarla° y luego ponerla sobre la zona afectada.

grate it

Para los dolores de estómago: Poner bastante orégano en un vaso de agua, dejar descansar y tomar el agua.

Para la piel: Lavarse la cara con leche por la mañana y por la noche. La leche cruda es ideal para la piel.

Para los resfriados y la bronquitis: Tomar jugo de limón con una cucharada de miel.

Para la tos y las congestiones respiratorias: Lavar 200gr de cebollas, cortarlas en trozos pequeños y colocarlas en la licuadora° con seis dientes de ajo. Agregar el jugo de seis limones y miel a gusto. Licuar. Tomar cada media hora, una cucharadita para los niños y una cucharada para los adultos. Disminuir la dosis cuando se está mejor.

blender

¿Y tus remedios caseros? ¿Qué remedios caseros conoces? ¿Quién te los dio? ¿Te resultan eficaces?

Diario

¿Recuerdas cuando eras niño/a y te enfermabas? ¿Quién te curaba y te atendía? ¿Qué hacías tú? ¿Te gustaban los remedios que tenías que tomar? Cuenta algún recuerdo de tu infancia relacionado con una enfermedad.

Referencia gramatical 2

Talking to and about people and things: Uses of the definite article

El señor Pérez dice que **la salud** es **el tesoro** más grande que tenemos.

Please refer to the selftest on our Website. If you get less than 85%, you need to review this grammar point in the **Cabos sueltos** section, p. 451. If you get above 85%, you can continue with the following activities.

4-16 El mensaje de Estela. Estela está en primer año de la escuela de nutrición y le escribe a su novio contándole su nueva situación. Completa los espacios con el artículo donde sea necesario.

Querido Antonio:

¿Cómo andas? Finalmente estoy instalada en mi nuevo _______ cuarto. Me gusta mucho _______ programa de estudio que tengo, pero _______ lugar donde está _______ escuela de nutrición no es muy lindo. Te cuento que, aunque no lo creas, en este pueblo no hay _________ restaurantes _________ vegetarianos. _________ comida de _______ cafetería es abominable, pero siempre encuentro algo para comer. Como ya sabes, yo prefiero ______ pescado a ______ carne, pero sirven _______ pescado sólo una vez por semana. En esta universidad hay muchos estudiantes que hablan ______ español y puedo hablar con ellos para no sentirme sola. Ahora debo dejarte porque tengo una cita con ______ Dra. Zubizarreta.

Te quiero,

Estela

Boletín

Las empanadas

La empanada es una de las comidas tradicionales de Argentina, Chile, Bolivia y Perú. Es un pequeño pastel que se hace doblando la masa sobre sí misma para cubrir el relleno.° El relleno varía según la región: en Argentina, las empanadas de carne son las más comunes, mientras que en Perú la empanada lleva papa y carne. Hay empanadas de pescado, de maíz y hasta empanadas dulces.

°filling

4-17 Entrevista. Averigua los hábitos alimenticios de la familia de otro/a estudiante y luego informa a la clase tus resultados. Presta especial atención al uso de los artículos.

MODELO: Encuesta: *¿Qué prefiere tu papá, el pan integral o las galletas?*
Informe: *El papá de X prefiere el pan integral.*

Ventana al mundo

Las tapas

La tapa es una pequeña porción de algún alimento, que se come entre las comidas principales. También se puede servir antes de las comidas. Aunque existen diferentes teorías, algunos dicen que la tapa nació a causa de una enfermedad del Rey español Alfonso X el Sabio (1221–1284). Esta enfermedad lo obligaba a comer pequeñas raciones entre las comidas principales, y estaban siempre acompañadas de vino. Cuando el rey sanó, ordenó que en los mesones° de Castilla se sirviera el vino acompañado de algo de comida para evitar, de esta manera, que los efectos del alcohol provocaran problemas orgánicos en aquellos que bebían. En su mayoría, éstas eran personas que no tenían suficiente dinero para pagarse una comida completa.

tavern

En general, en los bares donde sirven tapas, existe la opción de pedir diferentes tamaños de porciones —desde media ración a ración entera. Los montaditos son una variedad de tapas que consisten en pequeños bocadillos (*sandwiches*) calientes con diferentes ingredientes (jamón serrano, queso manchego, salame, etc.)

Menú turístico. Lee el menú turístico y escoge lo que te gustaría probar ¿Cuánto vas a gastar? ¿Qué vas a beber?

Café Jaragua
MENÚ de TAPAS

Aceitunas	1.00 €	Marinated Olives
Patatas alioli	1.75 €	Potato Salad with Garlic Mayonnaise
Tortilla tradicional	1.95 €	Spanish Potato and Onion Omelet
Pulpo a la gallega	2.95 €	Baby Octopus
Jamón serrano	3.25 €	Spanish Cured Ham
Boquerones	2.50 €	Marinated Fresh Anchovy
Plato de quesos (cabrales, manchego, etc.)	4.75 €	Spanish Cheeses
Gambas al ajillo	2.75 €	Sizzling Shrimp in Garlic
Croquetas de pollo	2.75 €	Chicken Croquettes
Patatas bravas	1.50 €	Cubed Fried Potato in a Piquant Tomato Sauce
Chorizos y garbanzos a la cazuela	2.75 €	Chorizo Simmered in Tomato Sauce with Chick Peas
Calamares fritos	2.25 €	Fried Calamari
Albóndigas	2.75 €	Homemade Tenderloin Meatballs
Morcilla	2.75 €	Traditional Spanish Black Sausage

Referencia gramatical 3

Suggesting group activities: Nosotros commands

¡**Vivamos** la vida! Esta noche, **vayamos** de tapas.

Please refer to the selftest on our Website. If you get less than 85%, you need to review this grammar point in the **Cabos sueltos** section, p. 453. If you get above 85%, you can continue with the following activities.

2 4-18 **Preparemos la comida.** Ustedes son parte del Club Hispano. Entre todos, están preparando una fiesta donde van a servir tapas. Contesten las preguntas con los pronombres correspondientes.

MODELO: E1 *¿Hacemos las tapas?*
E2 *Sí, hagámoslas.*

1. ¿Preparamos la tortilla española? Sí, preparémosla
2. ¿Le ponemos aceite de la oliva a los sándwiches? Sí, pongámosela
3. ¿Servimos las aceitunas verdes? Sí, sirvamoslas.
4. ¿Hacemos las croquetas de pollo? No, ________________
5. ¿Freímos los calamares ahora? No, no los triamos.
6. ¿Cortamos el jamón serrano? No, no lo cortemos
7. ¿Probamos el queso manchego? No, no lo probemos.
8. ¿Preparamos las patatas bravas? Sí, preparémoslas

Boletín

Las tapas preferidas de los españoles

La tortilla de patata es el aperitivo favorito de los españoles. Para acompañarla, la cerveza es la bebida más habitual.

G 4-19 **En caso de accidente.** Un consejo de los especialistas es mantener la calma frente a una situación de emergencia. En grupos, piensen en cinco situaciones de emergencia y preséntenselas a los otros grupos. Ellos tienen que dar mandatos con la forma nosotros para resolver la situación y mantener la calma. Usen el vocabulario de **La sala de emergencia** pág. 106.

MODELO: GRUPO 1 DICE: *Hubo un accidente de coche.*
GRUPO 2 RESPONDE: *Llamemos a la ambulancia.*
No movamos a las personas heridas.
Llamemos a la policía.

Ventana al mundo

La OPS (Organización Panamericana de la Salud)

La OPS es un organismo internacional de salud pública con 100 años de experiencia dedicados a mejorar la salud y las condiciones de vida de los pueblos de las Américas. Es parte del sistema de la Organización de las Naciones Unidas, y actúa como Oficina Regional para las Américas de la Organización Mundial de la Salud. Orienta sus esfuerzos para mejorar la salud de los grupos más vulnerables, tales como las madres, los niños, los trabajadores, los pobres, los ancianos y los refugiados. Reducir la mortalidad infantil es una alta prioridad para las Américas.

Investiguen. Busca en Internet más información sobre el trabajo de la OPS para informar a la clase.

Aprendamos 1

Telling people what to do: Formal and informal commands

In order to tell someone what to do or to give directions, you may use the direct commands. There are two kinds of command forms in Spanish: formal and informal.

A. Formal commands

The command form of **usted/ustedes** is formed by dropping the **-o** from the first-person singular of the present indicative and adding **-en/-en** for **-ar** verbs, and **-a/-an** for **-er** and **-ir** verbs.

Infinitive	**-ar** respirar respir**o**	**-er** toser tos**o**	**-ir** recibir recib**o**
 Usted **Ustedes**	+ e / en respire respiren	+ a / an tosa tosan	+ a/an reciba reciban

Irregular verbs follow the same rule:

hacer	hago	**haga/an**	salir	salgo	**salga/an**
poner	pongo	**ponga/an**	decir	digo	**diga/an**

Respire hondo, dice el médico cuando me examina. *Breathe deeply, the doctor tells me when he examines me.*

Note: The **Usted** and **Ustedes** commands have the same form as the third-person singular and plural present subjunctive.

B. Informal commands

The informal (**tú**) commands have different forms in the affirmative and the negative.

1. Affirmative form

Regular affirmative commands are formed with the third-person singular of the present indicative:

-ar cuidar	**-er** comer	**-ir** prescribir
Cuida tu salud.	**Come** muchas verduras.	**Prescribe** un jarabe.

2. Negative form

The negative informal (**tú**) commands add **-es** for **-ar** verbs, and **-as** for **-er** and **-ir** verbs after dropping the **-o** from the first-person singular of the present indicative tense:

Infinitive	→	**estornudar**	→	**hacer**	→	**escribir**
First-person sing. Neg. command	→ →	estornud**o** No estornud**es** aquí.		hag**o** No hag**as** régimen.		escrib**o** No escrib**as** la receta así.

Note: The negative informal command has the same form as the second person singular of the present subjunctive.

There are a few verbs that have an irregular informal command form. Study this chart

Irregular informal commands					
decir	**di**	no **digas**	salir	**sal**	no **salgas**
hacer	**haz**	no **hagas**	ser	**sé**	no **seas**
ir	**ve**	no **vayas**	tener	**ten**	no **tengas**
poner	**pon**	no **pongas**	venir	**ven**	no **vengas**

C. Verbs with spelling changes and commands

Verbs that end in **-car**, **-gar** change to **-que**, **-gue** to preserve the hard sound of the **c** and **g** in the **Usted / Ustedes** command and the negative **tú** command.

Paguen ustedes por los remedios. — *Pay for the medicine.*
No **toques** los remedios. — *Don't touch the medicine.*

Note: The verbs **buscar**, **sacar** and **llegar** follow this pattern.

Verbs that end in **-zar** change the **z** to **c** in the **Usted / Ustedes** command and negative **tú** command.

No **almuerce** Ud. antes de hacer ejercicio. — *Don't have lunch before exercising.*

No **comiences** un régimen sin consultar con el doctor primero. — *Don't start a diet without checking with the doctor first.*

4-20 En situaciones difíciles. Éstos son consejos de una psicóloga para enfrentar las situaciones difíciles y mantener una vida sana. Cambia cada consejo como sea necesario para convertirlo en un mandato informal.

MODELO: ser optimista; no ser pesimista
Sé optimista. No seas pesimista.

1. ser objetivo y mantener la calma frente a situaciones de emergencia
2. mantener una dieta equilibrada y sana
3. quererse
4. no sentirse víctima
5. aprender de los errores
6. conservar el buen humor
7. hacer ejercicios de relajación
8. dormir ocho horas por noche
9. mantener un círculo de amigos
10. ¿?

Ventana al mundo

Frutas Tropicales

Cada vez encontramos en los mercados más frutas tropicales. Estas frutas nos llaman la atención y nos sorprenden con sus exóticas formas, sus vivos colores, su peculiar aroma°.

°*smell*

Son todas originarias de América Latina y las podemos encontrar prácticamente todo el año, pues las zonas tropicales tienen pocos cambios estacionales.

Estas frutas son especialmente ricas en vitaminas A, B y C, en calcio, hierro, potasio y magnesio, por lo que son ideales para el sistema nervioso y el sistema inmunitario, ayudan a combatir el estrés, y constituyen un poderoso agente contra el envejecimiento.

(continúa en la página siguiente)

Piña (Ananá)
Lo ideal es comerla al natural, sobretodo después de una comida abundante, pues ayuda a disolver las grasas.

Aguacate (Avocado o palta)
Contiene hasta un 30% de grasa vegetal sin colesterol. Es ideal para consumir en ensaladas o como parte de entradas.

Papaya
Su forma recuerda la de una pera y es de color verde y amarillo, su carne es color anaranjado. Podemos consumirla de postre. Se puede preparar rellenándola de carne, marisco° o en ensalada. Si la consumimos verde y hervida, sirve para calmar el dolor de estómago.

shell-fish

Fruta de la pasión
Es redonda y de color morado, y la pulpa° es anaranjada y verdosa. Su mayor virtud es combatir el estrés.

pulp

Guayaba
Es redonda y de piel amarilla o verde, su pulpa es de color blanco y gelatinosa, sus semillas también son comestibles. Es ideal para la elaboración de tartas y mermeladas.

Frutas tropicales en un mercado.

Frutas tropicales: ¿Alguna vez probaste alguna de estas frutas? ¿Te gustaron? En tu próxima visita al supermercado mira cuántas de estas frutas puedes comprar. ¿Son más caras que las otras frutas?

4-21 **La semana zen.** En tu trabajo decidieron organizar una semana anti estrés. Dile a las diferentes personas lo que deben hacer para que la semana sea un éxito. Propón tres actividades y luego compártelas con otros/as estudiantes de la clase. Utiliza los mandatos en las formas de usted y ustedes.

MODELO: la jefa de personal / contactar al instructor de yoga
Contacte al instructor de yoga.
los mensajeros / ir a pie en vez de en moto
Vayan a pie en vez de en moto

1. todos / participar de las actividades de la semana
2. los administrativos / colocar flores en todos los escritorios
3. el responsable del café / servir tes e infusiones sin cafeína
4. los ejecutivos / desconectar los teléfonos móviles durante el almuerzo

5. la directora de ventas / comprar incienso para todos los empleados
6. los empleados / vestirse con colores claros
7. el recepcionista / poner música relajante y suave
8. todos / proponer tres actividades para la semana zen
9. ______________________________
10. ______________________________
11. ______________________________

Aprendamos 2

Telling people what to do: Placement of object pronouns with commands

Object pronouns are attached to the affirmative commands but precede the negative commands.

1. Informal commands

Suéna**te** la nariz con pañuelos desechables. — *Blow your nose with paper hankies.*

No **lo** comas de prisa. — *Don't eat it in a hurry.*

2. Formal command

Tápe**se** la boca cuando tose. — *Cover your mouth when you cough.*

No **se** ponga una inyección. — *Don't get a shot.*

3. Nosotros command

Tomémos**le** la temperatura. — *Let's take his temperature.*

No **le** demos el remedio ahora. — *Let's not give him the medicine now.*

2 4-22 **La ensalada de frutas.** Ustedes van a hacer una ensalada de frutas. Tienes que mencionar una fruta y tu compañero/a debe decir si la ponen en la ensalada o no. Usen las frutas de la Ventana al mundo y otras que ustedes quieran. Si no la quieren usar deben explicar por qué no. Usen los mandatos familiares y túrnense para mencionar las frutas.

MODELO: E1: *la banana*

E2: *Sí, ponla en la ensalada. /*
No, no la pongas en la ensalada. No me gusta.

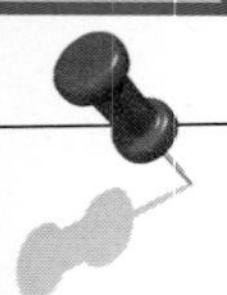

Boletín

El asado argentino

El asado de carne de vaca es la comida típica de los argentinos. Es una tira de costillas de vaca de 5 cm de ancho. Se complementa con chorizos, chinchulines°, morcilla°, riñones° y molleja°. Tradicionalmente se cocina sobre una parrilla arriba del fuego al aire libre. Se come acompañado de pan, vino tinto y ensalada de lechuga, tomate y cebolla.

tripe

blood sausage / kidneys / sweetbread

2 4-23 **Consejos de un nutricionista.** Ahora presta atención a la nutrición. Elige uno de los alimentos de la lista **A** y tu compañero/a te dará una orden y un consejo usando las frases de la lista **B**. Luego, alternen sus papeles.

MODELO: E1: ¿el aceite de oliva? ser bueno para la salud
E2: *Úsalo. Es bueno para la salud.*
E1: ¿las papas fritas? no ser saludables
E2: *No las comas. No son saludables.*

	A	B
1.	¿los huevos?	aumentar el colesterol
2.	¿las frutas?	tener vitaminas
3.	¿la leche?	ayudar al crecimiento
4.	¿el azúcar?	engordar
5.	¿la sacarina?	no ser natural
6.	¿el agua mineral?	mantener la piel sana
7.	¿las verduras?	proveer fibra
8.	¿la sal?	afectar la tensión
9.	¿el pan?	contener carbohidratos
10.	¿la carne?	tener proteína

G 4-24 **A. Ejercicios de relajación.** Ustedes decidieron hacerle caso al/a la especialista y van a hacer ejercicios de relajación. Preparen una clase de gimnasia con los dibujos siguientes, luego pónganlos en práctica con un grupo de compañeros.

levantar el brazo / la pierna   tocarse los pies   doblarse (*bend over*)   acostarse en el suelo

B. Otros ejercicios. Sugieran otros ejercicios que ustedes hagan para relajarse.

Ventana al mundo

Laura Esquivel y la cocina

Laura Esquivel es una escritora mexicana que defiende con la misma fuerza la literatura y la cocina. Dice que la cocina es un acto de amor y la cura de sus obsesiones y sus fantasmas. Los fogones°, por su parte, son su fuente de conocimiento. En su primera novela, *Como agua para chocolate*, muestra a los lectores el amor que surge después de comer codornices° con pétalos° de rosa, o el poder de recobrar la memoria que puede tener un caldo de colita de res°. El libro, publicado en 1989, está traducido a más de 30 idiomas y fue llevado con éxito al cine por Alfonso Arau. Desde entonces, Laura Esquivel escribió prólogos de cocina, nuevas recetas y ensayos de psicología que están recopilados en un libro llamado *Íntimas suculencias.* Además ha escrito varias novelas más, tan exitosas como la primera.

open cooking fire

quails / petals

broth of oxtail

La cocina y tú ¿Te gusta cocinar? ¿Crees que diferentes comidas influyen en la forma de actuar de las personas?

Tita cocinando una comida especial, *Como agua para chocolate.*

2 4-25 **A. Recetas sanas.** Ustedes también van a seguir el consejo de mantener una dieta equilibrada y sana. Lean los ingredientes de la receta para los ajíes rellenos y decidan si es un plato sano. Expliquen por qué sí o no lo es.

Ajíes rellenos: receta

- 6 ajíes poblanos en lata
- 3 huevos
- 1/2 cucharadita de sal
- harina
- aceite vegetal
- queso Monterrey Jack

Separe los huevos y bata las claras° hasta formar una crema.

Bata las yemas° con sal y pimienta y mézclelas con las claras batidas.

Corte el queso en tiras largas y póngalo dentro de los ajíes.

Pase cada ají por la harina y luego por la mezcla de huevos.

Cocínelos en una sartén con aceite caliente. Ponga el resto de la mezcla de huevos sobre los ajíes en la sartén.

Fríalos hasta que estén dorados y sírvalos con salsa de tomate.

egg whites

egg yolks

B. Mi receta favorita. Ahora, escojan su receta preferida y compártanla con sus compañeros/as. Indíquenles los ingredientes que necesitan y cómo se prepara.

Boletín

Los chiles mexicanos

Los chiles son una de las especias más utilizadas en la cocina mexicana. Son la base de la condimentación y hay hasta setenta especies diferentes.

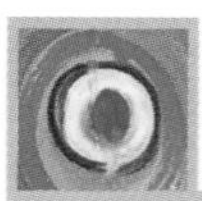

Conversemos sobre la lectura

Antes de leer

Estrategia de lectura: *Getting the gist*

Getting the gist means getting the general idea of the passage without paying attention to details. When you want to get the gist of the passage, you quickly skim over it to get a sense of the topic presented in the text. Skimming is the actual action of moving your eyes through the page. The end result of skimming is getting the gist of the passage. This method can also be applied to listening. In both cases you do not need to comprehend every word; instead, you try to get a general idea of what's been written or said.

4-26 **Las crisis.** Lee rápidamente el siguiente párrafo para encontrar la idea general. Luego decide cuál de las siguientes oraciones sintetiza mejor el párrafo.

1. Es importante pasar por crisis en la vida.
2. Las crisis son malas para la salud.
3. Las crisis nos ayudan a crecer.
4. No hay nada que se pueda hacer ante una crisis.

Boletín

Huir de la compasión
La primera tentación que tenemos cuando llegan los malos tiempos es compadecernos° y quejarnos de lo mal que nos va. Sin embargo, los psicólogos dicen que este recurso es como una droga dulce que sólo sirve para mentirnos a nosotros mismos, disminuir nuestras energías y evitar que reaccionemos con eficacia ante las situaciones difíciles.

° *to pity*

La importancia de las crisis

Una crisis tiene numerosos aspectos positivos. Según los psicólogos, debemos dar gracias a las crisis, porque sin ellas no existiría la posibilidad de mejorar ni de crecer. Las crisis siempre traen consigo un gran poder de transformación. Hay que tener la seguridad de que, cuando todo pase, nacerá algo hermoso.

2 4-27 **¿Te gusta quejarte?** Lee el boletín. Comenta con otro/a estudiante la idea principal. ¿Están de acuerdo con lo que dicen los psicólogos? ¿Creen que quejarse ayuda a clarificar los problemas? ¿Cuál es su actitud frente a las situaciones difíciles? Presenten a la clase sus conclusiones.

Diario

¿Tuviste una crisis alguna vez? ¿Cómo reaccionaste a ella?
¿Qué vas a hacer la próxima vez que tengas una crisis?
¿Hay algo que quieres cambiar?

Vocabulario de las lecturas

Estudia estas palabras para comprender mejor los textos.

Vocabulario		Palabra en uso
la angustia	*anguish*	Tengo una **angustia** que me deprime mucho.
la aurora	*dawn*	Juan se levanta con la **aurora** para ver la salida del sol.
la ciruela	*plum*	Me encanta comer **ciruelas** amarillas.
dañar	*to hurt, damage*	El estrés **daña** las defensas del sistema inmunológico.
empeorar	*to get worse*	Si no tomas el remedio vas a **empeorar**.
el higo	*fig*	Los **higos** son las frutas de los dioses.
huesudo/a	*bony*	Ella tiene manos **huesudas**.
influir*	*to influence*	Tu actitud puede **influir** en la cura de tu enfermedad.
llenar	*to fill up*	Se **llenó** de alegría cuando supo que estaba curado.
la lucha	*fight*	Mucha gente contribuye a la **lucha** contra el cáncer.
el malestar	*discomfort*	Tiene un problema, un pequeño **malestar** en la pierna.
morder (ue)	*to bite*	Quiero **morder** esa manzana deliciosa.
la muerte	*death*	La **muerte** es siempre triste.
la orilla	*bank, shore*	Después de caminar toda la tarde llegamos a la **orilla** del río.
prevenir*	*to prevent*	Para **prevenir** la gripe debes tomar vitamina C.
recién	*recently*	**Recién** sale el médico de su consultorio.
redondo/a	*round*	La naranja es una fruta **redonda**.
el SIDA	*AIDS*	Ana cuida a los pacientes con **SIDA**.
la uva	*grape*	Las **uvas** son mi fruta preferida.

Note: * **influir** is conjugated like **construir**.
* **prevenir** is conjugated like **venir**.

4-28 ¿Cuáles se relacionan? Escoge la palabra de la lista **B** que se relaciona con cada palabra de la lista **A** y explica por qué.

A		B
1. ____	recién	a. habitantes de un lugar
2. ____	hacer mal	b. huesos
3. ____	prevenir	c. hacer poco tiempo
4. ____	población	d. estar mal
5. ____	empeorar	e. evitar
6. ____	malestar	f. dañar
7. ____	huesuda	g. mejorar

2 4-29 Las causas del estrés. Aquí tienes algunas situaciones que causan estrés, e información para combatirlo. Completa las oraciones con la palabra correspondiente. Haz los cambios necesarios. Después, cuéntale a otro/a estudiante qué situaciones son estresantes para ti y cómo las combates.

angustia empeorar luchar influir malestar muerte llenar dañar

Causas

1. La ______________ de un familiar cercano es una de las causas de mayor estrés.
2. Las personas pesimistas, que sienten mucha ______________ en situaciones difíciles, viven estresadas.
3. Cuando trabajo mucho y no hago ejercicio, siento un ______________ general en el cuerpo que me causa estrés.
4. La falta de sueño ______________ la salud.

Información para combatir el estrés

5. Es saludable ______________ tu vida de experiencias positivas.
6. La actitud mental ________ en la cura del estrés.
7. Para fortalecer el sistema inmunológico, es importante ______________ contra las enfermedades.
8. Si una situación ______________, hay que tratar de encontrar soluciones diferentes.

2 4-30 **El sistema inmunológico.** Hay una forma de ser que propicia un buen sistema inmunológico. Estas preguntas fueron formuladas por la revista *Cuerpomente*. Contesta estas preguntas con tu compañero/a y luego informa a la clase el resultado.

1. ¿Estás contento/a con tu trabajo, tu familia y tus relaciones sociales?
2. ¿Sabes expresar tu enojo (*anger*) en defensa de ti mismo/a?
3. ¿Pides ayuda a amigos o familiares cuando estás preocupado/a?
4. ¿Pides favores a amigos o familiares cuando los necesitas?
5. ¿Te niegas a hacer un favor si no te sientes con ganas?
6. ¿Tienes un estilo de vida que incluye una dieta saludable y ejercicio?
7. ¿Hay suficiente espacio para la diversión en tu vida?
8. ¿Te sientes deprimido/a frecuentemente?

Resultado: Si contestas *no* a las primeras siete preguntas y *sí* a la última, necesitas cambiar estas áreas para mantener un sistema inmunológico saludable.

Lectura

El artículo que vas a leer sostiene que las defensas mentales pueden ayudar a mejorar a las personas enfermas.

La actitud mental: un arma contra la enfermedad

La primera arma° en la lucha contra la enfermedad es una buena actitud mental. El estado psicológico de la persona y su forma de responder al estrés pueden influir directamente en el desarrollo de varias enfermedades de carácter inmunológico e infeccioso, como las alergias y el SIDA,
5 e incluso en el de otros tipos de dolencias, como el cáncer.

° *weapon*

La influencia de la mente sobre el cuerpo y del cuerpo sobre la mente no es cuestión de fe°. Todos estamos conscientes de que los dolores físicos pueden causar depresión y de que, por su lado, el malestar psíquico puede también empeorar las enfermedades orgánicas.

matter of faith

10 Aparte de° esto, el pesimismo no aporta ningún beneficio en cuanto a la curación de enfermedades, mientras que el optimismo puede ser muy efectivo tanto previniendo como combatiendo muchas de ellas.

aside from

Una de las investigaciones más prometedoras sobre la relación entre el cuerpo y la mente es el estudio de cómo la personalidad y el estado psicológico de 15 cada persona afectan la capacidad defensiva del sistema inmunológico. El estudio de la influencia del estrés en el sistema inmunitario ha creado, recientemente, una nueva disciplina conocida como la psiconeuroinmunología.

La revista *The New England Journal of Medicine* afirma que "la influencia del sistema nervioso central sobre el sistema inmunológico está bien documentada y 20 admite que el estado emocional puede influir en las enfermedades en las que está implicada la inmunidad". Otro estudio hecho por la Comunidad Europea mostró que en el 50 por ciento de las enfermedades físicas existe un factor mental, psicológico y emocional.

Otras investigaciones presentan evidencia de que el estrés daña las defensas 25 naturales del organismo, como ocurre en el caso de los parientes de los enfermos de Alzheimer, en el de los estudiantes en la época de exámenes o en el de las personas afectadas por la muerte de un ser querido. En estas investigaciones se puede observar que el sistema inmunológico de las personas estudiadas funcionaba peor a consecuencia tanto del estrés como de la angustia.

30 Por esta razón, algunos centros médicos, como el Hospital Real Marsden de Londres o el Instituto de Inmunología de Colonia, Alemania, mantienen programas de tratamiento psicológico y de acondicionamiento físico para pacientes con cáncer de mama°, con la intención de estimular sus defensas orgánicas.

breast cancer

Estos estudios parecen prometedores, ya que las pacientes que prestan 35 atención a su bienestar psíquico y físico promueven° la esperanza y el espíritu de lucha en su propio organismo y tienden a disfrutar de una vida más larga.

promote

"La psicoterapia, el consejo y el trabajo de grupo han demostrado que mejoran los resultados terapéuticos en pacientes con cáncer. Estos tratamientos han prolongado la supervivencia° de pacientes que sufren cáncer de mama 40 metastatizado y melanoma maligno", se comenta en el *New England Journal of Medicine.*

survival

Aún así, no se puede afirmar con certeza que las personas con síntomas depresivos tengan una tasa de mortalidad° superior a la de otros grupos, ni tampoco que un tipo específico de personalidad propicie° el cáncer.

mortality rate

foster

45 Sin embargo, la puerta a la esperanza está abierta: las defensas mentales pueden ayudar a combatir las alergias, el cáncer y las enfermedades infecciosas e inmunitarias.

4-31 ¿Qué piensas? Decide si las siguientes oraciones son ciertas o falsas. Fundamenta tus respuestas apoyándote en oraciones del texto. Corrige las oraciones falsas según la información del texto.

1. La mente influye sobre el cuerpo.
2. El cuerpo influye sobre la mente.
3. La depresión nunca ayuda a empeorar las enfermedades orgánicas.
4. El optimismo previene las enfermedades.
5. Las defensas inmunológicas se ven afectadas por la personalidad y el estado psicológico.
6. El estrés no contribuye a que la gente se enferme.
7. Una actitud positiva puede contribuir a curar a un enfermo de cáncer.
8. La psicoterapia y el trabajo de grupo ayudan a prolongar la vida en pacientes con cáncer.
9. El cáncer es más frecuente en personas pesimistas.
10. No hay esperanza de combatir las enfermedades con una actitud mental positiva.

G **4-32 Resumen colectivo.** Escriban una oración que sintetice cada párrafo de la lectura. Luego compartan el resumen con los otros grupos de la clase y seleccionen el mejor.

MODELO: PÁRRAFO 1: *El cuerpo influye sobre la mente, y viceversa.*

G **4-33 De la vida real.** Busquen en la lectura ejemplos que demuestren que la actitud mental influye en las enfermedades. Luego presenten ejemplos que ustedes conozcan que confirmen esa idea. Compártanlos con su grupo.

G **4-34 Encuesta.** Pregúntales a varios estudiantes lo que se puede hacer para combatir la depresión y ser optimista frente a una enfermedad. Luego comparte tus resultados con el resto de la clase.

Poema

Pablo Neruda (1904–1973)

Pablo Neruda es uno de los poetas modernos más famosos de Latinoamérica. Nació y se crió en Chile, donde comenzó su carrera de escritor publicando sus primeros poemas en la revista estudiantil *Claridad.* Poco tiempo más tarde, el libro *Veinte poemas de amor y una canción desesperada* (1924) lo hizo conocido en todo el continente. Además de ser un escritor prolífico, Neruda representó a Chile como diplomático en Asia, España y Francia. En 1971 recibió el Premio Nobel de Literatura. Su preocupación fue hacer llegar la poesía a personas de todos los niveles sociales y culturales. Por esa razón, gran parte de su poesía tiene un lenguaje claro y directo, como vemos en este poema de su libro *Odas elementales.*

Oda a la manzana

A ti, manzana,
quiero
celebrarte
llenándome
5 con tu nombre
la boca,
comiéndote.

Siempre
eres nueva como nada
10 o nadie,
siempre
recién caída
del Paraíso:
plena° (*full*)
15 y pura
mejilla arrebolada° (*red tinge in the clouds*)
de la aurora.

Qué difíciles
son
20 comparados
contigo
los frutos de la tierra,
las celulares uvas,
los mangos
25 tenebrosos°, (*gloomy*)
las huesudas
ciruelas, los higos
submarinos:
tú eres pomada° pura, (*pomade, cream*)

30 pan fragante,
queso
de la vegetación.

Cuando mordemos
tu redonda inocencia
35 volvemos
por un instante
a ser
también recién creadas criaturas:
aún tenemos algo de manzana.

40 Yo quiero
una abundancia
total, la multiplicación
de tu familia,
quiero
45 una ciudad,
una república,
un río Mississipi
de manzanas,
y en sus orillas
50 quiero ver
a toda
la población
del mundo
unida, reunida,
55 en el acto más simple de la tierra:
mordiendo una manzana.

2 4-35 **¿Qué dice el poema?** Con un/a compañero/a contesten las siguientes preguntas refiriéndose a los versos del poema.

1. ¿Cómo celebra el poeta a la manzana?
2. ¿Cómo describe el poeta a la manzana?
3. ¿Con qué compara a la manzana?
4. ¿Por qué se nombra al queso y al pan?
5. ¿Qué pasa cuando mordemos la manzana?
6. ¿Qué imagen nos dan las palabras "recién creadas criaturas"?
7. ¿Qué imágenes usa para expresar la abundancia de manzanas que él quiere?
8. ¿Qué quiere ver a la orilla del Mississipi?
9. ¿Qué quiere que haga la población del mundo reunida?
10. ¿Cuál es la idea principal del poema?

G **4-36 ¿Qué me dice a mí este poema?** Expliquen lo que cada cual entiende que expresa este poema. No hay respuestas correctas o incorrectas. Ésta es una actividad de asociación libre. Cada cual debe decir cómo reacciona al leer o escuchar este poema. ¿Qué pensamientos, imágenes, ideas, sentimientos o emociones les evoca y por qué?

MODELO: *Yo tengo la imagen de una enorme manzana, tan grande como la tierra y toda la gente del mundo mordiendo la manzana. Morder la manzana es simbólico de lo que hombres y mujeres hacen en la tierra: sacan de ella el sustento para vivir.*

4-37 Crea tu propia oda. Escoge un objeto familiar y escribe cinco líneas para celebrarlo. Compártelo con tu compañero/a.

MODELO: Mi almohada (*pillow*)

Compañera fiel,
que conoces mis secretos,
mis sueños y mis amores.
Mi deseo quieto y profundo
es que haya unidad en el mundo.

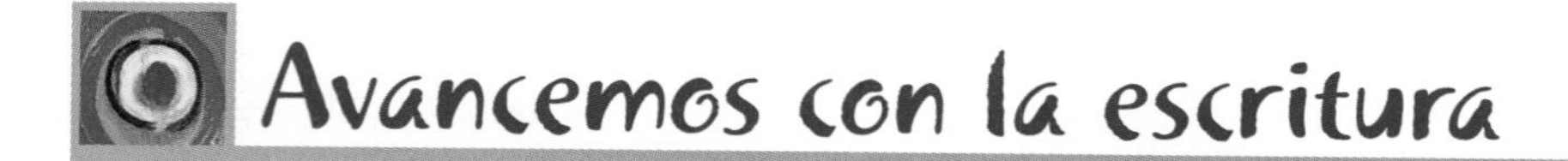

Avancemos con la escritura

Estrategia de escritura: *Giving instructions*

Many times it is necessary to write down instructions to tell others how to do certain things. For instance, cooking recipes, how to use a computer, or lists of chores for each member of the family.

The tone of the instructions may be formal or informal. A note to your roommate will have a more informal tone than a note to the postman. In giving instructions, it is common to use the command form as well as the infinitive. It is also common to use suggestions which add courtesy to the command. (Refer to the section **Así se dice** on page 112).

Study the following examples. For other examples, refer to the instructions of the **En contexto: Consejos médicos** on page 105.

Instrucciones usando el infinitivo

Receta para hacer Dulce de leche rápido.

- Usar una lata de leche condensada.
- Poner la lata sin abrir en una olla con agua hirviendo.
- Hervirla durante una hora.
- Agregar más agua hirviendo a medida que se evapora.
- Sacar de la olla y dejar enfriar.
- Abrir la lata y servir con pan, sobre pedazos de queso o fruta.

Instrucciones usando los mandatos

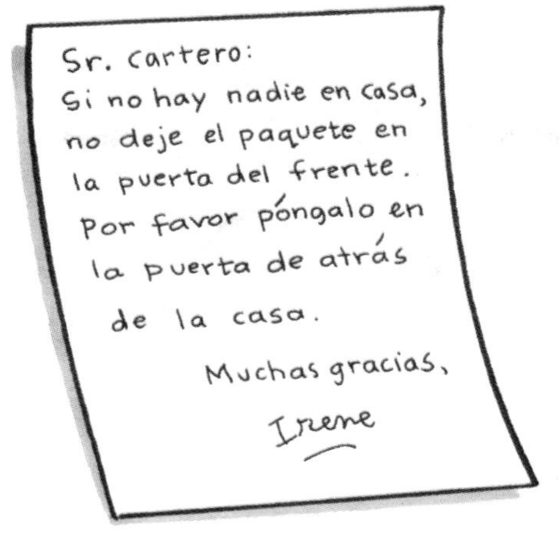
Sr. Cartero:
Si no hay nadie en casa, no deje el paquete en la puerta del frente. Por favor póngalo en la puerta de atrás de la casa.
Muchas gracias,
Irene

4-38 La dieta de un ciclista. Ustedes son entrenadores de un grupo de ciclistas que necesita tener un óptimo nivel de salud para sus carreras. Díganles a estos ciclistas lo que deben comer antes, durante y después de la carrera según esta información.

MODELO: E1: *Para ganar tienen que comer huevos en el desayuno.*
E2: *Beban mucho líquido antes de empezar y durante la carrera.*

La dieta de un ciclista

Desayuno: Tres horas antes de la salida. Es la comida más fuerte del día.

En ruta: Alimentos que pueden comer mientras están en la bicicleta o hacen una breve parada.

Inmediatamente después de la carrera: Una ligera comida a base de cereales.

Cena: La última comida del día con hidratos de carbono y proteínas.

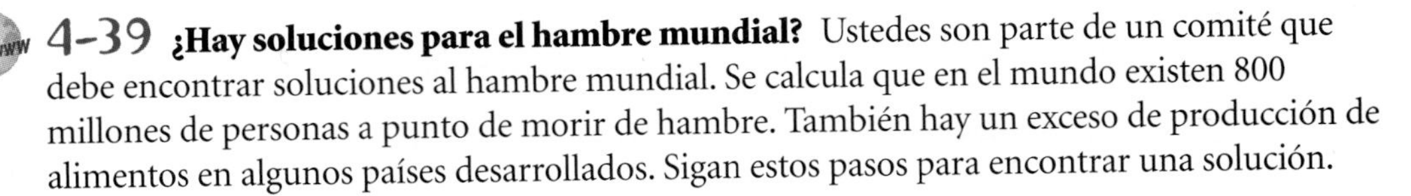

4-39 ¿Hay soluciones para el hambre mundial? Ustedes son parte de un comité que debe encontrar soluciones al hambre mundial. Se calcula que en el mundo existen 800 millones de personas a punto de morir de hambre. También hay un exceso de producción de alimentos en algunos países desarrollados. Sigan estos pasos para encontrar una solución.

(a) Busquen en Internet o en la biblioteca cuáles son los lugares donde hay más problemas de hambre y malnutrición. ¿Cuáles son las causas?
(b) Busquen información sobre la producción excesiva de alimentos. ¿Qué se hace con ellos?
(c) ¿Qué proponen ustedes para solucionar este problema? Escriban una lista de instrucciones con las soluciones. Compartan sus soluciones con la clase.
(d) Escriban un informe incluyendo la información obtenida y las soluciones propuestas.

Antes de entregar tu composición, asegúrate de haber incluido y revisado lo siguiente:

El uso correcto de **por** y **para**
El uso correcto del artículo definido
El uso correcto de **ser, estar** y **haber**
La concordancia de los adjetivos
El uso de las expresiones útiles de los capítulos 1, 2 y 3

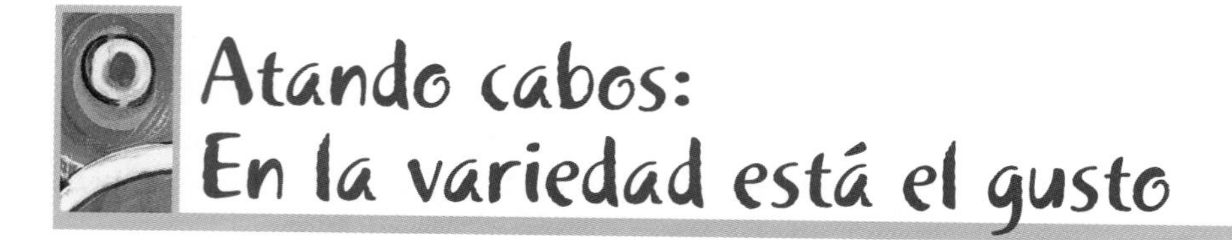

Atando cabos: En la variedad está el gusto

En esta parte del capítulo van a realizar una serie de actividades para promover una vida saludable, y conocer formas de medicina alternativa.

2 4-40 **¿Eres una persona sana?** Contesta **Sí** o **No** a cada una de las preguntas. Luego entrevista a otro/a estudiante y juntos lean los resultados. ¡Suerte!

1. ________ ¿Haces ejercicio durante 20 minutos tres veces por semana o más?
2. ________ ¿Terminas tu día sin estar demasiado cansado/a?
3. ________ ¿Tienes tiempo libre para ti y para tus amigos?
4. ________ ¿Manejas positivamente las situaciones estresantes de tu vida?
5. ________ ¿Te haces un examen médico anual?
6. ________ ¿Evitas el cigarrillo, el alcohol y otros hábitos poco saludables?
7. ________ ¿Mantienes un peso estable, sin bajar y subir constantemente?
8. ________ ¿Lees las etiquetas de los alimentos para seleccionar los que tienen poca grasa, sodio, etc.?
9. ________ ¿Tomas una sola copa de alcohol por día, o menos?
10. ________ ¿Consumes pocos helados, bebidas gaseosas y dulces?
11. ________ ¿Comes alimentos con poca sal?
12. ________ ¿Tomas por lo menos 8 vasos de agua por día?

Resultados: Si contestas **Sí** a la mayoría de las preguntas, te felicitamos. Tienes muy buena salud mental y física. Si contestas **No** a la mayoría de las preguntas, ¡OJO! no estás en muy buen estado, ni físico ni mental. Haz algo para cambiar las respuestas negativas a afirmativas. Pide ayuda.

4-41 Una campaña para la buena salud. Los resultados de la encuesta anterior demuestran que hay que hacer algo para mantener a la gente consciente de su salud. Preparen un cartel (*poster*) que promueva la buena salud física o mental. Usen algunas de las formas del imperativo al escribir su mensaje.

4-42 Otras formas de medicina. En los últimos tiempos se aceptan técnicas de medicina no tradicional. Averigua en qué consisten las siguientes formas de medicina alternativa y presenta un breve informe oral para la próxima clase:

Medicina alternativa:

la acupuntura
la homeopatía
la medicina tradicional china
la psicología transpersonal

G 4-43 ¿Y tú qué piensas? Entrevista a tres estudiantes para saber si están de acuerdo con las siguientes afirmaciones y por qué. Luego informa a la clase sobre los resultados de tu encuesta.

	Estudiante 1	Estudiante 2	Estudiante 3
La medicina alternativa es una forma de ganar dinero fácil.			
Los seguros de salud deben pagar por los remedios homeopáticos.			
Podemos aprender mucho de la medicina tradicional china.			
Todos los que hacen acupuntura son unos charlatanes.			
Las técnicas de relajación no sirven para nada.			

G 4-44 La medicina alternativa. Preparen un debate a favor y en contra de la medicina alternativa. Cuando sea posible, usen las expresiones de la sección **Así se dice** para hacer sugerencias p. 112.

G 4-45 Para el periódico. El debate sobre la medicina alternativa ha sido muy interesante y el periódico de la universidad les pide una nota sobre el mismo. En grupos escriban un informe de no más de cien palabras sobre el debate e incluyan algunas recomendaciones como conclusión. Usen las expresiones de la sección **Así se dice** para presentar sus sugerencias y recomendaciones.

Vocabulario

El cuerpo humano

la barbilla	*chin*	**la garganta**	*throat*	**el oído**	*inner ear*
el cabello	*hair*	**el hígado**	*liver*	**la pantorrilla**	*calf*
la cabeza	*head*	**el hombro**	*shoulder*	**el pelo**	*hair*
la cadera	*hip*	**el hueso**	*bone*	**la pestaña**	*eyelashes*
la ceja	*eyebrow*	**el labio**	*lip*	**el pulmón**	*lungs*
el cerebro	*brain*	**la lengua**	*tongue*	**la rodilla**	*knee*
la cintura	*waist*	**la mejilla**	*cheek*	**el talón**	*heel*
el codo	*elbow*	**la mente**	*mind*	**el tobillo**	*ankle*
el corazón	*heart*	**el mentón**	*chin*	**el trasero**	*buttocks*
el cuello	*neck*	**la muela**	*molar*	**la uña**	*nail*
el dedo	*finger*	**la muñeca**	*wrist*		
la espalda	*back*	**el muslo**	*thigh*		

Enfermedades *Sicknesses, illnesses*

el catarro	*chest congestion, head cold*	**el dolor de oído**	*earache*	**el SIDA**	*AIDS*
		la gripe	*flu*	**la tos**	*cough*
		el mareo	*dizziness*		
el desmayo	*fainting spell*	**el resfriado**	*cold*		

Remedios *Medicines*

las gotas	*drops*	**el medicamento**	*medicine*	**la receta**	*prescription, recipe*
el jarabe para la tos	*cough syrup*	**la pastilla**	*pill*		

Para cocinar

asar	*to roast*	**dorar**	*to sauté*	**la olla**	*pot*
batir	*to whip*	**freír (i)**	*to fry*	**rallar**	*to grate*
cocinar	*to cook*	**hervir**	*to boil*	**el/la sartén**	*frying pan*
cortar	*to cut*	**mezclar**	*to mix*	**tapar**	*to cover*

Sustantivos

el alimento	*food*	**el dolor**	*pain*	**el malestar**	*malaise*
la angustia	*anguish*	**el embarazo**	*pregnancy*	**el/la médico/a de turno**	*doctor on call*
el arroz integral	*brown rice*	**la estatura**	*height*		
la aurora	*dawn*	**el frijol**	*bean*	**la muerte**	*death*
la ciruela	*plum*	**la grasa**	*fat*	**la orilla**	*bank, shore*
la cita	*appointment*	**la harina**	*flour*	**el pan integral**	*whole wheat bread*
el consultorio	*doctor's office, consulting room*	**la herida**	*wound*		
		el higo	*fig*	**el pañuelo**	*handkerchief*
		el insomnio	*insomnia*	**el peso**	*weight*
la dieta equilibrada	*balanced diet*	**la lucha**	*fight*	**la piña**	*pineapple*

el régimen	*diet*
la salchicha	*hot dog*
la tensión arterial	*blood pressure*
el tesoro	*treasure*
el turno	*appointment with a doctor*
la uva	*grape*
la verdura	*vegetable*
la/s vez/veces	*times (number of)*

Verbos

adelgazar	*to lose weight*
aliviar	*to alleviate*
caer mal	*to not agree with one's stomach*
contagiar	*to be contagious, to infect*
cuidar	*to take care of*
dañar	*to harm, damage*
descomponerse	*to be indisposed*
desmayarse	*to faint*
doblarse	*to bend down*
doler (ue)	*to hurt*
empeorar	*to get worse*
engordar	*to gain weight*
estar embarazada	*to be pregnant*
estornudar	*to sneeze*
evitar	*to avoid*
gozar de buena salud	*to enjoy good health*
hacer régimen	*to be on a diet*
influir	*to influence*
llenar	*to fill up*
marearse	*to become dizzy, seasick*
morder	*to bite*
pesar	*to weigh*
poner una inyección	*to give an injection, get a shot*
poner el yeso	*to put a cast on*
prevenir	*to prevent*
quebrarse (ie) (una pierna / un brazo)	*to break (a leg / an arm)*
quedar embarazada	*to get pregnant*
recetar	*to prescribe*
respirar	*to breathe*
sentir (ie, i)	*to feel*
sentirse (ie, i) bien / mal	*to feel good / bad*
ser alérgico/a	*to be allergic*
sonarse (ue) la nariz	*to blow one's nose*
taparse la boca	*to cover one's mouth*
tener fiebre	*to have a fever*
tener náusea	*to be nauseous*
tomarse la presión arterial	*to measure the blood pressure*
tomarse la temperatura	*to take one's temperature*
torcerse (ue)	*to twist*
toser	*to cough*
vomitar	*to vomit*
vendar	*to bandage*

Adjetivos

agotado/a	*exhausted*
desechable	*disposable*
huesudo/a	*bony*
redondo/a	*round*
sano/a	*healthy*

Adverbios

recién	*recently*

Expresiones idiomáticas

caer mal	*to disagree with one's stomach*
hacer caso	*to follow someone's advice*
prestar atención	*to pay attention*
sentar(ie) mal	*to disagree with one's stomach*
tener dolor de ...	*to have a/an ...ache*

5 Hablemos de donde vivimos

Preservación de los bosques en Costa Rica

Bosque tropical en Costa Rica

"Sólo si renace entre nosotros el sentimiento de hermandad con la naturaleza, podremos defender a la vida."
Octavio Paz

Tema cultural

Algunas grandes ciudades hispanoamericanas

Problemas ecológicos en el mundo hispánico

Objetivos comunicativos

Hablar de planificación urbana y del medio ambiente

Hablar de los lugares donde vivimos

Influir en otros

Distinguir entre cosas y personas

Evitar la repetición

Indicar a quién y para quién se realizan las acciones

Comparar y contrastar

Película recomendada para este capítulo: *La estrategia del caracol*, Sergio Cabrera, Colombia, 1994

Canción recomendada para este capítulo: *El hombre y el agua*, J.M. Serrat

Ciudad de México.
La contaminación del aire es uno de los mayores problemas de la capital.

En marcha con las palabras

En contexto: Tres problemas ecológicos

El Congreso de Protección del Medio Ambiente

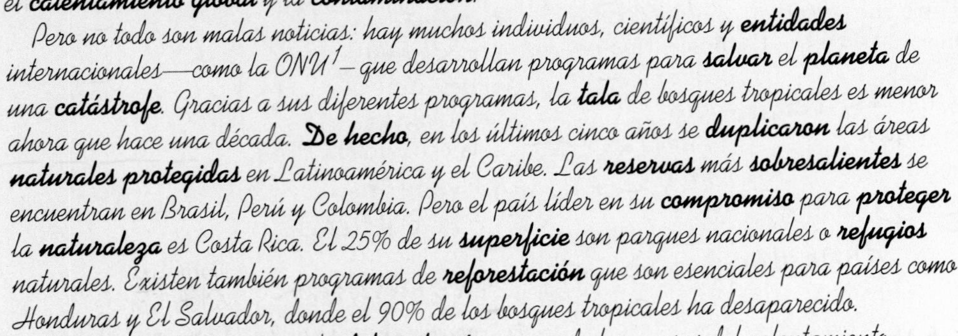

COLOMBIA 01
1.000 Aéreo
IV Exposición Bolivariana de Filatelia
Santafé de Bogotá
22 IV - 4 V

Querido Jaime:

¿Qué tal? Como te **prometí**, acá te mando algunas noticias desde el Congreso Latinoamericano de Protección del **Medio Ambiente**. Es muy interesante estar de **reportera** en este evento porque puedo entrevistar a los expertos de todo el mundo. Te cuento muy brevemente algunos de los puntos principales. Básicamente, hay tres problemas **ecológicos** que están muy relacionados entre sí: la **deforestación**, el **calentamiento global** y la **contaminación**.

Pero no todo son malas noticias: hay muchos individuos, científicos y **entidades** internacionales—como la ONU[1]—que desarrollan programas para **salvar** el **planeta** de una **catástrofe**. Gracias a sus diferentes programas, la **tala** de bosques tropicales es menor ahora que hace una década. **De hecho**, en los últimos cinco años se **duplicaron** las áreas **naturales protegidas** en Latinoamérica y el Caribe. Las **reservas** más **sobresalientes** se encuentran en Brasil, Perú y Colombia. Pero el país líder en su **compromiso** para **proteger** la **naturaleza** es Costa Rica. El 25% de su **superficie** son parques nacionales o **refugios** naturales. Existen también programas de **reforestación** que son esenciales para países como Honduras y El Salvador, donde el 90% de los bosques tropicales ha desaparecido.

Como te puedes imaginar, la **deforestación** es una de las causas del calentamiento global, junto con la emisión de gases que influyen en el **clima**. La atmósfera **terrestre** se está **calentando** con mucha más **rapidez** de lo que se pensaba hace algunos años. Según estudios recientes, los **glaciares** de la región **andina** del sur de Argentina están **en retroceso a causa de** los cambios climáticos, y aun algunos de ellos **corren el riesgo de** desaparecer durante este siglo. Por eso es tan importante **apoyar** el Protocolo de Kioto, un **acuerdo** internacional en el cual los países industrializados se comprometen a **reducir** las emisiones de gases. Es importante **controlar** la **contaminación** industrial **reemplazando** los combustibles fósiles por nuevas formas de energía limpia y **renovable**.

Estoy convencida de que **malgastamos** muchos de los **recursos naturales** que tenemos. Al volver a casa haré un esfuerzo para **generar** menos **basura** y seré más **cuidadosa** con el **reciclaje**. La verdad es que hay muchas cosas que se pueden **reaprovechar** como, por ejemplo, los **envases de vidrio**.

De esta manera voy a hacer mi pequeña contribución para tener un mundo mejor. Bueno, te dejo. En cinco minutos empieza una conferencia sobre cómo las **fábricas** pueden **reutilizar** el **material de desecho**, en vez de **tirarlo** y **contaminar** las aguas.

Te cuento en otro mensaje.

Saludos, Catalina

[1] ONU: Organización de las Naciones Unidas (*UN*)

Boletín

Riesgo de calentamiento

El nivel del mar en España subió seis centímetros en los últimos quince años. España se encuentra en una de las áreas geográficas con mayor riesgo de calentamiento del mundo.

Boletín

Millones de años de vida

La capa de ozono existe desde hace 420 millones de años. Hasta entonces la vida sólo era posible unos metros por debajo de la superficie marina. Gracias a la protección de la capa de ozono, después de tres millones de años se produjo el paso de la vida en el mar a la vida en tierra firme. En ese entonces, tierras como lo que es hoy España estaban sumergidas bajo el mar.

PALABRAS CONOCIDAS

Donde vivimos

Estas palabras deben ser parte de tu vocabulario.

La casa	*house*
la escalera	*stairs*
la llave	*key*
la pared	*wall*
el piso	*floor*
el sótano	*basement*
el techo	*roof*
La ciudad	*city*
la acera	*sidewalk*
las afueras	*suburbs*
la autopista	*expressway*
la bocacalle	*intersection*
la calle	*street*
el centro comercial	*shopping center*
el cine	*movie theater*
el correo	*post office*
la esquina	*corner*
la estación	*station*
el metro	*subway*
el transporte público	*public transportation*
Los muebles	*furniture*
la cama	*bed*
la cómoda	*chest of drawers*
el espejo	*mirror*
el estante	*shelf*
la lámpara	*lamp*
el sillón	*armchair*
Los electrodomésticos	*Household appliances*
el microondas	*microwave*
la nevera / el refrigerador	*fridge*
la videocasetera	*VCR*

Cognados

la catástrofe
el desastre
la ecología
el/la ecólogo / a
ecológico / a
la emisión de gases
la energía
la preservación
preservar
reciclar

EXPRESIONES ÚTILES

a causa de	*because of*
de esta manera	*this way*
de hecho	*in fact, indeed, actually*
por eso	*for that reason*

Catalina es una apasionada de la naturaleza, **por eso** estas vacaciones va a trabajar en un parque nacional.

Catalina is passionate about nature that is why this vacation she is going to work in a national park.

Ella dice que **de esta manera** puede contribuir a salvar el planeta.

She says that in this way she can contribute to save the planet.

A causa de los materiales de desecho que las fábricas tiran al río, las aguas están contaminadas.

Because of the waste that the factories throw into the river, the waters are polluted.

La reforestación es esencial para mucho países, **de hecho** en Costa Rica es parte esencial de sus programas ecológicos.

Reforestation is essential in many countries, infact in Costa Rica, it is an essential part of its ecological programs.

5-1 La reforestación de Panamá. Completa las oraciones con las expresiones útiles.

La tala de árboles es uno de los problemas más serios de Panamá, (1) ________________ se pasó una Ley de Incentivos a la Reforestación. (2) ____________________, se espera cambiar el proceso de destrucción de la selva tropical que sirve de habitat a muchas especies de animales y plantas en peligro de extinción. Panamá quiere proteger sus áreas naturales. (3) ______________, entre el 10% y el 12% de su territorio son parques naturales protegidos. De todas maneras, la deforestación sigue siendo un problema. (4) ________________ en el último año se destinaron 17 millones de dólares para reforestar 7.000 hectáreas en un área que está a una hora de la capital panameña. (5) ______________ no veremos extinguirse tantas especies de animales y plantas.

Boletín

Pájaros y plantas
Colombia y Perú cuentan con la mayor variedad de aves del planeta; mientras que Brasil tiene el mayor número de plantas y de anfibios.

5-2 ¿Qué crees tú? Piensa en diferentes formas de completar las oraciones. La carta de Catalina puede ayudarte con algunas ideas.

1. Muchos ríos y playas están contaminados, por eso…
2. Costa Rica es un verdadero paraíso tropical. De hecho, …
3. En las grandes ciudades hay mucha contaminación del aire a causa de…
4. El calentamiento global causa problemas en los glaciares. Si seguimos de esta manera…
5. La tala de árboles es menor ahora a causa de…

Boletín

Colombia alberga el diez por ciento de las especies animales y vegetales del mundo.

2 5-3 ¿Qué es? Tu profesor/a va a dividir la clase en grupos A y B. Define las palabras de la columna **A** para tu compañero/a sin utilizar la palabra en la definición. Tu compañero/a debe adivinar (*guess*) cuál es la palabra. Luego, tu compañero/a va a definir las palabras de la lista **B** y tú debes adivinarlas. Cubran con un papel las palabras de la columna que adivinan.

A	B
talar	los recursos naturales
la contaminación	generar
el reciclaje	el calentamiento global
el acuerdo	el combustible fósil
proteger	malgastar

2 5-4 ¿Qué haces tú? Escribe una lista de cinco cosas que haces para cuidar el medio ambiente. Luego compara tu lista con la de tu compañero/a. ¿Son similares? ¿Qué aprendiste de su lista? ¿Hay algo más que puedan agregar?

2 5-5 En tu comunidad. Representen los papeles de un/a ecologista y un/a líder de la comunidad. Hagan un diálogo siguiendo las claves que se indican.

LÍDER: Describe el problema ecológico más grave de tu comunidad.
ECOLOGISTA: Presenta soluciones para el problema.

MODELO: E1 Líder: *En nuestra ciudad hay mucho ruido.*
E2 Ecolgista: *Hagan una campaña para establecer horas de silencio.*

G **5-6 Para discutir.** En grupos pequeños, escojan uno de los siguientes temas y hablen sobre él. Presenten sus conclusiones a la clase.

- El ecoturismo es una manera efectiva de enseñarle a la gente a proteger la naturaleza.
- Las sociedades más desarrolladas son las que más malgastan los recursos naturales.
- Una sociedad industrializada es necesariamente una sociedad que destruye el medio ambiente.
- Una sola persona no puede hacer nada para prevenir un desastre ecológico.

5-7 No todo son malas noticias. Busca en Internet o en la biblioteca información sobre algún programa de protección del medio ambiente. Haz un breve resumen para presentarlo en la próxima clase.

Ventana al mundo

Vivir en ciudades hoy

En los últimos tiempos, las ciudades se han convertido en espacios cada vez más inhóspitos° en los que se multiplican la pobreza, la marginación°, la violencia y la degradación. Existe una crisis ambiental sin precedentes que tiene sus efectos sobre la salud de los habitantes. Según las Naciones Unidas, más de 600 millones de habitantes de las ciudades de todo el mundo viven en condiciones que amenazan° seriamente su salud y supervivencia°. Otros 1.300 millones se exponen diariamente a unos niveles de contaminación del aire que exceden las recomendaciones de la Organización Mundial de la Salud. Los problemas causados por las grandes ciudades afectan a toda la biosfera. Fenómenos globales como la disminución de la capa de ozono, la "lluvia ácida" o el "efecto invernadero"°, tienen su origen en gases contaminantes emitidos por las ciudades, sobre todo en los países más industrializados. Es necesario encontrar una solución a estos problemas para el beneficio de todos.

desolate
pushing to one side, leaving out
threaten
survival
greenhouse effect

Mi ciudad ¿Vives en una ciudad? ¿Cuántos habitantes tiene? ¿Qué problemas de los mencionados aquí tiene el lugar donde vives?

Calle comercial en Quito, Ecuador.

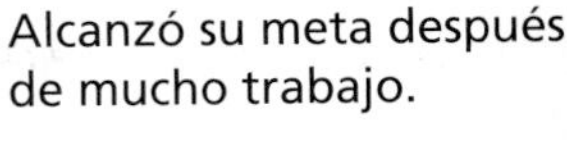

Alcanzó su meta después de mucho trabajo.

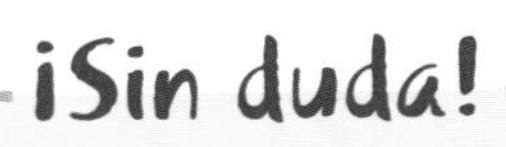

¡Sin duda!

alcanzar – conseguir – lograr – obtener

All these verbs could be translated into English as *to obtain*.
Study the chart below to better understand the use of these verbs in Spanish.

Palabra	Explicación	Ejemplo
alcanzar	*to attain (a goal, a dream)*	Los programas ecológicos no **alcanzaron** la meta que esperaban. *The ecological programs didn't attain the expected goal.*
lograr	*to succeed in, to manage*	De esta manera **lograremos** salvar el planeta. *In this way we'll be able to save the planet.*
conseguir	*to get, to obtain (with some difficulty or effort)*	Debemos **conseguir** que las autoridades comprendan el problema ambiental. *We must get the authorities to understand the environmental problem.*
obtener	*to get, to obtain*	Es importante **obtener** el apoyo de las autoridades. *It's important to get the support of the authorities.*

Más difícil ⟷ Más fácil

alcanzar lograr conseguir obtener

2 **5-8** **Soluciones.** Aquí te proponemos una serie de ideas para intentar mejorar la vida en las ciudades. Completa las oraciones con las palabras de **Sin duda**. Luego decide si te parecen buenas ideas y qué se puede lograr con cada una de ellas. Compara tus respuestas con las de otro/a estudiante.

1. Primero debemos _________ entrevistas con las personas responsables del medio ambiente. Esto va a ser fácil.
2. Hay que ________ que aumenten la cantidad de espacios verdes. Esto no va a ser muy difícil.
3. Hay que __________ un mundo mejor.
4. Es necesario __________ permiso para informar a los estudiantes de todas las escuelas acerca de los problemas del medio ambiente. Esto va a ser un poco difícil.
5. Hay que hablar con los candidatos políticos y ___________ su promesa de que limpiarán el medio ambiente.
6. Debemos ____________ nuestra meta antes de que empeore la situación.

5-9 **El proyecto ABC DF.** Lee la información precedente sobre el *Diccionario de la Ciudad de México.* Luego completa las oraciones con la palabra apropiada. Haz los cambios necesarios.

alcanzar conseguir lograr obtener

1. Para ________ las fotos del diccionario se hizo una investigación muy larga.
2. Con la colaboración de artistas, periodistas y escritores, la comisión ________ publicar un diccionario muy completo.
3. Para ________ más información, puedes consultar su página web.
4. El proyecto ________ y superó los objetivos iniciales y ________ publicar también un CD.
5. Se necesita el esfuerzo de muchas personas para ________ ciertas metas.

El ABC DF

El ABC DF —o *Diccionario Gráfico de la Ciudad de México*— es uno de los proyectos culturales más originales que se han realizado sobre esta ciudad. Es un libro de gran formato (1.500 páginas) que presenta más de dos mil imágenes ordenadas alfabéticamente. También es un CD ROM con imágenes y sonidos de la ciudad. Para reunir el material, ABC DF convocó la participación de más de 250 artistas, periodistas y escritores de renombre.

2 5-10 **Mejorar la imagen.** Piensen en la mejor manera de lograr los siguientes objetivos para promover la imagen de su ciudad en el exterior. Completen el siguiente esquema. Luego comparen sus planes con los de otras parejas de la clase.

Los objetivos son:

1. Dar una imagen positiva
2. Mejorar la educación
3. Aumentar el turismo

Para lograr estos objetivos tenemos que:

Obtener

1. ____
2. ____

Conseguir

3. ____
4. ____

Lograr

5. ____
6. ____

Ventana al mundo

México D.F.

El Distrito Federal o D.F. es el nombre que se le da a la Ciudad de México. El D.F. es una de las ciudades más grandes del mundo, con más de 25.000.000 de habitantes. Es una ciudad llena de vida en la que conviven y se mezclan tradiciones y costumbres de varias culturas, fundamentalmente las prehispánicas y la hispánica. Tiene uno de los sistemas de metro más moderno y seguro del mundo. De hecho, el metro siguió funcionando durante el gran terremoto de 1986. El Museo Antropológico cuenta con maravillosos tesoros artísticos de las culturas mesoamericanas. En varios edificios públicos podemos admirar los murales de grandes artistas como Siqueiros, Rivera y Orozco. El Parque de Chapultepec es el lugar de cita familiar durante los fines de semana. Allí puedes disfrutar de la música de los mariachis o de otros artistas callejeros, y dar un paseo en bote.

ABC D.F. Busca información sobre éstos y otros lugares de la Ciudad de México en Internet y tráelos a la clase para presentarlos.

Los Jardines de Xochimilco es un lugar de paseo muy popular, sobre todo los domingos. En la época pre-colombina, este jardín flotante se usaba para proveer alimentos a toda la región.

La Universidad Nacional de Mexico (UNAM) es una de las obras arquitectónicas modernas más importantes de la ciudad. Su construcción de acero y vidrio está decorada con hermosos murales.

En la Plaza de las Tres Culturas se ve la rica herencia cultural de México: un moderno edificio de apartamentos, la Iglesia colonial de Santiago (1524) y una pirámide azteca de la época pre-colombina.

Así se dice

Cómo influir y tratar de convencer a otros

Usa estas expresiones para tratar de que otras personas acepten tu punto de vista.

Debe(s) pensar que...	*You have to think that ...*
Es importante pensar en...	*It's important to think about ...*
Hay que tener en cuenta que...	*One has to take into account that ...*
Tenemos que darnos cuenta de que...	*We have to realize that ...*
Hay que considerar que...	*One has to consider that ...*
Por un lado...	*On one hand ...*
Por otro (lado)...	*On the other hand ...*

2 **5-11** **¿Madrid o México D.F.?** Ustedes ganaron un viaje juntos. No pueden viajar separados. Pero hay un problema, tú quieres ir a Madrid y tu compañero/a quiere visitar México D.F. Usen las expresiones de **Así se dice** y la información sobre Madrid y la Ciudad de México que aparece en las **Ventanas al mundo** para tratar de convencer a la otra persona.

Ventana al mundo

Madrid

Madrid, la capital de España, está situada en el centro de la Península Ibérica y tiene una población que supera los cuatro millones de habitantes. Se trata de una ciudad cosmopolita, centro de negocios, sede de la Administración Pública Central, del Gobierno del Estado y del Parlamento Español, y residencia habitual de los monarcas.

Las dos actividades más importantes de Madrid son la acitividad bancaria y la industria. La industria se desarrolla principalmente en la zona sur, donde se concentran importantes empresas textiles, alimentarias y metalúrgicas. Madrid se caracteriza, además, por una intensa actividad cultural y artística, y por tener una vida nocturna muy activa.

La Plaza Mayor, en el centro de Madrid.

La fuente de la plaza de Cibeles en el centro de Madrid.

Palacio del Escorial en las afueras de Madrid.

Visita Madrid Escoge un lugar de Madrid que te gustaría visitar. Busca información y preséntala a la clase.

Diario

Describe el lugar donde creciste. ¿Era una ciudad o un pueblo? ¿Qué lugares eran importantes para ti y tu familia? ¿Qué hacían en estos lugares? ¿Tenías un lugar preferido para reunirte con tus amigos? ¿Cómo era? ¿Qué es lo que más extrañas de tu pueblo / ciudad? ¿Por qué?

Sigamos con las estructuras

Repasemos

Please refer to the selftest on our Website. If you get less than 85%, you need to review this grammar point in the **Cabos sueltos** section, p. 455. If you get above 85%, you can continue with the following activities.

Referencia gramatical 1

Distinguishing between people and things: The personal a

—¿**A** quién buscas?
—Busco **al** Director de la Comisión del Medio Ambiente.

5-12 **En Barcelona.** Un estudiante extranjero llega a Barcelona para estudiar. Forma oraciones completas para decir qué hace el estudiante los primeros días en la ciudad.

MODELO: llamar / los amigos
Llama a los amigos.

1. fotografiar / las casas de Gaudí
2. conocer / gente nueva
3. buscar / la Cervecería Catalana para comer
4. ver / la profesora que coordina el programa
5. llamar / unos parientes lejanos
6. visitar / los primos de sus padres
7. recoger / los estudiantes panameños en la estación
8. pasear / Lupe, la perra de los vecinos

Ventana al mundo

Barcelona

Barcelona, la capital de Cataluña—una de las 17 Comunidades Autónomas de España—es uno de los principales puertos del Mediterráneo y una de las ciudades más importantes de España. Uno de sus mayores atractivos es su riqueza arquitectónica. Barcelona ha sido y es lugar de residencia de grandes artistas como Picasso, Miró y Dalí.

Como ciudad costera, Barcelona tiene un clima cálido y soleado que permite disfrutar de las actividades al aire libre, e incluso bañarse en sus playas desde la primavera hasta el inicio del otoño.

Barcelona es también un gran centro industrial con un puerto muy activo; es la sede del Gobierno Catalán (Generalitat) y un centro cultural importante que cuenta con varias universidades y numerosos museos, teatros y salas de conciertos. El catalán es la lengua oficial de esta región y se usa en la educación y la vida diaria junto con el español o castellano.

Las Ramblas de Barcelona es una larga calle peatonal donde los paseantes se entretienen mirando los puestos y la actuación de artistas callejeros.

Impresiones de Barcelona. Busca Barcelona en el mapa de España. ¿Cómo se llama la costa sobre la que se encuentra? Según estas fotos y la descripción de Barcelona, ¿qué adjetivos asocias con esta ciudad? ¿Con qué otra ciudad se puede comparar y por qué? Busca más información sobre Barcelona y compártela con tus compañeros en la próxima clase.

El Barrio Gótico, en el centro de Barcelona.

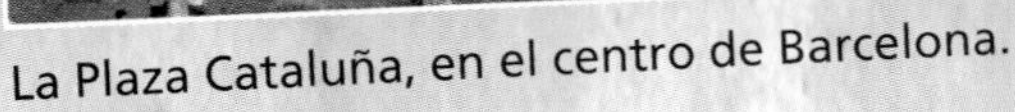

La Plaza Cataluña, en el centro de Barcelona.

Referencia gramatical 2

Avoiding repetition of nouns: Direct object pronouns

—Hoy vamos a visitar el Museo Picasso. ¿Quieres venir con nosotros?
—No, gracias. Ya **lo** conozco.

2 5-13 **A. Dime qué tiras y te diré cuánto contaminas.** Pregúntale a tu compañero/a lo que tira a la basura y lo que recicla. Márcalo en la columna apropiada. ¡OJO! Usa el pronombre correspondiente en la respuesta.

MODELO: E1: *¿Tiras los periódicos a la basura?*
E2: *Sí, los tiro a la basura. / No, no los tiro. Los reciclo.*

Productos	Tiempo de descomposición	Basura	Reciclar
los periódicos	10 años		
un pañuelo de papel	3 meses		
un billete de metro	3–4 meses		
un fósforo	6 meses		
el corazón de una manzana	6–12 meses		
el filtro de un cigarrillo	1–2 años		
los folletos de propaganda	5 años		
una lata	10 años		
las revistas	10 años		

Please refer to the selftest on our Website. If you get less that 85%, you need to review this grammar point in the **Cabos sueltos** section, p. 456. If you get above 85%, you can continue with the following activities.

B. Resultados Ahora suma el tiempo que tardan en descomponerse los productos que tira a la basura y léele el resultado a tu compañero/a.

30–20 años	¡OJO! Contaminas mucho. Busca un centro de reciclaje en tu ciudad.
5–19 años	Muy bien. Haces un esfuerzo por reducir la basura. Trata de encontrar nuevas maneras de reciclar.
3–18 meses	Excelente. Cuidas muy bien el medio ambiente.

G **5-14 Concurso fotográfico.** Imaginen que el grupo está organizando un concurso de fotos sobre el tema "Lo bueno y lo malo de nuestra ciudad". Decidan quién se ocupará de hacer cada una de las siguientes actividades.

MODELO: diseñar el anuncio del concurso

E1: *¿Quién va a diseñar el anuncio del concurso?*

E2: *Yo lo diseño. / Yo lo voy a diseñar. / Yo voy a diseñarlo.*

1. comprar las cámaras descartables
2. enviar las invitaciones
3. publicar los anuncios en la prensa
4. distribuir los anuncios en la universidad
5. seleccionar las fotos
6. organizar la entrega de premios
7. entregar los premios

2 **5-15 De visita.** Tú visitas a un/a amigo/a que vive en otra ciudad. Interpreten estos papeles siguiendo las claves que se indican.

VISITA: Quieres saber dónde puedes hacer estas actividades. Pregúntale a tu amigo/a.

AMIGO/A: Contéstale usando los pronombres y los mandatos.

MODELO: cambiar dinero // banco / casa de cambio

E1: *¿Dónde cambio el dinero?*

E2: *Cámbialo en el banco. No lo cambies en la casa de cambio.*

1. tomar el autobús // la esquina / la residencia
2. depositar unos cheques // banco / caja de ahorros
3. reservar un billete de tren // la estación / en la agencia de viajes
4. comprar estampillas // el correo / el supermercado
5. mirar una película // el cine / la televisión
6. hacer ejercicio // el gimnasio / el parque

2 5-16 **Una madre preocupada.** Tu amigo y tú se van en un programa ecológico a México y tu madre está preocupada. Asegúrale que todo saldrá bien.

MODELO: E1: *Me vas a llamar cuando llegues al aeropuerto, ¿no?*
E2: *Sí, te voy a llamar. No te preocupes.*
E1: *Los van a llevar a un hotel la primera noche, ¿verdad?*
E2: *Sí, nos van a llevar a un hotel. No te preocupes.*

1. Cuando lleguen, los van a recoger al aeropuerto a ti y a tu amigo, ¿no?
2. El primer día los invitaron a una fiesta de bienvenida, ¿no?
3. El fin de semana los llevan a ver las pirámides, ¿verdad?
4. Te puedo ir a visitar dentro de un mes, ¿verdad?
5. ¿Estás seguro de que con esta dirección voy a encontrarte fácilmente?
6. Me vas a ayudar con el español, ¿verdad? Ya sabes que yo no lo hablo bien.
7. ¿Me vas a esperar en la estación de autobús o en el aeropuerto?
8. Me vas a acompañar al mercado regional, ¿verdad?

Ventana al mundo

Titicaca: cultivos alternativos

El lago Titicaca está en el altiplano de Bolivia y Perú. Más de dos millones de personas dependen de él. Es el lago navegable más alto del mundo. La leyenda dice que de sus aguas salieron Manco Capac y Mama Occllo, la pareja mítica que dio origen al imperio incaico.

En el lago Titicaca se desarrolla el proyecto de recuperación de los "waru waru" o camellones. Se trata de unos montículos de tierra de unos 200 metros cuadrados de superficie, rodeados por canales que los campesinos construyen para sembrar papa, cebada° y *quinua*. Vistos desde un avión, los waru waru son granjas° rectangulares rodeadas por canales de agua. Los campesinos no pueden pagar fertilizantes artificiales, pero recogen de los canales hierbas, ranas°, sapos° y caracoles°, y los usan como fertilizantes orgánicos.

barley
farms
frog / toads / snails

Una forma distinta. ¿Conoces otros programas de protección de lagos o ríos? ¿Existen en tu estado formas alternativas de cultivo?

Pescadores en el lago Titicaca usan un bote típico de la región.

Boletín

Quinua

La quinua es una planta comestible de hojas parecidas a la espinaca y semillas semejantes al arroz.

Please refer to the selftest on our Website. If you get less than 85%, you need to review this grammar point in the **Cabos sueltos** section, p. 457. If you get above 85%, you can continue with the following activities.

Referencia gramatical 3

Indicating to whom or for whom actions are done: Indirect object pronouns

—¿En qué puedo servir**le,** señora?

—Quisiera comunicar**le** un problema a la jefa de reciclaje.

—Ella no está en este momento. ¿Quiere dejar**le** un mensaje?

5-17 Un río contaminado. La mayoría de los ríos que pasan por las ciudades están contaminados. Éstas son las medidas que va a tomar la Comisión del Medio Ambiente para limpiar el río de la ciudad. Expliquen para qué van a hacer estas cosas.

MODELO: presentar una propuesta / a una fundación / conseguir dinero

E1: *Van a presentarle una propuesta a una fundación para conseguir dinero.*

1. pedir dinero / al gobierno / para limpiar el río
2. escribir carta / a las autoridades / para informarles de la situación
3. explicar la propuesta / a nosotros / para educarnos sobre el problema
4. enviar un informe / a mí / para poner en los archivos
5. proponer una campaña publicitaria / a ti / para conseguir dinero
6. pedir una cita / al gobernador / para obtener su apoyo

2 **5-18 Mi ciudad.** Entrevista a dos estudiantes de la clase para saber lo que piensan de la ciudad donde viven y por qué. Luego informa a toda la clase, incluyendo tu propia opinión sobre sus respuestas.

MODELO: E1: *¿Qué te gusta de la ciudad donde vives? ¿Por qué?*

1. no gustar
2. molestar
3. divertir
4. fastidiar
5. faltarle

Aprendamos 1

Avoiding repetition of nouns: Double object pronouns

In order to avoid repetition, the direct and indirect object pronouns may be used with the same verb. In this case the indirect object precedes the direct object. They follow the same placement rules as the single object pronouns i.e., before the conjugated verb and after and attached to the infinitive and the gerund.

The pronouns **le** and **les** become **se** when they precede the third person direct objects **lo, los, la,** and **las**.

–¿**Le** explicaste los problemas a la compañía?

–Sí, **se los** expliqué.

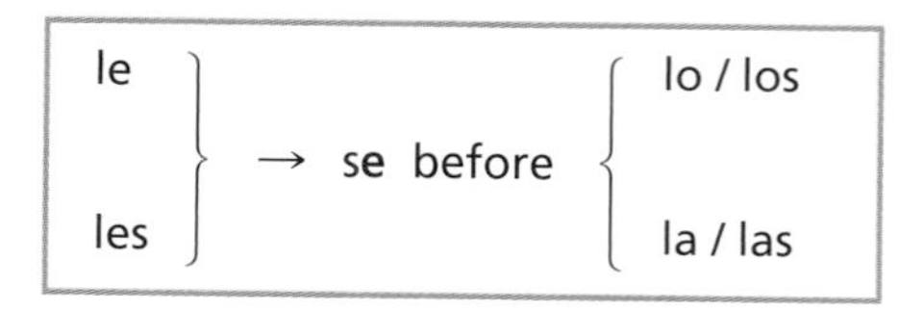

2 5-19 **Mucho para hacer.** Ustedes son parte del Comité de Medio Ambiente y hoy en la oficina hay mucho trabajo. Contesten las preguntas utilizando los pronombres cuando sea necesario.

MODELO: E1: *¿Ustedes les dieron las fotos a los miembros del jurado? No*
E2: *No, no se las dimos.*

1. ¿Le enviaste las cartas a la gobernadora? No
2. ¿Ustedes ya nos firmaron el permiso? Sí
3. ¿Me trajiste los papeles que te pedí? No
4. ¿La periodista ya te dio la nota? Sí
5. ¿Los estudiantes (ya) seleccionaron las fotos para el jurado? No
6. ¿Nos dieron la autorización para construir el canal? Sí
7. ¿Las empresas le aceptaron al gobernador el plan de limpieza del río? No
8. ¿Le aprobaron a la comisión el programa de educación ecológica? Sí

2 5-20 **Fondos para el parque.** Para ganar dinero para proteger el parque natural, tu grupo ha organizado una feria. Contesta las preguntas con los pronombres de objeto directo e indirecto.

MODELO: E1: *—¿Nos prestas tu coche para ir a la feria?*
E2: *—Sí, se lo presto.*

1. ¿Nos regalas entradas a la feria?
2. ¿Le pidieron permiso al alcalde para hacer la feria?
3. ¿Les enviaron los anuncios a todas las universidades de la región?
4. ¿Les van a servir comida vegetariana a los visitantes de la feria?
5. ¿Me mandaste una invitación para la cena?
6. ¿Nos van a dar agua en botella gratis?

G 5-21 **A. La nueva residencia.** Ustedes se acaban de mudar a un nuevo apartamento. Como hicieron la mudanza todos juntos, no encuentran algunos objetos. Sigan estos pasos.

1. Escribe en un papel los nombres de tres objetos que perdiste. Pídeselos a tus compañeros.
2. Escribe en tres papeles diferentes los nombres de tres objetos que no son tuyos. Dáselos a tus compañeros si te los piden.

MODELO: E1: *¿Tienes mi computadora?*
E2: *No, no la tengo. / Sí, aquí la tengo.* (Entrégale el papel con la palabra *computadora*)

Objetos perdidos

el espejo	las sillas	la videocasetera	las plantas
los estantes	el microondas	el televisor	las bolsas de la basura
la lámpara	la nevera pequeña	los CDs	la botella de agua

B. ¿Quién los tenía? Ahora debes explicar quién te dio los objetos que recuperaste. También explica si te faltan objetos.

MODELO: E1: *Las bolsas de basura me las dio Ana.*
Encontré todo lo que me faltaba. / Todavía me faltan mis estantes.

Aprendamos 2

Expressing inequality: Comparisons

A. When you want to compare people or things that are not equal, use the following structure:

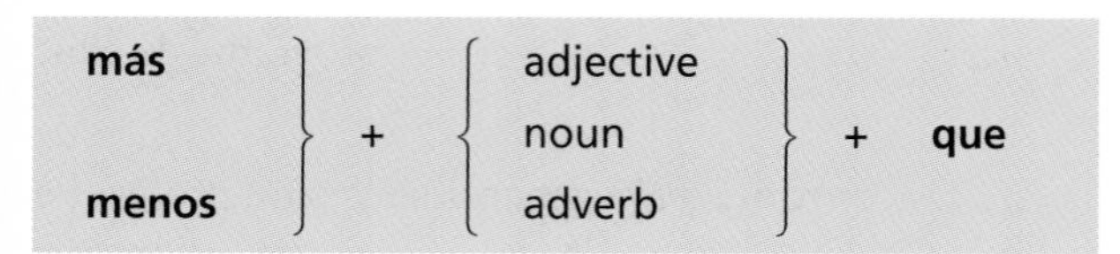

Buenos Aires es **más** grande **que** Lima.	*Buenos Aires is larger than Lima.*
Madrid tiene **menos** habitantes **que** Buenos Aires.	*Madrid has fewer inhabitants than Buenos Aires.*
Buenos Aires crece **más** lentamente **que** Barcelona.	*Buenos Aires grows slowlier than Barcelona.*

B. When comparing unequal actions and ways of doing things, use the following structure:

verb + **más / menos + que**

Andrés recicla **menos que** Nicolás. *Andres recicles less than Nicolas.*

C. A few adjectives have irregular comparative forms. Remember that they are always followed by **que**.

Regular		Irregular	
más bueno/a	*nicer, kinder*	**mejor**	*better*
más malo/a	*behaves badly*	**peor**	*worse*
más viejo/a	*older (things)*	**mayor**	*older (person)*
más pequeño/a	*smaller, younger*	**menor**	*younger (person)*

Note: Notice that the regular forms have different meaning.

Los envases de vidrio son **mejores que** los de plástico para el medio ambiente. *Glass containers are better than plastic ones for the environment.*

When used alone, **el mayor / el menor** are translated as *the oldest* and *the youngest* in a family.

El hijo **menor** es más alto que **el mayor**. *The youngest is taller than the oldest.*

D. With numbers and quantities use **más / menos de.**

Ellos sembraron **más de** mil árboles. *They planted more than one thousand trees.*

5-22 El vidrio. Analiza la siguiente tabla y di si las afirmaciones que le siguen son ciertas o falsas. Corrige las falsas. Luego escribe dos afirmaciones y compártelas con la clase.

Comunidad Autónoma	Vidrio recogido (Kg)	Población
ANDALUCÍA	24.343.361	7.357.558
BALEARES	7.162.150	841.669
CASTILLA Y LEÓN	10.860.211	2.456.474
CATALUÑA	40.125.235	6.343.110
MADRID (Comunidad de)	18.384.799	5.423.384
PAÍS VASCO	18.808.768	2.082.587

1. Baleares recicla mucho más vidrio que Castilla y León.
2. Cataluña es la región que menos kilos recicla.
3. Madrid tiene más habitantes que Castilla y León.
4. Andalucía tiene menos habitantes que el País Vasco.
5. En Madrid reciclan más kilos de vidrio que en Castilla y León.
6. El País Vasco recicla menos de dos millones de kilos de vidrio.
7. ______________________________
   ____
8. ______________________________
   ____

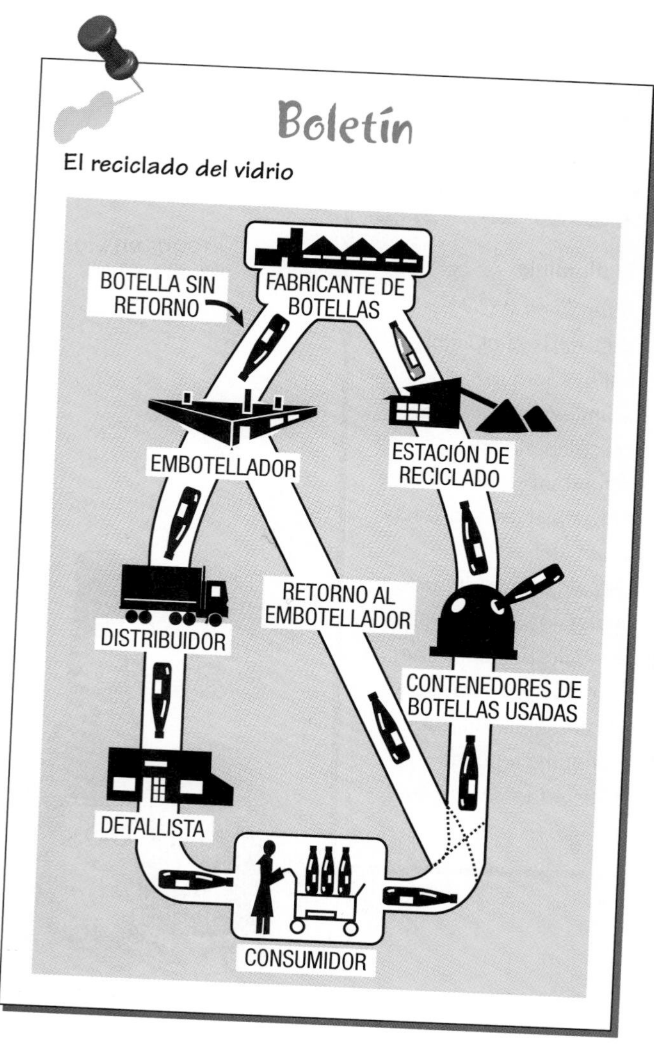

5-23 El envase ideal. Los envases son la causa número uno del crecimiento de la contaminación ambiental. Observen los envases de estos productos y den su opinión sobre cada uno. Comparen sus distintos aspectos y luego decidan cuál es el mejor envase para proteger el medio ambiente. Expliquen por qué lo eligieron.

MODELO: E1: *A mí me parece que el yogurt de vidrio es mejor que el yogurt de plástico porque el reciclado es más simple.*

E2: *Yo opino que X es peor que Y para el medio ambiente porque genera mucha basura.*

Yogur en vidrio, en plástico o en cartón.

Leche en bric, botella de vidrio o bolsa de plástico.

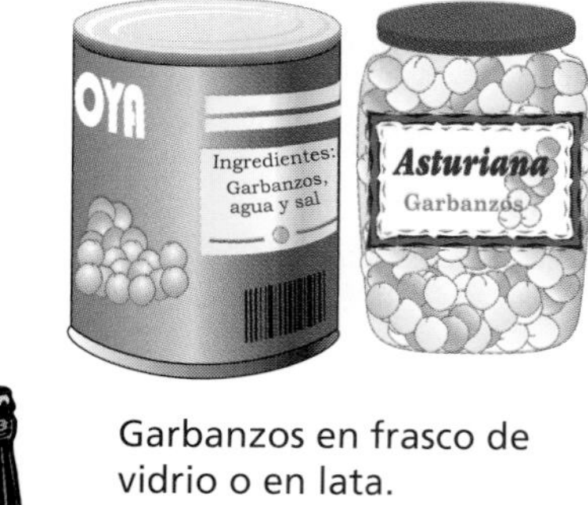

Garbanzos en frasco de vidrio o en lata.

Cerveza en lata o en botella.

Jugo en botella o jugo en lata.

Boletín

El aluminio

Cuando en 1820 se descubrió el aluminio, valía más que el oro. El aluminio es uno de los metales más abundantes de la tierra. Pero para extraerlo hay que talar selvas, desalojar comunidades indígenas y contaminar el suelo, derrochando además gran cantidad de energía. España consume muchas toneladas de aluminio al año.

5-24 Vivir en Buenos Aires. Compara los precios del costo de vida en Buenos Aires en 2003 con los actuales y con lo que cuesta vivir en tu ciudad.

MODELO: *En el año 2003 el alquiler de un departamento en Buenos Aires era más caro/barato que en mi ciudad.*

Avenida 9 de Julio en Buenos Aires.

El costo de vida mensual para un estudiante que vive solo en Buenos Aires alquilando un pequeño departamento, con transporte y comida alcanza los U$A 250

Ejemplos de precios:

• Alquiler de un departamento de un dormitorio (incluye gas, electricidad y teléfono y expensas)	150 dólares al mes
• Seguro médico adicional a la cobertura básica otorgada por la Universidad	40 dólares al mes
• Viaje en autobús dentro de la ciudad	0,25 centavos de dólar
• Almuerzo o cena completa en un local de comida rápida	2 dólares
• Un litro de leche	0,30 centavos de dólar
• Una computadora	900 dólares
• Un televisor 25"	370 dólares
• Una heladera (refrigerador)	300 dólares
• Lavar 10 kg de ropa en un lavadero automático	2 dólares
• Un pantalón de jean de marca nacional	12 dólares
• La entrada al cine	2,5 dólares
• El abono de TV por cable para ver 65 canales	15 dólares al mes

Tipo de cambio: U$A 1,00 = $ 3,00

¿Apartamento? ¿Piso? ¿Departamento?

En Argentina se usa la palabra departamento mientras que en España se usa piso o apartamento. En la descripción de una vivienda se habla del número de ambientes que tiene. El salón se considera un ambiente. Por ejemplo, un departamento de dos ambientes tiene un dormitorio y un salón.

5-25 Diferencias. Piensa en la ciudad donde vives y compárala con otra ciudad donde viviste o donde viven tus padres, o un/a amigo/a. Escribe una frase para cada una de las expresiones dadas. Si puedes, ilustra tu presentación con fotos de las ciudades que menciones.

peor	mejor	menos o menos de	más o más de

Aprendamos 3

Expressing equality: Comparisons

A. To compare people, things, or actions that are the same, use this structure:

tan	+	adjectives / adverbs	+	**como**
tanto/a/os/as	+	noun	+	**como**
verb	+	**tanto como**		
tanto/tanta = *much*		**tantos/tantas** = *many*		

Remember that **tanto** agrees in gender and number with the noun that follows.

El aire de Santiago de Chile está **tan contaminado como** el aire de la ciudad de México. — *The air in Santiago de Chile is as contaminated as the air in Mexico city.*

Hay muchas especies de plantas que están desapareciendo **tan rápidamente como** las especies animales. — *There are many species of plants that are disappearing as fast as animal species.*

Barcelona tiene **tantos museos como** Madrid. — *Barcelona has as many museums as Madrid.*

Los ecólogos ayudan **tanto como** pueden. — *Ecologists help as much as they can.*

B. To express equality between two nouns this expression is also used:

el/la mismo/a + noun + **que**

Remember to make the agreement with the noun modified.

Roberto tiene **el mismo** nombre **que** su padre. — *Roberto has the same name as his father.*

Nosotros compramos **la misma** guía turística **que** tú. — *We bought the same tourist guide as you did.*

5-26 **En Barcelona se vive mejor.** Lee el artículo y luego escribe cinco frases estableciendo comparaciones sobre los diferentes lugares para vivir según el puntaje que tienen.

MODELO: *En San Sebastián se vive tan bien como en Santander.*
San Sebastián tiene el mismo número de puntos que Santander.

Los Factores

Hábitat

En Barcelona se vive mejor

Las infraestructuras propias de una gran ciudad, la gran cantidad de centros de ocio, museos, cines, teatros, bares, restaurantes, etcétera, sus buenas condiciones meteorológicas y el hecho de ser una ciudad costera, sitúan a Barcelona como la número uno por sus condiciones de habitabilidad. La Ciudad Condal es la sexta mejor ciudad europea para crear un negocio, según una encuesta realizada por Healey & Baker entre altos directivos de empresas de toda Europa. Además, más de 3.000 multinacionales operan en toda la Comunidad, la mayoría de ellas en Barcelona. Si se busca un bar, por ejemplo, en Madrid hay más posibilidades de encontrarlo, ya que la capital de España lidera este particular ránking; si la cuestión es acudir a un museo, Barcelona es la que tiene mayor oferta museística. En el apartado sanitario, las capitales vascas son las más favorecidas y Vitoria Guipúzcoa y Bilbao son las que disponen de mayor número de camas hospitalarias por cada mil habitantes.
La número dos en condiciones de habitabilidad, Madrid, baja puestos por liderar criterios como ser la más insegura por delitos cometidos o contar con el precio de la vivienda por metro cuadrado más elevado.

		PUNTOS
1	Barcelona	105
2	Madrid	104
3	Valencia	103
4	A Coruña	99
4	San Sebastián	99
4	Santander	99
4	Cádiz	99
4	Castellón	99
9	Bilbao	98
10	Vitoria	97
11	Granada	96
11	Lleida	96
11	León	96
14	Almería	95
14	Pontevedra	95
16	Palma de Mallorca	94
16	Córdoba	94
16	Girona	94
16	Alicante	94
16	Murcia	94
21	Málaga	93
21	Toledo	93
21	Guadalajara	93
21	Santa Cruz de Tenerife	93
21	Sevilla	93
26	Melilla	92
27	Palencia	91
27	Ceuta	91
27	Pamplona	91
27	Albacete	91
31	Jaén	90
31	Gijón	90
33	Cáceres	89
33	Zaragoza	89
33	Huelva	89
33	Ciudad Real	89
33	Oviedo	89
33	Ourense	89
33	Santiago Compostela	89
40	Palmas Gran Canaria	88
40	Badajoz	88
42	Tarragona	87
42	Huesca	87
44	Lugo	86
44	Burgos	86
44	Elche	86
44	Soria	86
44	Segovia	86
49	Ávila	85
50	Cuenca	84
50	Logroño	84
52	Salamanca	83
52	Ibiza	83
52	Teruel	83
55	Valladolid	82
56	Jeréz de la Frontera	81
56	Zamora	81
58	Vigo	72
59	Cartagena	57

5-27 Buenos Aires. A continuación encontrarás la descripción de varios departamentos en Buenos Aires. Compara las diferentes opciones. Di si las afirmaciones son ciertas o falsas. Corrige las falsas. Luego, escribe por lo menos dos comparaciones y compártelas con la clase.

1. El departamento Sol tiene tantos dormitorios como el departamento Luna.
2. El departamento Luna tiene tantos baños como el departamento Sol.
3. El departamento Amanecer es más grande que el departamento Sol.
4. Sol y Amanecer tienen la misma cantidad de baños.
5. ______________________________
6. ______________________________

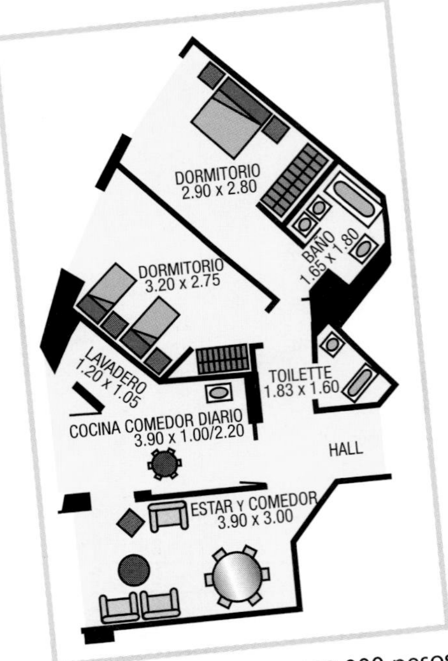

Departamento Luna: 180.000 pesos.

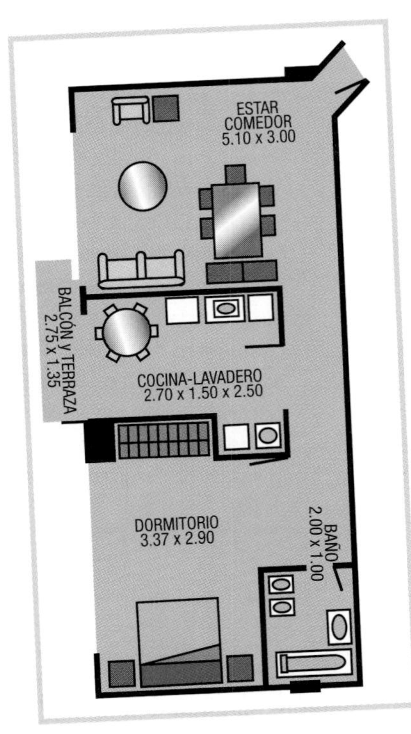

Departamento Amanecer: 120.000 pesos.

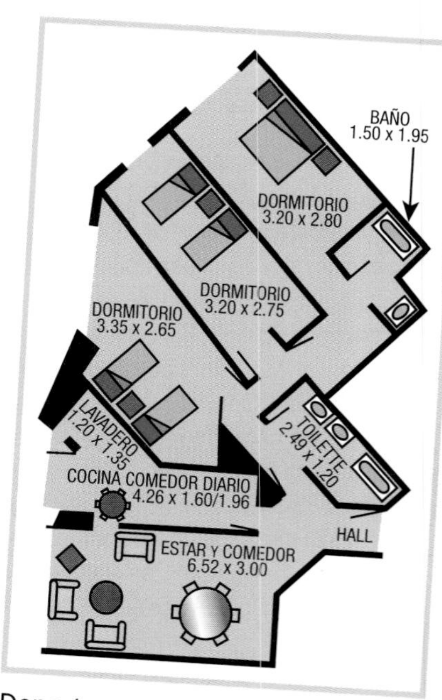

Departamento Sol: 185.000 pesos.

2 **5-28 Al teléfono.** Quieres comprar un departamento en Buenos Aires. Llama a la inmobiliaria para pedir información. Con otro/a estudiante, interpreten estos papeles siguiendo las claves que se indican.

CLIENTE/A:	Haz una lista de las características que tiene que tener el departamento que quieres y llama a la inmobiliaria para pedir información. Explícale lo que estás buscando.
AGENTE INMOBILIARIO:	Atiende al/la cliente/a cortésmente. Descríbele los departamentos que tienes en venta y dile cuánto cuestan.

5-29 Similitudes. Vuelve a pensar en las ciudades de la **Actividad 5-25** de este capítulo y busca las similitudes que hay entre ambas. Escribe una frase con cada una de las siguientes expresiones. Luego prepara una presentación para la clase utilizando las comparaciones de los dos ejercicios.

MODELO: *Por mi ciudad pasa el mismo río que por la ciudad de mis padres.*

el mismo	los mismos	tanto como	tanto	tanta
la misma	las mismas	tan como	tantos	tantas

Boletín

La arquitectura bioclimática

La arquitectura bioclimática es aquella que basa su diseño en el aprovechamiento del clima y las condiciones del entorno con el fin de alcanzar un cierto nivel de confort térmico en el interior de los edificios. Este tipo de contrucción juega exclusivamente con el diseño y los elementos arquitectónicos, sin necesidad de utilizar sistemas mecánicos complejos.

Conversemos sobre la lectura

Antes de leer

Estrategia de lectura: *Background information*

The reading process is like a dialogue with a person that is not present. The reader approaches the text with some questions in mind that may or may not be answered. For example, when you receive a letter from a friend, before you start to read it, you already have some ideas of what might be in the letter because you know your friend. This knowledge that you have about your friend's life is called background knowledge. Before you read a text, it is very helpful to look at the cues that the text provides, such as title, illustrations, and format, and tap into the knowledge that you already have of the topic. Then you can relate the new knowledge to something that is already familiar to you.

5-30 Los nuevos edificios ecológicos. Según estas fotos y el título del siguiente pasaje, ¿qué alternativa presentan estos edificios al problema del gasto de energía eléctrica? ¿Conocen Ustedes proyectos como los edificios de las fotografías?

La vivienda ecológica

La mitad de la energía del mundo la consume el funcionamiento de viviendas y edificios. El tráfico representa otra cuarta parte del total. El 75% del gasto energético planetario se consume en la arquitectura y el urbanismo, es decir en las viviendas y en las ciudades. Reducir ese porcentaje a la mitad no es difícil. Muchos estudios de arquitectura diseñan actualmente edificios que funcionan como plantas productoras de electricidad. Gracias a las placeas solares de sus fachadas, estos edificios generan más energía de la que consumen. La Biblioteca Pompeu Fabra, cerca de Barcelona, es un ejemplo de este tipo de construcción. El edificio tiene módulos fotovoltaicos integrados en la fachada.

Biblioteca Pompeu Fabra en Mataró, España.

El edificio "Nexus"de la Universidad Politécnica de Barcelona.

5-31 Gasto energético planetario. Completa las oraciones con la información de "*La vivienda ecológica*".

1. La energía que se gasta en viviendas y otros edificios es...
2. La energía que se gasta en transporte es...
3. Una solución al gasto de energía en la vivienda es...
4. Esta solución reduce el gasto al...
5. El uso de energía solar no es una utopía porque...

Vocabulario de las lecturas

Estudia estas palabras para comprender mejor los textos.

Vocabulario		Palabra en uso
el aerosol	*aerosol spray*	Los **aerosoles** dañan la capa de ozono.
el buzón	*mailbox*	Todos los días encuentro catálogos en mi **buzón.**
el cesto	*basket*	Cuando no tengo mucho que comprar en el supermercado, tomo un **cesto** en vez de un carrito.
los cosméticos	*make-up*	Sólo uso **cosméticos** de compañías que no utilizan animales en sus laboratorios.
cubrir	*to cover*	Las nubes **cubren** el cielo hoy.
el envoltorio	*wrapping*	Usa las tiras cómicas del periódico como **envoltorio** para regalos.
guardar	*to keep, save*	**Guardo** la compra sin los envoltorios.
el jabón	*soap*	Yo me baño con **jabón** de glicerina.
la limpieza	*cleaning*	Nosotros hacemos la **limpieza** de la casa los sábados.
el rascacielos	*skyscraper*	No me gustaría vivir en un **rascacielos**; prefiero una casa.
el recipiente	*container*	Siempre que puedo, uso **recipientes** de vidrio.
la recogida	*pickup*	La **recogida** de la basura la hacen los jueves.
el residuo	*garbage*	El reciclaje de **residuos** es un problema global.
la tela	*cloth*	Usa bolsas de **tela** para hacer las compras.
la torre	*tower*	Los rascacielos son las **torres** modernas.

2 **5-32 Adivina cuál es la palabra.** Piensa en una palabra del vocabulario. Tu compañero/a te hará preguntas hasta adivinar cuál es la palabra. Cuidado: sólo pueden responder Sí o No. Luego cambien de roles.

MODELO: *¿Lo puedes comer / beber / reciclar?*
¿Lo usas en la calle / en casa?

Ventana al mundo

Gestión ecológica de los residuos

La elevada densidad demográfica y la hiperactividad económica desarrollada en las ciudades producen residuos domésticos, industriales, y otros que son muy difíciles de eliminar. Hasta hoy la solución son los vertederos°, pero esta solución se está convirtiendo en otro problema debido a la escasez de suelo disponible. Además hay muchas protestas de los residentes de las zonas cercanas al vertedero. La incineración es otra opción, pero las emisiones pueden ser tóxicas. En los últimos años, la norma de las tres R (Reducción, Reutilización y Reciclaje) se considera como la alternativa más ecológica.

dump

La Reducción: consiste en disminuir la producción y consumo de envases o embalajes excesivos y superfluos.

La Reutilización: consiste en reparar cualquier objeto cuya vida útil pueda alargarse.

El Reciclaje: consiste en recuperar las materias primas para producir nuevos productos.

¿Qué usas tú? ¿Sabes qué sistema de eliminación de residuos utilza tu ciudad? ¿Visitaste alguna vez una planta de reciclado, un vertedero o una planta de incineración? De las tres R, ¿cuál es la que más practicas, normalmente?

2 5-33 **A. ¿Y yo qué puedo hacer?** Piensen qué pueden hacer ustedes en su casa para ayudar a proteger el medio ambiente. Usen estas preguntas como guía.

¿Qué puedes hacer con…

- …los productos de limpieza?
- …el consumo del agua?
- …el consumo de la electricidad?
- …el uso de los electrodomésticos?
- …la basura?
- …la compra del supermercado?
- …el uso del coche?
- …los restos de comida?

2 **B.** ¿Qué se puede hacer para producir menos residuos? Hagan una lista de ideas.

Lectura

En esta lectura se encuentran algunas sugerencias para producir menos desechos.

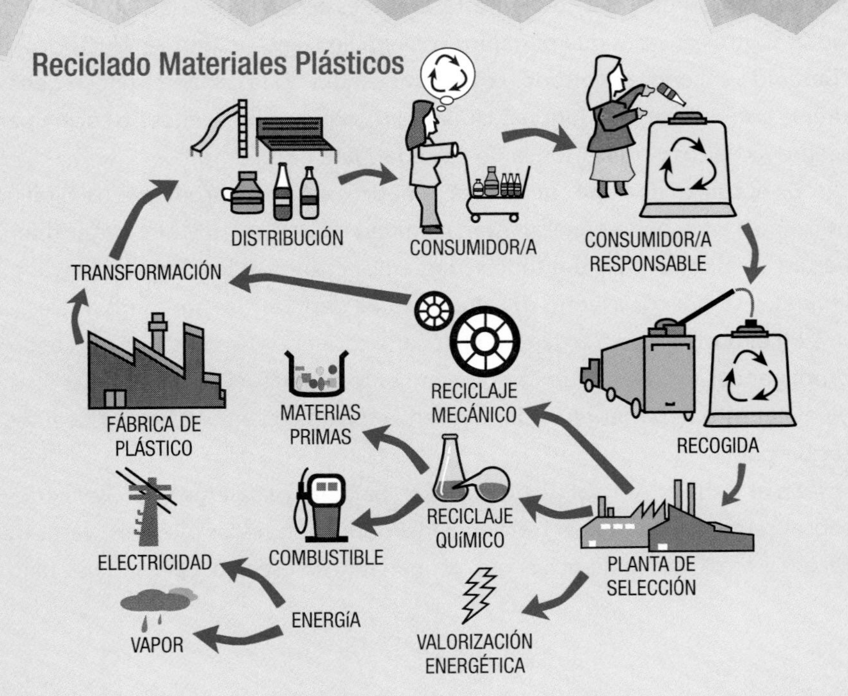

Preciclar, un nuevo verbo que conjugar

¿Qué podemos hacer nosotros, como individuos, para combatir los problemas del medio ambiente? Los ciudadanos que se plantean° "ser parte de la solución antes que ser parte del problema" van a encontrar acá sugerencias para generar la menor cantidad de residuos posible. Para lograr este fin, hay que seguir un proceso que tiene las tres erres en este orden: reducir, reutilizar y reciclar. El mejor residuo es aquel que no se crea.

to tackle a problem

Preciclar. Este nuevo verbo indica el deseo de no aceptar en nuestras compras embalaje o paquetes que van a producir residuos innecesarios y evitar las bolsas de plástico, los envases de un solo uso, las bandejas de corcho blanco°, los envoltorios superfluos, los aerosoles y el papel innecesario. Es decir, tomar conciencia° de que nuestros hábitos de compra tienen una gran influencia en nuestra capacidad de evitar más residuos de los imprescindibles. Si vamos al supermercado con una bolsa de tela evitamos consumir bolsas de plástico o papel cada vez que hacemos una compra.

styrofoam trays

to become aware

En algunas localidades, grupos ecologistas ponen a disposición de los ciudadanos platos, vasos, copas, bandejas y cubiertos para alquilar. Así, las fiestas sociales y familiares no producen grandes acumulaciones de basura y su presentación es más agradable.

En la cocina. La cocina es el lugar donde se genera la mayoría de los residuos domésticos. Aquí producimos, por un lado, los desechos alimenticios y por otro los de la limpieza. Lo primero que hacemos al guardar la compra es llenar el cubo de la basura de cartones protectores, sobres y envoltorios inútiles. Una manera de evitar esto sería llevar algunos recipientes de vidrio en el cesto de la compra o el carrito del supermercado para ir poniendo alimentos a granel°, tales como aceitunas, cereales, frutos secos, etc. Los productos de limpieza también producen muchos sobrantes° plásticos. Por esta razón, es aconsejable usar recipientes de vidrio u otros envases que podamos volver a llenar, y comprar productos con más contenido y menos envoltorio. Los aceites usados en la cocina tampoco deben tirarse por el desagüe°. Algunas ciudades recogen ya los aceites de cocina para reaprovecharlos y utilizarlos como material para hacer jabón.

bulk

leftovers

drain

En el cuarto de baño. Tanto los cosméticos como los productos de higiene que utilizamos en el baño generan gran cantidad de basura. Hay que evitar tirar basura en el retrete°, sobre todo si queremos encontrar los ríos y las playas limpias, y somos conscientes del alto costo de depurar° las aguas residuales.

toilet

purify

En el buzón. Con frecuencia, al llegar a casa encontramos el buzón lleno de propagandas y papeles que van directamente a la basura. La forma más sencilla de evitar esto es poner una etiqueta° en el buzón diciendo que no deseamos recibir publicidad.

label

En el trabajo. Al final de un día de trabajo, las papeleras están llenas de sobres reutilizables y papel reciclable mezclados con restos plásticos, vasos de cartón y otros tantos desechos que ocupan mucho espacio a pesar de su bajo peso. Algunos hábitos sencillos pueden facilitar el reciclaje en el trabajo. Separar el papel del resto de la basura y usar tazas de cerámica y vasos de vidrio para el agua y el café son algunas de esas posibles soluciones.

45 **En la escuela.** Algunas escuelas y universidades han implementado programas de recogida selectiva que, además de educar, permiten un ahorro de papel considerable. Otras instituciones promueven la recogida selectiva de envases, y otras, incluso, van más allá y rechazan la instalación, dentro de sus recintos°, de máquinas de bebidas con envases no retornables. Nuestro planeta 50 es demasiado valioso para dejar que sólo los empresarios° y los políticos se ocupen de estos problemas. Todos tenemos cierta responsabilidad que no podemos ni debemos ignorar.

recintos° área
empresarios° *business people*

5-34 Para evitar la acumulación de residuos. ¿Qué se debe hacer en estas situaciones para evitar la acumulación de residuos? Hay más de una terminación correcta para cada oración.

1. Cuando vamos de compras podemos…
2. Cuando tenemos una fiesta es posible…
3. En la cocina podemos…
4. Los envases de vidrio son preferibles a…
5. Es bueno si los aceites de cocina…
6. En el cuarto de baño no debemos…
7. Con el buzón hay que…
8. En la oficina debemos…
9. En las escuelas y universidades se puede…
10. Hay que rechazar…

5-35 ¿Qué podemos hacer para reducir, reutilizar y reciclar? En cada columna escribe lo que se puede hacer para mejorar el medio ambiente según las sugerencias del artículo que acabas de leer.

reducir	reutilizar	reciclar

5-36 Comparaciones. Comparen las ideas que ustedes generaron en la Actividad **5-33B** con las sugerencias del artículo *Preciclar, un nuevo verbo que conjugar.*

Poema

Federico García Lorca (1898–1936)

Poeta y dramaturgo español que vivió parte de su corta vida en Nueva York. Con estilo metafórico el poeta se hace eco de la alienación y la soledad del ser humano en el ambiente extraño y pesimista de la gran ciudad.

Iré a Santiago (Fragmento)

Arquitectura extrahumana y ritmo° furioso, *pace*
geometría y angustia… Nada más poético y terrible
que la lucha de los rascacielos con el cielo que lo cubre.
Nieves, lluvias y nieblas subrayan, mojan°, *wet*
5 tapan las inmensas torres.
Ejército° de ventanas, donde ni una sola persona *army*
tiene tiempo de mirar una nube o dialogar
con una de las delicadas brisas que tercamente° *obstinately*
envía el mar, sin tener jamás respuesta.

2 5-37 **Comprensión del texto.** En parejas, contesten las siguientes preguntas.

1. ¿Por qué dice "arquitectura extrahumana"?
2. ¿A qué se refiere con las palabras "ritmo furioso"?
3. ¿Cuáles son los elementos típicos de una ciudad que se mencionan en el poema?
4. ¿Qué elementos de la naturaleza se nombran?
5. ¿Qué son las inmensas torres?
6. ¿Cómo se siente el poeta en esta ciudad?
7. ¿Por qué no hay diálogo?
8. ¿Qué papel juega la naturaleza en el poema?

5-38 **Interpretación personal.** Contesta las siguientes preguntas personales.

1. ¿Conoces Nueva York u otra ciudad grande?
2. ¿Cómo te sientes cuando visitas una gran ciudad? ¿Por qué?
3. ¿Compartes la idea de García Lorca sobre Nueva York? Explica tu respuesta.
4. ¿Prefieres la vida en una gran ciudad, en una ciudad pequeña, en un pueblo o en el campo? ¿Por qué?

2 5-39 **Mesa redonda: La vida en la ciudad.** ¿Cómo se puede mejorar la vida en las grandes ciudades? En parejas, escriban sus ideas y luego preséntenlas para su discusión en clase.

G 5-40 **Nuestra vivienda ecológica.** En pequeños grupos, diseñen una casa ecológica. ¿Dónde va a estar situada? ¿Qué materiales van a utilizar? ¿Qué energía van a utilizar? ¿Cómo va a ser la vida en esta vivienda?

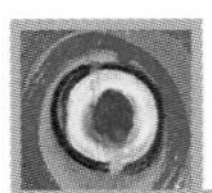

Avancemos con la escritura

Estrategia de escritura: *Comparing and contrasting*

Comparing and contrasting is used to show the differences and similarities between two entities. There are two ways of using this strategy in your writing. One is to compare and contrast two or more things on one aspect at a time. The other is to describe one of the things completely first and then move on to the other one. Look at the following examples.

Comparación de dos ciudades

Un aspecto a la vez

La geografía de la ciudad le da o le quita belleza
A. Ciudad 1
B. Ciudad 2

El transporte determina el carácter de la ciudad
A. Ciudad 1
B. Ciudad 2

La edificación es impersonal y fría o cálida y acogedora
A. Ciudad 1
B. Ciudad 2

El espíritu de la ciudad es cosmopolita o provincial
A. Ciudad 1
B. Ciudad 2

Los habitantes son abiertos y cálidos o reservados y distantes
A. Ciudad 1
B. Ciudad 2

El comercio y la industria la hace más o menos agradable
A. Ciudad 1
B. Ciudad 2

Presentación completa de cada ciudad

Ciudad 1

La geografía de la ciudad le da o le quita belleza
El transporte determina el carácter de la ciudad
La edificación es impersonal y fría o cálida y acogedora
El espíritu de la ciudad es cosmopolita o provincial
Los habitantes son abiertos y cálidos o reservados y distantes.
El comercio y la industria la hace más o menos agradable

Ciudad 2

La geografía de la ciudad le da o le quita belleza
El transporte determina el carácter de la ciudad
La edificación es impersonal y fría o cálida y acogedora
El espíritu de la ciudad es cosmopolita o provincial
Los habitantes son abiertos y cálidos o reservados y distantes
El comercio y la industria la hace más o menos agradable

Ventana al mundo

El genio de Gaudí

Hay pocas ciudades asociadas a arquitectos. Chicago tiene a Sullivan, Glasgow tiene a Macintosh y Barcelona tiene a uno de los arquitectos más imaginativos de la historia: Antonio Gaudí. Antonio Gaudí supo observar y aprender del entorno natural. Los árboles y el mar Mediterráneo, las montañas, las flores y los animales fueron su fuente de inspiración tanto en la decoración como en las estructuras de los edificios que diseñó. En la Casa Batlló, la Casa Milá, la Cripta de la Colonia Güel y la Iglesia la Sagrada Familia, Gaudí logró una identificación perfecta entre arquitectura y naturaleza. Gaudí fue, además, un ecologista: reciclaba azulejos, trozos de cerámica, vajillas, vidrio y otros materiales comunes con los que cubría y decoraba sus edificios.

Gaudí. Busca información sobre Antonio Gaudí y preséntala a la clase. Trae imágenes de su obra si es posible.

Casa Batlló, en Barcelona.

Iglesia de La Sagrada Familia, en Barcelona.

2 5-41 **A. El arquitecto y el poeta.** El arquitecto Antonio Gaudí y el poeta García Lorca tienen ciertas similitudes en su visión de la naturaleza y de los edificios de las ciudades. Contesta estas preguntas para descubrirlas.

Antonio Gaudí

1. ¿Son los edificios de Gaudí impersonales y fríos?
2. ¿Cuál es la inspiración de Gaudí?
3. ¿Qué elementos usa Gaudí para decorar sus edificios?
4. ¿Por qué se dice que Gaudí fue un ecologista?

Federico García Lorca

1. ¿Es importante la naturaleza para García Lorca?
2. ¿Le gustan los edificios impersonales y fríos de Nueva York? ¿Con qué luchan los rascacielos?
3. ¿Cómo se siente delante del "ejército de ventanas"?
4. ¿Qué diálogo quiere que haya?

B. Escribe un párrafo comparando a Gaudí con García Lorca. Usa como guía tus respuestas al ejercicio anterior.

5-42 **Lugares que no te puedes perder en Barcelona.** Algunos visitantes hicieron una lista de los lugares más atractivos de Barcelona. Lee la información, establece por lo menos cinco comparaciones y luego decide cuáles de esos lugares te gustaría visitar.

MODELO: *La Pedrera tiene tanto encanto como la Sagrada Familia.*

LUGARES QUE NO TE PUEDES PERDER EN BARCELONA

Casa Milà "La Pedrera" (Gaudí)
4,95/5,00
Encanto 4,7
Afluencia 2,4
Interés 4,6

La Catedral
4,93/5,00
Encanto 4,4
Afluencia 1,9
Interés 4,8

Casa Battló (Gaudí)
4,92/5,00
Encanto 4,8
Afluencia 2,4
Interés 4,8

Las Ramblas de Barcelona
4,86/5,00
Encanto 4,6
Afluencia 1,9
Interés 4,6

Iglesia de Santa María del Mar
4,86/5,00
Encanto 4,5
Afluencia 3,0
Interés 5,0

La Iglesia de la Sagrada Familia (Gaudí)
4,72/5,00
Encanto 4,7
Afluencia 1,8
Interés 4,5

Ayuntamiento
4,40/5,00
Encanto 3,5
Afluencia 3,5
Interés 4,0

Monumento a Colón
4,31/5,00
Encanto 3,5
Afluencia 2,5
Interés 3,0

Plaza Real
3,38/5,00
Encanto 4,0
Afluencia 2,3
Interés 3,4

5-43 Dos ciudades interesantes. Busquen información sobre dos ciudades latinoamericanas y compárenlas siguiendo el cuadro de la pág. 169.

Antes de entregar tu composición, asegúrate de haber incluido y revisado lo siguiente:

Vocabulario de **En contexto**
Vocabulario conocido
Expresiones útiles
Palabras de **Sin duda**
Comparaciones de igualdad y desigualdad

Atando cabos: Salvemos el planeta

Boletín

Destrucción de los bosques tropicales

Aproximadamente un 50% de todo el bosque tropical ha sido destruido desde 1900. En los últimos 10 años se ha talado un 0,7% de los bosques tropicales de Latinoamérica.

En esta parte del capítulo van a realizar una serie de actividades que les harán reflexionar sobre la ecología y el medio ambiente.

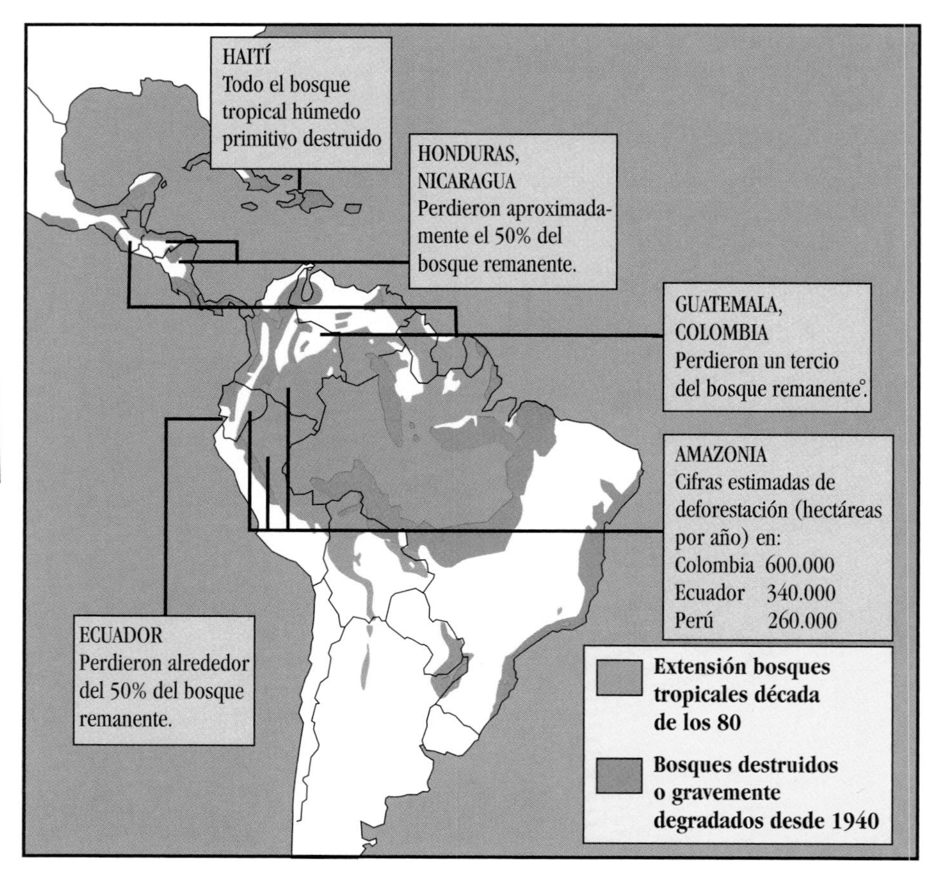

remnant, remaining

G **5-44** **Problemas ambientales.** En grupos de cuatro, dos personas representan a los ciudadanos y las otras dos a la Comisión del Medio Ambiente.

CIUDADANOS: Uds. son un grupo de ciudadanos preocupados por los problemas medioambientales de la ciudad. Preparen una lista para presentarla ante la Comisión del Medio Ambiente. Deben expresar su opinión sobre esos problemas y convencer a la Comisión de su gravedad.

COMISIÓN DEL MEDIO AMBIENTE: Uds. no pueden solucionar todos los problemas de la lista que los ciudadanos les presentan. Tienen que escoger dos y encontrar soluciones. Convenzan a los ciudadanos de que sus soluciones son lo mejor para la ciudad.

G **5-45** **Informe radial.** Uds. son periodistas de la radio local y tienen que hacer una nota de dos minutos sobre uno de los problemas presentados por los ciudadanos. Escriban un informe corto y preséntenlo a la clase. Usen algunas de las siguientes palabras.

alarma cáncer consumidor daños filtrar nociva rayos incentivar restringir

2 **5-46** **¿Qué hay en tu basura?** Completa la siguiente tabla según tu propio cálculo sobre el contenido de tu bolsa de basura. Luego compárala con la bolsa de basura típica española.

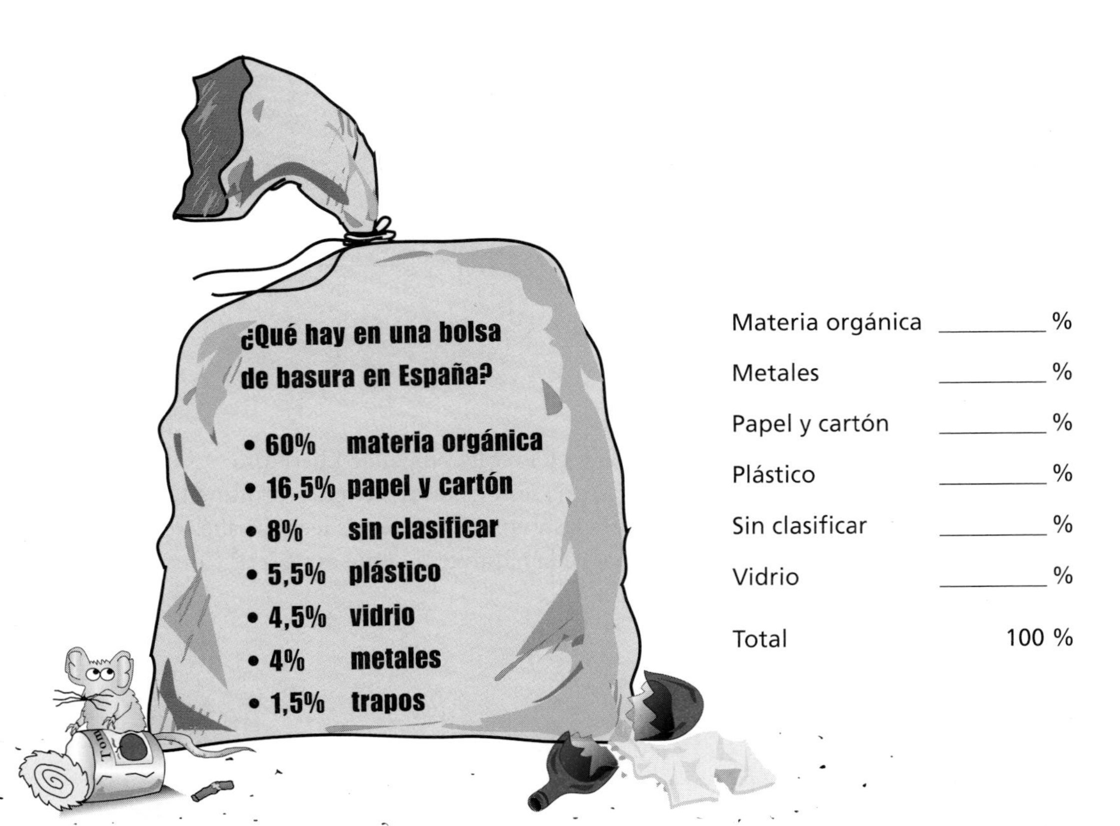

Materia orgánica	________ %
Metales	________ %
Papel y cartón	________ %
Plástico	________ %
Sin clasificar	________ %
Vidrio	________ %
Total	100 %

El 3% de la energía procede de la naturaleza en España.

5-47 Energía alternativa. Debemos pensar en alternativas para producir energía. ¿Qué posibles soluciones proponen ustedes para producir o conservar energía? ¿Qué formas de energía alternativa hay? Busquen información en Internet o en la biblioteca sobre los tipos de energía alternativa y preséntenlos a la clase. Sus compañeros deben juzgar las alternativas propuestas.

Diario

Las estrellas. *Esta noche—o alguna noche de esta semana—contempla las estrellas y escribe en tu diario los sentimientos y las ideas que evocan. ¿Puedes ver muchas estrellas desde donde vives?*

5-48 La naturaleza. El escritor mexicano y Premio Nobel de Literatura Octavio Paz habla en defensa de la naturaleza. Paz tiene una visión conmovedora y profunda de la naturaleza que se ve en muchos de sus poemas y ensayos. Antes de leer, escribe tres oraciones que describan tu visión personal de la naturaleza. ¿Qué es para ti? Compártela con otro/a compañero/a.

1. ______________________________

2. ______________________________

3. ______________________________

"La cadena del ser"

"Al finalizar el siglo hemos descubierto que somos parte de un inmenso sistema—o conjunto de sistemas—que va de las plantas y los animales a las células, las moléculas, los átomos y las estrellas. Somos un eslabón° de la "cadena° del ser", como llamaban los antiguos filósofos al universo. Uno de los gestos° más antiguos del hombre—un gesto que, desde el comienzo, repetimos diariamente—es alzar° la cabeza y contemplar, con asombro, el cielo estrellado. Casi siempre esta contemplación termina con un sentimiento de fraternidad con el universo. (...) Sólo si renace° entre nosotros el sentimiento de hermandad con la naturaleza, podremos defender a la vida."—Octavio Paz

link / chain

gestures

to raise

reborn

Un cielo estrellado es una fuente de inspiración.

Hermandad con la naturaleza. Explica la idea central de Octavio Paz en "La cadena del ser". ¿Estás de acuerdo con él, o piensas que la especie humana es algo distinto del resto de la naturaleza? Explica tu posición.

Vocabulario

La ecología

la basura	*garbage*
el calentamiento	*warming*
la capa de ozono	*ozone layer*
el clima	*climate*
la contaminación	*pollution*
el desarrollo	*development*
la entidad	*entity*
la fábrica	*factory*
el material de desecho	*disposable material*
el medio ambiente	*environment*
el planeta	*planet*
el reciclaje	*recycling*
los recursos naturales	*natural resources*
la tala	*felling of trees*

Sustantivos

el acuerdo	*agreement*
el aerosol	*aersol spray*
el alquiler	*rent*
el buzón	*mailbox*
el cartón	*cardboard*
el cesto	*basket*
el combustible	*fuel*
el compromiso	*commitment*
los cosméticos	*make-up*
el cubo de la basura	*trash can*
el desecho	*waste, scrap*
el envase	*container*
el envoltorio	*wrapping*
la fábrica	*factory*
el jabón	*soap*
la lata	*can*
la limpieza	*cleaning*
el material reutilizable	*reusable material*
el municipio	*municipality, town hall*
la pila	*battery*
la rapidez	*quickness, swiftness*
el rascacielos	*skyscraper*
el recipiente	*container*
la recogida	*pickup*
el refugio	*shelter, refuge*
el/la reportero/a	*newspaper reporter*
la reserva	*reserve*
el residuo	*garbage, waste*
el resto	*leftover*
el retroceso	*receding, backward motion*
la superficie	*suface*
la tela	*cloth*
la torre	*tower*
el vidrio	*glass*

Verbos

alcanzar	*to attain, reach*	**lograr**	*to succeed in, manage*
alquilar	*to rent*	**malgastar**	*to waste*
apoyar	*to support, back*	**obtener**	*to get, obtain*
calentar	*to get hot, to heat*	**prometer**	*to promise*
comprometerse	*to commit*	**proteger**	*to protect*
conseguir	*to get, obtain*	**reaprovechar**	*to reuse*
contaminar	*to pollute*	**rechazar**	*to reject*
crear	*to create*	**reciclar**	*to recycle*
cubrir	*to cover*	**reducir (zc)**	*to reduce*
desarrollar	*to develop*	**reemplazar**	*to replace*
destruir	*to destroy*	**reutilizar**	*to reuse*
duplicar	*to duplicate*	**salvar**	*to save*
generar	*to generate*	**sembrar (ie)**	*to sow*
guardar	*to keep, save*	**talar**	*to cut down trees*
limpiar	*to clean*	**tirar**	*to throw away*

Adjetivos

ambiental	*environmental*	**limpio/a**	*clean*
andino/a	*Andean*	**protegido/a**	*protected*
contaminado/a	*contaminated, polluted*	**reemplazado**	*replaced*
controlado/a	*controlled*	**renovable**	*renewable*
cuidadoso/a	*careful, watchful*	**reutilizable**	*reusable*
desarrollado/a	*developed*	**sobresaliente**	*outstanding*
desempleado/a	*unemployed*	**terrestre**	*terrestrial*
innovador/a	*innovative*		

Expresiones idiomáticas

a causa de	*because of*	**de hecho**	*in fact, indeed, actually*
correr el riesgo de	*to run the risk*	**por eso**	*for that reason*
de esta manera	*in this way*		

6 Hablemos de los derechos humanos

"Todo individuo tiene derecho a la vida, a la libertad y a la seguridad de su persona."

—Artículo 3 del Preámbulo de la Declaración Universal de los Derechos Humanos

Panel de la Dinastía Tolteca de un mural del pintor mexicano Diego Rivera (1886–1957).

Tema cultural

Los derechos humanos

Las culturas indígenas de América Latina

Objetivos comunicativos

Expresar opinión

Expresar obligación y necesidad

Expresar deseos y esperanzas

Expresar incertidumbre y juicios de valor

Expresar dudas y negaciones

Sugerir y dar consejos

Película recomendada para este capítulo: *Hombres armados,* John Sayles, US, 1998

Canción recomendada para este capítulo: *Cinco siglos igual,* M. Sosa, L. Gieco, L. Gurevich

En marcha con las palabras

En contexto: La importancia de la tierra

Más de cinco **siglos** después de la **conquista** de América, las comunidades **indígenas** —hasta ahora **oprimidas** y **desheredadas** de su patrimonio ancestral— están en busca de un futuro propio. Los **pueblos** indígenas luchan por salvar su identidad contra el **poder** de la uniformidad y la globalización. Para ellos la tierra es un elemento esencial. "Sin la tierra no somos nada", se oye, de un extremo al otro del continente.

Los campesinos dependen de la tierra para vivir.

La tierra es, **sobre todo**, una **fuente** de alimentos y, **a su vez**, la **generadora** de la identidad cultural de todos los pueblos indígenas. El culto y la veneración a la madre tierra, la "Pachamama", es una característica común de diversas comunidades indígenas.

Rigoberta Menchú, una indígena quiché y Premio Nobel de la **Paz**, dice, "Nosotros los indígenas tenemos más contacto con la naturaleza… porque es nuestra cultura y nuestra **costumbre**… La tierra es la madre del hombre porque es la que le da de comer al hombre… por eso le pedimos a la tierra una buena cosecha. Y de hecho, nuestros padres nos enseñan a respetar esa tierra".

Desgraciadamente, la tierra es también la causa de mucho dolor para estos pueblos. Los **conquistadores** de ayer y de hoy fueron y son el origen de innumerables conflictos. Grupos de poder, tales como las **fuerzas armadas** o las multinacionales, **atacan** con **armas desiguales** a toda comunidad indígena o **campesina** que **intente impedir** su avance. En el pasado, los conquistadores españoles y portugueses destruyeron civilizaciones **enteras apresando**, **esclavizando** y **matando**, desde **caciques**, **guerreros** y **sacerdotes** hasta niños, mujeres y **ancianos**, con el fin de dominar la tierra. En el presente, en Centroamérica, los **ejércitos** con frecuencia **violan los derechos humanos** más fundamentales y los grandes capitalistas **explotan** y **oprimen** al campesino. **Poco a poco,** las comunidades nativas perdieron y siguen perdiendo sus tierras y **a la larga** puede ser que pierdan también sus costumbres.

Un **jefe** del pueblo mapuche, del sur de Chile y Argentina, dice: "Para nosotros la tierra nunca puede ser algo que se compra y se vende. Es nuestra **fuente** de **vida** y nuestra **razón de ser**; la cultivamos y la respetamos".

Los pueblos indígenas veneran y respetan la tierra.

PALABRAS CONOCIDAS

El mundo precolombino

Estas palabras deben ser parte de tu vocabulario.

La conquista

construir	*to build*
la creencia popular	*popular belief*
el oro	*gold*
la plata	silver
indígena	*indigenous*
maíz	*corn*
riqueza	*riches*

Cognados

el abuso	el desastre	respetar
atacar	explorar	las ruinas
capturar	invadir	el templo
colaborar	la miseria	el territorio
colonizar	la opresión	la tortura
conquistar	pacífico/a	la violencia
cooperar	precolombino/a	

EXPRESIONES ÚTILES

a la larga	*in the long run*	**desgraciadamente**	*unfortunately*	**sobre todo**	*above all*
a su vez	*in turn*	**poco a poco**	*little by little*		

A la larga los indígenas pueden perder sus costumbres.	*In the long run, the indigenous people may lose their customs.*
La tierra es, **sobre todo,** una fuente de alimentos y, **a su vez**, les da su identidad.	*The land is, above all, a source of food and, in turn, it gives them their identity.*
Desgraciadamente, la lucha por la tierra es también causa de mucho dolor para estos pueblos.	*Unfortunately, the fight for the land is also the cause of much pain for these peoples.*
Poco a poco perdieron sus tierras.	*Little by little they lost their land.*

2 6-1 **¿La guerra o la paz?** Empareja cada palabra de la columna **A** con su opuesto de la columna **B**. Hazle a tu compañero/a una pregunta con cada palabra.

A

1. ______ igual
2. ______ paz
3. ______ apresar
4. ______ atacar
5. ______ destruir
6. ______ respetar
7. ______ matar

B

a. guerra
b. construir
c. desigual
d. liberar
e. violar
f. dar vida
g. defender

6-2 **Categorías.** Agrupa las palabras de la lista que pertenecen a cada categoría. Explica por qué pertenecen a esa categoría.

paz arma cacique campesino guerrero poder pueblo
sacerdote conquista matar generar fuente de vida esclavizar explotar
oprimir costumbre cultivar anciano apresar

Categoría	Palabras
ejército	
indígena	
tierra	
conquistador	

Ventana al mundo

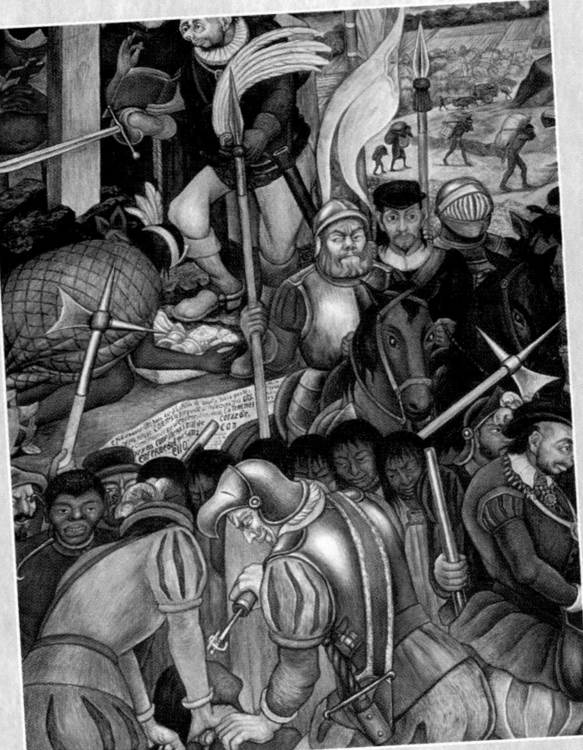

Mural de Diego Rivera sobre la destrucción de México. *Mexico from the Conquest to 1930.* Location: National Palace, Mexico City, Mexico. Photo: Leslye Borden/Photoedit.

La esclavización de los indígenas

Colón fue el primero en usar a los indígenas como esclavos. Al principio, la idea no fue aceptada por la Reina Isabel. Pero sus consejeros le describían a los indígenas como caníbales que no merecían piedad° y pronto, bajo el nombre de *Encomienda*, la esclavización de los indígenas se hizo una práctica común. El sufrimiento de los nativos aparece en este poema del salvadoreño Joaquín Aragón sobre Tecum-Umán, un príncipe del pueblo quiché, de Centroamérica.

pity

La vida indígena. Describan cómo vivían los indígenas antes de la llegada de los españoles y asocien la información con lo que dice el poema.

Tecum-Umán (Fragmento)

Vivíamos tranquilos recogiendo
el fruto de la paz, nuestras esposas
vivían nuestras túnicas tejiendo° — *weaving*
y amamantando° tiernas° y amorosas° — *nursing / tender / loving*
5 a nuestros tiernos hijos, bendiciendo° — *blessing*
a los dioses del cielo y a las diosas;
pero vinisteis vos...
Vos habéis nuestro lecho° profanado — *cama*
robado nuestro pan, habéis vendido
10 como esclavos al niño, al encorvado
anciano, al sacerdote bendecido
y a la doncella°; en fin, habéis quemado — *virgin*
nuestros templos y hogares; y habéis hecho
muchos males, ¿y aún no estáis satisfechos?

Boletín

Grandeza y miseria de los aztecas

Casi todos los meses del año, religiosamente ordenado por el calendario azteca, se realizaban en el México precolombino numerosos sacrificios humanos. En una carta de 1531, fray Juan de Zumárraga, arzobispo de México, dice que los indígenas «tenían por costumbre en esta ciudad de México cada año sacrificarle a sus ídolos más de 20.000 corazones humanos». A lo largo del año se celebraban sacrificios en nombre de una enorme variedad de motivos, dioses y ritos. Los distintos elementos de cada ritual—vestidos, danzas, ceremoniales, modos de matar—estaban precisamente determinados para cada fiesta, así como las deidades que se honraban en cada ocasión.

2 **6-3 Choque de dos culturas.** ¿Les parece que este poema idealiza la vida de los indígenas sin tener en cuenta otros aspectos menos pacíficos, tales como los sacrificios humanos? Lean el **Boletín** de la pág. 181 y den su opinión. Fundamenten su respuesta usando las palabras de **Expresiones útiles** donde sea posible.

G **6-4 Los conquistadores.** Comparen las acciones de los conquistadores en la América hispana y en la América anglosajona.

1. ¿Qué hicieron los conquistadores con los pueblos indígenas de América Central y América del Sur? ¿Conocen algunos hechos concretos? (Refiéranse al poema que aparece en **Ventana al mundo**, pág. 181)
2. ¿Qué hicieron los europeos en los Estados Unidos con los pueblos indígenas? Mencionen algunas acciones concretas.
3. ¿Qué trajeron los europeos a las Américas? ¿Cómo contribuyeron al avance de los nativos?
4. ¿Qué les dieron los pueblos indígenas a los europeos? ¿Cómo contribuyeron al avance de la civilización europea?

G **6-5 Para discutir.** Hagan una lista de los valores de su propia cultura. Luego lean la siguiente lista de los valores de las culturas indígenas. Comparen las dos listas. ¿Qué similitudes y/o diferencias hay? Presenten sus conclusiones a la clase.

A. Éstos son algunos valores de las culturas indígenas. ¿Pueden pensar en otros más?

1. Tienen una relación especial con la tierra donde habitan.
2. Valoran sus tradiciones y costumbres.
3. Tienen una vida comunitaria en la que la familia es muy importante.
4. Valoran su propia lengua.
5. Valoran su patrimonio arqueológico e histórico.
6. Su vestimenta es parte de su identidad como pueblo.
7. Respetan los sitios sagrados donde están enterrados sus antepasados.
8. ¿?

B. ¿Qué conclusiones sacan ustedes al comparar los dos sistemas de valores?

WWW **G** **6-6 Para saber más.** Busquen información en Internet sobre una de las siguientes civilizaciones precolombinas. Averigüen cómo eran en el siglo XVI y cuál es su situación hoy. Después, hagan un breve resumen para presentar en la próxima clase.

- Los incas de Colombia, Perú, Bolivia, Argentina y Chile
- Los chibchas de Colombia
- Los mayas de México
- Los aztecas de México
- Los moches de Perú Centroamérica
- Los guaraníes de Paraguay y Argentina
- Otros

Ventana al mundo

Bartolomé de las Casas (1474–1566)

Fray Bartolomé de las Casas fue el primer defensor de los indígenas. Algunos lo consideran el precursor de los defensores de los derechos humanos. Nació en Sevilla, España, en 1474, se educó en Salamanca y a los 38 años se hizo sacerdote de la orden de los dominicos. Su lugar de acción fue Santo Domingo y luego Chiapas, en México, donde fue nombrado primer obispo° de las Américas. Con sus escritos, defendió a los indígenas frente a la corona española y logró la proclamación de las Leyes Nuevas (1542), que eliminaban la esclavitud de los indígenas. Sus obras más importantes fueron *Historia general de las Indias, Brevísima relación de la destrucción de las Indias* y *Apologética histórica*. Murió en España en 1566.

bishop

Las ideas del fraile. ¿Por qué es importante Fray Bartolomé de las Casas? ¿Sabes qué otros principios defendió? Averigua lo que pensaba de los esclavos africanos. Busca más información y preséntala a la clase.

Boletín

"En todas las naciones del mundo hay hombres y la definición de cada uno de ellos es que son racionales, todos tienen su entendimiento y su voluntad y su libre albedrío° como que son formados a imagen y semejanza de Dios."

Bartolomé de las Casas, 1544

free will

Fray Bartolomé de Las Casas, defensor de los derechos de los indígenas.

Aqui se cõtienẽ vnos auisos y reglas para los confessores q oyeren confessiones delos Españoles que son/o han sido en cargo a los Indios delas Indias del mar Oceano: colegidas por el obispo de Chiapa don fray Bartholome de las casas/o casaus: de la orden de Sancto Domingo.

Primera edición del libro de Las Casas

6-7 Voces en contra de la opresión. Fray Bartolomé de las Casas fue una de las voces a favor de los indígenas. Busca información sobre otras personas de nuestro tiempo que hablen sobre la opresión indígena y tráela a clase para compartirla con tus compañeros/as. ¿Te recuerda Bartolomé de las Casas a alguna otra persona que luche o que haya luchado por los derechos humanos? ¿A quién? ¿Por qué? Compara las circunstancias y la contribución de ambos.

¡Sin duda!

época – hora
rato – ratito – ratico
tiempo – vez

The words **época, hora, rato, tiempo,** and **vez** can be translated as *time* in English in the following contexts.

Palabra	Explicación	Ejemplo
época	*historical time; time in a season*	la **época** de la conquista de América / *the period of America's conquest /* la **época** de las vacaciones *the vacation period*
hora	*time of the day*	¿Qué **hora** es? *What time is it?*
rato **ratito** **ratico**	*a while / little while*	Pasamos **un rato** largo hablando con los delegados indígenas. *We spent a long while talking with the indigenous delegates.* Te veo en un **ratito**. *I'll see you in a little while.*
tiempo	*time in abstract / a period of duration of an action; weather*	El **tiempo** pasa. *Time passes.* Bartolomé de las Casas vivió en América por mucho **tiempo**. *Bartolomé de las Casas lived in America fora long time.* ¿Qué **tiempo** hace hoy? *What's the weather like today?*
una vez (x veces) **a veces / otra vez** **muchas veces / cada vez / primera, segunda ... vez**	*once (x times)* *sometimes / another time* *many times / each time / first, second ... time*	Colón viajó a América **cuatro veces** en su vida. *Colombus traveled to America four times in his life.* Cuando Fray Bartolomé de las Casas vio Chiapas por **primera vez** se quedó muy impresionado. *When Fray Bartolomé de las Casas saw Chiapas for the first time he was impressed.* **A veces** los españoles hablaban la lengua de los indígenas, **otras veces** no. **Muchas veces** necesitaban intérpretes, pero no **cada vez** que se encontraban. *Sometimes the Spaniards spoke the language of the natives; other times they didn't. Many times they needed interpreters, but not every time they met.*

2 6-8 Los viajes de Colón. En parejas, utilicen la cronología de la pág. 185 para hacer un informe de unas cinco oraciones. Usen estas preguntas como guía.

1. ¿En qué época viajó Colón a América?
2. ¿Hizo otros viajes además del de 1492?
3. ¿Cuántas veces estuvo en América antes de 1500?, ¿y antes de morir?
4. ¿Cuánto tiempo pasó entre el segundo y el tercer viaje?
5. ¿Los llamó alguien por teléfono en el rato que estuvieron haciendo los informes?

Colón, Cristóbal, ¿Génova? 1451–Valladolid 1506

Portugal 1476–84
España 1484–1506
Primer viaje 1492–93: Cuba y Haití
Segundo viaje 1493–96: Dominica, Antigua, Guadalupe y Puerto Rico
Tercer viaje 1498–1500: Las islas Trinidad, Tobago, Granada y el continente americano
Cuarto viaje 1502–04: Dominica, Puerto Rico, Honduras y Panamá

2 6-9 **Rigoberta Menchú.** Lean la información sobre Rigoberta Menchú en la **Ventana al mundo** siguiente y contesten estas preguntas.

1. ¿Cuántas veces tuviste que leer la **Ventana al mundo** para entenderla bien?
2. ¿Cuándo fue la primera vez que oíste hablar de Rigoberta Menchú?
3. ¿Cuántas veces piensas que Rigoberta debió reunirse con la antropóloga para contarle su historia?
4. ¿A veces tú dices algo que es sólo parcialmente cierto?
5. ¿Cuándo fue la última vez que una mujer (o alguien de alguna minoría) ganó el premio Nobel? Si no tienes el dato, búscalo en Internet.

Ventana al mundo

Rigoberta Menchú: Polémica

1959—Rigoberta Menchú nace en Chimel, Guatemala. Es maya y pertenece al pueblo quiché.

1983—Se publica el libro que la hace famosa, *Me llamo Rigoberta Menchú y así me nació la conciencia*. El libro es una autobiografía basada en una serie de entrevistas con la antropóloga venezolana, Elizabeth Burgos. En él da su visión de la historia del pueblo quiché, llena de violencia, miseria y explotación.

Rigoberta Menchú, ganadora del Premio Nobel de la Paz en 1992.

1992—Menchú recibe el Premio Nobel de la Paz (exactamente cinco siglos después de la llegada de los europeos a América).

1998—David Stoll, antropólogo estadounidense, publica el libro *Rigoberta Menchú y la historia de todos los pobres guatemaltecos*. Stoll llega a la conclusión de que episodios claves de la autobiografía de Menchú son ambiguos ya que describen "experiencias que ella no vivió".

1999—Menchú reconoce que no todas las experiencias las vivió ella personalmente, pero que igualmente son válidas.

"No puede decirse que Rigoberta miente. Es una persona que pertenece a otra tradición cultural, a una tradición preliteraria, de oralidad, en la que la historia tiene un carácter colectivo, los hechos se almacenan° en esa memoria común y pertenecen a la comunidad. Todo ha sucedido aunque no le haya pasado necesariamente a ella... El libro ha servido para que la gente sepa lo que sucedía en Guatemala."
—Elizabeth Burgos

° *store*

¿Y ustedes qué opinan? ¿Se trata de otro concepto de la historia, como sugiere Burgos? ¿A alguno de ustedes le ha llegado alguna vez algo por tradición oral—una anécdota, un poema, una canción, una adivinanza? ¿Han leído alguna autobiografía en inglés o en alguna otra lengua, alguna vez? ¿Les parece que el autor o autora estuvo físicamente presente en todos los hechos históricos que narra? ¿Les parece significativa la fecha en que Menchú recibe el Premio Nobel? ¿Por qué?

Así se dice

Cómo expresar obligación y necesidad

Es necesario + inf....	*It is necessary to ...*
Tener que + inf....	*To have to ...*
Hay que + inf....	*To have to ...*
Deber + inf....	*Ought to / Should ...*

Boletín

Pueblos precolombinos

- Los incas tenían conocimientos avanzados de medicina. Podían hacer operaciones de cráneo. Además eran muy buenos arquitectos, como es evidente en Macchu Pichu.
- Los mayas tenían una forma avanzada de escritura.
- Los aztecas construyeron grandes ciudades. Una de ellas es Tenochtitlán, donde ahora está la Ciudad de México.
- Los chibchas de Colombia usaban el oro para hacer objetos de uso personal y práctico como, entre otras cosas, aretes, collares, anillos para la nariz, agujas y vasijas.
- Los aymara de Bolivia y parte de Perú, en la zona del Lago Titicaca, componían una música hermosa, a partir de una escala de cinco tonos.

2 6-10 **Hay que actuar.** ¿Qué se puede hacer en las situaciones en las que no se respetan los derechos humanos? Hagan una lluvia de ideas y propongan posibles soluciones a estos problemas. Usen las expresiones de **Así se dice** para expresar obligación y necesidad.

MODELO: *¿Qué se puede hacer…*

…cuando el gobierno central de un país o los intereses multinacionales no respeta(n) la tierra de los pueblos indígenas?

Hay que enseñarles a los todos a respetar la tierra.

Es necesario que exista un diálogo entre las comunidades indígenas y los organismos gubernamentales de cada país.

¿Qué se puede hacer…

1. …cuando no entendemos las ideas de otros pueblos?
2. …por las personas oprimidas por la pobreza, cerca y/o lejos de nosotros?
3. …cuando no conocemos los problemas de nuestra comunidad?
4. …para que los programas de estudio integren conocimientos básicos sobre un mayor número de culturas?
5. …por los niños que sufren hambre en tu área o comunidad?

2 6-11 **La dignidad de los pueblos.** ¿Qué necesitan los indígenas para vivir con dignidad? Aquí hay algunas ideas. Con un/a compañero/a agrega otras. Usa las expresiones de necesidad.

MODELO: *Tienen que poder cultivar la tierra libremente para poder comer.*

1. vivir en paz sin miedo de las fuerzas armadas
2. tener agua limpia para beber
3. hablar su lengua
4. practicar sus costumbres libremente
5. practicar sus ritos
6. ¿?

Ventana al mundo

El pueblo quiché

Mujer guatemalteca con traje tradicional.

Boletín

Las lenguas indígenas

Cuando los españoles llegaron a México en el siglo XVI, allí se hablaban 150 lenguas diferentes; actualmente sólo sobreviven 50. Una de ellas es el quiché, que se habla en la región de Quiché, en las montañas del oeste de Guatemala. En Sudamérica, el quechua es una lengua indígena que tiene muchos hablantes en el actual territorio de Perú, especialmente al norte y al oeste de la ciudad de Cuzco.

Los quichés son el grupo más importante de los mayas contemporáneos. Hay alrededor de un millón de quichés que viven en las montañas del oeste de Guatemala, entre Quezaltenango y Chichicastenango. Es el grupo de indígenas guatemalteco más grande. Su modo de vida refleja una combinación de la cultura occidental con las costumbres mayas tradicionales. Entre 1970 y 1989 el gobierno guatemalteco persiguió a las poblaciones indígenas destruyendo aldeas enteras y quemando sus cosechas. Muchos de ellos se vieron obligados a dejar Guatemala para refugiarse en México y los Estados Unidos. Otros se refugiaron en lugares remotos en las montañas, donde el ejército no tenía acceso, y formaron las Comunidades de Población en Resistencia (CPR).

En 1990, las CPR empezaron a demandar públicamente ser reconocidas como población civil. Con la ayuda de la comunidad internacional, obligaron al gobierno a terminar el acoso°. Los desplazados° empezaron a construir casas más estables y a integrarse a la vida económica de la región.

agresión / displaced

Investigar. Busca información sobre el pueblo quiché. Trae los datos para informar a la clase.

Sigamos con las estructuras

Repasemos

Please refer to the selftest on our Website. If you get less than 85%, you need to review this grammar point in the **Cabos sueltos** section, p. 460. If you get above 85%, you can continue with the following activities.

Referencia gramatical 1

Expressing hope and desire: Present subjunctive of regular verbs

Los indígenas **quieren que** el gobierno **respete** sus derechos.

2 6-12 **¿Qué desean los pueblos indígenas?** Para mejorar la situación actual de los indígenas, la Comisión Inter-Americana de Derechos Humanos redactó una declaración sobre los derechos de los pueblos indígenas. Ésta es una lista de sus problemas. Piensen qué es lo que los indígenas pueden querer, esperar o desear que ocurra a partir de las ideas presentadas en este documento.

MODELO: Problemas:

Sus lenguas están desapareciendo porque tienen que hablar la lengua oficial del país.

Pienso que:

Los indígenas quieren que los gobiernos respeten sus lenguas.

Los indígenas desean que se trasmitan programas radiales en su lengua.

Los indígenas esperan que se trabaje en un proyecto de educación bilingüe.

Problemas:

1. En muchas regiones de las Américas, las poblaciones indígenas son muy pobres.
2. Sufren discriminación racial.
3. En algunas zonas, el ejército ocupa parte de su territorio y oprime a las comunidades indígenas.
4. No se respeta su historia, la cual es anterior a la conquista y colonización europea.
5. No se considera su derecho a gobernarse según sus costumbres y tradiciones.
6. Se los fuerza a integrarse en la cultura dominante, lo cual destruye su propia cultura.
7. No tienen la posibilidad de educar a sus hijos en su propia lengua y de acuerdo a sus creencias, tradiciones y cultura.
8. Se los intenta convertir a otras religiones sin respetar su libertad de expresión espiritual.

G 6-13 La radio. Todos formamos parte de un grupo y a veces somos parte de una minoría (hispanos, indígenas, estudiantes, estudiantes de español, mujeres, hombres, hijos, afroamericanos, religiosos, rubios, chicanos, homosexuales, solteros, casados, etc.). La radio de la universidad les ha dado unos minutos para presentar a su grupo minoritario y hablar de sus deseos.

A. Escojan el grupo que van a representar. Descríbanlo brevemente.
B. Expliquen qué es lo que el grupo desea de la comunidad estudiantil.
C. Preparen el informe y preséntenlo a la clase.

MODELO: *Nosotros somos parte de un grupo de estudiantes mayores de 25 años en esta universidad y queremos que nos escuchen. Deseamos que la universidad nos dé un lugar para reunirnos, queremos que los estudiantes más jóvenes vengan a nuestras reuniones sociales, esperamos que los profesores comprendan que..., etc.*

Ventana al mundo

Declaración Universal de Derechos Humanos

El 10 de diciembre de 1948, la Asamblea General de las Naciones Unidas aprobó y proclamó la Declaración Universal de Derechos Humanos. Ésta es una selección de algunos de los artículos.

Artículo 2 Toda persona tiene todos los derechos y libertades proclamados en esta Declaración, sin distinción alguna de raza, color, sexo, idioma, religión, opinión política o de cualquier otra índole, origen nacional o social, posición económica, nacimiento o cualquier otra condición.

Artículo 3 Todo individuo tiene derecho a la vida, a la libertad y a la seguridad de su persona.

Artículo 13 1. Toda persona tiene derecho a circular libremente y a elegir su residencia en el territorio de un estado. 2. Toda persona tiene derecho a salir de cualquier país, incluso del propio, y a regresar a su país.

Artículo 16 Los hombres y las mujeres, a partir de la edad núbil, tienen derecho, sin restricción alguna por motivos de raza, nacionalidad o religión, a casarse y fundar una familia. Sólo mediante libre y pleno consentimiento de los futuros esposos podrá contraerse el matrimonio.

Artículo 18 Toda persona tiene derecho a la libertad de pensamiento, de conciencia y de religión.

Artículo 19 Todo individuo tiene derecho a la libertad de opinión y de expresión.

Artículo 23 Toda persona tiene derecho al trabajo, a la libre elección de su trabajo, a condiciones equitativas y satisfactorias de trabajo y a la protección contra el desempleo. Toda persona tiene derecho, sin discriminación alguna, a igual salario por trabajo igual.

Artículo 24 Toda persona tiene derecho al descanso, al disfrute del tiempo libre, a una limitación razonable de la duración del trabajo y a vacaciones periódicas pagadas.

Artículo 25 Toda persona tiene derecho a un nivel de vida adecuado que le asegure a sí mismo y a su familia, la salud y el bienestar, y en especial la alimentación, el vestido, la vivienda, la asistencia médica y los servicios sociales necesarios; tiene asimismo derecho a los seguros en caso de desempleo, enfermedad, invalidez, viudez, vejez u otros casos de pérdida de sus medios de subsistencia por circunstancias independientes de su voluntad.

Artículo 26 Toda persona tiene derecho a la educación. La educación debe ser gratuita, al menos en lo concerniente a la instrucción elemental y fundamental. La instrucción elemental será obligatoria. La instrucción técnica y profesional habrá de ser generalizada; el acceso a los estudios superiores será igual para todos, en función de los méritos respectivos.

Selección. ¿Cuál de estos artículos te interesa más? ¿Por qué? Explícaselo a tu compañero/a.

Please refer to the selftest on our Website. If you get less than 85%, you need to review this grammar point in the **Cabos sueltos** section, p. 462. If you get above 85%, you can continue with the following activities.

Referencia gramatical 2

Expressing hope and desire: Present subjunctive of irregular verbs

Las mujeres **esperan** que **haya** más trabajo.

G 6-14 **Declaración Universal de los Derechos Humanos.** Lean otra vez los artículos de la declaración y seleccionen cuatro. Busquen ejemplos concretos que demuestren que esos derechos no se cumplen. Luego, expresen sus deseos y esperanzas de que los derechos se cumplan.

MODELO: Artículo 23: *Toda persona tiene derecho, sin discriminación alguna, a igual salario por trabajo igual.*

Ejemplo: *Una mujer gana menos que un hombre por el mismo trabajo.*

Expresión de deseo: *Nosotros esperamos que las mujeres no sean discriminadas y tengan el mismo salario que los hombres.*

2 6-15 **Ojalá.** Piensa en diez cosas que te gustaría cambiar en tu familia, comunidad o país, y escribe una lista de deseos utilizando la expresión **ojalá**. Compártela con tu compañero/a.

MODELO: *Ojalá que todos los niños de mi comunidad tengan acceso a estudios universitarios.*

Please refer to the selftest on our Website. If you get less than 85%, you need to review this grammar point in the **Cabos sueltos** section, p. 464. If you get above 85%, you can continue with the following activities.

Referencia gramatical 3

Expressing opinion, judgment and feelings: Impersonal expressions with the subjunctive

Es necesario que en esta universidad **ofrezcan** más clases sobre estudios latinos.

6-16 **Esto podría ser mejor.** Completa las frases comentando algún aspecto de la vida estudiantil que piensas que podría mejorarse.

MODELO: *Es una lástima que no haya más clases de noche para los estudiantes que trabajan.*

1. Es horrible que…
2. Es terrible que…
3. Es malo que…
4. Es una lástima que…
5. Es ridículo que…

2 6-17 **Problemas y soluciones.** Piensen en algunos de los derechos que mencionaron en la actividad **6-14** o en algunos otros derechos universales que en la práctica no se cumplen. Busquen maneras de solucionar estos problemas. Utilicen las siguientes expresiones en sus soluciones. Presenten las soluciones a la clase.

TEMAS POSIBLES: derecho a la salud, a la educación gratuita, a trabajo y vestimenta, a descanso y vacaciones pagas, a tratamiento igualitario, etc.

es aconsejable, es urgente, es importante, es útil, es necesario, es posible, etc.

2 6-18 **¿Y ustedes qué opinan?** Cada uno de los siguientes grupos todavía está luchando por conseguir algunos derechos. Siguiendo el modelo, conversen sobre lo que quiere lograr cada una de estas minorías.

MODELO: Las mujeres
Es sorprendente que todavía las mujeres tengan que luchar por conseguir puestos directivos.

las mujeres	las personas mayores
las minorías étnicas	los niños
los extranjeros residentes en cualquier país	las personas con discapacidades físicas

Diario

¿Recuerdas alguna vez que te hayas sentido discriminado/a o marginado/a? ¿Dónde fue? ¿Cuándo? ¿Cómo reaccionaste entonces? ¿Qué piensas ahora de esa experiencia? Escribe en tu diario un párrafo sobre el tema.

Aprendamos 1

Giving advice, suggesting, and requesting: Noun clauses

Noun clauses are dependent clauses that can be replaced by the word *this*. To find the noun clause, ask the question *What + the verb of the main clause.*

Nosotros preferimos que Ustedes vengan temprano.
¿Qué preferimos nosotros? → que Ustedes vengan temprano → Noun clause

A. Remember that the subjunctive is used to express subjectivity. In situations when you want to give advice or suggestions, there is a strong element of subjectivity. They are not factual statements. Therefore, use the subjunctive.

Verbs used to give advice or suggest: **aconsejar, proponer, recomendar, sugerir**

Te aconsejo que **leas** la Declaración de los Derechos Humanos.	*I advise you to read the Declaration of Human Rights.*

B. The subjunctive is also used when you want to get someone to do something. You may request or command that something be done.

Verbs used to request: **decir, insistir en, preferir, pedir, rogar**

Verbs used to command: **exigir, mandar, ordenar, permitir, prohibir**

Exigimos que **se respeten** sus derechos. *We demand that their rights be respected.*

Note: The verb **decir** requires the subjunctive when it is used in giving a suggestion or command; however, when reporting what someone said, it is followed by the indicative.

El jefe **les dice** a los artesanos que **vendan** sus artesanías por un precio justo.	(Suggestion) *The chief tells the artisans to sell their wares for a fair price.*
Rigoberta Menchú **dijo** que el gobierno violaba los derechos humanos de los indígenas.	(Reporting) *Rigoberta Menchú said that the government violated the human rights of the indigenous population.*

6-19 **Un mundo ideal.** Según la Declaración de los Derechos Humanos todos los seres humanos deben tener los siguientes derechos. Modifica las frases según el modelo.

MODELO: respetar la igualdad (pedir)
La declaración pide que todos nosotros respetemos la igualdad.

1. poder estudiar de forma gratuita (insistir en que)
2. tener vacaciones pagas (aconsejar)
3. recibir un mismo salario por el mismo trabajo (mandar)
4. tener acceso a una vivienda digna (ordenar)
5. decidir libremente con quién queremos casarnos (exigir)
6. expresar nuestras ideas con libertad (pedir)

G 6-20 **¿Qué me aconsejas?** Escribe en un papel un problema que te preocupe o te inquiete. Entrégale el papel al/a la profesor/a. El/la profesor/a va a repartir las hojas entre los miembros de la clase. En grupos de tres, lean los problemas presentados por otros/as estudiantes y den por lo menos tres consejos para cada uno, explicando por qué recomiendan eso.

MODELO: Mensaje: Quiero hacer algo para ayudar a los presos políticos.
E1: *A esa persona yo le aconsejo que llame a Amnistía Internacional. Ellos trabajan en eso.*
E2: *Yo le sugiero que tome una clase de sociología política para saber cuáles son los países donde hay represión política hoy en día.*

2 6-21 **En la comunidad universitaria.** Tu compañero/a y tú son parte de un comité para mejorar las relaciones entre los diferentes grupos universitarios. Juntos/as, hagan una lista de las cosas que el comité les exige, pide, prohíbe, ordena, manda, etc. a los diferentes grupos de estudiantes o a la administración de la universidad. Preparen un informe para toda la clase y tomen notas de los informes de las otras parejas.

MODELO: *Nosotros pedimos que se ofrezca un seguro de salud a bajo precio para todos los estudiantes.*

2 **6-22 ¿Cómo mejorar las relaciones?** En tu comunidad hubo varios enfrentamientos entre dos grupos de adolescentes. Lean las situaciones problemáticas y preparen cinco sugerencias para evitar las peleas. Usen algunos de estos verbos.

aconsejar proponer recomendar sugerir decir insistir en preferir

MODELO: *Les recomendamos que organicen charlas sobre el respeto a la diversidad.*

Situaciones problemáticas:

1. Escribieron grafitis racistas en contra de un grupo en el baño de la escuela.
2. Usaron lenguaje ofensivo en la cafetería en contra de un miembro de otro grupo.
3. Atacaron a un miembro del grupo durante un partido de fútbol.
4. Pintaron con aerosol las ventanas del coche de un miembro del grupo.
5. Hubo una pelea de los dos grupos en el parque de la ciudad. La policía intervino.

G **6-23 Calle César Chávez.** Lean la información sobre el conflicto que tiene esta comunidad. Infórmense sobre lo que dice la noticia. Tomen una postura a favor o en contra y defiéndanla frente a los otros grupos.

La noticia dice que…

■ AUSTIN, Tejas, 31 de agosto 1999

Líderes políticos y sindicales reavivaron hoy el debate sobre una propuesta para rebautizar una calle en Corpus Christi (Tejas) con el nombre del reconocido defensor de los derechos civiles de los hispanos, César Chávez.

El senador estatal Carlos Truan, quien encabeza el movimiento a favor de cambiar la calle Agnes a Chávez, se reunió hoy en el ayuntamiento de Corpus Christi con 217 comerciantes de la zona, de los cuales poco más de 100 se oponen al cambio.

"Nos va a suponer muchos gastos; tendríamos que cambiar la publicidad y la gente se confundiría a la hora de encontrar la calle", dijo el empresario Ted Estrada.

Sin embargo, para el senador demócrata, "Corpus Christi tiene que reconocer la figura de un líder hispano como Chávez". El 60 por ciento de la población de Corpus Christi, en el sureste de Tejas, es de origen mexico-americano.

Truan ya había logrado que en la anterior sesión legislativa de Texas se declarara como festivo el día del nacimiento de César Chávez. Pero su idea de rebautizar la calle se enfrenta a la oposición de la mayoría de los miembros del ayuntamiento, quienes sostienen que el nombramiento de la calle le costaría a la ciudad alrededor de 191.000 dólares.

"Dicen que ya no existe una historia de racismo en el sur de Tejas, pero cada vez que se plantea esta cuestión surge la polémica", opinó el senador Truan.

En otras ciudades de Tejas, como San Antonio y McAllen, se produjo una controversia similar para cambiar el nombre de una calle al de César Chávez.

César Chávez, defensor de los derechos civiles de los hispanos

G 6-24 **¿Cómo conseguir el dinero?** La propuesta para nombrar la calle César Chávez ha sido aprobada y ustedes tienen que encontrar la manera de obtener los 191.000 dólares para cubrir los gastos. Formen oraciones para expresar sus deseos. Pueden usar algunos de estos verbos.

aconsejar proponer recomendar sugerir exigir mandar ordenar permitir prohibir decir

MODELO: *Nosotros exigimos que el ayuntamiento contribuya con 30.000 dólares.*
Nosotros sugerimos que se vendan cupones entre los ciudadanos.

Aprendamos 2

Expressing doubt, denial, and uncertainty: Subjunctive in noun clauses

A. The subjunctive is used when there is doubt, uncertainty, or denial in the mind of the speaker. Study these verbs and expressions:

Verbs of doubt and denial: **dudar, negar, no creer, no pensar, ¿creer?, ¿pensar?**

Expressions of uncertainty: **acaso, quizás, tal vez**

Dudo que ustedes **conozcan** la leyenda maya de la creación del mundo. — *I doubt that you know the Mayan legend of the creation of the world.*

No creo que ellos **sepan** cuántos habitantes había en Mesoamérica en el siglo XV. — *I don't think that they know how many inhabitants there were in Mesoamerica in the fifteenth century.*

Note: Use the indicative if there is no doubt in your mind.

No hay duda de que la civilización azteca **construyó** grandes ciudades. — *There is no doubt that the Aztec civilization built great cities.*

When **pensar** and **creer** appear in a question, they can also be followed by the indicative if there is no doubt in the mind of the speaker. They are used in rhetorical questions.

¿**Piensas** que esto **está** bien? — *Do you think this is right?*

¿**Crees** que **hay** tiempo para hacer todo? — *Do you think there is time to do everything?*

B. The subjunctive is used when the expressions of uncertainty —**tal vez, quizá**, and **acaso** meaning *maybe* or *perhaps*— express doubt. But if there is certainty, the indicative is used.

Quizás venga, pero no sé. (doubt) — *Perhaps he'll come, but I don't know.*

Tal vez viene porque me dijo que quería verte. (certainty) — *Maybe he's coming because he told me he wanted to see you. (You can see the person walking toward you.)*

The same is true for **probablemente** and **posiblemente**. They may be used with the indicative or the subjunctive according to the degree of certainty or uncertainty that there is in the mind of the speaker.

Probablemente venga porque dijo que quería verte. *(Doubt: He may or may not come)*

Probablemente viene porque me dijo que quiere verte. (colloquial) *(Certainty: The speaker can see him coming to the door.)*

Teogonía: explicación del origen de los dioses.
Cosmogonía: ciencia o sistema de la formación del universo.

Ventana al mundo

Mesoamérica: un espacio y una cultura común

Mesoamérica era un área geográfico-cultural muy específica en el momento de la conquista española. Estaba formada por América Central, las Antillas y México. En Mesoamérica se desarrollaron importantes culturas, como las de los olmecas, toltecas, aztecas y mayas. Estos pueblos tenían elementos culturales comunes. Los principales eran: las pirámides, el calendario, el quetzal, la teogonía, la cosmogonía, los sacrificios humanos y el uso del cacao como moneda. Había también similitudes en la comida, la escritura, las formas de cultivo y la formación política y militar.

El quetzal es un símbolo de la cultura de Mesoamérica.

6-25 Mesoamérica. ¿Puedes encontrar en un mapa la región correspondiente a Mesoamérica? Luego indica si estas oraciones son ciertas (**C**) o falsas (**F**). Corrige las falsas.

1. Los incas vivían en Mesoamérica.
2. Los pueblos de Mesoamérica tenían un solo calendario.
3. Estos pueblos construyeron Machu Picchu.
4. No tenían un sistema monetario común.
5. Cada pueblo tenía un sistema político y militar diferente.
6. Tenían una misma creencia sobre el origen del universo y de sus dioses.

Las plumas del quetzal eran un tributo muy preciado por los jefes mayas y aztecas. Las usaban para adornarse la cabeza, como símbolo de riqueza, clase social y abundancia agrícola.

2 6-26 **¿Qué pasa ahora en Mesoamérica?** ¿Lo crees o no? Expresen si creen o dudan las siguientes afirmaciones sobre la vida actual en Mesoamérica. Formen nuevas oraciones con las expresiones de duda o de certeza.

MODELO: La Iglesia defiende a las minorías indígenas de esta región.
E1: *Es cierto que la Iglesia defiende a las minorías indígenas. ¿Tú qué crees?*
E2: *No creo que la Iglesia haga bastante por las minorías indígenas.*

1. El índice de analfabetismo de Mesoamérica no es muy alto.
2. Las Comunidades de Población en Resistencia cultivan la tierra.
3. Los mestizos tienen los mismos derechos que los blancos.
4. Rigoberta Menchú defiende los intereses de esta región.
5. No hay muchas ruinas mayas y aztecas en esta región.
6. Todavía hoy se ofrecen sacrificios a los dioses, pero no se les ofrecen vidas humanas.

2 6-27 **Los reporteros.** Ustedes son reporteros y están haciendo una lluvia de ideas para escribir un artículo sobre las minorías de su región. Formen frases con los elementos de las tres columnas y agreguen sus propias ideas. Luego compártanlas con los otros grupos. Escojan el subjuntivo o el indicativo, según el grado de certidumbre que tengan.

MODELO: *Quizás las minorías de la región viven con sus propias tradiciones porque vivimos en una región multicultural.*

acaso	(no) hablar sus lenguas	los padres (no) querer…
posiblemente	(no) haber diferentes grupos	el gobierno (no) apoyar…
probablemente	(no) tener diferentes religiones	la población (no) interesarse…
quizás	(no) haber programas educativos bilingües	la comunidad (no) desear…
tal vez	(no) vivir con sus propias tradiciones	los ciudadanos (no) respetar…

G 6-28 **¿Ustedes qué creen?** Con otros/as dos compañeros/as conversen hasta llegar a un acuerdo sobre las siguientes afirmaciones. Pueden usar algunos de estos verbos. Tomen nota de la conversación para poder informar al resto de la clase.

(no) dudar   negar   (no) creer   pensar   saber   ser cierto

MODELO: *Los indígenas de hoy en día no trabajan la tierra. Trabajan en las maquiladoras.*

E1: *Dudo que todos trabajen en las maquiladoras. Creo que algunos trabajan la tierra.*

E2: *No creo que muchos trabajen la tierra porque no tienen muchas tierras para trabajar.*

E3: *Pienso que las maquiladoras no son buenas para los indígenas.*

1. Los indígenas ganan mucho dinero con la venta de sus productos.
2. La tierra tiene un valor muy importante para los pueblos indígenas.
3. En México se hablan más de 150 lenguas indígenas.
4. En nuestro país no existen minorías indígenas.
5. En nuestro país respetamos a todos los grupos minoritarios.
6. ¿?

6-29 **¿Qué pasa en esta región?** Ahora ustedes tienen que hacer una investigación para saber qué es lo que realmente pasa en su región. Preparen un informe para la clase que diga si en su comunidad existen estos grupos.

MODELO: Grupos que hablan otras lenguas.

No es cierto que en nuestra región haya grupos que hablen otras lenguas.

1. Grupos que hacen sacrificios religiosos.
2. Grupos que tienen diferentes religiones.
3. Grupos que participan en programas educativos bilingües.
4. Grupos que viven con sus propias tradiciones.
5. ¿?

G 6-30 **Yo creo que esto puede mejorar.** En grupos, piensen en los diez problemas más urgentes de la humanidad en relación a los derechos humanos. Luego expliquen cuáles de ellos es probable que mejoren, cuáles no tienen duda de que van a mejorar, cuáles creen que no van a solucionarse a corto o mediano plazo. En todos los casos, expliquen el por qué de sus afirmaciones.

Conversemos sobre la lectura

Antes de leer

Estrategia de lectura: *Main idea and supporting elements*

When you read it is important to be able to differentiate the main idea from the details that support or develop the topic further. Generally you can find the main idea stated at the beginning of the paragraph. It is stated in the topic sentence. The sentences that follow it expand or develop the topic sentence.

2 6-31 **La formación de la tierra.** Lean este fragmento del Popol Vuh. En parejas, escojan la idea principal en cada uno de los dos párrafos. ¿Cuáles son los detalles que apoyan la idea principal en cada caso?

Boletín

El Popol Vuh es el libro sagrado de los maya-quiché, que describe la creación del mundo y de los seres que habitan la tierra según la mitología maya.

El Popol Vuh : La formación de la tierra

Primero se formaron la tierra, las montañas y los valles; se dividieron las corrientes de agua, los arroyos se fueron corriendo libremente entre los cerros y las aguas quedaron separadas cuando aparecieron las altas montañas.

Así la creación de la tierra fue formada por el Corazón del Cielo, el Corazón de la Tierra, que así son llamados los que primero la fecundaron, cuando el cielo estaba en suspenso y la tierra se hallaba sumergida dentro del agua.

El párrafo uno presenta:

a. La creación de los animales
b. La formación de la tierra
c. La división del agua

El párrafo dos presenta:

a. Quiénes crearon la tierra
b. Los nombres de los dioses más importantes
c. La creación del hombre y la mujer

6-32 **La creación.** ¿Qué otras historias de la creación de la Tierra conoces? Descríbelas con todos los detalles que puedas.

Vocabulario de las lecturas

Estudia estas palabras para comprender mejor los textos.

Vocabulario		Palabra en uso
aislado/a	*isolated*	Me siento **aislado** cuando no hablo con nadie.
bajar	*to lower, go down*	El indígena **bajó** la cabeza cuando se le acercó el cacique.
la bandera	*flag*	El soldado saludaba la **bandera**.
confiar en	*to trust*	Mis hermanos **confiaban en** mí cuando era pequeña.
el conocimiento	*knowledge*	Los mayas tenían un gran **conocimiento** de la astronomía.
el consejo	*council*	El **consejo** administrativo toma decisiones importantes.
demorar	*to delay*	No **demoremos** en declarar la paz.
engañar	*to deceive*	Dijo una mentira para **engañar** a los indígenas.

el/la mestizo/a	*half Spanish, half Native American*	La mayor parte del pueblo mexicano es **mestizo.**
oscurecer	*to get dark*	El cielo se **oscureció** durante el eclipse solar.
la piedra	*stone*	Los sacrificios se hacen sobre **piedras** sagradas.
rodeado/a	*surrounded*	Se encontró **rodeado** de indígenas sin saber qué decirles.
el rostro	*face*	Ella tiene un **rostro** angosto y ojos expresivos.
el temor	*fear*	Nunca tiene miedo, para ella no existe el **temor.**
la vena	*vein*	Corre sangre indígena por mis **venas.**

6-33 **Los sacrificios.** Completa el párrafo con la forma correcta de las palabras del vocabulario.

Ofrecer sacrificios humanos a los dioses era una costumbre practicada por muchas religiones. Los mayas, en general, sacrificaban a sus prisioneros de guerra. Un (1) _________ de sacerdotes se reunía alrededor de una (2) _________ sagrada. Los prisioneros, llenos de (3) _________, intentaban (4) _________ sus vidas y (5) _________ a sus captores para poder escapar. El sacrificio no era una actividad (6) _________; era parte de una ceremonia en la que participaba todo el pueblo. Los indígenas creían que los dioses serían siempre jóvenes si se les ofrecían estos sacrificios.

Boletín

Los sacrificios humanos

Los sacrificios humanos, realizados según un solemne ritual, eran fundamentales para los *mexicas*. Se hacían en la «Piedra de los sacrificios» del templo, donde cuatro sacerdotes sujetaban al prisionero y le extraían el corazón, para después cortarle la cabeza. El corazón se guardaba en un recipiente especial, mientras que el cuerpo era arrojado escaleras abajo. El guerrero que había capturado al prisionero tenía derecho a celebrar un banquete con su cuerpo.

2 6-34 **Explícame.** Usa circunlocuciones para expresar el significado de las palabras. Escoge palabras del vocabulario y explícaselas a tu compañero/a. Él/Ella debe adivinar qué palabra es.

G 6-35 **Mesa redonda.** Hay un problema entre los que piensan que no se debe interferir con la cultura de los otros pueblos aunque tengan ritos que nos resulten inhumanos, y los que piensan que sí se debe interferir (a través de organismos internacionales) porque algunas prácticas violan los derechos humanos, que se espera que sean universales. Den sus opiniones al respecto.

Ventana al mundo

El calendario maya y sus astrónomos

Los pueblos de Mesoamérica se destacaron en la astronomía. Sus astrónomos tenían un calendario más exacto que el que existía en Europa en esos tiempos. Empleaban el calendario de 365 días y el de 260, utilizando, además, la «rueda calendárica» de 52 años. El calendario de 365 días, llamado "Yza", era el calendario solar. El de 260 días, llamado "Piye", era el calendario ritual. Estos dos calendarios coinciden en sus fechas iniciales cada 52 años solares y cada 73 años rituales.

El año solar es de 18 meses de 20 días cada uno, más cinco días adicionales al final del año. La combinación de los 20 signos de los días con 13 números forma el calendario ritual de 260 días.

Los aztecas tenían una concepción cíclica del tiempo, por lo cual consideraban que se podía predecir los eclipses solares y lunares, de ahí la importancia de la observación astronómica y del calendario.

¿Cuál es tu calendario personal? Cada persona tiene un calendario particular que refleja el ritmo de su vida durante un año. Por ejemplo, época de fiestas, tiempo de vacaciones, meses de trabajo intensivo, meses de estudio, meses que hace algo que le encanta, meses que se enferma o tiene más o menos problemas físicos, etc. Descríbele a tu compañero/a tu calendario personal del año.

Figuras del calendario azteca usado por los mayas.

2 6-36 **Opiniones.** El cuento *El eclipse* habla de la sabiduría de los pueblos indígenas. Antes de leerlo, indica qué opinas sobre las siguientes afirmaciones. Escribe si estás de acuerdo o no con ellas y explica por qué. Comparte tus opiniones con otro/a compañero/a.

1. Los españoles sabían más de astronomía que los indígenas de Mesoamérica.
2. Los españoles aprendían las lenguas indígenas rápidamente.
3. Los españoles respetaban las costumbres y tradiciones indígenas.
4. Cuando llegaron los españoles, los indígenas de Mesoamérica sabían mucho de astronomía.
5. Los mayas podían predecir los eclipses solares y lunares.
6. Los mayas tenían grandes conocimientos matemáticos.

Boletín

Mexica (me-shee-Ka)

Es una de las principales tribus aztecas que dominaban el Valle de México cuando llegaron los españoles. Fueron los que construyeron la ciudad de Tenochtitlán, donde está la ciudad de México actual.

Lectura

Augusto Monterroso (1921–2003)

Augusto Monterroso era guatemalteco, pero vivió en México desde 1944 hasta su muerte. Escribió, sobre todo, relatos y microcuentos. "El eclipse" es parte de la colección *Obras completas y otros cuentos,* publicada en 1959. En él, Monterroso narra la historia de un sacerdote español que intenta engañar a los indígenas para escapar de un sacrificio.

Cerámica que representa a Chac, el dios de la lluvia, sosteniendo una copa en la mano.

El eclipse

Cuando fray Bartolomé Arrazola se sintió perdido aceptó que ya nada podría salvarlo. La selva poderosa de Guatemala lo había apresado, implacable y definitiva. Ante su ignorancia topográfica se sentó con tranquilidad a esperar la muerte. Quiso morir allí sin ninguna 5 esperanza, aislado, con el pensamiento fijo° en la España distante, particularmente en el convento de los Abrojos, donde Carlos V condescendiera una vez a bajar de su eminencia para decirle que confiaba en el celo religioso de su labor redentora°.

Al despertar se encontró rodeado por un grupo de indígenas de rostro 10 impasible que se disponía° a sacrificarlo ante un altar, un altar que a Bartolomé le pareció como el lecho° en que descansaría, al fin, de sus temores, de su destino, de sí mismo.

Tres años en el país le habían conferido° un mediano dominio de las lenguas nativas. Intentó algo. Dijo algunas palabras que fueron 15 comprendidas.

Entonces floreció en él° una idea que tuvo por digna de su talento y de su cultura universal y de su arduo° conocimiento de Aristóteles. Recordó que para ese día se esperaba un eclipse total de sol. Y dispuso°, en lo más íntimo, valerse de° aquel conocimiento para engañar a sus 20 opresores y salvar su vida.

—Si me matáis—les dijo—puedo hacer que el sol se oscurezca en su altura.

Los indígenas lo miraron fijamente y Bartolomé sorprendió la incredulidad en sus ojos. Vio que se produjo un pequeño consejo y esperó 25 confiado, no sin cierto desdén.

Dos horas después el corazón de fray Bartolomé Arrazola chorreaba° su sangre vehemente sobre la piedra de los sacrificios (brillante bajo la opaca luz de un sol eclipsado), mientras uno de los indígenas recitaba sin ninguna inflexión de voz, sin prisa, una por una, las infinitas fechas en que 30 se producirían eclipses solares y lunares, que los astrónomos de la comunidad maya habían previsto y anotado en sus códices sin la valiosa ayuda de Aristóteles.

fijo° *fixed*
redentora° *redeeming work*
se disponía° se preparaba
lecho° la cama
conferido° dado
floreció en él° se le ocurrió
arduo° muy difícil
dispuso° decidió
valerse de° *make use of*
chorreaba° *was gushing*

6-37 ¿Quién lo hizo? Explica quién realizó cada una de estas acciones: ¿Los indígenas? ¿Fray Bartolomé?

1. Se sentó a descansar.
2. Estaba perdido en la selva.
3. Descubrieron al sacerdote dormido.
4. Se prepararon para un sacrificio humano.
5. Quiso engañar a los otros.
6. Mataron al fraile.
7. Recitaban las fechas de los eclipses.

2 6-38 Cronología. Algunas acciones aparecen en el cuento y otras no. En parejas, seleccionen las acciones de la lista que corresponden al cuento y ordénenlas según el orden en que suceden. Expliquen en oraciones completas el orden de los sucesos.

despertarse dormirse escapar hablar en otra lengua nadar en un río perder la vida recitar rodear salvar la vida sentarse sentirse perdido traducir

6-39 En resumen. Cada una de las siguientes oraciones resume un párrafo del cuento. Léelas, encuentra el párrafo al cual corresponde cada una. Luego ponlas en el orden correcto.

1. Descripción de la escena posterior al sacrificio del sacerdote y demostración de los conocimientos de astronomía de los indígenas.
2. Descripción del sacerdote español y de su situación en Guatemala.
3. Momento en que el sacerdote tiene la idea de engañar a los indígenas para salvar su vida.
4. El sacerdote se encuentra entre los indígenas que van a sacrificarlo.
5. Los indígenas se reúnen para decidir el destino del sacerdote.
6. Bartolomé habla con los indígenas en su lengua.

G 6-40 ¿Y tú que opinas? En grupos pequeños, comenten una de las siguientes afirmaciones y luego expliquen sus conclusiones a la clase. Fundamenten sus opiniones y traten de encontrar ejemplos en la historia de los pueblos que hayan estudiado.

1. Cuando un pueblo vence a otro es porque tiene mayores conocimientos.
2. Es lógico que los pueblos conquistadores se lleven los tesoros de los territorios conquistados.
3. Engañar es una práctica aceptable dentro de la política.

2 6-41 ¿Quién engaña a quién? ¿Qué piensas de la lectura? ¿Cuál es tu impresión? Comparte tus ideas con tu compañero/a.

Diario

Piensa en una situación en la cual tú trataste de engañar a otra persona para salvarte de un problema y luego resultó que eras tú quien no había entendido completamente la situación.

Poema

Daniel Viglietti (1939)

Nació en Montevideo, Uruguay, en una familia de músicos. Fue concertista de guitarra y alumno del Conservatorio Nacional de Música donde pronto decidió trabajar dentro del terreno de la música popular. Desarrolló una intensa actividad en teatros, universidades y sindicatos hasta que en 1972 fue arrestado por sus actividades políticas y al poco tiempo se exilió, primero en Argentina y luego en Francia. Volvió a Uruguay en 1984, cuando se produjo el retorno a la democracia en su país.

Boletín

Milonga es una canción y baile popular de Argentina y Uruguay, de ritmo lento acompañado de guitarra.

Milonga de andar lejos

Qué lejos está mi tierra
y, sin embargo°, qué cerca *(yet)*
es que existe un territorio
donde la sangre se mezcla.
5 Tanta distancia y caminos,
tan diferentes banderas
y la pobreza es la misma,
los mismos hombres esperan.
Yo quiero romper mi mapa,
10 formar el mapa de todos,
mestizos, negros y blancos
trazarlo°, codo con codo. *(draw it)*

Los ríos son como venas
de un cuerpo entero extendido
15 y es el color de la tierra
la sangre de los caídos°. — *the fallen in battle*
No somos los extranjeros,
los extranjeros son otros
son ellos los mercaderes°, — *merchants*
20 y los esclavos, nosotros.
Yo quiero romper la vida
cómo cambiarla quisiera.
Ayúdeme, compañero
Ayúdeme, no demore
25 que una gota con ser poco...
con otra se hace aguacero°. — *downpour*

6-42 **Ideas.** Busca en el poema los versos que expresen lo siguiente.

1. El protagonista vive lejos de su tierra.
2. El protagonista encuentra tanta pobreza en otros países como en su país.
3. Él quiere que el mundo sea uno solo.
4. Piensa que todos somos iguales, no importa nuestra raza.
5. Unidos podemos formar una sola comunidad.
6. Aunque cada uno aporte muy poco, juntos podemos hacer mucho.

2 6-43 **¿Qué pasa?** Escribe dos o tres preguntas sobre algo que no esté claro para ti en el poema. Luego pregúntaselo a otro/a estudiante y trata también de responder sus preguntas.

2 6-44 **Cambios.** El protagonista quiere cambiar la vida. Describan las situaciones inaceptables que presenta, e imaginen los cambios que haría.

2 6-45 **¿Cómo podría cambiarlo?** Todos queremos cambiar algo en nuestra persona, nuestra vida o en la sociedad. Cuéntale a tu compañero/a las cosas que tú quieres cambiar y por qué.

Avancemos con la escritura

Estrategia de escritura: *Expressing opinion*

When expressing an opinion regarding a situation or a particular subject, a great degree of subjectivity comes into play, since you are presenting your own personal views, attitude, or values. Generally, the reason for expressing your opinion is to convince someone else regarding some issue. To do this, one may use logical or emotional arguments as critics do when writing a review on a book, a movie, a piece of art or music. You may start by relating the plot or describing the work of art, without giving too much information. You want to interest the reader in finding out more about it. Then you express your opinion while supporting it with the necessary details present in the piece. Finally, you may reiterate your opinion explaining the feelings or thoughts that it produced in you and comparing it to something else.

Estas expresiones se usan para introducir opiniones.

(No) Es importante saber que...	*It's (isn't) important to know that ...*
(No) Estoy de acuerdo con...	*I (don't) agree with ...*

Con las siguientes expresiones, presta atención al uso del subjuntivo o el indicativo según se usen en la forma afirmativa o negativa.

> **A mí me parece que** la ONU **debe** trabajar más duro para solucionar la desigualdad entre los países ricos y pobres.
>
> **A mí no me parece** que el analfabetismo **vaya a desaparecer** pronto del mundo.

(Yo) (no) opino que...	*My opinion is (isn't) ...*
A mí (no) me parece que...	*It (doesn't) seems to me that ...*
(Yo) (no) pienso que...	*I (don't) think that ...*
(Yo) (no) creo que...	*I (don't) believe that ...*
(No) Estoy seguro/a de que...	*I'm (not) sure that ...*
Dudo que...	*I doubt that ...*
No hay duda que...	*There is no doubt that ...*

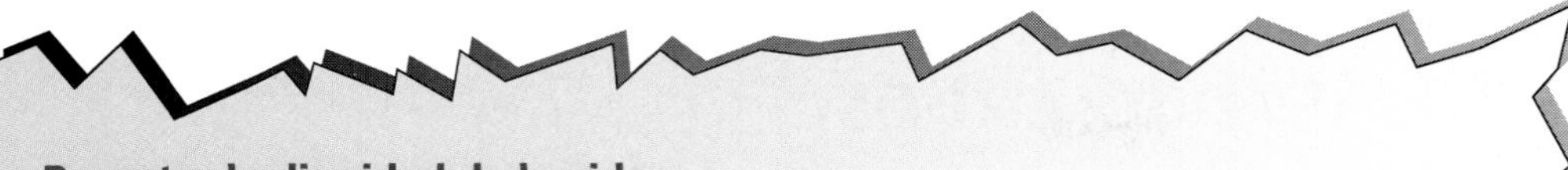

Respetar la dignidad de la vida

El artículo 25 de la Declaración de los Derechos Humanos establece que para vivir dignamente toda persona tiene derecho a un nivel de vida adecuado que le asegure a sí mismo y a su familia, la salud y el bienestar, y en especial la alimentación, el vestido, la vivienda, la asistencia médica y los servicios sociales necesarios.

Hay muchas instancias en las que esto no se cumple por la desigualdad económica entre los países ricos y los pobres. Afortunadamente, también hay muchas organizaciones dedicadas a mejorar el nivel de vida de los pobres de todo el mundo.

Ayuda para un nivel de vida digno. Busca información sobre organizaciones que ayudan a combatir la pobreza para que la gente viva con dignidad. El boletín presenta algunas de ellas. Luego escoge una para escribir un informe y preséntaselo a la clase.

Boletín

Algunas organizaciones que trabajan para combatir la pobreza a nivel internacional son: Habitat for Humanity, Heifer Project, UNICEF, Maryknoll Brothers, Organización Los sin Techo, etc.

6-46 Una forma de atacar la pobreza. Escoge una organización que trabaje para erradicar la pobreza. Describe lo que hace para ayudar a mejorar el nivel de vida de los necesitados. Explica por qué escogiste esta organización y de qué forma te gustaría colaborar con ella.

6-47 Presentación. Tienes que presentar esta organización a un grupo de estudiantes y padres para que colaboren con ustedes Usando las notas de la actividad **6-46** escribe un informe describiendo el problema, describiendo la organización que ataca el problema y expresando tu opinión sobre su tarea. Debes convencer al público para que colabore con esta organización.

Antes de entregar tu composición, asegúrate de haber incluido y revisado lo siguiente:

- Expresiones de opinión
- Uso del subjuntivo
- **Expresiones útiles**
- Vocabulario del capítulo
- Palabras de **Sin duda**

Atando cabos: Trabajo comunitario

En esta parte del capítulo van a seguir los pasos necesarios para planear un proyecto comunitario.

G 6-48 **Planificación.** Un gran proyecto exige mucha preparación. En pequeños grupos, decidan qué tipo de proyecto van a programar. Hablen de los pros y los contras de cada idea. Expliquen sus razones. Nombren a un/a secretario/a para que tome nota de las discusiones y estén listos para presentarlas a los otros grupos de la clase.

Algunas sugerencias para elegir el tipo de proyecto son:

- diseñar un proyecto humanitario para llevar a cabo fuera del país
- organizar un programa de ayuda con la iglesia
- proponer un proyecto de alfabetización
- trabajar con los indígenas de Centroamérica
- trabajar con campesinos de su región
- colaborar en la construcción de una escuela, de un salón multiuso, de un templo, etc.
- ¿otro?

MODELO: E1: *Yo pienso que es bueno que vayamos a otro país porque...*
E2: *Es importante quedarse en los Estados Unidos porque...*
E3: *Yo prefiero que pensemos en una comunidad en esta ciudad porque...*
E4: *No creo que mis padres me dejen ir a otro país porque...*

G 6-49 **Decisiones.** Ustedes van a ir a trabajar en una comunidad necesitada de su estado para ayudar a construir un salón multiuso. Ahora tienen que hacer una lista de todo lo que es importante, necesario, etc. antes de salir. Conversen con sus compañeros/as y hagan una lista de diez aspectos importantes.

MODELO: *Es necesario que tengamos información sobre la gente del lugar.*

G 6-50 **Convencer a los padres.** Algunos de Uds. temen que sus padres digan que no pueden participar en este proyecto y por lo tanto tienen que estar preparados para convencerlos. Entre todos, busquen las razones para convencer a sus padres de que les permitan participar. Pueden usar verbos como **saber**, **creer**, **exigir**, **negar**, **rogar**, **pedir**, etc.

MODELO: *Creemos que será una experiencia enriquecedora* (enriching).

G **6-51** **A. El salón multiuso.** Uds. quieren convencer a los otros grupos de la clase de que su proyecto de salón multiuso es el mejor. Preparen una presentación del proyecto y estén listos para defenderlo delante de los otros grupos. Aquí tienen algunas ideas que los pueden orientar en la discusión. Además, pueden preparar planos, folletos, estadísticas, etc.

1. ¿Para qué sirve el salón? ¿Para conferencias?, ¿conciertos? ¿Como consultorio médico?, ¿biblioteca?, ¿guardería de niños? ¿?
2. ¿Cómo es el salón? ¿Qué medidas tiene?, ¿ventanas?, ¿paredes?, ¿puertas?, ¿muebles?
3. ¿Quiénes van a ser responsables de su funcionamiento? ¿El gobierno?, ¿la iglesia?, ¿los campesinos?, ¿las mujeres?, ¿una cooperativa? ¿?
4. ¿Se paga para usarlo? ¿Es gratis?

B. Después de oír las presentaciones de todos los proyectos, voten por el mejor.

G **6-52** **Financiación.** Ya tienen autorización de sus padres y ya seleccionaron el mejor proyecto. Ahora hay que buscar dinero para llevarlo a cabo. Piensen en cinco formas de conseguir dinero para financiar el proyecto. Luego presenten sus ideas a la clase usando los siguientes verbos y expresiones siempre que puedan.

dudar   negar   creer   pensar   saber   ser cierto   sugerir
creer   esperar   desear   aconsejar   acaso   posiblemente
probablemente   quizás   tal vez   ojalá

6-53 **Buenos deseos.** Aunque no todos pueden ir, todos le desean lo mejor al grupo que parte. Escriban una tarjeta con esta intención. Expresiones como **ojalá**, **tal vez**, **esperamos**, **deseamos**, etc., pueden ser útiles para escribir sus deseos.

Vocabulario

Los pueblos indígenas

la aldea	*village*
el/la anciano/a	*old person*
el cacique	*Indian chief*
la costumbre	*custom*
el/la guerrero/a	*warrior*
el/la indígena	*indigenous person*
el/la jefe/a	*chief*
el/la mestizo/a	*half Spanish, half Native American*
el pueblo	*people*
el sacerdote	*priest*

Sustantivos

la alfabetización	*literacy*
la alimentación	*nourishment*
el analfabetismo	*illiteracy*
el arma (fem.)	*weapon*
la bandera	*flag*
el/la campesino/a	*peasant*
el conocimiento	*knowledge*
la conquista	*conquest*
el/la conquistador/a	*conqueror*
el consejo	*council*
los derechos humanos	*human rights*
la desigualdad	*inequality*
el ejército	*army*
la época	*epoch, age*
el esclavo	*a slave*
la evangelización	*christianization*
la fuente	*fountain, source*
las fuerzas armadas	*armed forces*
la guerra	*war*
la hora	*hour*
la igualdad	*equality*
la paz	*peace*
la piedra	*rock, stone*
el poder	*power*
el rato	*short time, while*
la razón de ser	*reason for being*
el rostro	*face*
el siglo	*century*
el temor	*fear*
el tiempo	*time, weather*
la vena	*vein*
la vez	*time*
la vida	*life*

Verbos

apresar	*to capture*	**explotar**	*to exploit*
atacar	*to attack*	**impedir (i)**	*to hinder, prevent*
bajar	*to lower, go down*	**intentar**	*to try*
confiar	*to trust*	**matar**	*to kill*
demorar	*to delay*	**oprimir**	*to oppress*
engañar	*to deceive*	**oscurecer**	*to get dark*
esclavizar	*to enslave*	**violar**	*to violate, rape*

Adjetivos

aislado/a	*isolated*	**generador/a**	*generator*
analfabeto/a	*illiterate*	**igual**	*equal*
desheredado/a	*disinherited*	**oprimido/a**	*oppressed*
desigual	*unequal*	**rodeado/a**	*surounded*
entero/a	*entire, whole*	**seguro/a**	*sure*

Expresiones idiomáticas

a la larga	*in the long run*	**poco a poco**	*little by little*
a su vez	*in turn*	**quizá(s)**	*maybe, perhaps*
acaso	*maybe*	**sobre todo**	*above all*
desgraciadamente	*unfortunately*	**tal vez**	*perhaps*

7 Hablemos del trabajo

Trabajando al aire libre

Trabajo de laboratorio

"Trabajo deprisa para vivir despacio." Monserrat Caballé

Tema cultural

La búsqueda de trabajo en el mundo hispánico

Objetivos comunicativos

Hablar de la búsqueda de trabajo

Felicitar

Dar información general y hablar de temas generales

Describir características generales

Negar y contradecir

Hablar de personas y cosas desconocidas o inexistentes

Película recomendada para este capítulo:
Bread and Roses, Ken Loach, UK, 2000

Canción recomendada para este capítulo:
Me lo decía mi abuelito, me lo decía mi papá, J.A. Goytisolo y P. Ibañez

En marcha con las palabras

Reunión de ejecutivos

En contexto: El equilibrio entre el trabajo y la familia

Encontrar el equilibrio entre el trabajo y la familia puede ser muy difícil en el **ambiente empresarial** del momento; pero no es imposible. Si se **cuenta con** el apoyo de la **empresa**, se puede conseguir un balance entre la vida personal y la actividad laboral. Pero no **se trata de** implementar solamente ciertas **políticas** que ayuden a mejorar la situación, sino del **desarrollo** de una nueva cultura dentro de las empresas. Para **resolver** el problema, los **directivos** tienen que **capacitarse** para encontrar soluciones creativas y diferentes que consideren a la familia.

Profesoras **licenciadas** en **Administración de Empresa**, del departamento de **Administración** y **Recursos Humanos** de la Universidad Argentina de la Empresa (UADE) dicen que las políticas familiares se deben **tener en cuenta** en la **forma** de pensar y de **actuar** de cada organización.

Una de las causas del problema trabajo–familia, está en la modalidad del trabajo por **horario** y no por objetivos. Eso va totalmente en contra de la familia. Lo importante no es la cantidad de tiempo que se pase en la oficina sino los **resultados** que se consiguen. **En ese caso**, cada empleado debe **proponerse** metas concretas y combinar con su **gerente** una agenda de trabajo personalizada. **De este modo** las personas se organizan de la manera que mejor les **convenga** para alcanzar las metas.

El conflicto trabajo–familia es un problema tanto de la mujer como del hombre porque en definitiva afecta a la familia. **Así** no hay que **enfocar** el problema **únicamente** como femenino, sino que hay que buscar soluciones para el **éxito** de todos, sin importar si es hombre o mujer.

Algunas de las políticas familiares que pueden implementarse en el **ambiente de trabajo** para ayudar a los empleados a **hallar** el equilibrio deseado son las **siguientes**:

—establecer lugares para el cuidado de niños pequeños dentro de la empresa
—ofrecer horarios **amplios** de entrada y salida
—ofrecer la posibilidad de trabajar **tiempo parcial** o desde la casa
—otorgar días libres para compensar las horas extras trabajadas
—tener horarios flexibles
—establecer la posibilidad de **licencia sin goce de sueldo**

Las **ventajas** de estas políticas serán un **aumento** de la productividad, un mayor **compromiso** con la empresa de parte del empleado y una forma de **atraer** y **retener** **aspirantes** de talento.

Fuente: Daniela Dborkin / La Nación (Argentina)

Candidata:

Soy una buena **candidata** para un trabajo en **ventas**. En mi último trabajo **estaba encargada** de **atender al público**. Tengo mucha iniciativa y **afán de superación**. **Domino otros idiomas** y **tengo facilidad de palabra**. No me **cuesta tomar decisiones**. Además, sé algo de **informática** y trabajo bien en **equipo**. Tengo muy buenos **antecedentes laborales.**

Ejecutivo:

Ésta es una nueva empresa de **programación de computadoras**. Hay muchas posibilidades de **ascender** dentro de la compañía. Además, damos muy buenos **beneficios**, **seguro de desempleo** y **jubilación**. Para **solicitar** el trabajo, deje su **solicitud de empleo** junto con la **hoja de vida** en la **secretaría**. Si tiene la **capacitación** necesaria para el **puesto**, lo llamaremos para una **entrevista.**

PALABRAS CONOCIDAS

Las profesiones y el trabajo

Estas palabras deben ser parte de tu vocabulario.

Profesiones

el/la abogado/a	*lawyer*
el/la arquitecto/a	*architect*
el/la científico/a	*scientist*
el/la contador/a	*accountant*
el/la economista	*economist*
el/la hombre / mujer de negocios	*businessman/ woman*
el/la ingeniero/a	*engineer*
el/la vendedor/a	*sales person*

El trabajo	*job*
la buena presencia	*poise*
el/la empleado/a	*employee*
el/la empleador/a	*employer*
el empleo	*employment, job*
la fábrica	*factory*
el/la jefe/a	*boss*
el mercado de trabajo	*job market*
los negocios	*business*

Cognados

el balance
la camaradería
compensar
el contrato
desorganizado/a
la exportación
la imagen
la importación
el interés
negociar
organizado/a
preciso/a
la productividad
el producto
responsable
el salario

EXPRESIONES ÚTILES

antecedente laboral	*job (work) record*
solicitar un trabajo	*to apply for a job*
tener afán de superación	*to expect a lot of oneself*
tener dominio de otros idiomas	*to be fluent in other languages*
tener facilidad de palabra	*to be articulate*
tener iniciativa	*to show initiative*
tomar decisiones	*to make decisions*
trabajar en equipo	*to work as a team*

Tengo muy buenos **antecedentes laborales.**	*I have very good work records.*
Voy a **solicitar este trabajo** que apareció en el diario de hoy.	*I'm going to apply for this job that appeared in today's paper.*
Margarita va a llegar lejos en su trabajo porque **tiene mucho afán de superación.**	*Margarita will get far in her job because she expects a lot of herself.*
En la entrevista me preguntaron si **tenía dominio de otros idiomas.**	*At the interview they asked me if I was fluent in other languages.*

Por **tener gran facilidad de palabra** pudo convencer a todos de que votaran por ella. — *Because she is so articulate, she was able to convince everyone to vote for her.*

El nuevo empleado **tiene mucha iniciativa,** propuso dos cambios muy productivos para la empresa. — *The new employee shows great initiative; he proposed two very productive changes for the business.*

Para mí es difícil **tomar decisiones.** — *It is difficult for me to make decisions.*

En este departamento **se trabaja en equipo.** — *In this department we work as a team.*

2 **7-1 ¿Qué es...?** Define las siguientes palabras en español sin usar la palabra. Tu compañero/a debe adivinar qué palabra es. Luego él/ella va a definir las palabras de su lista y tú debes adivinar cuáles son.

MODELO: capacitación

E1: *Es la preparación que necesitas para un empleo.*

E2: *¿Es la capacitación?*

E1	E2
los recursos humanos	los directivos
la administración	entrevistar
la hoja de vida	el resultado
la licencia sin goce de sueldo	la fábrica
el puesto	proponerse metas

7-2 ¿Cuál es el sinónimo? Empareja cada palabra de la columna **A** con su sinónimo en la columna **B.** Explica lo que quiere decir.

A	B
1. ________ resolver	a. subir
2. ________ ascender	b. trabajo
3. ________ puesto	c. solucionar
4. ________ emplear	d. salario
5. ________ capacitación	e. pedir
6. ________ sueldo	f. contratar
7. ________ solicitar	g. retirarse
8. ________ jubilarse	h. formación

2 7-3 **Para solicitar un trabajo.** Ustedes se preparan para solicitar un trabajo en una compañía internacional. Háganse las siguientes preguntas. Contesten cada una y digan qué aspectos les gustaría cambiar o mejorar, y por qué.

MODELO: E1: *¿Alcanzas todas las metas en el tiempo que te propones?*
E2: *Sí, soy muy meticuloso/a y siempre alcanzo mis metas en el tiempo que me propongo.*

No, no siempre alcanzo mis metas en el tiempo que me propongo porque me demoro en ponerme a trabajar. Es algo que debo cambiar para ser más eficiente.

1. ¿Tienes dominio de otros idiomas? ¿Qué otros idiomas se necesitan en tu campo de trabajo?
2. ¿Tienes facilidad de palabra? ¿Puedes pensar claramente durante una discusión, o necesitas tiempo para pensar tranquilamente?
3. ¿Es fácil para ti tomar decisiones o sientes que siempre necesitas más información antes de decidir?
4. ¿Tienes iniciativa propia o es más fácil para ti seguir instrucciones de otros?
5. ¿Trabajas bien en equipo o prefieres trabajar solo/a?

2 7-4 **Asesoría profesional.** Imagina que estás por graduarte y vas a tener una cita en el centro de trabajo de la universidad. Para prepararte, haz una lista con datos importantes sobre tu vida y tus expectativas laborales. Después, comparte la lista con tu compañero/a. Ten en cuenta los siguientes aspectos:

1. tu experiencia laboral
2. tus estudios
3. tus habilidades
4. qué tipo de trabajo prefieres
5. en qué lugar
6. qué sueldo deseas

2 7-5 **Consejero de trabajo.** Ustedes van a entrevistarse con representantes de compañías que vienen a la feria de trabajo organizada cada año por la universidad. Lean el siguiente panfleto y representen estos papeles.

Consejero/a: Escoge algunas de las recomendaciones del panfleto y aconséjale lo que debe hacer en la entrevista. Para dar consejos, usa expresiones como: **Te recomiendo…, Te aconsejo…, Es bueno que…, Es necesario que…, Es importante que…,** etc.

Estudiante: Siguiendo las ideas del panfleto, pregúntale al consejero/a lo que debes hacer en la entrevista.

Consejos para la entrevista

Preparación para una entervista

Aquí tiene algunos consejos para que su entrevista sea todo un éxito.

1 Vaya bien vestido/a pero no de fiesta. No se ponga mucho perfume mi mucho maquillaje.

2 Piense de antemano qué le van a preguntar y tenga algunas respuestas preparadas. Siempre dé la mano con firmeza, mire a los ojos del/de la entrevistador/a y nunca baje la mirada ni mire a la pared. El primer contacto es crucial.

3 Siéntese con naturalidad, esté alerta pero relajado/a.

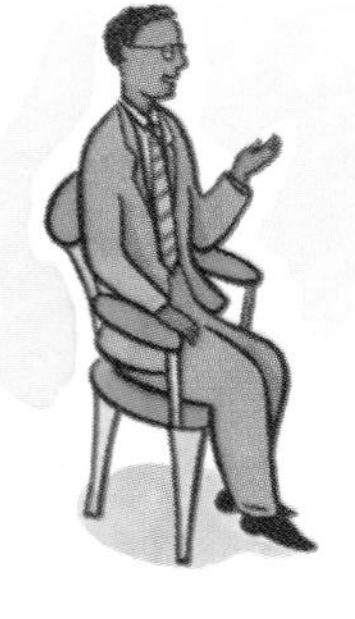

4 Deje que el/la entrevistador/a comience la conversación. Piense las respuestas antes de contestar. Hable con naturalidad.

5 Usted también debe hacer preguntas. Haga sus deberes, investigue sobre la empresa antes de la entrevista y demuestre de alguna manera que la conoce.

6 Pregunte por el salario y no pida más desde el primer momento. Pregunte sobre las posibilidades de ascenso dentro de la empresa.

7 Antes de despedirse pregunte cuándo le darán una respuesta. Deje la puerta abierta para un nuevo contacto.

2 7-6 **A. Una entrevista.** Miren los siguientes anuncios clasificados y escojan el empleo que más les interese. Expliquen por qué lo escogieron.

LABORATORIO FARMACÉUTICO MULTINACIONAL

REQUIERE GERENTES DE CUENTA
Plazas:
Bogotá, Barranquilla Medellín y Cali

REQUISITOS:
- Título universitario en Administración de Empresas, Mercadeo o Publicidad
- 2 a 5 años de experiencia en ventas y mercadeo de productos de consumo
- Edad: de 30 a 40 años
- Excelente nivel de inglés y español

Interesados enviar hoja de vida, con fotografía reciente y aspiración salarial al Apartado Aéreo N 6235 de Santafé de Bogotá.

SONY MUSIC (Colombia)
Requiere
GERENTE DE PRODUCTO
Para trabajar en Bogotá

El cargo: El ejecutivo tendrá a cargo el manejo de los artistas internacionales de la compañía cuyo producto será lanzado en Colombia. Coordinará oportunidades de lanzamiento, estrategias de radio, televisión, promoción, etc. a través de los diferentes departamentos de la compañía.

Aspirantes: Hombre o mujer, con experiencia mínima de 8 a 10 años en posiciones de Publicidad, Periodismo, Radio, Televisión.

Indispensable el dominio del idioma inglés. Si usted está atraido por la música y le interesa una carrera con gran porvenir y excelentes condiciones económicas, escríbanos al anunciador 370 de Revista Musicalia.

EMPRESA LÍDER EN EL SECTOR DE LAS TELECOMUNICACIONES

Requiere:

GERENTE COMERCIAL
- Profesional
- Mínimo 3 años de experiencia en ventas, manejo de clientes y agencias de publicidad
- Buen nivel de idiomas inglés y español

DIRECTOR ADMINISTRATIVO
- Profesional en Administración de Empresas
- Mínimo 5 años de experiencia en cargos de dirección administrativa en empresa mediana o grande
- Buen nivel de idiomas inglés y español

DIRECTOR DE PRESUPUESTO
- Profesional en Economía, Administración de Empresas o Contaduría Pública
- Mínimo 5 años de experiencia en dirección de presupuestos

Interesados enviar hoja de vida con aspiración salarial al anunciador 371 de La Nación, indicando el cargo al que se aspira.

B. Ahora representen una entrevista con el/la gerente de personal de esa compañía. Uno/a hace de entrevistador/a y otro/a hace el papel de la persona entrevistada.

Entrevistador/a: Pregúntale al candidato/a cosas relacionadas con sus habilidades y experiencia de acuerdo con las necesidades del trabajo. Luego dile al resto de la clase si vas a contratar o no a esta persona, y explica por qué.

Aspirante: Trata de convencer a tu entrevistador/a de que tú eres la persona indicada para el trabajo.

¡Sin duda!

forma – formulario

Palabra	Explicación	Ejemplo
forma	*shape of an object, manner or way*	¿Existe alguna **forma** de bajar el **formulario** de **solicitud** directamente de Internet? *Is there a way of downloading de application form from the Internet?*
formulario	*form, document to be completed*	Si quieres solicitar el trabajo debes completar estos **formularios**. *If you want to apply for the job, you must fill out these forms.*

aplicar – solicitar

Palabra	Explicación	Ejemplo
solicitar	*to request, to apply (for a job)*	Puedes **solicitar** los formularios en el Ayuntamiento. *You can ask for the forms in City Hall.*
aplicar	*to apply something, like a paint, sunscreen, etc., to put on, to enforce a theory or law*	La ley se **aplica** rigurosamente y no se puede fumar en la oficina. *The law is rigorously enforced and one cannot smoke in the office.*

7-7 ¿Cuáles corresponden? Empareja cada palabra de la columna **A** con su equivalente en la columna **B.**

A	B
1. aplicar	a. Es la manera de hacer algo.
2. forma	b. Es la acción de pedir algo.
3. formulario	c. Es la acción de poner algo sobre un objeto o de poner en práctica una ley, teoría, etc.
4. solicitar	d. Es un papel impreso que tiene espacios en blanco para rellenar con datos.

7-8 De la vida diaria. Todas estas frases vienen de páginas de Internet. Complétalas con las palabras correctas. Haz los cambios necesarios.

1. Sus empleadores deben completar el ________ de ________ correcta.
2. Los ciudadanos ________ información acerca de cuándo y cómo se empezarán a ________ las nuevas disposiciones.
3. Para recibir una cuenta Demo de ________ gratuita, complete el siguiente ________.
4. Escoja la ________ de pago. Llene el ________ de crédito del banco.
5. Los ciudadanos pueden ________ al gobierno que ________ las sanciones de la ley de defensa de la competencia para las industrias.
6. Antes de ________ este ServicePack tiene que tener instalado COSMOS. Todos los usuarios de COSMOS deben ________ una nueva licencia. Para ________ una nueva licencia deben completar y enviar el siguiente ________.

7-9 ¿Qué debes hacer? Explica en cuatro o cinco frases qué debes hacer para ingresar en un programa de maestría o doctorado, o para conseguir un buen trabajo.

Ventana al mundo

El código ético de un buen jefe

Un buen ambiente de trabajo es fundamental para el éxito de la compañía. El jefe o jefa del grupo es la persona que determina que los empleados estén contentos en su trabajo. Para lograr buenos resultados y trabajar en armonía, el jefe o jefa debe:

1. Comunicarse claramente con los empleados
2. Ser claro en cuanto a lo que espera de los empleados
3. Proponer metas claras y realistas
4. Saber motivar e incentivar a los empleados
5. Entrenarlos bien para el trabajo que deben realizar
6. Apreciar el trabajo bien hecho
7. Criticar de manera constructiva cuando el trabajo no es satisfactorio
8. Escuchar abiertamente sin juzgar
9. Apoyar la creatividad y la iniciativa individual
10. Reconocer y agradecer el esfuerzo de los empleados

Festejando un éxito laboral.

Mi código. Piensa en tu última experiencia trabajando en equipo, ¿cumpliste todas las indicaciones del código? ¿Te parece que serías un buen jefe o jefa?

Así se dice

Cómo felicitar

Es costumbre felicitar a una persona cuando le ocurre algo bueno. Éstas son algunas expresiones que se usan para felicitar.

¡Enhorabuena!	*Congratulations!*	**¡Me alegro mucho por ti!**	*I am very happy for you!*
¡Felicidades!	*Congratulations!*	**¡Te felicito!**	*I congratulate you!*
¡Felicitaciones!	*Congratulations!*	**¡Adelante!**	*Keep it up!*
¡Fantástico!	*Fantastic!*	**¡Qué bien!**	*How nice!*

7-10 **Buenas noticias.** Imagínate que te encuentras con una persona que hace mucho tiempo que no ves y te cuenta sus buenas noticias. Responde a sus comentarios usando distintas expresiones para felicitar a alguien.

MODELO: E1: *Acabo de encontrar un trabajo fabuloso.*
E2: *¡Felicitaciones! ¡Me alegro mucho por ti!*

1. Tuve una entrevista de trabajo y me fue muy bien.
2. Encontré un trabajo en una empresa internacional.
3. Me pagan muy bien.
4. Al poco tiempo me ascendieron.
5. Ahora soy el/la director/a de mi equipo de trabajo.
6. Gané el premio al mejor empleado, así que mañana salgo de vacaciones para Guatemala, ¡con todo pagado!

2 7-11 **Tuve mucho éxito.** Cuéntale a tu compañero/a tres ejemplos en los que estuviste particularmente contento/a con lo que conseguiste. Tu compañero/a debe felicitarte.

MODELO: E1: *El semestre pasado estudié mucho para sacarme una A en la clase de informática y lo conseguí. Estaba muy contento/a cuando vi mi nota en la lista de clase.*
E2: *¡Qué bien! ¡Te felicito!*

Ventana al mundo

Los universitarios más solicitados

En las ofertas de empleo en España las especialidades más demandadas son las de ingeniería y luego las de economía y administración de empresas. En la mayoría de los pedidos se especifica qué estudios se requieren. En algunas ofertas, en cambio, se considera más importante la experiencia laboral en el área que el título o diploma en sí.

Por otro lado, algunos títulos son polivalentes° y permiten el acceso a una gran variedad de funciones. Algunas licenciaturas como Económicas y Administración y Dirección de Empresas, se consideran equivalentes en el mercado laboral. Las licenciaturas con mayor futuro son en Ingeniería y en Técnicas de Telecomunicaciones e Informática, además de Derecho, Química y Física.

°válidos para diferentes trabajos

De todas formas, la demanda de una determinada especialidad puede cambiar de la noche a la mañana. Por ejemplo, la de Psicología ha resurgido gracias a la importancia de los recursos humanos en el mundo empresarial.

Profesiones más solicitadas. ¿Sabes cuáles son las profesiones con mayor demanda en tu región? Busca algún periódico de España y compara las ofertas de empleo con las de un periódico de tu región.

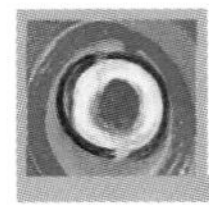

Sigamos con las estructuras

Repasemos

Please refer to the selftest on our Website. If you get less than 85%, you need to review this grammar point in the **Cabos sueltos** section, p. 466. If you get above 85%, yoou can continue with the following activities.

Referencia gramatical 1

Talking about generalities and giving information: Impersonal se

Se trabaja mucho en esta compañía.

2 7-12 **¿Qué se necesita?** Hagan una lista de ocho requisitos básicos para obtener un buen trabajo hoy en día. Luego, comparen su lista con las de otras parejas de la clase y hagan una lista única con los requisitos más mencionados.

MODELO: *Se necesita tener una buena formación en informática.*

2 7-13 **¿Qué se obtiene en esta universidad?** Uds. ya saben lo que se necesita para conseguir un buen trabajo. Ahora deben decir si en la universidad se obtienen esas cosas y explicar por qué creen que sí o que no.

MODELO: *Aquí se obtiene una buena formación en informática porque hay un curso obligatorio durante dos semestres.*

Ventana al mundo

USAS: Un nuevo movimiento estudiantil

Manifestación estudiantil contra las "Fábricas del Sudor"

Un nuevo movimiento estudiantil está surgiendo en las principales universidades norteamericanas. Se llama USAS (United Students Against the Sweatshops - Estudiantes Unidos Contra las "Fábricas del Sudor" o maquiladoras). Este movimiento comenzó en 1997, cuando algunos grupos de estudiantes universitarios solicitaron a las autoridades académicas que no les renovaran los contratos a las empresas que fabrican la ropa con los logos de las universidades en "sweatshops" (literalmente "fábricas del sudor"). USAS funciona actualmente en más de 200 universidades, entre ellas la de Wisconsin, Filadelfia, Stanford, Harvard, Arizona, Michigan y Johns Hopkins.

En el desarrollo de sus campañas, los estudiantes de USAS extendieron sus actividades para apoyar las reivindicaciones° de los trabajadores de mantenimiento, cocina y limpieza de cada campus, de modo que se respeten sus derechos laborales.

° *vindication*

Movimientos ¿Existe en tu universidad algún movimiento estudiantil que reivindique los derechos de los trabajadores? ¿Y en tu ciudad?

Referencia gramatical 2

Describing general qualities: Lo + adjective

Lo mejor de esta universidad es que te prepara para la vida.

Please refer to the selftest on our Website. If you get less than 85%, you need to review this grammar point in the **Cabos sueltos** section, p. 468. If you get above 85%, you can continue with the following activities.

G 7-14 No te desesperes. Seguramente en la universidad no se obtiene todo lo que se necesita para conseguir un buen trabajo, pero hay que distinguir lo importante de lo superfluo. Completen este cuadro según su perspectiva. Luego comparen sus resultados con los de otros grupos de la clase.

MODELO: *Lo mejor de esta universidad es que contrata profesores muy bien preparados.*

Lo peor	
Lo bueno	
Lo malo	
Lo cómico	
Lo interesante	
Lo importante	
Lo mejor	
Lo...	
Lo...	
Lo...	

2 7-15 **Entrevista.** Ya saben qué es lo importante, lo bueno y lo malo de la universidad. Ahora tienen que decidir qué es lo que les gusta, lo que les molesta, lo que les encanta, etc. Entrevisten a su compañero/a para saber lo que piensa, luego informen a la clase.

MODELO: E1: *¿Qué es lo que te gusta de la preparación que te da la universidad?*
E2: *Lo que me gusta es que vamos a estar listos para competir en el mercado laboral.*

Ventana al mundo

¿Preparación técnica?

Según las estadísticas del Departamento Federal de Trabajo, el 75% de los trabajos requieren una educación avanzada y, mayormente, una educación técnica. La mayoría de las profesiones de hoy en día necesitan experiencia técnica. Se calcula que un 65% de los futuros empleos van a requerir personas con conocimientos técnicos. Se estima que el empleo de trabajadores técnicos crecerá un 20% de aquí al año 2006.

Mi preparación laboral. ¿Tienes alguna preparación técnica? ¿Cuál? ¿Qué tipo de preparación ofrece tu universidad?

Empleados satisfechos

El bienestar empresarial depende de que los empleados sientan satisfacción por su trabajo, se sientan apreciados, tengan libertad para ser creativos y trabajen dentro de un clima de camaradería. Es importante que los empleados estén contentos con lo que hacen para el beneficio de todos, tanto de los empleados mismos como de sus empleadores.

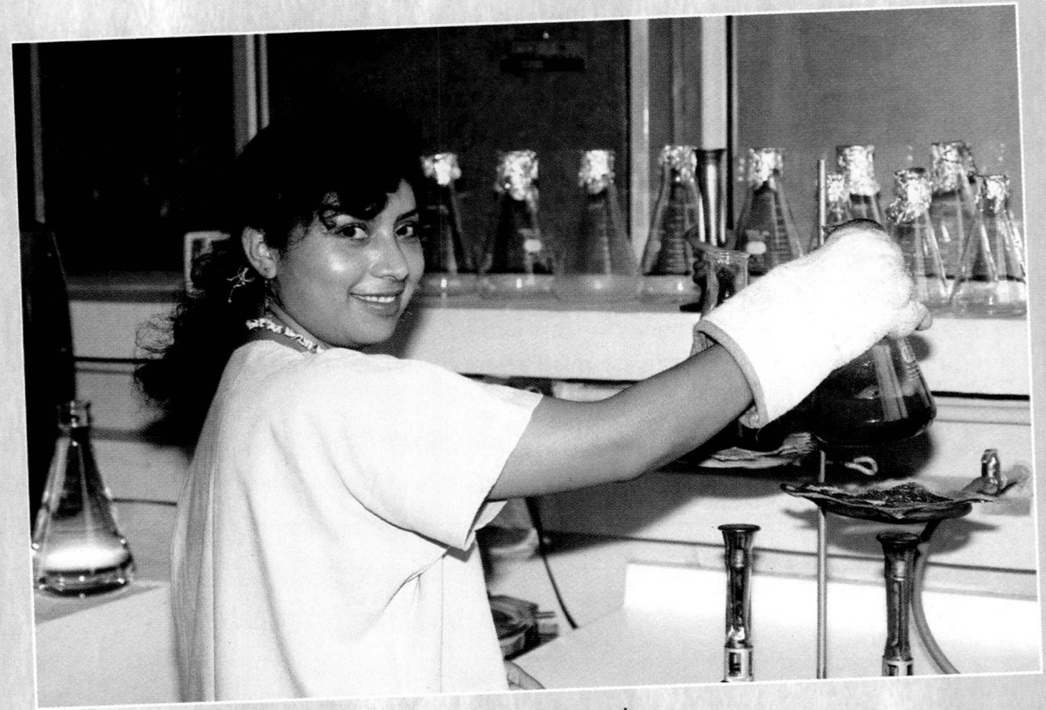

Un alto porcentaje de mujeres trabajan en laboratorios.

Referencia gramatical 3

Explaining what you want others to do: Indirect commands

Que complete la solicitud el secretario.

Please refer to the selftest on our Website. If you get less than 85%, you need to review this grammar point in the **Cabos sueltos** section, p. 470. If you get above 85%, you can continue with the following activities.

2 7-16 **Hoy no voy al trabajo.** Te sientes mal y no puedes ir a trabajar. Hay algunas tareas en la oficina que había que terminar hoy. Llama por teléfono a tu colega y sugiérele quién puede ayudar a terminar cada cosa.

MODELO: leer las hojas de vida de los aspirantes nuevos / Susana

E1 *¿Quién puede leer las hojas de vida de los aspirantes nuevos?*

E2 *Que las lea Susana.*

1. escribir el anuncio para el nuevo puesto / Alba
2. bajar de Internet el formulario del seguro de desempleo / Carlos
3. mandarles a todos un mensaje electrónico sobre la fiesta del departamento / Elisa
4. llevar las cartas de recomendación al Departamento de Recursos Humanos / Alfredo
5. terminar el informe sobre la productividad del departamento / Luis y Enrique
6. entrar en la computadora los dos presupuestos que dejé en mi escritorio / Anita y Ricardo

7-17 **Que tengas mucha suerte.** Tu amigo debe presentarse a una entrevista de trabajo. Deséale lo mejor.

MODELO: ir bien

¡Que te vaya bien!

1. tener suerte
2. conseguir el trabajo
3. impresionar bien a los gerentes
4. ofrecerte un buen sueldo
5. darte buenos beneficios
6. tener muchos días de vacaciones

Boletín

El sector medioambiental será, durante las primeras décadas del siglo XXI, uno de los sectores económicos que más crecerá en cuanto a la generación de puestos de trabajo. Estos empleos buscarán candidatos que tengan títulos especializados en las diferentes áreas del medio ambiente.

7-18 **Merecidas vacaciones.** Tú tuviste un año de mucho trabajo y por fin estás por salir de vacaciones. Desgraciadamente, no tienes tiempo de organizarte ya que tienes reuniones de trabajo todo el día. Ésta es la lista de todo lo que tienes que hacer. Da las instrucciones sobre quién de tu familia debe hacer cada cosa.

MODELO: Lista: Confirmar el vuelo

Persona encargada: *Que mi hermano confirme el vuelo.*

Lista:

1. reservar el asiento en el avión
2. comprar un bolso de mano
3. pedir un taxi
4. conseguir un buen protector solar
5. imprimir el pasaje electrónico
6. dejarle las llaves a Luis para que riegue las plantas
7. ¿?

Ventana al mundo

Las nuevas profesiones

Han surgido nuevas profesiones en las últimas décadas, dentro de diferentes campos. Los nuevos productos alimenticios que hay en el mercado son fruto del trabajo de los biotecnólogos, quienes aplican la genética al servicio de los cultivos. Otros son los técnicos analistas, que se ocupan de vigilar la calidad del aire y del agua de nuestras ciudades. Los técnicos de acústica, por su parte, controlan la contaminación del ruido midiendo los decibelios que emiten los coches.

Otras profesiones. ¿Qué otras profesiones nuevas puedes mencionar tú?

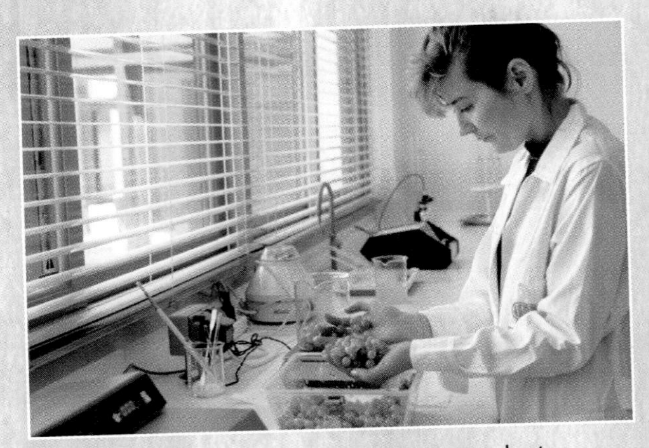

Biotecnóloga trabajando con nuevos productos.

Control de la calidad del agua.

Aprendamos 1

Denying and contradicting: Indefinite and negative words

A. In Spanish, negative words such as *never*, *nothing*, *no one*, or *neither* are used in a double negative construction when the negative word appears after the verb phrase.

no + verb phrase + negative word

No se hizo nada de publicidad para este producto.	*They didn't do any publicity for this product.*

B. If the negative word appears before the verb phrase, then follow this pattern.

negative word + verb phrase

Los gerentes **nunca están** contentos con el presupuesto que les da la administración.	*The managers are never happy with the budget that the administration gives them.*

C. Negative words are often presented with indefinite words.

Palabras negativas		**Palabras indefinidas**	
nada	*nothing*	**algo**	*something*
nadie	*no one, nobody*	**alguien**	*someone*
ninguno/a	*no, none, no one*	**alguno/a/os/as**	*any, some, someone*
nunca, jamás	*never*	**siempre**	*always*
ni	*nor*	**o**	*or*
ni... ni	*neither... nor*	**o... o**	*either... or*
tampoco	*neither, not... either*	**también**	*also, too*

Note: Ninguno/a is seldom used in the plural.

D. **Ninguno** and **alguno** become **ningún** and **algún** before masculine singular nouns.

Ningún aspirante supo contestar las preguntas correctamente. — *No applicant knew how to answer the questions correctly.*

¿Tiene Ud. **algún** conocimiento de informática? — *Do you have any knowledge of computer science?*

E. **Ninguno/a** may be followed by **de** + a noun phrase.

Ninguno de estos empleados tiene seguro de desempleo. — *None of these employees has unemployment insurance.*

F. The **a** personal is used before **nadie** and **alguien**, **alguno** and **ninguno** when they function as direct objects of a sentence.

¿Conoce **a alguien** en esta empresa? — *Do you know anyone in this company?*

No, no conozco **a nadie** aquí. — *No, I don't know anyone here.*

2 7-19 No, no y no. Hoy todo el mundo está de pésimo humor y nadie quiere hacer nada. Con un compañero/a, contesta las preguntas en forma negativa.

MODELO: E1: *¿Leíste todos los anuncios del periódico?*
E2: *No, no leí ninguno.*

1. ¿Contestaste alguno de los mensajes que te mandé ayer?
2. ¿Alguien llamó a la candidata?
3. ¿Escribieron algo sobre la descripción del puesto?
4. ¿El jefe te dio un aumento o te redujo las horas de trabajo?
5. ¿ Escribiste algo del informe?
6. ¿El jefe está en la oficina o en su casa hoy?

2 7-20 **Preparación para solicitar empleo.** Tu compañero/a te pidió que lo ayudaras con los preparativos de su solicitud. Hazle las preguntas siguientes para asegurarse que tiene lo que necesita.

1. ¿Te falta algo en tu CV? (no)
2. ¿Tienes algunas cartas de recomendación? (sí)
3. ¿Conoces a alguien en la empresa? (no)
4. ¿Te falta algún formulario? (no)
5. ¿Quieres que te dé algunos consejos para la entrevista? (no)
6. ¿Buscate alguna información sobre la empresa? (sí)
7. ¿Conoces algunos detalles sobre el trabajo? (no)
8. ¿Necesitas algo más? (no)

7-21 **Nada es perfecto.** Piensa en tus distintos trabajos, en los de tus padres, amigos y familiares. Utiliza las palabras indefinidas y negativas para comparar y describir las diferentes experiencias laborales.

MODELO: Ninguno

Ningún trabajo es perfecto, todos tienen ventajas e inconvenientes. Siempre hay algo agradable en cada trabajo. Mi madre nunca tuvo problemas con nadie. Mi padre tampoco aunque algunas veces discutía con sus colegas. ...

alguien nada nadie alguno nunca siempre también
tampoco ni...ni o...o algo ninguno

Aprendamos 2

Describing unknown and nonexistent people and things: Adjective clauses

A. As any adjective, an adjective clause describes the preceding noun or pronoun. In the following example *that knows about taxes* is the adjective clause that describes the noun *accountant*. The noun or pronoun described is called the *antecedent*.

We need an accountant that knows about taxes.

B. In Spanish when the antecedent is unknown (unidentified) or nonexistent, the verb of the dependent clause is in the subjunctive.

Necesitamos a **alguien** que **sepa** de políticas de familia. (unidentified)	*We need someone that knows about family policies.*
No hay **ninguna persona** que **quiera** invertir en este producto. *(nonexistent)*	*There is no one that wants to invest in this product.*

C. If the antecedent is a person or thing that exists or has already been identified, then the verb of the dependent clause is in the indicative. Compare these examples.

Solicité **el trabajo** que ofrecen en la universidad. *(specific)*	*I applied for the job that is offered at the university.*
Busco **un trabajo** que **sea** interesante. *(unidentified)*	*I am looking for a job that is interesting.*

Les daremos el aumento que los empleados **quieren**.	*We'll give the employees the raise that they want.* (It is known how much they want.)
Les daremos el aumento que los empleados **quieran**.	*We'll give the employees whichever raise they want.* (It is unknown how much they want.)

G 7-22 **¿Qué buscan?** Lean estos avisos. Primero, cada estudiante selecciona una de las ofertas del trabajo y escribe qué es lo que se busca en ese aviso. Luego los dos miembros de la pareja hacen preguntas para descubrir cuál es el aviso seleccionado por la otra persona.

MODELO: E1: *¿Buscan una persona que pueda viajar?*
E2: *(Sí) No, no buscan una persona que pueda viajar.*

2 7-23 **¿Qué buscas tú en un trabajo?** Lee la siguiente lista y escoge todas las condiciones que tú buscas en un trabajo. Luego pregúntale a otra persona qué busca ella. Toma notas y prepárate para informar a la clase de las preferencias de la otra persona.

MODELO: estar cerca de la casa de tus padres
E1: *¿Buscas un trabajo que esté cerca de la casa de tus padres?*
E2: *Sí, busco un trabajo que esté cerca de la casa de mis padres.*
E1: *Yo entrevisté a E2 y él/ella me dijo que busca un trabajo que esté cerca de la casa de sus padres.*

1. estar en una ciudad interesante
2. poder hacerse desde casa
3. permitir viajar mucho
4. no exigir quedarse horas extras
5. ofrecer buenos beneficios
6. dar becas para tomar cursos de formación
7. pagar sueldos altos
8. tener muchas vacaciones

7-24 Te vas de vacaciones. Has decidido tomarte un año para viajar antes de seguir los estudios graduados, pero necesitas a alguien que se quede en tu casa mientras tú no estás. Completa el siguiente formulario para encontrar a la persona adecuada.

Busco una persona que:

1.
2.
3.

Ofrezco:

1.
2.
3.

Interesados llamar al teléfono:

7-25 Un dinerito extra. Tú necesitas dinero y has decidido ofrecerle tus servicios a la persona de la actividad **7-24**, que se va de viaje por un año. Llámala por teléfono y solicita el trabajo. Convéncela de que tú eres la persona perfecta para ocuparse de sus cosas.

Diario

¿Recuerdas tu primer trabajo? ¿Cómo era? ¿Qué tenías que hacer? ¿Qué responsabilidades tenías? ¿Cómo eran tus compañeros/as de trabajo? ¿Cómo era tu jefe/a? Escribe un párrafo sobre esa experiencia incluyendo toda la información que te parezca interesante para dar una descripción lo más detallada posible.

Conversemos sobre la lectura

Antes de leer

Estrategia de lectura: *Making inferences*

The message of a passage often goes beyond the written words. The author will subtly lead you to form ideas or draw some conclusions without fully spelling them out. You need to learn to infer the ideas that the author is pointing to in order to develop an objective understanding of the passage.

7-26 ¿Cuál es la idea? Lee estas oraciones y explica la idea que se puede inferir de cada una contestando las preguntas.

MODELO: *Buscar trabajo es un trabajo en sí.*
¿Es fácil o difícil encontrar trabajo?
Inferencia: *Es difícil encontrar trabajo.*

1. Para encontrar trabajo, no puedes esperar a que la suerte llame a tu puerta.
   ¿Debes esperar pasivamente o tener un plan de acción para encontrar trabajo?
   Inferencia: ____________________________
2. De nada sirve tener una sólida formación profesional o académica si no aprendes a buscarte la vida en el mercado laboral.
   ¿Es suficiente tener un título para encontrar trabajo?
   Inferencia: ____________________________
3. En España sólo el 23% de los menores de 25 años permanece desempleado un año o más, mientras que en los mayores de 55 años el porcentaje es del 64%.
   ¿Para quién es más fácil encontrar trabajo?
   Inferencia: ____________________________
4. Hay personas que están muy calificadas pero no consiguen trabajo porque no saben dar una buena impresión durante la entrevista.
   Además de estar calificado, ¿qué es necesario para conseguir un trabajo?
   Inferencia: ____________________________

Vocabulario de las lecturas

Estudia estas palabras para comprender mejor los textos.

Vocabulario		Palabra en uso
aprovechar	*to take advantage of*	Voy a **aprovechar** las horas libres para ir de compras.
cumplir con	*to fulfill, execute*	Es importante **cumplir con** el contrato.
decepcionado/a	*disappointed*	Sus jefes están **decepcionados** con las ganancias de este año.
los/las demás	*the others*	Yo cumplí con mi tarea pero **los demás** no.
disculpa	*excuse*	No tenía ninguna **disculpa** por no terminar el trabajo.
disponer de	*to have at one's disposal*	No **dispongo** de mucho tiempo hoy.
disponible	*available*	La jefa no está **disponible** porque está en una reunión.
exigir	*to demand*	El aumento que **exigen** es demasiado alto.
huir	*to flee*	Este trabajo impone tantas presiones que quiero **huir** lejos.
infiel	*unfaithful*	El jefe es **infiel** a sus promesas.
libre	*free*	No tengo nada de tiempo **libre** hoy.
el ocio	*leisure*	Es importante tener momentos de **ocio**.
el placer	*pleasure*	Me da **placer** el trabajo bien hecho.
postergar	*to postpone*	Este informe no se puede **postergar** más, debe estar listo hoy.
realizar	*to do*	**Realizamos** todas las tareas del día.

2 7-27 **Mis metas para este semestre.** ¿Cuáles son tus metas de trabajo o estudio para este semestre? Usa estas palabras para describir cinco cosas que te propones hacer. Luego compártelas con tu compañero/a.

los demás   disponer de   huir   exigir   infiel   postergar

MODELO: *Este semestre no voy a huir de mis responsabilidades. Las voy a enfrentar.*

7-28 **A. La evaluación anual.** Tú eres el/la jefe/a de la sección de ventas de la compañía y tienes que evaluar a las personas que trabajan bajo tu supervisión. ¿Qué comentario de la columna **A** escoges para cada empleado de la columna **B**?

A. COMENTARIOS

1. ______ Esta persona hizo un trabajo excelente todo el año.
2. ______ Esta persona está siempre muy ocupada.
3. ______ A esta persona la observaste tomando café y leyendo el periódico en la oficina muchas veces.
4. ______ La nueva arquitecta no trabajó con la dedicación que se esperaba.
5. ______ El muchacho recién graduado alcanzó el nivel de ventas que se había puesto como meta.
6. ______ En tres ocasiones, este vendedor presentó excusas por no entregar su informe a tiempo.
7. ______ El secretario está siempre listo para ayudar a quien lo necesite.

B. EMPLEADOS

a. Raquel nunca tiene un momento libre.
b. Tomás realizó un trabajo extraordinario en este departamento.
c. Siento decirle que Sonia me decepcionó.
d. Ramón está siempre disponible cuando lo necesitamos.
e. Catalina pierde mucho tiempo tomando café y charlando con otros empleados.
f. Álvaro cumplió con su meta de ventas.
g. Santiago siempre tiene excusas para no cumplir con las fechas de entrega.

B. En parejas, piensen qué recompensa le van a ofrecer a cada persona por haber cumplido con sus obligaciones y qué soluciones pueden encontrar para que todos los empleados sean más productivos. Después, compartan sus ideas con otras parejas de la clase.

7-29 El trabajo de mis sueños. Clara acaba de graduarse de la universidad y necesita buscar trabajo. Aquí hay una lista de lo que ella quisiera encontrar. Por supuesto que esto es un sueño y tendrá que conformarse con lo que encuentre. Completa los espacios en blanco con las palabras siguientes para saber cuál es su trabajo ideal. Cambia las palabras según corresponda.

disponible	cumplir	libre	exigir	realizar	disponer

1. Quiero un trabajo que me permita _______ todas las actividades desde mi casa.
2. En mi trabajo ideal no necesito _______ con un horario estricto.
3. Idealmente sólo tendría que estar _______ por las tardes para contestar llamadas telefónicas o asistir a las reuniones.
4. Quiero tener todos los viernes y los fines de semanas _______. No quiero trabajar esos días.
5. Yo quiero _______ de un presupuesto generoso para hacer viajes de trabajo a algún lugar interesante una vez al mes.
6. Quiero un trabajo donde mi jefe/a no me _______ mucho y siempre aprecie mi trabajo y acepte mis ideas.

2 7-30 **¿Eres adicto/a al trabajo?** ¿Es verdad que una persona que se mantiene siempre ocupada lo hace para huir de sí misma? En parejas, contesten estas preguntas para descubrir si ustedes son adictos/as al trabajo. Luego, informen a la clase de sus conclusiones. ¿Son adictos o no?

1. ¿Cuántas horas al día estudias o trabajas?
2. ¿Estudias o trabajas los sábados? ¿los domingos?
3. ¿Haces ejercicio por lo menos tres veces por semana?
4. ¿Sigues trabajando mientras almuerzas o cenas?
5. ¿Estás disponible para hablar con tus amigos cuando te necesitan?
6. ¿Tienes tiempo para pensar en lo que quieres de la vida?
7. ¿Tienes momentos de ocio durante la semana?

Lectura

Este artículo periodístico aparecido en un diario español, describe los problemas que la adicción al trabajo les causa al individuo y a las personas a su alrededor. Uno de los problemas de la adicción al trabajo es que es aceptada por la sociedad.

El trabajo como adicción

¿Dónde está el deseo de quienes se afanan° trabajando, viven con permanente ansiedad, y cuando por fin tienen un rato libre, se deprimen y experimentan un vago malestar? El adicto al trabajo se miente a sí mismo y les miente, por tanto, a los demás. En realidad, hace todo lo posible por no tener un instante libre, por ser un esclavo del trabajo: ocupando todo su tiempo, tiene un pretexto perfecto para no preguntarse en realidad qué desea y para no satisfacer el deseo de los demás. Ocupando todo su tiempo disponible no tiene que responder a ninguna pregunta compleja (el deseo es una pregunta inquietante°) y a la vez se siente dispensado° de ofrecerse él mismo como objeto de placer a los demás. "No puede" tomar un café con el amigo porque hace horas extras, "no puede" escuchar a sus hijos porque no dispone de tiempo, "no puede" hacer el amor de manera relajada y libre porque está cansado.

Mientras él huye de su insatisfacción tapándola con la alienación de su entrega desmedida° al trabajo, se convierte, a su vez, en fuente de insatisfacción para los otros: el amigo que quiere tomarse un café con él ve continuamente frustrada su demanda, sus hijos se sienten permanentemente relegados, y su esposo/a (o su compañero/a, o su amante), decepcionado/a. No es extraño, entonces, que a su vez, los amigos, los hijos y los cónyuges° imiten el mecanismo y también traten ellos de estar siempre ocupados, para no hacerle reproches y para ocultar su propia insatisfacción.

La adicción al trabajo cuenta con la mejor de las publicidades de este mundo. En primer lugar, cumplir con el trabajo es una virtud. ¿Dónde está la frontera

toil
unsettling / excused
excessive
spouses

entre el deber de realizar bien el trabajo y comenzar a usarlo como gran
25 justificación de las frustraciones a las que sometemos° a los demás? "Trabaja demasiado" es una disculpa que cuenta con todo el beneplácito° social. Es más, inspira ternura y compasión. Es muy difícil desenmascarar° a alguien que se está protegiendo de cualquier demanda con el pretexto del trabajo, porque nunca se sabe si él se lo cree o no.

subject / *consent* / *unmask*

30 Antiguamente, el trabajo era la excusa del marido infiel ante la santa esposa. Por lo menos, quien practicaba este encubrimiento° era consciente de que en el mundo había dos cosas: el placer y el trabajo, en ese orden. El trabajo era experimentado como el obstáculo al placer. Ahora, la tendencia es a invertir los valores. Es más, para muchos, el trabajo se convierte en el único, equívoco° placer.
35 Lo más probable, hoy día, es que cuando un marido o un amante le dice a su esposa o a su pareja que no puede ir a verla porque tiene mucho trabajo en la oficina, no es que esté a punto de serle infiel: es verdad.

concealment / dudoso

Por supuesto, esto no sería grave si los adictos al trabajo, que aparentemente renuncian° a cualquier otro deseo, no se sustrajeran° de este modo a ser fuentes de
40 placer para los demás. El problema es que al esclavizarse ellos al trabajo —para huir de la inquietud, de la incertidumbre° y de cualquier pregunta sobre ellos mismos— crean insatisfacción a su alrededor y nuevos insatisfechos tratarán de encadenarse° al trabajo para no sentir ese vacío, esa ausencia que es el deseo o el deseo postergado.°

give up / withdraw / *uncertainty* / *chain themselves* / *postponed*

La adicción al trabajo es una coartada° difícil de desmontar° porque en
45 sociedades donde todo gira sobre el consumo y el mercado, el ocio (con todas sus posibilidades teóricas) es temido. El ocio convoca muchos fantasmas° qué soy, para qué sirvo, cuál es mi placer. Evitando el ocio, estas preguntas pueden postergarse indefinidamente.

excuse / expose / *ghosts*

El adicto al trabajo ignora, sin embargo, que hay un momento de paro
50 definitivo: el de la muerte, y que si ésta le da un rato de ocio (único momento en que parará de trabajar) entonces, quizá, se haga esa terrible pregunta que tantas veces se escucha de los moribundos°, "¿Para qué todo?"

dying people

7-31 Consecuencias. Describe lo que pasa con la persona adicta al trabajo en estas situaciones. Encuentra en la lectura la explicación correspondiente o trata de deducir la respuesta. ¿Qué pasa cuando…

1. …la persona adicta tiene un momento libre?
2. …su amigo/a lo/la llama para tomar un café?
3. …sus hijos quieren hablar con él/ella?
4. …su pareja quiere hacer el amor?
5. …los demás ven el trabajo como una virtud?
6. …se usa el trabajo como una excusa contra cualquier demanda?

2 7-32 **¿Contento o descontento consigo mismo?** Según la lectura, el adicto al trabajo evade sus responsabilidades hasta el final de su vida. Respondan estas preguntas basándose en la lectura. Presenten sus conclusiones a la clase.

1. ¿Por qué hace todo lo posible por no tener un instante libre?
2. ¿De qué huye el adicto al trabajo? ¿Qué reacción produce esto en los demás?
3. ¿Por qué se teme el ocio en una sociedad de consumo? ¿A qué preguntas nos enfrenta el ocio?
4. ¿Cuál es el paro definitivo? ¿Qué pregunta se oye de algunos al final de la vida?
5. En tu opinión, ¿están de acuerdo en que el adicto al trabajo huye de sí mismo o tiene otras razones para trabajar mucho?

G 7-33 **Valores.** Describe los valores y la actitud que tienen estas personas en cuanto al trabajo y al placer, según la lectura. ¿Qué es o no es importante para estas personas? ¿Por qué? Elabora tu descripción con tus propias ideas y opiniones.

- el marido infiel
- el adicto al trabajo
- las personas relacionadas con el adicto

G 7-34 **Las horas extra.** Según el artículo, en la sociedad de consumo en que vivimos, las horas extras nos permiten adquirir más bienes materiales, pero nos alienan de nosotros mismos. ¿Están de acuerdo con estas afirmaciones? Coméntenlas y luego presenten sus conclusiones a la clase.

1. Las horas extras siempre son signo de adicción al trabajo.
2. Las personas que tienen dos empleos no quieren enfrentarse a sí mismas.
3. Para algunos, el trabajo es la diversión más emocionante de su vida. ¿En qué casos? ¿Por qué?
4. Para triunfar en la vida hay que hacer horas extras.

2 7-35 **Para discutir.** Lean las dos expresiones presentadas aquí y explíquenlas. Luego decidan cuál describe mejor la actitud de esta sociedad hacia el trabajo. Compartan sus opiniones con otras parejas.

Se debe vivir para trabajar. Se debe trabajar para vivir.

1. ¿Con cuál de estas expresiones están de acuerdo?
2. ¿Qué ventajas y desventajas tiene cada una de estas actitudes en la vida?
3. ¿Cuál aplican ustedes en su vida y por qué?

Poema

Ernesto Gutiérrez Granada (1929)

Ernesto Gutiérrez Granada es un poeta nicaragüense contemporáneo. En su poesía, a menudo critica algunos aspectos del siglo XX. En el lenguaje de este poema observamos el uso de términos en inglés.

Business Administration

Gerente de Ventas
Jefe de Producción
si Ud. no sabe nada
haga su *application*.
5 Envíe foto de frente
de perfil° y de 3/4
en camisa de ejecutivo
y corbata de gran señor.
No olvide que exigimos
10 ante todo, presentación.
Tendrá secretaria bilingüe
y servicio de *office-boy*.
Un sueldo por las nubes
y libre *transportation*
15 pero nos dirá en su currículum
cuánto nos da, 2 × 2.
Gerente de Ventas
Jefe de Producción
si Ud. no sabe nada
20 aproveche esta ocasión.

°*profile*

7-36 ¿Dónde dice esto? Señala los versos que presentan cada una de estas ideas.

1. Un directivo recibe muchos beneficios.
2. Lo más importante para conseguir un trabajo administrativo es tener buena presencia.
3. No se necesita mucha formación para ser ejecutivo.

2 **7-37** **¿Cuál es tu opinión?** En parejas, comenten las siguientes afirmaciones y tomen notas sobre sus conclusiones para presentarlas a la clase.

1. Todas las personas con cuatro años de estudios universitarios consiguen trabajos con sueldos muy buenos.
2. Los ejecutivos gozan de demasiados privilegios. Sería más justo distribuir esos beneficios entre todos los empleados.
3. La buena imagen y el buen trato son lo más importante para ascender dentro de una compañía.

7-38 **¿Al trabajo o al ocio?** La mayoría de las personas tienen que trabajar para ganarse el pan de cada día, pero a todos nos gusta el tiempo libre. Escribe un poema de cuatro o cinco versos que exprese tus sentimientos hacia tu trabajo o hacia los momentos de ocio, o hacia las dos cosas juntas. Luego compártelo con la clase.

MODELO: *Las dos voces*
El ocio es lo que quiero.
Pero el trabajo me reclama°. — *is calling*
El uno me ofrece los placeres del ser
El otro me obliga al cumplir,
Me ata° al hacer, el hacer, el hacer, el hacer... — *ties*

Diario

¿Cuál sería tu trabajo ideal? ¿Cuántas horas trabajarías? ¿Qué harías en este trabajo? ¿Dónde trabajarías? ¿En tu casa; en una oficina; al aire libre; en otro lugar...?

Avancemos con la escritura

Estrategia de escritura: *The Cover letter*

As you well know, when applying for a job, you need to send a curriculum vitae together with a cover letter. Here you are going to learn how to write a cover letter to apply for a job in a Spanish-speaking country.

The language of the cover letter needs to have the ideas expressed in a clear and dynamic manner. It has to explain who you are and why you are interested in that particular job. Here are some set phrases that are used in this type of letter.

- **Saludo**: El saludo va siempre seguido de dos puntos (:)
  Distinguidos señores:
  Estimado/a señor/a:
- **Introducción**: Se empieza el texto de la carta con una de estas frases introductorias.
  Me dirijo a usted a fin de solicitar...;
  Me dirijo a ustedes en relación al puesto...;
  Tengo el gusto de dirigirme a ustedes para....
- **Descripción personal**: En pocas palabras, destaca tus conocimientos más importantes para el trabajo.
- **Pedido de entrevista**: Estoy disponible para una entrevista cuando...
- **Cierre o despedida**: Se termina la carta con una de estas frases.
  Quedo a la espera de sus noticias...
  Sin más, lo/la saluda atentamente / cordialmente...
- **Firma y datos personales**: Termina la carta con tu dirección y número de teléfono debajo de tu firma.

Boston, 14 de marzo de 2004

El Cactus
Compañía de importación y exportación
Paseo de la República 2061
06140 México, D.F., México

Estimados/as señores/as:

Tengo el gusto de dirigirme a ustedes a fin de solicitar el puesto de programador/a de computadoras que apareció en el diario *El metropolitano* de este mes. Entiendo que la compañía está en su primer año de existencia y busca personas dinámicas. Creo que yo puedo ofrecerles exactamente lo que necesitan.

Tengo una maestría en informática de la Universidad de Boston y hablo español perfectamente. Además tengo amplios conocimientos sobre negocios internacionales. Mi currículum detalla mi experiencia en el área de relaciones internacionales en diferentes compañías de los EE.UU.

Estaré en Guadalajara dentro de dos semanas y me gustaría visitar sus instalaciones y tener una entrevista. Las personas indicadas en mi currículum pueden darles más referencias sobre mi capacidad profesional.

A la espera de sus prontas noticias, los/las saluda atentamente,

Ana Ester Gutiérrez
20 Knapp St.
Boston, MA 02115
617-354-2434

Boletín

La búsqueda de trabajo en Internet es algo ya muy común en todo el mundo hispanoamericano. Busca algunas direcciones útiles para ayudarte en tu búsqueda.

2 7-39 **Feria de trabajo.** Ayer ustedes asistieron a una feria de trabajo organizada por la universidad, y consiguieron las direcciones de varias empresas internacionales interesadas en personas que sepan hablar español. Escojan una de las siguientes empresas para mandarles su currículum y una carta de presentación. Hagan una lista de las características de la persona ideal para el trabajo escogido.

1. McDonald's necesita personas bilingües para trabajar en sus oficinas centrales en la Ciudad de México. El trabajo es para entrenar a personas mexicanas interesadas en ser gerentes del negocio.
2. IBM va a abrir una nueva sucursal de ventas en Córdoba, Argentina. Busca personas bilingües preparadas en el uso de computadoras y en ventas.
3. La Escuela Americana de Quito, Ecuador, busca profesores de historia de Estados Unidos y de inglés.

2 7-40 **La presentación.** Ustedes quieren causar una buena impresión con su carta cuando soliciten el trabajo. Decidan las frases que van a utilizar para estas partes de la carta de presentación.

1. Saludo
2. Introducción
3. Pedido de entrevista
4. Despedida

2 7-41 **Detalles personales.** Escribe una lista de tus habilidades y compárala con la lista del ejercicio **7-39**. Haz los cambios necesarios en tu nueva lista para demostrar que eres capaz de hacer el trabajo que requiere la empresa. Compártela con un/a compañero/a para que te dé consejos sobre cómo mejorarla.

2 7-42 **Mi carta de solicitud.** Junta las frases del ejercicio **7-40** con tus características personales para escribir la carta de solicitud. Ten presente a quién le escribes. Luego muéstrale la carta a tu compañero/a para que te dé sus comentarios.

Antes de entregar tu composición, asegúrate de haber incluido y revisado lo siguiente:

El subjuntivo en cláusulas adjetivas
El **se** impersonal
Los adjetivos con **lo**
El **vocabulario** del capítulo
Expresiones útiles
Sigue el formato de carta especificado arriba.

Atando cabos: ¿Dónde encontraré trabajo?

En esta parte del capítulo van a realizar una serie de actividades relacionadas con la búsqueda de trabajo.

G 7-43 ¿Qué se considera trabajo para ustedes? Decidan si Uds. consideran trabajo las actividades de la lista. Expliquen por qué sí o no son trabajo.

1. Un profesor de educación física participa de un torneo de tenis.
2. Después de una ceremonia religiosa, el oficiante merienda con las personas de su iglesia.
3. Unos estudiantes comentan en la cafetería la forma de dar clase de un profesor.
4. Un hombre acompaña a su mujer a la cena de fin de año de su trabajo.
5. Un perro le ladra a la gente que pasa por la calle.
6. Una mujer llena un cubo de agua y lo vacía.
7. Unas niñas construyen una casa con cubos de madera.

7-44 ¿Cuál es tu preferencia? ¿En cuál de estas areas te gustaría buscar trabajo? ¿Tienes experiencia en alguno de los ámbitos de mayores posibilidades? Compártelo con tu compañero/a. Explica por qué te interesa.

Nuevas fuentes de trabajo

Los técnicos denominan como nuevas fuentes de empleo a las recientes ofertas de trabajo que han surgido de las transformaciones del mercado. Entre esos cambios se destacan: el envejecimiento de la población; la incorporación de la mujer al mercado de trabajo; la creciente urbanización; la toma de conciencia de nuevos problemas; el avance y uso masivo de las nuevas tecnologías de la información, el deterioro del medio ambiente y el creciente interés por el ocio o la cultura.

Las nuevas fuentes de trabajo no son la solución final al problema del desempleo, pero sí son una forma de contribuir a disminuirlo. Las fuentes más importantes se pueden clasificar en cinco grupos:

1. Servicios para la vida diaria: servicios a domicilio, cuidado de los niños, nuevas tecnologías de información y comunicación, ayuda a los jóvenes en dificultad e inserción de los jóvenes en el mercado de trabajo.
2. Servicios para mejorar la calidad de vida: mejora de la vivienda, seguridad, transportes colectivos locales y revalorización de espacios públicos urbanos.
3. Servicios culturales y de ocio: turismo, sector audiovisual, revalorización del patrimonio cultural y desarrollo cultural local.
4. Temas medioambientales: gestión de residuos, gestión de aguas, protección y mantenimiento de zonas naturales y control de la contaminación.

2 7-45 **¿Cómo encontrar trabajo?** Ya sabes cuál es el trabajo ideal de tu compañero/a. Ahora debes hacerle sugerencias y darle indicaciones precisas sobre cómo encontrarlo.

MODELO: *Busca en la bolsa de trabajo de la universidad. Allí siempre hay ofertas de trabajo de pocas horas por semana.*

Ventana al mundo

El desempleo

No es fácil encontrar trabajo tanto en los países latinoamericanos como en España. En muchos países la tasa de desempleo es muy alta, entre un 18 y un 20 por ciento. Hay personas con títulos universitarios que deben trabajar por un tiempo en puestos mal pagados y ajenos a su campo de estudios antes de encontrar trabajo en su especialidad. Esta gráfica presenta el porcentaje de las áreas laborales que generan más trabajo en España.

¿Cómo es la situación en tu región? Busca información sobre el desempleo y los sectores que más trabajo ofrecen en tu estado. Compara los datos con los que aparecen en la gráfica. Luego preséntale los resultados a la clase.

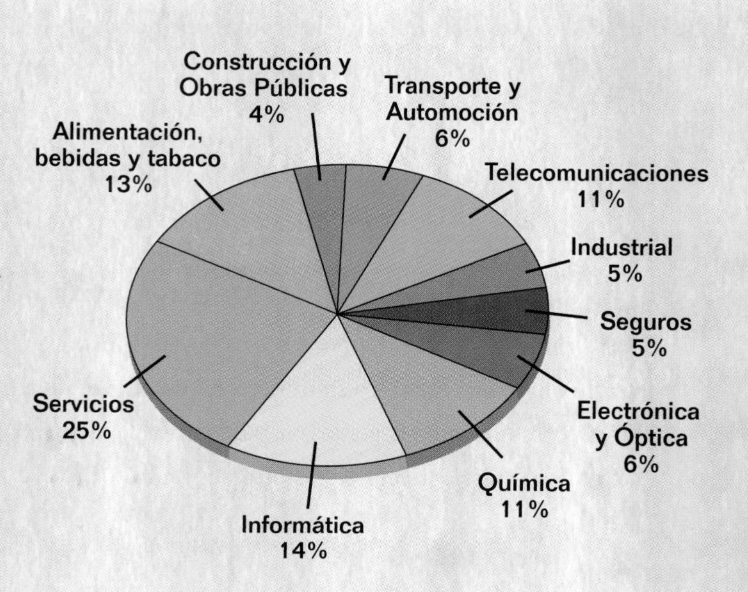

7-46 **La búsqueda.** Busca en Internet o en otros medios algunas ofertas de trabajo disponibles en Hispanoamérica y prepara un pequeño informe para la clase explicando qué encontraste y por qué te interesan estas ofertas.

MODELO: *En el periódico* El País *encontré una oferta para un puesto de camarero/a en el café Planeta Hola de Madrid. Buscan gente que sepa español e inglés, que…*

¿Quieres pertenecer al mundo de las estrellas?

Abre sus puertas en Madrid. Para ello, buscamos profesionales de ambos sexos, buena presencia y entusiastas que quieran unirse a nuestro equipo.

Necesitamos:

- ★ **Camareros y ayudantes**
- ★ **Bartenders y ayudantes**
- ★ **Recepcionistas y azafatas**
- ★ **Disc Jockeys**
- ★ **Jefes de turno de cocina / Cocineros**
- ★ **Reposteros y ayudantes**
- ★ **Encargado de almacén y ayudantes**
- ★ **Personal de limpieza**
- ★ **Personal de mantenimiento**
- ★ **Aparcacoches**

Para los 3 primeros puestos es imprescindible un nivel alto de inglés, valorándose otros idiomas.

Si estás interesado en formar parte de nuestro equipo, preséntate a las entrevistas con tu DNI, cartilla de la S.S. (orginales y fotocopia), 2 fotografías de carnet y dos referencias, que tendrán lugar los días 22, 23 y 24 de febrero en el Hotel España, c/Marqués de Villalonga, 4, Madrid 28014

7-47 El currículum vitae. El puesto en Planeta Hola te interesa mucho. Ahora tienes que enviar tu currículum vitae. Prepara tu C.V. en español y luego preséntaselo a otros estudiantes de la clase. Ellos te van a dar sus comentarios y tú debes estar listo/a para comentar los C.V. de tus compañeros/as.

Éstos son los datos que se deben incluir en un currículum:

- Datos personales: Apellidos, nombre, lugar de nacimiento, fecha de nacimiento, nacionalidad, estado civil, domicilio.
- Datos académicos: Títulos (del más reciente al más antiguo).
- Cursos o estudios realizados, con un apartado especial para idiomas y conocimientos de informática.
- Datos profesionales: La experiencia profesional se debe presentar empezando por el último trabajo.
- Referencias: Se termina con el nombre y dirección de dos personas que sirvan como referencia.

CURRÍCULUM VITAE

DATOS PERSONALES

Apellidos:	Crespo Latorre
Nombre:	Lidia
Lugar de Nacimiento:	Mexico D. F.
Fecha de Nacimiento:	5 de enero de 1978
Nacionalidad:	mexicana
Estado Civil:	soltera
Domicilio Particular:	Cerro del Agua, 232 04310 México Tel. 1 20 24 66
Domicilio Profesional:	Texmex Edificio Torres del Sol 21° piso Avenida de la Universidad, 975 03100, México Tel. 1 23 54 55

ESTUDIOS REALIZADOS Y TÍTULOS

Junio 2004	Licenciatura en Administración de Empresas Facultad de Ciencias Económicas Universidad de Monterrey
Junio 1999	Diploma de Contadora Facultad de Ciencias Económicas Universidad de Monterrey

EXPERIENCIA PROFESIONAL

2000–2002	Banco de Crédito Mexicano Gerente de Inversiones Internacionales
2000	Banco Hispanoamericano Responsable de Comercio

OTROS CONOCIMIENTOS

Idiomas:
- Español: Lengua materna
- Inglés: Hablado: muy bueno; Leído: muy bueno; Escrito: bueno
- Francés: Hablado: bueno; Leído: muy bueno; Escrito: muy bueno

Computación: Conocimientos de Java, PowerPoint

Aficiones: Natación, Viajes, Lectura

FECHA *15 de octubre de 2004* **FIRMA** *Lidia Crespo Latorre*

Vocabulario

Para buscar trabajo

el/la aspirante	*applicant*
el/la candidato/a	*candidate*
el currículum vitae	*résumé*
la entrevista de trabajo	*job interview*
la experiencia laboral	*work experience*
la hoja de vida	*résumé*
la oferta de trabajo	*job offer*
el puesto	*position*
la solicitud de empleo	*job application*
el sueldo	*salary*
el tempo parcial	*part time*
el trabajo	*job, work*

Sustantivos

la administración	*management*
la Administración de Empresa	*Business Administration*
el ambiente de trabajo	*workplace atmosphere*
el ambiente empresarial	*business climate*
el aumento	*increase*
el beneficio	*benefit*
la capacitación	*training*
el código (ético)	*code of ethics*
el compromiso	*commitment*
los/las demás	*the others*
el desarrollo	*development*
el desempleo	*unemployment*
los directivos	*management, directors*
la disculpa	*excuse*
el /la ejecutivo/a	*executive*
el/la empleado/a	*employee*
el/la empleador/a	*employer*
la empresa	*business, company*
el equilibrio	*balance*
el éxito	*success*
la forma	*way, form, manner*
el formulario	*form*
el/la gerente/a	*manager*
el horario	*schedule, time*
la informática	*computer science*
la jubilación	*retirement*
la licencia	*leave from a job*
la licencia sin goce de sueldo	*leave without pay*
el/la licenciado/a	*university graduate*
la meta	*goal*
el ocio	*leisure*
el placer	*pleasure*
la política	*policy*
la programación de computadoras	*computer programming*
los recursos humanos	*human resources*
el resultado	*result*
la reunión	*meeting*
la secretaría	*office*
el seguro de desempleo	*unemployment insurance*
la venta	*sale*
la ventaja	*advantage*

Verbos

actuar	*to act*
aplicar	*to apply something on*
aprovechar	*to take advantage of*
ascender (ie)	*to advance, promote*
atender al público	*to deal with the public*
atraer	*to attract*
capacitarse	*to train*
contar con	*to count on*
contratar	*to hire*
convenir	*to be convenient, to suit one's interests*
costarle (ue) a uno	*to be hard for someone*
cumplir con	*to fulfill, execute*
disponer de	*to have at one's disposal*
enfocar (un problema)	*to focus; to approach a problem*
entrenar	*to train*
estar encargado/a	*to be in charge*
exigir	*to demand*
firmar	*to sign*
hallar	*to find*
huir	*to flee*
postergar	*to postpone*
proponer	*to propose, to plan, intend*
proponer metas	*to set goals*
realizar	*to do*
resolver (ue)	*to solve*
retener	*to retain, to keep*
solicitar	*to apply for, to solicit*
tener en cuenta	*to take into account*
tratarse de	*to be a question of*

Adjetivos

amplio/a	*ample, wide*
decepcionado/a	*disappointed*
disponible	*available*
emprendedor/a	*enterprising*
infiel	*unfaithful*
libre	*free*
siguiente	*following, next*

Adverbios

así	*thus, so*
de este modo	*in this way*
en ese caso	*in that case*
únicamente	*solely*

Expresiones idiomáticas

alcanzar una meta	*to reach a goal*
antecedente laboral	*job/work record*
dominar otros idiomas	*to be fluent in other languages*
solicitar un trabajo	*to apply for a job*
tener afán de superación	*to expect a lot of oneself*
tener facilidad de palabra	*to be articulate*
tener iniciativa	*to show initiative*
tomar decisiones	*to make decisions*
trabajar en equipo	*to work as a team*

8 Hablemos del arte

José Clemente Orozco (1881–1949) *El rebelde*, 1932–34, fresco.

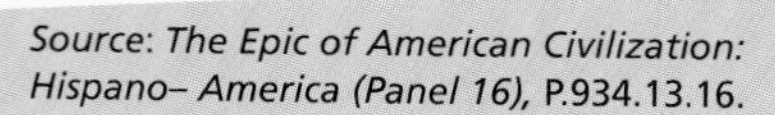
Source: The Epic of American Civilization: Hispano– America (Panel 16), P.934.13.16.

"Sobre gustos y colores no han escrito los autores."
–Refrán popular

Tema cultural

Los muralistas mexicanos

Frida Kahlo y el surrealismo

El arte popular

Objetivos comunicativos

Hablar de arte en general

Describir y evaluar el arte

Usar exclamaciones

Expresar deseos en el pasado

Expresar consejos y dudas en el pasado

Pedir algo cortésmente

Expresar manera y tiempo en el futuro

Expresar duda, propósito y condición

Expresar opiniones y tratar de convencer a otros

Película recomendada para este capítulo:
Frida, Julie Taymor, EE.UU., 2002

Canción recomendada para este capítulo:
Frida, Kahlo, Guadalupe Urbina

En marcha con las palabras

En contexto: Rivera, un maestro de la pintura

Diego Rivera (1886–1957) *Autorretrato*, 1949. Fundacion Dolores Olmedo, Mexico City, Mexico. Schalkwijk/Art Resource, NY.

Diego Rivera, el famoso muralista mexicano, es considerado uno de los **pintores** más importantes del siglo XX. Nació en Guanajuato, México, en 1886 y empezó a **pintar** desde que era muy joven. A los veinte años viajó a Europa para continuar sus estudios de arte. Allí conoció los diferentes "**ismos**" de la época: **expresionismo, impresionismo, surrealismo**; pero lo que más influyó en él fue la **estética** de Pablo Picasso.

En 1921, Rivera regresó a México y comenzó a trabajar para **fomentar** las **bellas artes** en su país. **Se alejó del** arte abstracto y se dedicó especialmente a hacer murales en importantes **edificios** públicos, **patrocinado** por el gobierno mexicano. En los murales, representó con realismo la vida de su pueblo. La historia mexicana y la importancia de lo indígena fueron dos de sus grandes fuentes de inspiración.

Sus **pinturas** muestran diferentes aspectos del pueblo mexicano. Además, como Rivera fue un activista político, **a menudo** sus **cuadros** y murales **reflejan** una fuerte preocupación por la situación social, económica y política de su país.

Diego Rivera murió en México en 1957. Después de su muerte, su casa, que también era utilizada como **taller** de pintura, se **inauguró** como museo. Hoy, miles de personas pueden **apreciar** allí las maravillosas **obras de arte** de este pintor. Con su **pincel** y su **paleta**, Rivera creó **obras maestras** que **retrataron** aspectos **claves** de su país.

Diego Rivera (1886–1957), *El Zapatista*, 1949. Aquí puede verse la experimentación de Rivera con el cubismo. Museum del Palacio del Bellas Artes, Mexico. © Banco de Mexico Diego Rivera & Frida Kahlo Museums Trust. Av. Cinco de Mayo No. 2, Centro, Del. Cuauhtemoc 06059, Mexico, D.F. Reproduction authorized by the Instituto Nacional de Bellas Artes y Literatura. Bridgeman–Giraudon/Art Resource, NY.

Diego Rivera (1886–1957) Mexican, *Sueño de una tarde dominical en la Alameda Central*, detalle, 1947–48. Hotel del Prado, Mexico City, Mexico. Schalkwijk/Art Resource, NY.

Ésta es una de las obras maestras de Rivera. En ella, el artista hace un **esquema** o **bosquejo** de la historia y de la sociedad mexicana. La obra tiene **líneas** bien **definidas**, un gran **colorido** y un **cuidadoso manejo** de los detalles, como puede verse en la ropa de los personajes y en las expresiones de sus caras. **Al fondo** del cuadro se ven los árboles de la Alameda, que sirven como **marco** del mural. En un **primer plano aparecen** las imágenes de varios personajes famosos, como Frida Kahlo, pintora y esposa del artista, José Martí, escritor cubano, y el propio Diego Rivera a los nueve años. Ésta es una obra con mucha **luz**. Sólo hay un poco de **sombra** a la derecha donde pueden verse algunas personas del pueblo.

Aunque Diego Rivera es más conocido por sus **pinturas al fresco**, también experimentó con diferentes **técnicas**, como **óleo** sobre **lienzo**, **pastel** y **acuarela**. También hizo algunos **dibujos** a lápiz.

Diego Rivera (1886–1957) Mexican *Naturaleza Muerta Española*, 1918. 54 × 65 cm. Col. Museo Casa Diego Rivera, Gta. Archive CENIDIAP/INBA. Centro Nacioal de las Artes, Biblioteca de las Artes (Mexico).

Diego Rivera (1886–1957), *Juchiteca*, 1954.

Rivera pintó varios **retratos**, tanto de gente famosa de México, como de gente común. Su obra se **convierte** así en una **auténtica** reflexión sobre la nación mexicana.

PALABRAS CONOCIDAS

Descripción del arte

Estas palabras deben ser parte de tu vocabulario.

El arte

la creación	*creation*
crear	*to create*
la galería de arte	*art gallery*
la madera	*wood*
la pared	*wall*

Cognados

la colección	figurativo/a
el collage	la imagen
el color	la influencia
dinámico/a	la interpretación
exhibir	maravilloso/a
la exposición	la miniatura
la figura	la originalidad
la forma	la reproducción
la fama	la serie
fantástico/a	el símbolo

EXPRESIONES ÚTILES

a lo largo de	*during, throughout*
a menudo	*often*
aparte de	*aside from*
no bien	*as soon as, just as*
sin embargo	*nevertheless, however*

A lo largo de su vida, Rivera experimentó con diferentes corrientes artísticas.
Throughout his life, Rivera experimented with different artistic movements.

Rivera recibía **a menudo** visitas de personajes políticos importantes.
Rivera often received the visit of important political personalities.

Aparte de sus famosos murales, Rivera pintó otras obras igualmente importantes. Trabajaba rápidamente. **No bien** terminaba una obra, empezaba otra.
Aside from his famous murals, Rivera painted other works of equal importance. He worked quickly. As soon as he finished one project, he would start another one.

De su estadía en Europa, lo que más influyó en él fue el arte de Pablo Picasso. **Sin embargo**, de regreso a su país se alejó del arte abstracto y se dedicó a hacer murales.
During his stay in Europe, what influenced him the most was Pablo Picasso's art. However, once back in his own country, he distanced himself from abstract art and devoted himself to making murals.

8-1 **A. ¿Qué es?** Completa las siguientes definiciones con la palabra apropiada del vocabulario. Agrega los artículos que correspondan.

1. Lo opuesto de la luz es…
2. Un cuadro que representa la cara de una persona es…
3. El lugar en el que el pintor trabaja es…
4. Un sinónimo de exhibir es…
5. El pintor que se retrata a sí mismo en un cuadro pinta…
6. Lo opuesto del primer plano es…

B. Ahora escoge tres palabras nuevas de la lectura y escribe una definición para cada una. Luego pregúntale a otro/a estudiante cuál es la palabra que corresponde a cada definición.

1. ______________________________
2. ______________________________
3. ______________________________

8-2 ¿A qué grupo pertenece? En parejas, completen el siguiente cuadro con las palabras adecuadas de **En contexto**.

técnicas	corrientes artísticas	materiales / instrumentos

8-3 El arte y tú. Para saber el lugar que tiene el arte en tu vida contesta estas preguntas. Trabaja con un/a compañero/a.

1. ¿Cuáles fueron las corrientes artística que Rivera exploró a lo largo de su vida? ¿Las conoces?
2. Aparte de Rivera, ¿qué otro muralista se presenta al principio del capítulo?
3. ¿Visitas museos de arte a menudo? ¿Cuántas veces al año?
4. ¿Qué manifestaciones artísticas has visto a lo largo del semestre? ¿Alguna exposición de escultura o pintura? ¿Algún concierto de música clásica o moderna? ¿Alguna representación de arte dramático? ¿Cine?
5. ¿Sabes qué grupos artísticos hay en el campus, aparte del grupo de teatro? ¿Cuáles son? ¿Qué hacen?

8-4 Crítica de arte. Imaginen que ustedes son críticos de arte y están en una exposición de Diego Rivera. Escojan uno de sus cuadros y analícenlo. Tengan en cuenta los siguientes elementos:

1. ¿Cómo es el cuadro? (describan los detalles, la luz, la sombra, el colorido, las líneas)
2. ¿Cuál es el tema (o los temas) que se representa(n) en la obra?
3. ¿Qué emociones refleja el cuadro?
4. ¿Cuál es el mensaje que quiere expresar el pintor?
5. ¿Qué opinan ustedes de esta obra?

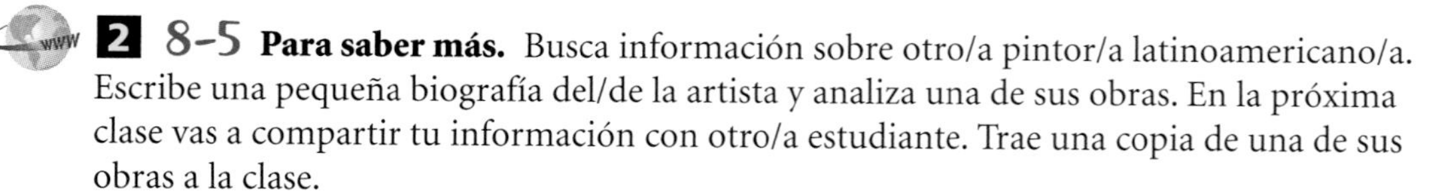

8-5 Para saber más. Busca información sobre otro/a pintor/a latinoamericano/a. Escribe una pequeña biografía del/de la artista y analiza una de sus obras. En la próxima clase vas a compartir tu información con otro/a estudiante. Trae una copia de una de sus obras a la clase.

Ventana al mundo

José Clemente Orozco (1883–1949)

José Clemente Orozco es considerado por muchos críticos como el mejor muralista desde la época de los primeros muralistas italianos. Su arte representa los ideales de justicia social de la revolución mexicana, pero al mismo tiempo tiene una visión más universal de hermandad entre las naciones, y de un mundo libre de explotación y violencia. Sus murales decoran muchos edificios, tanto en México como en los EE.UU. Podemos ver algunas de sus obras en el edificio de la Corte Suprema mexicana, el Hospicio Cabañas en Guadalajara, la Escuela Nacional Preparatoria en México, Dartmouth College en New Hampshire, Pomona College en California y New School University en Nueva York.

Cada cual tiene su gusto. Comenta con tu compañero/a este mural de Orozco. Compáralo con el mural "El rebelde" que aparece en la página 246. Describe los colores, el tema y la impresión que deja en ti.

Mural de Jose Clemente Orozco, Mexican (1883–1949) *Man Released from the Mechanistic to the Creative Life*, 1932, Fresco. P.932.12. Hood Museum of Art; Dartmouth College, Hanover, NH; Commissioned by the Trustees of Dartmouth College. © Clemente V. Orozco. Reproduction authorized by the Instituto Nacional de Bellas Artes y Literatura.

¡Sin duda!

hacerse – llegar a ser – ponerse – volverse

The words **hacerse, llegar a ser, ponerse**, and **volverse** can be translated as *to become* in English in the following context.

Palabra	Explicación	Ejemplo
hacerse	*with* **rico**, **famoso**, *religions, and political affiliations*	Frida Kahlo **se hizo** famosa con sus autorretratos. *Frida Kahlo became famous with her self-portraits.*
llegar a ser	*when it refers to a change that took a long time or is the product of a series of events (usually with a positive connotation)*	Frida Kahlo **llegó a ser** una de las pintoras más famosas del siglo XX. *Frida Kahlo became one of the most famous painters of the 20th century.*
ponerse	*with most adjectives*	Frida Kahlo **se puso** muy contenta cuando supo que esperaba un hijo de Diego. *Frida Kahlo became very happy upon knowing that she was expecting Diego's child.*
volverse	*with* **loco** *in most cases, equivalent to* **hacerse**	Los problemas físicos la **volvían loca de dolor**. *Her physical problems were driving her crazy with pain.*

G 8-6 **Encuesta.** Pregúntales a varias personas de la clase si están o no de acuerdo con las siguientes afirmaciones. Luego informa a tus compañeros de clase los resultados de tu encuesta.

MODELO: *Algunas de las personas que entrevisté están de acuerdo con la afirmación que sostiene que todos los artistas se hacen famosos después de morir.*

Declaraciones	Sí	No
Todos los pintores se hacen famosos después de morir.		
Para ser un buen artista hay que volverse un poco loco.		
Para llegar a ser un artista famoso hay que tener muchos contactos.		
Los artistas siempre se ponen contentos cuando venden sus obras.		

2 8-7 **¿Cómo eres tú?** Háganse estas preguntas para conocerse mejor.

1. ¿Qué quieres llegar a ser?
2. ¿Qué cosas te ponen triste?
3. ¿Qué cosas te vuelven loco/a porque te molestan mucho? Explica.
4. ¿Es importante para ti hacerte rico/a?, ¿famoso/a? ¿Por qué?
5. Cuando estás triste o deprimido/a, ¿qué haces para ponerte contento/a o de buen humor?

Diario

¿Qué te gustaría llegar a ser? ¿Por qué? Describe cómo sería tu vida.

Ventana al mundo

David Alfaro Siqueiros (1896–1974)

Siqueiros fue uno de los tres grandes muralistas mexicanos junto con Diego Rivera y José Clemente Orozco. Además de pintor, fue un activista político comprometido en la lucha por los derechos de la clase obrera y de todos los que sufrían injusticia dentro de la sociedad mexicana. Su tratamiento del espacio y el volumen produce un efecto tal que parece que las imágenes de sus obras salieran de la pared y cobraran vida propia.

¿Quién era? Busca más información sobre David Alfaro Siqueiros. Trae a clase dos o tres datos sobre su vida y una copia de alguna de sus obras para compartir con tus compañeros.

David Alfaro Siqueiros, *El Pueblo para la Universidad y la Universidad para el Pueblo.* Mural de la Universidad Nacional Autónoma de México, México, D.F. Schalkwijk/Art Resource, NY.

Así se dice

Elogios y alabanzas *(praise)*

Éstas son algunas de las expresiones que se usan para elogiar (*to praise*) una obra de arte.

¡Qué bonito/a, bello/a!	*How beautiful!*
¡Qué lindo/a!	*How nice, pretty!*
¡Me encanta!	*I love it!*
¡Es maravilloso/a, fabuloso/a!	*It is marvelous, fabulous!*
Este/a pintor/a es genial.	*This painter is a genius!*
¡Es verdaderamente una obra de arte!	*It is truly a work of art!*
¡Me deja sin palabras!	*I am speechless!*
¡No tengo palabras para describirlo/a!	*There are no words to describe it!*

Cómo describir una obra de arte

Éstos son algunos criterios para describir una obra de arte.

Color: monocromático, colorido, brillante, claroscuro, luz, sombra

Tema: individualista, universal, doméstico, religioso, natural, social, político, histórico

Técnica: óleo, témpera, fresco, acuarela, dibujo, lápiz, tinta (*ink*), papel, lienzo

Tema representado: paisaje, retrato, autorretrato, abstracto, figurativo, naturaleza muerta, escenas domésticas, escenas de guerra, escenas mitológicas

Corriente estética: (Ver lista en el Boletín)

Además piensa en el mensaje que la obra transmite y en los sentimientos que inspira en el observador. ¿Son sensaciones de paz, felicidad, armonía, belleza, redención, violencia, agresividad, dolor, desesperación?

Boletín

Corrientes estéticas

el arte abstracto
el cubismo
el expresionismo
el impresionismo
el muralismo
el realismo
el romanticismo
el surrealismo

8-8 A. ¡Tú eres el artista! Vas a hacer un dibujo abstracto, cubista o surrealista. Primero piensa en el tema y en el mensaje que quieres expresar; luego escoge los símbolos, los colores y los detalles que vas a utilizar. Ahora, ¡haz tu obra maestra!

2 **B.** Muéstrense los dibujos que hicieron. Expresen su reacción y hagan comentarios sobre el dibujo del compañero/a usando las expresiones de **Así se dice** como guía. ¿Qué te sugiere el dibujo?

2 **C.** Ahora describe tu dibujo y lo que querías trasmitir con él.

Ventana al mundo

Muralismo

En el México de los años veinte, un grupo de artistas que había estado en contra del dictador Porfirio Díaz, y que apoyaba al nuevo gobierno revolucionario, se unió para formar un sindicato de artistas. Entre los miembros de este sindicato se encontraban David Alfaro Siqueiros, José Clemente Orozco y Diego Rivera. El gobierno, por medio de su ministro de educación, José Vasconcelos, les ofreció pintar las paredes de varios edificios públicos. La idea era que el arte saliera de los museos, estuviera al alcance de todos y se expresara políticamente. De esta manera nació un nuevo movimiento artístico que hoy conocemos como muralismo.

Rivera, Orozco y Siqueiros. Éstos son los nombres de los muralistas mexicanos más famosos. Memorízalos. ¿Conoces a otros muralistas contemporáneos o de otros siglos?

José Clemente Orozco, *Trinidad Revolucionaria(The Trinity of Revolution)*. *Source*: Escuela Nacional Preparatoria San Ildofonso, Mexico City, Mexico. © Clemente V. Orozco. Reproduction authorized by the Instituto Nacional de Bellas Artes and Literature.

Sigamos con las estructuras

Repasemos

Please refer to the selftest on our Website. If you get less than 85%, you need to review this grammar point in the **Cabos sueltos** section, p. 471. If you get above 85%, you can continue with the following activities.

Referencia gramatical 1

Describing past desires, advice, and doubts: Imperfect subjunctive

Los muralistas **querían** que el arte **estuviera** fuera de los museos.

2 8-9 **El arte de tu infancia.** Elabora preguntas con las palabras dadas y pregúntaselas a tu compañero/a. Cuando te responda afirmativamente, trata de hacer otras preguntas para averiguar más cosas sobre su infancia.

MODELO: tus amigos / te pedían que / dibujar

E1: *¿Tus amigos te pedían que dibujaras?*

E2: *Sí, mis amigos me pedían que dibujara.*

E1: *¿Por qué?*

E2: *Porque mis dibujos eran muy buenos.*

E1: *¿Sigues dibujando ahora?*

1. tus abuelos / te pedían que / cantar
2. tus padres / querían que / leer
3. tus maestros / te exigían que / estudiar
4. tus profesoras / te aconsejaban que / aprender a pintar
5. tus amigos / esperaban que / tocar un instrumento
6. tus parientes / deseaban que / acompañarlos a los museos

2 8-10 **Arte para todos.** Los muralistas pintaron miles de metros de paredes. Escriban cinco oraciones en las que expliquen qué querían estos pintores. Pueden buscar información en las seciones **Ventana al mundo** sobre los muralistas, en la biblioteca o en Internet. Luego, compartan sus oraciones con otras parejas de la clase.

MODELO: *Los muralistas querían que todos vieran sus pinturas.*

2 8-11 **En tu ciudad.** Piensa en una escultura, en un mural o en cualquier obra de arte que te impresionara mucho cuando eras pequeño/a y descríbesela a otra persona de la clase. Tiene que ser una obra que estuviera en la calle.

MODELO: *Cerca de mi casa había una fuente de agua muy grande que me impresionaba mucho. Lo que me gustaba era que fuera tan grande. Me gustaba ver el agua caer y formar diferentes diseños en la fuente. Estaba en una plaza y siempre les pedía a mis padres que me llevaran allí para poder verla.*

2 8-12 **Pinturas infantiles.** Todos hemos pintado alguna vez. ¿Qué les gustaba a tus maestros, a tus padres y a tus amigos cuando tú pintabas? ¿Qué te aconsejaban? ¿Qué querían? Haz una lista de cinco recuerdos y luego conversa con otro/a estudiante para saber si a ambos/as les aconsejaban lo mismo.

MODELO: *Cuando era pequeño/a y pintaba, mis padres me aconsejaban que no usara mucha pintura... A mis amigos les gustaba que les prestara mis acuarelas.*

SUGERENCIAS:

A mis amigos les gustaba que yo...

Mis maestros querían que yo...

Mis padres me aconsejaban que yo...

Ventana al mundo

Los murales en Estados Unidos

La tradición de pintar murales ha cruzado las fronteras de México y ha entrado en los EE.UU. En Los Ángeles hay murales que representan la forma de vida y las aspiraciones de los habitantes de ascendencia mexicana. Yreina Cervántez, Yudith Baca y Willie Herrón son algunos de los pintores que usan la técnica muralista en los EE.UU.

La ofrenda, Yreina Cervántez.

Los artistas hispanos. Busca información sobre uno de estos artistas y trae una copia de alguna de sus obras para presentar a la clase.

Referencia gramatical 2

Expressing desire:
Imperfect subjunctive in independent clauses

Quisiera saber quién pintó este cuadro.

Please refer to the selftest on our Website. If you get less than 85%, you need to review this grammar point in the **Cabos sueltos** section, p. 473. If you get above 85%, you can continue with the following activities.

2 8-13 **¡Quién pudiera!** Piensa en algunas cosas que te gustaría hacer muy bien. Exprésalas usando **quisiera**. Tu compañero/a te dirá algo para que tu deseo se cumpla. Túrnense con las expresiones de deseo.

MODELO: E1: *Quisiera pintar como Picasso.*

E2: *¡Quién pudiera ser Picasso! Ojalá pudieras aprender pintura con algún buen maestro.*

Ventana al mundo

Murales de la ciudad de Buenos Aires

En la ciudad de Buenos Aires se desarrolla un proyecto dirigido por el pintor Andrés Zerneri que consiste en crear unos 51 murales distribuidos por toda la ciudad. Los objetivos de este proyecto son: difundir la cultura del tango como una expresión viva que se transmite y se reinventa desde los barrios, y presentar una alternativa visual artística para disminuir la saturación publicitaria.

Saturación publicitaria: ¿Qué pasa en tu ciudad? ¿Hay proyectos similares para evitar la saturación de la publicidad? ¿Podrías proponer algo similar? ¿Dónde?

Murales en una calle de Buenos Aires.

Aprendamos 1

Expressing concession and time in the future: Subjunctive in adverbial clauses

The present subjunctive is used in adverbial clauses of time and concession when an event has not yet taken place. The main clause indicates that the event will take place at some point in the future.

Voy a colgar este cuadro en la sala cuando **tenga** tiempo. — *I'm going to hang up this picture in the living room when I have time.*

The following expressions introduce the subjunctive in the dependent clause when the action in the main clause indicates future time.

Expresiones de tiempo		Expresiones de concesión	
cuando	*when*	**a pesar de que**	*in spite of*
mientras que	*as long as*	**aun cuando**	*even when*
tan pronto como	*as soon as*	**aunque**	*although*
en cuanto	*as soon as*	**de manera / modo que**	*so that*
hasta que	*until*		
después de que	*after*		

In cases when the event has already happened or if it refers to a habitual action, the indicative is used. Compare these examples.

Ana vivía en México **cuando se graduó.** *(Past event → indicative)*
Ana lived in Mexico when she graduated.

Ana va a vivir en México **cuando se gradúe.** *(Future event → subjunctive)*
Ana is going to live in Mexico when she graduates.

Todos los días pinto en el taller **hasta que** los niños **vuelven** de la escuela. *(Habitual action → indicative)*
Every day I paint in the workshop until the children come back from school.

Trabajaré en el taller **hasta que** los niños **vuelvan** de la escuela. *(Future event → subjunctive)*
I'll work in the workshop until the children come back from school.

The use of the subjunctive and indicative is summarized in the following charts.

Main clause + Expression of time or concession + Subjunctive (refers to future event)

Terminaré este cuadro **tan pronto como haya** mejor luz en el taller. *(Future event)*
I will finish this painting as soon as the light in the workshop gets better.

Main clause + Expression of time or concession + Indicative (refers to past or habitual event)

Antonio me **pintó** de cuerpo entero mientras yo **miraba** por la ventana. *(Past event)*
Antonio painted a portrait of my entire body while I was looking out the window.

Estela **practica** la flauta todos los días cuando **vuelve** de la universidad. *(Habitual event)*
Estela practices the flute every day when *she gets back from the university.*

8-14 La exposición. Un grupo de artistas prepara una exposición. Completa las frases con el subjuntivo o el indicativo, según corresponda.

MODELO: Los pintores van a colgar las obras cuando la sala (estar) libre.
Los pintores van a colgar las obras cuando la sala esté libre.

1. Ellos se alegraron cuando (recibir) la aceptación de la galería.
2. Pondrán las obras de modo que todos los pintores (tener) el mismo espacio.
3. Mandaron la propuesta mientras (pintar) los cuadros.
4. Trabajaron mucho hasta que todo (quedar) organizado.
5. Llamarán a los periodistas en cuanto (terminar) de colgar las obras.
6. Pondrán las obras en venta aunque no (ganar) mucho dinero.
7. Todos estarán muy contentos aunque no (vender) muchos cuadros.
8. Habrá una recepción cuando (inaugurar) la exposición.

8-15 La vida de una artista. Es difícil ser artista, pero hay que perseverar para triunfar. Ésta es la historia de Analía. Escoge la frase que mejor complete la oración.

Al principio…

1. Empezó a pintar cuando
2. Cubría las paredes de pintura mientras que
3. Iba a los museos con su madre aunque
4. Cuando se hizo mayor pudo comprender las diferentes técnicas en cuanto

a. la familia no tenía mucho dinero para las entradas
b. le explicaron cómo hacerlas.
c. su madre pintaba en el taller.
d era niña.

Ahora todo es diferente…

5. Algunos de sus amigos pintores pintan sólo cuando
6. Pero ella pinta hasta que
7. Está empezando a vender algunos cuadros a pesar de que
8. Pero va a tener una exhibición en el museo en cuanto
9. Espera convirtirse en una pintora muy conocida en cuanto
10. Yo creo que sus obras serán famosas a pesar de que

e. termine una serie de acuarelas.
f. alguien les encarga un cuadro.
g. sus obras se expongan en el museo.
h. a los críticos no les gusten.
i. no es muy conocida.
j. le gusta como queda el cuadro

8-16 La fama. Hacerse famoso/a no es fácil. Aquí tienes algunas ideas. Imagínate que eres un/a artista y combina de forma lógica los elementos de las dos columnas para obtener una guía de cómo hacerte famoso/a. Luego compárala con la de otro/a estudiante de la clase.

MODELO: *Voy a ser famoso/a cuando exponga mis cuadros en Barcelona.*

(No) Voy a ser famoso/a…

mientras	vender muchos cuadros
tan pronto como	exponer en Latinoamérica
en cuanto	tener cuadros en museos
hasta que	recibir buenas críticas en los periódicos
después de que	conectarse con artistas famosos
cuando	poner las obras en Internet

2 **8-17 Tiempo al tiempo.** Ahora quieres saber cuándo vas a ser famoso/a. Crea preguntas basándote en la información de la lista del ejercicio anterior y úsalas para entrevistar a otro/a estudiante. En tus respuestas, trata de usar el subjuntivo con las expresiones de tiempo y concesión.

MODELO: E1: *¿Cuándo voy a exponer en Barcelona?*
E2: *Vas a exponer en Barcelona cuando tengas más dominio del color.*

8-18 A pesar de todo. Vivir del arte no es fácil y no todos nos hacemos famosos. Piensen qué pueden aconsejarles a los artistas que recién empiezan su carrera para que no se desanimen. Combinen las expresiones de las dos columnas y formen frases lógicas para expresar sus consejos. Luego compárenlas con las de otras parejas de la clase y, entre todos, elijan las diez mejores.

MODELO: *Sigue dedicándote al arte aun cuando no llegues a ser tan famoso como Orozco.*

Sigue dedicándote al arte…

a pesar de que	(no) hacerse famoso/a
de modo que	(no) llegar a vender tus obras
aun cuando	(no) llegar a ser como Siqueiros
aunque	(no) ponerse nervioso/a antes de una muestra
de manera	

Ventana al mundo

Los grafitis

La palabra "grafitis" viene del italiano. Las inscripciones halladas en antiguas ciudades italianas, como Pompeya y Herculano, fueron bautizadas como grafitis, del italiano graffito, y éste de graffio, garabato°. En nuestra época, el término se ha internacionalizado y se usa para referirse a las imágenes y mensajes anónimos que aparecen en las paredes de las ciudades. Los temas pueden ser muy variados, pero los más frecuentes son la política y la sexualidad. Los grafitis se han vuelto un medio de expresión ideal para los jóvenes porque critican las costumbres y los usos establecidos. Sin embargo, en muchas ciudades se prohíbe esta forma de expresión en lugares públicos.

°*scribble*

Grafitis: ¿Hay grafitis en los muros de tu ciudad? ¿Está prohibido pintarlos? ¿Hay grafitis en tu universidad? ¿Qué dicen?

Joven pintando un grafiti en Barcelona.

Aprendamos 2

Expressing uncertainty, purpose, and condition: Subjunctive in adverbial clauses

Expresiones de condición y propósito	
a menos que	*unless*
a no ser que	*unless*
antes (de) que	*before*
con tal (de) que	*provided that*
en caso (de) que	*in case that*
para que	*so that*
siempre y cuando	*as long as*
sin que	*without*

A. These expressions introduce actions that have not yet happened. A condition has to be fulfilled before the actions are completed. Therefore, there is still uncertainty about the completion of the action. The subjunctive is always used after these expressions.

Te haré el bosquejo **para que** tú lo pintes. — *I will do the outline so that you will paint it.*

No uses ese marco **a no ser que** el cuadro sea una miniatura. — *Don't use that frame unless the picture is a miniature.*

B. The subjunctive is used with the expressions listed above when there is a change of subject. If there is no change of subject, the expressions **sin, para, antes de, con tal de**, and **en caso de** may be used instead. In this case the verb is in the infinitive.

Pinta día y noche **para** terminar pronto. — *He paints day and night to finish soon.*

Pinta día y noche **para que** los frescos estén listos pronto. — *He paints day and night so that the frescoes will be ready soon.*

C. The imperfect subjunctive is used in adverbial clauses when it refers to an action not yet completed with reference to another action in the past.

No me gustaba el arte abstracto **antes de que** el profesor me lo **explicara.** — *I didn't like abstract art before the professor explained it to me.*

Yo empecé a pintar acuarelas **sin que** nadie me **enseñara.** — *I started to paint watercolors without anyone teaching me.*

8-19 Frustraciones y soluciones. El arte es una de las maneras de protestar y de expresar sentimientos, pero hay muchas otras maneras de hacerlo. Completa las frases según el modelo.

MODELO: *Me enfadaré mucho a menos que (tú / encontrar) una solución.*
Me enfadaré mucho a menos que encuentres una solución.

1. Escribiré una disculpa con tal que (ellos / dejarme) tranquila.
2. Voy a hablar con ellas a no ser que (usted / confirmarme) que actuaron de mala fe.
3. Consultaremos a un abogado en caso de que (tú / insistir).
4. Pensemos en soluciones para que (todos / quedarse) contentos.
5. Voy a buscar una solución antes de que (el asunto / llegar) más lejos.
6. No aceptaré sus condiciones a menos que (tú / querer).
7. Olvidamos el problema con tal que (la obra / salir) a la venta.
8. Aceptaremos las condiciones siempre y cuando (tú / estar) de acuerdo.

8-20 Inauguración. La semana próxima se inaugura una exposición importante en tu ciudad. Completa las frases en subjuntivo o infinitivo, según corresponda. Añade la conjunción **que** cuando sea necesario.

MODELO: *Ana y Elisa verán la exposición antes de (la exposición - estar) ______ abierta al público.*
Ana y Elisa verán la exposición antes de ***que esté*** abierta al público.

1. Sacaremos las fotos para (tú - tenerlas) _________ antes de la inauguración.
2. Preparen las invitaciones antes de (ustedes - colgar) _________ los cuadros.
3. La clase de diseño visitará la exposición antes de (el artista - inaugurarla) _________.
4. Te llevaré a la exposición para (tú - aprender) _________ a apreciar el arte.
5. Ellos sacarán los cuadros de esa sala en caso de (ellos - necesitar) _________ más espacio.
6. Nosotros vamos a ir a la exposición con tal de (ellos - terminar) _________ su trabajo a tiempo.

8-21 Visita a un artista. Imagina que puedes visitar a cinco artistas de la historia en sus talleres. Dile a otro/a estudiante a quiénes quisieras visitar y explica para qué.

MODELO: *Quisiera visitar a Dalí para que me explicara sus cuadros.*

2 8-22 **El futuro del arte.** Escribe cinco oraciones indicando cómo (no) quisieras que fuera el arte en este nuevo siglo y alguna manera de lograr tu propuesta. Luego, pregúntale a otro/a estudiante si comparte tus deseos.

MODELO: E1: *Yo quisiera que el arte ocupara una parte más importante en los programas de estudio. Por ejemplo, que hubiera cursos de arte obligatorios.*

Luego tú le preguntas a otro/a estudiante:

¿Quisieras que el arte ocupara una parte más importante en los programas de estudio?

¿Tú quisieras que hubiera cursos de arte obligatorios?

2 8-23 **Aventura pictórica.** Imagina que puedes entrar en este lienzo y relacionarte con sus personajes. Escribe oraciones usando las siguientes expresiones y luego comparte tus oraciones con otro/a estudiante.

Gildardo Rengifo, *El matrimonio del pueblo*, óleo sobre tela, 100 × 170 cm.

MODELO: *No entraré al cuadro a menos que me aseguren que podré volver a salir.*

(No) Entraré en el cuadro…

…a menos que	…en caso de que
…con tal que	…para que
…a no ser que	…antes que

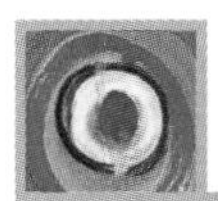

Conversemos sobre la lectura

Antes de leer

Estrategia de lectura: *Prefixes and suffixes*

These are some prefixes and suffixes that you will find frequently in Spanish. Knowing them will make you a better reader because you will be able to recognize the meaning of a word without having to stop and look it up in the dictionary. It will also enlarge your vocabulary.

Prefijos		
ante- + noun	*before*	antesala, anteayer
anti- + noun	*to oppose, against*	antirrevolucionario
auto- + noun	*self*	autoestima
des- + adjective, noun or verb	*without*	deshabitado
em- + noun or verb	*to become*	empeorar
en- + adjective	*to get a certain quality*	endulzar
in- + adjective	*in-, un-*	inútil
pre- + noun or adjective	*before*	prehistoria
re- + verb	*to repeat, to do again*	recrear
sub- + noun	*under*	subterráneo

Sufijos		
-ado, -ido	*-ed, -en*	admirado
-bilidad	*-bility*	sensibilidad
-cia	*-cy*	democracia
-dad	*-ty*	realidad
-ismo	*-ism*	impresionismo
-ista	*-ist*	muralista
-mente	*-ly*	cuidadosamente

2 8-24 **¿Qué significan estas palabras?** Marca el sufijo o prefijo que aparece en estas palabras y defíneselas a un/a compañero/a sin consultar el diccionario.

subacuático subtropical periodista inconsciente presentado antecámara
sensibilidad antesala infeliz engordar empeorar predecir tranquilamente

8-25 Palabras nuevas. Lee los dos primeros párrafos de la lectura "La obra de Frida Kahlo" y busca las palabras que ejemplifiquen sufijos o prefijos. Explica el significado de cada una con una circunlocución.

Vocabulario de las lecturas

Estudia estas palabras para comprender mejor los textos.

Vocabulario		Palabra en uso
el cartel	*poster*	¡Qué lindo **cartel** de los muralistas que tienes en la pared!
la coyuntura	*occasion, turning point*	El accidente marcó una **coyuntura** en su vida.
de modo	*way, manner*	Los muralistas pintan **de modo** especial.
desafiar	*to challenge*	El arte a veces **desafía** y cuestiona la realidad.
descarnado/a	*bare*	Algunos murales muestran de forma **descarnada** el sufrimiento físico de la artista.
desprovisto/a	*lacking*	El retrato está **desprovisto** de expresividad.
el encanto	*charm*	La niña consigue todo lo que quiere con su **encanto.**
encasillar	*to classify*	No se puede **encasillar** a los artistas dentro de una sola corriente.
la franqueza	*frankness, candor*	El crítico habló con **franqueza** sobre la obra del pintor.
gestar	*to create*	El muralismo se **gestó** durante la revolución mexicana.
herido/a	*wounded*	Cuando despertó en el hospital, vio que tenía el brazo gravemente **herido.**
inquietante	*disturbing*	Algunos personajes de los cuadros de Goya son **inquietantes.**
mudo/a	*mute*	Cuando se asusta mucho, se queda **mudo.**
el patrón	*pattern*	Los artistas suelen rebelarse contra los **patrones** preestablecidos.
surgir	*to come forth, appear*	Sus escritos **surgieron** de sus charlas con los muralistas.

8-26 ¿Cómo se dice? Busca en la columna **B** un sinónimo o una expresión equivalente a cada palabra de la lista **A**.

A	B
1. la coyuntura	a. chocante
2. de modo	b. clasificar
3. desafiar	c. crear
4. desprovisto/a	d. cuestionar
5. encasillar	e. de manera
6. gestar	f. el modelo
7. inquietante	g. momento de cambio
8. el patrón	h. sin

Ventana al mundo

Frida Kahlo (1907–1954)

Frida Kahlo *"Autorretrato con Mono"* (1938). Oil on masonite, overall: 16"× 12". © Banco de Mexico Diego Rivera & Frida Kahlo Museums Trust. Av. Cinco de Mayo No. 2, Col. Centro, Del. Cuauhtemoc 06059, Mexico, D.F. Reproduction authorized by the Instituto Nacional de Bellas Artes y Literatura. Courtesy of Albright-Knox Art Gallery, Buffalo, NY, Bequest of A. Conger Goodyear, 1966.

Frida Kahlo nació en Coyoacán, cerca de la ciudad de México. Su casa es ahora el museo que lleva su nombre. En 1925, Frida sufrió un accidente de autobús que la tuvo en cama por muchos meses. Durante su larga recuperación,° Kahlo comenzó a pintar y con el tiempo la pintura se volvió su profesión. Sus obras son generalmente autorretratos con elementos fantásticos que relatan sus experiencias personales, su cuerpo fracturado y su relación con Diego Rivera. Frida fue una mujer increíblemente fuerte, independiente y luchadora. Para muchos hoy en día, el nombre de Frida Kahlo es sinónimo de talento artístico, feminismo y de la lucha por la igualdad de la mujer.

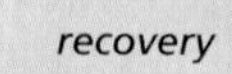

° *recovery*

Frida Kahlo, *La Columna Rota,* 1944, óleo sobre madera, oil on masonite, 40 × 31 cm. Col. Dolores Olmedio. Archive CENIDIAP/INBA. Centro Nacional de las Artes, Biblioteca de las Artes (Mexico). © 2000 Banco de Mexico Diego Rivera & Frida Kahlo Museums Trust. Av. Cinco de Mayo No. 2, Col. Centro, Del. Cuauhtemoc 06059, Mexico, D.F. Reproduction authorized by the Instituto Nacional de Bellas Artes y Literatura.

8-27 ¿Cuánto sabes? Marca las afirmaciones de la lista que sabes que son ciertas sobre Frida Kahlo. Escribe un signo de interrogación junto a las que no sepas. Vas a encontrar las respuestas a tus dudas en la lectura siguiente.

1. Algunas obras de Kahlo se venden por muy poco dinero.
2. La figura de Frida no sólo aparece en obras de arte sino también en camisetas.
3. Kahlo siguió siempre los patrones tradicionales y patriarcales de su época.
4. Los cuadros de Frida Kahlo nos hablan de su vida, de su angustia y de su dolor.
5. Frida nunca logró salir de la sombra de su esposo Diego Rivera, quien la eclipsó por muchos años.
6. Frida Kahlo comenzó su obra creativa en los años posrevolucionarios de México.
7. En su obra Kahlo exploró aspectos tabúes de la sociedad, como la sexualidad, la violencia y el erotismo.
8. Frida Kahlo le dio una visión particular a su herencia mexicana.

Guía para la lectura

De ahora en adelante el texto de las lecturas no va a tener glosas. Trata de leerlo usando las estrategias de lectura que has aprendido. Recuerda lo siguiente:

1. No es necesario comprender todas las palabras; ignora las que no comprendas.
2. Lee el texto varias veces. La primera vez léelo sólo para comprender la idea general.
3. Luego hazte preguntas sobre lo que quieres aclarar y búscalo en el texto.
4. Por último, si hay alguna palabra clave que impide la comprensión, búscala en el diccionario.
5. Sobre todo, no traduzcas al inglés. Trata de entender el mensaje del/de la autor/a sin traducirlo. Los ejercicios que siguen te guiarán para comprender mejor el mensaje.

Frida Kahlo, *Autorretrato, El marco (The Frame, Self Portrait)*, ca. 1937–38.

Francisco Soto

Francisco Soto es profesor de literatura latinoamericana en el College of Staten Island (CUNY). Este texto presenta fragmentos de un artículo publicado con el título de "Vida y obra de Frida Kahlo: Retrato de un desafío" donde Soto presenta un análisis de lo que representa la figura de Frida Kahlo en el mundo actual.

La obra de Frida Kahlo

Hoy en día Frida Kahlo se ha convertido en una figura de culto internacional. Su imagen se reproduce en carteles, tarjetas postales e incluso en camisetas. En 1990, uno de sus autorretratos se vendió por

un millón y medio de dólares en Sotheby's, estableciendo un récord en el arte
5 latinoamericano.

Nos preguntamos, ¿cuál es la causa del exagerado encanto de Frida Kahlo y el interés en su vida y obra? Quizás la franqueza con la que los cuadros de Frida Kahlo nos hablan de su vida, de su angustia y dolor. Quizás el interés en Frida Kahlo —mujer que no se dejó encasillar por los patrones tradicionales y
10 patriarcales de su época— sea el resultado del movimiento feminista que ha apreciado la forma absolutamente directa en que la pintora habla en su obra de sus experiencias como mujer. Lo que sí es cierto es que en la última década Frida Kahlo ha surgido desafiante y de modo triunfal de la sombra de su esposo Diego Rivera, quien la eclipsó por tantos años.

15 Considerada hoy día como la pintora más importante de la historia del arte latinoamericano moderno, Frida Kahlo comenzó su obra creativa en los tumultuosos años posrevolucionarios, cuando se gestaba el movimiento muralista. Sin embargo, en vez de seguir los objetivos de la escuela muralista de pintura, Frida Kahlo creó su propio universo artístico, un espacio catártico,
20 rebelde, íntimo y solitario, en el cual exploró varios aspectos de la sociedad hispana que se consideraban —y hasta cierta medida todavía se siguen considerando— temas tabúes para la mujer: entre otros, la sexualidad, la violencia y el erotismo.

De los doscientos y pico de cuadros que Frida Kahlo pintó durante su vida,
25 fueron relativamente pocos los retratos que ella hizo de otras personas. Son sus famosos autorretratos, enigmáticos e inquietantes los que fascinan más al público y en los cuales se basa su fama como pintora. En estos, la pintora mexicana se desdobla para explorar su mundo íntimo, su propia pasión, su identidad de mujer. Estos son cuadros sumamente personales y subjetivos que a la vez,
30 paradójicamente, logran una proyección universal. Aunque en los autorretratos el rostro de Frida Kahlo permanece desprovisto de toda expresividad, como si la pintora estuviera en espera de la muerte, el espectador percibe (oye) el grito de rebeldía tras este rostro mudo. Los autorretratos le permitieron entablar un diálogo consigo misma en diferentes coyunturas críticas de su vida.

35 La inspiración o fuente de las fascinantes imágenes y figuraciones en la obra de Frida Kahlo va más allá de lo personal. Su obra se nutre de las imágenes del folclore y de la vida popular del pueblo mexicano. Frida Kahlo no abandonó su herencia mexicana sino que la abrazó y la utilizó para darle voz a su visión singular.

40 En sus autorretratos Frida Kahlo se representa a sí misma directamente frente al mundo exterior con extraordinaria franqueza. Frida Kahlo recurre a la imagen de su propio cuerpo, enfermo y herido, pero a la vez sensual y erótico, para transmitirle al espectador sus deseos y obsesiones. Así, la artista refleja su íntimo estado de alma, auténtico y descarnado, el cual trasciende lo personal y se
45 hace universal.

8-28 **A. ¿Y ahora sabes más?** Vuelve al ejercicio **8-27** y marca todo lo que aprendiste después de leer este fragmento. Confírmalo con citas del texto.

B. Ahora di cuáles de esas afirmaciones son opiniones del autor y cuáles son hechos. Luego busca en el texto dos ejemplos más de opiniones y dos de hechos.

MODELO: **Opinión:** *En sus autorretratos Frida Kahlo se representa a sí misma con extraordinaria franqueza.*

Hecho: *En 1990, uno de sus autorretratos se vendió por un millón y medio de dólares.*

8-29 **La obra de Frida Kahlo.** Comenta estas oraciones que describen la obra de Frida Kahlo y busca en la lectura la frase exacta para confimarlas o refutarlas.

1. Su obra es una representación fiel del muralismo mexicano.
2. En sus cuadros se ven temas sexuales y eróticos.
3. Algunos de los temas que pintó eran temas tabúes.
4. Pintó doscientos retratos de diferentes personas.
5. Sus autorretratos la hicieron famosa.
6. Aunque sus cuadros son muy personales consiguen una proyección universal.
7. No hay imágenes folclóricas en sus cuadros.
8. Su propio cuerpo es el modelo de sus pinturas.

2 **8-30** **Reseña de arte.** Escojan una obra de Kahlo y hagan una reseña utilizando la información de la lectura y el vocabulario para describir una obra de arte de **Así se dice**. Descríbanla y expresen su opinión.

Ventana al mundo

El surrealismo

Fue un movimiento artístico, literario y filosófico nacido en 1924 y basado en la expresión del pensamiento y de los sentimientos subconscientes. Los surrealistas no querían limitar la capacidad de creación del artista con ninguna norma moral, estética o social. El escritor francés André Breton, padre del surrealismo, lo define como "automatismo psíquico puro", "ausencia de todo control ejercido por la razón, fuera de cualquier preocupación estética o moral". Las imágenes eran dictadas por el subconsciente y por la investigación de los sueños. Uno de los representantes más importantes de este movimiento es Salvador Dalí.

Frida y los surrealistas. ¿En qué cuadros de Frida Kahlo encuentras elementos surrealistas? Compara tu respuesta con las de tus compañeros.

Salvador Dalí, *La presistencia de la memoria*, 1931.

Rafael Alberti (1902–1999)

Alberti es uno de los grandes poetas españoles del siglo XX. Comenzó su carrera como pintor, pero luego se dedicó a la escritura. Fue amigo de los grandes artistas de su época; entre ellos, Salvador Dalí, Luis Buñuel, Pablo Neruda y Pablo Picasso. En uno de sus viajes a México conoció a los muralistas Orozco, Siqueiros y Rivera. Entre 1939 y 1977 estuvo exiliado en Francia, Argentina e Italia.

En Alberti siempre encontramos al poeta y al pintor. Su poesía es plástica, llena de color y luminosa como su pintura. Éste poema sale de su obra *A la pintura*. Alberti decía que antes de escribir un poema tenía que dibujarlo. La siguiente dedicatoria aparece en un dibujo de Picasso para Alberti: "Del poeta Pablo Picasso al pintor Rafael Alberti".

A la pintura

A ti, lino en el campo. A ti, extendida
superficie, a los ojos, en espera.
A ti, imaginación, helor° u hoguera°
Diseño fiel o llama desceñida.°

5 A ti, línea impensada o concebida.
A ti, pincel heroico, roca o cera°
Obediente al estilo o la manera,
Dócil a la medida o desmedida.

A ti, forma, color, sonoro empeño°
10 Porque la vida ya volumen hable,
Sombra entre luz, luz entre sol, oscura.

A ti, fingida realidad del sueño.
A ti, materia plástica palpable.
A ti, mano, pintor, de la pintura.

frío profundo / gran fuego
unbelted
wax
determination

8-31 ¿Qué dice? Une las expresiones o palabras de la columna **A** con los versos que expresan lo mismo en la columna **B**.

A	B
1. paisaje	a. A ti forma, color, sonoro empeño
2. el lienzo	b. A ti lino en el campo.
3. pintura realista o abstracta	c. sombra entre luz, luz entre sol, oscura.
4. la escultura, la pintura y la música	d. diseño fiel o llama desceñida
5. el claroscuro	e. extendida superficie, a los ojos en espera

2 8-32 Citas. En el poema se mencionan todos los elementos que se usan para hacer una pintura. Aquí está la lista. Busquen en el texto citas que los respalden.

1. ojos
2. imaginación
3. línea
4. pincel
5. color
6. mano

2 8-33 Oposición familiar. La familia de Alberti se opuso a su deseo adolescente de ser pintor. Comenta con otro / a estudiante esta situación. Intenten explicar por qué los padres se opondrían. Si has tenido alguna experiencia similar, coméntala con tu compañero/a.

WWW **8-34 Exposición de poemas.** Alberti "dibujaba" sus poemas. Visita su página en Internet y selecciona un poema/pintura para exponer en clase. Puedes buscar entre todas sus obras. Te recomendamos las obras relacionadas con las cuatro estaciones o con el alfabeto. Explica por qué seleccionaste esa obra y qué te dice.

Diario

¿Te acuerdas de tus sueños? Cuenta un sueño que te sorprendiera por lo extraño. ¿Qué pasaba en el sueño? ¿Dónde estabas? ¿Qué hacías? ¿Qué otras cosas o personas aparecían?

Avancemos con la escritura

Estrategia de escritura: *Critiquing a work of art*

In order to write a critique of a work of art, you have to describe the work and explain the effect that it had on you. Explain the feelings or thoughts that it evokes in you. Support your opinion by describing details of the work. You may make your point stronger by comparing the work to some other work, some other artist or something else all together. Finally, you must leave the reader intrigued enough about the work that they will want to see it for themselves.

8-35 **El mejor mural.** Escoge la pintura que más te gustó en este capítulo. Escribe un párrafo para convencer a tus compañeros de que es la mejor de todas. Usa palabras y expresiones de la sección **Así se dice** de este capítulo para explicar por qué la escogiste. Puedes compararla con alguna otra obra que conozcas. Usa algunas de estas expresiones para ayudarte en tu explicación.

A mi parecer... La razón por la cual... Es importante reconocer que...
Obviamente... Además... Lo mejor de la obra es...
Lo que más llama la atención es...

8-36 **Reseña de arte.** Escoge uno de todos los artistas que has visto en este capítulo y busca en Internet más información sobre su vida y obra. Escribe una reseña de tres párrafos.

Antes de entregar tu composición, asegúrate de haber incluido y revisado lo siguiente:

Expresiones útiles
Vocabulario del capítulo
Así se dice
El subjuntivo en cláusulas adverbiales

Atando cabos: El arte en el barrio

Ustedes son los encargados de embellecer su barrio incorporando más obras de arte en la vida comunitaria.

G 8-37 **Apoyo al arte.** En grupos de tres o cuatro estudiantes, investiguen las distintas expresiones de arte público en su comunidad. Pueden ir al ayuntamiento o a los centros culturales y averiguar si se organizan conciertos, concursos de arte, exposiciones, etc. Preparen un informe oral para la próxima clase con la información que obtengan.

2 8-38 **Tipos de arte.** Decidan qué aspectos del arte quieren fomentar en su comunidad. Luego hagan una lista de cinco cosas que harían para apoyar el arte y cinco cambios que les propondrían a las autoridades para darle un marco más artístico a la vida de la comunidad. Usen la estructura: Quisiéramos que…

MODELO: *Quisiéramos que hubiera conciertos al aire libre en los parques.*

G 8-39 **¿Para qué?** Ustedes van a tener una reunión con un/a funcionario/a de la municipalidad y tienen que explicarle para qué quieren organizar las diferentes actividades propuestas en el ejercicio **8-38**. Usen *para que* cuando sea necesario.

MODELO: *Queremos organizar conciertos en los parques para que los músicos locales tengan más trabajo.*

G 8-40 **Debate.** No es fácil ponerse de acuerdo sobre lo que quieren. Escojan uno de los siguientes temas para discutir en su grupo. La mitad del grupo debe preparar argumentos a favor y la otra mitad argumentos en contra. Luego discutan el tema. Una persona debe tomar nota para presentar a la clase los puntos discutidos y las conclusiones.

1. El gobierno debe patrocinar el arte.
2. El papel principal del arte es entretener.
3. Se debe censurar el arte si expresa cosas contrarias a la moral.
4. El arte debe reflejar la realidad sociopolítica de su región y momento.
5. Los grafitis no son una forma de arte.

G 8-41 **¿Cuándo?** Ya saben lo que quieren hacer y ahora tienen que planear cuándo van a organizar las distintas actividades. Utilicen el subjuntivo y las siguientes expresiones para hablar de su programación.

tan pronto como — después de que — de modo que
a no ser que — cuando — con tal que

MODELO: *Vamos a comenzar los conciertos al aire libre tan pronto como la municipalidad nos dé los permisos.*

Ventana al mundo

El fresco

El fresco es una técnica pictórica que utiliza acuarelas y yeso°. La técnica consiste en agregar colores a la última capa° de yeso. El artista generalmente añade un bosquejo a la penúltima capa de yeso. Las líneas de las figuras y formas del fresco se marcan con acuarelas de colores oscuros. El yeso se coloca en superficies pequeñas del dibujo y el color se le añade al yeso mojado. El pintor generalmente utiliza otro bosquejo que le sirve de guía. Cuando la pintura se seca se produce un proceso químico que la une al yeso y le da un color claro, luminoso y transparente. El pintor debe saber cuánta acuarela va a absorber el yeso y tiene que trabajar muy rápido. Si se utiliza mucha pintura se corre el riesgo de pudrir° la superficie. Si esto ocurre, el pintor debe cortar la sección arruinada y poner otra capa de yeso. Esta técnica es conocida y utilizada desde la antigüedad. México es el centro de pintura al fresco más importante de América, tanto en su época prehispánica como en la actualidad.

plaster / *layer* / *to rot*

Fresco precolombino

G 8-42 Mural. La municipalidad les ha dado autorización para hacer un mural en una pared del centro de la ciudad. Decidan qué van a pintar, hagan un bosquejo y preséntenlo a la clase con una explicación.

G 8-43 Concurso. Ustedes tienen que decidir cuál de los bosquejos presentados en la actividad anterior es el mejor, pero antes de tomar esta difícil decisión tienen que resolver algunas dudas. Completen las frases y luego plantéenselas a los grupos de artistas.

MODELO: *Les vamos a dar el premio… en cuanto nos digan cuánto dinero costará.*

siempre y cuando… a menos que… en cuanto… después de que…

2 8-44 Para hacer un fresco. Lee la información sobre cómo se hace un fresco en la **Ventana al mundo** y prepara cinco instrucciones para darle a otro/a estudiante usando el subjuntivo y algunas de estas expresiones:

mientras (que), tan pronto como, a menos que, antes que, en cuanto, hasta que, aunque, en caso de que, después de que

MODELO: *No empieces a pintar hasta que la superficie esté lista.*
Comienza a pintar tan pronto como la superficie esté lista.

Vocabulario

Materiales y técnicas artísticas

la acuarela	*watercolor*
el bosquejo	*sketch*
el cuadro	*picture*
el dibujo	*drawing*
el lienzo	*linen*
la línea definida	*well-defined line*
la obra	*work*
el óleo	*oil painting*
la paleta	*palette*
el pastel	*pastel*
el pincel	*brush*
la pintura	*painting*
la tela	*canvas*
la témpera	*tempera*
el yeso mojado	*wet plaster*

Sustantivos

el autorretrato	*self-portrait*
las bellas artes	*fine arts*
el cartel	*poster*
la coyuntura	*occasion, turning point*
el detalle	*detail*
el edificio	*building*
el encanto	*charm*
el esquema	*outline*
la estética	*aesthetics*
el fondo	*background*
la franqueza	*frankness, candor*
la fuente de inspiración	*source of inspiration*
la luz	*light*
el maestro	*master*
el manejo	*handling*
el marco	*frame*
la naturaleza muerta	*still life*
la obra de arte	*work of art*
la obra maestra	*masterpiece*
el patrón	*pattern*
el/la pintor/a	*painter*
la pintura al fresco	*fresco painting*
el primer plano	*foreground*
el retrato	*portrait*
la sombra	*shadow*
el taller	*workshop*
la técnica	*technique*

Verbos

alejarse de	*to distance oneself, withdraw*
aparecer (zc)	*to appear*
apreciar	*to appreciate*
convertir (ie)	*to convert*
desafiar	*to challenge*
encasillar	*to classify*
fomentar	*to promote, encourage*
gestar	*to create*
hacerse	*to become, change into, grow*
inaugurar	*to inaugurate*
influir	*to influence*
llegar a ser	*to become*
patrocinar	*to sponsor*
pintar	*to paint*
ponerse	*to become, get, turn*
reflejar	*to reflect*
retratar	*to portray*
surgir	*to come forth, to appear*
volverse	*to become, turn*

Adjetivos

auténtico/a	*authentic*
clave	*key*
colorido/a	*colorful*
cuidadoso/a	*careful*
descarnado/a	*bare*
desprovisto/a	*lacking*
herido/a	*wounded*
inquietante	*disturbing*
mudo/a	*mute*

Corrientes artísticas *Artistic movements*

el arte abstracto	*abstract art*
el cubismo	*cubism*
el expresionismo	*expressionism*
el impresionismo	*impressionism*
el muralismo	*muralism*
el realismo	*realism*
el romanticismo	*romanticism*
el surrealismo	*surrealism*

Expresiones idiomáticas

a lo largo de	*during, throughout*
a menudo	*often*
aparte de	*aside from*
de modo	*way, manner*
no bien	*as soon as, just as*
sin embargo	*nevertheless, however*

9 Hablemos del sexismo

"Si se hubiera podido juntar toda la creatividad y la energía que las mujeres han puesto en la cocina para emplearla, por ejemplo, en conquistar el espacio, hace tiempo que habríamos podido pasar los fines de semana en Marte."

—Ángeles Mastretta

Igualdad y diversidad

Tema cultural

La paridad entre hombres y mujeres en el mundo hispánico

Objetivos comunicativos

Hablar sobre el sexismo y la igualdad entre los géneros

Hacer, aceptar y rechazar invitaciones

Hablar sobre actividades futuras

Hablar sobre acciones condicionales

Hablar de probabilidades

Hablar de sucesos improbables e imposibles

Considerar hipótesis y condiciones

Película recomendada para este capítulo: *Yo, la peor de todas*, María Luisa Bemberg, Argentina, 1990.

Canción recomendada para este capítulo: *Amigas*, G. Varona and F. Amat, intérprete, Ana Belén

En marcha con las palabras

En contexto: Entrevista a la psicóloga Juana Izaguirre

En la librería Martínez, la Licenciada Juana Izaguirre acaba de presentar su libro *Por una reeducación universal*. Al terminar la charla, una periodista del diario *La Voz del Sur* se le acerca a hacerle una entrevista.

PERIODISTA: Usted sostiene que la división tradicional entre características propiamente femeninas y características propiamente masculinas no es válida. ¿Puede explicar por qué no lo es?

LIC. IZAGUIRRE: Pues, sí. La dicotomía de atributos femeninos y masculinos no es natural e innata, es decir, no existe en la naturaleza, sino que ha sido creada por un sistema patriarcal de siglos. Es una cuestión de condicionamiento a través de la educación. Por ejemplo, el actuar de una manera lógica y racional ha sido tradicionalmente considerado como una característica propia de hombres, en cambio la **ternura** se la considera como una cualidad propia de las mujeres.

PERIODISTA: ¿Tradicionalmente, cómo se ha caracterizado a cada miembro de la dicotomía?

LIC. IZAGUIRRE: Pues, la **femineidad** ha sido caracterizada por ser **comprensiva, receptiva, creativa**, y **sustentadora** de vida. Pero hay muchos ejemplos a través de la historia que son **testimonios** de que estas cualidades existen en el hombre también. Por eso en mi libro critico que las ideas de recibir, aceptar, **abrazar**, dar, **nutrir**, criar y **facilitar** el **crecimiento** sean sólo atributos femeninos. Por el contrario, vuelvo a repetir, estas cualidades existen tanto en el hombre como en la mujer.

PERIODISTA: Dentro de esta dicotomía, ¿cuáles eran los atributos que se consideraban masculinos?

LIC. IZAGUIRRE: Se le **atribuía** al hombre el ser racional y lógico, además de **pujante** y agresivo. Tener **confianza** en sí mismo, buscar **claridad** de expresión y tener una tendencia a controlar y a dominar el mundo a su alrededor eran otras de sus características.

PERIODISTA: Usted dice que es importante para nuestra sociedad **darse cuenta de** que en cada persona hay una **mezcla** de atributos femeninos y masculinos.

LIC. IZAGUIRRE: Pues sí. Yo propongo que eduquemos a las mujeres y a los **varones** para que **desarrollen** un equilibrio **en torno a** todas sus características, sin perpetuar esta dicotomía del principio femenino y el principio masculino. Creo que debemos poner todo nuestro **afán** en lograr una educación por la **paridad** de **género**.

PERIODISTA:	Es obvio que tanto hombres como mujeres pueden expresar **cariño**, ternura y compasión. Pero al mismo tiempo lo que usted propone desafía el concepto de mujer de sociedades más tradicionales donde se espera que sea **dócil**, **abnegada** y **sumisa,** así como se espera que el hombre sea viril y dominante.
LIC. IZAGUIRRE:	Exactamente. **Acariciar** a un niño no es un **gesto** sólo maternal. En las sociedades donde la mujer tiene paridad con el hombre, hay un mayor **acercamiento** entre los **cónyuges**, se **goza** de una **intimidad** más auténtica. Esto contribuye a formar una sociedad con menos **prejuicios sociales.** Es todo una cuestión de educación.
PERIODISTA:	Muy interesante. Gracias por **concederme** esta entrevista.

PALABRAS CONOCIDAS

Paridad entre los géneros

Estas palabras deben ser parte de tu vocabulario.

La mujer y el hombre

el ama de casa	*housewife*
el/la amante	*lover*
el/la amigo/a íntimo/a	*intimate friend*
la crianza de los niños	*child rearing*
débil	*weak*
fuerte	*strong*
el prejuicio social	*social prejudice*
las tareas domésticas	*domestic chores*

Cognados

abortar	la lógica
el aborto	el machismo
agresivo/a	la manera
la compasión	la masculinidad
controlar	la maternidad
la dicotomía	mencionar
emanciparse	patriarcal
exclusivo/a	racional
la fecundidad	la sensualidad
la femineidad	el sexismo
el feminismo	la sexualidad
la fertilidad	la tendencia
independizarse	viril
la infertilidad	

EXPRESIONES ÚTILES

darse cuenta	*to realize*
de todos/as	*of all things*
en torno a	*around*
realizar	*to fulfill, accomplish, do*

Se dio cuenta de que tenía los mismos derechos.	*She realized that she had the same rigths.*
De todas las cosas que puedo hacer, viajar es la que más me gusta.	*Of all the things I can do, traveling is the one I like the most.*
Hay una gran polémica **en torno a** esa cuestión.	*There is a great deal of controversy around that issue.*
Ella **realizó** su sueño cuando se graduó de médica.	*She fulfilled her dream when she got her medical degree.*

9-1 A. El cariño. Cuando piensas en el cariño y las relaciones amorosas, ¿qué palabras se te ocurren? Anótalas y compáralas con la lista que aparece a continuación.

B. Ahora vas a hacer una asociación libre. Agrupa las palabras que se relacionan entre sí y escríbelas en los círculos de abajo. Explica por qué las agrupaste de esa manera. Agrega las palabras de tu lista.

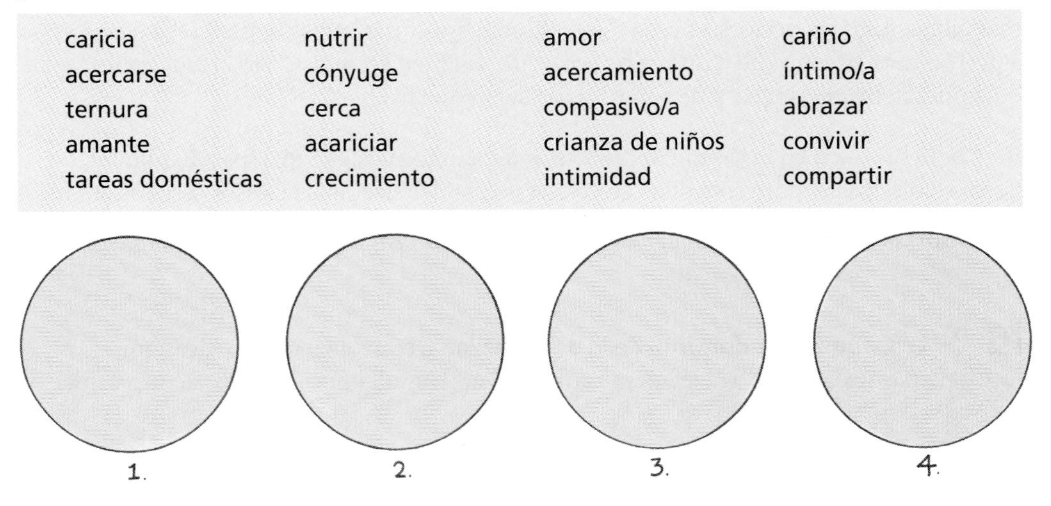

9-2 Pongamos orden. Completa el cuadro con el sustantivo o el adjetivo que corresponda a cada palabra.

	Sustantivo	Adjetivo
1.	___________	compasivo/a
2.	comprensión	___________
3.	creación	___________
4.	pujanza	___________
5.	agresividad	___________
6.	___________	claro/a
7.	___________	cariñoso/a
8.	___________	tierno/a
9.	abnegación	___________
10.	sumisión	___________

2 **9-3 Los prejuicios sociales.** Tratamos de educar a los niños para que crezcan sin prejuicios y acepten diferentes puntos de vista. Contesten las siguientes preguntas para saber si hemos alcanzado esa meta.

1. ¿Crees que vivimos en una sociedad sin prejuicios sociales?
2. De todos los prejuicios sociales, ¿cuál crees que es el peor? ¿Por qué?
3. ¿Cuándo te diste cuenta de que existen ciertos prejuicios?
4. ¿Te gustaría hacer algo para erradicarlos? ¿Qué se puede hacer?
5. ¿Qué tipo de actividades se realizan en tu área / comunidad / universidad para ayudar a disminuir los efectos de algunos prejuicios sociales?

2 9-4 **Una educación no sexista.** Imaginen que trabajan en una escuela de niños /a de edad pre-escolar. Enumeren una serie de actividades para los niños que promuevan igualdad entre los dos sexos.

2 9-5 **A. ¿Qué necesita el mundo?** La psicóloga dice que el afán de dominar la naturaleza ha sido considerado, tradicionalmente, como una característica típicamente masculina. Algunas personas opinan que ese afán, así como otras conductas pujantes y agresivas, nos han llevado a una crisis ecológica. Piensen en otras crisis creadas por el afán de dominar, de imponerse y de conquistar. Hagan una lista.

B. Ahora busquen en la lectura los atributos femeninos y hagan una lista. Expliquen de qué modo estos atributos pueden cambiar la forma de relacionarse de los seres humanos.

MODELO: *La receptividad ayuda a la comunicación entre las personas y también entre las naciones.*

G 9-6 **Conquista y dominio de la naturaleza.** Desarrollen cuatro ideas que justifiquen o se opongan a la siguiente afirmación. ¿Hay algunos ejemplos actuales que apoyen o refuten esta idea?

El espíritu pujante masculino, con su idea de progreso y conquista de la naturaleza, nos ha llevado a una crisis ecológica.

MODELO:

Grupo A, justificación: *La humanidad necesita conquistar la naturaleza, de lo contrario todavía viviríamos en las cavernas* (caves).

Grupo B, oposición: *Con menos pujanza y más entendimiento no estaríamos en medio de una crisis ecológica.*

Ventana al mundo

Patriarcado y sexismo

El patriarcado es una ideología, una construcción cultural cuya práctica divide al mundo en dos: la esfera pública y la esfera privada. En esta partición, a cada sexo se le asigna un ámbito determinado. Lo público —es decir, lo laboral, lo político, lo económico, etc.— se considera el dominio de lo masculino; mientras que lo privado —lo doméstico, los hijos, los afectos primarios, etc.—, se considera el ámbito propio de lo femenino.

En un ensayo publicado en 1988, las licenciadas argentinas Graciela Maglie y Mónica Frinchaboy afirman que el sexismo se manifiesta como "un ejercicio discriminatorio por el cual se adscriben características psicológicas y formas de comportamiento, y se asignan roles sociales fijos a las personas, por el sólo hecho de pertenecer a determinado sexo, restringiendo y condicionando de este modo la posibilidad de un desarrollo pleno para todos los sujetos° sociales, sean éstos hombres o mujeres".

Actualmente, en Hispanoamérica, el porcentaje de mujeres biólogas es más alto que el de hombres.

° *individuals*

Sociedad. ¿Puedes dar algún ejemplo en el que veas la influencia del patriarcado en tu sociedad? ¿Cuál es tu posición ante ese tipo de situaciones?

¡Sin duda!

apoyar – mantener – soportar – sostener

The verbs **apoyar, mantener, soportar**, and **sostener** can be translated as *to support* in English in the following context.

Palabra	Explicación	Ejemplo
apoyar	*to advocate, to back, and with the preposition* **en** *or* **sobre** *to be based on, to rest on*	Nosotros **apoyamos** a las mujeres trabajadoras. *We support working women.* Nos **apoyamos** en los principios de igualdad. *We base ourselves on the principle of equality.*
mantener	*to provide for, to defend, or sustain an opinion*	Es muy difícil **mantener** a la familia con un solo salario *It's very difficult to support a family with a single salary.* Ella se **mantuvo** firme en su opinón. *She defended her opinion firmly.*
soportar	*to bear, put up with, stand*	No **soporto** a las personas con prejuicios. *I can't stand prejudiced people.*
sostener	*to maintain, to hold up*	Sor Juana **sostuvo** sus opiniones hasta el final de su vida. *Sor Juana maintained her opinions until the end of her life.*

G 9-7 **¿Qué piensas?** Marca las opiniones que apoyas y las personas o actitudes que no soportas, y luego defiende tu postura frente a los otros miembros del grupo.

Ideas	Apoyo	No soporto
Las personas que son feministas.		
Las personas que son machistas.		
Las mujeres que quieren tener los mismos derechos que los hombres.		
Las personas que exigen el uso de un lenguaje no sexista en todas las situaciones.		
Las personas que quieren ser mantenidas por su pareja.		

Ventana al mundo

La situación educativa de la mujer en América Latina

En términos generales, es posible afirmar que las tasas de analfabetismo° están decreciendo en América Latina.

° *illiteracy*

Las últimas dos décadas se han caracterizado por una enorme expansión de la educación formal en la región. En Argentina, Uruguay y Costa Rica, por ejemplo, la participación de la población en los estudios superiores supera a la media de algunas regiones de Europa; en cambio en Guatemala, Bolivia y Perú los niveles de alfabetización son similares a los que tenían los países industrializados hace más de cien años.

El problema del analfabetismo continúa vigente en las zonas rurales, en especial entre las mujeres. Allí, en general, el servicio educativo es de menor calidad que en las grandes ciudades. En este contexto, el analfabetismo es un problema crónico que afecta, sobre todo, a las poblaciones indígenas y a los obreros migrantes. Se calcula que 7 de cada 10 adultos que viven en zonas rurales son analfabetos y 7 de cada 10 analfabetos son mujeres.

La educación. Selecciona un país de Hispanoamérica y busca información sobre la educación para presentar a la clase. ¿Puedes compararla con lo que pasa en tu estado?

Grupo de estudiantes en un colegio secundario argentino.

Boletín

En España, las mujeres leen un 6% más que los hombres. El 22% de las mujeres lee todos los días mientras que sólo lo hace el 17,4% de los hombres. Fuente: Federación de Gremios de Editores de España.

Diario

Describe el tipo de educación que recibiste en tu casa y en la escuela. ¿Consideras que tu educación fue igualitaria o discriminatoria? ¿Conservadora o liberal? ¿Tradicional o de vanguardia? Incluye algunos ejemplos.

Así se dice

Cómo hacer, aceptar y rechazar invitaciones

Cuando quieras invitar a alguien a hacer algo, usa estas expresiones.

Te invito a + *inf*....	
Te invito a pasar el día en la playa.	*I invite you to spend the day at the beach.*
¿Quieres / Querrías + *inf*....?	
¿Quieres salir conmigo esta noche?	*Do you want to go out with me tonight?*
¿Te gustaría + *inf*....?	
¿Te gustaría ir de compras esta tarde?	*Would you like to go shopping this afternoon?*

Al aceptar una invitación, sé cortés y, si la ocasión lo indica, ofrece algo a cambio.

Gracias. Me encantaría.	*Thank you. I would be delighted.*
Me gustaría mucho.	*I would like that very much.*
Sí, cómo no.	*Yes, of course.*
Encantado/a. (Lo acepto) con mucho gusto.	*Delighted. (I accept) with pleasure.*

Cuando rechazas una invitación es cortés dar una excusa para explicar por qué no puedes aceptar. Usa las siguiente expresiones.

Lo siento, pero me es imposible porque...	*I'm sorry, but it is impossible because...*
Me encantaría, pero no puedo porque...	*I would be delighted, but I can't because...*
Lo siento, pero tengo que decir que no porque...	*I'm sorry, but I have to decline because...*
¡Cuánto lo siento! No puedo aceptar porque...	*I am so sorry. I can't accept because...*
Perdóname, pero esta vez no puede ser porque...	*Sorry, but it is not possible this time because...*
No, gracias.	*No, thank you.*

2 9-8 **Concursos** *(contests).* Hay algunos concursos que son un poco sexistas. Por ejemplo, las competiciones que organizan algunas fraternidades durante la semana de admisión. ¿Qué harían ustedes si los invitaran a participar en los siguientes concursos? Alternen los papeles para proponer la invitación y para aceptarla o rechazarla.

MODELO: participar en un concurso de trajes de baño

E1: *Te invitamos a participar en un concurso de trajes de baño.*

E2: *No, gracias. Me parece algo muy sexista.*

Gracias. Me encantaría. Tengo un traje de baño nuevo.

1. bañarse desnudo/a en un lago helado
2. participar en un concurso de belleza para hombres y mujeres
3. cocinar para todos los miembros de la fraternidad en un concurso de comida
4. contestar preguntas de cultura general en un concurso
5. conducir en una carrera cronometrada (*timed*) de coches

2 9-9 **¿Quién quiere ser parte de las soluciones?** Lean la siguiente información y representen estos papeles usando las expresiones de **Así se dice**.

E1: *Tú eres miembro de uno de los movimientos por la igualdad. (Escoge uno.) Invita a tu compañero/a a participar del mismo.*

E2: *Contéstale a tu compañero/a. Antes de tomar una decisión, pídele más información sobre lo que hace su organización. Luego dale tu respuesta. Explica por qué quieres o no quieres participar.*

Ventana al mundo

La lucha por la igualdad

Manifestación a favor de la igualdad de derechos.

La lucha por la igualdad y el derecho a la diferencia entre hombres y mujeres se da en dos sentidos: Por un lado está el movimiento feminista, que es el movimiento de personas que luchan por la igualdad de derechos de hombres y mujeres en todos los ámbitos sociales. Por otro lado está el movimiento gay y lesbiano, que es el movimiento de personas que luchan por la igualdad de derechos sin distinción de condición o preferencia sexual. En Hispanoamérica hay muchas agrupaciones que participan en estos movimientos de alcance mundial. Muchas de ellas son de hombres comprometidos con la defensa de la igualdad entre hombres y mujeres. Por ejemplo, el CORIAC (Colectivo de Hombres por Relaciones Igualitarias), que funciona en México y España, o la organización Puntos de encuentro, de Nicaragua.

Asociaciones por la igualdad. ¿Conoces alguna asociación en tu comunidad dedicada a la igualdad de los derechos entre hombres y mujeres? ¿Participas en alguna de ellas?

Sigamos con las estructuras

Repasemos

Referencia gramatical 1

Talking about future activities: Future tense

Pronto **lograremos** nuestros objetivos.

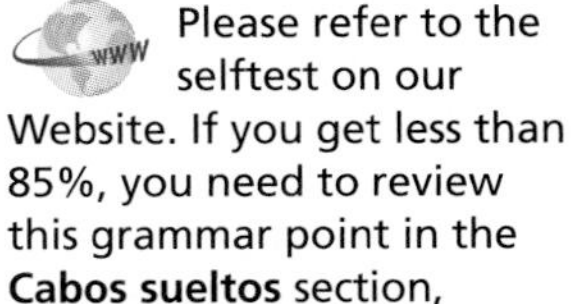

Please refer to the selftest on our Website. If you get less than 85%, you need to review this grammar point in the **Cabos sueltos** section, p. 474. If you get above 85%, you can continue with the following activities.

G 9-10 **Siglo XXI.** El nuevo siglo llegó con la idea de cambios. En pequeños grupos, comenten si están de acuerdo con las siguientes afirmaciones sobre lo que ocurrirá en este siglo, y expliquen por qué. Después, escriban dos afirmaciones más y den sus razones. Luego compartan sus opiniones con otros grupos de la clase.

1. Más hombres y mujeres recibirán el mismo salario por el mismo trabajo.
2. El gobierno tendrá que crear más programas para niños de edad pre-escolar.
3. Más empresas crearán empleos con mayor flexibilidad de horario.
4. Habrá más ayuda con la crianza de los niños en los hogares monoparentales.
5. ¿?
6. ¿?

2 9-11 **Jubilación para las amas de casa.** Imaginen que ustedes son los encargados de decidir cuáles de los siguientes requisitos deberá cumplir una mujer para obtener la jubilación de ama de casa. Expliquen por qué y luego compartan sus ideas con otras parejas de la clase. Empieza tus oraciones con **tendrán que, deberán, podrán.**

MODELO: tener más de 55 años

E1: *Sí, tendrán que tener más de 55 años para jubilarse porque ésa es la edad mínima para la jubilación de las mujeres en otras profesiones.*

E2: *No, no tendrán que tener más de 55 años porque las tareas domésticas requieren más de ocho horas, así que podrán jubilarse al cumplir los 50 años.*

1. tener más de 55 años
2. haber trabajado en su casa por más de diez años
3. ser soltera
4. recibir otra jubilación además de la de ama de casa
5. tener hijos
6. vivir sola
7. ser mantenida por su pareja

2 9-12 **Custodia compartida** *(shared custody).* En muchos países del mundo, cuando una pareja se divorcia, es la madre la que recibe la custodia de los hijos. Con otro/a estudiante, hagan una lista de por lo menos cinco condiciones que tendrán que cumplir los padres para que la tenencia de los hijos sea compartida.

MODELO: *El padre vivirá en una casa suficientemente grande.*
La vivienda del padre y de la madre estarán a menos de 200 millas.

Boletín

El valor del trabajo doméstico

El valor del trabajo del hogar no-pagado se calcula, en porcentaje de Producto Interior Bruto (*Gross National Product*), en un 23% para los Estados Unidos y en un 29% para España.

Ventana al mundo

Mayor participación de las mujeres en la economía mundial

Las mujeres son cada vez más numerosas en el mercado laboral en casi todo el mundo, hasta el punto de que la Oficina Internacional del Trabajo (OIT) habla de un "verdadero fenómeno de feminización de la mano de obra y del empleo a escala mundial". La tasa° de participación directa de las mujeres en el mercado laboral va en constante aumento desde hace veinte años y, hoy en día, un 45% de las mujeres con edades comprendidas entre los 15 y los 64 años están empleadas o buscan empleo. En América Latina, la participación de las mujeres en el mercado laboral presenta una media° del orden del 30% entre las mujeres con edades comprendidas entre los 15 y los 64 años. Sin embargo, esta media tiende a aumentar hasta alcanzar, en algunos países y grupos de edad, la misma tasa de participación que los hombres.

rate

mean

Bombera en Chile

Comparaciones. Busca cuál es el porcentaje de mujeres en el mercado laboral en el mismo país que investigaste en la **Ventana al mundo** sobre la educación. Compara los resultados con los de otros compañeros. ¿Hay alguna relación entre el índice de analfabetismo y la participación de las mujeres en el mercado laboral de cada país?

Please refer to the selftest on our Website. If you get less than 85%, you need to review this grammar point in the **Cabos sueltos** section, p. 477. If you get above 85%, you can continue with the following activities.

Referencia gramatical 2

Talking about conditions: Conditional tense

Tendríamos que pensar en el modo de implementar estos cambios.

2 9-13 **Paridad 50/50.** Lee la siguiente información y luego usa estas preguntas para entrevistar a otros/as estudiantes y saber qué piensan sobre el tema. Toma nota de lo que te dicen para luego presentarlo a la clase.

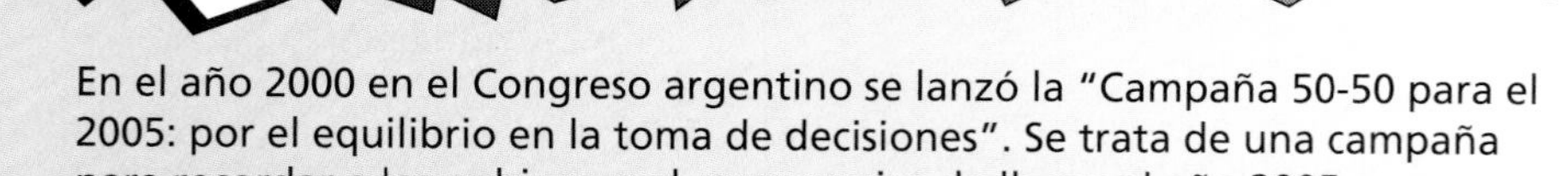

En el año 2000 en el Congreso argentino se lanzó la "Campaña 50-50 para el 2005: por el equilibrio en la toma de decisiones". Se trata de una campaña para recordar a los gobiernos el compromiso de llegar al año 2005 con un 50% de mujeres en los cargos de gobierno.

1. ¿Apoyarías una ley que obligara a tener un 50% de hombres / mujeres en todos los cargos de gobierno?¿Por qué?
2. ¿Crees que la paridad 50/50 cambiaría el modo de funcionar de los gobiernos? ¿Cómo? Da por lo menos tres ejemplos en tu respuesta.

3. ¿Apoyarías una ley que obligara a la paridad 50/50 en todos los puestos de tu universidad? ¿Por qué?
4. ¿Qué se podría hacer en una institución para que hubiera mayor paridad en los puestos importantes sin ordenarlo por ley?
5. ¿Sostendrías tu opinión frente a la comisión que estudia la ley de paridad 50/50 en tu estado? ¿Cuáles serían tus argumentos?

G 9-14 **A. La doble jornada.** En grupos de tres, lean esta carta y hagan una lista de lo que le dijo el presidente de la compañía a la mujer.

Sra. Directora:

Este verano estuve buscando trabajo por mi ciudad. Cuando finalmente obtuve una entrevista con el presidente de una de las compañías donde había mandado mi solicitud, él me dijo muy claramente que tenía que renunciar a todas mis obligaciones como madre que pudieran interferir con mi jornada laboral. Por supuesto no me ofrecieron ningún apoyo para poder seguir cumpliendo con mis responsabilidades hacia mis hijos. Esto era algo que yo tenía que resolver por mi cuenta, sin recibir ninguna ayuda de la compañía. Este tipo de aclaraciones sólo se les hacen a las mujeres. ¿Las madres somos luchadoras? No, nos hacemos luchadoras ante la cantidad de obligaciones que aumenta día a día. Tenemos una lucha continua dentro y fuera de casa, una lucha muy poco reconocida por los demás, aunque nos siga dando ciertas satisfacciones. Lo que me asusta es que sigamos apareciendo como tema principal de artículos en revistas y otras publicaciones, con motivo del Día de la Mujer. Me preocupa porque de esta forma seguiremos teniendo ocho horas de trabajo no remuneradas y seguiremos siendo consideradas como un increíble fenómeno de la sociedad actual: como trabajadoras de doble jornada.

María Amparo Pérez Chapar, Valencia

B. ¿Qué harían ustedes? Decidan lo que harían ustedes de estar en el lugar de la persona que escribe la carta. Luego comparen sus conclusiones con las de otros grupos de la clase.

MODELO: *Yo buscaría otro trabajo… trataría de encontrar un trabajo con horario flexible… trataría de buscar un trabajo que pudiera hacer desde mi casa…*

Ventana al mundo

UNIFEM (Fondo de Desarrollo de las Naciones Unidas para la Mujer)

En la década de los 70, la comunidad internacional, influenciada por las demandas de las organizaciones de las mujeres —quienes consideraban que las acciones de las Naciones Unidas en relación con el desarrollo no incluían su participación—, decidió llevar a cabo el Primer Congreso Mundial sobre la Mujer. Éste se realizó en 1975 en la ciudad de México. Como parte de los acuerdos, surgió UNIFEM (el Fondo de Desarrollo de las Naciones Unidas para la Mujer), que es actualmente una de las agencias del sistema de las Naciones Unidas.

La Plataforma de Acción, aprobada por unanimidad en el Cuarto Congreso Mundial sobre la Mujer, identifica doce áreas de especial preocupación:

1. La mujer y la pobreza
2. La educación y la capacitación de la mujer
3. La mujer y la salud
4. La violencia contra la mujer
5. La mujer y los conflictos armados
6. La mujer y la economía
7. La mujer en posiciones de poder y en la adopción de decisiones
8. Los mecanismos institucionales para el adelanto de la mujer
9. Los derechos humanos de la mujer
10. La mujer y los medios de difusión
11. La mujer y el medio ambiente
12. La niña

Plataforma. ¿Cuál de las doce áreas te interesa más? Busca información sobre alguna y preséntala a la clase?

Diario

Piensa en una situación en la que te sentiste incomprendido/a y frustrado/a por un malentendido que no representaba tus ideas correctamente. ¿Qué pasó? ¿Pudiste aclarar el malentendido? ¿Tuvo solución o quedó sin aclarar?

Referencia gramatical 3

Discussing probability: Uses of the future and conditional to express probability

Mariana no vino ni ayer ni hoy. **¿Estará enferma?**

Please refer to the selftest on our Website. If you get less than 85%, you need to review this grammar point in the **Cabos sueltos** section, p. 479. If you get above 85%, you can continue with the following activities.

2 9-15 ¿Qué estarán haciendo? En parejas, hagan conjeturas sobre lo que pueden estar haciendo estas personas ahora.

MODELO: mi hermano/a

E1: *¿Qué hará mi hermana?*

E2: *Son las once. Estará en la clase de historia.*

1. tu compañero/a de cuarto
2. tu mejor amigo/a
3. la esposa del presidente de los Estados Unidos
4. el/la presidente/a de la universidad
5. tus padres
6. tus amigos de la escuela secundaria

2 9-16 ¿Qué pasaría anoche? Anoche tú y tu amiga iban a ir a la marcha organizada por las distintas asociaciones feministas de la ciudad. La esperaste durante una hora en tu cuarto y no vino ni llamó por teléfono. Usa estos verbos para formar preguntas haciendo conjeturas en el pasado.

estar | no encontrar | tener | descomponer | llamar | ¿?

MODELO: *¿No le funcionaría el coche?*

Ventana al mundo

Lenguaje sexista

Se llama lenguaje sexista a todas las expresiones del lenguaje y de la comunicación humana que estereotipan o invisibilizan a las mujeres, las subordinan o las humillan.° *humiliate*

Encontramos ejemplos de este tipo de lenguaje en cuentos clásicos, en refranes y en el lenguaje general. Por ejemplo, todavía escuchamos hablar de *la médico, la cirujano, la mujer bombero* en vez de **médica, cirujana** y ***bombera***, y ni siquiera han logrado imponerse por completo términos como ***ingeniera, arquitecta*** o ***magistrada***. En el caso de las palabras que terminan en *-e* o en consonante, el problema es mayor y todavía vemos con mucha frecuencia: *la jefe, la presidente* o *la juez* en vez de ***jefa, presidenta*** o ***jueza***.

Para evitar este tipo de lenguaje, la organización Mujeres Progresistas recomienda:

- No utilizar la forma masculina para referirse a los dos sexos.
- Tratar de utilizar palabras que pueden designar al varón o la mujer indistinta o conjuntamente con un solo género gramatical, masculino o femenino.
- Evitar el uso exclusivo del masculino para referirse a profesiones, puestos, etc., especialmente cuando quien lo hace es una mujer.

Ejemplos. Busca un texto en periódicos o revistas y analiza su lenguaje. ¿Hay expresiones sexistas? Trae los ejemplos para compartir con la clase.

Aprendamos 1

Talking about hypothetical situations in the future: Conditional clauses

To express a hypothetical situation that can occur in the present or the future, use the following structures:

Si	+	present	+	future **ir a** + inf. command

Si quieres tener niños, **tendrás** que pedir licencia por maternidad. — *If you want to have children, you will have to ask for maternity leave.*

Si mi esposa le **dedica** a su trabajo más de 40 horas por semana, yo no **voy a estar** contento. — *If my wife devotes more than 40 hours per week to her work, I am not going to be happy.*

Si las tareas domésticas te **toman** mucho tiempo, **haz** una lista de prioridades. — *If the house chores take too much of your time, make a list of priorities.*

9-17 Grandes metas. Aunque a veces resulte una utopía, es bueno proponerse grandes metas. Completa las frases con la forma verbal apropiada.

MODELO: Si quieres igualdad, (promover) la educación.
Si quieres igualdad, promueve la educación.

1. Si quieres que el sexismo desaparezca, no (practicarlo)
2. Si quieres que nos traten a todos como iguales, (pelear) por eso.
3. Si amas la justicia, (luchar) por la libertad.
4. Si estás harto/a de ser maltratado/a, (expresa) tu opinión.
5. Si quieres que te quieran, (comenzar) por amar.
6. Si quieres descansar, (cerrar) el libro.

9-18 No a la discriminación. ¿Quieres un mundo en el que no haya ningún tipo de discriminación por raza, sexo, religión, nacionalidad, etc.? Piensa en soluciones. Completa las frases con tres soluciones posibles.

MODELO: *Si quieres terminar con el sexismo, .../ lucha contra él. / habla con todos. / no seas machista.*

1. Si quieres terminar con la xenofobia, ...
2. Si quieres la igualdad entre los sexos, ...
3. Si quieres acabar con el antisemitismo, el antimusulmanismo o el anticatolicismo, ...
4. Si quieres terminar con el antiamericanismo, ...
5. Si quieres combatir la homofobia, ...

2 9-19 **¿Qué hago?** Tu compañero/a se encuentra ante varias situaciones difíciles. Ayúdalo/a a resolverlas dándole algunas ideas. Usa los mandatos. Alternen los papeles.

MODELO: *Si te pagan menos que a tu compañero/a, habla con tu jefa.*

1. Si te sientes discriminado/a en el trabajo, ...
2. Si tu pareja quiere que dejes un trabajo que demanda muchas horas, pero que te encanta, ...
3. Si tus padres no soportan a tu pareja porque tiene ideas no convencionales, ...
4. Si quieres dejar la universidad por un semestre, ...

9-20 Discriminación de la mujer en el trabajo. Ustedes son parte de una comisión de las Naciones Unidas que debe proponer soluciones a estos problemas que afectan a las mujeres a nivel mundial. Decidan lo que se deberá hacer en cada situación e informen a la clase.

MODELO: En África y en Asia las mujeres trabajan trece horas más por semana que los hombres.

E1: *Si las mujeres trabajan más que los hombres, se les deberá pagar más.*

1. En general, las mujeres trabajan entre cinco y seis horas semanales más que los hombres.
2. En los países desarrollados, las mujeres más pobres trabajan entre 60 y 90 horas por semana para mantener el nivel de vida que tenían hace una década.
3. Cuando las mujeres realizan el mismo trabajo que los hombres, cobran un promedio (*average*) del 30 al 40% menos.
4. En Canadá, las mujeres con profesiones liberales todavía ganan alrededor de un 15% menos que los hombres en las mismas profesiones.
5. Sólo el 2% de las mujeres españolas está en puestos de alta dirección en las grandes empresas.
6. En el mundo occidental las mujeres aún realizan el 75% de las labores domésticas.

2 9-21 **Libertad y justicia.** Cerca de nosotros también hay problemas. En parejas, elijan una de las situaciones siguientes, coméntenla y decidan qué harán para resolverla. Luego informen a la clase.

MODELO: En la universidad les pagan menos a las mujeres que a los hombres.

E1: *Si en la universidad les pagan menos a las mujeres que a los hombres, haremos una protesta, les escribiremos cartas a las autoridades, llamaremos a los periodistas…*

1. Todo es tan PC (políticamente correcto) que no hay libertad de expresión.
2. A una pareja homosexual no le alquilan el piso que desea.
3. En una entrevista de trabajo te preguntan si piensas tener niños.
4. En tu ciudad el número de mujeres en puestos políticos es muy bajo.
5. Los hombres son tratados siempre como machistas.

Ventana al mundo

Institutos de la mujer

El Instituto de la Mujer en España fue creado por ley el día 24 de octubre de 1983. Sus fines generales son promover° las condiciones que hagan posible la igualdad social entre ambos sexos y fomentar la plena participación de la mujer en la vida política, cultural, económica y social del país.

°*to promote*

Existe este tipo de instituciones en casi todos los países hispanoamericanos, entre ellas el Consejo Nacional de la Mujer en Argentina, El Instituto Nacional de las Mujeres en México, el Instituto Mujer y Sociedad en Uruguay, o la organización no gubernamental (ONG) La Morada en Chile.

Organizaciones. ¿Cuáles son las organizaciones equivalentes al Instituto de la Mujer en EE.UU.?

Logo del Instituto Mujer y Sociedad de Uruguay.

Aprendamos 2

Discussing contrary-to-fact situations: Conditional clauses

To express hypothetical situations that are contrary to fact, that is, situations that are possible but unlikely to happen, use the following structure:

Si	+	imperfect subjunctive	+	conditional

Si tuviera una familia más grande, **necesitaría** comprar otra casa. — *If I had a bigger family, I would need to buy another house.*

In all conditional sentences the **si** clause may be at the beginning of the sentence or come after the resultant clause.

Si no estuviera en la universidad, no conocería a tanta gente diferente. — *If I weren't at the university, I wouldn't know so many different people.*

No conocería a tanta gente diferente **si** no estuviera en la universidad. — *I wouldn't know so many different people if I weren't at the university.*

2 9-22 **Tolerancia.** Muchas veces las diferencias entre las personas crean conflictos por falta de tolerancia y por la incapacidad de ponerse en el lugar del otro. Estos conflictos surgen en situaciones simples de la vida. Utiliza alguno de los siguientes verbos en el imperfecto del subjuntivo para completar las frases. Luego, hazle las preguntas a otro/a estudiante y comenta sus respuestas.

tener	ocuparse	decir	estar	olvidarse	pagar	insistir	hacer

1. ¿Qué harías si tu compañero/a de piso ________ que no limpia la cocina porque es cosa de mujeres?
2. ¿Qué harías si tu compañero/a _______ a menudo comentarios sexistas sobre tu pareja?
3. ¿Qué harías si ________ harto/a de tener siempre que limpiar la casa?
4. ¿Qué harías si ninguno de los compañeros de piso _________ el alquiler a tiempo?
5. ¿Qué harías si tu compañero/a de piso __________ siempre invitados hasta tarde?
6. ¿Qué harías si nadie ___________ de regar y cuidar las plantas?
7. ¿Qué harías si tu compañero/a ___________ de darte los mensajes importantes?
8. ¿Qué harías si tu compañero/a ________ en dar una fiesta hasta tarde, la noche antes de una entrevista de trabajo importante para ti?

2 9-23 **¿Qué harías?** Piensa en cinco situaciones sexistas que puedes encontrar en la vida diaria. Luego formula preguntas como en el ejercicio anterior para averiguar qué haría en esa situación otro/a estudiante de la clase. Prepara un informe con las respuestas de tu compañero/a para presentar oralmente.

9-24 **Promover la participación de las mujeres.** ¿Qué harían ustedes si tuvieran que fomentar la participación de las mujeres en la vida política, cultural, económica y social de su comunidad? Hagan una lista de seis maneras en que fomentarían esta participación. Luego comparen su lista con las de los otros grupos de la clase.

MODELO: *Si tuviéramos que fomentar la participación de la mujer en la vida política, cultural, económica y social de nuestra comunidad, haríamos una campaña publicitaria.*

2 9-25 **Las funciones del Instituto.** Éstas son algunas de las funciones del Instituto de la Mujer en España. Decidan el orden de importancia que les darían a estas funciones y por qué.

a. Crear un banco de datos con información sobre la situación de las mujeres.
b. Elaborar informes para evitar la discriminación.
c. Apoyar medidas que contribuyan a eliminar la discriminación.
d. Coordinar trabajos con otras instituciones que se ocupen específicamente de las mujeres.
e. Asesorar (*to advise*) al gobierno acerca de la situación de las mujeres.

G 9-26 **A. Instituto de la mujer.** Si ustedes fueran seleccionados/as para crear un Instituto de la Mujer en su ciudad, ¿qué harían y por qué? Escriban una lista de las decisiones que tomarían y luego compartan sus decisiones con otros grupos de la clase.

MODELO: *Si fuéramos seleccionados/as, buscaríamos información sobre la situación de las mujeres en nuestra ciudad, según su raza, edad, nivel de educación e ingresos. De esta manera sabríamos lo que deberíamos hacer para mejorar algunos de los aspectos más problemáticos.*

B. A trabajar. Ahora imaginen lo que harían si tuvieran que desarrollar algunas de las funciones de la actividad anterior. Luego, informen a la clase.

MODELO: *Si tuviéramos que buscar información sobre la situación de las mujeres en nuestra ciudad, iríamos al Ayuntamiento a pedir informes sobre la mujer. Estudiaríamos las estadísticas de la ciudad. Haríamos una encuesta con nuestras propias preguntas.*

9-27 **No, no y no.** Ustedes se han encontrado con muchas negativas en su intento de crear un Instituto de la Mujer. ¿Qué harían si todo lo que pensaban hacer hubiera recibido una negativa? Busquen soluciones alternativas y luego preséntenselas a otros grupos de la clase.

MODELO: *Si no pudiéramos encontrar información en el Ayuntamiento, buscaríamos información en los periódicos.*

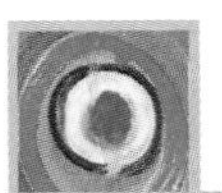

Conversemos sobre la lectura

Antes de leer

Estrategia de lectura: *Connecting words*

Connecting words and phrases are used to hold the text together to make it more cohesive. They relate one idea to the next and they signal what is to follow. These are some connecting words categorized according to their function.

Addition:	y, también, además, es más *(besides)*
Concession:	a pesar de (que), aunque, con todo *(everything considered),* aun así *(even so),* no obstante *(nevertheless)*
Contrast:	pero, sin embargo, por otro lado *(on the other hand),* por otra parte, en cambio
Reason:	porque, pues, ya que *(since)*
Reformulation:	es decir, en otras palabras, o sea *(that is to say)*
Result:	por eso, pues, luego, así que, como resultado, por lo tanto, a causa de
Summary:	por fin, finalmente, por último
Time:	cuando, mientras, luego, entonces, después, de vez en cuando *(from time to time),* de repente *(suddenly),* de pronto *(all of a sudden)*

9-28 **¡Qué día!** A Susana no le gustaba su trabajo y hoy renunció. Completa el párrafo donde le cuenta a su compañero lo que pasó. Usa los nexos conectores correspondientes según el contexto.

y aunque además pero cuando con todo y por un lado
de repente pero aun así por otro lado y

(1) ______ hoy salió el sol, afuera hace mucho frío. (2) ______ hay nieve (3) _____ hielo en las calles. (4) _____ salí de casa para ir a trabajar, me caí al suelo. No me rompí ningún hueso, (5) _____ me duele todo el brazo (6) ______ la pierna izquierda. Una mujer muy simpática me ayudó a levantarme (7) _____ subir al coche. (8) _____, llegué tarde a la oficina, como te puedes imaginar. Por supuesto que mi jefa se enojó conmigo otra vez y no quiso escuchar ninguna explicación. (9) _____ se me ocurrió que no tenía por qué soportarla más y le dije que renunciaba a mi trabajo. La dejé sin palabra y me fui. (10) _____ estoy contenta de haber dejado ese trabajo, (11) _____ (12) ____ estoy un poco preocupada. (13) ______, estoy segura que encontraré otra cosa pronto.

9-29 El desarrollo y la mujer. En su libro titulado *Abrazar la vida*, Vandana Shiva propone la idea de que el "desarrollo" de los pueblos se basó en la explotación y exclusión de la mujer, en la explotación y degradación de la naturaleza y en la destrucción gradual de otras culturas. El origen de todas estas injusticias, dice, fueron los valores de la sociedad patriarcal. Conecta las ideas siguientes usando uno de los nexos conectores entre paréntesis.

MODELO:
a. Por muchos siglos vivimos en una sociedad patriarcal. (aun, sin embargo, por lo tanto)
b. La mujer y la naturaleza fueron sojuzgadas (*subjugated*).
c. *Por muchos siglos vivimos en una sociedad patriarcal, por lo tanto la mujer y la naturaleza fueron sojuzgadas.*

1. a. La recuperación del principio femenino es importante. (porque, en cambio, pero)
   b. El medio ambiente necesita del principio femenino para renovarse.
   c. ____

2. a. El "desarrollo" que no respeta el principio femenino no es un verdadero desarrollo. (por lo tanto, ya que, también)
   b. Ese desarrollo sirvió sólo para la acumulación de capital.
   c. ____

3. a. El desarrollo mal entendido trajo la destrucción de la mujer, de la naturaleza y de otras culturas. (por eso, sin embargo, no obstante)
   b. En el Tercer Mundo, las mujeres, los campesinos y los pueblos tribales quieren liberarse del desarrollo mal entendido.
   c. ____

4. a. La expansión de cultivos para la exportación dejó a la mujer sin ningún control de la tierra. (pues, en otras palabras, en consecuencia)
   b. Las mujeres no tienen recursos para alimentar y atender a los niños y a los ancianos.
   c. ____

5. a. Las categorías patriarcales entienden la destrucción como "producción". (por fin, así que, por eso)
   b. Las categorías patriarcales consideran no productivo todo trabajo que no dé ganancias.
   c. ____

G **9-30 ¿Están de acuerdo?** Comenten las ideas presentadas en la actividad **9-29**. Expliquen si están de acuerdo o no, y por qué. Luego presenten sus conclusiones a la clase.

MODELO: *Nosotros no creemos que toda producción sea destrucción. No siempre es así. Por ejemplo…*

Vocabulario de las lecturas

Estudia estas palabras para comprender mejor los textos.

Vocabulario		Palabra en uso
aguantar	*to keep, last*	Esta comida **aguanta** en la nevera por una semana.
apetecer	*to feel like*	Me **apetece** vivir sola.
arriesgarse a	*to risk*	No me **arriesgo a** salir solo a la calle de noche.
avisar	*to warn, inform*	Te **aviso** con tiempo si voy a visitarte.
la caja	*box*	Todavía tengo que abrir **las cajas** que me enviaste.
el capricho	*whim*	El niño tiene un **capricho,** quiere un helado ahora.
el desamparo	*lack of protection*	Sin la protección de sus padres el niño siente el **desamparo** del mundo.
desembalar	*unpack*	¿Me ayudas a **desembalar** los platos, por favor?
destrozar	*to wreck, ruin*	Mi padre piensa que estoy **destrozando** mi futuro.
equivocarse	*to be mistaken*	No encontré tu apartamento porque me **equivoqué** de número.
estrechar	*to embrace*	Al despedirse, el padre **estrechó** al niño en sus brazos.
funcionar	*to work, function*	El nuevo arreglo con mi compañero de piso **funciona** bien.
guardar	*to keep, save*	Voy a **guardar** el pastel para más tarde.
imponer	*to impose*	Papá, tú no puedes **imponer** siempre tus ideas.
la ley	*law*	Es la **ley** de la vida que los hijos crezcan y se vayan de casa.
mecer	*to rock*	El padre **mece** al niño tiernamente.
el nido	*nest*	Él está triste porque todos sus hijos han volado del **nido**.
picar algo	*to have a snack, nibble*	¿Quieren **picar algo** antes de ir al cine?
la soledad	*solitude*	La **soledad** puede ser oprimente.
la tontería	*foolishness*	¡No digas **tonterías,** ésas son cosas sin importancia!
la vergüenza	*shame, self-consciousness*	No tengas **vergüenza.** Si no sabes la respuesta, pregúntasela a tu supervisora.

9-31 ¿Qué quieres decir? Escoge la palabra de la lista de vocabulario que corresponda a estas definiciones.

1. No tener compañía ____________
2. Estatuto, condición establecida para un acto particular ____________
3. Desear algo, tener ganas de algo ____________
4. Correr un riesgo ____________
5. Poner a alguien una carga u obligación ____________
6. Timidez que una persona siente ante determinadas situaciones ____________
7. Cometer un error ____________
8. Un dicho o hecho sin importancia ____________

2 9-32 ¿Qué es? Escoge una palabra de la lista y usa una circunlocución para explicársela a tu compañero/a. Él/Ella debe adivinar a qué palabra te refieres.

9-33 Una nueva aventura. Por primera vez, tú y tus dos mejores amigos/as van a vivir juntos/as este semestre en un apartamento. Completa el párrafo con las siguientes palabras. Haz los cambios necesarios.

aguantar   picar algo   funcionar   guardar   cajas
avisarle   desembalar   destrozar

Temprano por la mañana empezamos la mudanza a nuestro nuevo apartamento. Teníamos muchas 1) ______ con libros, algunos muebles, nuestras computadoras y el equipo de música cuidadosamente embalado. No queríamos que nada se 2) __________ en la mudanza. Trabajamos toda la mañana. Yo tenía hambre pero 3) ________ sin comer hasta el mediodía. Entonces nos tomamos un rato para 4) _____ y luego volvimos a trabajar. Lo primero que yo 5) ________ fue la computadora, para tener acceso a mi correo electrónico, pero cuando quise usarlo, no 6) _______. Tuve que 7) _______ a la compañía de teléfonos para que vinieran a arreglarlo. Por suerte, mi servidor 8) ______ todos los mensajes durante semanas.

2 9-34 Cuando dejé la casa de mis padres. En algún momento, todos tuvimos que dejar la casa de nuestros padres. Cuéntale esa experiencia a tu compañero/a usando como guía las siguientes preguntas.

1. ¿Adónde fuiste a vivir cuando dejaste la casa de tus padres? ¿Con quién fuiste a vivir?
2. ¿Qué fue lo primero que desembalaste? ¿Qué fue lo último?
3. Para sentirte bien, ¿necesitabas llevar muchas cosas contigo o sólo lo esencial? Describe lo que llevaste.
4. ¿Qué cosas tienes que llevar siempre para no sentirte desamparado/a en los lugares nuevos?
5. ¿Cómo te sentías cuando dejaste la casa de tus padres?
6. ¿Te gusta la soledad o necesitas estar siempre con mucha gente?

Lectura

Patricia Población Jiménez (1962)

Patricia Población nació en Madrid. Además de escritora, es psicóloga. La idea de la obra *Despierta muchacho* surgió del contacto profesional con jóvenes madrileños y su realidad social. La obra se estructura en cuatro actos. Este fragmento muestra parte del mundo de una joven, así como también la importancia de tomar decisiones en la vida de cada individuo. Patricia Población Jiménez ha publicado *Citas y llamadas* y otras piezas breves.

Una joven y su madre desembalando los libros después de la mudanza.

¡Despierta muchacho! (fragmento)

Cuarto acto, Segunda escena

(Es por la mañana. Hay algunas cajas en un rincón, pero se ve la casa habitada. Un jarrón con margaritas blancas y amarillas está sobre la mesa central. Una estantería al fondo está repleta de libros, otros se amontonan por el suelo. Suena la música. Se oye la llave
5 *de la puerta, ésta se abre y aparece Alejandra con varias bolsas de plástico con la compra.)*

ALEJANDRA: ¡Jo!, lo que pesan. *(Los deja encima de la mesa de la cocina.)* Total, para cuatro cosas que son y lo que cuestan. A ver cómo me las arreglo con lo que me queda para acabar el mes.
10 (*Suena el teléfono. Lo coge.*)

ALEJANDRA: ¿Sí...? ¡Hola! Sí. ¿Has visto lo que pasaron por la tele? ¡Quedamos! Hoy no, no puedo. Vienen mis padres. Sí, a conocer el piso. Imagínatelo. ¡Gracias! Que sí. ¿Mañana? Vale. A las diez en "La Ida". ... el que está al lado de mi casa.
15 Un beso. ¡Chao! (*Cuelga.*)
¡Dios mío!, las siete y media. Están a punto de llegar. Rápido, rápido. (*Coloca las cosas en la nevera y los armaritos. Parte no le cabe y fuerza para que entre la bolsa.*) Adentro, no te puedes quedar por en medio. (*Saca una bandeja con sándwiches de la*
20 *nevera, una fuente con vegetales y un cuenco de salsa en el centro.*) A la mesa. ¡El mantel que me regaló! Casi me olvido.

(*Lo saca de una de las cajas del fondo.*) Éstas no tengo donde esconderlas. Pues os quedáis aquí. Así queda muy bien. Las flores son demasiado grandes, encima de la barra. Y un par de
25 ellas en la mesa. No tengo un jarroncito, este vaso valdrá. Las bandejas, servilletas y unas copas.(*Suena el telefonillo del portal. Lo coge.*) ¿Sí...? ¡Hola!, os estaba esperando. Sí, todo de frente y luego por las escaleras hasta el tercero. La "c". Hasta ahora. ¡Leches!, llevo el chaquetón puesto. (*Lo deja en una de las perchas que hay en la*
30 *puerta. Vemos* que *va bien vestida. Suena el timbre y abre la puerta.*) ¡Hola, mamá! (*La besa con cariño. La madre la abraza.*)

MADRE: ¡Hola! ¿Cómo estás?

ALEJANDRA: Muy bien, ya lo sabes. Si desde que tengo teléfono me llamas casi todos los días.

35 MADRE: Pues claro, eres mi hija. Si no, ¿quién se va a preocupar de si estás bien o si te ha pasado algo? Una chica joven que vive sola, no puede estar incomunicada. Y menos una chica tan guapa.

ALEJANDRA: Si, ya sé que por eso me diste el dinero para el contrato, para tenerme controlada.

40 MADRE: ¿Yo...?, si...

ALEJANDRA: No pongas esa cara, que era una broma. Por cierto, ¿dónde está papá?

MADRE: Se le olvidaron unas cosas en el coche, ahora viene. Le quise acompañar, pero ya sabes lo cabezota que es. Te ha quedado muy
45 bonito, es agradable.

ALEJANDRA: Trae, dame el abrigo. (*Le ayuda a quitárselo y lo cuelga al lado del chaquetón.*) Pasa, pasa. ¿Quieres una coca o algo?

MADRE: No, gracias. Espero a tu padre.

ALEJANDRA: ¿Un vaso de vino blanco del que te gusta?

50 MADRE: No tenías que haberte molestado. Es muy caro para ti.

ALEJANDRA: En la nevera está. Decide. Si no, me lo tendré que beber yo sola.

MADRE: Venga, dame una copita.

(*Alejandra coge dos copas de encima de la barra y la botella. La descorcha y sirve.*)

ALEJANDRA: Toma, mamá.

55 MADRE: La ocasión se merece un brindis. ¡Por mi hija que ya es una mujer! y ¡por que seas feliz!

ALEJANDRA: ¡Por ti, mamá!

(*Beben.*)

MADRE: ¿Eres feliz? ¿Te van bien las cosas? ¿Qué ha pasado con lo del contrato?

60 ALEJANDRA: Me lo han renovado. Tengo todo un año por delante sin problemas. En teoría.

MADRE: Me alegro. Pero un año se pasa en seguida. Tú todavía no te das cuenta de lo deprisa que pasa el tiempo. Si tienes algún problema, cuando sea, llámame.

65 ALEJANDRA: Sí. Voy un momento al baño. (*Suena el telefonillo*.)
MADRE: Seguro que es tu padre. ¿Abro?
ALEJANDRA: (*Desde el servicio cerrado*.) Sí. Claro.
(*Vuelve a sonar. Coge el aparato*.)
MADRE: ¿Sí...? Te abro. Empuja. Estate atento. ¿Ya...? Es él. ¿Estás bien?
70 ALEJANDRA: Sí, me estoy pintando. Salgo en un momento.
(*Suena el timbre de la casa. La madre abre la puerta. Entra el padre con un paquete en la mano*.)
PADRE: Malditas escaleras. Toma, el paquetito. ¿Por qué no habrá ascensor como en las casas normales?
75 MADRE: Deja de gruñir y dame el abrigo. Trae. (*Lo cuelga*.)
PADRE: ¿Dónde está la niña?
MADRE: En el servicio. Ahora sale.
PADRE: ¡Ah...! ¿Pero tiene hasta servicio? Increíble en un sitio tan pequeño. Aquí uno no puede perderse.
80 MADRE: ¡Ramón!
(*Sale Alejandra. Se acerca a besar a su padre*.)
ALEJANDRA: ¡Hola, papá!
PADRE: ¡Hola, hija! Estás muy guapa. No veas lo que nos ha costado dejar el coche por aquí. He dado cuarenta vueltas.
85 ALEJANDRA: Siempre tan exagerado.
PADRE: De eso nada. Que te lo diga tu madre.
MADRE: ¡Qué más da! Tampoco hemos tardado tanto, ni lo hemos dejado tan lejos.
PADRE: Mientras que cuando volvamos siga ahí...
90 ALEJANDRA: Siéntate. ¿Qué quieres tomar, vino o cerveza?
PADRE: Una cerveza, ¡por favor! Así que ésta es la casa.
ALEJANDRA: Sí. ¿Te gusta? (*Va por la cerveza y la sirve*.) Todavía no he terminado de desembalar todo, aún le falta mucho. (*Se la da*.)
PADRE: ¡Gracias! Sí, no está mal. Un poco pequeña, ¿No crees?
95 ALEJANDRA: Sí, pero...
MADRE: Pero a ella le gusta. Además, así tiene todo a mano, y no hay que limpiar tanto. Que eso nunca se te dio bien... Aunque veo que lo tienes todo muy limpio.
ALEJANDRA: ¿Qué es eso?
100 MADRE: El paquete. Se me olvidaba.
PADRE: Son unas tortillas y no sé qué más. Se las había dejado en el coche.
MADRE: Las he traído por si te apetecía picar algo.
ALEJANDRA: Ya he preparado yo unas cosas, no hacía falta. ¿Queréis? (*Ofrece la bandeja*)
105 MADRE: Sí, gracias. (*Toma uno de los sándwiches*.) Está muy rico. Lo que he traído guárdalo. Aguanta muy bien en la nevera y te lo puedes comer mañana u otro día.

110 PADRE: ¿De qué son? (*Mirando la bandeja* de *sándwiches*)
MADRE: Da igual de lo que sean.
PADRE: Pues a mí no me da igual.
ALEJANDRA: Toma, coge de éstos. Son de queso curado y también los hay de jamón. Los he hecho especiales para ti.
115 PADRE: Los probaremos. ¿Y eso qué es?
ALEJANDRA: Son *crudités*.
PADRE: Pues parece verdura cruda.
ALEJANDRA: Son vegetales en tiras, papá. Mira, lo coges con los dedos por la punta y mojas en la salsa. (*Se la come.*)
120 PADRE: No me extraña que estés tan delgada, si comes esto.
MADRE: Déjala, ya es mayor. Eso no quita para que vengas a casa a comer cuando quieras. No hace falta que avises. Siempre pongo de más.
ALEJANDRA: Lo sé. ¡Gracias! Ya iré algún día. No os preocupéis, estoy bien.
PADRE: Pues yo no puedo dejar de preocuparme, eres muy joven y no estás
125 preparada. Lo que tendrías que hacer es volver a casa y dejarte de tonterías.
MADRE: Lo que quiere decir tu padre es que tienes la puerta abierta de casa. Si te sientes sola o simplemente quieres volver, que lo hagas, que no es ninguna vergüenza.
130 PADRE: No me corrijas, Adela. Sé perfectamente lo que quiero decir. No me gusta que te hayas ido, ni creo que sea conveniente para ti. Quiero que regreses a casa y que te dejes de ideas locas y caprichos absurdos. Tanta modernez y tanta libertad... Si eres una niña. ¿Cuándo se ha visto?
ALEJANDRA: Papá, ¡por favor! No empecemos. No pienso cambiar de opinión. Si
135 me van mal las cosas, tendré que aguantarme. Tengo que aprender a salir adelante por mí misma. Y, además, es lo que quiero.
PADRE: Pero, ¿cómo vas a saber lo que quieres? Lo que debes hacer es seguir con tus estudios, conseguir un buen empleo y encontrar a un buen chico. Así, te estás destrozando el futuro.
140 ALEJANDRA: No, estoy buscando mi futuro en función de mis valores. Y además, sigo estudiando. No soy ninguna inconsciente.
PADRE: Pues yo creo que sí. Pero, ¿no te das cuenta?
ALEJANDRA: Sí. Me doy cuenta que quieres que viva como tú crees que debo. Estás tratando de imponerme tu forma de vivir. Y, papá, no se puede
145 imponer los valores propios a otra persona. No funciona.
MADRE: La niña tiene razón, Ramón. Tú también hiciste lo que creías mejor, en contra de la opinión de tu padre. Acuérdate.
PADRE: Sigo pensando que es una equivocación.
ALEJANDRA: Me puedo equivocar, papá, pero es mi decisión y, por lo tanto, no es
150 una equivocación sino la opción que he elegido. Y tengo que arriesgarme, es la única forma. Tú siempre me lo has dicho.
PADRE: Sí... Pero estoy muy preocupado por ti, no puedo evitarlo. Te quiero mucho y no quiero que te pase nada malo. Sólo de pensarlo...

	ALEJANDRA:	Yo también te quiero mucho, papá.
155	MADRE:	Bueno... Por fin habéis hablado, casi sin discutir. Te queremos mucho, hija, y nos preocupamos, somos así.
	ALEJANDRA:	Ya lo sé, mamá. Pero me tenéis que dejar vivir.
	MADRE:	Claro que sí. Tienes que volar fuera del nido. También lo hicimos nosotros, Ramón. Al principio no fue fácil, pero lo conseguimos.
160		Es la ley de la vida.
	ALEJANDRA:	¿Queréis otra copa? Yo me voy a servir un poco de vino.
	MADRE:	Sí, por favor. ¿Ramón?
	PADRE:	Sí, pero esta vez dame un poco de vino, así os acompaño.
	ALEJANDRA:	(*Eleva su copa después de servir a todos.*) ¡Por vosotros, mis padres,
165		porque os quiero mucho y siempre os querré!
	PADRE:	¡Por ti, hija! Siempre estaremos ahí, apoyándote. (*Brindan.*)
	PADRE:	Es verdad que te has hecho mayor, y yo sin enterarme. Estoy muy orgulloso de ti.
	ALEJANDRA:	Papá... (*Emocionada y llorosa.*)
170	MADRE:	Que esto era una celebración. ¿No íbamos a salir juntos? Podríamos ir a cenar a un buen sitio. Lo que has preparado está muy bien, pero no te vendría mal un buen solomillo. ¿Vamos al argentino? Siempre te ha gustado.
	ALEJANDRA:	¡Mamá! Por mí, vale.
175	PADRE:	Pues vamos. Espero que no se hayan llevado el coche, en este barrio...

(*Se levantan para irse. Oscuro.*)

2 9-35 **El conflicto de los padres y Alejandra.** Los padres de Alejandra tienen que aceptar que su hija ha crecido y quiere vivir sola. Contesten estas preguntas. Busquen la situación en el texto.

1. ¿Por qué lleva Alejandra el chaquetón puesto dentro de la casa?
2. ¿Cómo se prepara Alejandra para recibir a sus padres?
3. ¿Por qué la madre llama por teléfono a Alejandra todos los días?
4. ¿Por qué el padre no llegó junto con la madre?
5. ¿Cuál es la actitud de la madre hacia Alejandra? ¿Qué dice cuando brindan las dos solas?
6. ¿Por cuánto tiempo es el contrato del apartamento?
7. ¿Qué hace Alejandra antes de llegar su padre?
8. ¿Qué trajeron los padres en el paquete? ¿Por qué?
9. ¿Cuáles son los sándwiches que le gustan al padre?
10. ¿Cómo es la relación entre el padre y la madre?

2 9-36 **El nuevo apartamento de Alejandra.** Los personajes expresan pensamientos que indican algo más detrás de las palabras que usan. Expliquen a qué se refieren sus palabras. Busquen estas citas en el texto y expliquen por qué las dicen.

1. ALEJANDRA: "A ver cómo me las arreglo con lo que me queda para acabar el mes."
2. ALEJANDRA: "Me diste el dinero del contrato para tenerme controlada."
3. MADRE: "No tenías que haberte molestado."
4. MADRE: "Un año se pasa enseguida. Tú todavía no te das cuenta de lo deprisa que pasa el tiempo."
5. PADRE: "Aquí uno no puede perderse."
6. PADRE: "Mientras que cuando volvamos siga ahí."
7. MADRE: "No hace falta que avises. Siempre pongo de más."
8. PADRE: "Lo que tendrías que hacer es volver a casa y dejarte de tonterías."
9. ALEJANDRA: "Tengo que aprender a salir adelante por mí misma."
10. MADRE: "Tienes que volar fuera del nido."

G 9-37 **Valores y actitudes.** Este acto refleja las diferentes actitudes que tienen el padre, la madre y Alejandra frente al hecho de que la hija quiere vivir sola. Busquen en el texto cuál es la posición de cada uno y sus preocupaciones.

MODELO: *El padre tiene valores tradicionales y quiere que la hija viva en la casa con ellos. Se preocupa por ...*

1. La madre 2. El padre 3. Alejandra

G 9-38 **Debate.** ¿Qué piensan ustedes de lo que dice Alejandra? ¿Es verdad? ¿Tienen ustedes los mismos puntos de vista que sus padres o distintos? ¿Cuáles son las diferencias entre sus puntos de vista y los de sus padres? Piensen en la religión, la moral, la política, los valores comunitarios, etc.

Y, papá, no se puede imponer los valores propios a otra persona. No funciona.

Diario

Las relaciones familiares no son siempre fáciles; hay personas con las que nos llevamos mejor que con otras. Cuenta con quién te llevas muy bien dentro de tu familia y por qué. Describe una o dos situaciones que reflejen la relación especial que tienes con esa persona.

Poema

Gabriela Mistral (Lucila Godoy Alcayaga, 1885–1957)

Gabriela Mistral, poeta chilena que ganó el Premio Nobel de Literatura en 1945. Tuvo varios cargos importantes dentro y fuera de su país. Fue maestra, directora de colegio, profesora universitaria en Chile, en México y en el Barnard College de Nueva York. También se desempeñó como cónsul de su país en España, Portugal y Brasil. Como se ve en esta canción de cuna°, el amor por los niños está muy presente en su obra.

° *lullaby*

Madre meciendo a su hijo.

Yo no tengo soledad

Es la noche desamparo
de las sierras hasta el mar.
Pero yo, la que te mece,
¡yo no tengo soledad!

5 Es el cielo desamparo
si la luna cae al mar.
Pero yo, la que te estrecha,
¡yo no tengo soledad!

Es el mundo desamparo
10 y la carne triste va.
Pero yo, la que te oprime,
¡yo no tengo soledad!

2 9-39 **A. El desamparo.** En parejas, describan y expliquen cómo estas tres imágenes simbolizan el desamparo en el poema.

1. la noche
2. el cielo
3. el mundo

B. Ante estas imágenes de desamparo, la poeta no siente soledad. ¿Por qué? ¿A quién le canta?

9-40 Canción de cuna. Ahora te toca a ti escribir una canción de cuna de cuatro o cinco versos. Recuerda que es para hacer dormir a un niño, por lo tanto debes usar palabras suaves y mucha repetición.

MODELO: *Nana, nana mi niño*
Nana, nana mi amor
Nana pedacito
de mi corazón.

9-41 La profesión y la familia. Vuelve a leer la biografía de Gabriela Mistral. ¿Piensas que su profesión habrá afectado su vida personal? ¿Estarías tú dispuesto/a a viajar de un país a otro siguiendo tu vocación o tu trabajo? Cada persona trata de buscar el equilibrio entre lo profesional y lo familiar de distintas maneras. ¿Cómo lo harías tú? Cuéntaselo a tu compañero/a o escríbelo en tu diario, contestando las siguientes preguntas personales. Túrnense para hacer las preguntas.

1. ¿Te gusta viajar solo/a o con algún miembro de tu familia? ¿Prefieres mantenerte siempre cerca de tu familia y amigos?
2. ¿Has tenido que mudarte para asistir a esta universidad? ¿Hubieses preferido estudiar en otro lugar? ¿Por qué?
3. Si te propusieran vivir cada década de tu vida en un país distinto, a tu elección, ¿aceptarías? ¿Qué factores considerarías antes de dar una respuesta?
4. Si tuvieras la oportunidad de recibir el Premio Nobel en algún área (la literatura, las ciencias, la paz), ¿qué área elegirías? Explica tu elección.

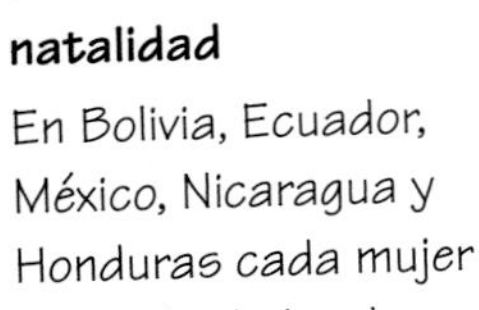

Boletín

El índice de natalidad

En Bolivia, Ecuador, México, Nicaragua y Honduras cada mujer tiene alrededor de seis hijos. En Argentina, Chile y Uruguay el índice de la natalidad es de menos de tres, y en Cuba es de menos de dos. España tiene uno de los índices de natalidad más bajos de Europa con 1,2 hijos por mujer.

Avancemos con la escritura

Estrategia de escritura: *Hypothesizing and making conjectures*

When one writes about a situation or an idea that depends on something else for it to happen, one is hypothesizing. Certain conditions have to be fulfilled before something else can happen. One also makes a hypothesis or a conjecture when writing about something improbable. The outcome may be imagined or suggested but not necessarily real or true. Use the conditional sentence structure in these situations. This is used as much in informal personal messages as in formal memos or reports. See the following example.

Querida Inés:

No sé a qué hora voy a poder pasar por tu casa hoy. Si no vienen muchas personas a consultarme a la oficina, voy a poder salir alrededor de las cinco. Pero si viene mucha gente o mi jefe me necesita para algo, voy a tener que quedarme hasta tarde. Te llamo a las seis para avisarte a qué hora llego.
Nos vemos
Tonia

2 9-42 **A. ¿Qué dicen ustedes?** Algunos estudios muestran que las mujeres y los hombres responden de formas diferentes a las siguientes situaciones. ¿Qué harían ustedes? Trabajen en pares de dos muchachos o dos muchachas juntas. Agreguen otras dos situaciones donde hayan observado que los chicos y las chicas actúan de modo diferente.

1. Si están perdidos en un barrio y no encuentran la calle que buscan, ¿qué hacen?
2. Si van a pasar el fin de semana a otra ciudad, ¿necesitan saber exactamente dónde van a alojarse o encuentran un lugar cuando llegan a su destino?
3. Si están por llegar sus padres y la casa no está limpia, ¿qué hacen?
4. Si tienen que salir y no tienen la ropa que les gusta
5. ______________________________
6. ______________________________

B. Comparen sus respuestas con las siguientes creencias populares. ¿Qué dicen ustedes? ¿Están de acuerdo? Comenten.

1. La mayoría de los hombres prefieren dar vueltas hasta encontrar la calle sin preguntar.
   Las mujeres prefieren pedir información para asegurarse de que están en la dirección correcta.
2. La mayoría de las mujeres prefieren saber exactamente dónde van a alojarse.
   Los hombres generalmente no planean dónde van a parar.
3. La mayoría de las mujeres dicen que no es fácil para ellas leer un mapa.
   La mayoría de los hombres dicen que no es difícil para ellos leer un mapa.

G 9-43 **Para pensar y discutir.** Conversen sobre las siguientes preguntas.

1. ¿Cómo son diferentes las actitudes de los hombres y las mujeres en diferentes situaciones? Explica.
2. ¿Qué esperan los hombres de las mujeres, y viceversa?
3. ¿Quién hace qué y por qué? (En la casa, en el trabajo, en la sociedad, etc.)
4. ¿Quién debe hacer qué y por qué? (En la vida doméstica, en las profesiones, en la sociedad en general, etc.)
5. ¿Cómo encaramos nuestras relaciones amorosas?¿Qué consideramos lícito y qué no?
6. ¿Cuál es la actitud de la mujer o del hombre frente al placer?
7. ¿Cómo es tratada la mujer en este sentido en las diversas culturas?

2 9-44 **La situación de la mujer en el siglo XXI.** Hagan una lista de los cinco problemas más importantes que piensan que las mujeres deberán afrontar en este siglo. Luego, propongan tres cosas que se podrían hacer para resolver cada problema.

MODELO: Problema: En muchos lugares todavía no hay un sistema efectivo contra la violencia doméstica.

Solución: *Educaría a los legisladores y a la policía para que pudieran actuar de manera eficiente, y de un modo más seguro para todos los miembros de la familia.*

Ventana al mundo

Las emprendedoras

Según la medición del Global Entrepreneurship Monitor (GEM), Chile y Argentina se encuentran entre los países que tienen las tasas más altas de actividad emprendedora. Chile es segundo y Argentina está en el quinto lugar a nivel mundial. Las mujeres argentinas se ubican terceras entre las más emprendedoras del mundo. Hay 11 de cada 100 mujeres que se dedican a emprender decidiéndose por el autoempleo. Según el GEM, un factor importante es el nivel de educación de las argentinas. El 40% de quienes iniciaron su propio negocio tiene educación universitaria y casi el 70 % completó los estudios secundarios.

El autoempleo. Averigua cuál era el índice de autoempleo en tu estado hace una década y cuál es el índice ahora. Comparte la información con la clase y comenten cuáles les parece que podrían ser las razones.

Dos mujeres en su lugar de trabajo.

9-45 **Tus propios pensamientos.** Escribe una composición a partir de tus propios conocimientos y de algunos de los aspectos tratados en este capítulo. Escoge uno de los dos temas siguientes. En tu composición, incluye conjeturas e hipótesis sobre las posibles soluciones.

1. La dicotomía hombre – mujer
2. La situación de la mujer en tu estado

Antes de entregar tu composición, asegúrate de haber incluido y revisado lo siguiente:

El vocabulario del capítulo

Las **Expresiones útiles**

Las oraciones condicionales

Atando cabos: Los jóvenes y nuestra sociedad

En esta parte del capítulo, van a hacer una serie de actividades que les permitirán analizar algunos de los problemas que encontramos en la sociedad actual.

2 9-46 **¿Qué les gustaría hacer?** Entrevista a dos personas y pregúntales qué harían en las siguientes situaciones. Luego informa a la clase sobre tu entrevista.

a. si no tuviera que estudiar ni trabajar
b. si pudiera solucionar sólo un problema de todos los que afectan a la sociedad actual

9-47 **Los jóvenes y el sexismo.** Un estudio hecho en los últimos años parece demostrar que los jóvenes todavía son muy sexistas. Lee la información y di si estás de acuerdo con las creencias que presentan. Luego entrevista a otra persona de la clase y explica si sus respuestas coinciden con las del estudio.

¿Estás de acuerdo con las siguientes creencias y frases hechas?

		Mujeres	Hombres
El hecho de que en muchas empresas las mujeres cobren menos que los hombres en el mismo puesto de trabajo se debe probablemente a que los hombres rinden más.	Sí	0	23
	No	98	65
Las mujeres sólo deberían trabajar fuera de casa si pueden también encargarse de la familia y de las tareas domésticas.	Sí	7	20
	No	86	63
La mujer que parece débil es más atractiva.	Sí	5	20
	No	85	58
El hombre que parece agresivo es más atractivo.	Sí	2	10
	No	90	75
Para tener una buena relación de pareja, puede ser desable que la mujer sea a veces sumisa.	Sí	4	18
	No	85	61
Los hombres no deben llorar.	Sí	4	30
	No	94	60

Cómo se ven mutuamente los hombres y las mujeres

	Según el hombre		Según la mujer	
Una mujer debería ser	Atractiva fisicamente	41,1	Simpática	49,4
	Simpática	30,5	Sincera	21,3
	Inteligente	18,1	Inteligente	17,7
Un hombre debería ser	Inteligente	33,4	Simpático	45,6
	Simpático	32,1	Sincero	29,7
	Atractivo fisicamente	17,6	Atractivo fisicamente	11,1

Actividades en el futuro

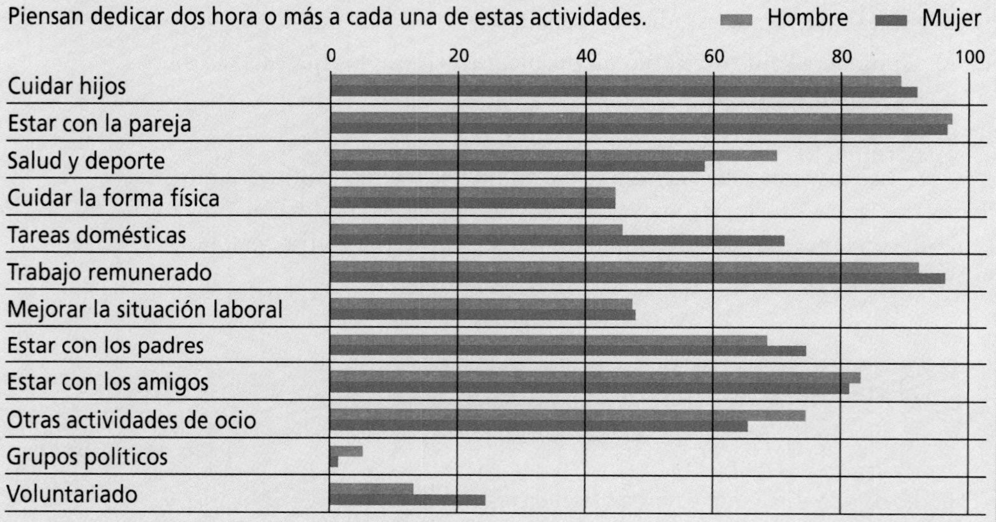

Piensan dedicar dos hora o más a cada una de estas actividades.

Hombre Mujer

0 20 40 60 80 100

Cuidar hijos
Estar con la pareja
Salud y deporte
Cuidar la forma física
Tareas domésticas
Trabajo remunerado
Mejorar la situación laboral
Estar con los padres
Estar con los amigos
Otras actividades de ocio
Grupos políticos
Voluntariado

9-48 **Circunstancias difíciles.** A veces en la vida uno debe aceptar ciertas dificultades. Analicen las siguientes situaciones y digan en qué circunstancias ustedes las aceptarían. Luego informen a la clase.

MODELO: *Aceptaría que me pagaran menos que a alguien que hace el mismo trabajo si necesitara el dinero para mantener a mi familia.*

1. aceptar un pago menor que otra persona por el mismo trabajo
2. dejar de trabajar
3. abandonar los estudios
4. convivir con alguien a quien no quieres
5. ocuparte de tus parientes ancianos

www 2 9-49 **Instituciones por y para la gente.** Investiga qué instituciones hispanas hay en tu comunidad que se ocupan de temas relacionados con los problemas de salud, educación, justicia social, etc. Averigua sus fines, sus funciones y sus actividades. Prepara un informe oral para presentarlo en la próxima clase.

G 9-50 **Embarazo de las adolescentes.** Uno de los problemas más graves de la actualidad es el embarazo de las adolescentes. Imaginen que una amiga de 14 a 16 años les cuenta que está embarazada. Piensen en el futuro de esta chica y luego digan qué consejos le darían.

www 9-51 **Madres jóvenes.** Busca más información en Internet, o en tu propia comunidad, sobre el tema del embarazo de adolescentes y prepara un informe para la clase con los datos más interesantes.

9-52 **Prevención para el problema de los adolescentes.** Según el Consejo Nacional de la Mujer de Argentina, los planes de prevención para el embarazo de las adolescentes funcionarían mejor si se cumplieran los siguientes pasos. Elijan uno de los pasos y sugieran cinco maneras de implementarlo. Luego informen a la clase.

MODELO: Paso 1: La prevención funcionaría mejor si los especialistas fueran a la comunidad y no esperaran a que los jóvenes vinieran a hablar con ellos.

Modo de implementarlo: *Para esto haríamos una campaña en la ciudad y entregaríamos condones y panfletos de información sobre el control de la natalidad...*

La prevención funcionaría mejor si los especialistas...

1. visitaran las instituciones que convocan jóvenes, tales como escuelas, clubes, grupos comunitarios, etc.
2. fueran a las instituciones que agrupan a las familias.
3. dieran información relacionada con la experiencia personal de los jóvenes (relación con sus padres, con sus amigos, etc.).
4. les explicaran a los jóvenes lo que significa tener un hijo y la diferencia entre tener un bebé y criar un hijo.

Vocabulario

Los sentimientos y las relaciones entre los géneros

abrazar *to embrace*
acariciar *to pet, caress*
alentar (ie) *to encourage*
el/la amante *lover*
amar *to love*
la caricia *caress, petting*
el cariño *fondness, love*
compartir *to share*
el/la cónyuge *spouse*
la intimidad *intimacy*
la ternura *tenderness*

Sustantivos

el acercamiento *rapprochement*
el afán *eagerness*
la caja *box*
el capricho *whim*
la claridad *clarity*
la conciencia *awareness*
la confianza *confidence, trust*
el crecimiento *growth*
la crianza de los niños *child rearing*
el desafío *challenge*
el desamparo *lack of protection*
la femeneidad *femininity*
el género *gender*
el gesto *gesture*
el lado *side*
la ley *law*
la mezcla *mixture*
el nido *nest*
la paridad *parity, equality*
el prejuicio social *social prejudice*
el ser *being*
la soledad *solitude*
el testimonio *testimony, proof*
la tontería *foolishness*
el varón *male*
la vergüenza *shame*

Verbos

acercarse *to draw near*
aguantar *to keep, last*
apetecer *to feel like*
apoyar *to support*
arriesgarse a *to risk*
avisar *to warn, inform*
conceder *to grant, give*
convivir *to live together*
desarrollar *to develop*
desembalar *to unpack*
destrozar *to wreck, ruin*
dominar *to dominate*
equivocarse *to be mistaken*
estrechar *to embrace*
facilitar *to facilitate*
funcionar *to work, function*

gozar	*to enjoy*
guardar	*to keep, save*
imponer	*to impose*
mantener	*to support, maintain*
mecer	*to rock*
mencionar	*to mention*
nutrir	*to nurture*
ocuparse de	*to be in charge of*
pasar por	*to go by*
picar algo	*to have a snack, nibble*
relacionarse con	*to relate to*
soportar	*to support*
sostener	*to hold on to*

Adjetivos

abnegado/a	*self-sacrificing*
compasivo/a	*compassionate*
comprensivo/a	*understanding*
creativa	*creative*
dócil	*docile*
imponente	*imposing*
íntimo/a	*intimate*
propio/a	*one's own*
pujante	*driven*
receptivo/a	*receptive*
sumiso/a	*submissive*
sustentador/a	*sustaining, life-giving*

Expresiones idiomáticas

darse cuenta (de)	*to realize*
de (entre) todos/as	*of all things*
en torno a	*around*
realizar	*to fulfill, carry out*
todavía	*yet*
ya	*already*
ya que	*since*

10 Hablemos de la globalización y la tecnología

"La incógnita de la vida humana no se resuelve nunca, pero el hombre de ciencia, aunque sepa esto, marcha siempre hacia adelante."
—Pío Baroja

La tecnología nos permite estar comunicados con el resto del mundo.

Internet, la revolución tecnológica del siglo XX.

Tema cultural

La globalización y los avances tecnológicos en el mundo hispánico

Objetivos comunicativos

Reflexionar, analizar y conversar sobre la globalización, la economía y los avances tecnológicos

Aprender a hacer llamadas telefónicas y hablar de las telecomunicaciones

Expresar cualidades superlativas de cosas y personas

Hablar sobre situaciones pasadas que afectan el presente

Hablar de acciones pasadas anteriores a otras acciones también pasadas

Transmitir lo que dijo otra persona

Película recomendada para este capítulo: *Un lugar en el mundo*, A. Aristarain, Argentina/España/Uruguay, 1992.

Canción recomendada para este capítulo: *El sur también existe,* J.M. Serrat and M. Benedetti

En marcha con las palabras

En contexto: Los retos de la globalización

La bolsa de valores de la Ciudad de México.

En el **siglo** XX, la década de los ochenta es conocida en América Latina como la "década perdida". Durante estos años los gobiernos de la región tuvieron que adoptar una serie de **reajustes** económicos para facilitar el pago de las altas **tasas de interés** de su **deuda externa** que **cobraba** la Banca Internacional. Esto hizo que no se pudieran implementar políticas sociales para aliviar la pobreza de sus habitantes. Dichas medidas **implicaron** una **reducción** de los salarios mínimos de millones de personas, que se vieron **afectadas** por las **alzas** del costo de vida y por la **recesión** económica. En general, hubo un aumento en los índices de **subdesarrollo**, **impredecible** años atrás. Según **datos** proporcionados por la CEPAL[1], la pobreza en la región aumentó de un 41 a un 46 **por ciento**.

A partir de la década de los noventa, América Latina inició un nuevo proceso de desarrollo económico para salir de su **atraso** y evitar la **bancarrota**. Los gobiernos latinoamericanos decidieron acabar con el excesivo **proteccionismo** que los caracterizaba e **integrar** su economía a la **aldea global**. Con este fin, ofrecieron a la comunidad internacional su **mano de obra** barata y **rebajas** en las **tarifas** de importaciones. Así abrieron sus **mercados** a la **competencia** internacional e invitaron al capital extranjero a **invertir** y crear **sucursales** de sus empresas en la región. Muchas industrias estatales, especialmente en el **mundo de la informática** y las comunicaciones, fueron vendidas a precios de **descuento** y con las **ganancias** de las ventas se **disminuyó** la deuda externa, lo que evitó pedir nuevos **préstamos** a la Banca Internacional. Paralelamente se impulsó la creación de **bloques económicos** de gran **tamaño**, como NAFTA y MERCOSUR, los cuales han resultado muy **beneficiosos** para los países miembros.

Sin embargo, la integración a la economía internacional trae **pérdidas** a los sectores más pobres de la población. Actualmente existe una disminución del **presupuesto** para gastos sociales, como educación y salud, una privatización de servicios públicos y altos índices de desempleo. Latinoamérica todavía necesita **planificar** políticas económicas y sociales que hagan llegar el **crecimiento económico** a todos los sectores, especialmente a aquellos que viven de los **recursos minerales** y **agrícolas**. De no lograr esto, se puede **prever** que la primera década del nuevo siglo sea vista como otra década perdida para América Latina.

[1]Comisión Económica de las Naciones Unidas para América Latina y el Caribe.

PALABRAS CONOCIDAS

La economía y la tecnología

Estas palabras deben ser parte de tu vocabulario.

La economía

los acuerdos entre países	*agreements between countries*
los adelantos tecnológicos	*technological advances*
las barreras de exportación	*export barriers*
cobrar un cheque	*to cash a check*
el crédito bancario	*bank loan*
la cuenta corriente	*checking account*
la cuenta de ahorros	*savings account*
el ordenador (Spain)	*computer*
pagar a plazos	*to pay in installments*
pagar interés	*to pay interest*
el pago inicial / mensual	*first / monthly payment*
el país en vías de desarrollo	*developing country*

Cognados

automático/a
avanzar
el bloque económico
el circuito electrónico
el comercio de exportación / importación
la computadora
el disquete
la electrónica
la inflación
la infraestructura
el microprocesador
la privatización
el/la programador/a
la recesión
el satélite
las telecomunicaciones

EXPRESIONES ÚTILES

pero	*but (however)*	
sino	*but (rather)*	(followed by a word or phrase)
sino que	*but (rather)*	(followed by a conjugated verb)

Note: Both **sino** and **sino que** are used after a negative clause.

La mano de obra barata baja los precios, **pero** no mejora la situación de los trabajadores. — *Cheap labor lowers prices but does not improve the situation of the workers.*

La globalización de la economía no creó riqueza para todos, **sino** pobreza para muchos. — *The economic globalization did not create wealth for everyone but rather poverty for many.*

La privatización de las empresas no crea trabajos **sino que** causa más desempleo. — *The privatization of businesses does not create jobs but rather it causes more unemployment.*

10-1 A. ¿Qué son? Escoge cuatro de las siguientes palabras y escribe tu propia definición para cada una.

cobrar mano de obra dato sucursal bancarrota
deuda externa ganancia descuento

1. ______________________________
2. ______________________________
3. ______________________________
4. ______________________________

2 **B.** Ahora léele a tu compañero/a la definición sin decir la palabra y él/ella debe adivinar qué palabra es.

2 **10-2 Lo bueno y lo malo.** Hagan una lista de las ventajas y las desventajas que tiene América Latina al pertenecer a la aldea global. Expliquen por qué son ventajas o desventajas. Usen algunas de las siguientes palabras y la información de la lectura.

invertir préstamo disminuir desempleo privatización
competencia crecimiento económico pobreza presupuesto
planificar atraso mundo de la informática recursos

Ventajas	Desventajas

10-3 Mónica toma un curso virtual. Cada día, todos experimentamos de muchas maneras que el mundo parecería haberse achicado. Ésta es la experiencia de Mónica, una muchacha chilena que hace un curso virtual de macro-economía por Internet. Completa las oraciones con las palabras y frases de **Expresiones útiles**.

1. Es la primera vez que tomo un curso virtual. Creía que iba a ser más complicado _____ no lo es.
2. El curso se dicta desde la Universidad de Texas, _____ yo no estoy en los EE.UU. _____ en Santiago de Chile.
3. Esto me hace sentir que vivo en una aldea global, _____ al mismo tiempo, a veces cuestiono el uso de tanta tecnología en la vida diaria.
4. No es que no la aprecie, _____ esta experiencia es muy distinta de un curso con el profesor delante de la clase y los compañeros sentados a mi lado.
5. Por ejemplo, anoche estaba hablando con mis compañeros de curso por Internet, _____ nunca los he visto, ni los conozco.
6. No es que no haya comunicación, _____ no hay contacto humano y eso me molesta un poco. _____ es una nueva forma de aprender.

G 10-4 **Para analizar.** En grupos de tres, contesten las siguientes preguntas. Expresen sus puntos de vista con claridad y den ejemplos concretos cuando sea posible.

1. ¿Qué aspectos de sus vidas les hacen sentir que viven en una aldea global?
2. Enumeren algunos objetos que son típicos de la aldea global. Expliquen por qué son globales.
3. ¿Cuáles son los medios más importantes que hacen posible la globalización?
4. ¿Cuál es tu opinión de vivir en una aldea global?

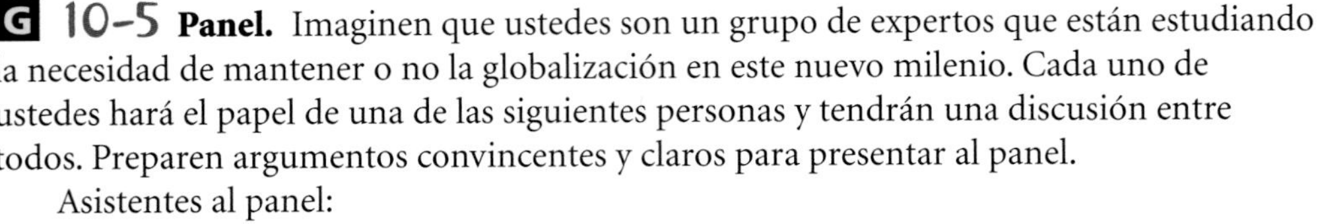

G 10-5 **Panel.** Imaginen que ustedes son un grupo de expertos que están estudiando la necesidad de mantener o no la globalización en este nuevo milenio. Cada uno de ustedes hará el papel de una de las siguientes personas y tendrán una discusión entre todos. Preparen argumentos convincentes y claros para presentar al panel.

Asistentes al panel:

- **Un/a directivo/a de una empresa multinacional** Está a favor. La mano de obra barata de los países en vías de desarrollo favorece a la empresa.
- **Un/a obrero/a de un país en vías de desarrollo** Está a favor. Tiene trabajo en una nueva fábrica multinacional. Aunque le paguen poco, es mejor que cuando no tenía trabajo.
- **El/La director/a del Banco Mundial** Está a favor. El banco gana con el interés de los préstamos a las grandes empresas para que se establezcan en otros países.
- **El/La presidente/a de un país con una economía débil, una deuda externa muy alta y altos índices de desempleo** Está en contra. Las fábricas locales no pueden competir en el mercado con los productos más baratos de las multinacionales y tienen que declarar bancarrota y cerrar. Esto produce un alto índice de desempleo en el país.
- **Un/a ejecutivo/a de una nueva compañía de informática** Está en contra. Su compañía produce computadoras y no puede competir con las grandes compañías en el mercado.
- **El/La representante de una cooperativa de campesinos cafeteros** Está en contra. Muchas personas abandonan el trabajo de la tierra para trabajar en fábricas donde ganan un poco más. Además, no pueden competir con las empresas que tienen acceso a mercados internacionales y abaratan el café pagándole poco a los trabajadores.

Boletín

Trabajos globalizados

La mano de obra más cualificada está globalizada. Está compuesta por los analistas financieros, los grandes periodistas y los tecnólogos. Estas personas no viven necesariamente en diferentes partes del mundo, sino que se mueven a nivel mundial.

10-6 **Para saber más.** Investiga en Internet sobre uno de los grandes bloques económicos del mundo actual y haz un resumen de la información que encuentres para presentar a la clase. Piensa en las ventajas y las desventajas que estos bloques ofrecen a los países miembros.

1. La Unión Europea
2. Mercosur
3. NAFTA
4. Tratados del Pacífico
5. Otros

Ventana al mundo

CEPAL

La CEPAL es una de las cinco comisiones regionales de las Naciones Unidas y su sede está en Santiago de Chile. Se fundó para contribuir al desarrollo económico de América Latina, coordinar las acciones para su promoción y reforzar las relaciones económicas de los países entre sí y con las demás naciones del mundo. Posteriormente, su labor se amplió a los países del Caribe y se incorporó el objetivo de promover el desarrollo social.

La Comisión Económica para América Latina (CEPAL) fue establecida por la resolución 106 (VI) del Consejo Económico y Social, del 25 de febrero de 1948, y comenzó a funcionar ese mismo año.

CEPAL. Busca información sobre alguna de las obras que ha realizado CEPAL en los últimos años. Trae uno o dos datos para compartirlos con la clase.

Siempre llego tarde.

¡Sin duda!

ser tarde – estar atrasado/a – llegar tarde – tardar

The expressions **ser tarde, llegar tarde, estar atrasado/a** and **tardar** can be translated as *to be late* in English in the following context.

Palabra	Explicación	Ejemplo
ser tarde	*to be late (impersonal)*	¡Uy! Son las once de la noche; **es tarde** para mandar el fax. *Wow! It's eleven p.m.; it's late to send the fax.*
estar atrasado/a	*to be late as in to be behind schedule for a date or with a job*	**Estoy muy atrasada,** no voy a llegar a tiempo. *I am very late, I am not going to arrive on time.*
llegar tarde	*to arrive late*	Tu mensaje **llegó tarde** y no pude leerlo a tiempo. *Your message arrived late, and I couldn't read it on time.*
tardar	*to take a lot of time*	Tú **tardas** mucho en contestar los mensajes. *You take a long time to answer messages.*

2 10-7 **¿Se puede llegar tarde?** Menciona tres situaciones a las que se puede llegar tarde y tres a las que no se puede, de ningún modo, llegar tarde. Luego compara tu lista con la de otro/a estudiante de la clase.

MODELO: *No se puede llegar tarde a tomar un avión.*

2 10-8 **Me falta el tiempo.** Todo el mundo parece vivir a un paso acelerado. Nunca alcanza el tiempo para todo lo que hay que hacer. ¿Cómo manejas el tiempo tú? Con tu compañero/a, contesten estas preguntas.

1. ¿Estás atrasado/a con la tarea que tienes que entregar esta semana?
2. ¿Qué haces para cumplir con la tarea cuando estás atrasado/a con un proyecto?
3. ¿Eres una persona que siempre llega tarde a las citas con sus amigos?
4. ¿Tardas mucho o poco en prepararte para salir por la mañana?
5. ¿Te parece que es muy tarde si un/a amigo/a te llama por teléfono a las 10 de la noche?
6. ¿Crees que eres una persona que se sabe organizar bien con el tiempo, o estás siempre atrasado/a?

Ventana al mundo

Los telecentros comunitarios
Los telecentros comunitarios son organizaciones que apoyan el desarrollo de una comunidad a través de la utilización de nuevas tecnologías. Algunos son muy simples, con sólo algunas computadoras independientes o conectadas entre sí. Otros tienen acceso a Internet y están conectados a su vez con otros centros. En América Latina hay muchos tipos de telecentros que funcionan en escuelas, asociaciones culturales, edificios estatales o de organizaciones no gubernamentales; otros están en los centros comerciales o lugares turísticos y ofrecen además otros servicios, como cafetería o restaurante.

Servicios a la comunidad. En tu área, si una persona no tiene acceso a Internet en su casa, en la oficina o en la universidad, ¿adónde puede ir para usar una computadora y navegar por la Red? ¿Es un servicio pago o gratuito? ¿Qué otros servicios se ofrecen?

Así se dice

Partes de una conversación telefónica

El mundo de la telecomunicación ha cambiado mucho en los últimos tiempos. Éstas son algunas de las frases necesarias para hacer llamadas.

código de área (Am. Lat.)	*area code*
prefijo (España)	*area code*
contestador automático	*answering machine*
llamadas de cobro / cargo revertido	*collect calls*
llamadas por cobrar	*collect calls*
llamadas sin cargo	*800 calls*
marcar el número	*dial the number*
teléfono celular (Am. Lat.)	*cellular phone*
teléfono móvil (España)	*cellular phone*

Expresiones para iniciar la conversación por teléfono

Con..., por favor.	*With..., please.*
Quisiera hablar con...	*I'd like to speak to...*
¿El/La Sr./a..., por favor?	*Mr. / Ms..., please?*
¿Está..., por favor?	*Is... there, please?*
¿Podría hablar con...?	*Could I talk to...?*
¿Podría ponerme / darme con la extensión...?	*Could you connect me with extension...?*
¿Puedo hablar con...?	*May I speak with...?*

Expresiones para intercambiar información

El/La Sr./a... no se encuentra aquí en este momento.	*Mr. / Ms... is not here right now.*
Un momento que ya viene.	*In just a moment. He / She is coming.*
Llame más tarde.	*Call later.*
No cuelgue. / No corte.	*Don't hang up.*
No, ahora no está.	*No, he / she isn't here now.*
¿Podría decirle que...?	*Could you tell him / her...?*
Un momento, por favor.	*One moment, please.*
Ya le pongo con... / Ya le doy con... / Ya le paso con...	*I'm connecting you with him / her.*
¿A qué número llama? / ¿Con qué número quería hablar?	*What number did you dial?*
¿De parte de quién?	*Who's calling?*
¿Le puede dar usted un recado / mensaje a...?	*Could you give a message to...?*
¿Podría dejarle un recado / mensaje?	*Could I leave a message for...?*
¿Puede usted llamar más tarde?	*Can you call later?*
¿Quiere dejarle algún recado / mensaje?	*Do you want to leave him / her a message?*

Expresiones para despedirse

Gracias por la información.	*Thanks for the information.*
Llamaré en otro momento.	*I'll call some other time.*
Muchas gracias y buenos días.	*Thanks and have a good morning.*
Ya lo / la volveré a llamar.	*I will call him / her again.*
Adiós. Gracias.	*Good-bye. Thank you.*

2 10-9 **Telediario.** En parejas, representen una llamada telefónica de acuerdo a los papeles indicados. Alternen los papeles y luego presenten sus llamadas a la clase.

REPORTERO/A: Tú eres reportero/a de Telediario, un programa de noticias de televisión dirigido a la comunidad hispana en Miami. Quieres entrevistar a algunos/as ejecutivos/as del área sobre el mercado internacional de sus productos. Llama por teléfono para concertar una entrevista con tres ejecutivos/as.

SECRETARIO/A: Tú eres el/la secretario/a de tres ejecutivos/as. En este momento los tres están en viaje de negocios. Contesta las llamadas que recibas. Arregla una hora y un día para las entrevistas.

2 10-10 **El teléfono celular.** Lean la información del aviso Movilcell. Luego representen los siguientes papeles:

CLIENTE/A: Tú viajas a Uruguay y quieres tener un teléfono celular por tres semanas. Llama a la empresa Movilcell. Usando frases corteses, pídeles información.

AGENTE DE VENTA: Tú quieres vender muchos teléfonos porque trabajas a comisión. Explícale al/a la cliente/a las ventajas de tener un CONVOY 465VI.

Locutorios

A veces los telecentros ofrecen servicios de locutorios, es decir, de cabinas telefónicas para las personas que no tienen ciertos servicios telefónicos en su casa, turistas o gente que está en la calle a la hora de hacer una llamada.

LOCUTORIO TROPICAL

- ENVÍOS DE DINERO
- Tarjetas prepago
- Fax - Internet

Corr. Alonso de Tobar, 2 T. 91 328 10 57
Camino Viñateros, 121 T. 91 773 13 70

Su mejor teléfono celular

ESCUCHARÁ MEJOR Y SIN INTERFERENCIAS CON EL NUEVO CONVOY 465vi

SE LO ACTIVAMOS GRATIS. COSTO DEL TELÉFONO: $39

ADEMÁS EL CARGO MENSUAL RESULTA GRATIS DENTRO DEL PLAN FAMILIAR

El CONVOY 465VI tiene la nueva tecnología de voz digital que logra una señal perfecta cada vez que usted lo utiliza. Visite una de nuestras tiendas **Movilcell** en su localidad para más información.

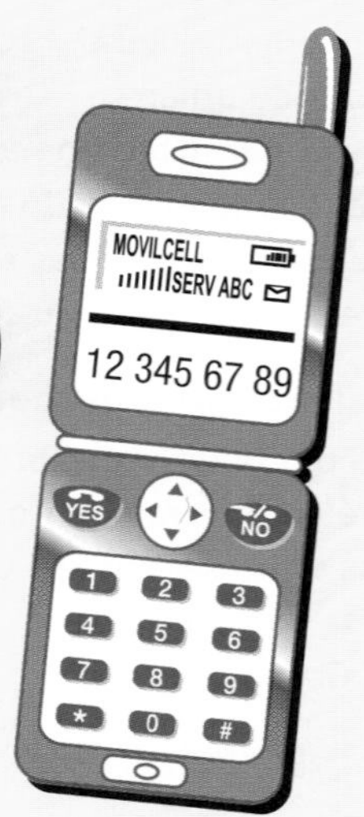

Ventana al mundo

Mercosur

En 1991, la República Argentina, la República Federativa de Brasil, la República del Paraguay y la República Oriental del Uruguay firmaron el acuerdo para la creación del Mercado Común del Sur, **MERCOSUR**. El objetivo primordial de Mercosur es la integración de los cuatro países a través de la libre circulación de bienes y servicios y la adopción de una política comercial común para lograr el fortalecimiento del proceso de integración.

Para poder lograr sus objetivos, el Mercosur necesita que las economías y el comercio de los países miembros funcionen mejor. En 1999 el Mercosur estuvo a punto de deshacerse a raíz de la devaluación de la moneda en Brasil y otra vez en 2002 cuando la Argentina tuvo una gran devaluación de su moneda. En 2003 comenzó una época más optimista para la región y una voluntad política de afianzar y dinamizar el Mercosur. Argentina y Brasil intentaron consolidar el Mercosur enfrentando los nuevos retos, especialmente en el Área de Libre Comercio de las Américas (ALCA), cuyas negociaciones copresiden Brasil y los Estados Unidos.

¿Qué sabes sobre los países del MERCOSUR? Busca información sobre la economía de los países del MERCOSUR para presentar a la clase.

Sigamos con las estructuras

Repasemos

Please refer to the selftest on our Website. If you get less than 85%, you need to review this grammar point in the **Cabos sueltos** section, p. 480. If you get above 85%, you can continue with the following activities.

Referencia gramatical 1

Expressing outstanding qualities: Superlative

Este celular es **el más barato del mercado** y **el menos complicado de** usar.

2 10-11 **¿Quiénes tienen estas habilidades?** Tu compañero/a quiere saber quién puede hacer estas cosas y quién no. Dile a quién puede pedirle ayuda y a quién no. Agrega cómo trabajan estas personas. Usa las palabras entre paréntesis como guía en la forma superlativa.

MODELO: E1: ¿Quién es la persona indicada para programar la computadora? (hábil)
E2: *Mi hermano es el más hábil de todos para programar la computadora. Pídeselo a él.*
E1: ¿Quién es la persona indicada para arreglar el televisor? (malo)
E2: *Mi padre es el peor de todos para arreglar el televisor. No se lo pidas a él.*

¿Quién es la persona indicada para…

1. …resolver problemas electrónicos? (hábil)
2. …programar el nuevo teléfono? (bueno)
3. …programar la computadora para que mande fax? (malo)
4. …instalar los juegos de videos? (rápido)
5. …manejar la computadora? (lento)
6. …navegar en Internet? (práctico)
7. …recuperar un documento en la computadora? (paciente)

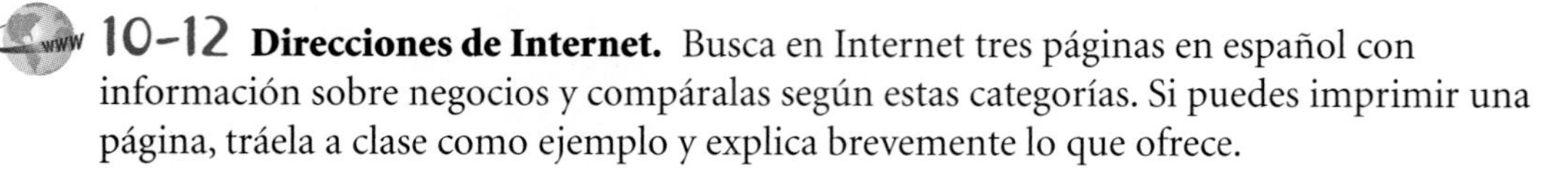

10-12 **Direcciones de Internet.** Busca en Internet tres páginas en español con información sobre negocios y compáralas según estas categorías. Si puedes imprimir una página, tráela a clase como ejemplo y explica brevemente lo que ofrece.

1. la más / menos interesante
2. la mejor / peor
3. la que tiene más / menos información
4. la más / menos fácil de leer
5. la que tiene el mejor / peor diseño
6. la que tiene la mejor / peor presentación
7. la más / menos original

Ventana al mundo

Tratados de las Américas

Ésta es una lista de los tratados que hay entre los diferentes países de América.

AEC	Asociación de Estados del Caribe, 1994, 26 países
ALADI	Asociación Latinoamericana de Integración, 1980, 11 países
ALCA	Área de Libre Comercio de las Américas, prevista para 2005, 34 países
CA4	Grupo de 4 Países de América Central, 1993–1994, 4 países
CARICOM	Comunidad del Caribe, 1973, 15 países
G3	Grupo de 3 Países, 1991, 3 países
GRAN	Grupo Andino / Comunidad Andina, 1969–1996, 5 países
MERCOSUR	Mercado Común del Sur, 1991, 4 países
OECS	Organización de los Estados del Caribe Oriental, 1981, 6 países
SICA	Sistema de Integración Centroamericana, 1991, 6 países
TLCAN	Tratado de Libre Comercio de América del Norte, 1992, 3 países

Participación. ¿En cuántos tratados participa EE.UU.? ¿Cuál es el país que participa en más tratados? ¿Cuál es el tratado más antiguo? ¿Conoces otros tratados en los que participa tu país?

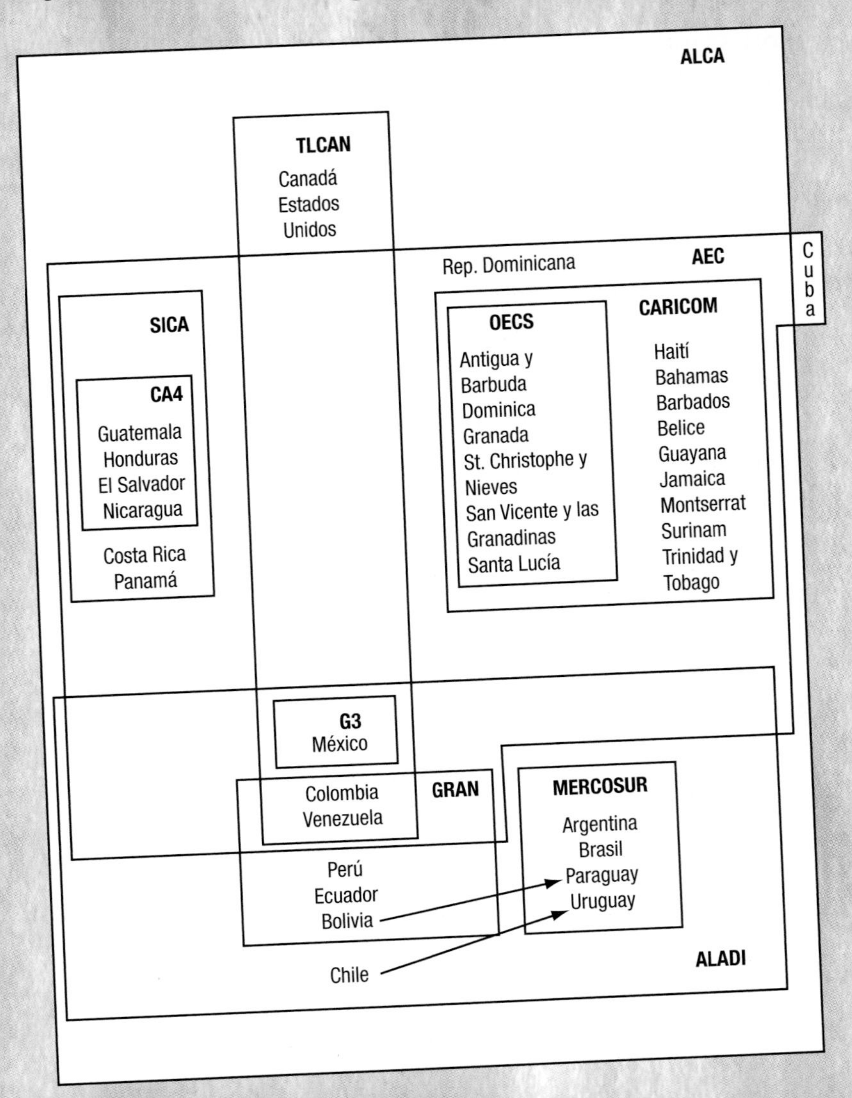

Diario

La tecnología nos permite trabajar menos, producir más y vivir mejor; por lo tanto, las horas de trabajo deberían reducirse a 35 horas semanales. El tiempo libre forma parte de la calidad de vida y de los derechos del trabajador. ¿Estás de acuerdo con estas declaraciones? Explica tu punto de vista. ¿Qué harías tú con más horas libres?

Please refer to the selftest on our Website. If you get less than 85%, you need to review this grammar point in the **Cabos sueltos** section, p. 481. If you get above 85%, you can continue with the following activities.

Referencia gramatical 2

Expressing outstanding qualities: Absolute superlative

Internet tiene **muchísima** información.

2 10-13 **El nuevo trabajo.** Elisa acaba de conseguir un trabajo muy bueno. En parejas, completen el diálogo usando el superlativo absoluto.

MODELO: E1: ¿Cómo estás? (contento)
E2: *Estoy contentísima.*

1. ¿Por qué estás contenta? (trabajo - bueno)
2. ¿Dónde es el trabajo? (compañía - nuevo)
3. ¿Qué vende la compañía? (computadoras - pequeño)
4. ¿Son prácticas estas computadoras tan pequeñas? (práctico)
5. ¿Son caras o baratas las computadoras? (barato)
6. ¿Tiene sucursales en otros países la compañía? (mucho)
7. ¿Tienes muchos jefes? (poco)
8. ¿Como son tus compañeros? (interesante)

2 10-14 **¡Buenísimo!** Reacciona ante las situaciones que te plantea tu compañero/a diciendo si te parecen bien o mal las siguientes actividades. Usa el superlativo absoluto en la respuesta. Luego explícale a la clase si estás de acuerdo o no con lo que opina tu compañero/a. Alternen los roles.

MODELO: E1: ¿Qué te parece poder comprar productos por Internet?
E2: *Me parece bien porque es rapidísimo.*
E1: *Sí, es verdad que es rapidísimo, pero a mí no me gusta porque no puedo ver el producto que compro ni compararlo con otros.*

¿Qué te parece poder…

1. …leer el periódico en Internet?
2. …buscar pareja por Internet?
3. …mirar el correo electrónico durante las vacaciones?
4. …trabajar en una oficina virtual?
5. …buscar trabajo por Internet?
6. …trabajar para una empresa global?
7. … tener el mismo número de teléfono en cualquier país que estés?
8. …encontrar los mismos productos en todo el mundo?
9. …consultar el catálogo de la biblioteca sin salir de tu casa?
10. …¿?

Referencia gramatical 3

Talking about people and things: Uses of the indefinite article

Tenemos **un** sistema de comunicación muy sofisticado.

Please refer to the selftest on our Website. If you get less than 85%, you need to review this grammar point in the **Cabos sueltos** section, p. 482. If you get above 85%, you can continue with the following activities.

2 10-15 **¿Adivinas?** Un/a estudiante escribe el nombre de un producto, empresa, objeto o persona que represente la globalización y el otro miembro de la pareja tiene que hacer preguntas, hasta adivinar de qué / quién se trata. Las respuestas sólo pueden ser *sí*, *no* o *no sé*.

MODELO: E1: (Piensa en Bill Gates.)
E2: *¿Es un producto?*
E1: *No.*
E3: *¿Es una empresa?*
E1: *No.*
E2: *¿Es una persona?, etc.*
E1: *Sí.*

Boletín

Las empresas globales

La mayor parte de la gente en el mundo no trabaja en empresas globales. Alrededor del 80% de la mano de obra mundial trabaja en mercados de trabajo locales o regionales. En esta estadística no entra solamente la mano de obra rural de Asia, África y Latinoamérica, sino también la de países europeos como España.

Ventana al mundo

El empleo en las multinacionales

Las empresas multinacionales y sus redes auxiliares de producción sólo emplean a setenta millones de trabajadores en todo el mundo. En la base global de mano de obra, este número no es mucho. Pero en términos de valor productivo, estos setenta millones de personas contribuyen con un tercio de la producción mundial. Las empresas multinacionales junto con sus empresas auxiliares constituyen el corazón de la producción industrial y de servicios mundiales. Las maquiladoras en México son un ejemplo de los empleos que generan las multinacionales.

Maquiladoras. Busquen información sobre las maquiladoras y presenten algunos datos a la clase.

Aprendamos 1

Discussing past actions affecting the present: Present perfect tense

The present perfect tense is used to describe an action that happened in the recent past. The action may be completed in the past or may be still continuing in the present.

El desarrollo de Internet **ha revolucionado** las comunicaciones. — *The development of the Internet has revolutionized communications.*

Note: In Spain the present perfect is used instead of the preterite when there is a temporal marker related to the present: **este año, esta mañana, hoy, esta semana,** etc. In Latin America, the preterite is preferred.

España: Nosotros **hemos sacado** un crédito bancario este año.

América Latina: Nosotros **sacamos** un crédito bancario este año.

The present perfect is formed with the present tense of **haber** and the past participle.

Present Perfect

Haber		Past Participle
he		
has		comprado
ha	+	vendido
hemos		salido
habéis		
han		
hay	=	ha habido

A. Regular past participles

The regular past participle is formed by dropping the **-ar, -er,** or **-ir** ending of the infinitive and adding **-ado** or **-ido** to the verb stem.

-ar → **-ado:**	**trabajar**	→ **trabaj-**	→	**trabajado**
-er / -ir → **-ido:**	**comprender**	→ **comprend-**	→	**comprendido**
	compartir	→ **compart-**	→	**compartido**

Note: Some **-er** and **-ir** verbs add an accent mark on the **-i** in the past participle. The accent is used to signal that the weak vowel (i) is stressed in the word. The accent breaks the dipthong.

leer → le**ído** — traer → tra**ído**

creer → cre**ído** — oír → **oído**

B. Irregular past participles

There are some verbs that have irregular past participle forms.

abrir →	**abierto**	**morir** →	**muerto**
cubrir →	**cubierto**	**poner** →	**puesto**
decir →	**dicho**	**resolver** →	**resuelto**
escribir →	**escrito**	**romper** →	**roto**
hacer →	**hecho**	**ver** →	**visto**
imprimir →	**impreso**	**volver** →	**vuelto**

Note: A compound verb formed with any of the above verbs shows the same irregularities: **describir → descrito, descomponer → descompuesto, devolver → devuelto.**

Ya (*already, yet*), **todavía** (*yet*), and **aún** (*still, yet*) are words frequently used with this tense. **Todavía** and **aún** are interchangeable. **Ya** is not used in a negative sentence.

Ya han sacado al mercado el teléfono con imagen, pero **todavía** su uso no está muy difundido.	*They've already put in the market the video phone, but it hasn't become popular yet.*
¿**Todavía** no han arreglado mi computadora?	*Haven't they fixed my computer yet?*
Aún no tengo la respuesta.	*I still don't have the answer.*

Emoticones

Los emoticones son dibujos que se pueden hacer con los signos del teclado de la computadora, como en esta carta de una chica. "Hola, soy///•_•\. y no quiero que estén :-(y menos aún :,-(así que les envío una @>—>————, mejor aún, un ramillete de preciosas
@}—)——)——
@}———->———
@}—`——,——
y una coleccción de peces:
<”><
>-^);>
<-”.”,”,”,”-)D>
>><<’))))><

2 10-16 ¿Ya lo has hecho o todavía no? Entrevista a varios estudiantes de la clase hasta averiguar quiénes ya han hecho y quiénes todavía no han hecho las siguientes cosas. Luego informa a la clase de tus resultados.

MODELO: E1: ¿Ya has terminado de diseñar tu página web?
E2: *No, todavía no he terminado.*
Sí, ya he terminado.

utilizar un teléfono con imagen	anotar todo en una agenda electrónica	buscar trabajo en Internet
conocer gente en Internet	participar en discusiones por la Red	comprar los alimentos por computadora
conducir un coche eléctrico	navegar por Internet usando el televisor	usar emoticones en sus mensajes

2 10-17 **La tecnología en la vida diaria.** Haz una lista de todo lo que has hecho desde esta mañana. Luego marca las actividades de la lista para las que hayas usado nuevas tecnologías. Finalmente, entrevista a otro/a estudiante para saber qué tipo de cosas ha hecho y para cuántas de ellas recurrió a la tecnología reciente.

MODELO: *He mirado mi correo electrónico.*
He escrito mensajes.
He hablado por mi teléfono móvil.
He visto una película en DVD.
He navegado por Internet.

2 10-18 **En estos últimos años.** En parejas, hagan una lista de las cosas más importantes que han ocurrido en los últimos años en el ámbito tecnológico. Luego comparen su lista con las de otros estudiantes de la clase.

MODELO: *En estos últimos años se han clonado células humanas.*

Ventana al mundo

El ABC de la clonación

Los científicos crean un clon cuando transfieren los genes del animal que quieren duplicar a un huevo no fertilizado. De esta manera crean un embrión sin el uso de un esperma. El embrión se puede usar para fines reproductivos, como en el caso de la oveja Dolly, o para fines terapéuticos, como las células que se usan para diferentes tipos de tejidos°. Un estudio hecho en España sostiene que en general los españoles aprueban la clonación de embriones humanos cuando es para crear tejidos que sirvan para curar enfermedades o para evitar que los hijos contraigan enfermedades hereditarias. Sin embargo, están en desacuerdo en que se haga una selección genética para que los padres puedan elegir las características de sus hijos. Actualmente, el gran debate científico, filosófico y político gira en torno a la cuestión de la clonación humana.

tissues

La clonación humana. ¿Cuál es tu opinión sobre hacer clones humanos? Fundamenta tus opiniones. Discútanlo en grupos.

¿Qué opinan los españoles de la clonación humana?

Aprendamos 2

Talking about actions completed before other past actions: Pluperfect tense

The pluperfect tense is used to describe an event that took place before another past event or past moment in time.

Yo ya **había mandado** el fax cuando recibí su mensaje por correo electrónico. — *I had already sent the fax when I received his e-mail message.*

The pluperfect tense is formed with the imperfect form of **haber** and the past participle.

Pluperfect		
Haber		**Past Participle**
había		
habías		**llamado**
había	+	**leído**
habíamos		**escrito**
habíais		
habían		
hay	=	**había habido**

2 10-19 **Antes de este curso.** Transforma las frases para explicar qué cosas ya habías hecho o todavía no antes de tomar este curso de español. Luego entrevista a otro/a estudiante para saber qué había hecho él/ella.

MODELO: *Antes de tomar esta clase, ya había utilizado la Red para hacer una investigación.*

1. oír hablar en español a hablantes nativos
2. leer varios textos en español
3. reflexionar sobre la globalización
4. hacer presentaciones en mi clase de historia sobre los países hispanoamericanos
5. analizar la situación de las mujeres en el mundo
6. escribir algunos mensajes electrónicos en español
7. discutir sobre la tolerancia con otros/as estudiantes

2 10-20 **Un día fatal.** Todo parece salir mal hoy. Explica qué había pasado cuando intentaste hacer las siguientes cosas. Sigue la estructura presentada en el modelo.

MODELO: ir a cobrar / el cheque / el banco / ya / cerrar
Cuando fui a cobrar el cheque el banco ya había cerrado.

1. llegar / a la parada / el autobús / ya / pasar
2. llamarte / por teléfono / tú / ya / salir
3. ir a almorzar / el comedor / ya / cerrar
4. querer usar Internet / la línea / ya / desconectarse
5. ir a clase de informática / el profesor / todavía / no llegar
6. pasar a buscar la computadora / el técnico / todavía / no arreglarla

2 10-21 **A. Cada vez más rápido.** Para estar mejor informado/a, aquí tienen unos datos interesantes sobre las fechas de los inventos. Hagan preguntas y contéstenlas en base a estos datos para saber lo siguiente:

a. ¿Cuánto tiempo había pasado entre un invento y su uso masivo?
b. ¿Cuánto tiempo había pasado entre un invento y otro?

MODELO: a. *¿Cuánto tiempo había pasado entre el invento del teléfono y su uso masivo?*
b. *¿Cuánto tiempo había pasado entre el invento del PC y de Internet?*

CADA VEZ MÁS RÁPIDO

En esta tabla representamos los años transcurridos desde la aparición de un invento hasta que es utilizado por la cuarta parte de la población de los países desarrollados.

Invento	Fecha	Años para su uso masivo
Electricidad	1873	46
Teléfono	1876	35
Automóvil	1886	55
Radio	1906	22
Televisión	1926	26
Microondas	1953	30
PC	1975	16
Teléfono móvil	1983	13
Internet	1991	7

B. Más análisis de datos. Ahora contesten estas preguntas.

1. ¿Cuál de estos inventos ha tardado más en usarse masivamente?
2. ¿Cuál es el que menos ha tardado?
3. ¿Ya se había inventado el microondas en el año 1960?
4. ¿Cuál de estos inventos había aparecido antes de que tú nacieras?
5. ¿Cuál de estos inventos crees tú que es el más útil para la sociedad? ¿Por qué?

2 10-22 **El siglo XX.** Lean la lista siguiente sobre los eventos ocurridos durante el siglo XX. Formen frases que combinen dos elementos para determinar un orden cronológico. Utilicen las expresiones **antes de** y **ya** en sus frases.

MODELO: ***Antes de*** *caminar por la Luna, el ser humano* ***ya había*** *encontrado los fósiles del Tyrannosaurus rex.*

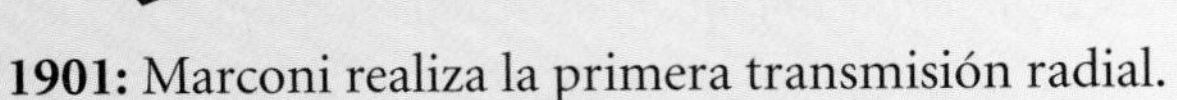

1901: Marconi realiza la primera transmisión radial.
1903: Los hermanos Wright vuelan por primera vez.
1911: Seis hombres llegan al Polo Sur.
1931: Shoenberg produce un sistema de transmisión de imágenes: la televisión.
1953: Watson y Crick descubren la estructura del ADN.
1954: Se sabe que el ser humano tiene su información genética en 46 cromosomas.
1961: Prueban que el cáncer se debe a mutaciones del ADN.
1964: Se lanzan los primeros satélites para la telecomunicación y la televisión.
1969: El ser humano llega a la Luna.
1974: Inventan la tarjeta con memoria.
1979: Nace el primer sistema de telefonía celular.
1987: Se descubre el agujero en la capa de ozono.
1996: Nace la oveja Dolly, el primer animal creado por clonación.

Aprendamos 3

Reporting what other people said: Indirect speech

When reporting what another person says or asks, the indirect speech structure is used.

Direct speech: Gaby: "I'm going to buy a new computer."
Indirect speech: Gaby says that she is going to buy a new computer.

In Spanish, indirect speech is introduced by verbs such as **afirmar, aclarar, contestar, decir, declarar, informar, preguntar, sostener,** etc. followed by **que** if it is a statement and **si** or a question word if it is a question.

	Discurso directo	Discurso indirecto
Declaración	Rita: "El costo de vida es alto en Los Ángeles."	**Rita dice que** el costo de vida es alto en Los Ángeles.
Pregunta con **si**	José: "¿Quiere abrir una cuenta bancaria?"	**José pregunta si** Ud. quiere abrir una cuenta bancaria.
Pregunta de información	Ana: "¿Cuál es la tasa de interés?"	**Ana pregunta cuál** es la tasa de interés.

10-23 Las quejas. Imagina que trabajas en una empresa de informática y eres responsable de analizar la correspondencia de los clientes. Lee la siguiente carta y presta atención a la información **resaltada.** Luego haz un resumen para presentarle a tu jefa, utilizando las siguientes expresiones:

dice que	afirma que	sostiene que	informa que

MODELO: *La clienta dice que desea presentar una queja acerca del servicio.*

Dra. Mazalán Prieto
Insurgentes # 183
Morelos, México
Tel. (735) 353-1345
27 de junio de 2004.

Gerente de la compañía Interface
Avenida Xola 138 Piso 2
Col. Del Valle
C.P. 03100, Benito Juárez, Distrito Federal
Tel. (55) 5523-6080, (55) 5523-6102, Fax (55) 5523-7080
interface.com

Estimado/a Sr./Sra.:
Deseo presentar una queja acerca del servicio PCVELOZ, que supuestamente provee su compañía. Mi número de usuario es PCW 540, con fecha de enero de 2004.

En enero de este año **leí un artículo publicado en la revista** *Vértigo Digital* sobre Internet a altas velocidades. Al término de este artículo daban el número de teléfono de su compañía para pedir más información. **Llamé a este número de Interface** en la capital, hablé con el Ingeniero Treviño, y me aseguró que este servicio funcionaría perfectamente en Morelos, donde vivo.

Les compré la tarjeta y la antena. Dos empresas profesionales dedicadas a la instalación de antenas parabólicas en esta ciudad trataron de instalar el sistema, pero nunca funcionó. A pesar de que no funciona, **la compañía me está cobrando mensualmente el servicio, a través de mi tarjeta de crédito.**

Por estas razones, les ruego que **cancelen todos los cobros y me devuelvan el dinero** cargado a mi tarjeta. **Envío copia de la presente carta** al Servicio General de Protección al Consumidor. A la espera de su pronta respuesta, los saluda atentamente,

Dra. Rosaura Mazalán Prieto
Morelos, México.

2 10-24 **A. Protección al consumidor.** La Asociación de Protección al Consumidor da estos consejos para comprar un auto y una computadora. Tu amigo/a quiere comprar un auto. Lee los consejos de la asociación y explícale lo que dice.

MODELO: E1: *La Asociación dice que te asegures de que el coche satisface todas tus necesidades.*

ANTES DE COMPRAR UN AUTOMÓVIL

- Asegurarse de que el coche elegido satisface todas sus necesidades.
- Seleccionar con cuidado la marca, modelo y año de fabricación del coche.
- Mirar si la documentación del coche se encuentra en orden y libre de cualquier tipo de pago adicional.
- Preguntar cuál es el precio total y si el pago se realiza al contado o a crédito.
- Averiguar las condiciones del crédito, de cuánto son las cuotas y la diferencia entre el precio al contado y el precio a crédito.
- Informarse sobre la duración de la garantía del vehículo.
- Informarse acerca del mantenimiento periódico y obligatorio del vehículo.

2 **B. Voy a comprar una computadora.** ¿Qué debo considerar antes? Explícale a tu compañero/a lo que debe considerar antes de comprar una nueva computadora.

MODELO: *La Asociación dice que te asegures de que la computadora se adapta a tus necesidades.*

ANTES DE ADQUIRIR UNA COMPUTADORA

- Asegurarse de que la computadora se adapta a sus necesidades.
- Visitar varios establecimientos y asegurarse de que el lugar elegido para realizar su compra le ofrezca garantías.
- Ir a comprar la computadora con un técnico o alguna persona que tenga experiencia en computadoras.
- Preguntar qué accesorios incluye —por ejemplo, si el precio incluye la impresora.
- Preguntar si le están incluyendo programas de cómputo (*software*).
- Preguntar cuánto tiempo tiene de garantía y cuáles son sus características.
- Averiguar si se ofrece servicio gratuito de Internet. ¿Tendrá algún cargo adicional en el recibo telefónico?

2 10-25 **¿Y tú?** ¿Alguna vez tuviste algún problema con la compra de un coche o de una computadora? ¿Cuál fue el problema? ¿Cómo lo resolviste? Comparte tu experiencia con otro/a estudiante.

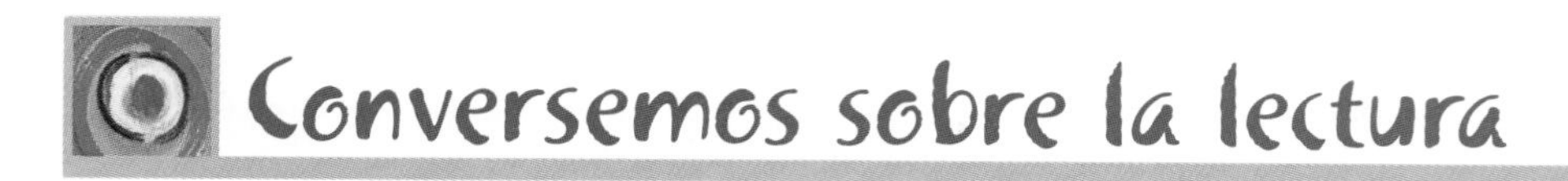

Conversemos sobre la lectura

Antes de leer

Estrategia de lectura: *Functions of the text*

Each text has a purpose or main communicative function. The author writes with a specific aim in mind. His/Her intention may be to persuade, inform, request information, criticize, analyze, report, etc. He/She expects the reader to react to the content of the text in a particular way thus, establishing the communicative link between the reader and the text, and between the reader and the author.

2 10-26 **¿Internet por teléfono?** Lee la siguiente información y piensa cuál es la función de este texto. Luego piensa en las personas que conoces a quienes les encantaría utilizar este aparato. Explícaselo a otro/a estudiante.

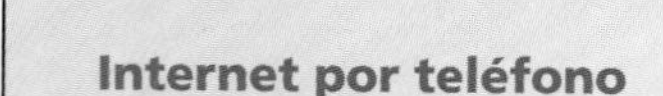

Internet por teléfono

Para entrar en Internet no hay que ser un experto en informática. Ni siquiera hace falta tener una computadora, ya que acaban de salir al mercado sencillos teléfonos con una pantalla que nos permite el acceso a la información con sólo marcar un número. Son aparatos sencillos, especialmente diseñados para tecnofóbicos, es decir, personas que odian las computadoras y otras formas de tecnología. Estos teléfonos-web están preparados para todas las opciones que ofrece la Red, e incluyen un teclado desde el que se puede mandar y recibir el correo electrónico.

2 10-27 **Tu reacción.** Escribe un párrafo de cuatro o cinco oraciones sobre el uso de Internet. Puedes expandir la información o elogiarlo. Luego léeselo a tu compañero/a, quien debe decirte cuál es la función de tu párrafo. ¿Coincide con lo que tú querías comunicarle?

Vocabulario de las lecturas

Estudia estas palabras para comprender mejor los textos.

Vocabulario		Palabra en uso
ampliar	*to enlarge*	Con el acceso a Internet se **amplió** enormemente la fuente de información.
añadido/a	*added*	Esta parte del laboratorio fue **añadida** este año.
el arribo	*arrival*	Con el **arribo** de las nuevas computadoras, el laboratorio tendrá un total de 150.

aun	*even*	**Aun** sin muchos conocimientos tecnológicos se puede aprender a manejar una computadora.
la brecha	*gap*	Queda una gran **brecha** entre los que tienen acceso a la información y los que no lo tienen.
cotidiano/a	*daily, everyday*	Aprender un nuevo idioma es un trabajo **cotidiano.**
delimitar	*to set limits*	Tengo que hablar con mi jefe para **delimitar** mis obligaciones en la oficina.
la difusión	*spreading (of news)*	El correo electrónico facilitó la **difusión** de las noticias.
ligado/a	*tied to, bound*	El alza de los precios está **ligada** a la demanda del producto.
la medida	*measure*	Se han tomado **medidas** muy estrictas en esta fábrica.
resumir	*to summarize*	En este memorándum **resumo** lo que hablamos en la reunión.

10-28 **¿Qué es?** Encuentra la palabra que corresponda a cada una de las siguientes definiciones.

1. reducir a términos breves y precisos lo esencial
2. diario, de cada día
3. resultado de medir o unidad que se usa para medir
4. hacer una cosa más grande
5. acción de divulgar algo por todas partes
6. unido, relacionado
7. llegada

10-29 **Sé original.** Escribe oraciones originales usando las siguientes palabras.

ampliar   brecha   código   delimitar   ligado   cotidiano

2 10-30 **Internet.** Haz una lista de todas las cosas para las cuales usas Internet. Luego compárala con la de tu compañero/a. ¿En qué coinciden las listas? ¿Qué cosas tenía tu compañero/a en su lista que no estaban en la tuya?

2 10-31 **Diferente.** ¿En qué cambiaría tu vida si no tuvieras acceso a Internet? Haz una lista conjunta con tu compañero/a.

Lectura

Manuel Castells (1942)

Manuel Castells es un sociólogo español, profesor en la Universidad de Berkeley, California. Desde hace 18 años estudia las transformaciones sociales y económicas ligadas a las nuevas tecnologías. Castells ha publicado sus ideas en la trilogía *La era de la información.* El artículo que leerás a continuación es una adaptación de la entrevista realizada por Eduardo Castañeda y Myriam Vidriarles, en la Universidad de Guadalajara, México, en mayo de 2003. Con las preguntas que surgen de este artículo, el autor no propone aportar soluciones sino esclarecer los términos del debate en cuanto a la tecnología, la información y la comunicación.

Reflexiones sobre la tecnología

El sociólogo español Manuel Castells, profesor de sociología en la Universidad de Berkeley, explica algunas de sus ideas sobre la tecnología y el efecto que tiene en la sociedad de hoy. Empieza por reconocer que la Red es el resumen más importante de todas las transformaciones ocurridas en
5 nuestra sociedad. Es un fenómeno significativo aun para aquellos que no tienen acceso a ella porque, según él, "en la medida en que todo lo importante pasa por Internet, los que no lo tienen quedan excluidos".

El profesor Castells explica que la combinación necesaria en estos momentos es información-conocimiento-tecnología para no quedar excluido de la economía
10 global. Pero sostiene que son pocos los que tienen acceso a esta combinación, lo cual ha ampliado la brecha entre las zonas más pobres y las más ricas del mundo. Para Castells, es necesario encontrar formas de delimitar esta brecha tecnológica, sin perder de vista que la globalización es un proceso irreversible.

Si la información-conocimiento-tecnología es la fuerza dominante de la
15 economía global, entonces, se presenta la pregunta sobre la pérdida de valor de nuestras manos y de nuestra fuerza física en el mundo actual. El sociólogo sostiene que "más que perder importancia, ha perdido valor económico". Por otro lado, debemos recordar que todavía hay que hacer cosas manualmente aunque cada día las máquinas hagan más y más. Cuando las máquinas no hacen el trabajo
20 es porque el trabajo manual es suficientemente barato —por ejemplo, en China o algunas zonas de México, donde se paga poco por la mano de obra. Es decir, la mano de obra es menos cara que si lo hiciera una máquina. Lo que pasa es que el valor añadido depende cada vez más de la información y el conocimiento.

Castells observa que lo que ha cambiado es mayormente la capacidad de
25 difusión de la información lo cual genera una mayor capacidad de conocimiento

en todas las actividades de la sociedad y la pone al alcance de muchos. Entonces, "lo que antes era sólo una fuerza dominante, pero muy concentrada en unos lugares, en unas personas, ahora se difunde ampliamente".

Castells hace una comparación con lo que pasó con el advenimiento de la
30 electricidad. "Se puede hacer el paralelo con la energía eléctrica. Fue la capacidad de distribuirla en todas partes y con motores eléctricos móviles lo que permitió la gran explosión industrial. A partir de ahí, quien no tenía electricidad, por muy fuerte o listo que fuera, no podía funcionar." En este momento es lo mismo, todo lo que se hace está subordinado a la capacidad educativa, cultural y tecnológica.

35 Manuel Castells sintetiza esta idea afirmando que "el poder de la mente, ligado a la capacidad tecnológica, es mucho más importante que cualquier otro poder, incluso que el poder del dinero. Con capacidad tecnológica y de conocimiento se puede obtener dinero, pero con dinero y sin capacidad tecnológica se pierde ese dinero."

40 Esta nueva forma de poder genera una brecha entre los que tienen acceso a la tecnología y los que no lo tienen. Una gran parte del mundo queda excluida de este poder y aparece así lo que Castells llama el "Cuarto mundo". Sin embargo, el sociólogo sostiene que "afortunadamente, la sociedad no está determinada por la tecnología o la economía; la sociedad depende de la acción humana. Pero esa
45 acción humana se da en ciertos marcos. Por ejemplo, hay países y zonas pobres del mundo que se están organizando para incorporarse a este tipo de desarrollo tecnológico y económico.

Advierte que éstos deben ser "proyectos integrales, de acciones simultáneas, en los que se desarrollen al mismo tiempo los recursos humanos y la tecnología. Es
50 un hecho que esos recursos humanos necesitan expresarse a través de medios tecnológicos. Si no hay comunicaciones, si no hay computadoras, si no hay Internet, si no hay sistemas de información, esos recursos humanos no tienen el apoyo necesario para desarrollarse. Por lo tanto, tiene que existir a la vez una política de desarrollo de recursos humanos, de transferencia tecnológica y de
55 desarrollo económico de nuevo tipo." La idea es no sólo difundir los nuevos sistemas de comunicación, sino difundirlos en la práctica cotidiana de las personas para las cosas que les son importantes, como por ejemplo, en la escuela, en la salud, en el desarrollo económico... Que tenga la capacidad y que les sirva para algo, no como *gadget,* no para jugar, sino para vivir y salir de la pobreza.

2 10-32 **¿Qué dice Castells?** Contesten las preguntas buscando las citas en el texto.

1. ¿Cómo define el autor el sistema de Internet?
2. ¿Qué dice sobre los que no tienen acceso a Internet?
3. ¿Qué hay que hacer para no quedar excluido del mundo de la informática?
4. ¿Qué opina el Profesor Castells sobre el trabajo manual? ¿Qué ha cambiado en este aspecto?
5. ¿Cuál es la importancia que le da a la mente?
6. ¿Cómo define el "Cuarto mundo"?
7. ¿Cómo deben ser los programas de ayuda?

10-33 **El cambio tecnológico.** La comunicación y la tecnología están cambiando el mundo. Completa las oraciones de acuerdo con la información del texto.

1. La combinación información-conocimiento-tencnología amplía la división entre _____.
2. La mano de obra barata se encuentra en _____.
3. Se le da mucho valor a _____.
4. La capacidad de difusión de la información ha cambiado porque llega a _____.
5. Hay un paralelo entre la difusión de la tecnología y _____.
6. El dinero sin capacidad tecnológica _____.

www 10-34 **La brecha digital.** Lee el siguiente artículo sobre la brecha digital. Luego, busca información sobre los programas de desarrollo de tecnología del Banco Mundial o del Banco Interamericano de Desarrollo y prepara un informe para la clase.

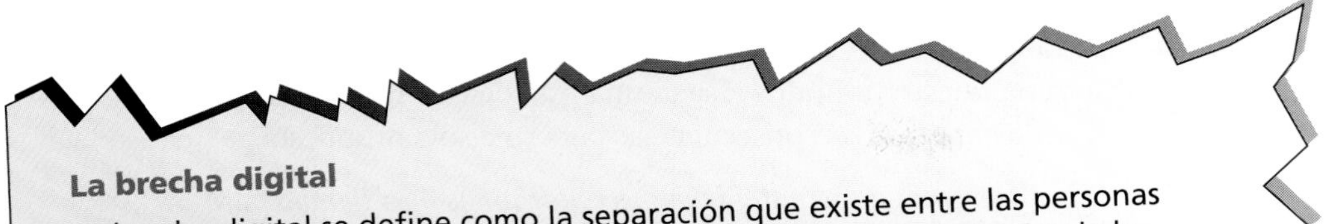

La brecha digital

La brecha digital se define como la separación que existe entre las personas (comunidades, estados, países…) que utilizan las Nuevas Tecnologías de la Información (NTI) como una parte rutinaria de su vida diaria y aquéllas que no tienen acceso a las mismas y que aunque las tengan no saben cómo utilizarlas.

Gobiernos y organizaciones no gubernamentales (ONG) a nivel nacional e internacional, conscientes de los efectos del incremento de la brecha digital, y movidos por la urgencia de mejorar las condiciones de vida de la población, se han propuesto crear y apoyar proyectos tecnológicos con beneficio potencial para la población. El Banco Mundial, el Banco Interamericano de Desarrollo y otras organizaciones internacionales financieras y educativas han subrayado la importancia de la reducción de la brecha digital para estimular el desarrollo, y han creado programas importantes en donde la educación es el eje fundamental.

Poema

Nicanor Parra (1914)

Este poeta chileno escribe poesía con un acento popular. Sus poemas se basan en las cosas que surgen de la vida diaria. Usa un lenguaje sencillo y directo para criticar el mundo en que vivimos o expresar ironía o sarcasmo. Este poema apareció en su libro *Obra gruesa* (1969).

La situación se torna delicada

Basta mirar el sol
a través de un vidrio ahumado° — *tinted glass*
para ver que la cosa va mal;
¿o les parece a ustedes que va bien?

5 Yo propongo volver
a los coches tirados por caballos
al avión a vapor
a los televisores de piedra.

Los antiguos tenían razón:
10 Hay que volver a cocinar a leña°. — *firewood*

G 10-35 ¿Cuáles serían las consecuencias? Si hiciéramos exactamente lo que dice el poema, ¿cómo sería nuestro mundo? Hagan una lista de las propuestas y de las consecuencias. Puede haber varias consecuencias para una sola propuesta.

MODELO: *Si volviéramos a cocinar a leña, necesitaríamos más tiempo para preparar las comidas.*

	Propuestas	Consecuencias
1.		
2.		
3.		
4.		

G 10-36 ¿Progresamos o retrocedemos? ¿Por qué tiene este poema una visión negativa del progreso? ¿Cuáles son las desventajas de la tecnología? ¿Qué opinan ustedes? ¿Debemos volver a la naturaleza o automatizarnos aun más? Expliquen sus razones.

Diario

¿Estamos demasiado automatizados? Piensa en el estilo de vida que se lleva hoy en día en muchos lugares, siempre corriendo de un lado a otro para no llegar tarde a las citas, comiendo rápidamente mientras trabajamos, tratando de cumplir con fechas de entrega o vencimiento de pagos todas las semanas. ¿Es éste el estilo de vida que nos trae la tecnología? ¿Qué piensas tú?

Avancemos con la escritura

Estrategia de escritura: *Establishing cause and effect*

Establishing or analyzing cause and effect may help you to clarify your ideas about a phenomenon, a situation, or an event. When we look for the answer to the question, "Why is this the way it is?" it requires an analysis of the causes that led it to be that way; whereas the answer to the question, "What are the consequences of this?" leads us to analyze its effects. You may choose to focus your analysis on the causes or on the effects separately, or you may want to analyze them together; an effect, or several of them, could be the direct or indirect consequence of a certain cause or causes. For example: "Children's vocabulary increases in proportion to the exposure they have to books. The more books they read or listen to, the larger their vocabulary." In this example, the exposure to books has a direct effect on children's ability to communicate using a large vocabulary. Or we might say that a large vocabulary was caused by the exposure to books.

2 10-37 **A. ¿Cuál es el efecto?** Piensen en los efectos que surgen de las siguientes situaciones. Escriban por lo menos tres efectos para cada situación.

1. El efecto de tener acceso a tanta información tan pronto como ocurren las noticias.
2. El efecto de tener acceso rápido a cualquier información a través de Internet.
3. El efecto de los videojuegos en los adolescentes y los niños.
4. El efecto de la globalización en los jóvenes.
5. El efecto de la tecnología en la sociedad.
6. El efecto de la mano de obra barata tanto en Estados Unidos como en otros países.

2 **B. ¿Cuáles son las causas?** Ahora piensen en las causas detrás de algunos de estos hechos. Pregúntense por qué suceden estas cosas. Escriban un mínimo de tres causas para cada uno.

1. ¿Por qué existe la mano de obra barata?
2. ¿Por qué a los adolescentes y a los niños les atraen los videojuegos?
3. ¿Por qué se ha desarrollado una economía global?
4. ¿Por qué creemos que necesitamos la tecnología?

10-38 ¿Quién se beneficia? Escoge uno de los temas del ejercicio **10-37** y escribe un ensayo presentando las causas y los efectos. Sigue estos pasos.

1. Presenta tu tesis en un párrafo introductorio.
2. Presenta las causas. Si es necesario, busca estadísticas u opiniones de expertos para apoyar tu posición.
3. Presenta los efectos. Busca estadísticas o cita la opinión de los expertos para apoyar tu presentación.
4. Conclusión. Haz una síntesis de lo presentado y ofrece algunas soluciones.

Antes de entregar tu composición, asegúrate de haber incluido y revisado lo siguiente:

- El vocabulario del capítulo
- Las **Expresiones útiles**
- Los superlativos
- Los tiempos compuestos del pasado
- El discurso indirecto

Diario

¿Es importante para ti el éxito económico en la vida, aunque te cueste mucho sacrificio? ¿Qué significa para ti el éxito económico? ¿Tienes metas financieras para tu futuro? ¿Cuáles son? ¿Cómo piensas lograr esas metas?

Atando cabos: Una empresa global

En esta parte del capítulo se van a preparar para fundar una empresa global.

Una reunión para tomar decisiones.

2 10-39 ¿Tienes madera de ejecutivo/a? Clasifiquen las características del/de la ejecutivo/a global presentadas en el siguiente cuadro, según el orden de importancia. Luego comparen su jerarquía con las de otras parejas de la clase. Comenten y discutan hasta llegar a un acuerdo y tener una lista única para toda la clase.

MODELO: Tener una mentalidad abierta es más importante que… pero menos importante que…

¿Tienes madera[1] de ejecutivo/a global?

El perfil ideal del/de la ejecutivo/a internacional, según una consultora, es el siguiente:

- Es independiente y autónomo/a.
- Tiene una gran capacidad de comunicación.
- Es flexible.
- Es comprensivo/a y tolerante.
- Desea aprender y disfruta de nuevas experiencias.
- Es optimista y extrovertido/a.
- Se adapta a nuevas situaciones.
- Tiene una mentalidad abierta.
- Cuenta con el apoyo afectivo de los miembros de su familia.

[1] **tener madera de / para…** = *To be a natural at…*

2 10-40 **Ejecutivos globales.** En su opinión, ¿cuál de las siguientes personas tardará más o menos en convertirse en un/a ejecutivo/a global? Coméntenlo entre ustedes y luego expliquen el por qué de su selección al resto de la clase.

MODELO: *Nosotros creemos que Susana Quintana tardará más en convertirse en una ejecutiva global porque no sabe otros idiomas.*

Susana Quintana:	Tiene horarios muy estrictos. Es extrovertida y optimista. Le encanta viajar. Habla sólo español.
Ernesto Cisneros:	Desea aprender y disfrutar de nuevas experiencias. No cuenta con el respaldo familiar. Es autónomo e independiente en el trabajo. Adora su país.
Luisa Crespo:	No tiene una mentalidad muy abierta. Domina el idioma del país de destino. Tiene mucha facilidad de comunicación. Es soltera.
Celia Rodríguez:	Es capaz de adaptarse a nuevos ambientes de trabajo. Es abierta y respetuosa hacia otras culturas. Es introvertida y pesimista. Es autónoma e independiente en el trabajo.
Tú:	¿Qué tal eres como ejecutivo/a?

2 10-41 **Lo global.** Cada uno/a de ustedes debe hacer una lista de cinco empresas o productos globales. Luego, uno/a de ustedes debe describirle uno de los elementos de la lista a su compañero/a y él/ella tiene que adivinar de qué producto o empresa se trata. Alternen los papeles.

MODELO: E1: Coca-Cola. (Es una de las empresas en su lista.)

Descripción: *Es una empresa que vende un refresco cuyos envases tienen una forma particular, que cualquier persona puede reconocer sin leer la etiqueta.*

2 10-42 **¿Por qué son globales?** Analicen los distintos productos del ejercicio anterior y respondan las siguientes preguntas. Luego informen a la clase sobre sus resultados.

1. ¿Qué características tienen estos productos para que los consideremos globales?
2. ¿Quiénes son los compradores / vendedores de estos productos?
3. ¿Son estos productos los más baratos / caros?
4. ¿Qué es lo que menos / más les gusta de cada uno de estos productos?
5. ¿Cuál es, para ustedes, el más / menos importante? ¿Por qué?

G 10-43 **Una gran idea.** Ustedes tienen una idea para un producto que se venderá en todo el mundo. Describan qué tipo de producto es, qué características tiene, quiénes lo van a comprar, etc. Escriban un párrafo con la descripción de la empresa, el producto, el mercado, etc.

MODELO: *Nosotros queremos crear una empresa que venda teléfonos celulares con auriculares* (earphone), *de modo que al hablar queden las manos libres. El peso del tele walkman será de ciento cincuenta gramos y tendrán un alcance mundial. Pensamos que nuestros clientes serán personas de entre 18 y 25 años de edad…*

2 10-44 **A. Reparto de tareas.** En tu trabajo, tú estás encargado/a de un equipo que está diseñando un nuevo producto y mañana tienes una reunión con tu jefe/a para informarle lo que se ha o no se ha hecho. Pregúntale a tu secretario/a si se han hecho estas cosas y quién las hizo.

MODELO: encontrar un modo de distribución del producto (no - Juan)

E1: *¿Ha encontrado Juan un modo de distribución del producto?*

E2: *No, todavía no lo ha encontrado.*

1. consultar a la agencia de publicidad (sí - Lupita)
2. solicitar un estudio de mercado (no - María)
3. analizar la competencia (sí - Paco)
4. implementar una política de precio (no - Alejandra)
5. crear una nueva marca (sí - Marilú)
6. inventar un eslogan (no - Lucía)
7. diseñar un logo (sí - Tomás)
8. escribir un contrato modelo (no - Conchita)
9. describir el producto (sí - Enrique)
10. prever las ventas (no - Pepa)
11. buscar formas de financiación (sí - Santiago)

B. La reunión con el/la jefe/a. Al día siguiente le informas a tu jefe/a lo que ya habían o no habían hecho las distintas personas.

MODELO: *Ayer, Juan todavía no había encontrado un modo de distribución.*

G 10-45 **El plan de empresa.** Éstos son los criterios que los expertos tienen en cuenta para decidir a quiénes les darán dinero para crear una empresa. Lean los criterios y digan qué (no) han tenido en cuenta en su descripción de la actividad **10-43**. Luego comparen sus respuestas con las de otros grupos de la clase.

MODELO: *Nosotros no hemos presentado al empresario, pero sí hemos definido el producto.*

El plan de empresa

1. Presentación del/de la empresario/a. Explicar su formación.
2. Definir el producto.
3. Hacer un plan de mercado. Analizar el mercado. Identificar a los clientes y a la competencia.
4. Planear la ubicación de la empresa y los recursos humanos necesarios.
5. Describir las tareas y características del personal. Establecer tipos de contrato.
6. Hacer un plan económico. Buscar fuentes de financiación.
7. Sacar conclusiones. Evaluar todo el plan.

Vocabulario

Globalización y tecnología

la aldea global	*global village*
el bloque económico	*economic block*
el crecimiento económico	*economic growth*
la deuda externa	*foreign debt*
integrar la economía	*to integrate the economy*
pagar las tarifas de importación	*to pay import tariffs*

Sustantivos

el alza (fem.)	*boost in prices*
el ámbito	*field, precinct*
el arribo	*arrival*
el atraso	*backwardness, delay*
la bancarrota	*bankruptcy*
la brecha	*gap*
la cibernética	*computer science*
la competencia	*competition*
el correo electrónico	*electronic mail*
los datos	*data*
el descuento	*discount*
la difusión	*spreading*
la ganancia	*earning*
la mano de obra	*labor, laborer*
la medida	*measure*
el mercado	*market*
el mundo de la informática	*computer science world*
el ordenador (España)	*computer*
la pérdida	*loss*
la pobreza	*poverty*
el préstamo	*loan*
el presupuesto	*budget*
el proteccionismo	*protectionism*
el reajuste	*readjustment*
la rebaja	*rebate, discount*
los recursos minerales / agrícolas	*mineral / agricultural resources*
la Red	*net, Internet*
la Red informática	*Internet*
la reducción	*reduction*
el rendimiento	*yield, profit*
el reto	*challenge*
el siglo	*century*
el subdesarrollo	*underdevelopment*
la sucursal	*branch, office*
el tamaño	*size*
la tarifa	*tariff, fee*
la tasa de interés	*interest rate*
el viaje por el ciberespacio	*surfing the net*

Verbos

afectar	*to influence, affect*	**integrar**	*to integrate*
ampliar	*enlarge, amplify*	**invertir (ie)**	*to invest*
arreglar	*to fix*	**pedir (i) un préstamo**	*to request a loan*
cobrar	*to charge*	**planificar**	*to plan*
cumplir con	*to fulfill one's engagements, to do one's duties*	**prever**	*to foresee*
delimitar	*to limit*	**reajustar**	*to readjust*
descomponer	*to break down*	**resumir**	*summarize*
disminuir	*to diminish*	**tardar**	*to delay*
implicar	*to imply*	**unir**	*to join*

Adjetivos

añadido/a	*added*	**caro/a**	*expensive*
atrasado/a	*delayed, behind the times*	**cotidiano/a**	*daily, everyday*
barato/a	*cheap*	**impredecible**	*unpredictable*
beneficioso/a	*beneficial*	**ligado/a**	*bound, tied to*

Adverb

aun	*even*	**todavía**	*still, yet*
aún	*still, yet*	**ya**	*already*

Expresiones idiomáticas

a partir de	*from that time onward*

11

Hablemos del ocio y el tiempo libre

Cantantes de música popular mexicanos.

"Una película no te resuelve nada, pero te da un enorme placer."
—Pedro Almodóvar

Tema cultural

El ocio en el mundo hispánico

Objetivos comunicativos

Hablar del ocio, los entretenimientos y el tiempo libre

Indicar quién realiza una acción: la voz pasiva con *ser*

Expresar acciones impersonales: la pasiva con *se*

Unir ideas

Expresar deseos y esperanzas en el pasado

Describir una secuencia de situaciones con referencia al presente

Película recomendada para este capítulo: *The Buena Vista Social Club*, Wim Wenders, Alemania, 1999

Canción recomendada para este capítulo: *Yo quiero ser una chica Almodóvar*, J. Sabina, A García De Diego, E. Aute

En marcha con las palabras

En contexto: En el teatro

Les encantó la obra. **Aplaudieron** muchísimo a los actores.

Dos amigos hablan sobre la **obra de teatro** durante el **intermedio**:

SOFÍA: ¿Te gusta la obra?

PABLO: Sí, es una **comedia** muy **amena**. Hay muchas **escenas** muy cómicas… Además, el **argumento** es muy **entretenido**.

SOFÍA: A mí me encantan todos los **personajes**, pero sobre todo me parece que la **protagonista** actúa muy bien. Vamos a ver cómo se resuelve la **trama al final.** Cuando termine la obra quiero **acercarme** al **camarín** para pedirle un **autógrafo** y **entregarle** estas flores que le traje.

PABLO: Realmente la **actriz** es muy buena. Se nota que ha **ensayado** mucho.

SOFÍA: ¡Qué bueno que hayamos venido al **estreno**! Las **entradas** eran un poco caras pero **valió la pena**. Mira, están los **periodistas** de todos los **medios de difusión** más importantes.

PABLO: Claro, hoy **transmiten** la obra **en vivo** por el **canal** 2. ¿Viste que también la están **grabando**? Van a transmitir partes de la **función** por la **cadena** nacional de televisión y también habrá una **emisión de radio,** con entrevistas a los actores.

SOFÍA: Es el mismo autor de *La verdad de Lucía,* que tuvo mucho éxito. Creo que fue la obra más **taquillera** de esa **temporada**. ¿Sabes que me dijeron que en seis meses la compañía sale de **gira** por toda Latinoamérica? El diario *El arte hoy* la ha presentado como **noticia** de **primera plana.** Además esta semana la vi **anunciada** en los **titulares** de varios periódicos y en los **noticieros** de la tele. Se espera un gran número de **televidentes** esta noche.

PABLO: Y, ¿sabías que piensan filmar una película de la obra? Lo leí ayer. Todavía no se sabe quién va a **dirigirla** ni quién **interpretará** el **papel** principal.

SOFÍA: ¡Qué bueno! Realmente el autor es muy bueno y merece **reconocimiento**. El año pasado vi un **documental** sobre su vida y su obra, y es realmente un hombre fascinante.

PABLO: Es verdad. Hace poco vi otra obra suya, que se **trataba de** la Guerra Civil española y **abarcaba** los tres años que duró la guerra. Era un poco triste, pero muy interesante por el **vínculo** que creaba entre la guerra y la esperanza…

SOFÍA: Mira, están **encendiendo** y **apagando** las luces. Debemos volver a nuestras **butacas**.

PABLO: ¡Sí, el **espectáculo** debe continuar!

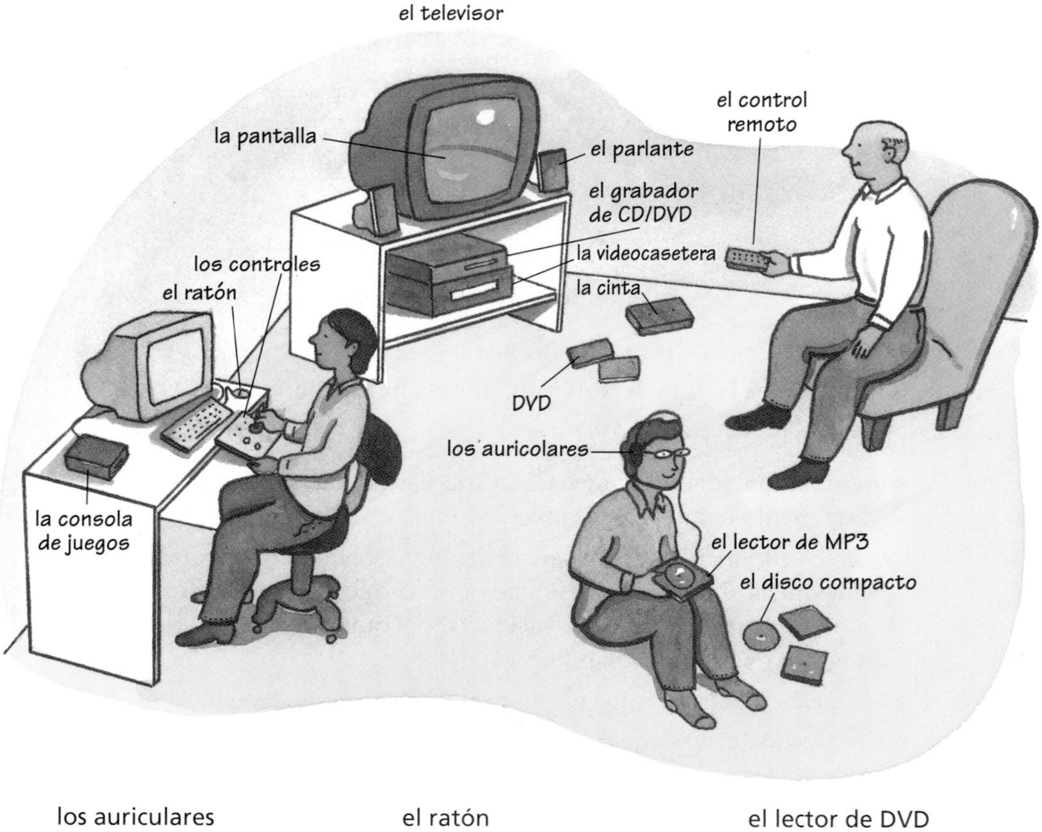

los auriculares	el ratón	el lector de DVD
la cinta	la pantalla	el lector de MP3
la consola de juegos	el disco compacto	los parlantes
los controles	los DVD	el televisor
el control remoto	el grabador de CD/DVD	la videocasetera

PALABRAS CONOCIDAS

El mundo del espectáculo

Estas palabras deben ser parte de tu vocabulario.

Actuaciones	*shows*
la danza moderna/clásica	*modern/classic dance*
el/la director/a de cine/teatro/orquesta	movie/theater/orchestra director
el mimo	*mime*
la orquesta	*orchestra*
los títeres (o marionetas)	*puppets*

Cognados

la antena parabólica
el ballet
el concierto
componer
el estudio
filmar
innovador/a
el micrófono
la ópera
el recital
el teatro
triunfar

EXPRESIONES ÚTILES

al final	*at the end*	**vale la pena**	*to be worthwhile*
al principio	*at the beginning*	**de acuerdo con**	*in accordance with*

Al final de la obra, los enamorados se casan.	*At the end of the play, the lovers get married.*
Al principio pensé que la obra iba a ser aburrida, pero me equivoqué.	*At the beginning I thought that the play was going to be boring but I was wrong.*
Te recomiendo esta película. **Vale la pena** verla.	*I recommend this movie to you. It's worth seeing.*
De acuerdo con esta reseña, la película que vamos a ver es la mejor del año.	*According to this review, the movie that we are going to see is the best one this year.*

11-1 A. Asociaciones. ¿Con qué palabras de **En contexto** asocias lo siguiente? Escribe todas las palabras posibles para cada una.

obra de teatro
película
periódico

2 B. Ahora comparte tus asociaciones con un/a compañero/a. Explícale por qué relacionaste esas palabras y compara tus razones con las suyas.

2 11-2 **¿Cine, teatro, TV...?** Con un/a compañero/a, túrnense para hacerse las siguientes preguntas.

1. ¿Prefieres ir al cine o ver videos en tu casa? ¿Por qué?
2. ¿Quién es tu actor o actriz favorito/a?
3. Si pudieras entrevistar a un/a director/a de cine, ¿a quién escogerías? Explica por qué.
4. Si tuvieras la oportunidad de cenar con un actor o actriz, ¿a quién escogerías? ¿Por qué?
5. ¿Te gusta el teatro? ¿Por qué?
6. ¿Has actuado en una obra de teatro alguna vez? ¿Te gustó o te gustaría hacerlo en el futuro?
7. Si pudieras ser un personaje de ficción, ¿cuál serías? Explica por qué.
8. ¿Escuchas la radio? ¿Cuál es tu estación de radio preferida?

2 11-3 **Tu obra favorita.** Cuéntale tu película u obra de teatro favorita a un/a compañero/a. Cuéntale el argumento, dile quién la dirigió, dónde se filmó, quién era el/la protagonista, háblale de otros personajes, etc. Usa los términos de **Expresiones útiles**.

2 11-4 **La mejor película del año.** Según tu opinión, cuál es la mejor o peor película que has visto este año. Descríbesela a tu compañero/a usando estas preguntas como guía.

1. ¿Cuál es la mejor o peor película que has visto este año?
2. ¿Por qué crees que vale o no vale la pena verla?
3. ¿Quiénes actúan en la película?
4. ¿Qué pasa al principio?
5. ¿Qué pasa al final?
6. ¿Estás de acuerdo con el mensaje que presenta la película? Explica.

2 11-5 **Entrevista.** Imaginen que uno/a de ustedes es un/a periodista de un periódico muy importante de su ciudad y su compañero/a es una estrella del mundo del espectáculo. El/la periodista debe entrevistar a la estrella sobre su vida artística. Usen las siguientes preguntas como guía y agreguen otras.

1. ¿Cuál fue la película que la/lo inspiró para hacerse actriz / actor?
2. ¿Cuál ha sido su papel favorito?
3. ¿Dónde filma generalmente sus películas?
4. De todos los actores con quienes ha trabajado en la pantalla, ¿con quién le gustó trabajar más?
5. ¿Con qué directores le gustaría trabajar? ¿Por qué?
6. Cuéntenos cómo fue su carrera artística al principio.
7. ¿?

G 11-6 **Publicidad.** Imaginen que trabajan en una agencia de publicidad. Los directores les han encargado que hagan un anuncio para el estreno de una obra de teatro (o una película). Preparen el anuncio incluyendo los siguientes datos: director, actores, protagonistas, argumento, lugar de grabación, lugar de estreno, etc. Escriban el texto del anuncio y agreguen las ilustraciones apropiadas. ¡Sean creativos!

11-7 **Para saber más.** Busca información sobre un/a actor / actriz, una película, una obra de teatro o un/a director/a hispanoamericano/a. Trae la información para presentarla a la clase.

Diario

¿Qué película u obra de teatro te ha gustado mucho y/o siempre recuerdas? ¿Por qué? ¿Qué es lo que más te impresionó de ella?

¡Sin duda!

actualidad – actualizar – actual – actualmente – de hecho – en realidad

Study the meaning of these false cognates to learn their use in Spanish.

Palabra	Explicación	Ejemplo
actualidad	*present time, nowadays*	En la **actualidad** todas las películas salen en DVD. *Nowadays all the movies come out on DVD.*
actualizar	*to bring up to date*	La Guía de TV, **actualiza** la lista de programas cada semana. *The TV Guide updates the list of programs every week.*
actual	*present, current*	La obra de teatro trata un tema muy **actual**. *The play deals with a very current issue.*
actualmente	*at the present time, currently*	**Actualmente** sólo trabajo en televisión, pero espero trabajar en cine algún día. *Currently I work only on TV, but I hope to do movies someday.*
de hecho	*in fact, actually, as a matter of fact*	No actúo en teatro; **de hecho,** no me gusta el teatro. *I don't act in the theater;* ***as a matter of fact****, I don't like theater.*
en realidad	*in reality, actually*	**En realidad**, a mí no me gustó la obra. *Actually, I didn't like the play.*

(continúa en la página siguiente)

El ensayo de una obra teatral.

actuar – la obra de teatro, la obra – jugar – tocar – dar o pasar una película

Palabra	Explicación	Ejemplo
actuar	*to act; to play a role*	A las dos hermanas les encanta **actuar**; de hecho, las dos están en la obra de teatro de la escuela. *Both sisters love to act; in fact, they are both in the school play.*
la obra de teatro, la obra	*a theater play*	¿Conoces **la obra** que están dando en el Teatro San Martín? *Do you know the play that they are showing at the San Martin Theater?*
jugar	*to play a game, sport*	Los niños **están jugando** a la pelota en el patio. *The children are playing ball in the yard.*
tocar	*to touch; to play an instrument*	Andrés Segovia **tocaba** la guitarra con mucho sentimiento. *Andres Segovia played the guitar with a lot of feeling.*
dar o pasar	*to play (show) a movie, a play*	¿Qué película **están pasando** en el cine Odeón esta noche? *What movie are they showing in the Odeon tonight?*

G 11-8 **En cartelera.** Mira en el periódico qué películas están dando actualmente. Pregúntales a cuatro estudiantes de la clase cuáles vieron y en qué cine. Luego informa a la clase sobre los resultados, ¿cuáles fueron las películas más vistas?

2 11-9 **Vamos al cine.** Elige una película que quieras ver. Prepara argumentos para convencer a tu compañero/a de que vaya al cine contigo. Usen las expresiones **de hecho** y **en realidad** por lo menos una vez.

MODELO: E1: *Me gustaría ver la película de Gustavo Postiglione,* El asadito. *La pasan en el cine Prado a las ocho y media.*

E2. *Yo prefiero ir a ver otra cosa. Ya vi esa película. No es nueva, la estrenaron en el 2000. De hecho, es parte de una trilogía, podríamos ver la segunda de la serie,* El cumple, *o la tercera,* La peli.

2 11-10 **El teatro, la música, los deportes y tú.** Cuéntale a un/a compañero/a tu experiencia con la música y el deporte. Usa estas preguntas como guía. Agrega tus propios pensamientos sobre el tema.

1. ¿Tocas o tocabas algún instrumento musical? ¿Cuál es tu instrumento preferido? ¿Quién es el artista que toca este instrumento magníficamente? ¿Qué tipo de música toca?
2. ¿Eres deportista? ¿A qué deporte juegas? ¿Cuándo y dónde lo juegas? Cuenta tu experiencia con este deporte.

Ventana al mundo

El cine hispanoamericano

El cine de América Latina ha tenido un gran impulso en los últimos años. Una de las razones es la difusión que las películas latinoamericanas tienen en los festivales de cine, como por ejemplo el festival de cine de Mar del Plata, Argentina, o el de La Habana, Cuba. Pero estas películas tienen éxito no sólo en sus países de origen sino también en eventos de los Estados Unidos y de Europa, como los festivales de cine de Miami, de Cannes o de Toulouse. En algunos casos —como el de la película *Nueve Reinas*— también logran llegar a cines comerciales de EE.UU.

En el Festival de Cine Latino de Miami se presentan muchas películas latinoamericanas. Este festival ofrece, además, el programa Mercavisión, para que los distribuidores estadounidenses y latinoamericanos tengan acceso a producciones recientes. En el año 2003 se presentaron 42 películas de las cuales 22 eran latinoamericanas. Entre ellas, la venezolana *La pluma del arcángel*, dirigida por Luis Manzo, y la costarricense *Password, una mirada en la oscuridad*, dirigida por Andrés Heidenreich Brenes.

Recientemente, México ha producido dos de las películas extranjeras más exitosas en Estados Unidos: *Amores perros*, que recaudó más de 5 millones de dólares en 2001, y *Y tu mamá también,* la cual recaudó más de 12 millones de dólares en 2002. Alfonso Cuarón, director de *Y tu mamá también,* dirigió asimismo la tercera película de *Harry Potter.*

Así se dice

Expresiones para hablar de una película

Es una obra maestra.	*It's a masterpiece.*
Es un clásico del cine.	*It's a classic.*
Es un poco lenta.	*It's a little slow.*
Está en cartelera desde hace dos meses.	*It has been playing for two months.*
Ha tenido muy buena aceptación del público.	*It has had a good audience acceptance.*
Bate récords de taquilla.	*It's a box-office record-breaker.*
Es un éxito / fracaso de taquilla.	*It's a box-office success / failure.*
Ha recibido buena / mala crítica.	*It has received good / bad reviews.*
Refleja muy bien la realidad.	*It reflects reality very well.*
Tiene un final conmovedor / inesperado.	*It has a moving / unexpected ending.*

Comentarios negativos

¡Qué lata! *(informal)*	*What a bummer!*
Esta película es una lata / muy mala. *(informal)*	*This movie is a loser / very bad.*
Le falta más acción / más romance / más suspenso.	*It needs more action / romance / suspense.*

Comentarios generales

El argumento te cautiva / te engancha. *(informal)*	*The plot is captivating.*
La actuación es impecable.	*The acting is impeccable.*
Es una película comercial.	*It's a commercial movie.*

2 **11-11** **¿Cómo la calificarías?** Haz una lista de cinco películas famosas que tú hayas visto. (Escoge películas variadas.) Luego, dale la lista a tu compañero/a. Él/Ella debe escoger la expresión de la lista anterior que mejor describa cada una de las películas de tu lista. Finalmente, comparen sus opiniones. ¿Utilizarías tú las mismas expresiones? ¿Por qué?

G 11-12 **Periodista de artes y espectáculos.** Tienes que escribir una reseña sobre la película del momento para el periódico universitario. Escoge una de las películas que se están dando ahora y pregúntales a cinco compañeros/as su opinión sobre la misma. Traten de usar las expresiones de la sección **Así se dice**.

Expresiones para hablar de música

(No) Tiene mucho ritmo.	*It has (doesn't have) much rhythm.*
Es muy rápida / lenta.	*It's very fast / slow.*
Está entre las diez mejores.	*It's among the ten best ones.*
Es el *hit* del momento.	*It's a big hit. It's a smash.*
Está de moda.	*It's in fashion.*
Es el éxito de la temporada.	*It's the big hit of the season.*
Se oye en todas partes.	*It is heard everywhere.*
La ponen en todas las discotecas.	*It is played in all the discotheques.*
Tiene un mensaje social / político.	*It has a social / political message.*
Es una canción de amor.	*It is a love song.*
Es un clásico del rock.	*It's a rock classic.*
La música es muy pegadiza.	*The music is very catchy.*
La letra (no) se entiende bien.	*The lyrics are (not) easy to understand.*
El cantante tiene muy buena / mala voz.	*The singer has a very good / bad voice.*
Es una canción de protesta.	*It's a protest song.*
Es música bailable.	*It's music for dancing.*
Ésta es una versión instrumental.	*It's an instrumental version.*

2 11-13 **Las diez mejores.** Imagina que tú y tu compañero/a trabajan en una emisora de radio y deben escoger la mejor canción del año. Cada uno/a escogió una canción diferente. Traten de convencer a la otra persona de que su canción es la mejor.

11-14 **Mi canción preferida.** Trae tu canción preferida a la clase y preséntala utilizando las expresiones de **Así se dice.**

11-15 **¿Canciones en español?** Busca una canción del momento que use palabras en español o busca una canción en español que te guste y tráela a la clase. ¿Quién la canta? ¿Qué grupo la toca? ¿De dónde es el grupo que la toca?

Diario

¿Qué música escuchas tú? ¿Por qué te gusta esa música? Descríbela brevemente. ¿Cómo te sientes cuando la escuchas?

Ventana al mundo

La influencia africana en la música de Latinoamérica

La influencia africana en toda la música popular latinoamericana fue determinante, principalmente debido al uso de instrumentos de percusión. Igual que sucedió en Estados Unidos con el funk y el jazz, fue del contacto con la población de ascendencia africana que surgieron los ritmos latinoamericanos hoy más típicos, como la salsa en Cuba y Puerto Rico, el merengue en la República Dominicana, el reggae en el Caribe, la cumbia en Colombia, la samba en Brasil, y el candombe en la región del Río de la Plata.

El contacto entre culturas favoreció, entre otras cosas, un interesante intercambio de ritmos, danzas e instrumentos musicales, disminuyendo así de algún modo la brecha entre nativos y extranjeros, entre grupos inmigratorios de distintas procedencias, y aun entre distintas clases sociales.

La música latina. ¿Escuchas este tipo de música? ¿Tienes algún grupo preferido? ¿Conoces la historia del jazz o del funk?

Sigamos con las estructuras

Repasemos

Referencia gramatical 1

Indicating who performs the actions: Passive voice with ser

La película *Yo, la peor de todas* **fue dirigida** por María Luisa Bemberg.

Please refer to the selftest on our Website. If you get less than 85%, you need to review this grammar point in the **Cabos sueltos** section, p. 484. If you get above 85%, you can continue with the following activities.

11-16 Películas. Lee la información sobre la película *Herencia* y completa las frases con los datos correctos.

La película *Herencia:*

1. Fue hecha en...
2. Fue estrenada en el año...
3. Fue dirigida por...
4. Fue producida por...
5. La música fue realizada por...
6. La fotografía fue realizada por...
7. El guión fue escrito por...
8. Fue premiada en...

11-17 Cine latinoamericano. Busca información sobre dos películas hispanoamericanas y completa el cuadro con los datos de ambas. Luego preséntalas a la clase. En tu presentación, utiliza la voz pasiva.

MODELO: *La película* Y tu mamá también *fue hecha en… fue dirigida por… etc.*

Título:
Año:
Director:
Origen:
Producción:
Actores principales:

11-18 Censura. Tú trabajas en la radio de la universidad. Ésta es la información para el boletín de noticias de la tarde. Usa las siguientes oraciones para escribir una nota en la forma pasiva. Agrega otras ideas. Luego, preséntala en clase como si fuera una noticia de la radio.

MODELO: **Notas:**

Las autoridades universitarias suspendieron la proyección de la película Tesis.

La decana dio la orden.

Las autoridades interrogaron a los estudiantes.

Informativo radial:

Radio Atlántica informa: La proyección de la película Tesis, *programada para anoche por el cine club de la universidad, fue suspendida por las autoridades universitarias. La orden fue dada por la decana. Según el rectorado* (dean's office), *la película tenía escenas demasiado explícitas que podían herir la sensibilidad de algunas personas. Los estudiantes responsables de la proyección fueron interrogados por las autoridades.*

Notas:

1. ¿Qué pasó?
   Las autoridades cancelaron el concierto de un grupo de rock.
2. ¿Quién tomó la decisión?
   Los dueños de la sala de conciertos tomaron la decisión.
3. ¿Por qué tomaron esa decisión?
   El grupo roquero cantaba canciones con letras obscenas.
4. ¿Cómo lo tomó el público?
   El público de nuestra ciudad esperaba ansiosamente el concierto.
5. ¿?

Ventana al mundo

Libertad de expresión

Reporteros sin Fronteras es una ONG (organización no gubernamental) cuyo objetivo es defender la libertad de expresión en todo el mundo. Reporteros sin Fronteras (RSF) defiende la libertad de prensa en el mundo y a los periodistas encarcelados. Se basan en el derecho de informar y estar informado/a según la Declaración Universal de Derechos Humanos. RSF cuenta con nueve secciones nacionales (Alemania, Austria, Bélgica, España, Francia, Reino Unido, Italia, Suecia y Suiza), con representación en Abidyán, Bangkok, Buenos Aires, Estambul, Montreal, Moscú, Nueva York, Tokio y Washington, además de un centenar de corresponsales en el mundo.

La censura. ¿Cómo es la situación en tu país? Mira este mapa y busca información sobre los países que tienen una situación grave. Prepara un informe tipo noticia radial para la próxima clase.

Información sobre la libertad de prensa en el año 2003.

2 11-19 **Rodaje.** Ustedes están pensando rodar una película en España y van a presentarles este informe a los productores. Lean la información que aparece en el siguiente cuadro y, en parejas, preparen un informe oral usando la voz pasiva con **se.**

MODELO: *El 21,3% de las películas españolas se filma fuera de España.*

Rodaje de películas españolas

Localización de las películas	%
Madrid	30,5
Barcelona	7,0
Resto de España	41,0
Fuera de España	21,3

Fecha de estreno

Primavera	21
Verano	23
Otoño	38
Invierno	18

El equipo de rodaje emplea	%
Hombres	65
Mujeres	35
Niños en las películas	5
Adolescentes en las películas	8

Please refer to the selftest on our Website. If you get less than 85%, you need to review this grammar point in the **Cabos sueltos** section, p. 486. If you get above 85%, you can continue with the following activities.

Referencia gramatical 2

Substitute for passive voice: The passive se

Esa película **se hizo** con un presupuesto muy bajo.

2 11-20 **¿Cuánto cuesta?** Tu compañero/a y tú quieren saber cuánto dinero les costaría hacer una película. Analicen el presupuesto de la película española *El amor perjudica seriamente la salud*. Sigan las siguientes instrucciones:

E1: Lee la información de los puntos I.–III. Luego, hazle preguntas a tu compañero/a con los temas de la lista B.

E2: Lee la información de los puntos VI.–VIII. Tu compañero/a te va a pedir esos datos. Luego hazle preguntas a él/ella con los temas de la lista A.

MODELO: E1: *¿Cuánto se pagó por la música?*

E2: *Por la música se pagaron más de cuarenta y cinco mil euros.*

	Lista A		Lista B
I.	Guión y música	V.	Transporte y comidas
II.	Personal artístico	VI.	Laboratorio
III.	Equipo técnico	VII.	Seguros e impuestos
IV.	Escenografía	VIII.	Gastos generales

EL AMOR PERJUDICA SERIAMENTE LA SALUD
(Presupuesto en euros)

1. Guión y Música

Derechos de autor	60.101,21€
Derechos de música	45.676,91€

2. Personal Artístico

Ana Belén	99.166,99€
Juanjo Puigcorbe	78.131,57€
Penélope Cruz	60.101,21€
Gabino Diego	60.101,21€
Actores secundarios	56.795,64€
Otros	84.832,85€

3. Equipo Técnico

Director	120.202,42€
Ayudante Dirección	21.636,43€
Productor Ejecutivo	126.212,54€
Fotografía	32.166,16€
Maquillador	11.719,73€
Peluquero	11.419,22€
Efectos especiales	1.803,03€
Sonido	12.020.24€

4. Escenografía

Construcción exteriores	15.025,30€
Construcción interiores	48.080,96€
Mobiliario alquilado	15.025,30€
Vestuario alquilado	18.030,36€
Animales alquilados	180,30€
Pelucas y barbas	1.803,03€

5. Viajes, Dietas y Comidas

Dietas actores	19.232,38€
Hoteles	37.022,34€
Comidas	39.065,78€

6. Laboratorio

Revelado	18.048,39€
Trucajes	120.202,42€

7. Seguros e Impuestos

Seguro de buen fin	9.616.19€
Impuestos	153.258,08€

8. Gastos Generales 102.773,06 €

9. Máximo presupuesto disponible 26.112.136,26 €

Referencia gramatical 3

Linking ideas: Relative Pronouns

La actriz **que** hizo el papel de Frida Kahlo también actúa en *El tiempo de las mariposas*. ¿Cómo se llama?

Please refer to the selftest on our Website. If you get less than 85%, you need to review this grammar point in the **Cabos sueltos** section, p. 487. If you get above 85%, you can continue with the following activities.

11-21 Horacio y la música. Desde niño, Horacio demostró interés por la música. Para conocerlo mejor, completa el párrafo con los pronombres relativos correspondientes.

Horacio es el hijo mayor de una hermana mía 1) _______ vive en Argentina. A él le encanta la música. De niño mostró interés tocando el mismo violín con 2) _______ su abuelo se había hecho famoso. Cuando sus padres vieron esto, hablaron con la profesora Dalia, 3) _______ era experta en el método Susuki, para que le diera clases de violín. Ése fue el comienzo. Ahora él toca también otros instrumentos, como el bajo y la guitarra eléctrica, 4) _______ hace que en las reuniones familiares haya siempre música. Horacio tiene ahora 21 años y ha formado su propio grupo musical de cinco músicos, 5) _______ tocan en discotecas, fiestas de cumpleaños y bailes populares.

11-22 ¿Cuál llevamos? Imagina que estás con un/a amigo/a en una tienda de videos para escoger las películas que quieren ver durante el fin de semana. Une las frases de las dos listas utilizando los pronombres necesarios.

MODELO: Lista A: *Ésta es una película muy romántica.*
Lista B: *A Estela le encantan las películas de amor.*
Ésta es una película muy romántica que le va a gustar a Estela porque (a ella) le encantan las películas de amor.

Lista A

1. Ésta es una película de terror.
2. Ésta es una película de detectives.
3. Ésta es una película con Ricardo Darín.
4. Ésta es una película dirigida por Fabián Bielinsky.
5. Ésta es una película de acción.

Lista B

a. A Ernesto le gustan las películas de miedo.
b. A Marta le gusta resolver misterios.
c. A Teresita le gusta mucho este actor.
d. A Hilda le encanta este director de cine.
e. Silvia está escribiendo un guión para una película de acción.

Aprendamos 1

Expressing what you hope has happened: Present perfect subjunctive

A. When expressing doubt, denial, hope, feelings, or emotions about something that happened in the past, use the present perfect subjunctive. The events expressed by the subordinate clause happened before the actions expressed in the main clause —which is in the present tense.

Me alegro de que los dibujos animados **hayan sido** divertidos aún para los adultos. — *I'm glad that the cartoons have been funny even for adults.*

Dudo que los músicos **hayan ensayado** antes del espectáculo. — *I doubt that the musicians have rehearsed before the show.*

B. The same is true for adjectival and adverbial clauses of time and purpose.

No tengo ningún amigo que **haya triunfado** en Hollywood. — *I don't have any friend who has been successful in Hollywood.*

Ven **tan pronto como hayas terminado** de escuchar el concierto. — *Come as soon as you have finished listening to the concert.*

To form the present perfect subjunctive, use the present subjunctive of **haber** and the past participle.

Present Perfect Subjunctive

Haber		Past Participle
haya		
hayas		apagado
haya	+	entretenido
hayamos		aplaudido
hayáis		
hayan		

Note: Remember that if the subordinate action happens in the present time or in the future, the present subjunctive is used.

Espero que el programa de mañana **sea** entretenido. — *I hope that the program tomorrow is entertaining.*

11-23 "Cool." Las siguientes son expresiones del habla cotidiana de distintas regiones del mundo hispanohablante. Todas se usan para expresar características positivas que equivalen a "cool". Completa las frases con la forma correcta del verbo en el pretérito perfecto del subjuntivo. Luego inventa tres frases nuevas utilizando algunas de las expresiones.

1. ¡Qué estupendo que __________ (tú / poder) ir al cine con nosotros ayer. (España y otros países)
2. ¡Qué chido que __________ (ellos / conseguir) entradas para el estreno. (México)
3. ¡Qué choro que __________ (la nueva consola / solucionar) el problema del sonido. (Chile)
4. ¡Qué alucinante que __________ (él / resolver) el juego tan rápido. (España y otros países)
5. ¡Qué guay que __________ (ellos / hacer) tan buenos efectos especiales. (España)
6. ¡Qué genial que __________ (nosotros / encontrar) la música en Internet. (Argentina y España)
7. ¡Qué chévere que __________ (ella / escribir) una canción con una letra tan buena. (Caribe)
8. ¡Qué bárbaro que __________ (ustedes / ver) otras películas de la misma directora. (Argentina y otros países)

2 11-24 Tú y tu tiempo libre. Todos tenemos diferentes maneras de divertirnos y de aprovechar nuestro tiempo libre. Contesta las preguntas con información personal. Averigua las respuestas de otro/a estudiante. Reacciona ante sus hábitos utilizando una de las expresiones de la actividad **11-23** o expresiones como: es increíble, es raro, es bueno, es una lástima, es una pena, etc.

MODELO: E1: *¿Viste alguna vez una película de Disney?*
E2: *No, nunca.*
E1: *Es increíble que no hayas visto ninguna película de Disney.*

1. ¿Te divertiste este fin de semana?
2. ¿Viste alguna película interesante?
3. ¿Bajaste canciones de Internet?
4. ¿Bailaste merengue, rumba, salsa alguna vez?
5. ¿Escuchaste el último disco de...?
6. ¿Viste la última película de...?

2 11-25 Búsqueda. Pregúntale a un/a compañero/a si conoce a alguien que haya hecho estas cosas.

MODELO: participar en un programa de radio.
E1: *¿Conoces a alguien que haya participado en un programa de radio?*
E2: *Sí, mi tío participó en un programa de radio una vez.*
No, no conozco a nadie que haya participado en un programa de radio.

1. participar en un programa de televisión
2. ver *Lo que el viento se llevó*
3. escribir una carta a un periódico
4. actuar en una película
5. no entretenerse con los dibujos animados
6. dormirse en una obra de teatro

G 11-26 Pasos para hacer una película. Imaginen que deciden hacer una película, pero primero deben organizarse. Combinen los elementos de las tres columnas para ver qué es lo que deben hacer. Hagan los cambios necesarios y utilicen el presente perfecto del subjuntivo en sus oraciones.

MODELO: *Contrataremos al equipo técnico en cuanto hayamos encontrado un productor.*

contratar el equipo técnico	cuando	encontrar un productor
filmar las escenas	tan pronto como	hablar con el director
construir el decorado	después de que	contactar a los actores
pagar a los actores	que	escribir el guión
conseguir las cámaras, las películas, etc.	hasta que	seleccionar los lugares de filmación
revelar las películas	antes de que	decidir el vestuario
	en cuanto	filmar las escenas

2 11-27 Triunfar. Ustedes tienen un/a amigo/a que trabaja en cine y se siente un poco frustrado/a porque no tiene mucho éxito. En parejas, expliquen las condiciones que deben darse para que su amigo/a triunfe. Comparen su lista con las de otras parejas.

MODELO: *Triunfarás cuando hayas trabajado con un director famoso.*

Ventana al mundo

Los premios Goya

La noche de los Goya es la gran noche del cine español. Cada año, la entrega de este premio se convierte en el equivalente a la de los Oscars en Estados Unidos. La estatuilla representa al gran pintor Francisco de Goya. Los Goya consideran las mismas categorías que los Oscars, pero además incluyen otras tres, destinadas a promover a jóvenes actores y realizadores. Estas tres categorías son: mejor director/a novel, mejor actriz revelación y mejor actor revelación.

Los Goya ¿Quieres saber quiénes ganaron los premios Goya este año? Busca en Internet: Premios Goya, España. Luego comenta con otro/a estudiante si has visto alguna de las películas ganadoras o si conoces a alguno de los actores.

Penelope Cruz en la entrega de premios Goya.

Aprendamos 2

Expressing what you hoped would have happened: Pluperfect subjunctive

The pluperfect subjunctive is used to describe an event that took place before another past action. When expressing doubt, denial, hope, feelings, or emotions in the past, use the pluperfect subjunctive in the subordinate clause. The events expressed by the subordinate clause happened before the actions expressed in the main clause —which is in the past tense.

Yo me alegré de que me **hubieran escogido** para el papel de Cleopatra.

(Emotion) I was happy that they had chosen me for the role of Cleopatra.

(The action of choosing took place before the action of being happy.)

Nosotras **buscábamos** a alguien que **hubiera cantado** ópera antes.

(Unknown antecedent) We were looking for someone who had sung opera before.

(The person had been singing opera for some time before the search started.)

Form the pluperfect subjunctive with the imperfect form of **haber** and the *past participle.*

Pluperfect Subjunctive

Haber		Past Participle
hubiera		
hubieras		estrenado
hubiera	+	entretenido
hubiéramos		dirigido
hubierais		
hubieran		

Note: The auxiliary **hubiera** has an alternative form, **hubiese** which is used in Spain and in some parts of Latin America: **hubiese, hubieses, hubiese, hubiésemos, hubieseis, hubiesen.**

You have already learned that **como si** is usually followed by the imperfect subjunctive. Here you will see that it may also be followed by the pluperfect subjunctive to express something that happened in the past.

Hablaba de ella **como si la hubiera conocido** toda la vida.

(Past) *He spoke about her as if he had known her all his life.*

Hablas **como si la conocieras.**

(Present) *You speak as if you knew her.*

Breve repaso

Remember the instances when you use the subjunctive. Here is a brief summary to jog your memory.

A. Review Chapters 6, 7, and 8 pp. 188–191, 228, 258 and 262 for a complete explanation. Remember the verbs and expressions that require the subjunctive:

- doubt: **dudar, no creer,** etc.
- desire: **desear, querer**
- hope: **esperar**
- preference: **preferir**
- denial: **negar**
- feelings and emotions: **alegrarse de, lamentar, sentir, estar contento/a, molestar(se), sorprenderse, temer,** etc.
- impersonal expressions: **es horrible, es sorprendente, es necesario, es bueno/malo, es imposible, es importante,** etc.
- after the words: **ojalá, tal vez, quizá(s)**
- after verbs of judgement: **aconsejar, recomendar, pedir, insistir,** etc.
- in clauses with the indefinite or unknown antecedent: **nadie que, alguien que** (Adjectival clauses)
- in clauses with expressions of condition and purpose: **sin que, para que, a menos que, con tal (de) que,** etc. (see page 262).
- in clauses with expressions of time: **cuando, en cuanto, antes de que, tan pronto como,** etc.

B. If the past event happened at the same time as the action expressed by the main verb, then the imperfect subjunctive is used in the dependent clause. Review the uses of the imperfect subjunctive on pages 471–473 of the **Cabos sueltos** section.

Ayer, cuando entrevistamos a los postulantes, no había nadie que **supiera** cantar ópera.

Yesterday, when we interviewed the candidates, there was no one that knew how to sing opera.

2 11-28 **Chismes de la filmación.** Tu amigo/a trabajó como ayudante en la producción de una nueva película y tú quieres saber algunos detalles de la filmación. Hazle las siguientes preguntas y él/ella debe contestar haciendo un comentario. Formen oraciones en el pluscuamperfecto del subjuntivo con las palabras dadas.

MODELO: E1: ¿Se filmó la película en tres semanas?
sí / ser increíble / filmar la película en tan poco tiempo
E2: *Sí, fue increíble que hubieran filmado la película en tan poco tiempo.*

1. ¿Gastaron millones en anuncios?
   sí / ojalá / yo/ ser el dueño de la agencia publicitaria
2. ¿El productor cenó con Penélope Cruz y Antonio Banderas?
   sí / ojalá / invitarme a mí

3. ¿Pagaron 10.000 euros por el guión?
   sí / ojalá / yo / escribir el guión
4. ¿Te regalaron entradas para el estreno de la película?
   sí / mi hermano y yo / estar muy contentos / regalar dos entradas para el estreno
5. ¿Pagaron mucho dinero por los derechos?
   sí / yo / estar sorprendido / ellos / pagar tanto
6. ¿Fue censurada una escena de amor?
   sí / ser una lástima / cortar una escena de amor

G 11-29 Asociación de periodistas. En grupos, seleccionen una de las noticias publicadas por la Asociación Nacional de Periodistas Hispanos de los Estados Unidos. Lean la información y reaccionen utilizando las siguientes frases de opinión.

Nos alegró que...	Era importante que...	Fue muy triste que...
Nos encantó que...	Fue una lástima que...	Dudábamos que...
Fue increíble que...	Era necesario que...	No podíamos creer que...

MODELO: *Nos alegró que María Elena Salinas hubiera establecido una beca de $10,000 para estudiantes de periodismo.*

NAHJ está alarmada, el porcentaje de periodistas hispanos que trabajaron en diarios bajó ligeramente durante este año
WASHINGTON, -- La Asociación Nacional de Periodistas Hispanos está alarmada porque el porcentaje de periodistas latinos que trabajaron en diarios en inglés bajó ligeramente durante el 2000, según la encuesta anual de salas de redacción de la Sociedad Americana de Editores de Periódicos publicada el 3 de abril de este año.

MARIA ELENA SALINAS OTORGA BECA PARA ESTUDIANTE DE PERIODISMO EN ESPAÑOL
MIAMI -- María Elena Salinas, presentadora del Noticiero Univisión y ganadora de numerosos premios de periodismo, ha establecido una beca de $10.000 para estudiantes interesados en seguir una carrera en el área de periodismo en español. La beca será administrada por la Asociación Nacional de Periodistas Hispanos y cuenta con el apoyo y donación de la cadena Univisión.

PARA EDITORES EXTRANJEROS, LEGALES Y NACIONALES
WASHINGTON, -- La Asociación Nacional de Periodistas Hispanos se opone al fallo del 16 de enero del Tribunal Distrital de Apelaciones de Estados Unidos en Washington, D.C., en el cual se declaró inconstitucionales las regulaciones de la Oficina de Igualdad de Oportunidades de Empleo de la Comisión Federal de Comunicaciones.

Aprendamos 3

Expressing a sequence of events in the present and future: Sequence of tenses in the subjunctive

In sentences requiring the use of the subjunctive, the tense of the subjunctive verb is dictated by its relation to the main verb. The tense of the subordinate verb depends on whether the event happens before or at the same time of the event of the main verb. Study the following chart with the sequence of tenses.

Sequence of tenses in relation to the present:

Tense in the main clause	Tense in the subordinate clause
Present Present perfect Future Future perfect Command	Present subjunctive Present perfect subjunctive

If the main verb is in the present, present perfect, future, future perfect indicative, or command form, then the subordinate verb may be in the present or present perfect subjunctive according to the following rules.

A. Use the present subjunctive when the event in the subordinate clause refers to an action that happens at the same time of the main verb or in the future.

Present ind.—Present subj.

Te **traigo** estos programas para que los **imprimas**.

I am bringing you these programs so that you can print them.

Present perfect ind.—Present subj.

Nos **han pedido** que nos **presentemos** temprano para ensayar.

They have requested that we show up early to rehearse.

Future—Present subj.

Me **sentiré** mejor cuando **termine** de escribir el guión.

I'll feel better when I finish writing the script.

Future perfect—Present subj.

Ya **habrán escogido** a la mejor bailarina cuando tú **llegues**.

They will already have chosen the best dancer by the time you arrive.

Command—Present subj.

Ten cuidado cuando **uses** este video.

Be careful when you use this video.

B. Use the present perfect subjunctive when the event in the subordinate clause refers to an event that happened before the action in the main clause.

Present ind.—Present perfect subj.	Me **alegra que hayas conseguido** el papel principal en la obra. *I'm happy that you have gotten the leading role in the play.*
Present perfect ind.—Present perfect subj.	Para nosotros **ha sido muy importante** que ella **haya ganado** el premio a la mejor actriz. *It has been very important for us that she won the prize for best actress.*
Future—Present perfect subj.	Los padres **estarán orgullosos** de que su hijo **haya sido nominado** para el Goya. *His parents must be proud that their son has been nominated for the Goya.*
Future perfect—Present perfect subj.	Me imagino que el violinista **habrá practicado** muchísimo para que el concierto le **haya salido** tan bien. *I imagine that the violinist must have practiced a lot for his concert to have turned out so well.*
Command—Present perfect subj.	**Esperemos** aquí hasta que **hayan terminado** de ensayar. *Let's wait here until they have finished rehearsing.*

11-30 Instrucciones. Tu compañero/a de cuarto está por salir y te deja una serie de instrucciones. Termina las frases con la forma correcta de los verbos.

1. Te dejo estos discos para que / escucharlos
2. Nos han dicho que / bajar la música
3. Vendré cuando / terminar el concierto
4. Ya habrán filmado cuando tú / venir a buscarme
5. Ten cuidado cuando / grabar el DVD
6. Guarda los discos en sus cajas antes de que / llegar los otros

2 11-31 Ayer y hoy. Lean los datos del año 1996 sobre la situación de la mujer en los medios de comunicación de Hispanoamérica y hagan oraciones originales con las expresiones que siguen. ¿Les parece que en la actualidad la situación sigue siendo la misma?

La participación de las mujeres en las noticias

Muchas mujeres han logrado destacarse en el periodismo hispanoamericano. De hecho, algunos de los periódicos más importantes de España y Latinoamérica —como *El País* o el *ABC* de Madrid, *El Universal* de Caracas o el *Clarín* de Buenos Aires— tienen a periodistas mujeres ocupando importantes cargos directivos.

A pesar de ello, todavía queda bastante territorio por conquistar en este aspecto.

- Las mujeres que cubren las noticias en la TV son, en promedio, mucho más jóvenes que los hombres y aparentemente tienen dificultades para conservar el trabajo después de los 50 años.
- Las mujeres periodistas predominan en las noticias locales y son minoría en las nacionales e internacionales.
- Hay más hombres que mujeres cubriendo las noticias en casi todos los temas. Hay más mujeres que cubren la sección de sociales, entretenimiento y arte; sin embargo, son casi invisibles en las secciones de economía, política y deportes.
- En Sudamérica, del total de personas entrevistadas y citadas en un día en todos los medios, las mujeres representan sólo el 15,1%.
- Tan sólo el 27,3% del total de periodistas, reporteros y conductores de programas en los medios televisivos, radiales y gráficos son mujeres.

Fuente: Publicación virtual de la Editorial La Jaca Negra.

1. Es lamentable que…
2. Habría sido interesante…
3. Preferiríamos que…
4. Nos sorprendió…
5. Sería conveniente…
6. Tengan cuidado cuando…
7. Es increíble…
8. Esperemos que…

G 11-32 ¿Actual? Analicen y comenten estas afirmaciones. Luego digan si están de acuerdo y si hace 15 años eran válidas o no. Busquen ejemplos en los medios de comunicación para defender sus argumentos y tráiganlos a clase. Presten atención a los diferentes tiempos verbales.

1. Desgraciadamente, no hay un equilibrio entre hombres y mujeres en los medios de comunicación.
2. Afortunadamente, la mujer como objeto sexual no se utiliza en la publicidad.
3. Por suerte, los medios de comunicación respetan la diversidad y aceptan el multiculturalismo.
4. La televisión es un medio imprescindible para la educación.
5. Muchas mujeres están en puestos importantes dentro del periodismo.

Diario

¿Recuerdas algún programa de tu infancia? ¿Cuál? ¿Cómo era? ¿Con quién lo veías? Cuando eras pequeño/a, ¿había reglas para mirar la tele? ¿Cuáles?¿Las respetabas? ¿Qué otras cosas de esa época recuerdas? ¿Fiestas, vacaciones, un cumpleaños especial, escuela, los compañeros, algún maestro?

Conversemos sobre la lectura

Antes de leer

Estrategia de lectura: *Journalistic techniques*

Reading a newspaper in Spanish is different than reading it in English because the styles of writing varies. While in the United States the tendency is to use direct language, with short sentences and high frequency words, in the principal newspapers of the Spanish-speaking world the opposite is true. The difference lies in the fact that in written Spanish the use of subordinate clauses and imbedded sentences is more accepted than in English.

Nonetheless, there are a few commonalties that will help you even when reading difficult articles. The title and the first two sentences are the most important part of the text. The title presents the topic of the article. The first sentences present the main idea and establish the situation. The main idea has to answer the basic questions of what?, who?, when?, where?, and why? The body of the article presents the supporting details in order of importance.

11-33 A. Extras para una ópera. Lee la información sobre los extras y busca la respuesta a las cinco preguntas básicas: *¿qué?, ¿quién?, ¿cuándo?, ¿dónde?, ¿ por qué?* Expresa en tus propias palabras la idea principal.

B. La recreación de Aída. ¿Cuáles son las ideas secundarias de este artículo?

Seleccionaron a 700 extras para una ópera

Setecientos argentinos fueron elegidos para ser parte de Aída, uno de los espectáculos de ópera más importantes del mundo que el 21 de diciembre de 2003 se presentó en Buenos Aires bajo la dirección del maestro Giuseppe Raffa. A los 125 años del estreno de Aída, Raffa se propuso recrear la idea original del compositor Giuseppe Verdi. "Verdi pensó en un espectáculo grandioso, con la participación de muchas personas. Por eso hacemos esta selección, para que Argentina participe", explicó el maestro.
Los postulantes se sentaron en las gradas de una cancha de fútbol y esperaron pacientemente su turno durante largas horas. Alrededor de las 3 de la tarde comenzó la selección. Caminando entre los postulantes, los directores artísticos del espectáculo buscaron a los hombres más altos y robustos para los roles de soldados. Después, los más serios fueron elegidos como ministros y sacerdotes. Y también se seleccionaron los actores para los papeles de prisioneros y hombres del pueblo. En fin, hubo para todos los gustos. Estudiantes de teatro y de música, amantes de la ópera y curiosos, jóvenes y adultos, rubios y morenos. El sueño de Verdi quedó cumplido.

Vocabulario de las lecturas

Estudia estas palabras para comprender mejor los textos.

Vocabulario		Palabra en uso
alzar las voces	*to raise one's voice*	**Alzamos las voces** en contra de la censura en el arte.
apretar(ie)	*to press, push*	No **aprietes** ese botón porque perderás el documento.

asentir (ie, i)	*to assent, agree*	Los padres **asintieron** que él tomara un semestre libre.
el armatoste	*cumbersome piece of furniture*	Ese televisor es un **armatoste.**
comprobar	*to verify, check*	El periodista **comprobó** que el rumor era cierto.
gemir	*to moan*	En la sala de espera, el hombre **gemía** de dolor.
otorgar	*to grant, give*	Le **otorgaron** el premio al mejor actor.
pena	*suffering, grief*	El músico expresa su **pena** a través del canto.
prescindir de	*to do without*	Necesitamos el entretenimiento, no podemos **prescindir de** él.
el quebranto	*grief*	La escena transmitía el **quebranto** de la protagonista cuando muere su compañera.
el recelo	*mistrust, misgiving*	A veces los padres sienten cierto **recelo** hacia algunos programas de televisión.
suceder(se)	1. *to follow one another*	En el canal de la televisión pública, los programas **se suceden** uno detrás de otro sin interrupción comercial.
	2. *to happen*	En un buen argumento tienen que **suceder** varias cosas.
el suspiro	*sigh*	La película termina entre **suspiros** y quebrantos.
tratar	*to deal with*	Hay que aprender a **tratar** la televisión sin abusar de ella.

11-34 Reciclar. Escoge la palabra del vocabulario que mejor se relacione con cada oración. Luego escribe otra oración que te permita usar la palabra.

MODELO: La jefa de sonido verificó que todo estuviera en orden antes de la función. ***Comprobó.***

*Con el éxito del concierto los músicos **comprobaron** una vez más que sus canciones gustan mucho.*

1. Encendí el televisor, pero **pasaban** un programa tras otro sobre el mismo tema.
2. El pobre cantante nunca fue feliz, vivió una vida llena de **penas** y **tristezas.**
3. Los productores miraban a los actores con mucha **desconfianza** (*mistrust*).
4. Este proyector es un **aparato** feo que ocupa mucho lugar.
5. El administrador del teatro les **dio** un aumento de sueldo a todos los que trabajaban con él.
6. No todos podemos **vivir sin** la televisión.

G 11-35 **¿Qué película es?** Escribe una breve reseña sobre alguna película de amor muy conocida. Luego léesela a los/as otros/as estudiantes de tu grupo para que descubran de qué película se trata. Intenta usar alguna de las siguientes palabras.

suspiros suceder recelo quebranto prescindir gemir alzar las voces

2 11-36 **La televisión.** En la lectura que van a leer, la autora, Soledad Puértolas, nos hace la siguiente pregunta. ¿Cómo la contestarían ustedes? Discutan sus ideas y luego preséntenlas a la clase.

¿Qué es lo que nos lleva a prender el televisor?

1. ¿Por qué miras televisión?
2. ¿Consideras que la TV es algo estimulante o algo nocivo para la mente?

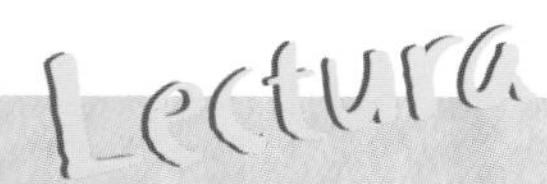

Lectura

Soledad Puértolas (1947)

Soledad Puértolas es una escritora española que ha publicado novelas, libros de ensayos y artículos de opinión —como el texto que aparece a continuación. En este texto, Puértolas plantea el papel que ejerce la televisión en la vida cotidiana de hoy. Lee el título y la primera oración, y trata de imaginar qué se va a plantear en el texto.

El mundo en casa

Si es perfectamente concebible vivir sin televisión, ¿qué es lo que nos lleva a presionar el botón que enciende el televisor, a instalar, en fin, ese armatoste en nuestras casas? Si lo que queremos es recibir noticias del mundo, de todo lo que no es inmediatamente nuestro, podríamos contentarnos
5 con la lectura de los periódicos. A pesar de lo cual, como todos comprobamos de vez en cuando, también se puede vivir sin periódicos. Admitamos que queremos una conexión con el mundo y que la imagen nos ofrece un vínculo inmediato y potentísimo e indudablemente calificaremos a la televisión como el medio más eficaz de establecer ese contacto.

Ahora bien, ¿qué clase de mundo ofrece la televisión y qué clase de vínculo establecemos con él? Si fuéramos capaces de contestar detalladamente a estas dos preguntas nos haríamos con un manual de sociología bastante útil. Lo primero que podemos decir es que la hipotética oferta de la televisión es muy variada. La palabra clave es "programa". Hay programas mejores y peores, necesarios y superfluos, recomendables o escandalosos. La idea es que se sucedan muchos programas, que haya diversidad, amenidad, como si se hubiera partido de la posibilidad de un espectador que estuviera contemplando la televisión, y la misma cadena, durante las veinticuatro horas. Hay que proporcionarle de todo, hay que darle un mundo. Y aquí está la pregunta, ¿qué mundo se da? Desde luego, y fundamentalmente, un mundo de imágenes. Por la pantalla, no sólo escuchamos sino que vemos las noticias. De alguna manera, son más reales y, sin embargo, el hecho de pertenecer a todo el mundo de la televisión, de compartir el tiempo con otros programas, las noticias, en principio reales, cobran un carácter de irrealidad. Con otros matices, todos los programas de televisión participan de esta ambigüedad, son terriblemente reales e irreales al tiempo, incluidos, por supuesto, los tan discutidos *"reality shows."* Y enlazamos así con la segunda cuestión: el tipo de vínculo que establecemos con la televisión. Desde luego, mientras consigue captar nuestra atención, nuestra entrega es total, hasta el punto de que algunos psicólogos del arte comparan al público actual de la televisión con el tradicional y hoy ya casi desaparecido público del teatro. Sí, dicen, esta audiencia participa de aquella entrega entusiasta, sin recelos, acrítica. (Luego vendrán los críticos y pondrán las cosas en su sitio). La gran diferencia es que no necesitamos salir del teatro y volver a nuestra casa para escapar de la realidad de la pantalla. Basta apretar un botón. Convivimos con la realidad que ilumina la pantalla y convivimos con su oscuridad. La realidad se nos ha acercado más que nunca, pero podemos negarla. Nos entregamos, pero nos escapamos.

Cuando se alzan las voces en contra de este hoy casi inevitable artefacto, todos nos vemos obligados a asentir un poco, porque la ambivalencia del mundo que ofrece su pantalla, inmenso y abarcable a la vez, y nuestro vínculo de entrega incondicional, le otorgan demasiado poder. Sin embargo, a menudo olvidamos que para muchas personas constituye la única forma de saberse unidas al mundo. Podrá haber épocas en que podamos prescindir de la televisión, pero podrán suceder otras —una enfermedad, una clase de invalidez...— en que su intromisión en nuestras vidas nos sea más que necesaria, casi vital. Como hay momentos en que nos sobra y momentos en que nos hace compañía. Yo recuerdo algunas lejanas tardes en que la irrupción de Superagente 86 en la pantalla todavía gris del televisor era como la llamada telefónica de un amigo. La televisión supone, con todos su pros y todos sus contras, una clase especial de amistad y, como a las personas, hay que saberla tratar. O prescindimos de ella o tratamos de aprender cómo tratarla, y tal vez su trato no sea del todo desagradable, porque la vida es larga y desigual, el día largo y desigual, y el mundo, ya lo vemos por la televisión, queda muy lejos de nosotros.

11-37 Estructura. La lectura tiene un párrafo introductorio, otro párrafo en que desarrolla el tema y un último párrafo en el que la autora expone su conclusión. ¿A cuál de estas partes corresponden estas frases? ¿Párrafo 1, 2, ó 3?

a. Debemos aprender a usar la televisión.
b. La televisión nos permite estar en contacto con el mundo y mantenernos informados.
c. El mundo que nos ofrece la televisión es muy variado y absorbe al público de una forma total.

2 11-38 El mundo en casa. Éstas son algunas de las ideas que se presentan en la lectura. Busquen en el texto dónde aparecen y luego decidan si están de acuerdo o no.

1. Se puede vivir sin televisión.
2. Los periódicos nos mantienen tan bien informados como la televisión.
3. La imagen televisiva es un medio poderoso que nos absorbe mucho.
4. Hay mucha variedad de programas en los canales televisivos para entretener a un televidente 24 horas al día.
5. El mundo de imágenes que nos ofrece el televisor confunde la realidad de las noticias con la irrealidad que presentan la mayoría de los otros programas. No podemos distinguir entre las dos.
6. Cuando miramos la televisión prestamos atención total al programa y no ejercemos las facultades críticas.
7. Se nos presenta el mundo exterior en nuestra casa pero lo negamos.
8. Todos están de acuerdo en que el televisor esclaviza, tiene mucho poder en nuestras vidas y no es bueno.
9. Hay situaciones especiales porque para algunas personas la televisión es el modo de estar conectadas con el mundo exterior.
10. La televisión es como un amigo. Hay que aprender a convivir con él de la mejor manera posible.

11-39 Oferta televisiva. Según la lectura, la oferta de la televisión es muy variada. Comprueba si es verdad. ¿Qué programa pertenece a cada categoría? Entrevista a otro/a estudiante para completar el cuadro.

MODELO: E1: *¿Cuáles son los mejores programas que tú miras? ¿Por qué consideras que son los mejores?*

E2: *Para mí los mejores programas son… porque…*

Características	Ejemplo de programas y explicación
mejores	
peores	
necesarios	
superfluos	
recomendables	
escandalosos	
realistas	
poco realistas	

Diario

¿Qué te lleva a encender el televisor? ¿Qué clase de mundo ofrece la televisión? ¿Qué vínculo estableces con ese mundo?

Ventana al mundo

El tango hoy se baila hasta en zapatillas

Los tangueros del nuevo milenio no usan gomina° ni hablan en lunfardo.° Llevan el pelo largo, un aro en la nariz, tatuajes en los bíceps. Y la mayoría va como quien va a la facultad: con la mochila cargada de apuntes, vestidos con pantalones cargo, abrigos de cuero y remeras° con inscripciones en inglés. Las chicas llevan minifaldas y remeritas que descubren ombligos con *piercing*.

hair cream / Argentine slang

T-shirts

"Es loco, casi mágico: sin conocer a la persona estás abrazado, compartiendo la música. Lo único que cuenta es aprender a bailar bien —explica Pablo, un chico argentino. La chica más linda puede quedarse sentada toda la noche si no sabe bailar bien. En mi caso, esto me abrió las puertas a un ambiente social que no conocía. Cuando escucho un bandoneón° logro evadirme de todo: del trabajo, de la universidad, de la locura de la calle."

accordion

"¿Tango? No, gracias", decían diez años atrás estos niños mecidos por padres que escuchaban Abba o los Rolling Stones. Pero fue necesario que Madonna lo bailara en la pista de la confitería "La Ideal", en la película Evita, para que la relación de los jóvenes con el tango cambiara por completo. Esa demostración de vigencia y contemporaneidad tuvo un lento, pero decisivo impacto en los últimos cinco años.

¿Te gusta bailar? ¿Sabes bailar tango, salsa o merengue? ¿Hay clases de baile en tu universidad? ¿Que haces tú cuando necesitas evadirte del trabajo, de la universidad o de la locura de la calle?

Tango o milonga, la música ciudadana atrae a los jóvenes de Buenos Aires.

Poema

Nicolás Guillén (1902–1989)

Poeta y periodista cubano de renombre internacional. Su poesía muestra una preocupación social por la raza negra y los explotados del mundo. Este poema es una comparación entre el sonido triste o alegre de la flauta y el canto o el llanto del hombre.

Solo de flauta

La flauta gemía su melancolía
La flauta decía: no hay pena tan grande
cual la pena mía.

La flauta gemía su melancolía.
5 La flauta decía: si lloro mi llanto
parece el estruendo° de loca alegría.

great noise

La flauta gemía su melancolía.
La flauta decía: si canto, mi canto
parece suspiro de cruel agonía.

10 La flauta gemía su melancolía.
La flauta decía: no hay pena tan grande
cual la pena mía.

Yo soy cual la flauta que rima
con ritmo sonoro° su fino y sonoro quebranto
si canto parece que lloro; si lloro parece que canto…

clear, loud sound

2 11-40 **La flauta.** Después de leer el poema, marca en la lista los sentimientos que asocias con la flauta. Compara tu lista con la de otros/as estudiantes de la clase.

melancolía	tristeza
placer	quebranto
felicidad	alegría
pena	agonía

2 11-41 **A. Sentimientos.** El poema expresa sentimientos ambiguos. En parejas, contesten las preguntas.

1. ¿Cuál es el sentimiento que canta la flauta?
2. ¿Qué se confunde con el llanto? ¿Con el canto?
3. ¿Por qué es el poeta como el canto de la flauta?
4. ¿Cuáles son los principales sentimientos que evoca el poema?

B. Comparen los sentimientos que describe el poema con los que ustedes marcaron al leer el poema. ¿Es una experiencia similar?

2 11-42 **Viva la música.** Completa el cuadro y luego compáralo con el de otro/a estudiante de la clase. ¿Están de acuerdo?

	Instrumento o tipo de música							
	flauta	**guitarra**	**violín**	**tambor**	**sinfonía**	**tango**	**flamenco**	**salsa**
Me pone triste.								
Me pone contento/a.								
Me da ganas de bailar.								
Me da ganas de llorar.								
Me aburre.								
Me divierte.								

Ventana al mundo

El director de cine Pedro Almodóvar

Pedro Almodóvar es probablemente el director más conocido del cine español. Sus películas siempre tocan el tema de la mujer. Generalmente trabaja con las mismas actrices: Cecilia Roth y Penélope Cruz, ambas con Premios Goya, y Marisa Paredes, Carmen Maura y Victoria Abril, entre otras. Aunque en Estados Unidos se han estrenado casi todas sus películas, la más conocida sigue siendo *Mujeres al borde de un ataque de nervios*.

Almodóvar recibiendo el premio por *Hable con ella*

Las películas dirigidas por Almodóvar aparecidas hasta el 2003 son:

1982	*Pepi, Luci, Bom y otras chicas del montón*	(Carmen Maura)
1982	*Laberinto de pasiones*	(Antonio Banderas y Cecilia Roth)
1983	*Entre tinieblas*	(Carmen Maura)
1984	*¿Qué he hecho yo para merecer esto?*	(Carmen Maura)
1986	*La ley del deseo*	(Antonio Banderas y Carmen Maura)
1988	*Mujeres al borde de un ataque de nervios*	(Antonio Banderas y Carmen Maura)
1989	*¡Átame!*	(Antonio Banderas y Victoria Abril)
1991	*Tacones lejanos*	(Miguel Bosé, Victoria Abril y Marisa Paredes)
1993	*Kika*	(Rossy de Palma y Victoria Abril)
1995	*La flor de mi secreto*	(Rossy de Palma y Marisa Paredes)
1997	*Carne trémula*	(Penélope Cruz y Javier Bardem)
1999	*Todo sobre mi madre*	(Cecilia Roth, Penélope Cruz y Marisa Paredes)
2002	*Hable con ella*	(Javier Cámara, Dario Grandineti, Leonor Watling y Rosario Flores)

Y tú qué opinas. ¿Has visto alguna de las películas de Almodóvar? ¿Te gustó? ¿Por qué? ¿Por qué piensas que este director habrá tenido tanto éxito en los Estados Unidos? ¿Conoces a las actrices que más han trabajado con él? ¿Has visto a alguna de ellas en películas dirigidas por otros directores?

Boletín

Este es el póster del estreno de la película "*Todo sobre mi madre*".

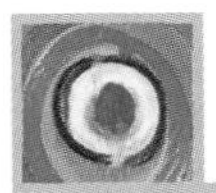

Avancemos con la escritura

Estrategia de escritura: *How to conduct and how to write an interview*

When you prepare to do an interview, there are two steps that you need to follow. First you need to decide the topic that you want to investigate and then you need to create a series of questions that will elicit the information that you want. In order to get detailed information, your questions have to be precise. Then you can use this information to write your report.

When you write you will need to change from direct speech to indirect speech, which we covered on pp. 335.

- Gloria–Estoy muy contenta con el nuevo disco que grabé. (Estilo directo)
- Gloria dice que está muy contenta con el nuevo disco que grabó. (Estilo indirecto)

Here are some of the verbs that are used to report what someone said.

dice que...	opina que...	cree que...	piensa que...
explica que...	afirma que...	insiste en que...	replica que...
repite que...	contesta que...	observa que...	niega que...

2 **11-43** **Mi ídolo.** Tu compañero/a y tú van a entrevistar a un ídolo del momento. Escojan uno y escriban una serie de preguntas que reflejen algunas de estas ideas. Inventen otras. Luego compartan sus preguntas con la clase.

a. la educación que tiene
b. el círculo familiar del que viene
c. qué hubiera hecho distinto en su vida
d. las ideas que representa
e. las esperanzas que tiene
f. sus logros o fracasos

2 **11-44** **Una persona famosa.** Uno/a de ustedes va a representar el papel de una persona famosa. El/La otro/a va a hacer el papel de un reportero. Háganle las preguntas que escribieron en la actividad anterior.

11-45 **El informe.** El diario de la universidad te pide que escribas un artículo sobre el personaje que has entrevistado. Según las respuestas de la actividad **11-44**, presenta las ideas de este personaje a la comunidad universitaria.

Antes de entregar tu composición, asegúrate de haber incluido y revisado lo siguiente:

- La voz pasiva
- El presente perfecto del subjuntivo
- El pluscuamperfecto del subjuntivo
- La secuencia de tiempos
- Los pronombres relativos
- Las palabras de **Sin duda**

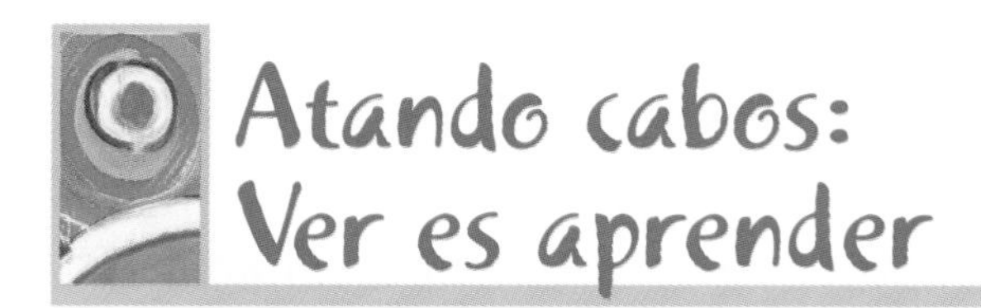

Atando cabos: Ver es aprender

En esta parte del capítulo van a analizar la importancia de la televisión en la vida cotidiana actual.

¿Ven demasiada televisión los niños?

11-46 Clase social y televisión. A continuación aparecen los resultados de un estudio realizado por los estudiantes de la universidad de Valparaíso, Chile, sobre el número de horas que se ve la televisión en distintos hogares. Lee estos datos sobre su investigación y luego prepara un informe de un párrafo para presentar en clase. Usa las preguntas como guía para explicar el estudio.

Los niños chilenos y la televisión

OBJETIVO:	Averiguar la cantidad de horas de televisión según las clases sociales.
UNIVERSO:	Niños de 8 a 10 años, con sus madres.
LUGAR:	42 escuelas (25 privadas y 17 públicas) de Valparaíso y Viña del Mar, Chile.
NIÑOS:	6 alumnos de cada escuela, 3 niños y 3 niñas.
CUÁNTOS:	251 casos.
INVESTIGADORES:	Estudiantes de Servicio Social de la Universidad Católica de Valparaíso y de Pedagogía de la Universidad de Playa Ancha.

1. ¿Qué se quería averiguar?
2. ¿Qué población se usó?
3. ¿Qué escuelas se eligieron?
4. ¿Cuántas escuelas se seleccionaron?
5. ¿Cuántas personas se entrevistaron?
6. ¿Por quién fue hecha la investigación?

11-47 **A. Violencia en la tele.** Durante la investigación que hicieron los estudiantes de la Universidad Católica de Valparaíso, se les planteó a los niños la siguiente cuestión. Comenten ustedes la pregunta. Nombren un/a secretario/a que tome nota de los comentarios y luego informen a la clase.

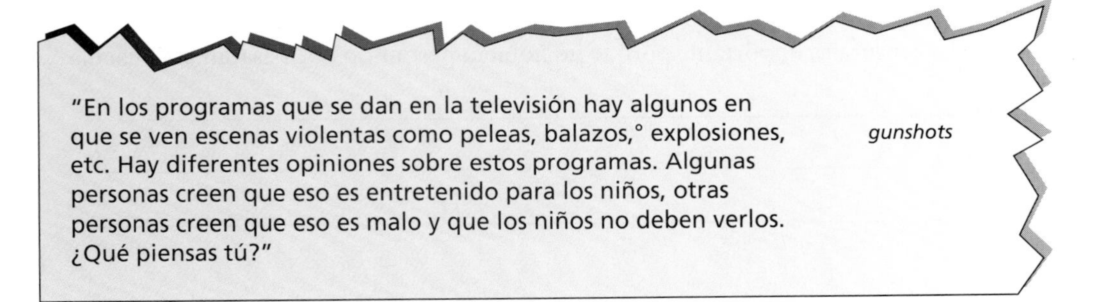
"En los programas que se dan en la televisión hay algunos en que se ven escenas violentas como peleas, balazos,° explosiones, etc. Hay diferentes opiniones sobre estos programas. Algunas personas creen que eso es entretenido para los niños, otras personas creen que eso es malo y que los niños no deben verlos. ¿Qué piensas tú?"

° *gunshots*

B. Éste es el resultado de la contestación a la pregunta de la investigación. Expliquen lo que descubrieron los investigadores según la información que muestra el cuadro.

La violencia en la tele	Clase baja	Clase media
buena	28%	2%
mala	70%	79%
buena y mala	2%	18%

G 11-48 **Crítica constructiva.** Hagan una crítica del trabajo hecho en Chile y luego comparen su crítica con las de otros grupos de la clase. Traten de usar las expresiones de la página 206 para expresar opinión.

MODELO: *Es una lástima que hayan entrevistado a tan poca gente.*

G 11-49 **Mejorar la investigación.** ¿Qué hubieran hecho ustedes para mejorar la investigación realizada en Chile? Piensen en cinco cosas que hubieran hecho en una investigación sobre la televisión y los niños y escríbanlas en una lista para luego presentarlas en clase.

MODELO: *Nosotros hubiéramos averiguado* (find out) *qué programas prefieren.*

2 11-50 **Violencia en la televisión.** No hace mucho tiempo una banda (*gang*) mató a un niño exactamente de la misma manera como lo había visto en una película en la televisión. Lean las siguientes afirmaciones, escriban tres más y luego coméntenlas e informen a la clase sobre sus conclusiones. Utilicen el pluscuamperfecto del subjuntivo cuando sea necesario.

1. La banda habría matado al niño aunque no hubiese visto el programa.
2. La censura es importante porque no hubiera permitido que pasaran esa película.
3. ______________________________
4. ______________________________
5. ______________________________

G 11-51 **Clasificación de los programas.** Ustedes tienen que hacer la descripción de las siguientes categorías para clasificar los programas de la televisión. Busquen un programa (en un canal hispano si fuera posible) que represente a cada categoría. Presten especial atención a la secuencia de tiempos verbales.

MODELO: Categoría: Apta para todo público

La mayoría de los padres considerarían este programa adecuado para todas las edades. Aunque esta clasificación no significa que el programa haya sido diseñado específicamente para niños, la mayoría de los padres permitiría que sus hijos pequeños lo vieran sin supervisión. Contiene poca (o ninguna) violencia, no utiliza lenguaje ofensivo, presenta muy pocos (o ningún) diálogos o situaciones sexuales.

Categorías:

1. Se recomienda supervisión de los padres.
2. Seria advertencia para los padres.
3. Sólo para televidentes adultos.

G **11-52** **Canal en español.** Si pudieran crear la programación para un nuevo canal, qué programas pasarían y por qué. ¿Habría anuncios comerciales? Traigan ejemplos de los programas preferidos para cada una de las siguientes categorías. Defiendan su programación ante los otros grupos de la clase y luego voten para seleccionar el mejor canal. Aquí tienen una lista de categorías de posibles programas. Pueden modificar la lista agregando o quitando categorías.

1. Programas educativos
2. Telediarios de distintos países
3. Programas deportivos
4. Dibujos animados
5. Telenovelas
6. Cine

Vocabulario

El mundo del espectáculo *Show business*

la actriz	*actress*
la banda sonora	*sound track*
el camarín	*dressing room*
el/la camarógrafo/a	*camera operator*
el/la cantante	*singer*
la comedia	*comedy*
el dibujo animado	*cartoon*
el documental	*documentary*
la escena	*scene*
el escenario	*stage*
el espectáculo	*show*
el/la espectador/a	*spectator, audience*
el estreno	*opening night, premiere*
la función	*performance*
la grabación	*recording*
el guión	*script*
la obra de teatro	*theater play*
el personaje	*character*
el/la protagonista	*protagonist*

Sustantivos

la actualidad	*nowadays*
el anuncio comercial	*TV commercial*
el argumento	*plot*
el armatoste	*cumbersome piece of furniture*
el autógrafo	*autograph*
la butaca	*seat*
la cadena televisiva (de televisión)	*TV chain*
el canal	*channel*
la cinta / el video	*videotape*
el control remoto	*remote control*
la cuestión	*matter*
la emisión de radio	*radio broadcast*
la entrada	*ticket*
el entretenimiento	*entertainment*
el estreno	*opening night, premiere*
el éxito	*success*
la gira	*tour*
el intermedio	*intermission*
la luz	*light*
los medios de comunicación	*means of communication, media*
los medios de difusión	*mass media*
la noticia	*news*
el noticiero	*newscast*
la pantalla	*screen*
el pasatiempo	*entertainment, pastime*
la película	*movie*
la pena	*suffering, grief*
el periódico	*newspaper*
el/la periodista	*reporter*
la primera plana	*front page*
el público	*audience*
el quebranto	*grief*
el recelo	*mistrust, misgiving*
el reconocimiento	*recognition*
el suspiro	*sigh*
el telediario	*news program*
la telenovela	*soap opera*
el/la televidente	*person that watches TV*
la temporada	*season*
los titulares	*headlines*
la trama	*plot*
la videocasetera	*VCR*
el vínculo	*link*

Verbos

abarcar	*to cover, include*
actualizar	*to bring up to date*
anunciar	*to announce*
apagar	*to turn off*
aplaudir	*to clap*
apretar	*to press, push*
asentir	*to assent, agree*
comprobar	*to verify, check*
dirigir	*to direct*
encender (ie)	*to turn on*
ensayar	*to rehearse*
entregar	*to deliver*
entretener	*to entertain*
estrenar (una película, una obra de teatro)	*to release (a movie), to perform for the first time (a play, a show)*
gemir	*to moan*
grabar	*to record*
interpretar el papel de	*to play the part of*
otorgar	*to grant, give*
prescindir de	*to do without*
suceder	*1. to follow one another, 2. to happen*
transmitir	*to broadcast*
tratar	*to deal with*
tratar de	*to be about*

Adjetivos

actual	*present, current*
ameno/a	*agreeable, pleasant*
anunciada	*announced*
entretenido/a	*entertaining*
en vivo	*live (program)*
taquillero/a	*popular*

Expresiones idiomáticas

al final	*at the end*
al principio	*at the beginning*
alzar la voz	*to raise one's voice*
de acuerdo con / a	*in accordance with*
de hecho	*in fact*
en realidad	*in reality, actually*
en vivo	*live*
valer la pena	*to be worthwhile*

12 Hablemos de las celebraciones y del amor

"Gracias a la vida
que me ha dado tanto."
Violeta Parra

Una boda en España.

Tema cultural

Las celebraciones hispánicas

Objetivos comunicativos

Hablar de las diferentes maneras de celebrar

Hablar de las relaciones amorosas

Describir cómo podrían ser las cosas en el futuro

Describir situaciones hipotéticas en el pasado

Expresar una secuencia de acciones en el pasado

Describir situaciones que pudieran haber pasado pero no sucedieron

Película recomendada para este capítulo:
Mamá cumple cien años, Carlos Saura, España, 1979

Canción recomendada para este capítulo:
Defensa de la alegría, M. Benedetti, J. M. Serrat

En marcha con las palabras

En contexto: Los festejos

Las Fallas de Valencia, España

"El **solitario** mexicano ama las fiestas y las celebraciones públicas. Todo es ocasión para **reunirse.** Cualquier pretexto es bueno para interrumpir la marcha del tiempo y celebrar con festejos y ceremonias a hombres y **acontecimientos.**" Con estas palabras, Octavio Paz comienza el tercer capítulo de su libro *El laberinto de la soledad.*

Pero no es sólo "el solitario mexicano" el que **adora** las fiestas. Por el contrario, las celebraciones públicas y privadas son parte de la cultura de todos los pueblos. También en España y Latinoamérica las celebraciones públicas reflejan una tradición de siglos. En los **días feriados** se **festejan** las **fiestas patrias** y las **religiosas**, de las que **sobresalen** las **fiestas patronales** de cada pueblo. En algunos países, como España, México y Puerto Rico las personas **hacen fiestas** no sólo el día de su cumpleaños, sino también el **día de su santo**.

En los **festejos** públicos, la comunidad entera está **convidada** a participar y la **masa** de individuos se convierte en un solo ser por una noche, o a veces hasta una semana. Las Fallas de Valencia, la Semana Santa de Sevilla, la celebración de la Noche de San Juan en Galicia o cualquier fiesta patronal en cualquier pueblo hispanoamericano son tan espectaculares como las más bellas fiestas de otras culturas.

En estas celebraciones, **asombra** el **derroche** de **alegría** y vida donde abundan las **guirnaldas** de colores vibrantes, las **banderas** de papel, los **globos,** los **fuegos artificiales** o los **ruidosos desfiles** que paralizan las calles del pueblo o la ciudad. En medio de este **sentimiento de júbilo** general, la gente **se entusiasma** y no se **avergüenza** de cantar, gritar, bailar, **rezar, contar chistes, emborracharse,** y hasta llegar a excesos que en la **vida diaria** no se permitirían. En estas **aglomeraciones** resalta el espíritu comunitario de las fiestas. La canción *Fiesta* de Joan Manuel Serrat lo ejemplifica claramente:

En la noche de San Juan,
todos comparten su pan,
su mujer y su gabán° *coat*
gentes de cien mil raleas° *kind, sort of people*

Hoy el noble y el villano,
el prohombre y el gusano° *worm*
bailan y se dan la mano
sin importarles la **facha.**

La **euforia** de las fiestas libera a las personas sin que teman mostrarse como son; dan la oportunidad de abrirse al exterior y sentirse parte de una comunidad. Por un momento, es posible salir de la soledad individual y los problemas cotidianos para hacer un **brindis** por la vida.

PALABRAS CONOCIDAS

Fiestas y celebraciones

Estas palabras deben ser parte de tu vocabulario.

Sentimientos y emociones

alegrarse	*to rejoice, cheer*
amar	*to love*
divertirse	*to have a good time, enjoy oneself*
enojarse / enfadarse	*to get angry*
envidia / envidiar	*envy / to envy*
extrañar	*to miss someone*
odiar	*to hate*
sonreír	*to smile*

Cumpleaño

el regalo	*gift*
regalar	*to give a present*
el pastel	*cake*
la vela	*candle*

Cognados

el aniversario
celebrar
las decoraciones
el romance
romántico/a

EXPRESIONES ÚTILES

cumplir años	*to have a birthday*
la despedida de soltero/a	*bachelor's / bachelorette's party*
enamorarse de	*to fall in love with*
tener celos de	*to be jealous of*

Mi hermana y yo **cumplimos años** el mismo día, pero nacimos con dos años de diferencia.	*My sister and I have our birthday on the same day, but we were born two years apart.*
Le hicimos una linda **despedida de soltera** a Elena en el club social.	*We gave Elena a nice bachelorette's party at the social club.*
Ella está **enamorada de** su entrenador de fútbol.	*She is in love with her soccer coach.*
El niño **tiene celos** de su nueva hermanita.	*The child is jealous of his new sister.*

12-1 ¿Cuál es el sinónimo? Busca el sinónimo más adecuado para cada una de las siguientes palabras en **En contexto**.

1. felicidad	______________	5. tener miedo	______________
2. invitar	______________	6. celebrar	______________
3. beber mucho	______________	7. impresionar	______________
4. celebración	______________	8. día festivo	______________

2 12-2 ¡Que vivan las fiestas! Las fiestas y las celebraciones reflejan la cultura en la que uno vive, pero también reflejan la idiosincrasia de cada familia. Hazle las siguientes preguntas a tu compañero/a para conocer su forma de celebrar las fiestas con su familia.

1. ¿Cuándo fue la última vez que fuiste a una fiesta familiar? ¿Dónde fue? ¿Qué hacían los invitados? Describe la fiesta con detalles.
2. ¿Has asistido a una fiesta de tu comunidad? ¿Cómo era? ¿En qué se parecía a las fiestas que se describen en la lectura?
3. ¿Alguna vez has ido a una celebración hispánica o de alguna cultura distinta de la tuya? ¿En qué se parecía a las celebraciones de tu comunidad?
4. ¿Has asistido a una despedida de soltero/a alguna vez? Describe lo que hicieron en la fiesta.
5. ¿Cómo se celebran los cumpleaños en tu familia? ¿Se les celebra a los niños y a los adultos del mismo modo? ¿Qué es igual? ¿Qué cambia? ¿Qué se hace en cada caso?

2 12-3 ¿Cómo festejas tú? Con tu compañero/a, hablen sobre la forma en que cada familia (o comunidad cultural) celebra algunas fiestas importantes como el 4 de Julio, el Día de Acción de Gracias, el Año Nuevo, etc. ¿Cómo lo celebran? ¿Qué tipo de comidas se preparan? ¿Se hacen regalos? ¿Van a algún club social o centro religioso?

G 12-4 Debate. En grupos de cuatro, escojan una de las siguientes afirmaciones y coméntenla. Dos estudiantes van a estar de acuerdo y dos van a estar en contra.

1. En pocos lugares del mundo se puede vivir un espectáculo parecido al de las grandes fiestas religiosas de México.
2. En los países desarrollados la gente tiene otras cosas que hacer y cuando se divierten lo hacen en grupos pequeños.
3. Las masas modernas son aglomeraciones de solitarios.
4. Los países ricos tienen pocas fiestas: no hay tiempo, ni humor.

G 12-5 ¿Cuál prefieren? Tus amigos y tú tienen la oportunidad de asistir a una celebración típica de un país hispanoamericano. Miren la información y las fotos siguientes, y decidan a cuál prefieren ir. Expliquen su punto de vista con claridad para poder convencer al resto de la clase de que la celebración que ustedes escogieron es la mejor. Sean convincentes, pero traten de llegar a un acuerdo.

El asado criollo

Como ya saben por el Capítulo 4, el asado es una comida típica argentina que se hace para cualquier celebración.
Es común en Argentina ser invitado a comer un asado aunque no haya nada para celebrar, simplemente una reunión de amigos. Cuando los invitados llegan, se les sirven empanadas° con un vaso de vino tinto como aperitivo antes de sentarse a la mesa. Generalmente se asa carne de vaca°, un cordero° o lechón° sobre una parrilla°. Se la acompaña con pan y ensalada de lechuga, tomate y cebolla. El vino por lo general se toma solo, o mezclado con soda o agua.
Es común que en algún momento aparezca una guitarra y todos se pongan a cantar canciones folklóricas. Es una reunión que dura varias horas, por lo tanto es una buena ocasión para pasar el tiempo con amigos y familiares.

turnovers

beef / lamb / pork
grill

El asado criollo de Argentina.

El Día de los Muertos

En México conviven celebraciones religiosas tanto cristianas como indígenas.
La celebración del Día de los Muertos es un ejemplo de la unión de algunos ritos de procedencia indígena con elementos de la religión católica. Este tipo de asimilación entre dos o más culturas se llama *sincretismo*. El 1° y el 2 de noviembre se celebra en todo México el tributo a los muertos. Se rezan misas por los difuntos en las iglesias y se visita el cementerio durante el día y la noche. En las celebraciones se comen pastelitos de azúcar en forma de calaveras, se ofrece la comida favorita de algún muerto de cada familia o comunidad y hay orquestas en las que los músicos están disfrazados de esqueletos. Estas ofrendas de flores y comida a los muertos se hacían antes de la llegada de los españoles. Los familiares de los muertos se reúnen en el cementerio para acompañar al espíritu de los difuntos que, según la creencia, vienen a visitar una vez al año. No es una ocasión triste sino alegre, donde también se celebra la vida.

El Día de los Muertos en México.

El carnaval de la Quebrada de Humahuaca

En este pueblo del norte argentino tiene lugar uno de los carnavales más particulares del continente, donde la celebración se combina con rituales de origen indígena. Son nueve días de fiesta callejera con gente disfrazada que baila al ritmo del erquencho°, el charango°, los sikus° y los bombos°.

La gran fiesta comienza el sábado con una misa en la calle a la que asisten todas las comparsas°. Luego se dirigen a distintos puntos en la ladera de las montañas cercanas, donde se realiza un asado comunitario y se le da de comer a la Pachamama, a través de un hoyo cavado en el suelo. Allí dentro, la gente coloca alimentos, hojas de coca, cigarrillos, y vierte chicha° y cerveza. De esta forma, los mismos que dos horas antes asistían a una misa católica, le agradecen ahora las buenas cosechas a la Madre Tierra.

Pero a las 19:30 en punto todo cambia de repente: se desentierra al "pusllay"°, y oficialmente empieza un ruidoso festejo de música, canto y baile. Al desentierro asisten hasta 3.000 personas, que luego bajan al pueblo bailando en doble fila al típico ritmo del carnavalito°. Los bailes, la música, las comidas y la bebida continúan durante nueve días hasta que todo termina con el entierro del carnaval.

wind instrument made out of the horn of a cow
small string instrument
similar to the pan-flute
a kind of drum
grupo de personas vestidas iguales
bebida típica
diablito de trapo
danza típica de Jujuy

El carnaval en Humahuaca en el noroeste argentino.

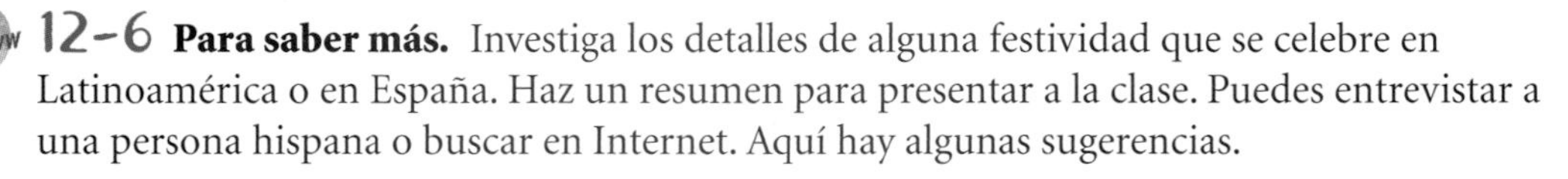

12-6 Para saber más. Investiga los detalles de alguna festividad que se celebre en Latinoamérica o en España. Haz un resumen para presentar a la clase. Puedes entrevistar a una persona hispana o buscar en Internet. Aquí hay algunas sugerencias.

Las Fallas de Valencia, en España
Los San Fermines de Pamplona, en España
La Semana Santa de Sevilla, en España
El Carnaval de Oruro, en Bolivia
El Cinco de Mayo de México y USA
El Día de Nuestra Señora de Guadalupe, en México
Las Posadas mexicanas
La Fiesta de la Vendimia en Mendoza, Argentina
Otros

¡Sin duda!

ir – venir; llevar – traer

Palabra	Explicación	Ejemplo
ir	*to go. It indicates movement away from the place the speaker is at the moment.*	Si esperan que termine este disco, **voy** con ustedes. *If you can wait till this CD is over, I go with you.* Esta noche **iremos** con los chicos al Festival de música en la plaza. *Tonight we are will go with the children to the music festival in the town square.*
venir	*to come. It indicates movement towards the speaker, her or his place, or the place where he/she is at the moment.*	En el periódico dice que el presidente **vendrá** al pueblo para las fiestas patronales *The newspaper says that the president will come for the festivities of the patron Saint.* ¿Te molestaría **venir** a mi casa? Yo no puedo ir a la tuya. *Would you mind coming to my house? I can't go to yours.*
llevar	*to take. Indicates movement away from the speaker or the speaker's place.*	**Llévales** estos regalos a los chicos. *Take these presents to the children.*
traer	*to bring. Indicates the action of bringing something towards the speaker or the speaker's place.*	Te **traje** los discos que te prometí. *I brought you the CD that I promised you.*

12-7 Fiesta. Unas amigas hablan antes de ir a una fiesta. Completa las frases con los verbos **ir, venir, llevar,** y **traer.** Presta atención al tiempo verbal.

1. —¿Me puedo 1) _______ estos discos de rock para la fiesta?
   —Sí, puedes 2) _______ los discos, pero tienes que 3) _______ después de la fiesta.
2. —No te preocupes, mañana sin falta te los 4) _______ y también tengo que 5) _______ los libros que me prestaste.
3. —Eh, chicas, nosotras también 6) _______ al cumpleaños. Si quieren, 7) _______ juntas.

   —¿Quieren que las pasemos a buscar?

   —Nos da lo mismo, o ustedes 8) _______ a buscarnos, o nosotras 9) _______ para allá.
4. —¿Saben? No estoy muy segura de querer 10) _______. En realidad detesto las fiestas de cumpleaños.

   —Anímate, 11) _______, todos por una hora y después volvemos. Ya verás que si 12) _______ con nosotras te vas a divertir mucho.
5. —Yo estuve el año pasado en el cumpleaños de Salomón y lo pasé muy bien. ¿Por qué no 13) _______ a mi casa, nos vestimos y 14) _______?
   —No, no. No tengo ganas de fiestas. Mejor, ¿por qué no 15) _______ ustedes conmigo al teatro?

Boletín

¡Feliz cumpleaños!

La canción de Feliz cumpleaños se canta con la misma música que la versión en inglés.

¡Que los cumplas feliz!
¡Que los cumplas feliz!
¡Que los cumplas, María!
¡Que los cumplas feliz!

Así se dice

Saludos de cumpleaños y fiestas

Estas expresiones se usan para felicitar a la persona que cumple años y para las fiestas de fin de año.

¡Feliz cumpleaños!	*Happy birthday!*	**¡Feliz Navidad!**	*Merry Christmas!*
¡Que los cumplas feliz!	*Happy birthday!*	**¡Felices Fiestas!**	*Happy Holidays!*
¡Felicidades!	*Congratulations!*	**¡Feliz Año Nuevo!**	*Happy New Year!*
¡Feliz día del santo!	*Happy Saint's Day!*		

Boletín

Éste es un sitio de tarjetas en español.

12-8 ¡Felicitaciones! Hoy pasa algo especial en la vida de estas personas. Escríbanles una tarjeta electrónica para felicitarlas.

1. Es el cumpleaños de tu profesor/a de español.
2. Es el santo de un amigo/a uruguayo/a.
3. Es el aniversario de casados de tus padres.
4. Es el 1° de enero y te encuentras con tus amigos.
5. Es el último día de clase antes de las fiestas de fin de año. Saluda a tus compañeros.

Ventana al mundo

La fiesta del Yamor, celebración de la cosecha en Ecuador

En los primeros días del mes de septiembre en la ciudad de Otávalo, en Ecuador, comienza la "Fiesta del Yamor". Durante esta fiesta los otavaleños celebran haber tenido una buena cosecha. El nombre de "Yamor" proviene de la bebida sagrada que se prepara en honor a los dioses. Es una chicha° de 12 tipos de maíz. Además, la fiesta del Yamor tiene su propio plato. Este plato está compuesto de mote (grano de maíz hervido), carne de cerdo, papas y queso.

chicha: alcohol de maíz

Durante esta fiesta, las calles y los alrededores de la ciudad se llenan de gente con sus mejores vestidos tradicionales. Las bandas de músicos con instrumentos tradicionales tales como las quenas°, los tambores y charangos° tocan durante todo el día y la noche. El momento culminante de la fiesta es cuando aparece la legendaria figura de "Coraza". El Coraza va montado a caballo con la cara cubierta con colgantes, lleva el rostro maquillado de blanco y un casco en la cabeza.

quenas: *Andean flute*
charangos: *small guitar made out of an armadillo shell*

Otalaveña preparando un plato típico para la fiesta del Yamor.

Investiga: Busca información sobre celebraciones relacionadas con la naturaleza tales como la cosecha de la uva, del maíz, del tomate, etc. Prepárala para presentarla a la clase.

Sigamos con las estructuras

Repasemos

Please refer to the selftest on our Website. If you get less than 85%, you need to review this grammar point in the **Cabos sueltos** section, p. 489. If you get above 85%, you can continue with the following activities.

Referencia gramatical 1

Expressing sequence of actions: Infinitive after preposition

Después de cantar el Feliz cumpleaños, abrieron todos los regalos.

2 12-9 **Mis celebraciones.** Elige dos de los acontecimientos de la lista que sigue y explícale a tu compañero/a cómo los celebras. Él/Ella debe tomar notas y luego explicárselo todo oralmente a la clase. Alternen los papeles.

MODELO: E1: *Para celebrar mi cumpleaños hago una fiesta con mis amigos.*
E2: *Para celebrar su cumpleaños E1 hace una fiesta con sus amigos.*

1. San Valetín
2. fin de año
3. graduación
4. el 4 de Julio
5. boda
6. ¿?

G 12-10 Quién pudiera. Imaginen que ustedes tienen otra vez cinco, diez o quince años. Digan qué cosas harían que no pueden hacer ahora y que no hicieron en ese momento.

MODELO: *De tener cinco años, para mi cumpleaños pediría un tren eléctrico.*

1. De tener 5 años…
2. De tener 10 años…
3. De tener 15 años…

Referencia gramatical 2

Describing how things may be in the future, expressing probability: Future perfect

Probablemente ya **habrán llegado** a la fiesta.

Please refer to the selftest on our Website. If you get less than 85%, you need to review this grammar point in the **Cabos sueltos** section, p. 490. If you get above 85%, you can continue with the following activities.

2 12-11 ¿Cómo imaginas tú el futuro? Cuéntale a tu compañero/a lo que imaginas que podría pasar en el mundo para el fin de este siglo.

MODELO: *Para el año 2100 se habrán inventado los coches voladores.*

G 12-12 ¿Final feliz? Aquí tienen algunos datos sobre romances de personajes históricos, pero no sabemos cómo terminan sus historias. En grupos, especulen sobre cómo se desarrolló cada una.

MODELO: *¿Se habrán conocido en la corte? ¿Habrán tenido una aventura o se habrán casado?*

1. La reina Isabel II de España y el General Francisco Serrano. A la reina la casaron con su primo Francisco de Asís a los 16 años, pero ella estaba enamorada de Francisco Serrano.
2. El pintor español Salvador Dalí y su esposa Gala. Gala estaba casada con el poeta Paul Eluard. Dalí la conoció en el año 1929.
3. Evita Perón y Orson Wells. Él no quería viajar a Buenos Aires pero al final fue.

Diario

Describe una fiesta inolvidable. ¿Qué se celebraba? ¿Quiénes estaban allí? ¿Qué hicieron para divertirse?

Please refer to the selftest on our Website. If you get less than 85%, you need to review this grammar point in the **Cabos sueltos** section, p. 491. If you get above 85%, you can continue with the following activities.

Referencia gramatical 3

Talking about hypothetical situations in the past: Conditional perfect

¿Qué **habrías hecho** tú de haber tenido fama y dinero?

2 12-13 **A mi estilo.** Imaginen que ustedes son escritores/as. En parejas, elijan una historia famosa y digan todo lo que habrían cambiado en la trama para que tuviera un final feliz.

MODELO: *Habría cambiado la historia de la Cenicienta* (Cinderella). *No habría puesto una madrastra mala. Cenicienta no habría vuelto a las doce. Ella le habría dicho la verdad al príncipe. Y todo hubiese sido más directo y más rápido.*

G 12-14 **Ventana sobre el tiempo.** En las distintas culturas, las celebraciones muchas veces tienen que ver con los acontecimientos de la vida cotidiana y de la naturaleza. Lean el siguiente poema de Eduardo Galeano sobre las actividades en Cajamarca, Perú. Luego digan qué habrían hecho si hubieran estado en Cajamarca.

Ventanas sobre el tiempo, de Eduardo Galeano

En Cajamarca, enero es tiempo de tejer.
En febrero aparecen las flores delicadas y las fajas coloridas.
Los ríos suenan, hay carnaval.
En marzo ocurre la parición de las vacas° y las papas. *birth of cows*
En abril, tiempo de silencio, crecen los granos del maíz.
En mayo, se cosecha.
En los secos días de junio, se prepara la tierra nueva.
Hay fiestas en julio, y hay bodas, y los abrojos del Diablo° *devil's burr*
asoman en los surcos.
Agosto, cielo rojo, es tiempo de vientos y de pestes.
En luna madura, no en luna verde, se siembra en septiembre.
Octubre suplica a Dios que suelte las lluvias.
En noviembre mandan los muertos.
En diciembre la vida celebra.

MODELO: enero / bañarse en el mar

Si hubiéramos estado en Cajarmarca en enero, nos habríamos bañado en el mar.

Si hubiéramos estado en Cajamarca en…

1. febrero / celebrar el carnaval
2. mayo / ayudar con la cosecha
3. junio / preparar la tierra
4. julio / asistir a una boda
5. septiembre / ayudar con la siembra
6. diciembre / celebrar la vida

12-15 De haber sabido. Piensa en momentos importantes de tu vida y di lo que habrías hecho de haber sabido que esas situaciones iban a ocurrir.

MODELO: *De haber sabido que mi abuelo iba a morir tan pronto, le habría pedido que me contara sus experiencias de juventud.*

Ventana al mundo

Las posadas

En México, durante las nueve noches anteriores a la Nochebuena, se representa la historia de María y José buscando refugio en su camino hacia Belén. Generalmente, la familia y los amigos celebran en una casa distinta cada noche. Un niño y una niña vestidos como María y José, y otro niño vestido de ángel llaman a la puerta. Cuando abren la puerta, los tres niños cantan: "Somos María y José buscando posada". Al principio la familia no los deja entrar; entonces los caminantes vuelven a cantar. Finalmente todos entran y hacen una fiesta.

Las posadas mexicanas.

Aprendamos 1

Discussing contrary-to-fact situations: *If* clauses with the conditional perfect and the pluperfect subjunctive

When we hypothesize about a past situation that cannot be reversed, we express a contrary-to-fact situation using the *if* clauses.

Si me **hubiera casado** con Pedro, no **habría sido** feliz. — *If I had married Pedro, I wouldn't have been happy.*

In Spanish this is expressed with the pluperfect subjunctive in the *if* clause and the conditional perfect in the clause stating the result.

¿Te **habrías enfadado** mucho si Mariana **hubiera ido** a la fiesta con Ricardo, y no contigo? — *Would you have been very angry if Mariana would have gone to the party with Ricardo and not with you?*

12-16 ¿Qué habría pasado? A veces nos encontramos en situaciones que no son las ideales. Haz frases completas para explicar qué habría pasado en las siguientes situaciones.

MODELO: Si / tú / romperme la guitarra / enojarme muchísimo
Si me hubieras roto la guitarra me habría enojado muchísimo.

1. Si / tú llegar / tarde de la fiesta / preocuparnos
2. Si / ella / no / invitarme a la boda / ponerme triste
3. Si / él / vestirse con traje y corbata / nosotros / comer en el restaurante francés
4. Si tu banda / tocar en el Día de los Muertos / ser muy lindo
5. Si la boda / celebrarse en mayo / hacer mejor tiempo
6. Si / nosotros / no tener una piñata / los niños / desilusionarse

La piñata
Es un juego popular en las fiestas de niños. Con los ojos cubiertos por un pañuelo, se le pega a la piñata con un palo para romperla y conseguir los caramelos que hay adentro.

2 12-17 ¿Qué habrías hecho tú? Piensen en las situaciones propuestas y en otras dos más y pregúntense qué habrían hecho ustedes en esos casos. Alternen los roles para preguntar y contestar.

MODELO: E1: *¿Qué habrías hecho si de niño/a te hubieran prohibido ir a los cumpleaños de tus amigos?*
E2: *Si me hubieran prohibido ir a los cumpleaños de mis amigos, yo me habría rebelado. Habría hecho una huelga de hambre.*

¿Qué habrías hecho si…

1. …prohibir ir a la fiesta de graduación de la escuela secundaria?
2. …no dejarte asistir a la universidad lejos de tu estado?
3. …prohibirte festejar tu cumpleaños?
4. …hacerte participar de una celebración que no te interesaba?
5. …enamorarte de… ?
6. …un/a amigo/a mentir?

12-18 A. La fiesta de Javier. Todos hemos tenido alguna vez una fiesta que no salió como deseábamos o en la que nos aburrimos mucho. Esto es lo que pasó la semana pasada en la fiesta de Javier. ¿Qué habrías hecho tú?

MODELO: Se nos acabó la comida temprano.
E1: *Si se nos hubiera acabado la comida temprano, yo habría ido a comprar unas pizzas.*

1. Se nos acabó la bebida pronto.
2. Se rompió el equipo de música.
3. Sólo teníamos cuatro discos.
4. Los invitados empezaron a irse temprano.
5. Había mucha gente aburrida.
6. ¿?

2 B. Una fiesta horrible. Ahora cuéntale a un/a compañero/a tus experiencias en una fiesta aburrida y mal organizada y él/ella te dirá qué habría hecho en tu lugar.

G 12-19 **De paseo.** Imagina qué habrías hecho el año pasado si te hubieras ido de viaje por América Latina. Cuéntaselo a tus compañeros/as.

MODELO: *Si hubiera estado en México en diciembre, habría visto Las Posadas…*

1. El asado criollo de Argentina en verano.
2. El carnaval de Humahuaca en febrero.
3. El Día de los Muertos de México en noviembre.
4. La Fiesta de Inti Raymi o Fiesta del Sol de Cuzco, Perú en junio.
5. La Fiesta de Yamor en Ecuador, en septiembre.

Aprendamos 2

Expressing a sequence of events in the past: Sequence of tenses in the subjunctive

In the last chapter you studied the sequence of tenses with reference to the present. Here you are going to see the sequence of tenses with reference to the past. Study this chart:

Tense in the main clause	Tense in the dependent clause
Imperfect Past progressive Preterite Past perfect Conditional Conditional perfect	Imperfect subjunctive Past perfect subjunctive

A. When the action of the dependent clause happens at the same time in the past as the action of the main verb, then the imperfect subjunctive is used.

Imperfect—Imperfect subj. Ella **dudaba** que Luis **pudiera** conseguir entradas para el estreno de esa obra.
She doubted that Luis could get tickets for the premiere of that play.

Past progressive—Imperfect subj. **Estaba esperando** pacientemente que **empezaran** los fuegos artificiales.
He was patiently waiting for the fireworks to start.

Preterite—Imperfect subj. Me **sorprendió** que ellos **decidieran** casarse tan pronto.
I was surprised that they decided to get married so soon.

Past perfect—Imperfect subj. Mis abuelos nos **habían regalado** los pasajes para que **tuviéramos** nuestra luna de miel en Italia.
My grandparents had given us the tickets so that we could have our honeymoon in Italy.

Conditional—Imperfect subj.	**Sería** mejor que **hiciéramos** el brindis antes de la media noche. *It would be better for us to toast before midnight.*
Conditional perfect—Imperfect subj.	**Habría sido** divertido que ustedes **vieran** el video de San Fermín. *It would have been fun for you to watch the San Fermin video.*

B. When the action of the subordinate clause happens before the action of the main verb, then the pluperfect subjunctive is used in the subordinate clause.

Imperfect—Pluperfect subj.	**Era increíble** que la fotografía de la boda **hubiera aparecido** en primera plana. *It was incredible that the picture of the wedding had appeared on the front page.*
Past progressive—Pluperfect subj.	**Estaba deseando** que la **hubieran aceptado** para dirigir el desfile. *She was wishing that they had chosen her to lead the parade.*
Preterite—Pluperfect subj.	La muchacha **negó** que su fiesta **hubiera sido** aburrida. *The young woman denied that her party had been boring.*
Past perfect—Pluperfect subj.	**Nos habíamos alegrado** de que tu boda **hubiera sido** tan elegante. *We had been glad that your wedding had been so elegant.*
Conditional—Pluperfect subj.	La madre **preferiría** que el padre le **hubiera comprado** a la quinceañera un regalo más discreto. *The mother would prefer that the father would had bought a more discreet present for the quinceañera.*
Conditional perfect—Pluperfect subj.	De haber sabido el problema, no **habríamos dejado** entrar a nadie a la fiesta que no **hubiera mostrado** la tarjeta de invitación. *Had we known the problem, we would not have let anyone enter the party who had not showed the invitation card.*

12-20 El día de la boda. Hoy se casa Susana y su madre está feliz con los preparativos. Completa las oraciones conjugando el verbo.

MODELO: Estaba deseando que / empezar la ceremonia
Estaba deseando que empezara la ceremonia.

1. Queríamos que la banda de mi sobrino / tocar la marcha nupcial
2. Estaban preparándose para que el fotógrafo / tomar las fotos
3. Hicieron todo lo posible para que los invitados / sentirse bien
4. Les había sorprendido que los padres del novio / llegar tarde a la ceremonia
5. Sería maravilloso que todas las bodas / ser como ésta
6. Habría sido triste que / llover

12-21 Después de la boda. Han pasado unos meses desde la boda de Susana y la madre recuerda los lindos momentos pasados. Completa las frases modificando los verbos según corresponda.

1. Estaba contenta de que la banda / tocar tan bien
2. Estaba deseando que el fotógrafo ya / revelar las fotos
3. Se alegró de que las promesas de los novios / ser tan emotivas
4. Le había molestado que los padres del novio / llegar tarde a la ceremonia
5. Preferiría que los novios ya / volver de la luna de miel
6. Le habría encantado que su boda / ser como la de Susana

2 **12-22 ¿Y tú?** Recuerda alguna boda o celebración a la que hayas asistido y explícale a otro/a estudiante tu experiencia utilizando algunas de las siguientes expresiones.

Lo más lindo fue que…
Me sorprendió que…
Era una pena que…
Habría sido interesante que…
Fue increíble que…
Hubiese querido que…

Ventana al mundo

El Inti Raymi o Fiesta del Sol

Festival del Sol, Inti Raymi, en Cuzco.

El Inti Raymi, o Fiesta del Sol, era la fiesta más importante en la época de los incas. Se celebraba en la Plaza de Armas en la ciudad de Cuzco con ocasión del solsticio de invierno —el año nuevo solar. Para los incas, el dios Inti, el sol, era su principal objeto de culto. Después de la conquista española, la ceremonia fue suprimida por la Iglesia católica. El Inti Raymi fue entonces olvidado hasta mediados del siglo XX, cuando un grupo de intelectuales y artistas cuzqueños decidió recuperar esta celebración presentándola como un espectáculo teatral.

En la actualidad, el 24 de junio de cada año, se hace una representación teatral del rito incaico, Inti Raymi. La gente se reúne en Cuzco, en la plaza, para esperar la aparición del dios Inti. La espera se hace en profundo silencio y mucha gente va disfrazada de animales de la mitología andina. Según la tradición, el Inca invitaba al dios Inti a volver para fecundar la tierra y para dar el bienestar a los hijos del gran imperio del Tahuantisuyo. Al aparecer el sol, se le agradece por las cosechas recibidas en el año. Durante la ceremonia también se suele realizar el sacrificio de una llama. Luego hay una gran marcha militar, y al final todos se retiran y estalla una gran algarabía que dura varios días.

El sol: ¿Conoces alguna celebración de los pueblos indígenas de EE.UU. en honor al sol? Descríbela.

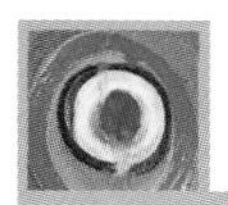 Conversemos sobre la lectura

Antes de leer

Estrategia de lectura: *Putting everything together*

You have learned several strategies to help you in the process of reading a foreign text. Here you are going to put them all together. Remember to follow these steps every time you encounter a new text. They will aid you in understanding the message.

First, look at the illustrations, the title, and visual cues such as the format of the text: Is it a letter, a postcard, a form, a newspaper article, an essay? What does the title hint at? These things will provide the context of the reading. At this point you may create your first hypothesis of what you think you may find in the text and relate it to some previous knowledge you may have of the topic.

Second, skim the text using cognates and the context in general as clues for understanding. Is your hypothesis confirmed? If it is not, create a new hypothesis about the purpose of the text and formulate questions about some of the details, such as main ideas, characters, settings, and events.

Third, do a closer reading, scanning the text for your answers. Remember that each paragraph has a topic sentence, usually located at the beginning. By reading the topic sentence and skimming over the paragraph, you will know if it contains the answers you are looking for.

Fourth, now that you have identified the main elements, read slowly and carefully, checking your comprehension throughout the text. Use the comprehension questions as a guide. Confirm your hypothesis and try to summarize the text in your own words.

2 12-23 **¿Qué pasa cuando nos enamoramos?** Lee la siguiente información sobre los efectos del enamoramiento siguiendo estos pasos. Luego compara tu trabajo con el de un/a compañero/a.

A. Primer paso:

1. Lee el título.
2. Escribe tu primera hipótesis: ¿sobre qué tratará este texto?
3. Relaciónalo con algo que ya sepas sobre los sentimientos que uno tiene cuando se enamora.

B. Segundo paso:

1. Lee rápidamente el texto para descubrir la idea principal.
2. Anota la idea principal.
3. Compara la idea principal con tu hipótesis. ¿Coinciden o son diferentes?
4. Haz tres preguntas sobre puntos del texto que necesites aclarar.

C. Tercer paso:

1. Lee el texto detenidamente y trata de encontrar las respuestas a tus preguntas.
2. Comparte tus respuestas con un/a compañero/a.

Los efectos del enamoramiento

Según los psicólogos, el estado de enamoramiento genera un estrés que es suavizado por ciertos mecanismos biológicos que el sistema nervioso central transforma en estímulos placenteros. Estos estímulos son capaces de fortalecer nuestro sistema inmunológico y generar sustancias químicas que nos hacen más resistentes al dolor y al estrés. Las personas muestran mayor agilidad, reacciones más rápidas y menos cansancio.

Cuando surge el flechazo se liberan más de 250 sustancias químicas en el organismo. Los científicos llaman pasión a los cambios que se producen en la persona. Estos cambios tienen consecuencias no sólo a nivel físico, como hemos mencionado, sino también a nivel psíquico y social. Psicológicamente aumenta la autoestima y la capacidad de aprendizaje, se desarrolla más la creatividad y la inteligencia; además, se tiene más optimismo y se siente menos frustración ante las adversidades. A nivel social, aumenta la comprensión y parece más sencillo alcanzar metas profesionales.

Desgraciadamente, este estado especial no dura más de tres meses. Según los estudios, el cuerpo humano no podría soportar una pasión fuerte por más tiempo. A los tres meses del flechazo el/la enamorado/a se vuelve a centrar y comienza a trabajar como antes, aunque tal vez mejor y más motivado.

12-24 **Las etapas del amor.** Describe las tres etapas del amor. Luego haz un breve resumen del texto sin copiar literalmente ninguna oración. Menciona los cambios físicos, psíquicos y sociales que produce el estar enamorado/a.

Ventana al mundo

El carnaval

El carnaval es una fiesta muy popular en muchos lugares de Latinoamérica. Los más famosos son los carnavales de Brasil, aunque en casi toda América Latina se celebra el carnaval con gran alegría y participación general. En cada ciudad se prepara un desfile o *corso* en el que cada barrio presenta su carroza° al ritmo de la música de las bandas y de diferentes murgas°, o comparsas°. Las celebraciones duran entre tres y siete días en el mes de febrero. Hay muchos bailes en la calle y la gente suele disfrazarse y llevar máscaras. También es costumbre que las personas (especialmente los niños) se tiren serpentinas, papel picado° y hasta globos pequeños llenos de agua. Por unos días las barreras sociales no existen y la realidad queda suspendida.

float
banda callejera que toca música ligera / grupo de personas vestidas iguales para divertir a la gente
confetti

Máscara de carnaval.

¿Cómo se celebra el Carnaval? Investiga en Internet o en la biblioteca la celebración del carnaval en algún país hispanoamericano. Prepara un informe para presentar en clase.

Vocabulario de las lecturas

Estudia estas palabras para comprender mejor los textos.

Vocabulario		Palabra en uso
el afecto	*affection, love*	Los amigos de sus hijos le tienen mucho **afecto** a Antonia.
antifaz	*mask*	El niño estaba disfrazado como el Zorro y llevaba un **antifaz** negro.
arrepentirse	*to repent*	Les grité a los niños y luego **me arrepentí** de haberlo hecho.
besar(se)	*to kiss*	Pablo y yo **nos besamos** por primera vez en una fiesta.
la careta	*mask*	En el baile llevaba una **careta** de león.
codo a codo	*together, elbow to elbow*	Caminamos por la calle **codo a codo.**
el/la cómplice	*accomplice*	Mi pareja es mi **cómplice** en la vida.
disfrazar(se)	*to disguise*	No sé de qué **disfrazarme** para el baile.
estar enredado/a	*to be entangled with*	Creo que Fernando **está enredado** con Alicia.
hacer bromas	*to make jokes*	Es muy graciosa, **hace bromas** todo el día.
el jolgorio	*merrymaking, revelry*	La fiesta fue **un jolgorio,** todos lo pasaron bien.
mutuo	*mutual*	Él no me gusta y yo no le gusto. Nuestro rechazo es **mutuo.**
el/la payaso/a	*clown*	Mi hermano llevaba un disfraz de **payaso.**
ombligo	*belly button*	La muchacha llevaba un disfraz que mostraba el **ombligo**.

12-25 ¿Cuánto recuerdas? Elige la palabra entre paréntesis que mejor complete la oración.

1. Se miraron con un/a (afecto / adversión) mutuo/a. Se quieren mucho.
2. Ella lo (besó / hizo bromas) y le susurró palabras tiernas al oído.
3. La (jolgorio / careta) de (mutuo / payaso) le quedaba muy graciosa.
4. Estaban (enamorados / enojados), pero la relación entre ellos no era buena; siempre se peleaban y volvían a juntarse.
5. Él parecía (arrepentirse / estar enredado) de haberle hecho tantas bromas.
6. Juntos se convirtieron en los/as únicos/as (cómplices / caretas) de su amor.
7. El carnaval fue un (careta / jolgorio).
8. Caminaron (codo a codo / de pies y manos).

G 12-26 ¿Pueden agruparlas? Traten de formar grupos con las siguientes palabras y luego expliquen su criterio de agrupación.

acariciarse	chiste	juntos
afecto	cómplice	máscara
amor	disfraz	mutuo/a
baile	fiesta	payaso/a
bromear	hacer bromas	codo a codo
careta	besarse	recíproco/a
carnaval	jolgorio	

G 12-27 La fiesta de disfraces. ¿Alguna vez participaron en una fiesta de disfraces? Escriban lo que hacen desde el momento en que los invitan hasta el final de la fiesta, cuando se sacan las máscaras. Hagan una lista incluyendo todos los pasos necesarios para la preparación. Después, comparen sus ideas con las de otros grupos de la clase.

El Carnaval

Mario Benedetti (1920)

Benedetti es uno de los escritores uruguayos más conocidos en el mundo entero. Es autor de novelas, cuentos, poemas, obras de teatro y crítica literaria. Vivió muchos años exiliado en Europa y ahora vive una parte del año en Madrid y otra en Montevideo. Este relato de su libro *Despistes y franquezas* es la historia de un amor que comienza en una fiesta de disfraces.

Cleopatra

El hecho de ser la única mujer entre seis hermanos me había mantenido siempre en un casillero especial de la familia. Mis hermanos me tenían (todavía me tienen) afecto, pero se ponían bastante pesados cuando me hacían bromas sobre la insularidad de mi condición femenina. Entre ellos se 5 intercambiaban chistes, de los que por lo común yo era la destinataria, pero pronto se arrepentían, especialmente cuando yo me echaba a llorar, impotente, y me acariciaban o me besaban o me decían: Pero, Mercedes, ¿nunca aprenderás a no tomarnos en serio?

Mis hermanos tenían muchos amigos, entre ellos Dionisio y Juanjo, que eran 10 simpáticos y me trataban con cariño, como si yo fuese una hermanita menor. Pero también estaba Renato, que me molestaba todo lo que podía, pero sin llegar nunca al arrepentimiento final de mis hermanos. Yo lo odiaba, sin ningún descuento, y tenía conciencia de que mi odio era correspondido.

Cuando me convertí en una muchacha, mis padres me dejaban ir a fiestas y 15 bailes, pero siempre y cuando me acompañaran mis hermanos. Ellos cumplían su misión cancerbera con liberalidad, ya que, una vez introducidos ellos y yo en el jolgorio, cada uno disfrutaba por su cuenta y sólo nos volvíamos a ver cuando venían a buscarme para la vuelta a casa.

Sus amigos a veces venían con nosotros y también las muchachas con las que
20 estaban más o menos enredados. Yo también tenía mis amigos, pero en el fondo habría preferido que Dionisio, y sobre todo que Juanjo, que me parecía guapísimo, me sacaran a bailar y hasta me hicieran alguna "proposición deshonesta". Sin embargo, para ellos yo seguí siendo la chiquilina de siempre, y eso a pesar de mis pechitos en alza y de mi cintura, que tal vez no era de avispa,
25 pero sí de abeja reina. Renato concurría poco a esas reuniones, y, cuando lo hacía, ni nos mirábamos. La animadversión seguía siendo mutua.

En el carnaval de 1958 nos disfrazamos todos con esmero, gracias a la espontánea colaboración de mamá y sobre todo de la tía Ramona, que era modista. Así mis hermanos fueron, por orden de edades: un mosquetero, un pirata,
30 un cura párroco, un marciano y un esgrimista. Yo era Cleopatra, y por si alguien no se daba cuenta, a primera vista, de a quién representaba, llevaba una serpiente de plástico que me rodeaba el cuello. Ya sé que la historia habla de un áspid, pero a falta de áspid, la serpiente de plástico era un buen sucedáneo. Mamá estaba un poco escandalizada porque se me veía el ombligo, pero uno de mis hermanos la
35 tranquilizó: "No te preocupes, vieja, nadie se va a sentir tentado por ese ombliguito de recién nacido." A esa altura yo ya no lloraba con sus bromas, así que le di al descarado un puñetazo en pleno estómago, que lo dejó sin habla por un buen rato. Rememorando viejos diálogos, le dije: "Disculpá[1] hermanito, pero no es para tanto, ¿cuándo aprenderás a no tomar en serio mis golpes de karate?"

40 Nos pusimos caretas o antifaces. Yo llevaba un antifaz dorado, para no desentonar con la pechera áurea de Cleopatra. Cuando ingresamos en el baile (era en el club de Malvín) hubo murmullos de asombro y hasta aplausos. Parecíamos un desfile de modelos. Como siempre, nos separamos y yo me divertí de lo lindo. Bailé con un arlequín, un domador, un paje, un payaso y un marqués.

45 De pronto, cuando estaba en plena rumba con un chimpancé, un cacique piel roja, de buena estampa, me arrancó de los peludos brazos del primate y ya no me dejó en toda la noche. Bailamos tangos, más rumbas, boleros, milongas, y fuimos sacudidos por el recién estrenado seísmo del rock-and-roll. Mi pareja llevaba una careta muy pintarrajeada, como correspondía a su apelativo de Cara Rayada.

50 Aunque forzaba una voz de máscara que evidentemente no era la suya, desde el primer momento estuve segura de que se trataba de Juanjo (entre otros indicios, me llamaba por mi nombre) y mi corazón empezó a saltar al compás de ritmos tan variados. En ese club nunca contrataban orquestas, pero tenían un estupendo equipo sonoro que iba alternando los géneros, a fin de (así lo habían
55 advertido) conformar a todos. Como era de esperar, cada nueva pieza era recibida con aplausos y abucheos, pero en la siguiente era todo lo contrario: abucheos y aplausos. Cuando llegó el turno de un bolero, el cacique me dijo: "Esto es muy

[1]Disculpá, informal use in Argentina and Uruguay.

cursi", me tomó de la mano y me llevó al jardín, a esa altura ya colmado de parejas, cada una en su rincón de sombra.

60 "Creo que ya era hora de que nos encontráramos así, Mercedes, la verdad es que te has convertido en una mujercita." Me besó sin pedir permiso y a mí me pareció la gloria. Le devolví el beso con hambre atrasada. Me enlazó por la cintura y rodeé su cuello con mis brazos de Cleopatra. Recuerdo que la serpiente me molestaba, así que la arranqué de un tirón y la dejé en un cantero, con la secreta 65 esperanza de asustar a alguien.

Nos besamos y nos besamos, y él murmuraba cosas lindas en mi oído. También acariciaba de vez en cuando, y yo diría con discreción, el ombligo de Cleopatra y tuve la impresión de que no le pareció el de un recién nacido. Ambos estábamos bastante excitados cuando escuché la voz de uno de mis hermanos: había llegado 70 la hora del regreso. "Mejor te hubieras disfrazado de Cenicienta", dijo Cara Rayada con un tonito de despecho, "Cleopatra no regresaba a casa tan temprano". Lo dijo recuperando su verdadera voz y al mismo tiempo se quitó la careta. Recuerdo ese momento como lo más desgraciado de mi juventud. Tal vez ustedes lo hayan adivinado: no era Juanjo sino Renato. Renato, que despojado ya 75 de su careta de fabuloso cacique, se había puesto la otra máscara, la de su rostro real, esa que yo siempre había odiado y seguí por mucho tiempo odiando. Todavía hoy, a treinta años de aquellos carnavales, siento que sobrevive en mí una casi imperceptible hebra de aquel odio. Todavía hoy, aunque sea mi marido.

12-28 **¿Qué nos dice el texto?** Contesta estas preguntas según el texto.

1. ¿Cuántos hermanos y hermanas había en esta familia?
2. ¿Qué hacía llorar a la niña con frecuencia?
3. ¿Quiénes eran los amigos de los hermanos? ¿Qué relación tenían con Mercedes?
4. ¿Cuál era la condición de los padres para que Mercedes fuera a las fiestas?
5. ¿Con quién hubiera querido bailar Mercedes? ¿Por qué no la sacaban a bailar ellos?
6. ¿Cómo era el disfraz de Mercedes en el carnaval de 1958?
7. ¿Qué danzas bailó Mercedes y con quién?
8. ¿Qué pasó con Mercedes y su pareja en el jardín?
9. ¿A quién descubrió Mercedes detrás de la careta de cacique? ¿Cómo se sintió ella?
10. ¿Cuál fue el final de esta pareja?

12-29 **Resumen.** Lee los tres párrafos siguientes. Elige el que mejor resuma el cuento.

1. Cleopatra era una niña que tenía muchos hermanos y que siempre iba de jolgorio con ellos. A ella le encantaban sus hermanos y algunos de sus amigos. Una noche en una fiesta de disfraces, Juanjo, un amigo, la besó y ella estaba muy feliz. Al final se casó con él.

2. Mercedes es la única mujer en una familia de ocho hermanos. Un día ella va a un baile disfrazada de Cleopatra. Ella espera poder bailar con un chico que se llama Juanjo. Un muchacho con careta de cacique la invita a bailar y luego la besa. Ella es feliz pensando que es el muchacho que ella ama. Al sacarse las máscaras ella descubre que es otro y se enfurece y no lo ve nunca más.
3. Mercedes y Renato se casaron hace treinta años y desde entonces son muy felices. La suya fue una historia de amor y odio. Ellos se conocieron de niños, ya que Renato era uno de los mejores amigo de los hermanos de Mercedes. A ella Renato le caía muy mal. El amor entre ellos nació de una confusión en la que ella creía estar besando a otro hombre. Esta confusión le produjo mucha rabia y es algo que Mercedes recuerda, aún hoy, con cierta aversión.

G 12-30 **¿Su baile?** Vuelvan al ejercicio **12-27** y comparen su fiesta con la del cuento. ¿Hay muchas diferencias? Comenten con el resto de la clase.

MODELO: *Nosotros no dijimos que nuestra familia nos ayudaba a hacer los disfraces.*

2 12-31 **Sorpresas te da la vida.** Comenta con un/a compañero/a alguna situación en la que hayas sido sorprendido/a, como la protagonista del cuento de Benedetti. Si no recuerdas ninguna, inventa una historia parecida.

Este poema, también de Mario Benedetti, de su obra *El amor, las mujeres y la vida* habla de la fuerza que puede tener una pareja que se ama y de las razones de ese amor.

Te quiero

Tus manos son mi caricia
mis acordes° cotidianos
te quiero porque tus manos
trabajan por la justicia

5 si te quiero es porque sos
mi amor, mi cómplice y todo
y en la calle codo a codo
somos mucho más que dos
tus ojos son mi conjuro°
10 contra la mala jornada
te quiero por tu mirada
que mira y siembra futuro

tu boca que es tuya y mía
tu boca no se equivoca
15 te quiero porque tu boca
sabe gritar rebeldía

si te quiero es porque sos
mi amor, mi cómplice y todo
y en la calle codo a codo
20 somos mucho más que dos

y por tu rostro sincero
y tu paso vagabundo
y tu llanto por el mundo
porque sos pueblo te quiero

25 y porque amor no es aureola
ni cándida moraleja°
y porque somos pareja
que sabe que no está sola

te quiero en mi paraíso
30 es decir en mi país
la gente viva feliz
aunque no tenga permiso

si te quiero es porque sos
mi amor, mi cómplice y todo
35 y en la calle codo a codo
somos mucho más que dos

chords (acordes)
defensa (conjuro)
moral (moraleja)

12-32 Cómplice y todo. Digan si las siguientes afirmaciones son ciertas o falsas según el poema. En los casos en que sean ciertas, indiquen los versos exactos donde se afirma eso.

La quiere porque…

1. …tiene lindas manos.
2. …lucha contra la injusticia en su país.
3. …es su compañera.
4. …se siente muy bien con ella y le da fuerzas.
5. …camina con un paso muy alegre.
6. …tiene una sonrisa muy bonita.

2 12-33 Versos. En parejas, elijan uno de los siguientes grupos de versos y traten de explicárselo al resto de la clase.

1. Tus manos son mi caricia
mis acordes cotidianos
2. Tus ojos son mi conjuro
contra la mala jornada
3. Y porque amor no es aureola
ni cándida moraleja
4. si te quiero es porque sos
mi amor, mi cómplice y todo
y en la calle codo a codo
somos mucho más que dos

Diario

Escribe en tu diario un párrafo que explique las razones más importantes por las que quieres a la persona que más quieres. Da un mínimo de cinco razones.

Avancemos con la escritura

Estrategia de escritura: *Argumentación*

When you find yourself in the midst of an argument, it is usually because you hold an opinion that is being challenged and you want to persuade the other person to see things your way. It is the same in writing: You want to persuade the reader to accept your ideas. When arguing a point of view in writing, you may use any of the strategies that you have already learned. To give weight to your position, you may describe or narrate an event, contrast and compare two things, or present their causes and effects. The most important element to persuade the reader is to show that you are well informed about the arguments for and against your position. Therefore, the first step would be to collect enough data to support your opinion. Your presentation has to clearly state your position in the first sentence of the opening paragraph and also acknowledge the opposite views. In the next paragraphs you present the arguments that support your opinion and you may refute some of the opposite arguments. In your conclusion you may present a solution to the problem or a view to the future.

Format 1	**Format 2**	
State your opinion	State your opinion	
Supporting information	Arguments against	Arguments for
Supporting information	Arguments against	Arguments for
Supporting information	Arguments against	Arguments for
Conclusion (may be a view of the future)	Conclusion: Solution	

2 12-34 **A. ¿Qué opinas tú?** En parejas, escojan uno de estos temas y hagan una lista de argumentos a favor o en contra de estas posturas. Luego preséntenlas a la clase. La clase debe criticar sus argumentos.

1. El amor sólo sirve para perpetuar la raza humana.
2. Las grandes fiestas del pueblo sólo sirven para derrochar dinero.
3. El romanticismo es una mentira, no existen los finales felices como en los cuentos de hadas (*fairy tales*).

B. ¿Qué información necesitan? Hagan una lista de la información que necesitan buscar para fundamentar sus argumentos.

12-35 **¿Cuál es tu posición?** Basándote en los temas de la actividad **12-34**, escribe un bosquejo de la argumentación que vas a presentar siguiendo este cuadro.

1. Escribe una oración que presente claramente la tesis de tu postura.
2. Escribe una oración que presente la postura contraria.
3. Escribe tres ideas que vas a desarrollar para apoyar tu tesis.
4. Escribe la conclusión.

12-36 Mis ideas. Usando el bosquejo del ejercicio **12-35**, escribe un ensayo presentando tu opinión personal sobre el tema escogido. Escoge el formato en el que vas a presentar tu argumentación.

Antes de entregar tu composición, asegúrate de haber incluido y revisado lo siguiente:

- La secuencia de tiempo
- El subjuntivo en oraciones condicionales
- La concordancia

Ventana al mundo

Festival Tapati-Rapa Nui

Tapati Rapa Nui es la fiesta folclórica más importante de la Isla de Pascua, en Chile. Se desarrolla en el mes de febrero y dura dos semanas. En este festival participan todas las familias. Cada grupo familiar debe realizar una serie de pruebas para sumar puntos para las candidatas a reina. Entre las competencias y deportes ancestrales que se recrean en esta fiesta se destacan la Takona, el Riu y el Titingi.

La Takona es una competencia de pintura corporal. Los actuales competidores mantienen la técnica de mezclar pigmentos naturales y de describir ante la comunidad el significado de su pintura. El Riu es una competencia en la que los más experimentados de cada alianza interpretan cantos rituales que relatan historias épicas y leyendas del pueblo Rapa Nui. El Titingi Mahute es la competencia de trabajo con mahute (planta introducida por los primeros habitantes polinésicos), en la cual luego de procesar la materia prima, se confeccionan trajes típicos.

Competencias y concursos: ¿Has participado en alguna competencia en la que tuvieras que ganar puntos para tu grupo? Explica.

Festival de Tapati-Rapa Nui, en la Isla de Pascua, Chile.

Atando cabos: ¡Gran celebración!

En esta sección Uds. son los encargados de organizar una gran celebración.

Una fiesta familiar

G 12-37 **Celebración.** Van a organizar una celebración centrándola en alguno de los temas siguientes. Escojan uno y digan por qué lo prefieren. Presenten sus preferencias a la clase. Den un título a su celebración que refleje el tema seleccionado.

MODELO: Título de la celebración: *Gran celebración de la familia.*

Vamos a centrar la celebración en el tema de la familia porque nos parece que es un tema que nos permite identificarnos.

1. La familia
2. El ocio y el tiempo libre
3. La salud y la nutrición
4. El medio ambiente
5. Los derechos humanos
6. El trabajo
7. El arte
8. El sexismo
9. La globalización
10. El amor

G 12-38 Objetivos claros. Piensen en el mensaje que quieren dar a través de la celebración. Hagan una lista con todas las ideas que surjan sobre el tema seleccionado. Luego organicen sus ideas como objetivos siguiendo el modelo. Presenten sus objetivos a los otros grupos de la clase y prepárense para criticar constructivamente sus ideas.

MODELO: (Imaginen que el tema seleccionado es la familia)

Queremos una celebración que muestre:

1. las diferentes maneras de vivir en familia.
2. la variedad de familias.
3. la importancia de compartir actividades con los distintos miembros de la familia.
4. …

G 12-39 ¿Qué harán? Ahora tienen que pensar en por lo menos tres maneras de lograr los objetivos propuestos. Luego escuchen las propuestas de los otros grupos y háganles sugerencias. Al final, analicen las sugerencias y decidan qué van a hacer para la celebración.

MODELO: Grupo 1: *Para mostrar las diferentes maneras de vivir en familia les sugerimos a los estudiantes que definan qué es una familia para ellos. Luego sería interesante que presentaran las diferentes definiciones en afiches. Quizás también podrían…*

G 12-40 A. ¿Cómo lo harán? Planifiquen una actividad para la celebración, pidan sugerencias a los otros grupos y repartan las tareas. Esta actividad debe ser algo que ustedes puedan realizar, en clase, en la universidad, en su residencia, etc.

MODELO:

Qué: *Para la gran celebración de la familia, vamos a organizar un concurso de pintura y escultura sobre el tema del afecto familiar.*

Quiénes: *Los miembros de la clase. / Toda la universidad. / Toda la comunidad.*

Cómo: *Se van a solicitar obras que sean originales, etc. El jurado estará formado por artistas locales, estudiantes, profesores, etc. Pondremos anuncios del concurso en Internet, en la universidad, en las calles, etc. Haremos publicidad por la radio, en los periódicos, etc.*

Cuándo: *Las obras se presentarán antes de fin de mes, etc.*

1. Qué
2. Quiénes
3. Cómo
4. Cuándo
5. Sugerencias

B. En concreto. ¡Manos a la obra! Realicen la actividad tal como la planearon.

G 12-41 Evaluación. Preparen un informe para la clase evaluando la celebración. Expliquen todo lo positivo de la experiencia. También digan en su informe lo que harían de forma diferente la próxima vez, para evitar los fallos.

Vocabulario

El amor

adorar	*to adore*
el afecto	*affection, love*
besar	*to kiss*
el beso	*kiss*
comprometerse	*to get engaged*
la despedida de soltero/a	*bachelor's / bachelorette's party*
enamorarse de	*to fall in love with*
la pena de amor	*lovesickness*

Sustantivos

el acontecimiento	*event*
la aglomeración	*crowd*
la alegría	*joy, happiness*
el antifaz	*mask*
la bandera	*flag*
el brindis	*toast*
la broma	*joke*
la careta	*mask*
el chiste	*joke*
el/a cómplice	*accomplice*
el cumpleaños	*birthday*
el derroche	*waste, squandering*
el desfile	*parade*
el día feriado	*holiday*
el día del santo	*saint's day*
la euforia	*euphoria*
la facha	*appearance, looks*
el festejo	*public rejoicing*
la fiesta patria, religiosa, patronal	*patriotic, religious, patron saint festivity*
los fuegos artificiales	*fireworks*
el gabán	*overcoat*
el globo	*balloon*
la guirnalda	*streamer*
el jolgorio	*merrymaking, reverly*
el júbilo	*joy, rejoicing*
la masa	*mass*
el ombligo	*belly button*
el/la payaso/a	*clown*
la ralea	*sort, kind, breed*
el sentimiento	*feeling*
la vida diaria	*everyday life*

Verbos

alegrar(se)	*to cheer*	**estar enredado/a**	*to be entangled with*
arrepentirse	*repent*	**festejar**	*to celebrate*
asombrar	*to amaze, astonish*	**gastar**	*to spend*
avergonzarse de (üe)	*to be ashamed of*	**hacer un brindis**	*to make a toast*
brindar por	*to toast to*	**hacer bromas**	*to make jokes*
contar chistes (ue)	*to tell jokes*	**hacer una fiesta**	*to have a party*
convidar	*to invite*	**impresionar**	*to impress*
cumplir años	*to have a birthday*	**reunirse**	*to get together*
disfrazarse	*to disguise*	**rezar**	*to pray*
emborracharse	*to get drunk*	**sobresalir**	*to stand out*
entusiasmar(se)	*to get excited*	**tener celos**	*to be jealous*

Adjetivos

mutuo/a	*mutual*	**solitario/a**	*lonely, solitary*
ruidoso/a	*noisy*		

Expresiones idiomáticas

codo a codo	*elbow to elbow, together*

Cabos sueltos

Capítulo 1

Hablemos de nosotros

Referencia gramatical 1

Describing people and things: Adjective agreement

A. Form of adjectives

In Spanish adjectives agree in gender and number with the noun they modify. There are three rules to remember for the formation of adjectives.

1. Adjectives that end in **-o** change to **-a** in the feminine and form the plural by adding an **-s**.

	Masculino	Femenino
Singular	cariños**o**	cariños**a**
Plural	cariños**os**	cariños**as**

El padre es **cariñoso** con sus niños.	*The father is loving to his children.*
Los padres son **cariñosos** con sus niños.	*The parents are loving to their children.*
La novia es **cariñosa** con su novio.	*The bride is loving to his groom.*
Las novias son **cariñosas** con sus novios.	*The brides are loving to their grooms.*

2. Adjectives that end in **-e**, **-l**, or **-ista** only change in the plural by adding **-s** or **-es**. The same ending is used for the feminine and masculine.

	Singular	Plural
Masculino / **Femenino**	agradabl**e**	agradable**s**
	débi**l**	débil**es**
	material**ista**	material**istas**

Su sobrina tiene una personalidad **agradable**.	*His niece has a pleasant personality.*
Éste es un lugar **agradable**.	*This is a pleasant place.*
Mi hermano es **materialista** pero mi madre es **idealista**.	*My brother is materialist but my mother is idealist.*
Estas muchachas no son **débiles**. Sus primos son **débiles**.	*These girls are not weak. Their cousins are weak.*

3. Adjectives that end in **-dor** and adjectives of nationality that end in **-ol, -án,** or **-és** add an **a** in the feminine and an **-es** or **-s** in the plural.

Singular		Plural	
Masculino	**Femenino**	**Masculino**	**Femenino**
trabaja**dor**	trabajador**a**	trabajador**es**	trabajador**as**
españ**ol**	español**a**	españole**s**	española**s**
alem**án**	alema**na**	alemane**s**	alemana**s**
ingl**és**	ingles**a**	ingles**es**	ingles**as**

Note: The accent mark is dropped in the feminine form.

Luis es un muchacho **trabajador** y Ana es **trabajadora** también. — *Luis is a hard-working young man, and Ana is hard-working too.*

A mi amigo **inglés** no le gusta la comida **inglesa**. — *My English friend does not like English food.*

Las fiestas familiares **españolas** son grandes porque incluyen a todos los parientes. — *The Spanish family parties are big because they include all the relatives.*

B. Position of adjectives

1. Usually descriptive adjectives are placed after the noun they modify.

Mi prima tiene el cabello **rizado**. — *My cousin has curly hair.*

2. The adjectives **bueno** and **malo** may be placed before the noun. In this case the masculine adjectives drop the **-o**.

Pedro es un **buen** tío y su esposa es una **buena** tía. — *Pedro is a good uncle and his wife is a good aunt.*

Esa muchacha tiene **mal** carácter, siempre tiene **mala** cara. — *That young girl has a bad temper, she always has a bad expression on her face.*

CS1-1 Descripciones. Usa los adjetivos descriptivos para describir a las siguientes personas. (Mira la lista en la pag. 12)

1. Tu vecino/a __________.
2. Tu pariente preferido __________.
3. Tu abuelo/a __________.
4. Una persona a la que admiras mucho __________.
5. Tu compañero/a de cuarto o casa __________.
6. Tu mejor amigo/a __________.

CS1-2 ¿Cómo son? Describe cómo son estas cosas. Usa los adjetivos descriptivos.

1. Tu cuarto __________.
2. Tu coche __________.
3. Tu mejor clase __________.
4. Tu casa __________.
5. Tu libro preferido __________.
6. La peor fiesta de tu vida __________.

CS1-3 Cosas, lugares y personas especiales. ¿Cuáles son tus cosas, lugares o personas especiales? Descríbelos con los adjetivos descriptivos y explica por qué. Sigue el modelo.

MODELO: *Mi lugar preferido es mi casa porque es grande y cómoda.*

1. Mi lugar preferido es…
2. Mi artista preferido/a es…
3. Mi amigo/a preferido/a es…
4. Mi animal preferido es…
5. Mi juego preferido es…
6. ¿?

Referencia gramatical 2

Discussing daily activities: Present tense indicative of regular verbs

A. Uses of the present tense

1. Use the present tense to talk about daily activities, present events, and present habitual actions.

Los chicos **juegan** al tenis todas las tardes.	*The boys play tennis every afternoon.*
Yo **soy** vegetariana; no **como** carne.	*I am vegetarian; I don't eat meat.*

2. Use it also to make a past event more vivid, especially in narration.

Einstein **descubre** la ley de la relatividad.	*Einstein discovers the law of relativity.*

3. When discussing actions in progress at the moment of speaking, the present or present progressive may be used. A complete explanation of the present progressive follows in the next section of **Cabos sueltos.**

Miro a Ester y me **doy** cuenta de que se **parece** a su tía.	*I look at Esther and I realize that she looks like her aunt.*
Ahora **estoy escribiendo** una novela.	*Now I am writing a novel.*

Note: The present tense in Spanish has several equivalents in English:

Yo canto.	*I sing, I do sing, I am singing.*

B. Forms

There are three major groups of verb conjugation in the present: regular verbs, irregular verbs, and stem-changing verbs. Here are the forms for the regular verbs. Irregular verbs and stem-changing verbs are on pages 16–17.

Regular verbs

To conjugate a regular verb in the present tense add these endings to the stem.

Subject pronoun	-ar	-er	-ir
	caminar	**correr**	**escribir**
yo	camin**o**	corr**o**	escrib**o**
tú	camin**as**	corr**es**	escrib**es**
él/ella/Ud.	camin**a**	corr**e**	escrib**e**
nosotros/as	camin**amos**	corr**emos**	escrib**imos**
vosotros/as	camin**áis**	corr**éis**	escrib**ís**
ellos/ellas/Uds.	camin**an**	corr**en**	escrib**en**

1. Other **-ar** verbs:

aceptar	*to accept*	**mimar**	*to pet, indulge, spoil*
adoptar	*to adopt*	**ocupar**	*to occupy*
ahorrar	*to save*	**odiar**	*to hate*
amar	*to love*	**pesar**	*to weigh*
cambiar	to change	**protestar**	*to protest*
cuidar	*to take care of*	**separar**	*to separate*
determinar	*to determine*	**tolerar**	*to tolerate*
explicar	*to explain*	**usar**	*to use*
gastar	*to spend*	**visitar**	*to visit*
llevar	*to take, carry*		
madurar	*to mature*		

2. Other **-er** verbs:

aprender	*to learn*	**creer**	*to believe*
beber	*to drink*	**deber**	*ought to, should*
comer	*to eat*	**leer**	*to read*
comprender	*to understand*	**vender**	*to sell*

3. Other **-ir** verbs:

asistir	*to attend*	**insistir**	*to insist*
compartir	*to share*	**permitir**	*to allow*
decidir	*to decide*	**recibir**	*to receive*
discutir	*to argue*	**vivir**	*to live*

CS1-4 Las reglas de los padres. Completa las oraciones con la forma correcta de los verbos correspondientes. ¡OJO! Usa el verbo conjugado de acuerdo al contexto.

1. Mis padres tienen muchas reglas que yo no___________. Pero aunque yo siempre ________ cuando tengo que hacer lo que dicen, al final las ________.

    protestar aceptar decidir comprender

2. Yo sé que ellos me __________ porque siempre que pueden me __________ con regalos y cariño. Además ellos ___________ todas mis locuras y me _________ en todo lo que hago.

    tolerar mimar amar apoyar asistir

3. Pero ellos ________ en que yo _________ madurar y cambiar mi actitud rebelde. Ellos piensan que yo __________ una postura rebelde sin razón.

    separar insistir deber adoptar cambiar

4. Yo les __________ que un adolescente tiene que rebelarse contra algo o alguien. Eso es parte de crecer. __________ que me entienden porque _________ que practique con mi conjunto musical "Los descamisados" en el garaje de casa.

    explicar permitir determinar creer

CS1-5 ¿Qué haces? Completa las siguientes oraciones describiendo tus hábitos.

1. Casi siempre _________.
2. Casi nunca __________.
3. Una vez al mes _______.
4. Todos los fines de semana _______.
5. Una vez al año __________.
6. Todos los días __________.

Referencia gramatical 3

Describing actions in progress: Present progressive tense

In Spanish the present progressive tense is used to express an action that is happening at the moment of speaking. It is formed by the verb **estar** + present participle.

Los gemelos **están jugando ahora**. *The twins are playing now.*

A. Uses

1. It is only used for something that is happening right now. Unlike English, the present progressive in Spanish is not used for an action that will take place in the future or takes place during a period of time. In those cases Spanish uses the simple present tense. Notice the differences between English and Spanish in the following examples.

La tía **está cuidando** al bebé en **este momento.**	*The aunt is taking care of the baby right now.*
Mi hermana **se casa** a fin de año.	*My sister is getting married at the end of the year.*
David y Luisa **viven** juntos.	*David and Luisa are living together.*

2. The progressive tense may also be expressed with the verbs **andar, continuar, ir, seguir,** and **venir** + present participle.

La familia **continúa estando** intacta.	*The family continues to be intact.*
Los chicos **andan corriendo** por afuera.	*The children are running outside.*
Los niños **siguen creciendo** en familias.	*The children continue to grow in families.*
Ellos **van cantando** al trabajo.	*They go to work singing.*
Esto **viene cambiando** desde hace tiempo.	*This has been changing for some time.*

B. Forms of the present participle

1. To form the present participle, find the stem of the verb and add **-ando** to **-ar** verbs and **-iendo** to **-er** and **-ir** verbs.

Present participle forms	
-ar → -ando	cambiar → cambi- → cambiando
-er, -ir → -iendo	aprender → aprend- → aprendiendo
	compartir → compart- → compartiendo

2. With **-er** and **-ir** verbs add **-yendo** if the stem ends in a vowel.

leer → le- → leyendo　　construir → constru- → construyendo

3. **-ir** verbs that change **e** → **i** or **o** → **u** in the third-person of the preterit, show the same change in the stem of the present participle.

servir → sirviendo　　dormir → durmiendo

4. The present participle of **ir** (*to go*) is **yendo**.

Note: In Spanish the present participle is called **gerundio**.

CS1-6 Los Hernández se mudan. ¿Qué están haciendo los miembros de la familia Hernández en este momento?

1. Alicia / traer las cajas de ropa
2. Elisa / comer un sándwich
3. El Sr. Hernández / preparar el coche
4. Tomás / limpiar su cuarto
5. La Sra. Hernández / salir de su casa
6. Héctor / mover el equipo de música

CS1-7 Una familia muy grande. En esta familia todos están muy ocupados. Llena los espacios en blanco con la forma correcta del verbo.

Hay diez personas que viven juntas en la casa de la familia Martínez: los abuelos, seis hijos y el señor y la señora Martínez. En este momento la abuela (1) _________ (mimar) al hermanito mediano. La madre (2) _________ (cambiar) al bebé. El padre le (3) _________ (leer) un libro al niño de cinco años. Los gemelos (4) _______ (jugar) al ajedrez. El perro (5) _______ (dormir) en el jardín. El abuelo (6) _______ (mirar) un programa de televisión. La niña mayor le (7) _______ (servir) un vaso de leche a su amiga. Todos (8) ______ (hacer) algo.

Capítulo 2

Hablemos del multiculturalismo

¡Sin duda!

Talking about the weather and body sensations: Expressions with *Hacer* and *tener* expressions

A. Uses of *hacer*

1. **Hacer** in the third person singular describes the weather.

Hace buen tiempo.	*The weather is good.*
Hace sol.	*It is sunny.*
Hace calor / frío.	*It is hot / cold.*
Hace viento.	*It is windy.*

2. **Haber** is also used to describe the weather with the words **viento** and **nubes**.

Hay nubes.	*There are clouds.*
Hay viento.	*It is windy.*

3. **Estar** is commonly used with **soleado** and **nublado**.

Está **soleado.**	*It's sunny.*
Está **nublado**.	*It's cloudy.*

Note: Llover (*to rain*) and **nevar** (*to snow*) are conjugated in the third person singular.

Llueve. = *It rains.* **Nieva.** = *It snows.*

B. Uses of tener

1. **Tener** is used in the following idiomatic expressions.

tener calor / frío	*to be hot / cold (for people and animals)*
tener sueño	*to be sleepy*
tener hambre / sed	*to be hungry / thirsty*
tener miedo	*to be scared, to be afraid*
tener suerte	*to be lucky*
tener éxito	*to be successful*
tener ganas de	*to feel like*
tener razón	*to be right*

CS2-1 ¿Qué tiempo hace? Completa las oraciones con la expresión de tiempo que corresponda a cada situación.

MODELO: *En Alaska… hace frío y nieva mucho.*

1. Necesitas un abrigo porque…
2. Tienes que llevar lentes para el sol porque…
3. Debes traer tu traje de baño porque…
4. En el trópico siempre…
5. En la primavera…
6. En el otoño…

CS2-2 ¿Cómo te sientes en estas situaciones? Describe cómo te sientes de acuerdo a cada situación usando las expresiones con **tener**.

MODELO: Cuando caminas de noche por el bosque de noche.
Tengo miedo.

1. Cuando estás en el sol en el verano.
2. Cuando no puedes comer por ocho horas.
3. Cuando tienes mucho trabajo y no puedes dormir.
4. Cuando juegas en la nieve en el invierno.
5. Cuando ganas la lotería.
6. Cuando no bebes nada durante un día entero.

¡Así se dice!

Describing people and things: Asking questions

A. Forming yes / no questions

There are three ways of asking a question that require a yes / no answer:

1. Applying a rising intonation to the statement.

   ¿Necesitas visa para entrar a los Estados Unidos?

2. Placing the verb before the subject and using a rising intonation.

   (verb + subject + complement)

   ¿Uds. Tienen permiso de trabajo?

3. Using the tag words **¿no?** or **¿verdad?** at the end of a statement. **¿No?** is used in an affirmative statement never in a negative sentence. **¿Verdad?** is used in both negative and affirmative statements.

Eres bilingüe, **¿no?**	*You are bilingual, aren't you?*
Ud. no habla inglés, **¿verdad?**	*You do not speak English, do you?*
Ellos son de Paraguay, **¿verdad?**	*They are from Paraguay, aren't they?*

In writing, Spanish uses the inverted question mark at the beginning of a question and the closing question mark at the end.

B. Question words

When asking for specific information, the question words are used and the inversion of subject and verb is obligatory.

Question word	+	Verb	+	Subject
¿De dónde		son		Uds.?

Palabras interrogativas			
¿Cómo?	*How?*	**¿Dónde?**	*Where?*
¿Cuál? ¿Cuáles?	*Which? Which one(s)?*	**¿De dónde?**	*Where… from?*
		¿Adónde?	*Where… to?*
¿Cuándo?	*When?*	**¿Por qué?**	*Why?*
¿Cuánto/a?	*How much?*	**¿Qué?**	*What?*
¿Cuántos/as?	*How many?*	**¿Quién? ¿Quiénes?**	*Who?*

1. **Cuánto/a, cuántos/as** agree in gender and number with the noun that follows.

   ¿Cuántas visas se dan por año?

   ¿Cuánto dinero hay que pagarle al coyote para que nos ayude?

2. **Cuál, cuáles** are pronouns used to select which one(s) from a group. They usually refer to a previously mentioned noun.

   A mí me gusta este libro. **¿Cuál** te gusta a ti?

CS2-3 En la oficina de inmigración. Tu trabajo en esta oficina es entrevistar a las personas que quieren obtener documentos legales. Tienes que llenar esta planilla haciéndoles las preguntas correspondientes. Escribe las preguntas que les vas a hacer a las personas.

MODELO: Ciudad de origen:
¿De dónde es Ud.?

Nombre: ______________________________

País de origen: ______________________________

Edad: ______________________________

Estado civil: Casado/a   Soltero/a   Viudo/a   Divorciado/a

Número de hijos/as: ______________________________

Lugar de nacimiento: ______________________________

Profesión en su país: ______________________________

Dirección: ______________________________

Teléfono: ______________________________

Número de fax: ______________________________

Correo electrónico: ______________________________

CS2-4 Los famosos. Escribe tres preguntas que te gustaría hacerles a cuatro de estos personajes famosos.

Carlos Santana	Antonio Banderas	Penelope Cruz
Arantxa Sánchez Vicario	Gabriel García Márquez	Salma Hayek
Gloria Estefan	Andy García	Enrique Iglesias

Referencia gramatical 1

Asking for definitions and choices: ¿Qué? or ¿Cuál?

Observe the use of **¿qué?** and **¿cuál?** in the following questions. Notice that both of them are translated in English with the question word *What?*

A. ¿Cuál? / ¿Cuáles? is used when there is the possibility of choice in the answer.

¿Cuál es el origen de los hispanos que viven en California? *(from all the possible countries, which one do they come from?)*	*What is the origin of the Hispancis that live in California?*
La mayoría viene México.	*The majority come from Mexico.*

B. ¿Qué? is used when one is asking for a definition or an explanation.¿

¿Qué necesitan los inmigrantes para trabajar en este país? *(Asking for an explanation.)*	*What do immigrants need in order to work in this country?*
Necesitan la tarjeta de residente.	*They need the residence card.*

CS2-5 Algunas preguntas. Completa las preguntas con **Qué** o **Cuál / Cuáles**.

1. ¿__________ es la migra?
2. ¿__________ hacen los coyotes?
3. ¿__________ es el número de los hispanos en los EE.UU.?
4. ¿Por __________ candidato vas a votar?
5. ¿__________ son los candidatos hispanos?

Referencia gramatical 2

Describing daily routines: Reflexive verbs

Reflexive verbs are used to talk about daily routines. These are verbs that indicate that the subject does the action to himself or herself. The reflexive pronoun (**me, te, se, nos, os, se**) must be used with these verbs. In English the reflexive pronoun is often omitted.

Yo **me** lavo.	*I wash myself.*
Tú **te** arreglas.	*You get yourself ready.*
Ana **se** peina.	*Ana combs her hair.*
Ud. **se** levanta.	*You get yourself up.*
Nosotros **nos** bañamos.	*We bathe ourselves.*
Vosotros **os** ducháis.	*You shower yourselves.*
Ellos **se** afeitan.	*They shave themselves.*
Uds. **se** visten.	*You get yourselves dressed.*

A. Position of the reflexive pronoun

1. It is placed before the conjugated verb.

Nosotras no **nos acostamos** tarde. — *We do not go to bed late.*

2. It is placed after and attached to the infinitive or gerund.

Los niños van a **levantarse** temprano. — *The children are going to get up early.*

or

Los niños **se van a levantar** temprano.

Yo estoy **poniéndome** el suéter. — *I am putting on the sweater.*

or

Yo **me estoy poniendo** el suéter.

3. It is placed after and attached to the affirmative command but it precedes the negative command.

Lávate los dientes después de cada comida. — *Wash yout teeth after every meal.*

No te bañes con agua fría. — *Don't bathe with cold water.*

These are some commonly used reflexive verbs.

B. Daily routine reflexive verbs

acostarse (ue)	*to go to bed*	**lavarse**	*to wash oneself*
afeitarse	*to shave*	**levantarse**	*to get up*
arreglarse	*to get ready, dress up*	**maquillarse**	*to put on make-up*
bañarse	*to bathe*	**peinarse**	*to comb one's hair*
cepillarse (el pelo / los dientes)	*to brush (hair / teeth)*	**perfumarse**	*to put on perfume*
		ponerse (la ropa)	*to put on one's clothes*
despertarse (ie)	*to wake up*	**quitarse (la ropa)**	*to take off one's clothes*
desvestirse (i)	*to undress*	**secarse**	*to dry oneself*
dormirse (ue, u)	*to fall asleep*	**vestirse (i)**	*to get dressed*
ducharse	*to shower*		

C. Other common reflexive verbs

These verbs differ from the ones in the previous list in that the action of the verb does not fall on the subject in the same way.

acordarse de (ue)	*to remember*	**mudarse**	*to move (address)*
adaptarse	*to adapt*	**parecerse (zc)**	*to resemble*
dedicarse a	*to devote oneself to*	**preocuparse (por)**	*to worry*
despedirse de (i)	*to say good-bye to*	**prepararse**	*to get ready*
divertirse (ie)	*to have a good time*	**quejarse (de)**	*to complain*
equivocarse	*to be wrong*	**reunirse**	*to get together*
establecerse (zc)	*to establish*	**sentarse (ie)**	*to sit down*
irse	*to go away, leave*	**sentirse (ie)**	*to feel*
llamarse	*to be called*		

CS2-6 La rutina de Pedro. Completa los espacios en blanco con la forma correcta del verbo entre paréntesis para averiguar qué hace Pedro todas las mañanas.

Todas las mañanas Pedro (1)__________ (despertarse) a las 5:00. A las 5:30 (2)________ (levantarse). Después, (3)________ (afeitarse) y (4) ________ (ducharse). Más tarde, despierta a su esposa para tomar el desayuno juntos. Cuando termina (5) _________ (cepillarse) los dientes. Un rato más tarde Pedro (6) ___________ (vestirse), (7) __________ (peinarse), y (8) __________ (despedirse) de su esposa, (9)_____________ (ponerse) el abrigo y a las 6:30 (10) ____________(irse) a su trabajo.

CS2-7 Mi rutina diaria. Describe lo que haces tú cada mañana. Usa las siguientes palabras como guía.

primero | luego | después | más tarde | por último | finalmente

CS2-8 Preguntas personales. Contesta las siguientes preguntas. Pueden trabajar en parejas.

1. ¿Cómo te diviertes tú? ¿Qué haces?
2. ¿Te adaptas fácilmente a nuevas situaciones?
3. ¿Te acuerdas de los números de teléfono con facilidad?
4. ¿Fue fácil mudarte a la universidad? ¿Quién te ayudó a mudarte?
5. ¿A quién te pareces tú?
6. ¿Qué cosas te preocupan?

Referencia gramatical 3

Describing reciprocal actions: Reciprocal verbs

To express reciprocal actions Spanish uses the pronouns **nos, os**, and **se**, which are the equivalent in English to *each other.*

Nosotros **nos** ayudamos.	*We help each other.*
Vosotros **os** escribís.	*You write to each other.*
Ellas **se** conocieron en una fiesta.	*They met each other at a party.*

These are some verbs that can be used in a reciprocal way:

abrazarse	*to embrace*	**detestarse**	*to hate*
apoyarse	*to lean on*	**entenderse(ie)**	*to understand*
ayudarse	*to help*	**hacerse amigo/a**	*to become friends*
besarse	*to kiss*	**juntarse**	*to get together*
comprometerse	*to get engaged*	**llevarse bien / mal**	*to get along well/badly*
comunicarse	*to communicate*	**pelearse**	*to fight*
conocerse(zc)	*to get to know a person, meet*	**saludarse**	*to greet*
contarse(ue) todo	*to tell each other everything*	**separarse**	*to separate*
criticarse	*to criticize*	**soportarse**	*to stand a person*
despedirse(i)	*to say good-bye*	**tolerarse**	*to tolerate*

CS2-9 ¿Cuándo y con quién? Explica con quiénes tienes una relación recíproca y cuándo y dónde hacen Uds. lo siguiente.

MODELO: escribirse mensajes por correo electrónico
Mi hermana y yo nos escribimos mensajes por correo electrónico todos los días desde la universidad.

1. encontrarse para ir al cine
2. juntarse para charlar
3. abrazarse
4. besarse
5. saludarse
6. contarse todo

CS2-10 ¿Qué tipo de relación tienes? Explica con quiénes tienes una relación recíproca, con quién no la tienes y por qué.

MODELO: comunicarse
Mi madre y yo nos comunicamos muy bien, porque ella es muy abierta y yo puedo hablar libremente.
Mi hermana y yo no nos comunicamos bien porque ella es egoísta y yo soy celosa.

1. entenderse
2. llevarse bien
3. pelearse
4. criticarse
5. tolerarse
6. apoyarse
7. ayudarse
8. soportarse

¡Así se lee!

Using terms of endearment: Diminutives

The suffix **-ito, -ita** or **-cito, cita** is added to Spanish words to express endearment, cuteness or smallness.

a. Nouns that end in the vowels **a** or **o**, drop the vowel and add **–ito** or **-ita** to the masculine and feminine respectively.

Ana → **Anita** niño → **niñito** sala → **salita**

Notice these spelling changes. Words ending in **-co, -ca** change the spelling to **-qu** before **-ito** or **-ita**.

Paco → **Paquito** **chica** → **chiquita**

b. Nouns that end in a consonant, except **n** or **r**, add the suffix **-ito** or **-ita** to the end of the word.

Inés → **Inesita** Manuel → **Manuelito**

c. Nouns that end in the vowel **e** or the letters **n** or **r**, add the suffix **-cito** to the masculine noun and **-cita** to the feminine noun.

hombre → **hombrecito** mujer → **mujercita** balcón → **balconcito**

Notice these spelling changes. Words that end in **-z** change to **-ce** before adding **-cito** or **-cita**.

luz → **lucecita**

CS2-11 Diminutivos. Da el diminutivo de estas palabras.

1. Andrés ________
2. Nicolás ________
3. mujer ________
4. Miguel ________
5. coche ________
6. papel ________
7. voz ________
8. lápiz ________
9. chico ________
10. poco ________

Capítulo 3

Hablemos de viajes

Referencia gramatical 1

Talking about past activities: The preterite

To talk about past events in Spanish you need to use two different aspects of the past tense: the preterite and the imperfect. Here you are going to review the uses and forms of the preterite. In general terms, the preterite is used when we think of the event as a completed action in the past. It refers to an action that took place at a specific time in the past.

A. Uses of the preterite

The preterite is used in the following situations:

1. **To express an action that took place at a definite time in the past**

   El lunes por la mañana abordé el avión que me **trajo** a México. — *On Monday morning I got on the plane that brought me to Mexico.*

   These words and expressions denote specific time and are often used with the preterite:

ayer	*yesterday*
anteayer	*the day before yesterday*
anoche	*last night*
anteanoche	*the night before last*
a las (dos) de la (tarde) (specific time)	*at two in the afternoon*
de repente	*suddenly*
el mes / el año / el fin de semana pasado	*last month / year / weekend*
la semana / la Navidad pasada	*last week / Christmas*
el domingo / invierno pasado	*last Sunday / winter*
en el (año) 2001	*in (the year) 2001*
hace un rato	*a while ago*
por fin	*finally*

2. **To express an action that is viewed as completed in the past**

   En Acapulco **vi** a los clavadistas del acantilado de la Quebrada. — *In Acapulco I saw the divers of the Quebrada cliff.*

3. **To express successive actions or events in the past**

   En la Playa Encantada **hice** esquí acuático, **navegué** en velero y **utilicé** la tabla de windsurf. — *In Encantada Beach I water-skied, sailed, and windsurfed.*

4. **When the beginning and / or end of an action are stated or implicit**

Cuando el avión **despegó**, **comenzó** mi gran aventura.	*When the plane took off, my great adventure began.*
Para **terminar** de broncearme, me **eché** una siesta en la blanca arena.	*In order to finish my tan, I took a nap on the white sand.*

B. Forms of the preterite

1. Regular verbs

To form the preterite of regular verbs, drop the **-ar, -er,** or **-ir** ending from the infinitive and add the following endings. Note that the endings for **-er** and **-ir** verbs are identical.

-ar	-er	-ir
viajar	**comer**	**escribir**
viaj**é**	com**í**	escrib**í**
viaj**aste**	com**iste**	escrib**iste**
viaj**ó**	com**ió**	escrib**ió**
viaj**amos**	com**imos**	escrib**imos**
viaj**asteis**	com**isteis**	escrib**isteis**
viaj**aron**	com**ieron**	escrib**ieron**

2. Spelling changes in the first person singular

- In order to keep the pronunciation of the hard **c** and **g** sounds, the regular verbs that end in **-car** or **-gar** change the **c** → **qu** and the **g** → **gu** in the first person singular.
- Verbs that end in **-zar** change the **z** → **c** in the first person singular.

-car = **c** → **qu**	**-gar** = **g** → **gu**	**-zar** = **z** → **c**
buscar → busqué	llegar → llegué	almorzar → almorcé
-car: explicar, practicar, sacar	**-gar:** jugar, navegar, pagar	**-zar:** comenzar, empezar, utilizar

Les **expliqué** a los turistas que cuando **saqué** los pasajes, **pagué** con un cheque.	*I explained to the tourists that when I got the tickets, I paid with a check.*
No **almorcé** para llegar a tiempo a la estación.	*I did not eat lunch in order to get to the station on time.*

3. Irregular verbs

The preterite has its own set of irregularities. These irregularities are not the same as those of the present tense. Look at the example and study the following charts.

Todas las noches me **acuesto** tarde, pero anoche me **acosté** temprano.	*Every night I go to bed late, but last night I went to bed early.*

a. Verbs with irregular forms in the preterite

andar:	anduv**e**, anduv**iste**, anduv**o**, anduv**imos**, anduv**isteis**, anduv**ieron**
estar:	estuv**e**, estuv**iste**, estuv**o**, estuv**imos**, estuv**isteis**, estuv**ieron**
poder:	pud**e**, pud**iste**, pud**o**, pud**imos**, pud**isteis**, pud**ieron**
poner:	pus**e**, pus**iste**, pus**o**, pus**imos**, pus**isteis**, pus**ieron**
tener:	tuv**e**, tuv**iste**, tuv**o**, tuv**imos**, tuv**isteis**, tuv**ieron**
saber:	sup**e**, sup**iste**, sup**o**, sup**imos**, sup**isteis**, sup**ieron**

b. Stem-changing verbs **e → i**

hacer:	h**i**ce, h**i**ciste, h**i**zo, h**i**cimos, h**i**cisteis, h**i**cieron
querer:	quise, quisiste, quiso, quisimos, quisisteis, quisieron
venir:	vine, viniste, vino, vinimos, vinisteis, vinieron

Note: Observe the ending of the verbs in points a and b. The irregular verbs and the **e → i** stem-changing verbs have the same special set of endings.

c. Stem-changing verbs **-y**

The verb **oír** and verbs ending in **-eer** and **-uir** add **-y** in the third person singular and plural and they have their special set of endings.

oír:	oí, oíste, o**y**ó, oímos, oísteis, o**y**eron
leer:	leí, leíste, le**y**ó, leímos, leísteis, le**y**eron
construir:	construí, construíste, constru**y**ó, construímos, construísteis, constru**y**eron

d. Stem-changing verbs **-j**

The verbs **decir** and **traer** and verbs ending in **-cir** add **-j** to the stem.

decir:	di**j**e, di**j**iste, di**j**o, di**j**imos, di**j**isteis, di**j**eron
traer:	tra**j**e, tra**j**iste, tra**j**o, tra**j**imos, tra**j**isteis, tra**j**eron
conducir:	condu**j**e, condu**j**iste, condu**j**o, condu**j**imos, condu**j**isteis, condu**j**eron

e. Other irregular verbs:

dar:	di, diste, dio, dimos, disteis, dieron
ir:	fui, fuiste, fue, fuimos, fuisteis, fueron
ser:	fui, fuiste, fue, fuimos, fuisteis, fueron

Ser and **ir** have the same form in the preterite. Context will determine the meaning of the verb.

Fuimos a pasear por el acantilado.	*We went for a walk on the cliff.*
Fue un paseo inolvidable.	*It was an unforgettable walk.*

f. **-ir** stem-changing verbs

The **-ir** verbs that stem change in the present do so also in the preterite. They change **e → i** and **o → u** in the third person singular and plural. The present and preterite stem changes are indicated in parentheses after the word in the Glossary: **divertirse (ie, i)**.

Present: **e → ie**	Present: **e → i**	Present: **o → ue**
Preterite: **e → i**	Preterite: **e → i**	Preterite: **o → u**
divertirse me divertí te divertiste se div**i**rtió nos divertimos os divertisteis se div**i**rtieron	**despedirse** me despedí te despediste se desp**i**dió nos despedimos os despedisteis se desp**i**dieron	**dormir** dormí dormiste d**u**rmió dormimos dormisteis d**u**rmieron

Note: The preterite form of *there was / were* = **hubo**.

CS3-1 La carta de Ramón. Ramón fue de campamento a las montañas con sus amigos. Completa las oraciones con la forma correcta del verbo para terminar la carta que Ramón escribió.

Queridos Mami y Papi:

Cuando yo (1) __________ (llegar) al campamento lo primero que nosotros (2) __________ (hacer) (3) __________ (ser) poner la tienda de campaña. Luego, Andrés y yo (4) __________ (ir) a explorar el lugar. Estábamos muy cerca de un lago, por lo tanto nosotros (5) __________ (decidir) ir a nadar. Más tarde yo (6) __________ (pescar) unos peces que luego nosotros (7) __________ (comer) para la cena.

Al día siguiente Tomás, Aldo y yo (8) __________ (escalar) una montaña. Nosotros (9) __________ (levantarse) cuando (10) __________ (salir) el sol y (11) __________ (empezar) a caminar. Cuando (12) __________ (volver) al campamento (13) __________ (tener) un gran problema. Unos animalitos (14) __________ (atacar) nuestra comida. No sé cuánto tiempo más vamos a poder estar aquí con lo que nos (15) __________ (dejar) para comer.

Hasta pronto,

Ramón

CS3-2 ¿Qué hicieron en el campamento? Estas son algunas de las actividades que los muchachos hicieron en el campamento. Forma frases completas según el modelo.

MODELO: hacer una caminata por el bosque
Ellos hicieron una caminata por el bosque.

1. hacer esquí acuático
2. echarse una siesta
3. sacar fotos del paisaje
4. hacer caminatas alrededor del lago
5. tomar el sol y nadar
6. leer la guía turística
7. dormir mucho
8. divertirse en el campamento
9. poner la tienda de campaña
10. estar contentos y relajados

CS3-3 Pasó algo importante. ¿Qué fue lo más importante que ocurrió en las siguientes ocasiones? Piensa en las noticias nacionales o internacionales, en tu vida o la de tus familiares y amigos.

1. la semana pasada
2. el mes pasado
3. la Navidad pasada
4. el 31 de diciembre de 1999
5. anoche
6. el fin de semana pasado

Referencia gramatical 2

Telling how long ago something happened: Hace + time expressions

To express how long ago an event took place, use the following structure.

> **Hace** + time + **que** + verb in the preterite
> Verb in the preterite + hace + time
> **Pregunta: ¿Cuánto/os/as** + time + **hace** + **que** + verb in the preterite?

¿Cuánto tiempo hace que estuviste en Venezuela?	*How long ago were you in Venezuela?*
Estuve en Venezuela **hace tres años.**	*I was in Venezuela three years ago.*
Hace tres años que estuve en Venezuela.	*It's been three years since I was in Venezuela.*

CS3-4 ¿Recuerdas tus vacaciones? ¿Cuánto hace que hiciste estas cosas?

MODELO: hacer un viaje
Hace un año que hice un viaje a Italia.

1. nadar en un lago
2. montar a caballo
3. escalar una montaña
4. acampar al aire libre
5. hacer esquí acuático
6. viajar en avión

Referencia gramatical 3

Describing how life used to be: The imperfect

The imperfect combines with the preterite to paint a fuller picture when talking about the past. In narration, it describes the setting, the state of mind, or the background against which the action takes place. According to the context, it may be translated as:

Escalaba una montaña.	*I was climbing* / *I used to climb* / *I climbed*	*a mountain.*

A. Uses of the imperfect

1. **To express how life used to be in the past**

   Cuando **era** niña **jugaba** en el parque todos los días. — *When I was a child I played in the park every day.*

2. **To express repeated or habitual actions**

   Cuando **estaba** de vacaciones **me levantaba** tarde todas las mañanas. — *When I was on vacation I used to (would) get up late every morning.*

   These words express usual or repeated actions and are often used with the imperfect.

a menudo	*often*
a veces / muchas veces	*sometimes / often*
con frecuencia	*frequently*
de niño/a	*as a child*
generalmente	*generally*
los martes	*on Tuesdays*
por lo general	*in general*
todos los días / meses / años	*every day / month / year*

   The verb **soler (ue)** + inf. = *used to* + inf. is always used in the imperfect. It denotes a habitual action in the past and it is frequently used.

   Solíamos pasar todos los veranos en la casa de campo. — *We used to spend every summer in our house in the country.*

3. **To express ongoing actions or states**

   El pasajero **leía** el libro tranquilamente. — *The passenger was reading the book quietly.*

   Estaba + -ando / -iendo is used to emphasize the ongoing nature of the action.

   Se **estaban divirtiendo** mucho en la piscina de su casa. — *They were having fun in the swimming pool of his house.*

4. **To state time in the past**

   Eran las tres de la tarde. — *It was three o'clock in the afternoon.*

5. **To express age**

Tenía veinte años cuando viajé a España por primera vez. — *I was twenty years old when I went to Spain for the first time.*

6. **To express two simultaneous actions often joined by *mientras***

Yo **hacía** las maletas **mientras** mi esposo **pagaba** la cuenta del hotel. — *I was packing the suitcases while my husband was paying the hotel bill.*

7. **To express the intention to do something in the past without regard for whether or not the action took place (iba a + *inf.*)**

Nosotros **íbamos a visitar** Machu Picchu, pero no tuvimos suficiente tiempo. — *We were going to visit Machu Picchu, but we did not have enough time.*

Nosotros **íbamos a visitar** Machu Picchu; por eso compramos rollos de películas. — *We were going to visit Machu Picchu; that is why we bought film.*

B. Forms

1. Regular verbs

The regular verb conjugation follows this pattern: **-ar** verbs end in **-aba** and **-er** and **-ir** verbs end in **-ía**. They share a single set of endings.

-ar	-er	-ir
volar	**conocer**	**salir**
vol**aba**	conoc**ía**	sal**ía**
vol**abas**	conoc**ías**	sal**ías**
vol**aba**	conoc**ía**	sal**ía**
vol**ábamos**	conoc**íamos**	sal**íamos**
vol**abais**	conoc**íais**	sal**íais**
vol**aban**	conoc**ían**	sal**ían**

2. Irregular verbs

There are only three irregular verbs: **ser, ir,** and **ver**. Study these charts.

ir	ser	ver
iba	era	veía
ibas	eras	veías
iba	era	veía
íbamos	éramos	veíamos
ibais	erais	veíais
iban	eran	veían

Note: The imperfect form of *there was / were* = **había**.

CS3-5 Viajes de negocios. Anita va a contarte algo sobre los viajes de su padre. Completa las oraciones para terminar la historia.

Recuerdo que cuando yo (1) _____________ (ser) niña mi padre (2) ________ (viajar) mucho por su trabajo. Generalmente, él (3) ___________ (irse) los lunes por la mañana temprano y (4) __________ (volver) los jueves por la noche. Los viernes siempre (5) _______ (ir) a la oficina aunque a veces (6) _____________ (estar) cansado del viaje. Pero él nunca (7) ____________ (quejarse). Al contrario, (8) ___________ (estar) siempre de buen humor y nos (9) ________________ (decir) que el lugar más lindo del mundo (10) ____________ (ser) nuestra casa. Él siempre nos (11) ___________ (traer) pequeños recuerdos de los lugares que (12) ________________ (visitar) y yo (13) __________ (soñar) que alguna vez iría a visitar los mismos lugares.

CS3-6 Un sueño extraño. Anoche soñaste que ibas en un viaje muy extraño. ¿Cómo era? Usa las siguientes oraciones en el imperfecto para describir tu sueño.

MODELO: yo / estar de viaje / en el Mediterráneo
Anoche soñé que estaba de viaje en el Mediterráneo.

1. yo / viajar / con personas ricas
2. ellos / navegar / en un yate
3. nosotros / hacer escala/en todos los puertos
4. yo / bucear / en el medio del mar
5. ellas / divertirse / mucho
6. nosotros / tomar el sol / durante el día

CS3-7 Mi niñez. Cuenta los hábitos que tenías cuando eras niño/a. Usa los siguientes verbos en tu relato.

visitar ir hacer jugar comer beber mirar
ser estar hablar

MODELO: *Cuando yo era niño / a jugaba a la casita (played house) con mis primas.*

Capítulo 4

Hablemos de la salud

Referencia gramatical 1

Indicating location, purpose, and cause: **Por** vs. **para**

A. Uses of para

1. Destination	Salgo **para** Nueva York.
2. Recipient	Este remedio es **para** Alicia.
3. Purpose: *in order to + verb*	Te doy este remedio **para** curarte.
for + noun	Este es el jarabe **para** la tos.
4. Deadline	Los resultados de los exámenes deben estar listos **para** el próximo martes.
5. Comparison	**Para** estar enfermo, te ves muy bien.
6. Employed by	Trabajo **para** el dentista.

Expressions with *para*

para bien / mal	*for good / bad*
para colmo	*on top of everything*
para mejor / peor	*for better / worse*
para siempre	*forever*
para variar	*for a change*

B. Uses of por

1. Duration of time	Estuvo en cama **por** tres días.
2. Cause, reason	**Por** salir sin chaqueta, se resfrió.
	Ana me hizo un regalo **por** el favor que le hice.
3. Exchange	Pagué 50 pesos **por** este remedio.
	Tengo mucha sed, daría cualquier cosa **por** un vaso de agua.
4. Imprecise location	¿Dejé mis anteojos **por** aquí?
5. Indicates passing through or around	Todas las noches paso **por** la biblioteca.
	Corrimos **por** el parque toda la tarde.

Expressions with *por*

por ahora	*for the time being*	**por lo menos**	*at least*
por casualidad	*by chance*	**por lo tanto**	*therefore*
por cierto	*certainly*	**por si acaso**	*just in case*
por de pronto	*to start with*	**por supuesto**	*of course*
por demás	*in excess*	**por último**	*lastly*
por ejemplo	*for example*	**por un lado / por el otro**	*on the one hand / on the other hand*
por eso	*that's why*	**por una parte / por la otra**	*on the one hand / on the other hand*
por fin	*at last*		
por lo general	*generally*		

CS4-1 **La medicina alternativa.** Lee estas opiniones sobre la medicina alternativa. Completa los espacios en blanco con **por** o **para**. Luego, escribe si estás de acuerdo o no con estas opiniones y explica por qué.

1. (1) ________________ mí no hay medicina alternativa, más bien medicina complementaria, porque lo más importante no es el microbio, sino el medio donde vive. (2) ________________ lo tanto, si el cuerpo está sano y fuerte con la ayuda de la homeopatía o del yoga, tanto mejor.

   Miguel Manzano, Alicante, España

2. El término "terapia complementaria" es mejor que decir "alternativa" porque podemos complementar todas las medicinas (3) ____________________ obtener un mejor resultado en el paciente.

   Luz Ángeles Gualtero, Santafé de Bogotá, Colombia

3. Mediante la terapia alternativa nos damos cuenta de los aspectos que debemos cambiar (4) __________________ que nuestro espíritu evolucione en paz y no nos enfermemos.

   Rita Bibiloni, Buenos Aires, Argentina

4. Hay muchas personas que optan (5) ___________________ una profesión (6) __________________ ayudar a los demás, pero no están cualificadas. Creo que hay mucho fraude.

   Saul García, México

5. Pienso que si algo no es verdad no dura (7) ______________ mucho tiempo. (8) __________________ eso creo que la medicina complementaria es una buena alternativa, (9) ____________________ tener siglos de historia.

   Jaime Wilson, Costa Rica

6. El ser humano está compuesto (10) ________________ tres partes: física, mental y espiritual. Creo que la medicina de los hospitales se ha olvidado de una parte muy importante que es el espíritu. (11) _________________ otra parte, las enfermedades del espíritu no son curadas (12) __________________ ninguna de las dos vías, ni (13) _____ la medicina tradicional ni (14) ________ la alternativa.

   Shiva Anello, Santa Cruz, Bolivia

CS4-2 **A. Un medicamento muy eficaz.** Juan estuvo enfermo la semana pasada. Usa **para** o **por** para unir la información de la izquierda con la información correspondiente de la derecha. Debes emparejar los números con las letras.

1. El médico le recetó un jarabe muy fuerte…	a. las tres de la tarde
2. No pudo recetarle penicilina…	b. la aerolínea española Iberia
3. Fue a la farmacia y compró el jarabe…	c. el parque
4. El viernes tenía que marcharse…	d. veinticinco dólares
5. Al volver a casa hizo una cita con el doctor…	e. diez horas
6. Juan trabajaba…	f. que era alérgico
7. Esa noche se acostó temprano y durmió…	g. la gripe
8. Los síntomas de la gripe empezaron cuando corría…	h. Caracas

1. ______________________________

2. ______________________________

3. ______________________________

4. ______________________________

5. ______________________________

6. ______________________________

7. ______________________________

8. ______________________________

B. Ahora indica en qué orden ocurrió cada uno de los hechos. La historia empieza con el número 6.

_6_, ___, ___, ___, ___, ___, ___, ___.

Referencia gramatical 2

Talking to and about people and things: Uses of the definite article

A. Agreement

The definite article in Spanish agrees in gender and number with the noun it accompanies.

el alimento	**la** manzana
los alimentos	**las** manzanas

Note: When a feminine noun starts with a stressed **a** or **ha**, **la** changes to **el** in the singular form only.

el agua fría	las aguas frías	*the cold water*
el ama de casa	las amas de casa	*the housewives*
el hacha afilada	las hachas afiladas	*the sharp axes*

B. Uses

The definite article is used in the following instances:

1. When it accompanies abstract nouns and nouns that are used in a general way.

   Las grasas no son buenas para **la salud**. — *Fats are not good for your health.*

   ↑ *general noun* ↑ *abstract noun*

2. With days of the week to mean *on*.

   En casa comemos sopa **los lunes**. — *At home we eat soup on Mondays.*

   Except when telling which day of the week it is:

   Hoy es lunes. — *Today is Monday.*

3. With titles (**señor, señora, señorita, professor, etc.**) when talking about the person. It is omitted when talking to the person.

   El señor Ramírez usa hierbas para curar a sus pacientes. — *Mr. Ramírez uses herbs to cure his patients.*

   —Dígame, **Sr. Ramírez,** ¿qué debo tomar para mi dolor? — *Tell me, Mr. Ramírez, what should I take for my pain?*

4. Before the names of languages.

   El español es muy popular aquí. — *Spanish is very popular here.*

   The definite article is **not** used after the preposition **en** and the verbs **hablar, aprender, comprender, enseñar, escribir, leer,** and **saber**.

   Enrique habla, lee y escribe **portugués** perfectamente. — *Enrique speaks, reads, and writes Portuguese perfectly.*

   El niño habla **en** francés porque el padre es de Francia. — *The child speaks in French because the father is from France.*

5. With articles of clothing and parts of the body where English uses the possessive adjective.

   Me puse **los guantes** antes de salir. *I put my gloves on before going out.*
   Me duele **la cabeza**. *My head aches. (I have a headache.)*

6. After the prepositions **a** and **de**, the masculine singular article **el** becomes **al** and **del**.

   a + el = **al** de + el = **del**

CS4-3 La salud de los españoles. Lee este párrafo y completa los espacios en blanco. Utiliza el artículo donde sea necesario. Luego contesta las preguntas que aparecen a continuación.

(1) ______________ Ministerio de Sanidad y Consumo y (2) ______________ Universidad Complutense de Madrid hicieron una encuesta sobre (3) ______________ salud de (4) ______________ españoles. Según (5) ______________ conclusiones (de) (6) ______________ estudio, (7) ______________ alimentación de (8) ______________ españoles es sana y variada. Siguen (9) _______ dieta mediterránea, no excesiva en (10) ______________ calorías ni en (11) ______________ grasas saturadas, y hay un abundante consumo de (12) ______________ pescado, frutas y verduras. Ésta es (13) ______________ razón por la que (14) ______________ nivel de colesterol de (15) ______________ españoles no es alto y (16) __________ España ocupa (17) ______________ tercer lugar entre (18) ______________ países con mayor esperanza de vida.

1. ¿Quiénes hicieron el estudio sobre la salud?
2. ¿Cómo es la alimentación de los españoles?
3. ¿Cómo es la dieta mediterránea?
4. ¿Qué beneficios tiene esta dieta?

CS4-4 Los centros de energía. Según la medicina védica, de la India, nuestro cuerpo tiene siete centros de energía llamados *chakras.* Cada uno de ellos tiene su propio color, sonido y atributos. Lee la información sobre cada *chakra* y completa los espacios con el artículo definido donde sea necesario.

1. **Chakra base**. Está en ______________ base de ______________ espina dorsal, corresponde (a) ______________ color rojo. Este chakra te conecta con ______________ supervivencia.

2. **Chakra sexual.** Se encuentra a 7.5 cm. debajo (de) ______________ ombligo (*belly button*) y es de ______________ color naranja. Te conecta con __________ habilidades creativas y con ______________ energía sexual.

3. **Chakra (de) __________ plexo solar**. Está a 7.5 cm. arriba (de) ___________ ombligo. Es de color ______________ amarillo. Te conecta con _____________ sentido de ______________ seguridad y ______________ emociones.
4. **Chakra (de) _________ corazón**. Está detrás (de) ___________ corazón. Tiene color verde. Te conecta con _____________ amor.
5. **Chakra de ____________ garganta**. Se encuentra detrás de ____________ laringe, es de color azul. Tiene que ver con _______________ comunicación entre ____________ corazón y _____________ cabeza.
6. **Chakra (de) _____________ tercer ojo**. Se encuentra entre ____________ ojos, es de color índigo. Te conecta con _____________ intuición.
7. **Chakra de ____________ corona**. Se encuentra en ____________ parte de arriba de ______________ cabeza, es de color violeta o blanco-violeta. Te conecta con ________________ parte más elevada de tu ser.

Referencia gramatical 3

Suggesting group activities: Nosotros commands

A. Form

When you want to get one or more people to do things with you, the **nosotros** command is used. It is the English equivalent to *Let's (do something together)*. The **nosotros** command is formed by dropping the **o** in the first person singular of the present indicative tense and adding **-emos** for **-ar** verbs or **-amos** for **-er** and **-ir** verbs. It is the same form as the first-person plural of the present subjunctive.

Infinitivo	cocinar	aprender	servir	hacer
First person present indicative tense	cocin**o**	aprend**o**	sirv**o**	hag**o**
Nosotros command	cocin**emos**	aprend**amos**	sirv**amos**	hag**amos**

Note: The irregularities of the first person present indicative tense carry over to the **nosotros** command form as it is shown in the chart with the two examples, **servir** and **hacer**.

¡**Prestemos** atención a la dieta! — *Let's pay attention to your diet!*
¡**Bebamos** a tu salud! — *Let's drink to your health!*
¡**Hagamos** una fiesta! — *Let's have a party!*

B. Position of the pronouns

Object pronouns are attached to the affirmative command but precede the negative command.

—Necesito pastillas para la garganta. — *—I need throat lozenges.*
—Pues, **comprémoslas**. — *—Then, let's buy them.*
—Teresa no sabe lo que pasa. — *—Teresa doesn't know what is happening.*
—No **se lo digamos**. Es una sorpresa. — *—Let's not tell it to her. It's a surprise.*

C. Verbs with spelling changes and commands

Verbs that end in **-car, -gar** change to **-que, -gue** to preserve the hard sound of the **c** and **g** in the command form.

¡**Practiquemos** yoga!	*Let's practice yoga!*
¡**Juguemos** a las cartas!	*Let's play card!*

Verbs that end in **-zar** change the **z** to **c** in the command form.

¡**Gocemos** de la vida!	*Let's enjoy life!*
¡**Empecemos** una dieta sana!	*Let's start a healthy diet!*

CS4-5 La feria de la salud. Imaginen que Uds. asisten a la feria de la salud y encuentran los siguientes quioscos. Reaccionen a cada situación usando los mandatos con nosotros.

MODELO: ¡Qué libros tan interesantes sobre la medicina china! (comprar)
Comprémoslos

1. Aquí venden jugos naturales. (probar)
2. Este médico presenta técnicas de relajación. (aprender)
3. Esta mujer vende remedios homeopáticos. (mirar)
4. El Dr. Chun va a hablar de acupuntura. (escuchar)
5. Éstos enseñan ejercicios para estirarse. (hacer)
6. Aquí hay una máquina que hace masajes con agua. (no usar)
7. Éste es un sillón para masajes. (no sentarse)
8. Aquí hay unas frutas exóticas. (no comer)

CS4-6 Cocinemos. Éstas son las instrucciones para hacer un pastel de chocolate. Haz oraciones completas con los elementos dados usando los mandatos con nosotros.

1. primero / romper / dos huevos en un bol
2. luego / batir / los huevos con un poco de azúcar
3. después / cortar / la manteca
4. inmediatamente / agregar / el cacao
5. luego / mezclar / la harina
6. por último / poner / la mezcla en una asadera
7. finalmente / cocinar / el pastel en el horno microondas

CS4-7 Planes. Estos dos amigos planean hacer una dieta pero no siempre están de acuerdo. Expresa lo que dice Juan y cómo reacciona Pepe. Usa los verbos en la forma imperativa.

MODELO: *buscar / una dieta saludable* *sí / sacarla / de este libro*
E1: Busquemos una dieta saludable.
E2: Sí saquémosla de este libro.

Juan	**Pepe**
adelgazar / 10 libras	sí, pero antes / buscar / una nueva dieta
comenzar / la dieta el lunes	no mejor / empezarla / el 1er día del mes
practicar / un deporte	sí, como no / jugar / al tenis
ahora / almorzar algo liviano	por hoy / comer / bien
por ahora / gozar / de la vida	pagar / las consecuencias luego

Capítulo 5

Hablemos de donde vivimos

Referencia gramatical 1

Distinguishing between people and things: The personal a

When the direct object is a specific person or persons, or a personalized object like a dear pet, the personal **a** is used before it. If it is a non specific person or a place or a thing, the **a** is omitted.

Visitamos **a la alcaldesa** de la ciudad para presentarle nuestra organización. — *We visited the mayor of the city to present to her our organization.*
Llevamos **a nuestra perrita** al veterinario porque había que vacunarla. — *We took our puppy to the vet because she needed a vaccine.*
No visites **la selva tropical** en la estación de las lluvias. — *Don't visit the tropical forest in the rainy season.*
Necesito **amigos.** — *I need friends.*

Finding the direct object

Remember that in general the direct object receives the action of the verb. Generally in order to find the direct object ask the question **Qué / A quién + verbo.**

Visitamos la selva tropical. ¿Qué visitamos? La selva tropical → Objeto directo	Conozco a la presidenta de la empresa. ¿A quién conozco? A la presidenta de la empresa → Objeto directo

CS5-1 ¿Qué pasa con la selva tropical? Lee el párrafo y escribe la **a personal** donde sea necesario.

Existe una organización internacional dedicada a proteger (1) ________________ la selva tropical. Muchas personas que buscan (2) ________________ tierras cultivables van a la selva, cortan (3) ________________ los árboles y destruyen (4) ________________ la fauna y la flora de la región. Esta organización invitó (5) ________________ unos ecólogos para que les enseñen (6) ________________ las personas del lugar a respetar la naturaleza.

Los ecólogos también visitaron (7) ________________ muchas empresas internacionales donde dieron conferencias sobre el efecto de la destrucción de la selva. No es bueno talar (8) ________________ los árboles que limpian (9) ________________ el aire que respiramos. Al final de un año de trabajo, los ecólogos tuvieron que presentar (10) ________________ un informe sobre los resultados de esta campaña. El presidente de la organización recibió (11) ________________ los ecólogos en su oficina y les dio un premio por sus logros. Aunque ellos trabajaron mucho, el problema sigue siendo grave.

CS5-2 ¿Se necesita o no? Escribe la **a personal** donde sea necesario.

1. Conozco _______________ Adolfo muy bien. Es el mejor amigo de mi compañera de cuarto.
2. Estoy contenta de ir a mi casa este fin de semana. Voy a ver _______________ mis amigos y _______________ mi gatito que hace mucho que no los veo.
3. Me encantaría visitar _______________ las ruinas de Machu Picchu.
4. Su trabajo es llamar por teléfono _______________ los ex-alumnos de la universidad.
5. Llevamos _______________ todos los estudiantes en autobús para que vean el partido de fútbol
6. Necesitamos traer_______________ los libros a clase todos los días.

Referencia gramatical 2

Avoiding repetition of nouns: Direct object pronouns

As you learned above, the direct object is the person or thing that is directly affected by the verb. It tells you who or what receives the action.

El satélite tomó **fotos de la capa de ozono.**
V D.O.

In order to avoid repetition, the direct object can be replaced by the direct object pronouns. When the direct object is replaced by a direct object pronoun, the pronouns agree with the direct object they stand for in number (singular or plural) and in gender (masculine or feminine).

El municipio creó **el programa "Mantenga limpia la ciudad".** D.O. El municipio **lo** creó. D.O.P.

Direct object pronoun	
me	nos
te	os
lo, la	los, las

A. Placement of the direct object pronoun

1. Before the conjugated verb	—¿Aceptan **las pilas** para reciclar? —No, no **las** podemos reciclar aquí.	*Do you accept batteries for recycling?* *No, we can't recycle them here.*
2. Before the negative command	—¿Pongo **los residuos** en el cubo de la basura? —No **los** pongas en el cubo, los usamos en el jardín.	*Do I put the garbage in the trash can?* *No, don't put it in the trash can, we use it in the garden.*
3. After and attached to the affirmative command	—¿Qué hago con **estas pilas**? —Tíra**las.** No **las** pueden reciclar.	*What do I do with these batteries?* *Throw them away. They can't recycle them.*
4. After and attached to the infinitive	—¿Vas a usar **la bolsa de plástico**? —Sí, voy a usar**la**.	*Are you going to use the plastic bag?* *Yes, I'm going to use it.*
5. After and attached to the gerund (-ando, -iendo form)	—No creo que estén talando **el bosque**. —Sí, te aseguro que están talándo**lo**.	*I don't believe they are cutting down the forest.* *Yes, I assure you they are cutting it down.*

Note: When the pronoun is used in a verbal phrase with the infinitive or the gerund, it may be placed before the conjugated verb or after and attached to the infinitive or the gerund, as showed in 4 and 5 in the chart.

—¿Vas a visitar el Museo Reina Sofía, en Madrid?
—Sí, voy a visitar**lo**.
—Sí, **lo** voy a visitar.

—No encuentro el artículo sobre la contaminación del aire.
—Yo también estoy buscándo**lo**.
—Yo también **lo** estoy buscando.

CS5-3 Planes para el verano. Este verano tú quieres ir a trabajar a Madidi, el nuevo parque nacional de Bolivia, y estás esperando la respuesta a tu solicitud. Contesta las preguntas que un amigo te hace usando los pronombres de objeto directo.

MODELO: ¿Te entrevistó el jefe del grupo? (No, todavía no.)
No, todavía no me entrevistó.

1. ¿Te invitaron a trabajar con el equipo ecológico en el parque? (Sí)
2. ¿Te escogieron para viajar con ellos? (No / ir solo/a)
3. ¿Te van a esperar en el aeropuerto de La Paz? (Sí)
4. ¿Quieres que yo te lleve al aeropuerto aquí? (No / mis padres)
5. ¿Puedo visitarte en el parque por una semana este verano? (Sí, por supuesto)
6. ¿Me acompañas a comprar el pasaje? (Sí)
7. ¿Me ayudas a planear mi itinerario? (Sí)

CS5-4 El parque Madidi. El parque nacional Madidi, en Bolivia, cubre 4.7 millones de acres. Explica lo que está pasando allí usando los pronombres de objeto directo con el gerundio.

MODELO: ¿Los habitantes de Madidi hablan español? (No / aprender)
No, no lo hablan. Los habitantes están aprendiéndolo.
o
No, no lo hablan. Los habitantes lo están aprendiendo.

1. ¿Los investigadores conocen toda la flora y la fauna de Madidi? (No / estudiar)
2. ¿Los investigadores tienen catalogados todos los pájaros de Madidi? (No / clasificar)
3. ¿El grupo ecologista tiene el permiso del gobierno? (No / pedir)
4. ¿Los ecologistas hablan quechua? (No / estudiar)
5. ¿El gobierno apoya a los ecologistas? (Sí / apoyar)
6. ¿Los turistas visitan los pueblos dentro del parque? (Sí / visitar)
7. ¿Los turistas escalan las montañas? (Sí / escalar)

Referencia gramatical 3

Indicating to whom and for whom actions are done : Indirect object pronouns

Indirect object indicates **for whom** or **to whom** the action of the verb is done. As with the direct object pronouns, indirect object pronouns can also be placed before the conjugated verb or after and attached to the infinitive or gerund.

Yo **le** (I.O.P.) pedí ayuda **a mi hermana** (I.O.). Ellos están haciéndo**me** (I.O.P.) una pregunta importante.

In order to find the indirect object in a sentence, we ask the question **to** or **for whom** something is done.

Ramón les manda mensajes electrónicos a los grupos ecologistas.	*Ramón sends e-mails to the ecological groups.*
¿A quiénes les **manda** mensajes electrónicos Ramón?	*To whom does Ramón send the e-mail?*
A los grupos ecologistas. → I.O.	*To the ecological groups.*

The indirect object is introduced by the prepositional phrase **a** + **noun**(s). The indirect object may be replaced with the corresponding indirect object pronoun. However, every time the indirect object noun is present in a sentence, you must have the indirect object pronoun also.

me	nos
te	os
le	les

Luis **le** pidió una beca **al director**.	*Luis asked the director for a scholarship.*
Luis **le** pidió una beca.	*Luis asked him for a scholarship.*

B. Placement of the indirect object pronoun is the same as with the direct object

The indirect object pronoun has the same placement as the direct object pronoun.

1. Before the conjugated verb	**Le** prestamos un envase de vidrio.	*We loaned him a glass container.*
2. Before the negative command	No **nos** digas mentiras.	*Don't tell us lies.*
3. After and attached to the affirmative command	Da**me** ese cartón, por favor.	*Give me that cardboard, please.*
4. After and attached to the infinitive	Voy a dar**les** una sorpresa.	*I'm going to give you a surprise.*
5. After and attached to the gerund (-ando, -iendo form)	Están regalándo**les** latas de comida.	*They are giving them canned food.*

Note: When the pronoun is used in a verbal phrase with the infinitive or the gerund, it may be placed before the conjugated verb or after and attached to the infinitive or the gerund.

Le voy a mandar flores a mi madre.

Voy a mandar**le** flores a mi madre.

Les están explicando lo que necesitan para el viaje.

Están explicándo**les** lo que necesitan para el viaje.

CS5-5 La comunicación. Tu amigo finalmente se fue a trabajar a Madidi por tres meses y tú tienes problemas con la comunicación. Forma oraciones completas con los elementos dados. Usa los pronombres de objeto indirecto.

MODELO: Mandar / a mi amigo / mensajes por correo electrónico
Le mandé a mi amigo mensajes por correo electrónico.

1. escribir / a mi amigo / tres cartas
2. no contestar / a mí / ninguna
3. mandar / a él / una caja de dulces
4. enviar / a él / un telegrama
5. responder / a mí / con otro telegrama
6. decir / a mí / que / no debo preocuparme
7. explicar / a mí / que donde está no hay teléfono ni correo

CS5-6 El regreso de Madidi. Cuando tu amigo vuelve a los Estados Unidos les trae recuerdos a todos. Di lo que le trajo a cada persona.

MODELO: A Antonia / dar / una bolsa inca
A Antonia le dio una bolsa inca.

1. a sus padres / traer / un sombrero coya
2. a su novia / regalar / unas pulseras hechas por los indígenas
3. a su primo / dar / una foto de los Andes
4. a mí / traer / un suéter de llama
5. a ti / dar / dulces típicos de ese área
6. a ti y a mí / regalar / CD con música de la Puna

Capítulo 6

Hablemos de los derechos humanos

Referencia gramatical 1

Expressing hope and desire: Present subjunctive of regular verbs

Spanish has two different moods to distinguish between factual and hypothetical events. The indicative mood is used to express the first and the subjunctive mood expresses the second. Hypothetical statements are subjective; they express the subject's hopes, desires, opinions, and emotions which in many instances carry a degree of uncertainty and doubt. It is also used to suggest, give advice, and make requests.

Rigoberta quiere que la gente **respete** la tierra. — *Rigoberta wants people to respect the land.*

A. Some uses of the subjunctive

1. The subjunctive form is often used in a dependent clause introduced by **que** when there is a change of subject. When the verb in the main clause expresses something subjective, uncertain, or unknown to the speaker, it requires the use of the subjunctive in the dependent clause.

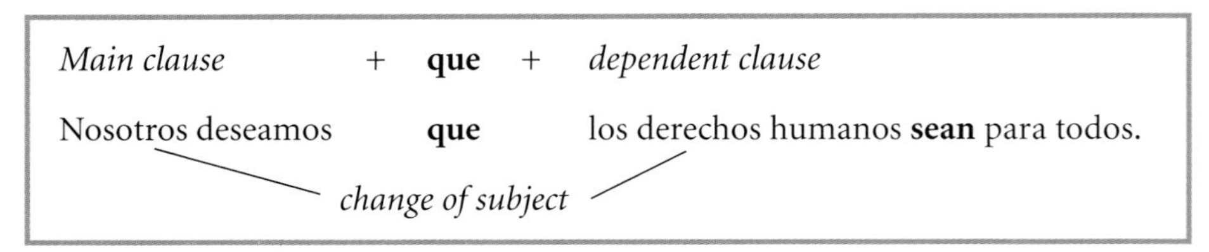

2. The subjunctive is used only when the subject of the dependent clause is different from that of the main clause. Otherwise, use the infinitive.

   Change of subject → Subjunctive

   Los campesinos esperan que **el gobierno** respete sus derechos. — *The peasants hope that the government will respect their rights.*

   No change of subject → Infinitive

   Los campesinos **esperan tener** una buena cosecha. — *The peasants hope to have a good harvest.*

3. Subjective statements expressing desire and hope use verbs or expressions in the main clause that signal the use of the subjunctive in the dependent clause.

   Desire: **querer, desear**

   Hope: **esperar, ojalá que**

   Deseamos que este año **haya** una buena cosecha. — *We hope to have a good harvest this year.*

¡OJO! Since the subjunctive form is used very little in English, you will usually use the infinitive form or the future when you do a translation.

Note: Ojalá (que) is not a verb; it is an Arabic expression meaning *may Allah grant.* It is always followed by a verb in the subjunctive. The use of **que** is optional.

Ojalá que se **terminen** la opresión y la violencia.

B. Forms of the present subjunctive

Regular verbs

To form the present subjunctive, take the first person singular (**yo** form) of the present indicative, drop the **-o**, and add the **-e** endings to the **-ar** verbs and **-a** endings to the **-er** and **-ir** verbs.

visito → visit- → visite

aprendo → aprend- → aprenda

vivo → viv- → viva

-ar	-er	-ir
visit**e**	aprend**a**	viv**a**
visit**es**	aprend**as**	viv**as**
visit**e**	aprend**a**	viv**a**
visit**emos**	aprend**amos**	viv**amos**
visit**éis**	aprend**áis**	viv**áis**
visit**en**	aprend**an**	viv**an**

CS6-1 Mis deseos de paz. Forma oraciones usando el subjuntivo para expresar tus deseos. Usa los verbos querer, desear, esperar y la expresión ojalá.

MODELO: la gente / terminar la discriminación contra los indígenas
Quiero que la gente termine la discriminación contra los indígenas.

1. los gobiernos / respetar las etnias (*grupos indígenas*)
2. la gente / comprender las costumbres indígenas
3. los gobiernos / prohibir la tortura
4. las personas en el poder / no violar los derechos humanos
5. la Iglesia / aceptar las creencias populares
6. el ejército / no usar la violencia
7. los pueblos / discutir las ideas opuestas para llegar a un acuerdo
8. las diferentes comunidades indígenas / vivir en paz
9. ¿?

Referencia gramatical 2

Expressing hope and desire: Present subjunctive of irregular verbs

Verbs that are irregular in the first person of the present indicative keep the irregularity in all persons in the subjunctive.

tengo → teng- → tenga, tengas, tenga, tengamos, tengáis, tengan

conozco → conozc- → conozca, conozcas, conozca, conozcamos, conozcáis, conozcan

1. **Spelling-changing verbs**

   Verbs that end in **-car**, **-gar**, **-zar**, and **-ger / -gir** have spelling changes in order to preserve the original sound of the infinitive form.

   -car → que = practicar → practi**que**

   -gar → gue = pagar → pa**gue**

   -zar → ce = comenzar → comien**ce**

   -ger, -gir → ja = escoger → esco**ja**, dirigir → diri**ja**

-car verbs	**-gar** verbs	**-zar** verbs	**-ger -gir** verbs
atacar	agregar	alcanzar	elegir
buscar	investigar	almorzar	exigir
comunicar	juzgar	analizar	recoger
criticar	llegar	avanzar	
educar	navegar	comenzar	
explicar	negar	empezar	
platicar	obligar	finalizar	
practicar	pegar	gozar	
publicar		organizar	
sacar		utilizar	
secar			
tocar			

2. **Stem-changing verbs**

   The **-ar** and **-er** verbs that stem-change in the present indicative also show the same stem change in the present subjunctive except in the **nosotros** and **vosotros** forms.

-ar		**er**	
pensar **e → ie**	recordar **o → ue**	querer **e → ie**	poder **o → ue**
p**ie**nse	rec**ue**rde	qu**ie**ra	p**ue**da
p**ie**nses	rec**ue**rdes	qu**ie**ras	p**ue**das
p**ie**nse	rec**ue**rde	qu**ie**ra	p**ue**da
pensemos	recordemos	queramos	podamos
penséis	recordéis	queráis	podáis
p**ie**nsen	rec**ue**rden	qu**ie**ran	p**ue**dan

The **-ir** verbs that stem-change in the present indicative also show the same stem change in the present subjunctive and an additional stem change in the **nosotros** and **vosotros** forms.

preferir **e → ie, i**	servir **e → i, i**	dormir **o → ue, u**
pref**ie**ra	s**i**rva	d**ue**rma
pref**ie**ras	s**i**rvas	d**ue**rmas
pref**ie**ra	s**i**rva	d**ue**rma
pref**i**ramos	s**i**rvamos	d**u**rmamos
pref**i**ráis	s**i**rváis	d**u**rmáis
pref**ie**ran	s**i**rvan	d**ue**rman

3. **Irregular verbs**
   These are common irregular verbs in the present subjunctive.

dar:	dé, des, dé, demos, déis, den
estar:	esté, estés, esté, estemos, estéis, estén
haber:	haya, hayas, haya, hayamos, hayáis, hayan
ir:	vaya, vayas, vaya, vayamos, vayáis, vayan
saber:	sepa, sepas, sepa, sepamos, sepáis, sepan
ser:	sea, seas, sea, seamos, seáis, sean

Note: hay = haya

CS6-2 **Buenos deseos.** Tú y otros estudiantes van a viajar a Guatemala para aprender español en una escuela y allí van a vivir con una familia. Forma oraciones esperando lo mejor.

MODELO: esperar / nosotros / tener suerte
Yo espero que nosotros tengamos suerte.

1. esperar / nosotros / llevarnos bien con la familia
2. esperar / mi clase / visitar alguna asociación de derechos humanos
3. ojalá / a mí / gustarme la comida
4. esperar / mis compañeros y yo / aprender mucho español
5. ojalá / hacer muchos amigos nuevos
6. esperar / los maestros / ser buenos
7. esperar / nosotros / repetir la experiencia
8. esperar / el grupo / volver contento
9. esperar / nosotros / hacer un buen trabajo

CS6-3 ¿Qué quieres tú? Completa las oraciones con tus deseos personales y la forma correcta del verbo en el subjuntivo.

1. Yo quiero que mi amiga (ir) ____________.
2. Yo deseo que mis profesores (dar) ______________.
3. Ojalá que mis clases (ser) _______________.
4. Espero que mis amigos (estar) _______________.
5. Quiero que nosotros (ir) _________________.
6. Ojalá que yo (saber) _______________.

Referencia gramatical 3

Expressing opinion, judgment and feelings: Impersonal expressions with the subjunctive

Impersonal expressions that introduce an opinion require the subjunctive when there is a change of subject. Remember that opinions are not factual, they are subjective views, therefore the subjunctive must be used. These expressions can be used to influence someone's views.

A. Expressing opinion

es aconsejable	**es horrible**	**es sorprendente**	**es necesario**
es bueno / malo	**es posible**	**es útil**	**es fantástico**
es importante	**es una lástima**	**es preferible**	**es terrible**
es imposible	**es mejor**	**es ridículo**	**es interesante**

1. **Change of subject**

   If the subject of the dependent clause is different from the one of the impersonal expression, then the subjunctive is used. This structure is used to talk about a specific idea not a general one.

Es importante que Amnistía Internacional **trabaje** para proteger los derechos humanos.	*It is important that Amnesty International works to protect human rights.*
Es terrible que **pasen** estas atrocidades.	*It is terrible that these atrocities happen.*

2. **No change of subject: general statement**

   If an impersonal expression is used without a change of subject, the indicative is used. This structure is used to express a general idea instead of a particular one.

Es importante **trabajar** para proteger los derechos humanos.	*It is important to work to protect human rights.*

Note: Impersonal expressions that state a fact are followed by the indicative.

es cierto **es obvio** **no hay duda** **es evidente** **es verdad**

No hay duda de que **conoce** bien el problema.	*There is no doubt that he knows the problem well.*

B. Expressing feelings and emotions

Impersonal expressions that express a feeling or emotion also require the subjunctive when there is a change of subject.

alegrarse (de)	**lamentar**	**sentir**	**tener miedo (de)**
estar contento/a	**molestar(se)**	**sorprender(se)**	**estar triste**

Me alegro de que Uds. **colaboren** en las relaciones entre las etnias y el gobierno.

I am glad that you cooperate in the relationship between the indigenous groups and the government.

CS6-4 ¿Qué opinan Uds.? Los sacerdotes mayas ejecutan ritos durante los 260 días que dura el año ritual para ellos. Expresa tu opinión sobre estos ritos usando las expresiones de opinión o juicio.

MODELO: ellos / pedir perdón a la tierra por talar árboles
Es increíble que ellos le pidan perdón a la tierra por talar árboles.

1. el año ritual maya / durar 260 días
2. los sacerdotes / practicar ritos todos los días
3. ellos / pedir permiso al mundo cuando nace un niño
4. la comunidad / solicitar a la tierra una abundante cosecha de maíz
5. los sacerdotes / pedir a los dioses protección contra las armas enemigas
6. los indígenas / creer que están hechos de maíz blanco y amarillo
7. los indígenas / pensar que el agua es algo sagrado
8. ellos / adorar al sol porque da vida

CS6-5 La Iglesia en Latinoamérica. La teología de la liberación denuncia la injusticia y la opresión que sufren los pobres de Latinoamérica. Éstas son algunas de las ideas que propone. Expresa tus sentimientos sobre estas situaciones. Usa las expresiones impersonales de emoción.

MODELO: Valora la identidad indígena, negra y criolla de Latinoamérica.

Me alegra que la teología de la liberación valore la identidad indígena, negra y criolla de Latinoamérica.

1. Denuncia la opresión de los pobres.
2. Rechaza la injusticia social en Latinoamérica.
3. Enseña solidaridad con los pobres.
4. Propone una nueva interpretación de la historia.
5. Quiere cambiar la tradición colonialista.
6. Presenta el evangelio relacionado con la vida de los oprimidos.

Capítulo 7

Hablemos de trabajo

Referencia gramatical 1

Talking about generalities and giving information: Impersonal se

1. When we want to talk about generalities without mentioning a specific subject, in English we use the words *one, people, you, we* or *they* in impersonal sentences.

   They say there are good job opportunities in the big cities.

   (*They* refers to people in general.)

   To express this impersonal subject in Spanish use the impersonal **se**.

se + *third-person singular verb*

Se dice que la nueva fábrica será una importante fuente de trabajo.	*They say that the new factory will be an important source of employment.*
¿Dónde **se presenta** el currículum para este empleo?	*Where does one present the CV for this job?*

2. The impersonal **se** is also used to report an action in the passive voice without specifying who is doing the action. In this case Spanish uses the following structure

se + *third-person singular verb* + *singular subject* **se** + *third-person plural verb* + *plural subject*

Se necesita ingeniero en computadoras.	*A computer engineer is needed.*
Se necesitan administradores de empresa bilingües.	*Bilingual business administrators are needed.*

Note: You will find additional practice with the passive **se** in Chapter 11, pag. 486.

3. The impersonal **se** construction is used in signs giving information or warning.

Se alquila(n).	*For rent.*
Se habla español.	*Spanish spoken here.*
Se necesita secretaria.	*A secretary is needed.*
Se prohíbe fumar.	*No smoking.*
Se ruega no tocar.	*Please don't touch.*
Se vende(n).	*For sale.*

CS7-1 No me gusta mi trabajo. Tú quieres cambiar de trabajo porque hay muchas cosas que no te gustan. Usa el **se** impersonal para expresar los problemas de este trabajo.

MODELO: Este trabajo exige mucho de los empleados.
Se exige mucho.

1. Todos los empleados corren todo el día.
2. Todos comemos mal porque la cafetería no tiene buena comida.
3. Todos trabajan muchísimo.
4. Hay que trabajar los fines de semana.
5. Atienden mal al público.
6. Dicen que van a cambiar pero no lo creo.

CS7-2 Los obreros. El sindicato de obreros *(labor union)* de la fábrica de zapatos es muy activo y consiguió varias mejoras para los empleados. Explica lo que se consiguió.

MODELO: redactar / nuevo contrato
Se redactó un nuevo contrato.

1. publicar / el contrato
2. obtener / vacaciones más largas
3. lograr / mejores beneficios
4. aumentar / el salario
5. conseguir / seguro de desempleo
6. imponer / un horario flexible

CS7-3 Los desocupados. El desempleo es muy alto en esta región y los desocupados piden que el gobierno haga algo. Explica lo que se hace para mejorar la situación.

MODELO: pedir / más fuentes de trabajo
Se piden más fuentes de trabajo.

1. nombrar / nuevos dirigentes en el gobierno
2. establecer / una organización de desempleados
3. preparar / una movilización de los ciudadanos
4. diseñar / planes de ayuda para las familias de los desempleados
5. buscar / empresarios que entiendan la situación
6. abrir / dos nuevas fábricas

CS7-4 Anuncios. Tú trabajas en una imprenta y hay varios clientes que quieren anuncios para estas situaciones. Ayúdales a escribir el anuncio. ¿Qué deben decir?

MODELO: La Sra. López tiene un negocio de cristales muy finos y no quiere que nadie toque la mercancía.
Se prohíbe tocar la mercancía.

1. El Sr. Aguirre tiene un apartamento para alquilar.
   Anuncio: ______________________________
2. La librería San Cayetano tiene empleados bilingües para vender libros en español.
   Anuncio : ______________________________
3. María quiere vender su coche.
   Anuncio: ______________________________
4. El dueño del restaurante *La buena vida* es alérgico al cigarrillo y no quiere que sus clientes fumen.
   Anuncio: ______________________________
5. La secretaria del jefe del departamento de ventas encontró otro trabajo mejor. Ahora el jefe no tiene secretaria.
   Anuncio: ______________________________

Referencia gramatical 2

Describing general qualities: Lo + adjective

To describe general qualities or abstract ideas as in *the good thing, the interesting thing,* Spanish uses the neuter article **lo** followed by an adjective.

Lo interesante es que mi jefe me dio un aumento. — *The interesting thing is that my boss gave me a raise.*

For emphasis or to express degree of quality the words **más** or **menos** may be added. Study these structures:

lo + *singular masculine adjective*
lo + **más / menos** + *singular masculine adjective*

Lo bueno de este trabajo es el horario flexible. — *The good thing about this job is the flexible hours.*

Lo más importante de la entrevista fue la negociación del salario. — *The most important thing about the interview was the salary negotiation.*

Common phrases in Spanish are:

lo mejor	**lo peor**	**lo importante**	**lo interesante**
lo bueno	**lo malo**	**lo cómico**	**lo fantástico**

Note: The expression **lo que** may be translated as *the thing that, what* in English. It is used when *what* introduces an idea or is embedded in a sentence.

Lo que me encanta de mi trabajo es la camaradería de mis colegas. — *What (the thing that) I love about my job is the camaraderie of my colleagues.*

Pregúntale a Luisa **lo que** hace una asistente social. — *Ask Luisa what a social worker does.*

CS7-5 Mi trabajo. Describe tu último trabajo. Usa las expresiones con **lo** + **adjetivo**.

MODELO: ¿Qué era lo más interesante de tu último trabajo?
Lo más interesante de mi último trabajo era la parte de las finanzas.

1. ¿Qué era lo mejor de tu último trabajo?
2. ¿Qué era lo peor de tu último trabajo?
3. ¿Qué era lo más importante de tu último trabajo?
4. ¿Qué era lo más aburrido de tu último trabajo?
5. ¿Qué era lo menos agradable de tu último trabajo?
6. ¿Qué era lo que más te gustaba de tu último trabajo?

CS7-6 Mantener el equilibrio. Hay muchas mujeres que trabajan fuera de casa y también tienen que atender a la familia. Describe las ventajas y desventajas de esta situación usando estas expresiones: **lo bueno, lo malo, lo fácil, lo difícil, lo interesante,** etc.

MODELO: *Lo bueno es que ellas tienen una vida profesional.*

CS7-7 Consejos para encontrar trabajo. Completa las oraciones con **lo, lo que** o **que**. Luego expresa si tú estás de acuerdo con estos consejos.

1. __________ debes hacer es tener paciencia.
2. __________ no debes hacer es esperar a que alguien te ofrezca un trabajo.
3. No esperes __________ tu primer trabajo sea muy interesante.
4. Tienes que buscar un trabajo __________ te guste.
5. __________ difícil es encontrar trabajo cerca de mi casa.
6. Pregunta ____________ no comprendas en la entrevista.
7. Escucha las ideas __________ presentan los entrevistadores.
8. Presenta tus ideas sobre __________ se puede cambiar, sin criticar la estructura actual de la empresa.

Referencia gramatical 3

Explaining what you want others to do: Indirect commands

Indirect commands are used to tell a person what one wants other people to do.

Susy, **que Sonia prepare** los documentos para la reunión, por favor
Susy, have Sonia prepare the documents for the meeting please.

A. Form

The present subjunctive is the form used in Spanish for the indirect command.

B. Sentence structure

Que, meaning *let, may* or *have,* is always used to introduce the indirect command. The subject may go before the verb or after the objects.

que	+	**(subject)**	+	**verb**	+	**object**	+	**(subject)**
Que				haga		las fotocopias		Graciela.
Que		Ester y José		escriban		el informe.		

C. Uses

The indirect command is used:

1. to tell someone what you want another person(s) to do.
   Que Inés te dé los nuevos contratos.
2. to express good wishes to another person.
   ¡Que tengas suerte en la entrevista!

CS7-8 La nueva fábrica. Tú estás encargado/a de organizar al equipo que va a poner en marcha una nueva fábrica. Dile a tu secretaria los mensajes electrónicos que tiene que mandar hoy.

MODELO: firmar los contratos / la abogada
Que la abogada firme los contratos.

1. traer los nuevos planos / la arquitecta
2. mandar dos cartas de recomendación / los candidatos
3. hablar conmigo / el gerente de ventas
4. negociar con el departamento de Recursos Humanos / los obreros
5. finalizar el contrato / los directivos
6. mostrar el nuevo producto / los ingenieros del departamento de desarrollo
7. presentar el nuevo presupuesto / el contador

CS7-9 Los graduados. Estos amigos tuyos se gradúan de la universidad y tienen distintos planes para el futuro. Expresa tus buenos deseos para cada uno de ellos.

MODELO: Roberto y Luisa se van a casar. (ser felices)
¡Que sean felices !

1. Gabriela quiere estudiar medicina. (alcanzar sus metas)
2. Benjamín y Lucas van a abrir su propia empresa. (tener suerte)
3. Teresa se muda a otra ciudad. (hacer nuevos amigos)
4. Raquel y Sebastián van a hacer un viaje por Europa. (divertirse)
5. Laura quiere trabajar para las Naciones Unidas. (encontrar el puesto soñado)
6. Agustín está desconforme con su trabajo. (conseguir un nuevo trabajo)

Capítulo 8

Hablemos del arte

Referencia gramatical 1

Describing past desires, advice, and doubts: Imperfect subjunctive

When the main clause states past desires, advice, and doubts, use the imperfect subjunctive in the dependent clause.

Yo les recomendé que (ellos) **vieran** la exposición de Frida Kahlo.	*I recommended that they see Frida Kahlo's exhibition.*

A. Uses of the imperfect subjunctive

1. When the verb of the main clause is in the past, the imperfect subjunctive is used in the dependent clause. It occurs in the same instances that you learned for the present subjunctive—that is, to express feelings, emotion, wish, hope, doubt, uncertainty, judgment, advice, denial, etc. Consider the following examples.

Fue sorprendente que el cuadro se **vendiera** por tanto dinero. *(expressing emotions)*	*It was surprising that the picture sold for so much money.*
Esperábamos que los frescos **fueran** espectaculares. *(hope)*	*We expected the frescoes to be spectacular.*
No creía que ella **dibujara** tan bien. *(doubt)*	*I didn't think she could draw that well.*
El maestro **nos aconsejó** que **dibujáramos** cuidadosamente. *(advice)*	*The teacher advised us to draw carefully.*
No **hubo** nadie que **pintara** tantos autorretratos como Frida Kahlo. *(nonexistent antecedent)*	*There was no one who painted as many self-portraits as Frida Kahlo.*

2. The expression **como si** (*as if*) is always followed by the imperfect subjunctive.

   Pinta **como si fuera** un maestro. — *He paints as if he were a master.*

B. Imperfect subjunctive forms

1. To form the imperfect subjunctive, add the endings **-ra, -ras, -ra, -ramos, -rais, -ran** to the stem. Find the stem by dropping the -ron ending of the third person plural of the preterite: **apreciar → apreciaron → aprecia-, ver → vieron → vie-, salir → salieron → salie-**. Note that the irregularities of the preterite will also appear in the imperfect subjunctive.

Note: Review the preterite tense forms on pages 441–443.

buscar → buscaron	querer → quisieron	exhibir → exhibieron
busca**ra**	quisie**ra**	exhibie**ra**
busca**ras**	quisie**ras**	exhibie**ras**
busca**ra**	quisie**ra**	exhibie**ra**
buscá**ramos**	quisié**ramos**	exhibié**ramos**
busca**rais**	quisie**rais**	exhibie**rais**
busca**ran**	quisie**ran**	exhibie**ran**

Note: There is a written accent on the first person plural.

2. In some parts of the Spanish-speaking world the **-ra** ending is alternated with **-se**: **pudiese, pudieses, pudiese, pudiésemos, pudieseis, pudiesen.** This form is also commonly found in literary passages.

CS8-1 Un genio mal comprendido. Fernando es un buen pintor ahora, pero cuando tenía dieciséis años, solamente su profesor de dibujo sabía que Fernando era bueno. Combina lógicamente la información de las dos columnas para saber qué pensaban Fernando y su familia sobre su arte. Conjuga los verbos de la columna de la derecha en el imperfecto del subjuntivo.

1. A los dieciséis años Fernando ya pintaba como si…
2. Nadie creía que…
3. El señor Ruiz, su profesor de dibujo, le aconsejó que…
4. Su padre quería que…
5. Su padre le prohibió que…
6. Fernando dudaba que…
7. La madre no creía que…

a. … ser ingeniero
b. … su hijo tener cualidades artísticas
c. … sus padres querer pagar sus estudios en la escuela de Bellas Artes
d. … estudiar pintura en la escuela de Bellas Artes
e. … dibujar tan bien
f. … ir a las clases de dibujo del profesor Ruiz
g. … ser un verdadero profesional

CS8-2 Los genios. En las escuelas de arte y de música se encuentra mucha gente que tiene talento. Completa las oraciones con los verbos dados y un poco de imaginación.

MODELO: Inés dibuja como si (ser) ________________.
Inés dibuja como si fuera Picasso.

1. Juana pinta como si (ser) ______________________.
2. Ofelia y Ramona dibujan como si (copiar a) ________________.
3. Néstor canta ópera como si (ser) ______________________.
4. Tú tocas el violín como si (saber) ____________________.
5. Ángela y yo bailamos como si (estar) __________________.
6. Elena produce cuadros como si (no costarle) ______________.

Referencia gramatical 2

Expressing desire: Imperfect subjunctive in independent clauses

A. The imperfect subjunctive can also be used with **querer** in independent sentences to express a wish. It is a polite form of expressing a desire. It is the English equivalent of *I would like to…*

Quisiera colgar este cuadro en esta pared. — *I would like to hang this picture on this wall.*

B. **Quién** followed by the imperfect subjunctive in exclamatory sentences expresses a wish that can't be fulfilled.

¡**Quién tuviera** su habilidad con el dibujo! — *I wish I had his drawing ability!*

CS8-3 El decorado. Estás encargado/a de preparar una sala del museo para una exhibición de arte. Diles cortésmente a tus ayudantes lo que quieres que hagan. Usa **quisiera** según el modelo.

MODELO: Tienen que cambiar de lugar la mesa de la entrada.
Quisiera que Uds. cambiaran de lugar la mesa de entrada.

1. Los bosquejos tienen que estar todos juntos.
2. Es necesario poner una luz aquí.
3. Hay que sacar los cuadros pequeños de esa pared.
4. Necesito que alguien cuelgue este cuadro en esta pared.
5. Tenemos que poner unos asientos en el medio del salón.
6. Hay que poner unas flores sobre la mesa.

CS8-4 Pobrecita yo. Luisa siempre se siente triste y deprimida porque piensa que no es una buena artista. Expresa sus sentimientos según el modelo.

MODELO: No sé dibujar bien.
¡Quién supiera dibujar bien!

1. No tengo habilidad para dibujar.
2. No pinto mejor que Frida Khalo.
3. No uso las acuarelas correctamente.
4. No hago buenas esculturas.
5. No pinto cuadros atractivos.
6. No sé usar bien los pasteles.

Capítulo 9

Hablemos del sexismo

Referencia gramatical 1

Talking about future activities: Future tense

In Spanish you can express future events in three different ways:

1. **Using the present tense**
   Mañana **se casa** Ana María. *Ana María will get married tomorrow.*
   There is a sense of certainty that the action will happen.

2. **Using *ir a* + *inf.***
   Nosotras **vamos a ser** supermujeres. *We are going to be superwomen.*
   It is used to express actions in the near or distant future. It is commonly used in everyday speech instead of the future tense.

3. **Using the future tense**
   El machismo **desaparecerá** en este siglo. *Machismo will disappear this century.*

A. Uses of the future tense

1. **To express a future event**
   Las amas de casa **recibirán** una pensión. *Housewives will receive a pension.*
2. **To make promises**
   Hoy **pasaré** por tu oficina sin falta. *Today I'll come by your office without fail.*

3. **To get other people to do things**

   In this case, the future appears in the main clause and the present subjunctive appears in the dependent clause. Note that only verbs that introduce the subjunctive are used in this way.

Nosotras querremos que Uds. nos subanel sueldo.	*We will want you to give us a raise in our salary.*

B. Forms of the future tense

1. **Regular verbs**

   To form the regular future tense add the following endings to the infinitive: **-é, -ás, -á, -emos, -éis, -án**. Use the same endings for **-ar, -er**, and **-ir** verbs.

-ar	-er	-ir
criar	**leer**	**compartir**
cria**ré**	lee**ré**	comparti**ré**
cria**rás**	lee**rás**	comparti**rás**
cria**rá**	lee**rá**	comparti**rá**
cria**remos**	lee**remos**	comparti**remos**
cria**réis**	lee**réis**	comparti**réis**
cria**rán**	lee**rán**	comparti**rán**

Note: Notice that all forms have an accent mark except the **nosotros** form.

2. **Irregular verbs**

   There are a few verbs that show some irregularities in the stem. They can be divided into three categories to help you memorize them. They have the same endings as the regular verbs.

Irregular verbs			Verbs that drop the e in the stem			Verbs that change the e or i for d		
decir	dir-	**diré**	**caber**	cabr-	**cabré**	**poner**	pondr-	**pondré**
hacer	har-	**haré**	**haber**	habr-	**habré**	**salir**	saldr-	**saldré**
			poder	podr-	**podré**	**tener**	tendr-	**tendré**
			querer	querr-	**querré**	**valer**	valdr-	**valdré**
			saber	sabr-	**sabré**	**venir**	vendr-	**vendré**
			hay → **habrá**					

CS9-1 Te aseguro que lo haré. Lidia tiene que hacer un viaje de negocios y deja a sus dos hijas con su hermana por tres días. La hermana le asegura que todo irá como ella lo planeó. Haz el papel de la hermana y prométele estas cosas usando el futuro. Comienza cada oración con **Te prometo que…**

MODELO: La niña pequeña necesita dormir una siesta por la tarde.
Te prometo que dormirá dos horas todas las tardes.

1. Amalia necesita su almuerzo para llevar al colegio todos los días.
2. Elisa no debe comer bananas porque es alérgica.
3. Amalia y Elisa deben acostarse a las ocho todas las noches.
4. Elisa no puede jugar con su tren porque no funciona.
5. Amalia debe hacer la tarea de la escuela todas las tardes.
6. Amalia y Elisa deben visitar a su abuela Ester el jueves.

CS9-2 Las nuevas condiciones de trabajo. Muchas mujeres que se dedican a su carrera profesional desean tener condiciones de trabajo que se adapten a sus necesidades de trabajadoras, esposas y madres. Para saber cuáles son esas condiciones, completa los espacios con la forma correcta del verbo en el futuro.

1. Mañana, una comisión de trabajadoras (1) ______________ (presentar) a los jefes de la empresa la lista de las condiciones de trabajo que les (2) ______________ (permitir) cumplir con más facilidad tanto con sus responsabilidades laborales, como con sus responsabilidades de madres.
2. Las trabajadoras (3) ______________ (pedir) la posibilidad de trabajar a tiempo parcial sin ser penalizadas cuando les corresponda un ascenso *(promotion)* dentro de la empresa.
3. Además, ellas (4) ______________ (demandar) que se les permita compartir el trabajo con otros/as empleados/as de acuerdo a la disponibilidad que tenga cada uno/a. Es decir, dos personas harán el trabajo que le correspondería a una sola persona.
4. Esto implica que ellas (5) ______________ (tener) que compartir el salario y los beneficios de salud.
5. Ellas entienden que su salario (6) __________ (ser) más bajo, pero no quieren compartir los beneficios, por eso (7) ______________ (exigir-ellas) beneficios completos.
6. Las ventajas para la empresa (8) ______________ (ser) enormes pues (9) ______________ (disminuir) el ausentismo laboral y (10) ______________ (aumentar) la productividad.
7. Así las trabajadoras (11) ______________ (crear) su propio horario y al mismo tiempo (12) ______________ (disponer) de tiempo libre.
8. Este sistema (13) ______________ (requerir) una perfecta coordinación entre las/los trabajadoras/es.

Referencia gramatical 2

Talking about conditions: Conditional tense

To express conditions, give advice, or make requests, the conditional tense is used. It is the equivalent of *would* + *verb* in English.

A. Uses of the conditional tense

1. **To express polite requests**

¿**Podría** decirme cuál es el índice de la natalidad en España?	*Could you tell me what the birth rate is in Spain?*

2. **To give advice after expressions such as: Yo que tú...** *(If I were you)* and **En tu lugar...** *(In your place)*

Yo que tú dejaría a las niñas con el padre.	*If I were you, I would leave the girls with the father.*

3. **To get other people to do things**

In this case, the conditional appears in the independent clause and the imperfect subjunctive appears in the dependent clause.

Me **gustaría** que tú trabajaras menos.	*I would like you to work less.*

B. Forms of the conditional tense

1. **Regular verbs**

To form the regular conditional tense, add the following endings to the infinitive: -**ía, -ías, -ía, -íamos, -íais, -ían**. Use the same endings for **-ar, -er,** and **-ir** verbs.

-ar	-er	-ir
apoyar	**defender**	**sentir**
apoyar**ía**	defender**ía**	sentir**ía**
apoyar**ías**	defender**ías**	sentir**ías**
apoyar**ía**	defender**ía**	sentir**ía**
apoyar**íamos**	defender**íamos**	sentir**íamos**
apoyar**íais**	defender**íais**	sentir**íais**
apoyar**ían**	defender**ían**	sentir**ían**

2. **Irregular verbs**

The irregular verbs show the same stem changes as in the future tense.

decir	dir-	**diría**	**saber**	sabr-	**sabría**
hacer	har-	**haría**	**poner**	pondr-	**pondría**
caber	cabr-	**cabría**	**salir**	saldr-	**saldría**
haber	habr-	**habría**	**tener**	tendr-	**tendría**
poder	podr-	**podría**	**valer**	valdr-	**valdría**
querer	querr-	**querría**	**venir**	vendr-	**vendría**
hay → **habría**					

CS9-3 Me gustaría trabajar desde mi casa. Tener la propia empresa en casa es una alternativa para los que no quieren viajar hasta el lugar de trabajo. Éstos son algunos de los trabajos que estas personas harían desde su casa. Forma oraciones completas usando el condicional.

MODELO: coser (*to sew*) ropa original para vender (Silvia)
Silvia cosería ropa original para vender.

1. hacer traducciones (Nora)
2. redactar informes (nosotros)
3. hacer diseño gráfico (Carlos)
4. cocinar comidas para vender (tú)
5. tomar mensajes por teléfono para otras compañías (Antonio y Pepe)
6. escribir un libro (yo)
7. hacer trabajos manuales (*crafts*) para vender (Ruth y yo)
8. dar clases individuales de español (él)

CS9-4 ¿Y tú qué harías? ¿Qué trabajo harías tú para ganarte la vida y no tener que salir de tu casa? Escribe al menos cuatro posibilidades.

MODELO: *Yo haría empanadas argentinas y las vendería a algún restaurante.*

CS9-5 Pensándolo bien… Tener la oficina en casa tiene ventajas y desventajas. Éstos son algunos puntos en contra. Completa las oraciones con el condicional.

Pensándolo bien, yo creo que…

1. …extrañar ir a la oficina
2. …echar de menos salir a la calle
3. …necesitar el contacto con otras personas
4. …querer tener más vida social
5. …dedicarles más tiempo a las tareas del hogar
6. ¿?

CS9-6 Yo que tú… Esta mujer tiene demasiadas responsabilidades. ¿Qué harías tú en su lugar? Empieza cada oración según el modelo.

MODELO: Tengo demasiado trabajo y no puedo atender a mis niños.
Yo que tú reduciría las horas de trabajo.

1. Mi marido está muy enfermo y no puedo cuidarlo sola.
2. Mis niños no sacan a pasear al perro y yo no tengo tiempo.
3. Hoy no puedo ir a buscar a los niños a la escuela porque tengo que trabajar horas extras.
4. Yo no tengo tiempo de ir al supermercado esta semana.
5. Mi suegra viene a visitarnos y la casa está sucia.
6. Mis niños no tienen ropa limpia porque mi marido y yo estuvimos trabajando en la empresa todo el fin de semana.

CS9-7 Seamos creativos. La mujer actual tiene demasiadas responsabilidades y debe crear respuestas a su dilema. Contesta la pregunta proponiendo por lo menos tres soluciones posibles.

¿Cómo se podría solucionar el problema de ocuparse de los niños, de la casa y de tener un trabajo?

Referencia gramatical 3

Discussing probability: Uses of the future and conditional to express probability

A. Using the future to express probability

To express probability, wonder, or to make conjectures about the present, use the future tense. These are statements that do not express facts. You are guessing or wondering about something.

¿Qué **hará** mi jefa ahora?	*I wonder what my boss is doing now.*
Estará trabajando en su casa.	*I guess she is working at home. / She may be working at home.*

B. Using the conditional to express probability

To express probability, wonder, or to make conjectures about the past, use the conditional. This can be translated as *wonder, can, could, might, must,* or *probably.*

¿Qué **haría** ella allí?	*I wonder what she was doing there.*
Saldría de trabajar temprano.	*She might have gotten out of work early.*

CS9-8 Conjeturas. Haz conjeturas basadas en las siguientes situaciones. Usa el futuro.

MODELO: Luisa no vino a la empresa hoy.
¿Estará enferma?

1. Susana no me saludó cuando la vi en el laboratorio.
2. Jorge tiene un coche nuevo último modelo.
3. Raúl y Marta están siempre juntos.
4. Estela va a la biblioteca todos los días.
5. Antonia y Eduardo compiten demasiado.
6. La niña tiene tos y está muy cansada.

CS9-9 ¿Qué puede haber pasado? Estas personas actuaron de una manera inesperada. Haz conjeturas sobre lo que podría haberlas inducido a actuar así.

MODELO: Mi vecino llegó muy tarde a su cuarto anoche.
Estudiaría en la biblioteca hasta tarde.

1. El equipo de fútbol de mujeres de la universidad ganó todos los partidos menos el último.
2. No sé por qué mi hermano se hizo miembro del «Movimiento de hombres» este año.
3. Mi hermana me llama por teléfono todos los días pero ayer no me llamó.
4. La organización «Adelante mujer hispana» votó en contra de la educación bilingüe.
5. Todos los libros de esta escritora han tenido mucho éxito menos el primero.

Capítulo 10

Hablemos de la globalización y la tecnología

Referencia gramatical 1

Expressing outstanding qualities: Superlative

Superlative form of adjectives

The superlative form of adjectives is used when comparing a thing or a person to a group. To express the superlative use the following structure:

el / la / los / las + *noun* (opt.) + **más / menos** + *adjective* + **de**

Ésta es **la computadora más lenta de la oficina.** — *This is the slowest computer in the office.*

Note: Please notice that Spanish uses the preposition **de** when English uses *in* or *of.*

1. The noun is omitted if it has been mentioned before in the sentence.

   Esta computadora **es la más nueva de la oficina**. — *This computer is the newest in the office.*

2. The irregular forms **mejor** and **peor** are generally placed before the noun.

   En la década de los 90, Chile tenía **la mejor economía de** Latinoamérica. — *In the nineties Chile had the best economy of Latin America.*

3. The superlative form can also be expressed using the following words together with the adjective: **muy, extraordinariamente, extremadamente,** and **sumamente**.

   Bajar las barreras de exportación es **sumamente complicado**. — *To lower export barriers is highly complicated.*

CS10-1 Opiniones. Esta persona tiene opiniones bastante exageradas y usa muchos superlativos. Forma oraciones completas con los elementos dados.

MODELO: computadora / invento / importante / siglo XX
La computadora fue el invento más importante del siglo XX.

1. ésta / computadora / caro / tienda
2. las computadoras / máquinas / útil / mundo
3. las computadoras de esta oficina / bueno / computadoras / mercado
4. la clonación / práctica científica / prometedor / últimos años
5. la clonación humana / experimento / peligroso / historia
6. la red / bueno / invento / todos los tiempos

CS10-2 Megatiendas virtuales. ¿Cuáles son las ventajas y desventajas de comprar por la red? Compara las megatiendas virtuales con los lugares para hacer compras de la siguiente lista. Forma oraciones superlativas con los elementos dados. ¡OJO con la concordancia!

los grandes almacenes	los mercados al aire libre
las tiendas pequeñas	los centros comerciales

MODELO: (ser / conveniente)
Las tiendas virtuales son el lugar más conveniente de todos porque no tengo que salir de casa.

1. ser / rápido
2. tener / mayor variedad
3. ser / mejor / para ver gente
4. ser / peor / para ahorrar tiempo
5. ser / divertido
6. tener / precios bajos
7. ser / caro
8. ser / barato

Referencia gramatical 2

Expressing outstanding qualities: Absolute superlative

Absolute superlative form

Spanish has the **-ísimo/a** form of the adjective to describe extraordinary or exceptional qualities. In English **-ísimo** means *very, extremely,* or *exceptionally.*

Since adjectives agree in gender and number with the noun they modify, there are four forms to the absolute superlative endings: **-ísimo, -ísima, -ísimos, -ísimas**.

Following you will find the rules to form the absolute superlative.

Word endings	Changes	Example
consonant	no change	**fácil → facilísimo**
vowel	drop the final vowel	**interesante → interesantísimo**
		buena → buenísima
-co	c → qu	**poco → poquísimo**
-go	g → gu	**largo → larguísimo**

El teléfono celular es **practiquísimo;** por eso me compré uno aunque me costó **carísimo**.

The cellular phone is very practical; that is why I bought one even though it cost me a lot.

CS10-3 La sociedad de la información. Completa las siguientes oraciones con el superlativo absoluto correspondiente según el contexto.

1. (Mucho) _______________ gente usa Internet como único mecanismo mundial de comunicación.
2. El surgimiento de nuevas tecnologías ha sido (rápido) _______________.
3. No todos están de acuerdo con que la globalización de la economía sea una cosa (bueno) _______________.
4. Ir a otras galaxias es un viaje (largo) _______________.
5. No es (difícil) _______________ aprender a manejar una computadora.
6. Hay (poco) _______________ personas preparadas para viajar al espacio.
7. Muchas personas se han hecho (rico) _______________ trabajando en alta tecnología.
8. Son muy pocos los países con una economía (fuerte) _______________, pero _______________ (mucho) los países con una economía muy pobre.
9. El profesional flexible, dispuesto a mudarse, tiene posibilidades (interesante) _______________.

Referencia gramatical 3

Talking about people and things: Uses of the indefinite article

The indefinite article **un / una / unos / unas** is less frequently used in Spanish than it is in English. Follow these rules of use and omission.

A. Use it:

1. **Before a modified noun**

   Quiero hacer **una llamada de cobro revertido.** — *I want to make a collect call.*

2. **Before each noun in a list**

   Para empezar un negocio se necesita **un** crédito del banco, **una** oficina bien equipada y **un** secretario. — *In order to start a business one needs a bank loan, a well-equipped office, and a secretary.*

3. **Before a noun that has not been previously mentioned**

   Necesito **un** contestador automático. — *I need an answering machine.*

B. Omit it:

1. **Before names of profession, occupation, nationality, religion, or affiliation**

   Tengo un compañero de trabajo que es **uruguayo** y es **experto en computadoras**. — *I have a co-worker who is Uruguayan and he is a computer expert.*

   Yo no soy **atea**. Tampoco soy ni **demócrata** ni **republicana**. — *I am not an atheist. Neither am I Democrat nor Republican.*

2. **Before the words: cien / ciento, mil, cierto / a, medio / a, otro / a**

Mis hijos viajan por el ciberespacio **cien** veces por semana. Es **otro** de los nuevos entretenimientos de esta generación.

My children surf the net hundreds of times each week. It is another new entertainment of this generation.

CS10-4 La oficina virtual. Completa las oraciones con el artículo indefinido donde sea necesario.

Ver a (1) ______________ ejecutivo trabajando en (2) ______________ finca, lejos del ruido y la contaminación, mientras observa por (3) ______________ ventana las flores del jardín, puede parecer (4) ______________ sueño. Pero tal (5) ______________ imagen no está lejos de ser realidad. Desde (6) ______________ hacienda en Villa de Leyva, (7) ______________ colombiano maneja desde su país (8) ______________ empresa de diseño de (9) ______________ páginas de Internet que está en Miami, a (10) ______________ miles de kilómetros de distancia. Esto es posible, claro está, gracias a la tecnología. Sólo se necesita (11) ______________ computadora personal con (12) ______________ módem, (13) ______________ celular, (14) ______________ computadora portátil y acceso a la red. Con el correo electrónico es posible tener clientes al (15) ______________ otro lado del mundo.

CS10-5 Mis dos amigas. Ramón le cuenta a Raúl que sus dos amigas están haciendo planes para crear una empresa. Completa el diálogo con el artículo indefinido correcto donde sea necesario.

RAÚL: ¿Sabes que estoy pensando en tener mi propia (1) ______________ empresa?

RAMÓN: Yo tengo (2) ______________ amiga que estudió economía y quiere abrir (3) ______________ empresa.

RAÚL: ¿De dónde sacará el dinero?

RAMÓN: Va a pedir (4) ______________ préstamo de cien mil euros a (5) ______________ banco.

RAÚL: ¿Lo va a hacer todo sola?

RAMÓN: No. Cristina, que es (6) ______________ otra amiga mía y que también es (7) ______________ buena economista, va a ayudarla. Es (8) ______________ mujer muy inteligente y (9) ______________ persona de mucha confianza.

RAÚL: ¡Qué bien! Parece (10) ______________ plan excelente.

RAMÓN: No sólo eso. Como ellas son (11) ______________ feministas, quieren hacer todo lo posible para ayudar a las mujeres sin (12) ______________ empleo.

Capítulo 11

Hablemos del ocio y el tiempo libre

Referencia gramatical 1

Indicating who performs the actions: Passive voice with ser

In English as well as in Spanish it is possible to clarify whether the subject of a sentence performs or receives the action by using the active voice or the passive voice respectively.

Active voice: The subject performs the action. (**La compañía AG** is the subject.)
La compañía AG instaló ayer la antena parabólica.

Passive voice: The subject receives the action. (**La antena parabólica** is the subject.)
La atena parabólica fue instalada ayer por la compañía AG.

The form of a passive sentence is:

Subject + **ser** + *past participle* + **por** + *agent*

1. The past participle agrees with the subject in gender and number because it acts as an adjective.

El contrato **fue firmado** por el director y la productora.	*The contract was signed by the director and the producer.*
Todas las entradas **fueron vendidas** el primer día.	*All the tickets were sold on the first day.*

2. The person performing the action is the agent. The agent has a minor role in the sentence and therefore it is often omitted. When it appears in the sentence, the agent is introduced by the preposition **por**.

Este anuncio comercial **fue transmitido por dos canales diferentes**.	*This commercial was transmitted by two different channels.*
Las luces **son apagadas** y **encendidas** para indicar el final del intermedio. (omitted)	*The lights are turned on and off to signal the end of the intermission.*

3. The verb **ser** shows the tense of the sentence. It can be in the present, past, or future.

   Esta telenovela **es** vista por más de un millón de televidentes.

   Esta telenovela **fue** vista por más de un millón de televidentes.

   Esta telenovela **será** vista por más de un millón de televidentes.

4. In Spanish the passive construction appears more often in written than in spoken language. Spoken language prefers the use of the passive **se**.

CS11-1 La entrega de premios. Lee lo que estos artistas hacen y luego exprésalo en la voz pasiva.

1. El animador llama a los artistas al escenario uno por uno.
2. El animador describe brevemente la carrera artística del candidato.
3. La academia de cine otorga los premios en diferentes categorías.
4. Los jueces eligen al mejor candidato para cada premio.
5. Generalmente, una actriz o un actor famoso le entrega el premio a cada ganador.
6. Dos autores jóvenes reciben el premio al mejor guión.

CS11-2 ¡Qué suerte! A Ana María le fascina el cantante español Joan Manuel Serrat. Completa el párrafo usando la voz pasiva para saber por qué ella tuvo suerte. Usa el verbo **ser** en el pretérito.

Ana María estaba muy contenta al comprar el último disco compacto de Serrat porque la tapa (1) _______________ (firmar) por él mismo. Las canciones (2) _______________ (grabar) por la compañía de discos más importante del país. Además, su tío Paco, que es músico, (3) _______________ (elegir) para tocar la guitarra en el próximo concierto de Serrat. Él (4)_______________ (presentar) a Serrat por su agente, quien le consiguió unos boletos para el espectáculo. Las butacas (5) _______________ (escoger) por el tío, así que deben de estar muy bien ubicadas. Ana María espera poder saludar a Serrat después del concierto.

CS11-3 Un cambio de programación. Descubre lo que ha pasado con el Canal 12 este mes. Escribe oraciones completas usando la voz pasiva con **ser** en el pretérito perfecto. ¡Ojo con el tiempo verbal!

MODELO: los anuncios comerciales / eliminar / totalmente
Los anuncios comerciales han sido eliminados totalmente.

1. el Canal 12 / comprar / una empresa japonesa / el mes pasado
2. la programación / cambiar / completamente
3. por ejemplo / los video clips / reemplazar / programas educativos
4. las telenovelas / cambiar / por documentales sobre animales
5. los noticieros / transmitir / con más frecuencia
6. las películas de violencia / suspender

Referencia gramatical 2

Substitute for passive voice: The passive se

When it is not important to mention the person who is doing the action, the passive **se** is commonly used. The passive **se** is followed by the verb in the third person singular or plural according to the noun that follows.

Se	+	*third person singular*	+	*singular noun*
Se		**abrió con éxito**		**la nueva temporada de teatro.**
The new theater season was successfully opened.				
Se	+	*third person plural*	+	*plural noun*
Se		**anunciaron**		**los premios Goya.**
The Goya prizes were announced.				

Note: You have seen the passive **se** in Chapter 7 together with the explanation of the impersonal **se** on page 466.

CS11-4 Un gesto generoso. El conjunto de teatro de la ciudad le dio al alcalde lo recaudado en una función para que se use para la promoción de las artes en las escuelas. Escribe oraciones describiendo lo que hicieron usando el **se pasivo**.

MODELO: programar / función de gala
Se programó una función de gala.

1. enviar / invitaciones / mil personas y empresas
2. anunciar / la función / todos los medios de difusión
3. ofrecer / un cóctel / antes de la función
4. transmitir / la obra por dos canales de televisión
5. después de la actuación / entregar / ramos de flores a los actores
6. ver / muchos periodistas en la función

CS11-5 Los entretenimientos. Tu amigo/a de la infancia te viene a visitar y quiere saber qué se puede hacer en esta ciudad. Usando el **se** pasivo, explícale dónde puede encontrar las siguientes cosas.

MODELO: ¿Dónde se puede escuchar música latina? (Rylies)
Se escucha buena música latina en Rylies los jueves.

1. ¿Dónde se pueden ver películas extranjeras? (cine club)
2. ¿Dónde se pueden alquilar películas latinoamericanas? (Hollywood al minuto)
3. ¿Dónde se pueden ver telenovelas argentinas? (Canal 5)
4. ¿Dónde se puede escuchar a Los Mariachis? (el restaurante Casa México)
5. ¿Dónde se pueden ver buenas obras de teatro? (Teatro Nacional)
6. ¿Dónde se puede escuchar a la orquesta sinfónica? (el Conservatorio de música)
7. ¿Dónde se pueden mirar las noticias en español? (Canal 10)
8. ¿Dónde se pueden comer tapas auténticas? (La Giralda)

Referencia gramatical 3

Linking ideas: Relative Pronouns

In order to make your speech more fluent in Spanish, you need to learn to connect simple sentences. The relative pronouns will help you do this. Look at these sentences.

Choppy Speech	Fluent Speech
Ana vio la película ayer. El periódico de la universidad recomendaba esa película.	Ana vio la película que recomendaba el periódico de la universidad.
Ana saw the movie yesterday. The university newspaper recommended that movie.	*Ana saw the movie that the university newspaper recommended.*

Que is the relative pronoun that joins these two sentences together. It replaces the word **película** which was already mentioned in the first sentence. This word that the relative pronoun refers to is called the *antecedent.*

The most common relative pronouns in Spanish are **que, quien, lo que, lo cual, el/la/los/las cual/es, el/la/los/las que**.

1. **Que** and **quien**

   These relative pronouns are commonly used in everyday speech.

Que (*that, which, who*)	**Quien** (*who, whom*)
a. Used to refer to people and things. Susana Rinaldi es la artista **que** canta tangos. *(Who – person)* El programa **que** pasan a las tres de la tarde es de México. *(that / which – thing)*	a. Used to refer to people when it is between commas. Este niño, **quien** sólo tiene seis años, sabe bailar salsa como un bailarín profesional. (Not commonly used in spoken language.)
b. Used after prepositions for things. (**a, con, de** or **en**) Ésta es la cámara **con que** saqué esas lindas fotografías. *(with which)*	b. Used after prepositions for people. El cantante **de quien** te hablé, tiene un espectáculo el sábado en el Odeón.
c. It cannot be omitted as it is in English.	c. May be used at the beginning of a sentence meaning *he/she who…* **Quien** tiene talento, perseverancia y mucha suerte, triunfa en el cine.

Note: The information that appears between commas is nonessential to the sentence and can be omitted. This information can be introduced by **quien** (for people) or **que** (for things).

Laura, **quien empezó a tocar el piano cuando tenía cuatro años,** es ahora una pianista famosa.	*Laura, who started to play the piano when she was four years old, is now a famous pianist.*

La flauta, **que ella compró ayer**, fue usada por el pimer flautista de la sinfónica.

2. **Lo que** and **lo cual** *(what, that which)*

   These refer to a previously mentioned idea, situation, or event. **Lo cual** may not be used at the beginning of the sentence.

Lo que la tecnología nos facilita es la comunicación con partes remotas de la Tierra.	*What technology allows us to enjoy is communication with remote parts of Earth.*
La conexión ya está hecha, **lo cual** es un gran adelanto.	*The connection is already in place, which is a big progress.*

3. **el/la/los/las cual/es** *(that, which, who, whom)*

   Used to clarify the antecedent talked about when there is more than one mentioned in the sentence.

   Used after short prepositions: **a, con, de, en, por, para,** and **sin**.

Éste es el hijo de mi amiga **a la cual** le dieron el premio de cinematografía.	*This is the son of my friend, to whom they gave the cinematography award.*

4. **el/la//los/las que** *(the one/s who, the one/s that)*

   Used after long prepositions: **al lado de, cerca de, lejos de**.

La tecnología de las primeras películas estaba muy **lejos de la que** existe hoy.	*The technology of the first movies was far from what is available today.*

CS11-6 Lenguaje fluido. Une las oraciones de las dos columnas.

Lista A

1. Éste es el violín de Antonio.
2. Ésta es la guitarra.
3. Éste es uno de los primeros televisores.
4. Éstos son los programas nuevos de TV.
5. Éste es el piano de mi abuela.

Lista B

a. Antonio aprendió a tocar con él.
b. Laura pagó 1.000 euros por esta guitarra.
c. Los niños se entretenían en los años cincuenta con ellos.
d. Los programas no contratan a artistas profesionales sino a gente común.
e. Mi abuela tenía este piano en su casa.

CS11-7 Los aficionados a la música. Estas personas son todas aficionadas a la música. Completa las oraciones con los pronombres relativos.

1. Esta persona, (1) ________ es muy aficionada a la música, nos muestra los elementos internos (2) _______ forman estos auriculares especiales.
2. Ésta es la canción (3) ________ me cantaba mi madre cuando era niña.
3. Éste es el libro de piano del (4) _______ saco más provecho.
4. (5) ______ este muchacho hace con el violín, no lo puede hacer cualquiera.
5. Tengo un sobrino (6) ______ vive en Valencia y (7) ______ toca el piano a nivel internacional.

Capítulo 12

Hablemos de las celebraciones y del amor

Referencia gramatical 1

Expressing sequence of actions: Infinitive after preposition

Spanish always uses the infinitive after a preposition when English uses the present participle form (*-ing ending).*

Después de brindar, cortaron el pastel de cumpleaños. — *After making a toast, they cut the birthday cake.*

Place the pronouns after and attached to the infinitive.

Antes de **conocerte,** no sabía lo que era el amor. — *Before meeting you, I didn't know what love was.*

There are several prepositions that have a special meaning in Spanish.

1. **Al** + inf. = *upon* + *-ing* or *when* + verb

   Al ver su sonrisa, supo que todo estaba perdonado. — *Upon seeing (When she saw) his smile, she knew that everything was forgiven.*

2. **Para** + inf. = *in order to* + verb

   Para festejar las bodas de plata, van a hacer un safari en África. — *In order to celebrate their silver anniversary, they are going on an African safari.*

3. **De** + inf. = If clauses in the present and the past

   De terminar temprano la fiesta, iremos a tomar un café al centro. (Present) — *If the party finishes early, we'll go have a coffee downtown.*

   De tener más lugar en casa, invitaría más amigos. (Present contrary-to-fact) — *If I had more room at home, I would invite more friends.*

   De haber sabido que venías, no habría salido. (Past contrary-to-fact) — *If I had known you were coming, I wouldn't have gone out.*

CS12-1 La quinceañera. Estercita celebró la fiesta de sus quince años. Lee la descripción de la fiesta y completa el párrafo con las preposiciones correspondientes según el contexto.

Estercita estaba hermosísima con su vestido blanco, largo. (1)_________ entrar al salón los invitados la aplaudieron mucho. (2)__________ comenzar el baile general, la quinceañera bailó con su padre. El abuelo hizo un brindis (3)_________ desearle una buena y larga vida. (4)_________ servirse la comida, algunos amigos leyeron unos poemas que le habían escrito en su honor. (5)__________ cortar el pastel de cumpleaños, todos le cantaron *Cumpleaños feliz.* (6)______ abrir los regalos tuvo sorpresas muy agradables. Al final ella estuvo muy contenta con su fiesta.

CS12-2 El invitado maleducado. Carlos es un invitado poco cortés. Cuenta lo que hizo en esta fiesta. Completa las oraciones de una manera lógica usando estos verbos. Agrega otras palabras para completar la oración.

saludar a - ser rechazado por - mirar a - asistir a una fiesta de - ponerse - estar

1. Llegó a la fiesta antes de ___________.
2. Entró al salón sin _____________.
3. Comió y bebió hasta _____________.
4. No estaba vestido para _____________.
5. Bailó solo después de ___________.
6. Se fue de la fiesta tarde sin ______________.

Referencia gramatical 2

Describing how things may be in the future, expressing probability: Future perfect

A. Uses of the future perfect

1. Use the future perfect to talk about an event that will have happened by a specific time in the future.

   Para el fin de este año **habrás encontrado** a tu príncipe azul. — *By the end of this year you will have found your white knight.*

2. You have learned that the future tense is used to express probability in the present. The future perfect is used to express probability or conjecture about a past event.

   Me imagino que Antonia **habrá recibido** muchos regalos por su boda. — *I imagine that Antonia has received lots of presents for her wedding.*

B. Forms

1. To form the future perfect, use the future of **haber** + past participle.

Fut. of haber		Past part.
habré		
habrás		amado
habrá	+	entristecido
habremos		sentido
habréis		
habrán		

CS12-3 ¿Qué habrá pasado? Contesta estas preguntas sobre lo que podrá haber pasado para el año 2020.

1. ¿Crees que se habrá inventado una droga para curar el mal de amor?
2. ¿Los científicos habrán explicado completamente el proceso de enamoramiento?
3. ¿Crees que se habrá descubierto cómo hacer que la gente no envejezca?
4. ¿Habrán descubierto una cura para los celos desmedidos?
5. ¿Habrán encontrado una forma de escoger el sexo de los hijos?
6. ¿?

CS12-4 ¿Y tú? ¿Qué habrás hecho tú en 15 años? Explica cinco cosas que quisieras haber hecho de hoy en 15 años.

MODELO: *En quince años habré terminado mis estudios; habré viajado por toda Sudamérica…*

Referencia gramatical 3

Talking about hypothetical situations in the past: Conditional perfect

A. Uses of the conditional perfect

1. Use the conditional perfect to talk about what would have happened in the past.

   Quizás se **habría casado** antes. — *Perhaps he would have been married before.*

2. It is also used to express what might or would have happened in the past under certain conditions.

   Conociendo su pasado, no te **habrías enamorado** tanto de él. — *Knowing his past, you wouldn't have fallen so much in love.*

B. Forms

1. To form the conditional perfect, use the conditional of **haber** + *past participle.*

Cond. of haber		Past part.
habría		
habrías		besado
habría	+	temido
habríamos		vivido
habríais		
habrían		

CS12-5 **Regalos diferentes.** Susana recibió regalos muy extraños para su cumpleaños. ¿Qué habrías hecho tú con estos regalos?

MODELO: un teléfono con pantalla de TV
Yo lo habría cambiado por uno más sencillo.

1. una lapicera con un micrófono adentro
2. un reloj que tiene dos caras para distintas zonas de tiempo
3. un termómetro que mide tu grado de enamoramiento
4. una cámara de fotos de hace treinta años
5. una fuente de agua con la estatua de Cupido
6. un televisor que es activado con la voz

CS12-6 **Relaciones difíciles.** ¿Qué habrías hecho en estas situaciones? Escribe lo que habrías hecho en estas circunstancias según la información dada.

MODELO: El novio de Ana le fue infiel y ella no hizo nada.
Yo lo habría dejado y me habría buscado otro novio.

1. Tu mejor amigo/a estuvo enamorado/a de un hombre/mujer casado/a.
2. Enrique Iglesias pensó que eras irresistible y por eso te invitó a salir.
3. Alguien que no conocías muy bien te invitó a cenar en un restaurante elegante.
4. Querías organizar una fiesta sorpresa para tu amiga/o pero él/ella no te pudo decir cuándo iba a estar en casa.
5. Tu hermana se gastó todo el dinero para la universidad en su fiesta de boda.
6. El novio de tu mejor amiga tenía celos de ti.

Verb charts

Regular Verbs: Simple Tenses

Infinitive Present Participle Past Participle	Indicative					Subjunctive		Imperative
	Present	Imperfect	Preterite	Future	Conditional	Present	Imperfect	
hablar hablando hablado	hablo hablas habla hablamos habláis hablan	hablaba hablabas hablaba hablábamos hablabais hablaban	hablé hablaste habló hablamos hablasteis hablaron	hablaré hablarás hablará hablaremos hablaréis hablarán	hablaría hablarías hablaría hablaríamos hablaríais hablarían	hable hables hable hablemos habléis hablen	hablara hablaras hablara habláramos hablarais hablaran	habla tú, no hables hable usted hablemos hablen Uds.
comer comiendo comido	como comes come comemos coméis comen	comía comías comía comíamos comíais comían	comí comiste comió comimos comisteis comieron	comeré comerás comerá comeremos comeréis comerán	comería comerías comería comeríamos comeríais comerían	coma comas coma comamos comáis coman	comiera comieras comiera comiéramos comierais comieran	come tú, no comas coma usted comamos coman Uds.
vivir viviendo vivido	vivo vives vive vivimos vivís viven	vivía vivías vivía vivíamos vivíais vivían	viví viviste vivió vivimos vivisteis vivieron	viviré vivirás vivirá viviremos viviréis vivirán	viviría vivirías viviría viviríamos viviríais vivirían	viva vivas viva vivamos viváis vivan	viviera vivieras viviera viviéramos vivierais vivieran	vive tú, no vivas viva usted vivamos vivan Uds.

***Vosotros* commands**					
hablar	hablad no habléis	comer	comed no comáis	vivir	vivid no viváis

Regular Verbs: Perfect Tenses

Indicative										Subjunctive			
Present Perfect		Past Perfect		Preterite Perfect		Future Perfect		Conditional Perfect		Present Perfect		Past Perfect	
he		había		hube		habré		habría		haya		hubiera	
has	hablado	habías	hablado	hubiste	hablado	habrás	hablado	habrías	hablado	hayas	hablado	hubieras	hablado
ha	comido	había	comido	hubo	comido	habrá	comido	habría	comido	haya	comido	hubiera	comido
hemos	vivido	habíamos	vivido	hubimos	vivido	habremos	vivido	habríamos	vivido	hayamos	vivido	hubiéramos	vivido
habéis		habíais		hubisteis		habréis		habríais		hayáis		hubierais	
han		habían		hubieron		habrán		habrían		hayan		hubieran	

Irregular Verbs

Infinitive Present Participle Past Participle	Indicative					Subjunctive		Imperative
	Present	Imperfect	Preterite	Future	Conditional	Present	Imperfect	
andar andando andado	ando andas anda andamos andáis andan	andaba andabas andaba andábamos andabais andaban	anduve anduviste anduvo anduvimos anduvisteis anduvieron	andaré andarás andará andaremos andaréis andarán	andaría andarías andaría andaríamos andaríais andarían	ande andes ande andemos andéis anden	anduviera anduvieras anduviera anduviéramos anduvierais anduvieran	anda tú, no andes ande usted andemos anden Uds.
caer cayendo caído	caigo caes cae caemos caéis caen	caía caías caía caíamos caíais caían	caí caíste cayó caímos caísteis cayeron	caeré caerás caerá caeremos caeréis caerán	caería caerías caería caeríamos caeríais caerían	caiga caigas caiga caigamos caigáis caigan	cayera cayeras cayera cayéramos cayerais cayeran	cae tú, no caigas caiga usted caigamos caigan Uds.
dar dando dado	doy das da damos dais dan	daba dabas daba dábamos dabais daban	di diste dio dimos disteis dieron	daré darás dará daremos daréis darán	daría darías daría daríamos daríais darían	dé des dé demos deis den	diera dieras diera diéramos dierais dieran	da tú, no des dé usted demos den Uds.

Irregular Verbs (continued)

Infinitive Present Participle Past Participle	Indicative					Subjunctive		Imperative
	Present	Imperfect	Preterite	Future	Conditional	Present	Imperfect	
decir diciendo dicho	digo dices dice decimos decís dicen	decía decías decía decíamos decíais decían	dije dijiste dijo dijimos dijisteis dijeron	diré dirás dirá diremos diréis dirán	diría dirías diría diríamos diríais dirían	diga digas diga digamos digáis digan	dijera dijeras dijera dijéramos dijerais dijeran	di tú, no digas diga usted digamos decid vosotros no digáis digan Uds.
estar estando estado	estoy estás está estamos estáis están	estaba estabas estaba estábamos estabais estaban	estuve estuviste estuvo estuvimos estuvisteis estuvieron	estaré estarás estará estaremos estaréis estarán	estaría estarías estaría estaríamos estaríais estarían	esté estés esté estemos estéis estén	estuviera estuvieras estuviera estuviéramos estuvierais estuvieran	está tú, no estés esté usted estemos estad vosotros no estéis estén Uds.
haber habiendo habido	he has ha hemos habéis han	había habías había habíamos habíais habían	hube hubiste hubo hubimos hubisteis hubieron	habré habrás habrá habremos habréis habrán	habría habrías habría habríamos habríais habrían	haya hayas haya hayamos hayáis hayan	hubiera hubieras hubiera hubiéramos hubierais hubieran	
hacer haciendo hecho	hago haces hace hacemos hacéis hacen	hacía hacías hacía hacíamos hacíais hacían	hice hiciste hizo hicimos hicisteis hicieron	haré harás hará haremos haréis harán	haría harías haría haríamos haríais harían	haga hagas haga hagamos hagáis hagan	hiciera hicieras hiciera hiciéramos hicierais hicieran	haz tú, no hagas haga usted hagamos haced vosotros no hagáis hagan Uds.
ir yendo ido	voy vas va vamos vais van	iba ibas iba íbamos ibais iban	fui fuiste fue fuimos fuisteis fueron	iré irás irá iremos iréis irán	iría irías iría iríamos iríais irían	vaya vayas vaya vayamos vayáis vayan	fuera fueras fuera fuéramos fuerais fueran	ve tú, no vayas vaya usted vamos (no vayamos) id vosotros no vayáis vayan Uds.

Irregular Verbs (continued)

Infinitive Present Participle Past Participle	Indicative					Subjunctive		Imperative
	Present	Imperfect	Preterite	Future	Conditional	Present	Imperfect	
oír oyendo oído	oigo oyes oye oímos oís oyen	oía oías oía oíamos oíais oían	oí oíste oyó oímos oísteis oyeron	oiré oirás oirá oiremos oiréis oirán	oiría oirías oiría oiríamos oiríais oirían	oiga oigas oiga oigamos oigáis oigan	oyera oyeras oyera oyéramos oyerais oyeran	oye tú, no oigas oiga usted oigamos oigan Uds.
poder pudiendo podido	puedo puedes puede podemos podéis pueden	podía podías podía podíamos podíais podían	pude pudiste pudo pudimos pudisteis pudieron	podré podrás podrá podremos podréis podrán	podría podrías podría podríamos podríais podrían	pueda puedas pueda podamos podáis puedan	pudiera pudieras pudiera pudiéramos pudierais pudieran	
poner poniendo puesto	pongo pones pone ponemos ponéis ponen	ponía ponías ponía poníamos poníais ponían	puse pusiste puso pusimos pusisteis pusieron	pondré pondrás pondrá pondremos pondréis pondrán	pondría pondrías pondría pondríamos pondríais pondrían	ponga pongas ponga pongamos pongáis pongan	pusiera pusieras pusiera pusiéramos pusierais pusieran	pon tú, no pongas ponga usted pongamos pongan Uds.
querer queriendo querido	quiero quieres quiere queremos queréis quieren	quería querías quería queríamos queríais querían	quise quisiste quiso quisimos quisisteis quisieron	querré querrás querrá querremos querréis querrán	querría querrías querría querríamos querríais querrían	quiera quieras quiera queramos queráis quieran	quisiera quisieras quisiera quisiéramos quisierais quisieran	quiere tú, no quieras quiera usted queramos quieran Uds.
saber sabiendo sabido	sé sabes sabe sabemos sabéis saben	sabía sabías sabía sabíamos sabíais sabían	supe supiste supo supimos supisteis supieron	sabré sabrás sabrá sabremos sabréis sabrán	sabría sabrías sabría sabríamos sabríais sabrían	sepa sepas sepa sepamos sepáis sepan	supiera supieras supiera supiéramos supierais supieran	sabe tú, no sepas sepa usted sepamos sepan Uds.
salir saliendo salido	salgo sales sale salimos salís salen	salía salías salía salíamos salíais salían	salí saliste salió salimos salisteis salieron	saldré saldrás saldrá saldremos saldréis saldrán	saldría saldrías saldría saldríamos saldríais saldrían	salga salgas salga salgamos salgáis salgan	saliera salieras saliera saliéramos salierais salieran	sal tú, no salgas salga usted salgamos salgan Uds.

Irregular Verbs (continued)

Infinitive Present Participle Past Participle	Indicative					Subjunctive		Imperative
	Present	Imperfect	Preterite	Future	Conditional	Present	Imperfect	
ser siendo sido	soy eres es somos sois son	era eras era éramos erais eran	fui fuiste fue fuimos fuisteis fueron	seré serás será seremos seréis serán	sería serías sería seríamos seríais serían	sea seas sea seamos seáis sean	fuera fueras fuera fuéramos fuerais fueran	sé tú, no seas sea usted seamos sed vosotros no seáis sean Uds.
tener teniendo tenido	tengo tienes tiene tenemos tenéis tienen	tenía tenías tenía teníamos teníais tenían	tuve tuviste tuvo tuvimos tuvisteis tuvieron	tendré tendrás tendrá tendremos tendréis tendrán	tendría tendrías tendría tendríamos tendríais tendrían	tenga tengas tenga tengamos tengáis tengan	tuviera tuvieras tuviera tuviéramos tuvierais tuvieran	ten tú, no tengas tenga usted tengamos tened vosotros no tengáis tengan Uds.
traer trayendo traído	traigo traes trae traemos traéis traen	traía traías traía traíamos traíais traían	traje trajiste trajo trajimos trajisteis trajeron	traeré traerás traerá traeremos traeréis traerán	traería traerías traería traeríamos traeríais traerían	traiga traigas traiga traigamos traigáis traigan	trajera trajeras trajera trajéramos trajerais trajeran	trae tú, no traigas traiga usted traigamos traed vosotros no traigáis traigan Uds.
venir viniendo venido	vengo vienes viene venimos venís vienen	venía venías venía veníamos veníais venían	vine viniste vino vinimos vinisteis vinieron	vendré vendrás vendrá vendremos vendréis vendrán	vendría vendrías vendría vendríamos vendríais vendrían	venga vengas venga vengamos vengáis vengan	viniera vinieras viniera viniéramos vinierais vinieran	ven tú, no vengas venga usted vengamos venid vosotros no vengáis vengan Uds.
ver viendo visto	veo ves ve vemos veis ven	veía veías veía veíamos veíais veían	vi viste vio vimos visteis vieron	veré verás verá veremos veréis verán	vería verías vería veríamos veríais verían	vea veas vea veamos veáis vean	viera vieras viera viéramos vierais vieran	ve tú, no veas vea usted veamos ved vosotros no veáis vean Uds.

Stem-changing and Orthographic-changing Verbs

Infinitive Present Participle Past Participle	Indicative					Subjunctive		Imperative
	Present	Imperfect	Preterite	Future	Conditional	Present	Imperfect	
incluir (y) incluyendo incluido	incluyo incluyes incluye incluimos incluís incluyen	incluía incluías incluía incluíamos incluíais incluían	incluí incluiste incluyó incluimos incluisteis incluyeron	incluiré incluirás incluirá incluiremos incluiréis incluirán	incluiría incluirías incluiría incluiríamos incluiríais incluirían	incluya incluyas incluya incluyamos incluyáis incluyan	incluyera incluyeras incluyera incluyéramos incluyerais incluyeran	incluye tú, no incluyas incluya usted incluyamos incluid vosotros no incluyáis incluyan Uds.
dormir (ue, u) durmiendo dormido	duermo duermes duerme dormimos dormís duermen	dormía dormías dormía dormíamos dormíais dormían	dormí dormiste durmió dormimos dormisteis durmieron	dormiré dormirás dormirá dormiremos dormiréis dormirán	dormiría dormirías dormiría dormiríamos dormiríais dormirían	duerma duermas duerma durmamos durmáis duerman	durmiera durmieras durmiera durmiéramos durmierais durmieran	duerme tú, no duermas duerma usted durmamos dormid vosotros no durmáis duerman Uds.
pedir (i, i) pidiendo pedido	pido pides pide pedimos pedís piden	pedía pedías pedía pedíamos pedíais pedían	pedí pediste pidió pedimos pedisteis pidieron	pediré pedirás pedirá pediremos pediréis pedirán	pediría pedirías pediría pediríamos pediríais pedirían	pida pidas pida pidamos pidáis pidan	pidiera pidieras pidiera pidiéramos pidierais pidieran	pide tú, no pidas pida usted pidamos pedid vosotros no pidáis pidan Uds.
pensar (ie) pensando pensado	pienso piensas piensa pensamos pensáis piensan	pensaba pensabas pensaba pensábamos pensabais pensaban	pensé pensaste pensó pensamos pensasteis pensaron	pensaré pensarás pensará pensaremos pensaréis pensarán	pensaría pensarías pensaría pensaríamos pensaríais pensarían	piense pienses piense pensemos penséis piensen	pensara pensaras pensara pensáramos pensarais pensaran	piensa tú, no pienses piense usted pensemos pensad vosotros no penséis piensen Uds.

Stem-changing and Orthographic-changing Verbs (continued)

Infinitive Present Participle Past Participle	Indicative					Subjunctive		Imperative
	Present	Imperfect	Preterite	Future	Conditional	Present	Imperfect	
producir (zc) produciendo producido	produzco produces produce producimos producís producen	producía producías producía producíamos producíais producían	produje produjiste produjo produjimos produjisteis produjeron	produciré producirás producirá produciremos produciréis producirán	produciría producirías produciría produciríamos produciríais producirían	produzca produzcas produzca produzcamos produzcáis produzcan	produjera produjeras produjera produjéramos produjerais produjeran	produce tú, no produzcas produzca usted produzcamos prudcid vosotros no produzcáis produzcan Uds.
reír (i, i) riendo reído	río ríes ríe reímos reís ríen	reía reías reía reíamos reíais reían	reí reíste rio reímos reísteis rieron	reiré reirás reirá reiremos reiréis reirán	reiría reirías reiría reiríamos reiríais reirían	ría rías ría riamos riáis rían	riera rieras riera riéramos rierais rieran	ríe tú, no rías ría usted riamos reíd vosotros no riáis rían Uds.
seguir (i, i) (ga) siguiendo seguido	sigo sigues sigue seguimos seguís siguen	seguía seguías seguía seguíamos seguíais seguían	seguí seguiste siguió seguimos seguisteis siguieron	seguiré seguirás seguirá seguiremos seguiréis seguirán	seguiría seguirías seguiría seguiríamos seguiríais seguirían	siga sigas siga sigamos sigáis sigan	siguiera siguieras siguiera siguiéramos siguierais siguieran	sigue tú, no sigas siga usted sigamos seguid vosotros no sigáis sigan Uds.
sentir (ie, i) sintiendo sentido	siento sientes siente sentimos sentís sienten	sentía sentías sentía sentíamos sentíais sentían	sentí sentiste sintió sentimos sentisteis sintieron	sentiré sentirás sentirá sentiremos sentiréis sentirán	sentiría sentirías sentiría sentiríamos sentiríais sentirían	sienta sientas sienta sintamos sintáis sientan	sintiera sintieras sintiera sintiéramos sintierais sintieran	siente tú, no sientas sienta usted sintamos sentid vosotros no sintáis sientan Uds.
volver (ue) volviendo vuelto	vuelvo vuelves vuelve volvemos volvéis vuelven	volvía volvías volvía volvíamos volvíais volvían	volví volviste volvió volvimos volvisteis volvieron	volveré volverás volverá volveremos volveréis volverán	volvería volverías volvería volveríamos volveríais volverían	vuelva vuelvas vuelva volvamos volváis vuelvan	volviera volvieras volviera volviéramos volvierais volvieran	vuelve tú, no vuelvas vuelva usted volvamos volved vosotros no volváis vuelvan Uds.

Glossary

A

a causa de eso because of, **5**
a continuación below
a corto/mediano plazo in the short/ medium run
a esa altura at that point
a granel wholesale
a la larga in the long run, **6**
a lo largo de during, **8**
a menos que unless, **8**
a menudo often, **5**
a no ser que unless, **8**
a partir de from that time forward, **10**
a pesar de que in spite of, **8**
a plazos in installments, **10**
a raíz de as a result of
a su alrededor around them
a su vez at the same time, in turn, **6**
a través de through, across
a veces sometimes
abarcar (*v.*) to cover, include, **11**
abaratar (*v.*) to cheapen
abeja reina, la (*n.*) queen bee
abierto/a (*adj.*) open
abnegado/a (*adj.*) self-sacrificing, **9**
abogado/a, el/la (*n.*) lawyer, **7**
abordar el avión (*v.*) to board a plane, **3**
abortar (*v.*) to miscarry
aborto, el (*n.*) abortion, miscarriage
abrazar (*v.*) to embrace, **9**
abrazarse (*v.*) to embrace, **2**
abrojo del diablo, el (*n.*) burr (weed)
abstracto/a (*adj.*) abstract
abucheos, los (*n.*) boos
abuelo/a, el/la (*n.*) grandfather, grandmother, **1**
abundar (*v.*) to be abundant
aburrido/a (*adj.*) boring, **1**
aburrir (*v.*) to bore, **2**
acá here
acabar (*v.*) to finish, run out, **2**
acabar con (*v.*) to do away with
acabar de (*v.*) to have just (recently) done something, **3**
acampar (*v.*) to camp, **3**
acantilado, el (*n.*) cliff, **3**
acariciar (*v.*) to pet, caress, **9**
acaso (adv.) maybe
acceder a (*v.*) to agree to; to access
aceite (de oliva), el (*n.*) (olive) oil
aceituna, la (*n.*) olive
aceptar (*v.*) to accept, **1**
acerca de about
acercamiento, el (*n.*) approach, rapprochement, **9**
acercarse (*v.*) to draw near, **9**; to approach, **11**
achicar (*v.*) to shrink
acidez, la (*n.*) acidity
aclarar (*v.*) to clarify
acogedor/a (*adj.*) welcoming
acomodarse (*v.*) to make oneself comfortable
acompañamiento, el (*n.*) side dish
acompañar (*v.*) to accompany
aconsejar (*v.*) to advise
acontecimiento, el (*n.*) event, **12**
acordarse (ue) de (*v.*) to remember, **2**
acorde, el (*n.*) chord
acostar(se) (ue) (*v.*) to go to bed, **2**
acrítico/a (*adj.*) nonjudgemental
actitud, la (*n.*) attitude
actriz, la (*n.*) actress, **11**
actual (*adj.*) present, current, **11**
actuación, la (*n.*) show, **11**
actualidad, la (*n.*) present time, nowadays, **11**
actualizar (*v.*) to bring up to date, **11**
actualmente (*adv.*) at the present time, currently, **11**
actuar (*v.*) to act, **7**; to play a role, **11**
acuarela, la (*n.*) watercolor, **8**
acudir (*v.*) to go
acuerdo, el (*n.*) agreement
adaptarse (*v.*) to adapt, **2**
adecuado/a (*adj.*) adequate, appropriate
¡Adelante! Keep it up!, **7**
adelanto, el (*n.*) advance
adelgazar (*v.*) to lose weight, **4**
además besides, **2**
adivinanza, la (*n.*) riddle
adivinar (*v.*) to guess
administración, la (*n.*) management, **7**
administración de empresas, la (*n.*) business administration, **7**
¿Adónde? Where…to?, **2**
adoptar (*v.*) to adopt, **1**
adorar (*v.*) to adore, **12**
adscribir (*v.*) to ascribe, attach
aduana, la (*n.*) customs
advenimiento, el (*n.*) arrival
advertir (ie, i) (*v.*) to warn
aeromozo/a, el/la (*n.*) flight attendant, **3**
aerosol, el (*n.*) spray, **5**
afán, el (*n.*) eagerness, **9**
afanarse (*v.*) to toil
afectar (*v.*) to influence, affect, **10**
afecto, el (*n.*) affection, love, **12**
afeitar(se) (*v.*) to shave, **2**
afianzar (*v.*) to firm up
afiche, el (*n.*) poster
afrontar (*v.*) to face
afluencia, la (*n.*) affluence
afueras, las (*n.*) suburbs, **5**
aglomeración, la (*n.*) crowd, **12**
agosto (*n.*) August
agotado/a (*adj.*) exhausted, **1**
agradable (*adj.*) pleasantagradecer (*v.*) to thank
agregar (*v.*) to add
agrícola (*adj.*) agricultural
agridulce (*adj.*) bittersweet
aguacate, el (*n.*) avocado
aguacero, el (*n.*) downpour
aguantar (*v.*) to keep, last, **9**; to bear, **12**; to hold out
aguja, la (*n.*) needle
agujero, el (*n.*) hole
ahorrar (*v.*) to save, **1**
aire, el (*n.*) air, **3**
aire acondicionado, el (*n.*) air conditioning
aire libre, el (*n.*) open air
aislado/a, (*adj.*) isolated, **6**
ajedrez, el (*n.*) chess
ajeno/a a (*adj.*) outside of
ají, el (*n.*) chili pepper
al cabo de at the end of, **3**
al compás de to the beat of
al contado in cash
al día/mes/año siguiente next day/month/year
al final at the end, **11**
al fondo in the background, **8**
al principio at the beginning, **3**
al rato a short time later, **3**
alabanza, la (*n.*) praise, **8**
alargar (*v.*) to prolong
albergar (*v.*) to shelter
alcalde, el (*n.*) mayor
alcaldesa, la (*n.*) mayor
alcanzar (*v.*) to attain, reach, **5**
alcanzar su sueño to fulfill one's dream, **2**
alcanzar una meta to reach a goal
aldea, la (*n.*) village, **6**
aldea global, la (*n.*) global village, **10**
alegrar(se) (*v.*) to cheer, to be glad, **11**
alegrarse por alguien (*v.*) to be happy for someone
alegría, la (*n.*) joy, happiness, **12**
alejarse de to distance oneslef, withdraw, **8**
alérgico/a (*adj.*) allergic
alfabetización, la (*n.*) literacy, **6**
alfombra, la (*n.*) carpet
algarabía, la (*n.*) joy
algo something, **7**
algodón, el (*n.*) cotton, **2**
alguien someone, **7**
alguno/a/os/as any, some, **7**

alianza, la (*n.*) alliance
alienación, la (*n.*) alienation
aliento, el (*n.*) breath
alimentación, la (*n.*) feeding, nourishment, **6**
alimentar (ie) (*v.*) to feed
alimenticio/a (*adj.*) nourishing, nutritious
alimento, el (*n.*) food, **4**
aliviar (*v.*) alleviate, **4**
alma, el (*n., f.*) soul,
almacén, el (*n.*) warehouse, department store
almohada, la (*n.*) pillow
almacenar (*v.*) to store
almorzar (ue) (*v.*) to eat lunch, **1**
alojar(se) (*v.*) to lodge, **3**; to stay
alquilar (*v.*) to rent, **5**
alquiler, el (*n.*) rent, **5**
alrededor(de) (*adv.*) around, **1**
alrededores, los (*n.*) outskirts
altamente (*adv.*) highly
altiplano, el (*n.*) high plateau
altitud, la (*n.*) altitude
altura, la (*n.*) height, **3**
alza, el (n, f.) boost in prices, **10**
alzar (*v.*) to lift
alzar la voz (*v.*) to raise one's voice, **11**
alzar(se) (*v.*) to rise above
ama de casa, el (*n., f.*) housewife
amable (*adj.*) kind
amamantar (*v.*) to nurse
amanecer, el (*n.*) dawn
amante, el/la (*n.*) lover, **9**
amar (*v.*) to love, **1**
amarillento/a (*adj.*) yellowish
ambiental (*adj.*) environmental, **5**
ambiente de trabajo, el (*n.*) workplace atmosphere
ambiente empresarial, el (*n.*) business climate, **7**
ambigüedad, la (*n.*) ambiguity
ámbito, el (*n.*) field; precinct
ambos/as (*adj.*) both
amenazar (*v.*) to threaten
amenidad, la (*n.*) pleasantness
ameno/a (*adj.*) agreeable, pleasant, **11**
América Central/del Sur, la (*n.*) Central/South América, **2**
amigo/a íntimo/a, el/la (*n.*) close friend
amistad, la (*n.*) friendship, **1**
amontonar (*v.*) to pile up
amor, el (*n.*) love, **1**
amoroso/a (*adj.*) loving, affectionate, **1**
ampliar (*v.*) to enlarge, amplify, **10**
amplio/a (*adj.*) ample, wide, **7**
analfabetismo, el (*n.*) illiteracy
analfabeto/a el/la (*n.*) illiterate person
ancho/a (*adj.*) wide
anciano/a, el/la (*n.*) old person, **6**
andar (*v.*) to go, walk, **3**
andén, el (*n.*) platform, **3**
andino/a (*adj.*) Andean, **5**
anfibio, el (*n.*) amphibian
angustia, la (*n.*) anguish, **4**
anillo, el (*n.*) ring
animador/a el/la (*n.*) T.V. host/hostess
animadversión, la (*n.*) antagonism
anoche (*adv.*) last night, **3**
anotar (*v.*) to take note
ansiedad, la (*n.*) anxiety
ante before, in the face of
anteanoche the night before last, **3**
anteayer the day before yesterday, **3**
antecedente laboral, el (*n.*) job/work record, **7**
antepasado/a, el/la (*n.*) ancestor, **2**
anterior (*adj.*) former, **1**
antes before, **3**
antes de eso before that, **3**
antes de que before, **8**
antifaz, el (*n.*) mask, **12**
antiguo/a (*adj.*) old
antipático/a (*adj.*) disagreeable, **1**
antropólogo/a, el/la (*n.*) anthropologist
anunciado/a (*adj.*) announced
anunciar (*v.*) to announce, **11**
anuncio comercial, el (*n.*) commercial advertisement, **11**
añadir (*v.*) to add, **10**
apagar (*v.*) to turn off, **11**
aparato, el (*n.*) apparatus, appliance
aparecer (zc) (*v.*) to appear, **1**
aparición, la (*n.*) appearance
apartado, el (*n.*) section
aparte de aside from, **8**
apasionado/a (*adj.*) passionate, **1**
apelativo, el (*n.*) name
apetecer (zc) (*v.*) to feel like, **9**
aplaudir (*v.*) to clap, **11**
aplicar(se) (*v.*) to put on, enforce, **7**
apoderarse de (*v.*) to take hold of
aportar (*v.*) to bring, contribute
apoyar (*v.*) to support, back, **5**
apoyarse (*v.*) to lean on, **2**
apoyo, el (*n.*) support, **1**
apreciar (*v.*) to appreciate, **8**
aprender (*v.*) to learn, **1**
aprendizaje, el (*n.*) learning
apresar (*v.*) to imprison, **6**
apretar (ie) (*v.*) to press, push, **11**
aprobar (ue) (*v.*) to approve
aprovechar (*v.*) to take advantage of, **7**
apto/a para todo público G film rating
árbol, el (*n.*) tree
ardiente (*adj.*) burning hot
arduo/a (*adj.*) arduous, hard
arena, la (*n.*) sand, **3**
arete, el (*n.*) earring
argumento, el (*n.*) plot, **11**
arlequín, el (*n.*) harlequin
arma, el (*n. f.*) weapon, **6**
armario, el (*n.*) closet
armatoste, el (*n. f.*) cumbersome piece of furniture, **11**
armonía, la (*n.*) harmony
aro, el (*n.*) ring
arquitecto/a, el/la (*n.*) architect
arrancar (*v.*) to pull away
arrebolado/a (*adj.*) reddened
arreglar (*v.*) to fix, **10**
arreglarse (*v.*) to get ready, dress up, **2**
arreglárselas (*v.*) to make do
arreglo floral, el (*n.*) floral arrangement
arrepentirse(ie, i) (*v.*) to repent, **12**
arribo, el (*n.*) arrival, **10**
arriesgar(se) a (*v.*) to risk
arrojar(se) (*v.*) to throw (oneself), **3**
arroyo, el (*n.*) stream
arroz integral, el (*n.*) brown rice, **4**
arte abstracto, el (*n.*) abstract art, **8**
arzobispo, el (*n.*) archbishop
asado argentino, el (*n.*) Argentine barbecue
asador, el (*n.*) grill
asar (*v.*) to roast, **4**
ascendencia, la (*n.*) ancestry
ascender (ie) (*v.*) to advance, **7**
ascenso, el (*n.*) promotion
asegurar (*v.*) to assure
asentir (ie, i) (*v.*) to assent, agree, **11**
asesinar (*v.*) to kill
asesorar (*v.*) to advise
así thus, so, **7**
asiento, el (*n.*) seat, **3**
asignar (*v.*) to assign
asimilación, la (*n.*) assimilation, **2**
asimilar(se) (*v.*) to assimilate, **2**
así mismo likewise
asistente de vuelo, el/la (*n.*) flight attendant, **3**
asistir (*v.*) to attend, **1**
asomar (*v.*) to show, peep out
asombrar (*v.*) to amaze, astonish, **12**
asombro, el (*n.*) awe
áspid, el (*n.*) asp (snake)
aspirante, el/la (*n.*) applicant, **7**
astilla, la (*n.*) splinter
asunto, el (*n.*) affair, matter
asustado/a (*adj.*) frightened, **3**
asustar (*v.*) to frighten
atacar (*v.*) to attack, **6**
atar (*v.*) to tie up
atareado/a (*adj.*) busy
atender (ie) al público (*v.*) to deal with the public, **7**
ateo/a, el/la (*n.*) atheist
aterrizar (*v.*) to land, **3**
atleta, el/la (*n.*) athlete
atractivo, el (*n.*) attractive quality
atraer (*v.*) to attract, **7**
atrás back, behind
atrasado/a (*adj.*) late, **3**; delayed, behind the times, **10**
atraso, el (*n.*) backwardness, delay, **10**
atrevido/a (*adj.*) daring, **1**
aumentar (*v.*) to increase, **1**
aumento, el (*n.*) increase, **7**
aun even, **10**

aún still, yet, **10**
aun así even so, **9**
aun cuando even when, **8**
aunque though, even if, **1**; although, **9**
áureo/a (*adj.*) golden
aureola, la (*n.*) halo
auricular, el (*n.*) earpiece, earphone
aurora, la (*n.*) dawn, **4**
ausentismo, el (*n.*) absenteeism
auténtico/a (*adj.*) authentic, **8**
autoestima, la (*n.*) self-esteem
autógrafo, el (*n.*) autograph, **11**
autopista, la (*n.*) expressway, **5**
autorretrato, el (*n.*) self-portrait, **8**
avance, el (*n.*) advance
avanzar (*v.*) to advance
ave, el (*n. f.*) bird, **3**
avergonzarse (üe) (*v.*) to be ashamed, **12**
averiguar (*v.*) to inquire, find out
avión, el (*n.*) plane
avisar (*v.*) to warn, inform, **9**
aviso, el (*n.*) ad
avispa, la (*n.*) wasp
ayer yesterday, **3**
ayuda, la (*n.*) help
ayudar (*v.*) to help, **2**
ayuntamiento, el (*n.*) city hall
azafata, la (*n.*) stewardess
azorado/a (*adj.*) dazzling
azúcar, el (*n.*) sugar
azulejo, el (*n.*) tile

B

bajar (*v.*) to lower, **6**; to go down
bajar las barreras de exportación to lower export barriers, **10**
bajo, el (*n.*) bass
bajo/a (*adj.*) short (height), **1**
balazos, los (*n.*) shots, shooting
ballet, el (*n.*) ballet, **11**
bancario/a (*adj.*) banking
bancarrota, la (*n.*) bankruptcy, **10**
banco de datos, el (*n.*) database
banda, la (*n.*) gang, band
banda sonora, la (*n.*) soundtrack, **11**
bandeja, la (*n.*) tray
bandera, la (*n.*) flag, **6**
bandoneón, el (*n.*) accordion
bañarse (*v.*) to bathe, **2**
baño, el (*n.*) bathroom, **3**
bar, el (*n.*) bar
barato/a (*adj.*) cheap, **10**
barbilla, la (*n.*) chin, **4**
barco, el (*n.*) boat, **3**
barra, la (*n.*) bar
barrera de exportación, la (*n.*) export barrier, **10**
barrio, el (*n.*) neighborhood, **2**
basado/a (*adj.*) based on, **1**
bastante (*adj.*) a good amount
basura, la (*n.*) garbage, **5**
batido, el (*n.*) shake (drink)
batir (*v.*) to whip, **4**
batir récords to break records
bautizar (*v.*) to baptize; to call
bebé, el/la (*n.*) baby, **1**
beber (*v.*) to drink, **1**
bebida, la (*n.*) drink
beca, la (*n.*) scholarship
bellas artes, las (*n.*) fine arts, **8**
belleza, la (*n.*) beauty
bello/a (*adj.*) beautiful
bendecir (*v.*) to bless
beneficio, el (*n.*) benefit, **7**
beneficioso/a (*adj.*) beneficial, **10**
beneplácito, el (*n.*) consent
benjamín (*adj.*) youngest
besar(se) to kiss, **2**
beso, el (*n.*) kiss, **12**
bienes materiales, los (*n.*) material goods
bienes raíces, los (*n.*) real estate, **7**
bienestar, el (*n.*) welfare, **2**; well-being
bienvenida, la (*n.*) welcome
bigotes, los (*n.*) mustache, **1**
bilingüe (*adj.*) bilingual, **2**
billete de ida y vuelta, el (*n.*) round-trip ticket, **3**
billete, el (*n.*) ticket, **3**
bisabuelo/a, el/la (*n.*) great-grandfather/mother, **1**
bloque económico, el (*n.*) economic block, **10**
bloqueador solar, el (*n.*) sunscreen, **3**
boca, la (*n.*) mouth, **4**
bocacalle, la (*n.*) intersection, **5**
bocadillo, el (*n.*) sandwich
boda, la (*n.*) wedding, **1**
boleto de ida y vuelta, el (*n.*) round-trip ticket, **3**
boleto, el (*n.*) ticket, **3**
bolsa, la (*n.*) stock market, **7** bag
bolso de mano, el (*n.*) traveling bag
bombero/a el/la (*n.*) firefighter
bonito/a (*adj.*) pretty, nice, **1**
borinqueño/a, el/la (*n.*) person from Puerto Rico, **2**
borrar (*v.*) to erase
bosque, el (*n.*) forest, **3**
bosquejo, el (*n.*) sketch, **8**
botella, la (*n.*) bottle
botón, el (*n.*) button
botones, el (*n.*) bellboy, **3**
bracero, el (*n.*) person working in the fields, **2**
brazo, el (*n.*) arm, **4**
brecha, la (*n.*) gap, **10**
brevemente briefly
brincar (*v.*) to skip
brindar (*v.*) to toast, **12**
brindis, el (*n.*) toast, **12**
brisa, la (*n.*) breeze
broncearse (*v.*) to get a tan, **3**
bucear (*v.*) to scuba dive, **3**
buceo, el (*n.*) scuba diving, **3**
buena presencia, la poise
buscar (*v.*) to look for, **1**
búsqueda, la (*n.*) search
butaca, la (*n.*) seat, **11**
buzón, el (*n.*) mailbox, **5**

C

cabello, el (*n.*) hair, **4**
caber (*v.*) to fit
cabeza, la (*n.*) head, **4**
cabezota, la (*n.*) headstrong person
cacique piel roja, el (*n.*) Indian chief
cacique, el (*n.*) Indian chief, **6**
cada vez each/every time
cadena televisiva, la (*n.*) TV chain, **11**
cadena, la (*n.*) chain
cadera, la (*n.*) hip, **4**
caer (*v.*) to fall, **1**; to slip away, **2**
caer bien/mal (*v.*) to suit/not to suit, **2**
caer mal (*v.*) not to agree with, to sit badly, **4**
caído/a el/la (*n.*) fallen person
caja, la (*n.*) box, **9**
caja de ahorros, la (*n.*) savings bank
cajero automático, el (*n.*) ATM
cajón, el (*n.*) drawer
calavera, la (*n.*) skull
calentamiento, el (*n.*) warming, **5**
calentar (ie) (*v.*) to get hot, heat, **5**
calidad, la (*n.*) quality
cálido/a (*adj.*) warm
calificado/a (*adj.*) qualified
calificar (*v.*) to rate
callado/a (*adj.*) silent, quiet, **1**
calle, la (*n.*) street, **5**
callejero/a (*adj.*) street
calor, el (*n.*) heat
calzoncillos, los (*n., pl.*) men's underwear
cama, la (*n.*) bed, **5**
cámara, la (*n.*) camera, **11**
camarín, el (*n.*) dressing room, **11**
camarógrafo, el (*n.*) cameraman, **11**
cambiar (*v.*) to change, **1**
cambio, el (*n.*) change, **1**
caminante, el/la (*n.*) walker
camino, el (*n.*) path, way
camiseta, la (*n.*) T-shirt
campamento, el (*n.*) campground, **3**
campaña, la (*n.*) campaign
campesino/a, el/la (*n.*) peasant, **6**
campo, el (*n.*) field, countryside
canal, el (*n.*) channel, **11**
canasta, la (*n.*) basket
cáncer de mama, el (*n.*) breast cancer
cancerbero/a (*adj.*) supervisory
canción de cuna, la (*n.*) lullaby
candidato/a, el/la (*n.*) candidate, **7**
cansado/a (*adj.*) tired, **1**
cansancio, el (*n.*) fatigue
cantante, el/la (*n.*) singer, **11**
cantero, el (*n.*) flowerbed

cantidad, la (*n.*) amount
canto, el (*n.*) song
capa de ozono, la (*n.*) ozone layer, **5**
capa, la (*n.*) layer
capacidad, la (*n.*) ability
capacitarse (*v.*) to train, **7**
capacitación, la (*n.*) training, **7**
capaz (*adj.*) capable
capricho, el (*n.*) whim, **9**
captar (*v.*) to capture
cara, la (*n.*) face, **4**
caracol, el (*n.*) snail
carácter, el (*n.*) temperament, nature, **1**
característica, la (*n.*) characteristic
careta, la (*n.*) mask, **12**
cargado/a (*adj.*) loaded
cargar (*v.*) to haul
cargo, el (*n.*) position, job; charge
caribeño/a (*adj.*) Caribbean
caricia, la (*n.*) caress, petting, **9**
cariño, el (*n.*) fondness, love, **9**
cariñoso/a (*adj.*) loving, **1**
carne de vaca, la (*n.*) beef
caro/a (*adj.*) expensive, **10**
carrera, la (*n.*) career; race
carretera, la (*n.*) highway, **3**
carrito, el (*n.*) cart
cartel, el (*n.*) poster, **8**
cartón, el (*n.*) cardboard, **5**
casa de cambio, la (*n.*) money exchange
casa de campo, la (*n.*) vacation home, **3**
casa, la (*n.*) house, **5**
casado/a (*adj.*) married, **1**
casamiento, el (*n.*) marriage
casarse (*v.*) to get married, **1**
casco, el (*n.*) helmet
casi almost
casilla, la (*n.*) box
casillero, el (*n.*) pigeonhole
castaño/a (*adj.*) chestnut-colored, brown, hazel, **1**
catarro, el (*n.*) chest congestion, head cold, **4**
catártico/a (*adj.*) cathartic
caudal, el (*n.*) volume (of water)
causar (*v.*) to cause, **4**
cautelosamente (*adv.*) cautiously, **3**
cautivar (*v.*) to captivate
cavado/a (*adj.*) dug
caverna, la (*n.*) cave
cebada, la (*n.*) barley
cebolla, la (*n.*) onion
ceja, la (*n.*) eyebrow, **4**
celo religioso, el (*n.*) religious zeal
celoso/a (*adj.*) jealous, **1**
célula, la (*n.*) cell
censo, el (*n.*) census
censura, la (*n.*) censorship
censurado/a (*adj.*) censored
centenar, el (*n.*) one hundred
centrarse (*v.*) to center oneself
centro comercial, el (*n.*) mall, **5**
cepillar(se) (el pelo, los dientes) (*v.*) to brush (one's hair/teeth), **2**
cera, la (*n.*) wax
cerca de near
cercano/a (*adj.*) nearby
cerdo, el (*n.*) pig
cereal el (*n.*) grain
cerrar (ie) (*v.*) to close
cerro, el (*n.*) hill
cesto de la compra, el (*n.*) shopping cart
cesto, el (*n.*) basket, **5**
chaquetón, el (*n.*) short coat
charlar (*v.*) to chat
chicano/a, el/la (*n.*) Chicano, **2**
chillar (*v.*) to scream
chimpancé, el (*n.*) chimpanzee
chinchulines, los (*n.*) animal intestines (Arg.)
chino/a (*adj.*) Chinese
chiquilina, la (*n.*) little girl
chorizo, el (*n.*) red sausage
chorrear (*v.*) to gush, drip
cibernética, la (*n.*) computer science, **10**
cielo, el (*n.*) sky; heaven
científico/a, el/la (*n.*) scientist, **7**
cine, el (*n.*) movie theater, **5**
cintura, la (*n.*) waist, **4**
ciruela, la, (*n.*) plum, **4**
cirujano/a, el/la (*n.*) surgeon
cita familiar, la (*n.*) family outing
cita, la (*n.*) appointment, **4**
citar (*v.*) to quote
ciudad, la (*n.*) city, **5**
ciudadano/a, el/la (*n.*) citizen
clara, la (*n.*) egg white
claridad, la (*n.*) clarity, **9**
clase obrera, la (*n.*) working class
clásico/a, (*adj.*) classic
clasificar (*v.*) to classify
clavadista, el/la (*n.*) diver, **3**
clave, la (*n.*) cue; key
clave (*adj.*) key
coartada, la (*n.*) excuse, alibi
cobija, la (*n.*) blanket
cobrar (*v.*) to charge, **10**, to take on
cobrar un cheque (*v.*) to cash a check, **9**
cobrar vida propia (*v.*) to take on a life of their own
cocina, la (*n.*) kitchen; cuisine, cooking
cocinar (*v.*) to cook, **4**
códice, el codex
código (ético), el (*n.*) code (of ethics), **7**
código de área, el (*n.*) area code (Lat. Am.), **10**
codo, el (*n.*) elbow, **4**
codo a/con codo together, elbow to elbow, **12**
codorniz, la (*n.*) quail
colega, el/la (*n.*) colleague
colgante, el (*n.*) pendant
colita de res, la (*n.*) oxtail
colmado/a (*adj.*) full
colocar (*v.*) to put, place, **9**
colorado/a (*adj.*) red
colorido/a (*adj.*) colorful, **8**
collage, el (*n.*) collage
collar, el (*n.*) necklace
combatir (*v.*) to fight, **4**
comedia, la (*n.*) comedy, **11**
comenzar (ie) (*v.*) to begin, **1**
comer (*v.*) to eat, **1**
como since, **3**
¿Cómo? How?, **2**
como resultado as a result, **9**
como si as if, **8**
cómoda, la (*n.*) chest of drawers, **5**
compadecer (zc) (*v.*) to feel sorry
compartir (*v.*) to share, **1**
compasivo/a (*adj.*) compassionate, **9**
compensar (*v.*) to compensate, **7**
competencia, la (*n.*) competition, **10**
competidor/a (*n.*) competitor
complejo/a (*adj.*) complex
cómplice, el/la (*n.*) accomplice, **12**
componer (*v.*) to compose, **11**
comportamiento, el (*n.*) behavior, **1**
comportarse (*v.*) to behave, **1**
compositor/a, el/la (*n.*) composer
comprender (*v.*) to understand, **1**
compra, la (*n.*) shopping
comprensivo/a (*adj.*) understanding, **9**
comprobar (ue) (*v.*) to verify, check, **11**
comprometerse (*v.*) to get engaged, **2**
compromiso, el (*n.*) commitment, **7**
compuesto de (*adj.*) made up of
común (*adj.*) common
comunicar(se) (*v.*) to communicate, **2**
con frecuencia frequently, **3**
con tal(de) que provided that, **8**
con todo everything considered
concebible (*adj.*) conceivable
conceder (*v.*) to grant, give, **9**
concertar (ie) (*v.*) to set up
conciencia, la (*n.*) awareness, **9**
concierto, el (*n.*) concert
concurso, el (*n.*) competition, contest
condón, el (*n.*) condom
conducir (zc) (*v.*) to drive, **1**
conductor/a de programa, el/la (*n.*) program director
conejo, el (*n.*) rabbit
confeccionar (*v.*) to make
confiado/a (*adj.*) trusting
confianza, la (*n.*) ; confidence, **9**; trust
confiar en (*v.*) to trust in, **6**
confitería, la (*n.*) sweet shop
conformar (*v.*) to make happy, **6**
confundir (*v.*) to confuse
conjunto, el (*n.*) set
conjunto/a (*adj.*) joint
conjuro, el (*n.*) spell, incantation
conocer (zc) (*v.*) to know, **1**
conocer(se) (*v.*) to meet, get to know a person, **2**
conocido/a (*adj.*) well known
conocimiento, el (*n.*) knowledge, **6**
conquista, la (*n.*) conquest, **6**
conquistador/a, el/la (*n.*) conqueror, **6**
consciente (*adj.*) aware

conseguir(i) (*v.*) to get, obtain, **2**; to manage to
conseguir una entrevista to land an interview, **7**
consejero/a, el/la (*n.*) counselor
consejo, el (*n.*) counsel, **6**; advice
conserje, el/la (*n.*) concierge, **3**
constituir (y) (*v.*) to constitute
construir (y) (*v.*) to build, **1**
consultorio, el (*n.*) doctor's office, consulting room, **4**
consumidor/a el/la (*n.*) consumer
consumo, el (*n.*) consumption
contacto, el (*n.*) contact
contador/a, el/la (*n.*) accountant, **7**
contagiar (*v.*) to infect, be contagious, **4**
contaminación, la (*n.*) pollution, **5**
contaminado/a (*adj.*) contaminated, polluted, **5**
contaminar (*v.*) to pollute, **5**
contar (ue) (*v.*) to count, **1**
contar chistes (*v.*) to tell jokes, **12**
contar con (*v.*) to count on, **7**
contarse todo (*v.*) to tell each other everything, **2**
contento/a (*adj.*) happy, **1**
contestador automático, el (*n.*) answering machine, **10**
continuar (*v.*) to continue, **1**
contra against
contratar (*v.*) to hire, **7**
contraer (*v.*) to contract
contribuir (y) (*v.*) to contribute, **1**
control de la natalidad, el (*n.*) birth control
control remoto, el (*n.*) remote control, **11**
controlado/a (*adj.*) controlled, **5**
controlar (*v.*) to control
convencer (*v.*) to convince
convenir (*v.*) to be convenient, to suit one's interests, **7**
convertir(ie, i) to convert, transform, **8**
convidar (*v.*) to invite, **12**
convivir (*v.*) to live together, **1**
convocar (*v.*) to summon
cónyuge, el/la (*n.*) spouse
copa, la (*n.*) wine glass
corazón, el (*n.*) heart, **4**
corbata, la (*n.*) tie
corcho blanco, el (*n.*) Styrofoam
cordero, el (*n.*) lamb
cordillera, la (*n.*) mountain range, **3**
correo electrónico, el (*n.*) electronic mail, **10**
correo, el (*n.*) post office, **5**
corriente, la (*n.*) current
corrientes artísticas, las (*n.*) artistic movements, **8**
corro, el (*n.*) circle, ring
cortar (*v.*) to cut, **4**
corte, la (*n.*) (royal) court
cortés (*adj.*) polite
corto/a (*adj.*) short (length), **1**
cosecha, la (*n.*) harvest, **2**
cosméticos, los (*n.*) make-up, **5**
costa, la (*n.*) coast, **3**
costar (ue) (*v.*) to cost, **1**
costarle (ue) a uno (*v.*) to be hard to someone, **7**
costarricense, el/la (*n.*) Costa Rican, **2**
costero/a (*adj.*) coastal
costilla, la (*n.*) rib
costumbre, la (*n.*) custom, **6**
cotidiano/a (*adj.*) daily, everyday, **10**
coyote, el (*n.*) smuggler (of people), **2**
coyuntura, la (*n.*) occasion, turning point, **8**
cráneo, el (n.l) cranium, brain
creación, la (*n.*) creation, **8**
creadaor/a (*adj.*) creative, **9**
crear (*v.*) to create, **5**
creativo/a (*adj.*) creative
crecer (zc) (*v.*) to grow, **1**
creciente (*adj.*) growing
crecimiento económico, el (*n.*) economic growth, **10**
crecimiento, el (*n.*) growth, **9**
crédito bancario, el (*n.*) bank credit, **10**
creencia popular, la (*n.*) popular belief, **6**
creer (*v.*) to believe, **1**
crianza, la (*n.*) bringing up, rearing, **1**
crianza de los niños, la (*n.*) child rearing, **9**
criar (*v.*) to raise, rear, **1**; to raise a child or an animal
criticar (*v.*) to criticize, **2**
crónico/a (*adj.*) chronic
cronometrado/a (*adj.*) timed
crudo/a (*adj.*) raw
cruzar (*v.*) to cross, **2**
cuadrado/a (*adj.*) square
cuadro, el (*n.*) picture, **8**
¿Cuál?/¿Cuáles? Which?/Which one(s)?, **2**
cualidad, la (*n.*) quality
cualquier(a)/cualesquiera whatever
cuando (*adv.*) when, **2**
cuándo when, **8**
¿Cuánto/a? How much?, **2**
¿Cuántos/as? How many?, **2**
cubano/a, el/la (*n.*) Cuban, **2**
cubismo, el (*n.*) cubism, **8**
cubo, el (*n.*) bucket
cubo de la basura, el (*n.*) trash can, **5**
cubrir (*v.*) to cover, **5**
cucharada, la (*n.*) tablespoon
cucharadita, la (*n.*) teaspoon
cuello, el (*n.*) neck, **4**
cuenco, el (*n.*) bowl
cuenta corriente, la (*n.*) checking account, **10**
cuenta de ahorros, la (*n.*) savings account, **10**
cuento de hadas, el (*n.*) fairy tale
cuero, el (*n.*) leather
cuerpo, el (*n.*) body, **4**
cuestión, la (*n.*) matter, **11**
cuidadoso/a (*adj.*) careful, watchful, **5**
cuidar (*v.*) to take care of, **4**
cultivar (*v.*) to cultivate, **2**
cultivo, el (*n.*) crops, farming, **2**
culto, el (*n.*) cult
culto/a (*adj.*) well educated, **1**
cumpleaños, el (*n.*) birthday, **12**
cumplir años (*v.*) to have a birthday, **12**
cumplir con (*v.*) to execute, **7**; to fullfil one's engagements, do one's duties, **10**
cuñado/a, el/la (*n.*) brother-/sister-in-law, **1**
cuota, la (*n.*) payment
cura párroco, el (*n.*) parish priest
curar (*v.*) to cure
currículum vitae, el (*n.*) résumé, **7**
custodia compartida, la (*n.*) shared custody

danza, la (*n.*) dance, **11**
dañar (*v.*) to hurt, damage, **4**
dar (*v.*) to give, **1**
dar/pasar una película (*v.*) to play/show a movie, **11**
dar un vuelco (*v.*) to turn over
darse cuenta (*v.*) to realize, **9**
dato, el (*n.*) information, fact
datos, los (*n.*) data, **10**
de acuerdo a/con in accordance with, **1**
¿De dónde? Where?, **2**
de entre todo among everything, **9**
de esta manera in this way, **5**
de este modo in this way, **7**
de frente front view
de hecho in fact, indeed, actually, **5**
de lo lindo greatly
de manera que so that, **8**
de modo que so that, **8**
de modo way, manner, **8**
de niño/a as a child, **3**
de pronto suddenly, all of a sudden, **9**
de nuevo again
de repente suddenly, **3**
de sobremesa desktop
de súbito (*adv.*) all of a sudden, **2**
de todos/as of all (the things), **9**
de un tirón with one pull
de vanguardia progressive
de vez en cuando from time to time, **9**
deber (*v.*) ought to, should, **1**
deber, el (*n.*) duty
debido (*adj.*) due to
débil (*adj.*) weak, **1**
decano/a, el/la (*n.*) dean
decepcionado/a (*adj.*) disappointed, **7**
decepcionar (*v.*) to disappoint
decidir (*v.*) to decide, **1**
decir (*v.*) to say, **1**
decorado, el (*n.*) scenery
dedicado/a (*adj.*) dedicated
dedicarse a (*v.*) to devote oneself to, **2**
dedo, el (*n.*) finger, **4**

defender (ie) (*v.*) to defend
defensor/a, el/la (*n.*) defender
deidad, la (*n.*) god, deity
dejar (*v.*) to leave something behind, **3**
delgado/a (*adj.*) thin
delimitar (*v.*) to set limits, **10**
demás, los/las (*n.*) the others
demasiados/as too many, **5**
demorar (*v.*) to delay
demostrar (ue) (*v.*) to show, demonstrate
departamento, el (*n.*) apartment; department
deprimido/a (*adj.*) depressed
deprimirse (*v.*) to get depressed
depurar (*v.*) purify
derecha, la (*n.*) right hand
derecho, el (*n.*) right, **1**
derechos humanos, los (*n.*) human rights, **6**
derramar (*v.*) to shed, **9** spill
derrochar (*v.*) to waste, **5**
derroche, el (*n.*) waste, squandering, **12**
desafiar (*v.*) to challenge, **8**
desafío, el (*n.*) challenge, **9**
desafortunadamente (*adv.*) unfortunately, **5**
desagradable, (*adj.*) unpleasant, **1**
desagüe, el (*n.*) drain
desalojar (*v.*) to evict
desamor, el (*n.*) lack of love
desamparar (*v.*) to abandon
desamparo, el (*n.*) lack of protection, **9**
desanimarse (*v.*) to get discouraged
desaparecer (zc) (*v.*) to disappear, **3**
desaparecido/a, el/la (*n.*) disappeared
desaparición, la (*n.*) disappearance, **1**
desarmado/a (*adj.*) unarmed
desarrollado/a (*adj.*) developed
desarrollar (*v.*) to develop, **5**
desarrollo, el (*n.*) development, **7**
desasosiego, el (*n.*) uneasiness
desayuno, el (*n.*) breakfast
descansar (*v.*) to rest, **4**
descarado/a, el/la (*n.*) rude person
descarnado/a (*adj.*) bare, **8**
descartable (*adj.*) disposable
descendiente, el/la (*n.*) descendant, **2**
desceñido/a (*adj.*) unbelted
descollar (ue) (*v.*) to excel
descomponer (*v.*) to break down, **2**
descomponerse (*v.*) to decompose, faint, **4**
desconfianza, la (*n.*) mistrust
descorchar (*v.*) to open (a wine bottle)
descubierto/a (*adj.*) discovered
descuento, el (*n.*) discount, **10**
desdén, el (*n.*) scorn
desdoblar(se) (*v.*) to unfold
desear (*v.*) to desire, want, **11**
desechable (*adj.*) disposable, **4**
desechar (*v.*) to reject, dispose of, **5**
desecho, el (*n.*) waste, scrap, **5**
desembalar (*v.*) to unpack, **9**
desempeñar (*v.*) to work as
desempleado/a (*adj.*) unemployed, **5**
desempleo, el (*n.*) unemployment, **7**
desenmascarar (*v.*) to unmask
desenterrar (ie) (*v.*) to dig up
desentonar con (*v.*) to clash with
desesperarse (*v.*) to lose hope
desfile, el (*n.*) parade, **12**
desgraciadamente unfortunately, **6**
desgraciado/a (*adj.*) miserable
desheredado/a, (*adj.*) desinherited, **6**
desierto, el (*n.*) desert
desigual, (*adj.*) unequal, **6**
desigualdad, la (*n.*) inequality, **2**
desmayarse (*v.*) to faint, **4**
desmayo, el (*n.*) fainting spell, **4**
desmedido/a (*adj.*) excessive
desmontar (*v.*) to expose
desnudo/a (*adj.*) naked
desorganizado/a (*adj.*) disorganized
despacho, el (*n.*) office
despecho, el (*n.*) scorn
despedida de soltero/a, la (*n.*) bachelor/bachelorette's party, **12**
despedirse (i, i) de (*v.*) to say good-bye to, **2**
despegar (*v.*) to take off, **3**
desperdiciar (*v.*) to waste, **5**
despertarse (ie) (*v.*) to wake up, **2**
despiadado/a (*adj.*) unmerciful
desplazado/a (*adj.*) displaced
desplazamiento, el (*n.*) travel
desplomado/a (*adj.*) collapsed
despojado/a (*adj.*) stripped of
desprovisto/a (*adj.*) lacking, **8**
después then, after, **3**
después de que after, **8**
destacar (*v.*) to stand out
destinatario/a, el/la (*n.*) recipient
destreza, la (*n.*) skill, **7**
destrozar (*v.*) to wreck, ruin, **9**
destruir (*v.*) to destroy, **1**
desventaja, la (*n.*) disadvantage
desvestirse (i, i) (*v.*) to undress, **2**
detalladamente in detail
detalle, el (*n.*) detail, **8**
detenerse (*v.*) to stop, **3**
determinado/a (*adj.*) particular
determinar (*v.*) to determine, **1**
detestar(se) (*v.*) to hate, detest, **2**
detrás de behind
deuda externa, la (*n.*) foreign debt, **10**
devolver (ue) (*v.*) to return (an object), **1**
día del santo, el (*n.*) saint's day, **12**
día feriado, el (*n.*) holiday, **12**
diablito, el (*n.*) little devil
diariamente (*adv.*) daily
dibujo, el (*n.*) drawing, **8**
dibujo animado, el (*n.*) cartoon, **11**
diciembre (*n.*) December
dicha, la (*n.*) happiness
dicho, el (*n.*) saying
dichoso/a (*adj.*) fortunate, lucky
diente de ajo, el (*n.*) clove of garlic
diente, el (*n.*) tooth, **4**
dieta equilibrada, la (*n.*) balanced diet, **4**
difundir (*v.*) to spread
difunto/a, el/la (*n.*) dead person
difusión, la (*n.*) spreading of news, **10**
diligencia, la (*n.*) errand
dinámica, la (*n.*) dynamic
dinero, el (*n.*) money
dios/a, el/la (n) god; goddess
directivo/a, el/la (*n.*) management, director, **7**
director/a de orquesta, el/la (*n.*) orchestra conductor, **11**
dirigir (*v.*) to direct, **11**
dirigirse a (*v.*) to walk toward; to write to
disculpa, la (*n.*) excuse, **7**
discutir (*v.*) to discuss, to argue, **1**
diseñar (*v.*) to design
diseño, el (*n.*) design
disfraz, el (*n.*) disguise
disfrazado/a (*adj.*) disguised
disfrazar(se) (*v.*) to disguise (oneself), **12**
disfrutar (de) (*v.*) to enjoy, **3**
disfrute, el (*n.*) enjoyment
disgustado/a (*adj.*) displeased, **3**
disgustar (*v.*) to annoy, displease, **2**
disminución, la (*n.*) decrease
disminuir (*v.*) to decrease, diminish
disolver (ue) (*v.*) to dissolve
dispensado/a (*adj.*) excused
disponer de (*v.*) to have at one's disposal, **7**
disponerse a (*v.*) to prepare oneself
disponible (*adj.*) available, **7**
disquete, el (*n.*) diskette
distinto/a (*adj.*) different
diversidad, la (*n.*) diversity
diversión, la (*n.*) entertainment
diversos/as (*adj.*) many
divertido/a (*adj.*) amusing, funny, **1**
divertir (ie, i) (*v.*) to amuse, **2**
divertirse (ie, i) (*v.*) to have a good time, to have fun, **3**
divorciarse (de) (*v.*) to divorce, **1**
divorcio, el (*n.*) divorce, **1**
doblar (*v.*) to fold; to turn
doblar(se) (*v.*) to bend down, **4**
doble fila double file
dócil (*adj.*) docile
documental, el (*n.*) documentary, **11**
dolencia, la (*n.*) ailment
doler (ue) (*v.*) to hurt, **4**
dolor de oído, el (*n.*) earache, **4**
dolor, el (*n.*) pain, **4**
domador/a, el/la (*n.*) animal tamer
domicilio, el (*n.*) home
dominante (*adj.*) domineering, **1**
dominar (*v.*) to dominate, **9**
dominar otros idiomas (*v.*) to be fluent in other languages, **7**
dominicano/a, el/la (*n.*) Dominican, **2**
doncella, la (*n.*) virgin
¿Dónde? Where?, **2**
dorado/a (*adj.*) golden
dorar (*v.*) to sauté, **4**
dormir (ue, u) (*v.*) to sleep, **1**
dormirse (ue, u) (*v.*) to fall asleep, **2**
dormitorio, el (*n.*) bedroom

dosis, la (*n.*) dose, dosage
droga, la (*n.*) drug, **1**
ducharse (*v.*) to shower, **2**
dudar (*v.*) to doubt, **11**
dueño/a, el/la (*n.*) owner
dulce (*adj.*) sweet, **1**
duplicar (*v.*) to duplicate, **5**
durar (*v.*) to last
duro/a (*adj.*) hard

E

ecología, la (*n.*) ecology
economista, el/la (*n.*) economist, **7**
echar en falta (*v.*) to miss
edad núbil, la (*n.*) marriageable age
edificio, el (*n.*) building, **8**
educado/a (mal educado/a) (*adj.*) polite (impolite), **1**
efecto invernadero, el (*n.*) greenhouse effect
eficacia, la (*n.*) effectiveness
eficaz (*adj.*) effective
egoísta (*adj.*) selfish, **1**
eje, el (*n.*) axis
ejercer (*v.*) to exercise, exert
ejército, el (*n.*) army, **6**
el (día/mes/año) pasado last (day/month/year), **3**
el/la/los/las cual/cuales that, which, who, whom, **11**
el/la/los/las que the one/ones who/that, **11**
elaborar (*v.*) to make, prepare
elección, la (*n.*) choice; election
elegir (i) (*v.*) to choose, **1**
elogiar (*v.*) to praise
elogio, el (*n.*) praise, **8**
eludir (*v.*) to evade, avoid, **9**
embalaje, el (*n.*) packaging
embalar (*v.*) to pack
embarazada (*adj.*) pregnant
embarazo, el (*n.*) pregnancy, **1**
embarcar (*v.*) to board, **3**
embellecer (*v.*) to beautify
emborracharse (*v.*) to get drunk, **12**
emigrante, el/la (*n.*) emigrant, **2**
emigrar (*v.*) to emigrate, **2**
emisión de radio, la (*n.*) radio broadcast, **11**
emitir (*v.*) to emit
emocionante, (*adj.*) exciting
empeñarse en (*v.*) to insist on
empeño, el (*n.*) determination
empeorar (*v.*) to get worse, **4**
emperador/a, el/la (*n.*) emperor, empress
empezar (ie) (*v.*) to begin, **1**
empleado/a, el/la (*n.*) employee, **7**
empleador/a, el/la (*n.*) employer, **7**
empleo, el (*n.*) employment, job, **7**
emprendedor/a (*adj.*) enterprising, **7**
empresa, la (*n.*) business, company, **7**
empresario/a, el/la (*n.*) business/man/woman
empujar (*v.*) to push, **2**
en alza budding
en cambio on the other hand, **9**
en caso de que in case, **8**
en cuanto as soon as, **8**
en el (año) 2001 in (the year) 2001, **3**
en ese caso in that case, **7**
en función de related to
en medio de in the midst of
en otras palabras in other words
en realidad in reality, actually, **11**
en torno a around, **9**
en vías de desarrollo developing, **10**
en vivo live (program), **11**
enaguas, las (*n.*) petticoats
enamorado/a (*adj.*) in love, **1**
enamoramiento, el (*n.*) falling in love
enamorarse de (*v.*) to fall in love with, **12**
encabezar (*v.*) to head
encadenarse (*v.*) to chain oneself
encaminar (*v.*) to direct
encantar (*v.*) to delight, love, **2**
encanto, el (*n.*) charm, **8**
encarar (*v.*) to approach
encargar (*v.*) to order, place an order for
encasillar (*v.*) to classify, **8**
encendedor, el (*n.*) lighter
encender (ie) (*v.*) to turn on, **11**
encierro, el (*n.*) imprisonment
encomienda, la (*n.*) certain estates granted by the Spanish king
encontrar (ue) (*v.*) to meet, to find, **1**
encorvado/a (*adj.*) stooped
encubrimiento, el (*n.*) concealment
encuesta, la (*n.*) poll
enchufar (*v.*) to plug in
enderezar (*v.*) to straighten
endulzar (*v.*) to sweeten
enero (*n.*) January
enfadarse (*v.*) to get angry, **12**
enfermedad, la (*n.*) sickness, **4**
enfermo/a (*adj.*) sick, **1**
enfocar (un problema) to approach a problem, **7**; to focus
enfurecerse (*v.*) to become furious
enganchar, (*v.*) to hook
engañar (*v.*) to deceive, **6**
engordar (*v.*) to gain weight, **4**
¡Enhorabuena! Congratulations!, **7**
enjuagar (*v.*) to rinse
enlazar (*v.*) to hold
enojarse con (*v.*) to be angry, **1**
enojo, el (*n.*) anger
enriquecedor/a (*adj.*) enriching
ensayar (*v.*) to rehearse, **11**
ensayo, el (*n.*) essay; rehearsal
enseguida immediately, **3**
entablar (*v.*) to establish
entalcarse (*v.*) to put talcum powder on one's body
entender(se) (*v.*) to understand, **1**
entenderse (ie) (*v.*) to understand each other, **2**
entendimiento, el (*n.*) understanding
enterarse (*v.*) to realice
entereza, la (*n.*) fortitude
entero/a (*adj.*) entire, whole, **6**
enterrado/a (*adj.*) buried
entierro, el (*n.*) burial
entonces then, **9**
entorno, el (*n.*) surroundings
entrada, la (*n.*) ticket, **11**
entre between, among
entrecejo, el (*n.*) space between the eyebrows
entrega, la (*n.*) handing over, delivery
entregar (*v.*) to deliver, **11**; to hand in
entrenador/a, el/la (*n.*) trainer, coach
entrenar (*v.*) to train, **7**
entretener (ie) (*v.*) to entertain, **11**
entretenido/a (*adj.*) entertaining, **11**
entretenimiento, el (*n.*) entertainment, **11**
entrevista de trabajo, la (*n.*) job interview, **7**
entrevistar (*v.*) to interview
entusiasmar (*v.*) to enthuse, excite, **2**
entusiasmar(se) (*v.*) to get excited, **12**
envase, el (*n.*) container, **5**
envejecimiento, el (*n.*) aging
equitativo/a (*adj.*) equal
enviar (*v.*) to send
envidia, la (*n.*) envy
envidiar (*v.*) to envy
envoltorio, el (*n.*) wrapping, **5**
época, la (*n.*) time, **6**
equilibrio, el (*n.*) balance, **7**
equipaje, el (*n.*) luggage, **3**
equipo, el (*n.*) team, **7**; equipment
equivocarse (*v.*) to be mistaken
equívoco/a (*adj.*) ambiguous
es decir that is to say, **9**
es más besides
escala, la (*n.*) stop, **3**; scale
escalar (montañas) (*v.*) to climb (a mountain), **3**
escalera, la (*n.*) stairs, **5**
escapar (*v.*) to escape, **2**
escarpado/a (*adj.*) steep
escasez, la (*n.*) scarcity
escena, la (*n.*) scene, **11**
escenario, el (*n.*) stage, **11**
esclarecer (zc) (*v.*) to clarify
esclavizar (*v.*) to enslave, **6**
esclavo/a, el/la (*n.*) slave
escoger (*v.*) to choose
esconder (*v.*) to hide
escritos, los (*n., pl.*) writing(s)
escritura, la (*n.*) writing
escultura, la (*n.*) sculpture
esfuerzo, el (*n.*) effort
esgrimista, el/la (*n.*) fencer
eslabón, el (*n.*) link
esmero, el (*n.*) care
espacio, el (*n.*) space
espalda, la (*n.*) back, **4**
especie, la (*n.*) species
espectáculo, el (*n.*) show, **11**
espectador, el (*n.*) spectator, audience, **11**

espejo, el (*n.*) mirror, **5**
esperar (*v.*) to hope, **11**
espinaca, la (*n.*) spinach
espíritu, el (*n.*) spirit
esposo/a, el/la (*n.*) husband/wife, **1**
esposo/a de mi padre/madre (*n.*) stepfather / -mother, **1**
esqueleto, el (*n.*) skeleton
esquema, el (*n.*) outline, **8**
esquí acuático, el (*n.*) water skiing, **3**
esquiar (*v.*) to ski, **3**
esquina, la (*n.*) corner, **5**
estable (*adj.*) stable
establecer(se) (zc) (*v.*) to establish, **2**
estación, la (*n.*) station, **5**
estadía, la (*n.*) stay, **3**
estadística, la (*n.*) statistic
estado, el (*n.*) state
estado civil, el (*n.*) marital status
estallar (*v.*) to explode
estampa, la (*n.*) appearance
estante, el (*n.*) shelf, **5**
estantería, la (*n.*) bookshelf
estar (*v.*) to be, **1**
estar atrasado/a to arrive late, **10**
estar cansado/a to be tired, **1**
estar casado (con) to be married (to), **1**
estar comprometido (con) to be engaged (to), **1**
estar con prisa to be in a hurry, **1**
estar contento/a to be happy, **1**
estar de acuerdo (con) to agree (with), **1**
estar de buen/mal humor to be in a good/bad mood, **1**
estar de paso to be passing by, **1**
estar de vacaciones to be on vacation, **1**
estar divorciado/a (de) to be divorced (from), **1**
estar embarazada to be pregnant, **4**
estar en cartelera to be still running
estar enamorado/a (de) to be in love with, **1**
estar encargado/a de to be in charge of, **7**
estar enojado/a to be angry, **1**
estar enredado/a to be entangled with, **12**
estar entusiasmado/a to be excited, **1**
estar muerto/a to be dead, **1**
estar por to be about to
estar preocupado (por) to be worried (about), **1**
estar separado/a (de) to be separated (from), **1**
estatal (*adj.*) state
estatua, la (*n.*) statue
estatuilla, la (*n.*) figurine
estatura, la (*n.*) height, **4**
estela, la (*n.*) wake of a boat
estética, la (*n.*) aesthetics, **8**
estilo, el (*n.*) style
estómago, el (*n.*) stomach, **4**
estornudar (*v.*) to sneeze, **4**
estrechar (*v.*) to embrace, **9**
estrella, la (*n.*) star; movie star
estrellado (*adj.*) starry
estrenar (*v.*) to perform for the first time, **11**
estreno, el (*n.*) opening night, premiere, **11**
estrés, el (*n.*) stress
estruendo, el (*n.*) noise
estudio, el (*n.*) studio
etapa, la (*n.*) stage
etiqueta, la (*n.*) label
etnia, la (*n.*) ethnic group
euforia, la (*n.*) euphoria, **12**
evadir (*v.*) to evade, escape
evitar (*v.*) to avoid, **4**
evocar (*v.*) to evoke
examen de rutina, el (*n.*) yearly check-up
exceder (*v.*) to exceed, go beyond
excursión, la (*n.*) tour, **3**
exigir (*v.*) to demand, **7**
exiliarse (*v.*) to exile oneself
éxito, el (*n.*) success, **7**
exitoso/a (*adj.*) successful
expectativa, la (*n.*) expectation
experiencia laboral, la (*n.*) work experience, **7**
experimentar (*v.*) to experience
explicar (*v.*) to explain, **1**
explotar, (*v.*) to exploit, **6**
exponer (*v.*) to show; to put forth
expresionismo, el (*n.*) expressionism, **8**
extendido/a (*adj.*) extended, **1**
extinción, la (*n.*) extinction
extraer (*v.*) to extract
extranjero/a (*adj.*) foreign
extranjero/a, el/la (*n.*) foreigner
extrañar (*v.*) to miss (feeling), **12**
extremo, el (*n.*) end

F

fábrica, la (*n.*) factory, **5**
fabricar (*v.*) to make
facilitar (*v.*) to facilitate, **9**
facha, la (*n.*) appearance, looks, **12**
faja, la (*n.*) sash
fallo, el (*n.*) error
faltar (*v.*) to be missing, lacking, **2**
familia política, la (*n.*) in-laws, extended family, **1**
familia, la (*n.*) family, **1**
familiar, el/la (*n.*) family member
fantasma, el (*n.*) ghost
fascinar (*v.*) to fascinate, **2**
fastidiar (*v.*) to annoy, **2**
favorecer (zc) (*v.*) to favor
fe, la (*n.*) faith
fecha, la (*n.*) date
fecundar (*v.*) to make fertile, fertilize
fecundidad, la (*n.*) fertility
felicidad, la (*n.*) happiness
¡Felicidades! Congratulations!, **7**
¡Felicitaciones! Congratulations!, **7**
felicitar (*v.*) to congratulate, **7**
feliz (*adj.*) happy, **1**
¡Feliz año (nuevo)! Happy New Year!
¡Feliz cumpleaños! Happy birthday!, **12**
¡Feliz día del santo! Happy Saints Day!, **12**
femineidad, la (*n.*) femininity, **9**
feo/a (*adj.*) ugly, **1**
festejar (*v.*) to celebrate, **12**
festejo, el (*n.*) public rejoicing, **12**
fibra, la (*n.*) fiber
fiebre, la (*n.*) fever, **4**
fiel (*adj.*) faithful
fiesta patria, la (*n.*) patriotic festivity, **12**
fiesta patronal, la (*n.*) patron saint festivity, **12**
fiesta religiosa, la (*n.*) religious festivity, **12**
fijamente (*adj.*) fixedly
fijo/a (*adj.*) fixed
filmar (*v.*) to film, **11**
filtro, el (*n.*) filter
fin, el (*n.*) purpose, end
final, el (*n.*) ending
finalmente (*adv.*) finally
financiero/a (*n.*) financial
firmar (*v.*) to sign, **7**
físico/a (*adj.*) physical
flaco/a (*adj.*) thin, skinny, **1**
flechazo, el (*n.*) love at first sight
flequillo, el (*n.*) bangs
florecer (zc), (*v.*) to flower
fogón, el (*n.*) open cooking fire
folclore, el (*n.*) folklore
folleto, el (*n.*) brochure, **3**
fomentar (*v.*) to promote, encourage, **8**
fondo, el (*n.*) background, **8**
forma, la (*n.*) way, form, manner, **7**
formación, la (*n.*) education, training
formulario, el (*n.*) form, **2**
fortalecimiento, el (*n.*) strengthening
fósforo, el (*n.*) match
fracaso, el (*n.*) failure
fraile, el (*n.*) friar
franqueza, la (*n.*) frankness, candor
frasco, el (*n.*) bottle
fray, el (*n.*) friar
freír (i, i) (*v.*) to fry, **4**
frente a facing; regarding; in the face of
frente, la (*n.*) forehead, **4**
frijol, el (*n.*) bean, **4**
fritos, los (n., pl.) fried foods
frontera, la (*n.*) border, **2**
fruto seco, el (*n.*) dried fruit and nuts
fuegos artificiales, los (*n.*) fireworks, **12**
fuente, la (*n.*) fountain, source, **6**
fuente de inspiración, la (*n.*) source of inspiration, **8**
fuera de outside of
fuerte (*adj.*) strong, **1**
fuerza, la (*n.*) force, strength
fuerzas armadas, las (*n.*) armed forces, **6**
fumador/a, el/la (*n.*) smoker, **3**

fumar (*v.*) to smoke
función, la (*n.*) show, performance, **11**
funcionar (*v.*) work, function, **9**
fundar (*v.*) to found

gabán, el (*n.*) overcoat, **12**
galería de arte, la (*n.*) art gallery, **8**
ganancia, la (*n.*) earning, **10**
ganar (*v.*) to earn, win, **2**
ganarse la vida (*v.*) to earn one's living, **2**
garabato, el (*n.*) scribble
garganta, la (*n.*) throat, **4**
gastar (*v.*) to spend, **1**
gasto, el (*n.*) expenditure
gaviota, la (*n.*) seagull
gemelo/a, el/la (*n.*) twin, **1**
gemir (i) (*v.*) to moan, **11**
generador/a, el/la (*n.*) generator, **6**
generalmente (*adj.*) generally, **3**
generar (*v.*) to generate, **5**
género, el (*n.*) gender
genética, la (*n.*) genetics
genio (*n.*) genius
gente, la (*n.*) people
gerente, el/la (*n.*) manager, **7**
gestar (*v.*) to create, **8**
gestión, la (*n.*) management
gesto, el (*n.*) gesture, **9**
gira, la (*n.*) tour, **11**
girar (*v.*) to turn, revolve
girar en torno a (*v.*) to revolve around
globo, el (*n.*) balloon, **12**
golpe, el (*n.*) blow
gomina, la (*n.*) hair cream
gota, la (*n.*) drop, **4**
gozar (*v.*) to enjoy, **9**
gozar de buena salud (*v.*) to enjoy good health, **4**
grabación, la (*n.*) recording, **11**
grabar (*v.*) to record, **11**
gracia, la (*n.*) grace
gradas, las (*n.*) bleachers
graduarse (*v.*) to graduate
gráfico/a (*adj.*) graphic
granja, la (*n.*) farm
grano, el (*n.*) grain
grasa, la (*n.*) fat, **4**
gratis (*adj.*) free
grave (*adj.*) heavy, serious, grave
gripe, la (*n.*) flu, **4**
grisáceo/a (*adj.*) grayish
gritar (*v.*) to scream, shout, **2**
grito, el (*n.*) scream
grueso/a (*adj.*) thick, **2**
gruñir (*v.*) to growl
grupal (*adj.*) group
guapo/a (*adj.*) handsome, good-looking, **1**
guardar (*v.*) to keep, save, **5**
guatemalteco/a, el/la (*n.*) Guatemalan, **2**
guerra, la (*n.*) war, **6**
guerrero/a, el/la (*n.*) warrior, **6**
guía, la (*n.*) guide
guía turística, la (*n.*) tourist guide, **3**
guión, el (*n.*) script, **11**
guirnalda, la (*n.*) streamer
gusano, el (*n.*) worm
gusto, el (*n.*) taste

haber que (*v.*) to have to, **2**
hábil (*adj.*) skillful
habitación doble, la (*n.*) room with double occupancy, **3**
habitación individual/sencilla, la (*n.*) single room, **3**
habitar (*v.*) to live
habla, el (*n., f.*) speech
hacer (*v.*) to do, **1**
hacer bromas (*v.*) to make jokes, **12**
hacer buen tiempo to have nice weather, **2**
hacer calor/frío to be hot/cold, **2**
hacer caso (*v.*) to follow someone's advice, **4**
hacer dedo (*v.*) to hitchhike, **3**
hacer ecoturismo (*v.*) to take an ecological vacation, **3**
hacer escala (*v.*) to stop over, **3**
hacer esquí nórdico/alpino/acuático (*v.*) to cross country/downhill/water ski, **3**
hacer falta (*v.*) to be lacking
hacer las maletas/el equipaje/las valijas (*v.*) to pack, **3**
hacer preguntas (*v.*) to ask questions
hacer que (*v.*) to cause
hacer régimen (*v.*) to be on a diet, **4**
hacer sol (*v.*) to be sunny, **2**
hacer viento (*v.*) to be windy, **2**
hacer un brindis (*v.*) to make a toast, **12**
hacer una fiesta (*v.*) to have a party, **12**
hacer un rato (*v.*) to be a while (ago), **3**
hacer windsurf (*v.*) to windsurf, **3**
hacerse (*v.*) to become, **8**
hacerse amigo/a (*v.*) to become friends, **2**
hallar, (*v.*) to find, **7**
hallarse (*v.*) to find oneself, be
hambre, el (*n., f.*) hunger
harina, la (*n.*) flour, **4**
hartarse (*v.*) to be fed up, **2**
hasta que until, **8**
hay (*v.*) there is, there are, **2**
hebra, la (*n.*) thread
hecho, el (*n.*) fact
helado, el (*n.*) ice cream
helado/a (*adj.*) freezing cold
helor, el (*n.*) deep cold
herencia cultural, la (*n.*) cultural heritage, **2**
herido/a, el/la (*n.*) wounded
herir (ie, i) (*v.*) to wound
hermandad, la (*n.*) brotherhood
hervido/a (*adj.*) boiled
hielo, el (*n.*) ice
hierba, la (*n.*) grass
higo, el (*n.*) fig, **4**
hijo/a único/a, el/la (*n.*) only child, **1**
hijo/a, el/la (*n.*) son/daughter, **1**
hijos, los (*n.*) children, **1**
hilito, el (*n.*) small thread
hipotético/a (*adj.*) hypothetical
hispánico/a (*adj.*) from the hispanic world
hispano/a, el/la (*n.*) Hispanic, **2**
hispanohablante, el/la (*n.*) Spanish speaker, **2**
hogar, el (*n.*) home, **2**
hoguera, la (*n.*) bonfire
hoja de vida, la (*n.*) résumé, **7**
hombre/mujer de negocios, el/la (*n.*) businessman/woman
hombro, el (*n.*) shoulder, **4**
hondureño/a, el/la (*n.*) Honduran, **2**
hora, la (*n.*) hour, time, **6**
horario, el (*n.*) schedule, time, **7**
hoy en día nowadays, **1**
hoyo, el (*n.*) hole
huelga, la (*n.*) strike
huella, la (*n.*) track, footprint
huésped, el/la (*n.*) guest, **3**
huesudo/a (*adj.*) bony, **4**
huevo, el (*n.*) egg
huir (*v.*) to flee, **7**
húmedo/a (*adj.*) humid, moist, **3**
humillar (*v.*) to humiliate
humor, el (*n.*) temper, mood

I

idioma oficial, el (*n.*) official language, **2**
iglesia, la (*n.*) church
igual (*adj.*) equal, **6**
igualdad, la (*n.*) equality, **2**
igualitario/a (*adj.*) egalitarian
imagen, la (*n.*) image
imaginar (*v.*) to imagine
imaginativo/a (*adj.*) imaginative
imparable (*adj.*) unstoppable, **10**
impasible (*adj.*) stoic
impedir (i, i) (*v.*) to hinder, prevent, **6**
impensado/a (*adj.*) unthought of
imperio, el (*n.*) empire
implementar (*v.*) to implement
implicar (*v.*) to imply
imponente (*adj.*) imposing, **9**
imponer (*v.*) to impose, **9**
imponerse (*v.*) to assert one's authority
importar (*v.*) to matter, to be important, to care about, **2**
impredecible (*adj.*) unpredictable, **10**
imprescindible (*adj.*) indispensable
impresionar (*v.*) to impress, **12**
impresionismo, el (*n.*) impressionism, **8**
impresora, la (*n.*) printer
imprimir (*v.*) to print
impulso, el (*n.*) momentum
inaugurar (*v.*) to inaugurate, **8**

incaico/a (*adj.*) Incan
incertidumbre, la (*n.*) uncertainty
incinerar (*v.*) to burn
incluir (*v.*) to include, **1**
inclusive (*adv.*) even
incógnita, la (*n.*) the unknown
inconsciente, el/la (*n.*) irresponsible person
incorporarse (*v.*) to get up
independizarse (*v.*) to become independent
índice, el (*n.*) rate
índice de natalidad, el (*n.*) birth rate
indígena, el/la (*n.*) native person, indigenous, **2**
indocumentado/a, el/la (*n.*) person without legal documents, **2**
índole, la (*n.*) type, kind
indudablemente (*adj.*) undoubtedly
inesperado/a (*adj.*) unexpected, **3**
infancia, la (*n.*) childhood, infancy **1**
infarto, el (*n.*) heart attack
infertilidad, la (*n.*) infertility
infiel (*adj.*) unfaithful, **7**
influencia, la (*n.*) influence, **2**
influir (*v.*) to influence, **4**
informática, la (*n.*) computer science, **7**
informe, el (*n.*) report
ingeniero/a, el/la (*n.*) engineer, **7**
ingresar (*v.*) to enter
inicio, el (*n.*) beginning, start
injusticia, la (*n.*) injustice, **2**
inmigrar (*v.*) to immigrate, **2**
inmobiliaria, la (*n.*) real estate agency
inmueble, el (*n.*) real estate property
innovador/a (*adj.*) innovative, **5**
inolvidable (*adj.*) unforgettable
inquietante (*adj.*) unsettling, disturbing, **8**
insensato/a (*adj.*) foolish, lacking common sense, **1**
insistir (*v.*) to insist, **1**
insólito/a (*adj.*) strange, odd, unusual
insomnio, el (*n.*) insomnia, **4**
insularidad, la (*n.*) isolation
intacto/a (*adj.*) intact, **1**
integrante, el (*n.*) member, **1**
integrar (la economía) to integrate (the economy), **10**
integrarse (*v.*) to become part of, **2**
intentar (*v.*) to try, **6**
intercambiar (*v.*) to exchange
interés, el (*n.*) interest, **10**
interesar (*v.*) to interest, **2**
interferir (ie) (*v.*) to interfere
intermedio, el (*n.*) intermission, **11**
interpretar el papel de (*v.*) to play the part of, **11**
intervenir (*v.*) to intervene
intimidad, la (*n.*) intimacy
íntimo/a (*adj.*) intimate, **9**
intromisión, la (*n.*) intrusion
invalidez, la (*n.*) incapacity
invento, el (*n.*) invention
invertir (ie, i) (*v.*) to invest, **10**
invierno, el (*n.*) winter
invitado/a, el/la (*n.*) guest
ir (*v.*) to go, **1**; to run away, **2**
irse (*v.*) to go away, leave, **2**
isla, la (*n.*) island, **3**
izquierda, la (*n.*) left

J

jabón, el (*n.*) soap, **5**
jalar (*v.*) to pull, **2**
jamás never, ever, **7**
jamón, el (*n.*) ham
japonés/esa (*adj.*) Japanese
jarabe para la tos, el (*n.*) cough syrup, **4**
jardín, el (*n.*) garden
jarrón, el (*n.*) vase
jefe/a, el/la (*n.*) chief, **6**; boss, **7**
jerarquía, la (*n.*) hierarchy
jolgorio, el (*n.*) merrymaking, revelry, **12**
jornada, la (*n.*) work day
joya, la (*n.*) jewel
jubilación, la (*n.*) retirement, **7**
júbilo, el (*n.*) joy, rejoicing, **12**
juez/a, el/la (*n.*) judge
jugar (ue) (*v.*) to play sports, **1**
juntar (*v.*) to join, gather together
juntarse (*v.*) to get together, **2**
junto/a together, **1**
junto a by, next to
jurado, el (*n.*) jury
justicia, la (*n.*) justice, **2**
justo/a (*adj.*) fair, **1**
juventud, la (*n.*) youth
juzgar (*v.*) to judge

L

la semana/Navidad pasada last week/Christmas, **3**
labio, el (*n.*) lip, **4**
labor, la (*n.*) work
lacio/a (*adj.*) straight (hair), **1**
ladera, la (*n.*) hillside
lado, el (*n.*) side, **9**
ladrar (*v.*) to bark
ladrido, el (*n.*) bark of a dog
lago, el (*n.*) lake, **3**
lágrima, la (*n.*) tear,
lamentar (*v.*) to regret, **11**
lámpara, la (*n.*) lamp,
lanzar(se) (*v.*) to throw (oneself), **3**; to launch
largo/a (*adj.*) long, **1**
lata, la (*n.*) can, **5**
lavabo, el (*n.*) washstand, lavatory
lavarse (*v.*) to wash, **2**
lazos familiares, los (*n.*) family ties
leal (*adj.*) loyal, **1**
lealtad, la (*n.*) loyalty
lecho, el (*n.*) bed
lechón, el (*n.*) pork
lechuga, la (*n.*) lettuce
lectura, la (*n.*) reading
leer (*v.*) to read, **1**
lejano/a (*adj.*) distant
lejos far away
leña, la (*n.*) firewood
lengua materna, la (*n.*) mother tongue, **2**
lengua, la (*n.*) tongue, **4**; language
lento/a (*adj.*) slow
letra, la (*n.*) lyrics
levantarse (*v.*) to get up, **2**
leve (*adj.*) light
ley, la (*n.*) law, **9**
leyenda, la (*n.*) legend
liberar (*v.*) to release
libertad de prensa, la (*n.*) freedom of the press
libre (*adj.*) free, **7**
libre albedrío, el (*n.*) free will
licencia, la (*n.*) leave from a job, **7**
licencia sin goce de sueldo, la (*n.*) leave without pay, **7**
licenciado/a, el/la (*n.*) university graduate, **7**
licenciatura, la (*n.*) university degree
licuadora, la (*n.*) blender
lienzo, el (*n.*) linen, **8**
ligado/a (*adj.*) tied to
limpio/a (*adj.*) clean, **5**
limpiar (*v.*) to clean, **5**
limpieza, la (*n.*) cleaning, **5**
línea aérea, la (*n.*) airline, **3**
línea definida, la (*n.*) well-defined line, **8**
lino, el (*n.*) linen
lista de espera, la (*n.*) waiting list, **3**
listo/a (*adj.*) smart, **1**
llama, la (*n.*) flame; llama
llamada, la (*n.*) call
llamada por cobrar, la (*n.*) collect call, **10**
llamada de cobro/cargo revertido, la (*n.*) collect call, **10**
llamada sin (re)cargo(s), la (*n.*) 800 call, **10**
llamarse (*v.*) to be called, **2**
llanto, el (*n.*) weeping
llave, la (*n.*) key, **5**
llegada, la (*n.*) arrival, **3**
llegar (*v.*) to arrive, **1**
llegar a ser (*v.*) to become, **8**
llegar tarde to arrive late, **10**
llenar (*v.*) to fill up, **4**
lleno/a (*adj.*) full, **3**
llevar a cabo (*v.*) carry out
llevar puesto/a (*v.*) to wear
llevar (*v.*) to take, carry, **1**
llevarse bien/mal (*v.*) to get along well/badly, **1**
llorar (*v.*) to cry, **2**
llover (ue) (*v.*) to rain
lluvia, la (*n.*) rain
lluvia de ideas, la (*n.*) brainstorm
lo que/cual what, that which, **11**
loco/a (*adj.*) crazy, **1**
lograr (*v.*) to attain, **2**, to succeed in, to manage, **5**,

logro, el (*n.*) achievement
loro, el (*n.*) parrot
lucero, el (*n.*) star
lucha, la (*n.*) struggle, fight, **4**
luego then
lugar, el (*n.*) place
lujo, el (*n.*) luxury
luna de miel, la (*n.*) honeymoon
lunfardo, el (*n.*) Argentine slang
luz, la (*n.*) light, **8**

M

madera, la (*n.*) wood, **8**
madrastra, la (*n.*) stepmother
madre, la (*n.*) mother, **1**
madurar (*v.*) to mature, **1**
maduro/a (*adj.*) mature, **1**
maestro/a, el/la (*n.*) teacher, master, **8**
mal, el (*n.*) evil
mal de amor, el (*n.*) lovesickness
malecón, el (*n.*) embankment
maleducado (*adj.*) impolite
malentendido, el (*n.*) misunderstanding
malestar (*v.*) discomfort, **4**, uneasiness
maleta, la (*n.*) suitcase, **3**
malgastar (*v.*) to waste, **5**
maltrato, el (*n.*) abuse, **2**
mandar (*v.*) to order
manejo, el (*n.*) handling, **8**
manifestación, la (*n.*) demonstration
mano, la (*n.*) hand, **4**
mano de obra, la (*n.*) labor force, manpower, **2** labor, laborer, **10**
mantel, el, (*n.*) tablecloth
mantener (*v.*) to sustain, **9**
mantener (una familia) (*v.*) to support (a family), **2**
mantenimiento, el (*n.*) maintenance
manzana, la (*n.*) apple
maquiladora, la (*n.*) factory
maquillarse (*v.*) to put on make-up, **2**
máquina, la (*n.*) machine
mar, el (*n.*) sea
marca, la (*n.*) brand
marcar el número dial the number, **10**
marcha nupcial, la (*n.*) wedding march
marciano/a, el/la (*n.*) Martian
marco, el (*n.*) frame, **8**
marearse (*v.*) to become dizzy, **4**
mareo, el (*n.*) dizziness, **4**
margarita, la (*n.*) daisy
marginación, la (*n.*) pushing to one side, leaving out
marido, el (*n.*) husband
marisco, el (*n.*) shellfish
marqués, el (*n.*) marquis
mas but
más (*adv.*) more
más allá de beyond, **1**
más tarde later, **3**
masa, la (*n.*) mass, **12**
máscara, la (*n.*) mask
matar (*v.*) to kill, **6**
materia prima, la (*n.*) raw material
material de desecho, el (*n.*) disposable material, **5**
material reutilizable, el (*n.*) reusable material, **5**
maternidad, la (*n.*) maternity, **1**
matiz, el (*n.*) shade of meaning
matrimonio, el (*n.*) marriage, **1**
mayor (*adj.*) older
mayor, el/la (*n.*) the oldest, **1**
mayoría, la (*n.*) majority, **1**
mecer (*v.*) to rock, **9**
media, la (*n.*) mean
mediano/a (*adj.*) medium
mediano/a, el/la (*n.*) middle child, **1**
medicamento, el (*n.*) medicine, **4**
médico/a, el/la (*n.*) medical doctor
médico/a de guardia, el/la (*n.*) doctor on duty, **4**
medida, la (*n.*) measure, **10**
medio, el (*n.*) mean(s)
medio ambiente, el (*n.*) environment, **5**
medio/a hermano/a, el/la (*n.*) half brother/sister, **1**
medios de comunicación, los (*n.*) means of communication, **11**
medios de difusión, los (*n.*) mass media, **11**
medir (i) (*v.*) to measure, **1**
mejilla, la (*n.*) cheek, **4**
mejor (*adj.*) better
mejorar (*v.*) to improve, **2**, to get better, **4**
mencionar (*v.*) to mention, **9**
menor (*adj.*) younger
menor, el/la (*n.*) youngest, **1**
mensaje, el (*n.*) message
mente, la (*n.*) mind, **4**
mentir (ie) (*v.*) to lie, **1**
mentón, el (*n.*) chin, **4**
mercader, el (*n.*) merchant
mercado de trabajo, el (*n.*) job market, **7**
mercado, el (*n.*) market, **10**
merecer (zc) (*v.*) to deserve, **1**
merendar (ie) (*v.*) to have a bite to eat
mesón, el (*n.*) tavern
mestizo/a, el/la (*n.*) half Spanish, half native American, **6**
meta, la (*n.*) goal
metro, el (*n.*) subway, **5**
mexicano/a, el/la (*n.*) Mexican, **2**
mezcla, la (*n.*) mixture, **9**
mezclado/a (*adj.*) mixed
mezclar (*v.*) to mix, **4**
micrófono, el (*n.*) microphone, **11**
microondas, el (*n.*) microwave oven, **5**
miel, la (*n.*) honey
mientras (que) as long as, **8**
migra, la (*n.*) immigration agents, **2**
milenio, el (*n.*) millennium
mimado/a (*adj.*) spoiled, **1**
mimar (*v.*) to pet, indulge, **1**
mimo, el (*n.*) mime, **11**
minoría, la (*n.*) minority, **1**
misa, la (*n.*) mass
mitad, la (*n.*) half
mítico/a (*adj.*) mythical
mitológico/a (*adj.*) mythological
mochila, la (*n.*) backpack
mochilero/a, el/la (*n.*) traveler with a backpack
moda, la (*n.*) fashion
modisto/a, el/la (*n.*) seamstress/couturier
mojar (*v.*) to wet
molestar (*v.*) to bother, **2**
molino, el (*n.*) windmill
molleja, la (*n.*) sweetbreads
mono/a, el/la (*n.*) monkey
monolingüe (*adj.*) monolingual, **2**
monoparental (*adj.*) only one parent, **1**
montado/a (*adj.*) mounted
montaña, la (*n.*) mountain, **3**
montículo, el (*n.*) knoll, hillock
morado/a (*adj.*) purple
moraleja, la (*n.*) moral
morcilla, la (*n.*) blood sausage
morder (ue) (*v.*) to bite, **4**
moreno/a (*adj.*) brunette, dark-complexioned, **1**
moribundo/a, el/la (*n.*) dying person
morir (ue, u) (*v.*) to die, **1**
morir (ue, u) de hambre (*v.*) to starve to death
mortalidad, la (*n.*) mortality
mosquetero, el (*n.*) musketeer
mostrar (ue) (*v.*) to show, **1**
mover(se) (ue) (*v.*) to move oneself, **1**
muchas veces often, **3**
mudanza, la (*n.*) move
mudarse (*v.*) to change place of residence, **1**; to move, **2**
mudo/a (*adj.*) mute, **8**
mueble, el (*n.*) furniture, **5**
muela, la (*n.*) molar, **4**
muerte, la (*n.*) death, **4**
mundo, el (*n.*) world, **1**
mundo de la informática, el (*n.*) computer science world, **10**
municipio, el (*n.*) municipality, town hall, **5**
muñeca, la (*n.*) wrist, **4**
muralismo, el (*n.*) muralism, **8**
muralista, el/la (*n.*) muralist
murmullo, el (*n.*) murmur
murmurar (*v.*) to whisper
músculo, el (*n.*) muscle
museo, el (*n.*) museum
músico/a, el/la (*n.*) musician
muslo, el (*n.*) thigh, **4**
mutuo/a (*adj.*) mutual, **12**

nacer (zc) (*v.*) to be born
nacimiento, el (*n.*) birth, **1**
nada nothing, **7**
nadar (*v.*) to swim

nadie no one, nobody, **7**
nariz, la (*n.*) nose, **4**
narrar (*v.*) to narrate
naturaleza, la (*n.*) nature, **3**
naturaleza muerta, la (*n.*) still life, **8**
naturista (*adj.*) health (food)
navegar (*v.*) to sail, **3**
negar(se) (ie) (*v.*) to refuse, deny, **11**
negocios, los (*n.*) business, **7**
nevar (ie) (*v.*) to snow, **2**
nevera, la (*n.*) refrigerator, **5**
nexo, el (*n.*) link
ni nor, **7**
ni… ni neither… nor, **7**
nicaragüense, el/la (*n.*) Nicaraguan, **2**
nido, el (*n.*) nest, **9**
niebla, la (*n.*) fog
nieto/a, el/la (*n.*) grandson, granddaughter, **1**
nieve, la (*n.*) snow
ninguno/a no, none, no one, **7**
nivel de vida, el (*n.*) standard of living, **2**
nivel, el (*n.*) level
no bien as soon as, just as, **8**
no obstante nevertheless, **9**
Nochebuena, la (*n.*) Christmas Eve
nocivo/a (*adj.*) harmful
nocturno/a (*adj.*) night
nombrar (*v.*) to name, nominate
norma, la (*n.*) norm, standard
norte, el (*n.*) north, **3**
noticia, la (*n.*) news,
noticiario, el (*n.*) newscast, **11**
noticiero el (*n.*) newscast
novel (*adj.*) new, beginner
noveno/a (*adj.*) ninth
noviazgo, el (*n.*) engagement
novio/a, el/la (*n.*) fiancé/e, bridegroom/bride, **1**
nube, la (*n.*) cloud
nublado/a (*adj.*) cloudy
nuera, la (*n.*) daughter-in-law, **1**
nunca never, **7**
nutrir (*v.*) to nourish, **1**; to nurture, **9**

O

o or, **7**
o… o either… or, **7**
o sea that is to say, **9**
obedecer (zc) (*v.*) to obey, **1**
obispo, el (*n.*) bishop
obligar (*v.*) to force, **2**
obra, la (*n.*) work, **8**
obra de arte, la (*n.*) work of art, **8**
obra de teatro, la (*n.*) theater play, **11**
obra maestra, la (*n.*) masterpiece, **8**
obrero migrante, el (*n.*) migrant worker
obtener (*v.*) to get, obtain, **5**
occidental (*adj.*) Western
ocio, el (*n.*) leisure
ocultar (*v.*) to hide
ocupado/a (*adj.*) busy
ocupar (*v.*) to occupy, **1**
ocuparse de (*v.*) to take charge of, **9**
ocurrir (*v.*) to occur, **2**
odiar (*v.*) to hate, **1**
oeste, el (*n.*) west
oferta de trabajo, la (*n.*) job offer, **7**
oferta, la (*n.*) offering
oficio, el (*n.*) trade, **2**
ofrecer (zc) (*v.*) offering
ofrenda, la (*n.*) to offer
oído, el (*n.*) inner ear, **4**
oír (*v.*) to hear, **1**
oír hablar de (*v.*) to hear of
ojalá may Allah grant, I hope, **11**
ojo, el (*n.*) eye, **4**
ola, la (*n.*) wave, **3**
óleo, el (*n.*) oil painting, **8**
olor, el (*n.*) smell
olvidar (*v.*) to forget, **2**
olla, la (*n.*) pan, **4**
ombligo, el (*n.*) belly button, 12
opaco/a (*adj.*) opaque
opción, la (*n.*) choice
ópera, la (*n.*) opera, **11**
opresor/a, el/la (*n.*) oppressor
oprimido/a, (*adj.*) oppressed, **6**
oprimir, (*v.*) to oppress, **6**
optar (*v.*) to opt, choose, **1**
opuesto/a, el/la (*n.*) opposite
oración, la (*n.*) sentence
ordenador, el (*n.*) computer, **10**
oreja, la (*n.*) ear, **4**
orgullo, el (*n.*) pride
orgulloso/a (*adj.*) proud, **1**
orilla, la (*n.*), shore, **4**
oro, el (*n.*) gold
orquesta, la (*n.*) orchestra
oscurecer (zc) (*v.*) to get dark, **6**
óseo/a (*adj.*) bone
otorgar (*v.*) to grant, give, **11**
otra vez again
oveja, la (*n.*) sheep

padre, el (*n.*) father, **1**
padres, los (*n., pl.*) parents, **1**
paga, la (*n.*) pay, **2**
pagar (*v.*) to pay, **2**
pagar las tarifas de importación to pay import tariffs, **10**
pago inicial/mensual, el (*n.*) down/monthly payment, **10**
país, el (*n.*) country, **3**
paisaje, el (*n.*) landscape, **3**
pájaro/a, el/la (*n.*) bird
paje, el (*n.*) page
paleta, la (*n.*) palette, **8**
palo, el (*n.*) stick
pan, el (*n.*) bread, **4**
pan integral, el (*n.*) whole wheat bread, **4**
panameño/a, el/la (*n.*) Panamanian, **2**
panfleto, el (*n.*) pamphlet
pantalla, la (*n.*) screen
pantorrilla, la (*n.*) calf, **4**
pañuelo, el (*n.*) handkerchief
papá, el (*n.*) dad, **1**
papás, los (*n.*) parents, **1**
papel, el (*n.*) role; paper
papel picado, el (*n.*) confetti
papelera, la (*n.*) wastebasket
paquete, el (*n.*) package
par, el (*n.*) pair; (a) few
para bien/mal for good/bad, **4**
para colmo on top of everything, **4**
para empezar to begin with, **3**
para mejor/peor for better/worse, **4**
para que so that, **8**
para siempre forever, **4**
para variar for a change, **4**
parada, la (*n.*) stop, **3**
paradójicamente (*adv.*) paradoxically
paraíso, el (*n.*) paradise
parar (*v.*) to stop
parecer (zc) (*v.*) to seem, **1**
parecerse a (zc) (*v.*) to resemble, **1**
parecido/a (*adj.*) similar
pared, la (*n.*) wall, **5**
pareja, la (*n.*) couple, **1;** partner
parición de las vacas, la (*n.*) birth of cattle
paridad, la (*n.*) parity, equality
pariente, el/la (*n.*) relative, **1**
paro, el (*n.*) joblessness
parrilla, la (*n.*) grill
parte, la (*n.*) part
partir (*v.*) to leave, depart, **3;** to start with
pasaje, el (*n.*) ticket, **3**
pasaje de ida y vuelta, el (*n.*) round-trip ticket
pasajero/a, el/la (*n.*) passenger, **3**
pasar (*v.*) to spend; to pass
pasar por (*v.*) to go by, **9**
pasar por alto (*v.*) to skip
pasar(se) (el tiempo) + gerund (*v.*) to spend time doing something, **3**
pasarlo bien/mal (*v.*) to have a good/bad time, **3**
pasatiempo, el (*n.*) entertainment, pastime **11**
paseo en bote, el (*n.*) boat ride
paseo, el (*n.*) stroll
pasillo, el (*n.*) aisle
paso, el (*n.*) step
pastel, el (*n.*) pastel; cake, pastry
pastelito, el (*n.*) small cake
pastilla, la (*n.*) pill, **4**
patriarcado, el (*n.*) patriarchy
patriarcal (*adj.*) patriarchal
patrocinar (*v.*) to sponsor, **8**
patrón, el (*n.*) pattern, **8**
payaso/a, el/la (*n.*) clown, **12**
paz, la (*n.*) peace, **6**
pechera, la (*n.*) breastplate
pecho, el (*n.*) chest, breast, **4**

pedacito, el (*n.*) little piece
pedir (i) (*v.*) to request, ask, **1**
pedir un favor (*v.*) to ask a favor
pedir un préstamo (*v.*) to request a loan, **10**
pegadiso/a (*adj.*) catchy
peinarse (*v.*) to comb one's hair, **2**
pelea, la (*n.*) fight
pelear(se), (*v.*) to fight, **2**
película, la (*n.*) movie, **11**
peligro, el (*n.*) danger
peligroso/a (*adj.*) dangerous
pelirrojo/a (*adj.*) red haired, **1**
pelo, el (*n.*) hair, **4**
peludo/a (*adj.*) hairy
pena de amor, la (*n.*) lovesickness, **12**
pena, la (*n.*) suffering, grief, **11**
pensamiento, el (*n.*) thought
pensar (ie) + infinitive (*v.*) to plan to, **3**
pensar (*v.*) to think, **1**
penúltimo/a (*adj.*) next to last
peor (*adj.*) worse
percatarse (*n.*) to notice
percha, la (*n.*) hanger
percibir (*v.*) to perceive
perder (ie) (*v.*) to lose, **1**
pérdida, la (*n.*) loss, **10**
perdurar (*v.*) to last
perezoso/a (*adj.*) lazy, **1**
perfil, el (*n.*) profile
perfumarse (*v.*) to put on perfume, **2**
periódico, el (*n.*) newspaper, **11**
periodista, el (*n.*) reporter, **11;** journalist
permiso de trabajo, el (*n.*) work permit, **2**
permitir (*v.*) to allow, **1**
pero but, **9**
perro/a, el/la (*n.*) dog
perseguir (i, i) (*v.*) to persecute
personaje, el (*n.*) character, **11**
personalidad, la (*n.*) personality, **1**
pertenecer (zc) (*v.*) to belong, **2**
pesado/a (*adj.*) annoying
pesar (*v.*) to weigh, **1**
pescado, el (*n.*) fish
pescar (*v.*) to fish, **3**
pésimo/a (*adj.*) bad, awful
peso, el (*n.*) weight, **4**
pestaña, la (*n.*) eyelash, **4**
peste, la (*n.*) plague
petróleo, el (*n.*) oil
pez, el (*n.*) fish
picar (*v.*) to nibble, have a snack, **9**
pie, el (*n.*) foot, **4**
piedad, la (*n.*) pity
piedra, la (*n.*) stone, **6**
piel, la (*n.*) skin
pierna, la (*n.*) leg, **4**
pieza, la (*n.*) piece; play
pila, la (*n.*) battery, **5**
pileta, la (*n.*) swimming pool, **3**
pincel, el (*n.*) brush, **8**
pintada, la (*n.*) graffiti
pintar (*v.*) to paint, **8**
pintarrajeado/a (*adj.*) painted up
pintor/a, el/la (*n.*) painter, **8**
pintura, la (*n.*) painting, **8**
pintura al fresco, la (*n.*) fresco painting, **8**
piña, la (*n.*) pineapple, **4**
pirata, el/la (*n.*) pirate
pisar (*v.*) to step on
piscar (*v.*) to pick, **2**
piscina, la (*n.*) swimming pool, **3**
piso, el (*n.*) apartment (Sp.), floor, **5**
pista, la (*n.*) dance floor
placentero/a (*adj.*) pleasant
placer, el (*n.*) pleasure, **7**
plancha, la (*n.*) iron
planificar (*v.*) to plan, **10**
plano, el (*n.*) plane
plano/a (*adj.*) flat
planta, la (*n.*) plant
plantearse (*v.*) to tackle a problem; to formulate, present a question/issue
plata, la (*n.*) silver, **6**
plato, el (*n.*) dish
playa, la (*n.*) beach, **3**
plenitud, la (*n.*) plenitude, fullness
pleno/a (*adj.*) full
población, la (*n.*) population, **2**
pobreza, la (*n.*) poverty, **10**
poco a poco little by little, **6**
pocos/as (*adj.*) few
pocho, el (*n.*) Chicano slang, **2**
poder (ue, u) (*v.*) to be able to, **1**
poder, el (*n.*) power, **6**
poderoso/a, (*adj.*) powerful, **1**
política, la (*n.*) policy, **7;** politics
polivalente (*adj.*) all-purpose
pollo, el (*n.*) chicken
pomada, la (*n.*) pomade, cream
poner (*v.*) to put, **1**
poner una inyección (*v.*) to administer an injection, shot **4**
ponerse (*v.*) to become, **8**
ponerse en marcha (*v.*) to start
ponerse la ropa (*v.*) to put on clothes, **2**
por ahora for the time being, **4**
por casualidad by chance, **4**
por ciento, el (*n.*) percent, **1**
por cierto by the way, certainly, **4**
por de pronto to start with, **4**
por demás in excess, excessively, **4**
por ejemplo for example, **4**
por en medio half way
por eso that's why, **4**
por fin finally, **3**
por lo general in general, **1**
por lo menos at least, **4**
por lo tanto therefore, **2**
por medio de through, by means of
por otra parte on the other hand, **4**
por otro lado on the other hand, **4**
¿Por qué? Why?, **2**
por si acaso just in case, **4**
por su cuenta on his/her own
por supuesto of course, **4**
por último lastly, **3**
por un/a lado/parte on the one hand, **4**
porcentaje, el (*n.*) percentage, **2**
porción, la (*n.*) portion, serving
portal, el (*n.*) entryway
portero, el (*n.*) doorman, **3**
posada, la (*n.*) inn
postal, la (*n.*) postcard
postergar (*v.*) postpone, **7**
postulante, el/la (*n.*) candidate
postura, la (*n.*) stand
potentísimo/a (*adj.*) very powerful
predecir (i) (*v.*) to predict
preescolar (*adj.*) preschool
preferir (ie, i) (*v.*) to prefer, **1**
prefijo, el (*n.*) area code (Sp.), **10**
preguntar (*v.*) to ask (a question), **2**
preguntar por (*v.*) to inquire about (a person), **2**
prejuicio, el (*n.*) prejudice, **2**
prejuicios sociales, los (*n.*) social prejudices, **9**
premiado/a (*adj.*) awarded a prize
premio, el (*n.*) prize
prender (*v.*) to turn on
prensa, la (*n.*) print media
preocuparse (por) (*v.*) to worry (about), **2**
prepararse (*v.*) to get ready, **2**
prescindir de (*v.*) to do without, **11**
presentación, la (*n.*) introduction
presentar (*v.*) to introduce
presionar (*v.*) to press
presionar el botón (*v.*) to push the button, **7**
preso/a, el/la, (*n.*) prisoner
préstamo, el (*n.*) loan, **10**
prestar atención (*v.*) to pay attention to, **4**
presupuesto, el (*n.*) budget, **10**
prevenir (*v.*) to prevent, **4**
prever (*v.*) to foresee, **10**
primer plano, el (*n.*) foreground, **8**
primera plana, la (*n.*) front page, **11**
primero (*adv.*) first, **3**
primero/a (*adj.*) first
primo/a, el/la (*n.*) cousin, **1**
primogénito/a, el/la (*n.*) firstborn, **1**
principio at the beginning
prisa, la (*n.*) speed
prisionero/a, el/la (*n.*) prisoner
privatización, la (*n.*) privatization, **10**
probar (ue) (*v.*) to try, taste, **1**
procedencia, la (*n.*) origin
producir (zc) (*v.*) to produce, **1**
productividad, la (*n.*) productivity, **7**
producto interior bruto, el (*n.*) gross national product
producto, el (*n.*) product
programa de cómputo, el (*n.*) software
programación de computadoras, la (*n.*) computer programming, **7**
promedio, el (*n.*) average
prometer (*v.*) to promise, **5**
promover (ue) (*v.*) to promote
propenso/a a (*adj.*) tending to

propiamente (*adj.*) strictly
propiciar (*v.*) to foster
propietario/a, el/la (*n.*) owner
propina, la (*n.*) tip, **3**
propio/a (*adj.*) one's own, **9**
propio/a de belonging to
proponer (*v.*) to propose, set, plan, intend, **7**
proporcionado/a (*adj.*) provided
proporcionar (*v.*) to supply
propuesta, la (*n.*) proposal
protagonista, el/la (*n.*) protagonist, **11**
proteccionismo, el (*n.*) protectionism, **10**
protector solar, el (*n.*) sunscreen
proteger (*v.*) to protect, **5**
protegido/a (*adj.*) protected, **5**
protestar (*v.*) to protest, **1**
proyecto, el (*n.*) project
prueba, la (*n.*) test
psicólogo/a, la (*n.*) psychologist, **9**
psíquico/a (*adj.*) psychic
publicidad, la (*n.*) advertising, **7**
público, el (*n.*) audience, **11**
pudrir (o) (*v.*) to rot
pueblo, el (*n.*) people, **6**
puente, el (*n.*) bridge
puerta de salida/embarque, llegada, a (*n.*) departure/arrival gate
puerto, el (*n.*) port
puertorriqueño/a, el/la (*n.*) Puerto Rican, **2**
pues so, then
puesto, el (*n.*) position, street stand, **7**
pujante (*adj.*) driven, **9**
pulmón, el (*n.*) lung
pulpa, la (*n.*) pulp
puñetazo, el (*n.*) punch

Q

que that, which, who, whom, **11**
¡Qué los cumplas feliz! Happy Birthday!
qué what, which, **2**
quebranto, el (*n.*) grief, **11**
quebrarse (ie) (*v.*) to break(an arm/leg), **4**
quedar (*v.*) to remain, **2**
quedar embarazada (*v.*) to get pregnant, **4**
quedarse (*v.*) to remain, stay, **3**
queja, la (*n.*) complaint
quejarse (de) (*v.*) to complain (about), **2**
quemar (*v.*) to burn, **2**
quemarse (*v.*) to sunburn, **3**
querer (ie, i) (*v.*) to love, want, **1**
queso, el (*n.*) cheese
quetzal, el (*n.*) quetzal, Central American bird
quien who, whom, **11**
¿Quién?/¿Quiénes? Who?, **2**
químico/a (*adj.*) chemical
quinceañera, la (*n.*) 15-year-old girl
quinto/a (*adj.*) fifth
quitar (*v.*) take away
quitarse (la ropa) (*v.*) to take off one's clothes, **2**
quizás perhaps, **11**

R

racismo, el (*n.*) racism, **2**
racista (*adj.*) racist, **2**
radial (*adj.*) radio
raíz, la (*n.*) root
ralea, la (*n.*) kind, sort
rama, la (*n.*) branch
rapidez, la (*n.*) quickness, swiftness, **5**
rascacielos, el (*n.*) skyscraper, **5**
ratico, el (*n.*) short while
ratito, el (*n.*) short while
rato, el (*n.*) little while, **6**
rayar (*v.*) to grate
raza, la (*n.*) race, **2**
razón, la (*n.*) reason
razón de ser, la (*n.*) reason for being, **6**
reajustar (*v.*) to readjust, **10**
reajuste, el (*n.*) readjustment, **10**
realismo, el (*n.*) realism, **8**
realizador/a, el/la (*n.*) performer, film maker
realizar (*v.*) to do, **7;** to fulfill, carry out, accomplish **9**
reanimarse (*v.*) to revive
reaprovechar (*v.*) to reuse, **5**
rebaja, la (*n.*) rebate, discount, **10**
rebelarse (*v.*) to rebel
rebelde (*adj.*) rebellious
recelo, el (*n.*) mistrust, misgiving, **11**
receptor/a (*adj.*) receptive, **9**
recesión, la (*n.*) recession, **10**
receta, la (*n.*) prescription, recipe, **4**
recetar (*v.*) to prescribe
rechazar (*v.*) to reject, **2**
recibir, (*v.*) to receive, **1**
reciclaje, el (*n.*) recycling, **5**
reciclar (*v.*) to recycle, **5**
recién (*adv.*) recently, **4**
reciente (*adj.*) recent
recinto, el (*n.*) area
recipiente, el (*n.*) container, **5**
recital, el (*n.*) recital
reclamar (*v.*) to call
recobrar (*v.*) to recover, **3**
recoger (*v.*) to pick, **2;** to pick up
recogida, la (*n.*) pick-up, **5**
recomendar (ie) (*v.*) to recommend, **1**
reconocer (zc) (*v.*) to recognize, **1**
reconocimiento, el (*n.*) recognition, **11**
recordar (ue) (*v.*) to remember, **1;** to remind
recorrer (*v.*) to go around a place, **3**
rectorado, el (*n.*) dean's office
recuerdo, el (*n.*) souvenir, **3,** remembrance
recuperación, la (*n.*) recovery
recurrir (*v.*) to turn to
recurso, el (*n.*) resource
recurso mineral/agrícola, el (*n.*) mineral/agricultural resource, **10**
recurso, el (*n.*) resource
recursos naturales, los (*n.*) natural resources, **5**
Red, la (*n.*) net, Internet, **10**
Red informática, la (*n.*) Internet, **10**
redactar (*v.*) to write
redentor/a (*adj.*) redeeming
redondo/a (*adj.*) round, **4**
reducción, la (*n.*) reduction, **10**
reducir, (*v.*) to reduce, **5**
redundar (*v.*) to benefit
reemplazado/a (*adj.*) replaced, **5**
reemplazar (*v.*) to replace
reemsamblado/a (*adj.*) rebuilt, **1**
reflejar (*v.*) to reflect, **1**
reforzar (ue) (*v.*) to reinforce
refrán, el (*n.*) saying
refrescante (*adj.*) refreshing
refrigerador, el (*n.*) refrigerator, **5**
refugiado/a, el/la (*n.*) refugee, **2**
refugiarse (*v.*) to take refuge
refugio, el (*n.*) refuge, shelter
regalar (*v.*) to give (a gift), **12**
regar (ie) (*v.*) to water
régimen, el (*n.*) diet
regular (*v.*) to regulate
reina, la (*n.*) queen
reír (i, i) (*v.*) to laugh, **1**
reivindicación, la (*v.*) vindication
reivindicar (*v.*) to vindicate
relacionarse (con) (*v.*) to relate to, **9**
relajación, la (*n.*) relaxation
relegado/a (*adj.*) set aside
relleno, el (*n.*) filling
remanente, (*adj.*) remnant
remedio casero, el (*n.*) home remedy
remedio, el (*n.*) medicine, **4**
rememorar (*v.*) to recall
remera, la (*n.*) T-shirt
renacer (*v.*) rebirth
rendimiento, el (*n.*) yield, profit, **10**
renombre, el (*n.*) fame
renovable (*adj.*) renewable, **5**
renovar (ue) (*n.*) to renew
renunciar (*v.*) to give up, resign
reparar (*v.*) to repair
repetir (i) (*v.*) to repeat, **1**
repleto/a (*adj.*) full
reponer (*v.*) to replace
reportero/a, el/la (*n.*) reporter, **5**
reproducción, la (*n.*) reproduction
requerir (ie, i) (*v.*) to require
resaltar (*v.*) to emphasize; to stand out
reseco/a (*adj.*) dry
reseña, la (*n.*) review
reserva natural, la (*n.*) natural resource
reserva, la (*n.*) reserve, **5**
resfriado, el (*n.*) cold, **4**
residencia, la (*n.*) permanent residence, **2**
residente permanente, el/la (*n.*) permanent resident, **2**
residuo, el (*n.*) garbage, waste, **5**
resolver (ue) (*v.*) to solve, **7**

respetar (*v.*) to respect
respeto, el (*n.*) respect, **1**
respirar (*v.*) to breathe, **4**
responder (*v.*) to answer
responsable (*adj.*) responsible
resto, el (*n.*) leftover, **5**
restringir (*v.*) to restrict
resultado, el (*n.*) result, **1**
resultar (*v.*) to turn out
resumir (*v.*) to summarize, **10**
resurgir (*v.*) to reemerge
retener (*v.*) to retain, keep
reto, el (*n.*) challenge, **10**
retornable (*adj.*) returnable
retorno, el (*n.*) return
retratar (*v.*) to portray, **8**
retrato, el (*n.*) portrait, **8**
retrete, el (*n.*) toilet
retroceso, el (*n.*) receding, backward motion, **5**
reunión, la (*n.*) meeting, **7**
reunir (*v.*) to gather
reunirse (*v.*) to get together, **2**
reutilizable (*adj.*) reusable, **5**
reutilizar (*v.*) to reuse, **5**
revelación, la (*n.*) first appearance
revelar (*v.*) to develop (film)
revisor, el (*n.*) conductor, guard, **3**
revista, la (*n.*) magazine
rezar (*v.*) to pray, **12**
riesgo, el (*n.*) risk
rimar (*n.*) (*v.*) to rhyme, write poetry
rincón, el (*n.*) corner
riñón, el (*n.*) kidney
río, el (*n.*) river, **3**
riqueza, la (*n.*) wealth
ritmo, el (*n.*) pace, rhythm
rito, el (*n.*) rite
rodar (*v.*) to shoot a film
rodeado/a (*adj.*) surrounded, **6**
rodear (*v.*) to surround
rodilla, la (*n.*) knee, **4**
rogar (ue) (*v.*) to beg, ask
rol, el (*n.*) role
romanticismo, el (*n.*) romanticism, **8**
romántico/a (*adj.*) romantic, **1**
romper (*v.*) to break, tear, **2**
rostro, el (*n.*) face, **6**
roto/a (*adj.*) broken
rubio/a (*adj.*) blonde, **1**
rueda, la (*n.*) wheel
ruido, el (*n.*) noise, **5**
ruidoso/a (*adj.*) noisy, **12**
ruta, la (*n.*) route

S

saber (*v.*) to know, **1**
sabiduría, la (*n.*) wisdom
sabor, el (*n.*) flavor
sacar fotos (*v.*) to take pictures, **3**
sacerdote, el (*n.*) priest, **6**
saco de dormir, el (*n.*) sleeping bag, **3**
sacrificar (*v.*) to sacrifice
sacudido/a (*adj.*) shaken up
sagrado/a (*adj.*) sacred
sal, la (*n.*) salt
sala de emergencia, la, (*n.*) emergency room
salame, el (*n.*) salami
salario mínimo, el (*n.*) minimum wage, **2**
salario, el (*n.*) salary
salchicha, la (*n.*) sausage, **4**
salida de emergencia, la (*n.*) emergency exit, **3**
salir (*v.*) to go out, leave, **1;** to exit, **3**
salir adelante, (*v.*) to get along
salir de (*v.*) to go out of a place, **3**
salir para (*v.*) to go to a specific place, **3**
salón, el (*n.*) living rooom
salpicar (*v.*) to splash
saltar (*v.*) to jump
salud, la (*n.*) health, **4**
saludable (*adj.*) healthy
saludar (*v.*) to greet, **2**
saludos, el (*n.*) greeting
salvadoreño/a, el/la (*n.*) Salvadorian, **2**
salvar (*v.*) to save, **5**
sanar (*v.*) to get better
sangre, la (*n.*) blood
sano/a (*adj.*) healthy, **4**
sartén, el/la (*n.*) frying pan, **4**
satélite, el (*n.*) satellite
satisfecho/a (*adj.*) satisfied
secar(se) (*v.*) to dry oneself, **2**
seco/a (*adj.*) dry
sede, la (*n.*) headquarters
seguir (i, i) (*v.*) to follow, continue, **1**
según according to, **1**
segundo/a (*adj.*) second
seguro de desempleo, el (*n.*) unemployment insurance, **7**
seguro de salud, el (*n.*) health insurance
seguro/a (*adj.*) sure, **6**; safe
seísmo, el (*n.*) earthquake
selva, la (*n.*) jungle, **3**
sembrar (ie) (*v.*) to sow, **5**
semejante such, similar
semilla, la (*n.*) seed
sencillez, la (*n.*) simplicity, **9**
sencillo/a (*adj.*) simple
senda, la (*n.*) path
sendero, el (*n.*) path
sensato/a (*adj.*) sensible, **1**
sentar (ie) mal (*v.*) to not agree with, **4**
sentarse (ie) (*v.*) to sit down, **2**
sentido, el (*n.*) sense
sentimiento, el (*n.*) feeling, **12**
sentir (ie, i) (*v.*) to feel; to regret, **4**
sentirse (ie) (*v.*) to feel, **2**
sentirse bien/mal (*v.*) to feel good/bad, **4**
seña, la (*n.*) signal, **6**
señal, la (*n.*) sign, **3**
separar(se) (*v.*) to separate, **1**
séptimo/a (*adj.*) seventh
ser (*v.*) to be, **1**
ser, el (*n.*) being, **9**
ser aconsejable (*v.*) to be advisable
ser aficionado/a a (*v.*) to be a fan/lover of
ser alérgico/a (*v.*) to be allergic, **4**
ser bueno/malo (*v.*) to be good/bad, **11**
ser digno/a de (*v.*) to be worthy of
ser humano, el (*n.*) human being, **1**
ser querido, el (*n.*) loved one
ser soltero/a (*v.*) to be single, **1**
ser sorprendente, (*v.*) to be surprising, **11**
ser tarde to be late in the day, **10**
serie, la (*n.*) series
serio/a (*adj.*) serious
serpentina, la (*n.*) streamer
servicio, el (*n.*) bathroom
servilleta, la (*n.*) napkin
servir (i, i) (*v.*) to serve, **1**
sexto/a (*adj.*) sixth
sicólogo/a, el/la (*n.*) psychologist
SIDA AIDS, **4**
siempre y cuando as long as, **8**
siempre always, **7**
sierra, la (*n.*) mountain range
siglo, el (*n.*) century, **6**
signo, el (*n.*) sign
siguiente (*adj.*) following, **7**
silbato, el (*n.*) whistle
sillón, el (*n.*) armchair, **5**
símbolo, el (*n.*) symbol
similitud, la (*n.*) similarity
simpático/a (*adj.*) nice, **1**
sin embargo nevertheless, however, **8;** yet
sin que without, **8**
sindical, (*adj.*) syndicate, syndicalism
sindicato el (*n.*) union
sino (que) but (rather), **10**
sintetizado/a (*adj.*) synthesized
sintetizar (*v.*) to synthesize
sitio, el (*n.*) place, site
sobrante, el (*n.*) excess, leftover
sobrar (*v.*) to be excessive
sobre todo above all, **6**
sobre, el (*n.*) envelope
sobresaliente (*adj.*) outstanding, **5**
sobresalir (*v.*) to stand out, **12**
sobrevivir (*v.*) to survive
sobrino/a, el/la (*n.*) nephew/niece, **1**
sociedad de consumo, la (*n.*) consumer society
socorro, el (*n.*) aid, help
sojuzgado/a (*adj.*) subjugated
sol, el (*n.*) sun, **1**
soldado, el (*n.*) soldier
soleado/a (*adj.*) sunny, **3**
soledad, la (*n.*) solitude, **9**
solemne (*adj.*) solemn
soler (ue) (*v.*) used to, **3**
solicitar (*v.*) to apply for, request, **7**
solicitar (un trabajo) to apply (for a job), **7**
solicitud de empleo, la (*n.*) job application, **7**
solitario/a (*adj.*) lonely, solitary, **12**
sólo only

solo/a (*adj.*) alone, **2**
solomillo, el (*n.*) steak
soltar (ue) (*v.*) to set loose, release
soltero/a, el/la (*n.*) single, unmarried, **1**
solterona, la (*n.*) old maid
sombra, la (*n.*) shadow, **8**
someter (*v.*) to subject
sonar (ue) (*v.*) to strike (clock); to sound
sonarse (ue) la nariz to blow one's nose, **4**
sonido, el (*n.*) sound
sonoro/a (*adj.*) sonorous; sound
sonreír (i, i) (*v.*) to smile, **12**
sonrisa, la (*n.*) smile, **1**
soñar (ue) (con) (*v.*) to dream (of), **1**
soportar(se) (*v.*) to bear, to put up with, to stand a person, **2** to support, **9**
sorprenderse (*v.*) to be surprised, **11**
sostener (*v.*) to support, **9**; to state, maintain
sótano, el (*n.*) basement, **5**
suave (*adj.*) soft, **2**
suavizado/a (*adj.*) soothed
subdesarrollo, el (*n.*) underdevelopment, **10**
subrayar (*v.*) to underline
subsistir, (*v.*) to subsist, to live
sucedáneo, el (*n.*) substitute
suceder (*v.*) to happen, **11**
sucederse (*v.*) to follow one another, **11**
suceso, el (*n.*) event, **3**
sucursal, la (*n.*) branch office, **10**
sudar (*v.*) to sweat, **2**
sudor, el (*n.*) sweat
suegro/a, el/la (*n.*) father/mother-in-law, **1**
suegros, los (*n.*) in-laws, **1**
sueldo, el (*n.*) salary, **2**
suelo, el (*n.*) ground; floor
sueño, el (*n.*) dream
suerte, la (*n.*) luck
sufrimiento, el (*n.*) suffering
sufrir (*v.*) to suffer
sufrir un desmayo (*v.*) to faint
sugerencia, la (*n.*) suggestion
sugerir (ie, i) (*v.*) to suggest
sujetar (*v.*) to hold down
sujeto, el (*n.*) individual
sumiso/a (*adj.*) submissive, **9**
superar (*v.*) to outdo, surpass
superficie, la (*n.*) surface, **5**
supervivencia, la (*n.*) survival
suplente, el/la (*n.*) substitute
suprimir (*v.*) to suppress
sur, el (*n.*) south, **3**
surco, el (*n.*) furrow
surgir (*v.*) to come forth, appear, **8**; to arise
surrealismo, el (*n.*) surrealism, **8**
suspirar (*v.*) to sigh, **2**
suspiro, el (*n.*) sigh, **11**
sustancia, la (*n.*) substance
sustentador/a (*adj.*) sustaining, life-giving, **9**
sustento, el (*n.*) sustenance
sustraerse (*v.*) to withdraw
susurrar (*v.*) to whisper

T

tabú, el (*n.*) taboo
tal vez perhaps, **11**
tal(es) como such as
talar (*v.*) to cut down trees, **5**
taller, el (*n.*) workshop, **8**
talón, el (*n.*) heel
tamaño, el (*n.*) size
también also, too, **7**
tambor, el (*n.*) drum
tampoco neither, not … either, **7**
tan pronto como as soon as, **3**
tapa, la (*n.*) cover; appetizer (Sp.)
tapar (*v.*) to cover, **4**
taparse la boca to cover your mouth, **4**
taquilla (*n.*) box office
taquillera (*adj.*) popular at the box office, **11**
tardar (*v.*) to be late, take a lot of time, **10**
tarea, la (*n.*) task
tareas domésticas, las (*n.*) domestic chores, **9**
tarifa, la (*n.*) tariff, fee, **10**
tarjeta de embarque, la (*n.*) boarding card, **3**
tarjeta de residente, la (*n.*) permanent residence card (green card), **2**
tarjeta postal, la (*n.*) postcard, **3**
tarta, la (*n.*) pie
tasa de interés, la (*n.*) interest rate, **10**
tasa de mortalidad, la (*n.*) mortality rate
tasa, la (*n.*) rate
tatuaje, el (*n.*) tattoo
taza, la (*n.*) cup
teatro, el (*n.*) theatre, **11**
techo, el (*n.*) roof, **5**
teclado, el (*n.*) keyboard
técnica, la (*n.*) technique, **8**
tejer (*v.*) to weave
tejido/a (*adj.*) tissue
tela, la (*n.*) cloth, **5**; canvas, **8**
tele, la (*n.*) TV
telediario, el (*n.*) news program, **11**
teléfono celular, el (*n.*) cellular phone (Lat. Am.), **10**
teléfono móvil, el (*n.*) cellular phone (Sp.), **10**
telenovela, la (*n.*) soap opera, **11**
televidente, el (*n.*) person that watches TV, **11**
televisor, el (*n.*) television set
tema, el (*n.*) theme
temblar (ie) (*v.*) to tremble
temer (*n.*) to fear, **11**
temido/a (*adj.*) feared
temor, el (*n.*) fear, **6**
témpera, la (*n.*) tempera, **8**
temporada, la (*n.*) season, **11**
tender (ie) a (*v.*) to tend to
tenebroso/a (*adj.*) gloomy
tener (*v.*) to have, **1**
tener afán de superación (*v.*) to expect a lot of oneself, **7**
tener calor/frío to be hot/cold, **2**
tener celos (*v.*) to be jealous, **12**
tener dolor de… (*v.*) to have a pain, **4**
tener dominio de otros idiomas (*v.*) to be fluent in other languages, **7**
tener en cuenta (*v.*) to take into account, **7**
tener éxito (*v.*) to succeed, to be successful, **2**
tener facilidad de palabra (*v.*) to be articulate, **7**
tener fiebre (*v.*) to have a fever, **4**
tener ganas de (*v.*) to feel like, **2**
tener hambre/sed (*v.*) to be hungry/thirsty, **2**
tener madera de (*v.*) to have what it takes
tener miedo (*v.*) to be scared, to be afraid, **2**
tener náuseas (*v.*) to be nauseous, **4**
tener presente (*v.*) to keep in mind
tener que (*v.*) to have to, **2**
tener sueño (*v.*) to be sleepy, **2**
tener suerte (*v.*) to be lucky, **2**
tensión arterial, la (*n.*) blood pressure, **4**
tentación, la (*n.*) temptation
tentado/a (*adj.*) tempted
tercamente (*adv.*) obstinately
tercero/a (tercer) (*adj.*) third
tercio, el (*n.*) one third
ternura, la (*n.*) tenderness, **9**
terremoto, el (*n.*) earthquake
terreno, el (*n.*) field
terrestre (*adj.*) terrestrial
tesis, la (*n.*) thesis
tesoro, el (*n.*) treasure
testimonio, el (*n.*) testimony, proof, **9**
tibio/a (*adj.*) warm
tiempo parcial part-time, **7**
tiempo, el (*n.*) time
tienda de campaña, la (*n.*) tent, **3**
tierno/a (*adj.*) tender
tierra (firme), la (*n.*) earth, (dry) land
tijeras, las (*n.*) scissors
timidez, la (*n.*) shyness, **1**
tímido/a (*adj.*) shy, **1**
tinta, la (*n.*) ink
tinto/a (*adj.*) red wine
tío/a abuelo/a el/la (*n.*) great-uncle/aunt, **1**
tío/a, el/la (*n.*) uncle/aunt, **1**
tirar (*v.*) to throw away, **5**
títere, el (*n.*) puppet, **11**
titulares, los (*n.*) headlines, **11**
título, el (*n.*) degree
tobillo, el (*n.*) ankle, **4**
tocar (*v.*) to touch; to play (instrument)
todavía yet, **9**
todos los días/meses/años every day/month/year, **3**
tolerar(se) (*v.*) to tolerate
tomar conciencia (*v.*) to become aware
tomar decisiones (*v.*) to make decisions, **7**
tomar el sol (*v.*) to sunbathe, **3**

tomar la presión arterial (*v.*) to measure one's blood pressure, **4**
tomar la temperatura (*v.*) to take one's temperature, **4**
tonito, el (*n.*) tone
tontería, la (*n.*) foolishness, **9**
torcerse (ue) (*v.*) to twist, **4**
tornarse (*v.*) to turn into, **10**
torneo, el (*n.*) tournament
torre, la (*n.*) tower
torta la (*n.*) cake
tos, la (*n.*) cough, **4**
toser (*v.*) to cough, **4**
trabajador/a (*adj.*) hard-working, **1**
trabajador/a migratorio/a, el/la (*n.*) migrant worker, **2**
trabajar en equipo (*v.*) to work as a team, **7**
trabajo manual, el (*n.*) manual labor, **2**
trabajo temporal, el (*n.*) seasonal work, **2**
trabajo, el (*n.*) work, job, **7**
trabajos manuales, los (*n.*) arts and crafts
traducir (zc) (*v.*) to translate, **1**
traer (*v.*) to bring, **1**
tragar (*v.*) to swallow
traje, el (*n.*) suit
trama, la (*n.*) plot, **11**
tramo, el (*n.*) flight of stairs
transferir (ie, i) (*v.*) to transfer
transmitir (*v.*) to broadcast, **11**
transporte público, el (*n.*) public transportation, **5**
trasero, el (*n.*) buttocks, **4**
tratamiento, el (*n.*) treatment
tratar (*v.*) to try, to deal with, **11**
tratarse de (*v.*) to be about, **11**
trato, el (*n.*) contact
trazar, (*v.*) to draw
trecho, el (*n.*) distance
tributo, el (*n.*) tribute
triste (*adj.*) sad, **1**
triunfar (*v.*) to win, triumph
trozo, el (*n.*) piece
turnarse (*v.*) to take turns
turno, el (*n.*) appointment with a doctor, **4**; turn

U

ubicación, la (*n.*) location
ubicar (*v.*) to locate
último/a (*adj.*) last
únicamente (*adv.*) solely, **7**
único/a (*adj.*) unique, only
unidad, la (*n.*) unity, **1**
unido/a (*adj.*) united
unión, la (*n.*) union, joining
unir (*v.*) to join, **10**
unirse (*v.*) to join, **5**
uña, la (*n.*) nail, **4**
usar (*v.*) to use, **1**
usuario/a, el/la (*n.*) user
útil (*adj.*) useful
utilizar (*v.*) to use
uva, la (*n.*) grape, **4**

V

vacío, el (*n.*) emptiness, vacuum
vacío/a (*adj.*) empty, **3**
vacuna, la (*n.*) vaccine
vacunar (*v.*) to vaccinate
vago/a (*adj.*) vague
vajilla, la (*n.*) dishes
valer (*v.*) to be worth, **1**
valer la pena (*v.*) to be worthwhile, **11**
valerse de (*v.*) to make use of
válido/a (*adj.*) valid, **1**
valija, la (*n.*) suitcase, **3**
valor, el (*n.*) value, **1**
valorar (*v.*) to value
vapor, el (*n.*) steam
variado/a (*adj.*) varied, **1**
varios/as several
varón, el (*n.*) male, **9**
vasija, la (*n.*) vessel
vaso, el (*n.*) glass
vecino/a, el/la (*n.*) neighbor, **1**
vegetal, el (*n.*) vegetable
vejez, la (*n.*) old age
velero, el (*n.*) sailboat, **3**
vena, la (*n.*) vein, **6**
vencer (*v.*) to defeat
vencerse (*v.*) to run out, expire, **2**
vencimiento, el (*n.*) due date
vendedor/a, el/la (*n.*) salesperson, **7**
vender (*v.*) to sell, **1**
venir (*v.*) to come, **1**
venta, la (*n.*) sale, **7**
ventaja, la (*n.*) advantage, **7**
ventana, la (*n.*) window
ventanilla, la (*n.*) box office window, window in a train or plane, **3**
ver (*v.*) to see, **1**
verdura, la (*n.*) vegetable, **4**
vergüenza, la (*n.*) shame, self-consciousness, **9**
vertedero, el (*n.*) garbage dump
verter (ie, i) (*v.*) to spill, pour
vestido, el (*n.*) dress
vestimenta, la (*n.*) clothing
vestirse (i, i) (*v.*) to get dressed, **2**
vestuario, el (*n.*) wardrobe, costumes
vez/veces, la/las (*n.*) times (number of), **4**
viajar a dedo (*v.*) to hitchhike, **3**
viaje por el ciberespacio, el (*n.*) surfing the net, **10**
viajero/a, el/la (*n.*) traveler, **3**
vida diaria, la (*n.*) everyday life
video, el (*n.*) videotape, **11**
videocasetera, la (*n.*) VCR, **5**
vidrio ahumado, el (*n.*) tinted glass
vidrio, el (*n.*) glass, **5**
viento, el (*n.*) wind
vigencia, la (*n.*) validity
vigente (*adj.*) existing
vigilar (*v.*) to watch over
villano/a, el/la (*n.*) vilan
vínculo, el (*n.*) link, **11**
violar (*v.*) to violate, rape, **6**
violencia, la (*n.*) violence, **2**
virtud, la (*n.*) virtue
visitar (*v.*) to visit, **1**
vista, la (*n.*) view, **3**
viudez, la (*n.*) widowhood
viudo/a, el/la (*n.*) widow, widower, **1**
vivienda, la (*n.*) dwelling, housing
vivir (*v.*) to live, **1**
vivo/a (*adj.*) alive
volador/a (*adj.*) flying
volar (ue) (*v.*) to fly, **3**
voluntad, la (*n.*) will, will power
volver (ue) (*v.*) to return, **1**
volverse (ue) (*v.*) to become, **8**
vomitar (*v.*) to vomit, **4**
voz, la (*n.*) voice
vuelo, el (*n.*) flight, **3**
vuelta, la (*n.*) turn (around the block)

ya already, **9**
ya que since, **9**
yate, el (*n.*) yacht, **3**
yema, la (*n.*) egg yolk
yerno, el (*n.*) son-in-law, **1**
yeso, el (*n.*) plaster
yeso mojado, el (*n.*) wet plaster, **8**

zanahoria, la (*n.*) carrot
zapato, el (*n.*) shoe
zodíaco, el (*n.*) zodiac
zona, la (*n.*) area
zumo, el (*n.*) juice

Credits

Text Credits

Page 27: "El bueno, el feo y el malo" was published in *Quo, el saber actual*, no. 20, May 1997, on pp. 38–42. Reprinted with permission. **page 31:** Gloria Fuertes, "Yo soy así." Reprinted with permission.; **page 41:** Mural: *Young People of Watts* by Cristina Cárdenas, with assistance from Frank Uribe and Robert Biddles. Watts, Los Ángeles, 1991-1993. © Cristina Cárdenas. Sponsored by the Social and Public Arts Resource Center and made possible through a contract with the Cultural Affairs Department, City of Los Angeles, Neighborhood Pride: Great Walls Unlimited. Willowborrk at 107th. Reprinted with permission.; **page 49:** Julio Cortázar, "Amor 77" perteneciente a la obra *Un Tal Lucas*, © Herederos de Julio Cortázar, 1979. Reprinted with permission.; **page 56:** "El pocho", from *Do You Speak Pocho…?* by Jorge Ulica is reprinted by permission of Garland Publishing, Inc.; **page 58:** From *La Casa en Mango Street.* Copyright © 1984 by Sandra Cisneros. Published by Vintage Español, a division of Random House Inc. Translation copyright © 1994 by Elena Poniatowska. Reprinted by permission of Susan Bergholz Literary Services, New York. All rights reserved.; **page 61:** *Plegaria* reprinted by permission of Octavio Romano-V., T.Q.S. Publications, Berkeley, CA.; **page 67:** "M'íjo no mira nada" by Tómas Rivera is reprinted with permission from the publisher of *The Searchers: Collected Poetry* (Houston: Arte Público Press, 1990).; **page 82:** drawings by Guamán Poma, "El curso de la vida," reprinted with permission of Federico Kauffmann Doig, Instituto de Arqueología Amazónica.; **page 90:** "Los Ríos" from *Fugues* (1993) written by Claribel Alegría. Reprinted with permission.; **page 93:** Antonio Nieto, "Un instante en la estación," © 2001. Reprinted with permission.; **page 96:** "Cantares (Fragmento)," poems XXIX and XLIV from *Poesias Completas I* by Antonio Machado. Reprinted by permission of the estate of Antonio Machado.; **page 132:** Pablo Neruda, "Oda a la manzana" poema perteneciente a la obra *Tercer Libro de las Odas.* © Fundación Pablo Neruda, 1957. Reprinted with permission.; **page 168:** "Iré a Santiago" © herederos de Federico García Lorca. Reprinted with permission.; **page 202:** "Eclipse" © Augusto Monterrosso, 1981, de *Obras completas (y otros cuentos)*. Reprinted with permission.; **page 204:** "Milonga De Andar Lejos," lyrics by Daniel Viglietti. Reproduced with permission.; **page 243:** *La situación se torna delicada* is reprinted by permission of the author, Nicanor Parra.; **page 268:** *La obra de Frida Kahlo* reprinted by permission of the author, Francisco Soto.; **page 271:** Rafael Alberti, "A la pintura" belonging to the work *A La Pintura*, © Rafael Alberti, El Alba del Alhell, 1948. Reprinted with permission.; **page 301:** "Despierta Muchacho (Cuarto Acto, Segunda escena)" by Patricia Población Jiménez. Reprinted with permission.; **page 307:** "Yo no tengo soledad" by Gabriela Mistral, is reprinted by permission of the Instituto Cervantes.; **page 380:** "El mundo en casa" Copyright © Soledad Puértolas. Reprinted with permission.; **page 404:** "Ventana sobre el tiempo" reprinted by permission of Eduardo Galeano.; **page 414:** "Cleopatra" © Mario Benedetti. Reprinted with permission.; **page 418:** "Te quiero" from *El amor, las mujeres y la vida* by Mario Benedetti. Editorial Alfaguara, 1996. © Mario Benedetti. Reprinted with permission from Mercedes Casanovas Agencia Literaria.

Photo Credits

page 2: Ariel Skelley/Corbis/Bettmann; © Bill Bachmann/The Image Works; **page 3:** Chuck Savage/Corbis/Stock Market; **page 8:** Jose Luis Pelaez/Corbis/Bettmann; ; **page 5:** Chris Sharp/Sout American Pictures ; **page 27:** Rob Lewine/Corbis/Bettmann; **page 38:** Alan Schein/ Corbis/Stock Market; Lowell Georgia/NGS Image Collection;**page 39:** (left)Photofest, (right) © Kino International/Shooting Star International Photo Agency. All Rights Reserved; **page 42:** Latin Focus.com; **page 47:** Jonathan Nourok/PhotoEdit; Bob Daemmrich/ PhotoEdit; **page 48:** © Peter Chartrand/D. Donne Bryant Stock Photography; **page 49:** David Allen/Corbis/Bettmann; Ted Soqui/Corbis/ Sygma; Bob Daemmrich/Stock Boston; AFP Photo/Roberto Schmidt/Corbis/Bettmann; Stephanie Cardinale/Corbis/Sygma; Neveu/Getty Images, Inc - Liaison; Shelley Gazin/Corbis/Bettmann; **page 55:** David Young-Wolff/PhotoEdit; Russell Gordon/Odyssey Productions, Inc.; **page 58:** Spencer Grant/PhotoEdit; **page 65:** Christopher Brown/Stock Boston; Robert Brenner/PhotoEdit; **page 70:** (top)Getty Images, Inc., (bottom) © Eguenio Opitz/Latin Focus.com; **page 71:** Eric Carle/Stock Boston; Chad Ehlers/Getty Images Inc. - Stone Allstock; **page 75:** © D. Donne Bryant Photography; © D. Donne Bryant Stock Photography; **page 77:** Thomas Ives/Corbis/Stock Market; **page 79:** © ZEFA/ Masterfile; **page 82:** from *Manual de Arqueologia Peruana*, Federico–Kauffman Doig, p. 644, 1978; **page 86:** © Larry Dunmire/D. Donne Bryant Stock Photography; © D. Donne Bryant Photography; © Byron Augustin/D. Donne Bryant Photography; **page 90:** © Joe Carini/The Image Works; **page 104:** Leslye Borden/PhotoEdit; Pete Saloutos/The Stock Market, (bottom) © Pete Saloutos/CORBIS; **page 110:** Wolfgang Kaehler/Corbis/Bettmann; **page 112:** German Meneses Photography; **page 114:** Paul Conklin/PhotoEdit; **page 117:** Jose Luis Pelaez/Corbis/Bettmann; **page 122:** John Neubauer/ PhotoEdit; **page 124:** © Stuart Cohen/The Image Works; **page 125:** Picture Desk, Inc./Kobal Collection/ARAU/CINEVISTA/AVIACSA/ THE KOBAL COLLECTION; Michael Freeman/Corbis/Bettmann; **page 126:** Myrleen Ferguson Cate/PhotoEdit; **page 129:** © Chris Hamilton/CORBIS; **page 135:** Jonathan Nourok/PhotoEdit; **page 140:** Kent Gilbert/AP/Wide World Photos; © Inga Spence/D. Donne Bryant Stock Photography; **page 141:** © Macduff Everton/The Image Works; **page 143:** © D. Donne Bryant Stock Photography; **page 144:** Jeff Greenberg/PhotoEdit; **page 145:** © Bob Daemmrich/The Image Works; **page 147:** © Barbara Cerva/D. Donne Bryant Stock Photography; © Macduff Everton/The Image Works; © H. Huntly Hersch/D. Donne Bryant Stock Photography; **page 148:** Paul Conklin/ PhotoEdit; **page 149:** Guy Vanderelst/Getty Images, Inc. - Taxi/Getty Images, Inc.; Abilio Lope Corbis/Bettmann; **page 151:** © AFP/CORBIS; © Maury Christian/CORBIS SYGMA; **page 153:** © Tony Savino/The Image Works; Jay S Simon/Getty Images Inc.; **page 158:** Bruce Forster/Getty Images Inc. - Stone Allstock; **page 159:** © J. Raga/ZEFA/Masterfile; **page 163:** EFE News Services Inc.; **page 170:** Ramon Manent/Corbis/Bettmann; The Art Archive/Red-Head/Picture Desk, Inc./Kobal Collection; **page 174:** Rodney White/AP/Wide World Photos; **page 175:** Dale O'Dell/Corbis/Stock Market; **page 178:** Bridgeman Art Library/ SuperStock, Inc./

Diego Rivera (1886–1957) Mexican "Panel of the Toltec Dynasty" (one of two), Mexican Palacio Nacional, Mexico. ©2000 Banco de Mexico Diego Rivera & Frida Kahlo Museums Trust. Av. Cinco de Mayo No. 2, Col. Centro, Del. Cuauhtemoc 06059, Mexico, D.F. Rep; **page 179:** Kent Gilbert/AP/Wide World Photos; © Sean Sprague/The Image Works; **page 181:** Leslye Borden/PhotoEdit/ Diego Rivera, "Mexico from the Conquest to 1930". Mural.(Detail) Location: National Palace, Mexico City, Mexico. Photo: Leslye Borden/Photoedit. © Banco de Mexico Diego Rivera & Frida Kahlo Museums Trust. Av. Cinco de Mayo No. 2, Col. Centro, Del. Cuau; **page 183:** © Archivo Iconogafico, S.A./ CORBIS; **page 185:** Micheline Pelletier/Corbis/Sygma; **page 187:** © Suzanne L. Murphy/D. Donne Bryant Stock Photography; **page 193:** Barbara Grover; **page 195:** Steve Winter/NGS Image Collection;**page 200:** The New York Public Library/Art Resource, NY; **page 201:** © CONACULTA-INAH-MEX. Authorized reproduction by the Instituto Nacional de Antropologia e Historia; **page 212:** A. Ramey/PhotoEdit; Mark Richards/PhotoEdit; **page 213:** Jose Luis Pelaez/Corbis/Bettmann; **page 214: David Young–Wolff/PhotoEdit;** © Bill Lai/The Image Works; **page 220:** Getty Images, Inc.; **page 223:** © Richard Lord/The Image Works; **page 224:** © Byron Augustin/D. Donne Bryant Stock Photography; **page 226:** © Margot Granitsas; Getty Images, Inc.; **page 234:** Amy C. Etra/PhotoEdit; **page 241:** Bob Daemmrich/The Image Works; **page 246:** Fundacion Jose Clemente Orozco/Jose Clemente Orozco (Mexican, 1881–1949) "The Epic of American Civilization: Hispano-America (Panel 16)", 1932–1934, fresco. P.934.13.16. Commissioned by the Trustees of Dartmouth College, Hanover, New Hampshire. © Orozco Valladares Family. Reproducti; **page 247:** Schalkwijk/Art Resource, N.Y./Diego Rivera (1886–1957) Mexican "Self Portrait", 1949. Fundacion Dolores Olmedo, Mexico City, Mexico. © 2000 Banco de Mexico Diego Rivera & Frida Kahlo Museums Trust. Av. Cinco de Mayo No. 2, Col. Centro, Del. Cuauhtemoc 06059, Mexico, D.F. Reproductio; Giraudon/Art Resource, N.Y./Diego Rivera (1886–1957) Mexican. "El Zapatista". Museum del Palacio del Bellas Artes, Mexico. © Banco de Mexico Diego Rivera & Frida Kahlo Museums Trust. Av. Cinco de Mayo No. 2, Col. Centro, Del. Cuauhtemoc 06059, Mexico, D.F. Reproduction authorized; **page 248:** Diego Rivera (1886–1957) Mexican "Dream of a Sunday Afternoon in the Alameda (125 Sueno de una tarde)" (detail). 1947–48. Hotel del Prado, Mexico City, Mexico. ©2000 Banco de Mexico Diego Rivera & Frida Kahlo Museums Trust. Av. Cinco de Mayo No. 2, Col. Ce; Diego Rivera (1886–1957) Mexican "Naturaleza Muerta Espanola", 54 × 65 cm. Col. Museo Casa Diego Rivera, Gta. Archivo CENIDIAP/INBA. Centro Nacional de las Artes, Biblioteca de las Artes (Mexico). ©2000 Banco de Mexico Diego Rivera & Frida Kahlo Museum; Diego Rivera (1886–1957) "Juchiteca" 1954. ©2003 Banco de Mexico Diego Rivera & Frida Kahlo Museums Trust. Av. Cinco de Mayo No. 2, Col. Centro, Del. Cuauhtemoc 06059, Mexico, D.F. Reproduction authorized by the Instituto Nacional de Bellas Artes y Lit; **page 251:** Hood Museum of Art/Jose Clemente Orozco, Mexican (1883–1949). "Man Released from the Mechanistic to the Creative Life," 1932, Fresco. P.932.12. Hood Museum of Art; Dartmouth College, Hanover, New Hampshire; Commissioned by the Trustees of Dartmouth College; **page 253:** Schalkwijk/Art Resource, N.Y./David Alfaro Siqueiros "The People for the University, the University for the People". Mural. Universidad Nacional Autonomade Mexico, Mexico City, Mexico. Schalkwijk/Art Resource, NY. ©Estate of David Alfaro Siqueiros/SOMAAP, Mexico/Licensed by VAGA, N; **page 255:** Schalkwijk/ Fundacion Jose Clemente Orozco/Jose Clemente Orozco "The Trinity of Revolution" (Trinidad Revolucionaria). Escuela Nacional Preparatoria San Ildfonso, Mexico City, Mexico. © Orozco Valladares Family. Reproduction authorized by the Instituto Nacional de Bellas Artes and Literature.; **page 257:** Steve Jay Crise/Corbis/Bettmann; **page 258:** Casa Cabrera Arte; **page 264:** Gildardo Rengifo/Gildardo Rengifo "El Matrimonio del Pueblo", oil on canvas, 100 × 170 cm.; **page 267:** Albright-Knox Art Gallery/Frida Kahlo (1907–1954), "Self Portrait with Monkey", 1938. Oil on Masonite, overall: 16" × 12" (40.64 × 30.48 cm). © Banco de Mexico Diego Rivera & Frida Kahlo Museums Trust. Av. Cinco de Mayo No. 2, Col. Centro, Del. Cuauhtemoc 06059, Mexico, D.F. R; Instituto Nacional de Bellas Artes INBA - Mexico/Frida Kahlo "La Columna Rota" 1944, oil on masonite, 40 × 31 cm. Col. Dolores Olmedo. Archivo CENIDIAP/INBA. Centro Nacional de las Artes, Biblioteca de las Artes (Mexico). © 2000 Banco de Mexico Diego Rivera & Frida Kahlo Museums Trust. Av. Cinco de M; **page 268:** Art Resource/Centre Pompidou/© 2003 Banco de Mexico Diego Rivera & Frida Kahlo Museums Trust. Av. Cinco de Mayo No. 2, Col. Centro, Del. Cuauhtemoc 06059, Mexico, D.F. Reproduction authorized by the Instituto Nacional de Bellas Artes y Literatura .CNAC/MNAM/Dist. Reunion des Musee; **page 270:** © Topham/The Image Works © 2004 Kingdom of Spain, Gala–Salvador Dali Foundation/Artists Rights Society (ARS), New York; **page 275:** The Art Archive/Nicolas Sapieha/ Picture Desk, Inc./Kobal Collection; **page 278:** Danny Lehman/Corbis/Bettmann; Alison Wright/Corbis/Bettmann; Dallas and John Heaton/Corbis/Bettmann; **page 281:** © Larry Mangino/The Image Works;**page 282:** © Larry Mangino/The Image Works; **page 284:** Owen Franken/Corbis/Bettmann; **page 286:** Annie Griffiths Belt/Corbis/Bettmann; **page 288:** Alex Valdes/Bomberos de Chile; **page 292:** © Images.com/CORBIS; **page 301:** © Bob Daemmrich/The Image Works; **page 307:** Ariel Skelley/Corbis/Bettmann; **page 310:** Paul Barton/Corbis/Bettmann; **page 316:** © George B. Diebold/CORBIS; © Dough Crouch/CORBIS; **page 317:** Peter Menzel/Stock Boston; **page 329:** © Keith Dannemiller/CORBIS SABA; **page 340:** © Jeremy Horner/CORBIS; **page 347:** Jose L. Pelaez/The Stock Market;**page 352:** © Reuters NewMedia Inc./CORBIS; **page 360:** María Gonzáles Aguilar; **page 370:** Getty Images, Inc.; **page 371:** Reuters/ Andrea Comas/Archive Photos; **page 376:** Ronnie Kaufman/ Corbis/ Bettmann; **page 378:** Gail Mooney/Corbis/Bettmann; **page 380:** © Jeffrey Allan Salter/CORBIS; **page 383:** Migel Mendez/Corbis/Bettmann; **page 386:** © Reuters NewMedia Inc./CORBIS; Abigail Simon; **page 388:** Rolando Pujol/South American Pictures; **page 394:** Robert Frerck/Odyssey Productions; **page 395:** © Carl Purcell/CORBIS; **page 398:** Miki Kratsman/Corbis/Bettmann; Henry Romero/Corbis/ Bettmann; **page 399:** Archivo Iconografico, S.A./Corbis/Bettmann; **page 402:** © Pablo Corral V./CORBIS; **page 405:** Robert Frerck/Odyssey Productions; **page 406:** © Royalty Free/CORBIS; **page 410:** Ric Ergenbright/Corbis/Bettmann; **page 412:** © Tom Bean/CORBIS; **page 414:** © Wolfgang Kaehler/CORBIS; **page 417:** © Esbin-Anderson/The Image Works; **page 421:** David Forman/Corbis/Bettmann; **page 422:** Chuck Savage/Corbis/Bettmann.

Index

América del Sur
0 200 400 600 800 millas
0 200 400 600 800 kilómetros
Capital
Volcán
Ruinas
Mar Caribe
Océano Atlántico
Océano Pacífico
TRINIDAD Y TOBAGO
Port-of-Spain
Barranquilla
Cartagena
Maracaibo
Caracas
R. Orinoco
VENEZUELA
Georgetown
Paramaribo
GUYANA
Salto Ángel
Cayena
SURINAM
GUAYANA FRANCESA
Medellín
Manizales
Bogotá
Cali
COLOMBIA
Quito
ECUADOR
Guayaquil
Cuenca
CORDILLERA DE LOS ANDES
Iquitos
Manaus
R. Amazonas
Belém
ECUADOR
Cajamarca
R. Madeira
PERÚ
BRASIL
Recife
Machu Picchu
Lima
Ayacucho
Cuzco
Salvador
L.Titicaca
Arequipa
La Paz
BOLIVIA
Brasilia
Arica
Sucre
Potosí
Iquique
Desierto de Atacama
PARAGUAY
Belo Horizonte
Rio de Janeiro
São Paulo
Santos
Antofagasta
Salta
Asunción
TRÓPICO DE CAPRICORNIO
Tucumán
Salto Iguazú
LOS ANDES
R. Paraná
R. Uruguay
CHILE
DE
Córdoba
Porto Alegre
Mendoza
Rosario
Valparaíso
Santiago
URUGUAY
CORDILLERA
Buenos Aires
Montevideo
La Plata
Río de la Plata
Concepción
ARGENTINA
Bahía Blanca
Puerto Montt
Estrecho de Magallanes
ISLAS MALVINAS
Punta Arenas
TIERRA DEL FUEGO
Cabo de Hornos
Océano Pacífico
Isla Pinta
Isla Marchena
Isla San Salvador
Santa Cruz
Isla Santa Cruz
Isla Isabela
Puerto Ayora
Isla San Cristóbal
Puerto Villamil
Puerto Baquerizo Moreno
LAS ISLAS GALÁPAGOS (ECUADOR)
0 50 100 millas
0 50 100 kilómetros
0 25 50 millas
0 25 50 kilómetros
Cabo Norte
Volcán Puakatike
Cabo Cumming
Hanga Roa
Mataveri
Cabo Sur
Océano Pacífico
ISLA DE PASCUA (CHILE)